Reihe Theorie und Praxis der Interpretation

Band 9

Herausgegeben von THOMAS ANZ

Petra Porto

SEXUELLE NORM UND ABWEICHUNG

Aspekte des literarischen und des theoretischen
Diskurses der Frühen Moderne (1890–1930)

belleville

Dissertation der Universität Rostock

© 2011 bei Petra Porto
© für diese Ausgabe 2011 belleville Verlag Michael Farin
Hormayrstraße 15, 80997 München

Einbandgestaltung: Thomas Betz/Sara Hoffmann-Cumani
Satz: Ricardo Ulbricht, Rostock
Lektorat: Susanne Hagestedt, Stefan Tuczek
Gesamtherstellung: Elbe Druckerei Wittenberg

ISBN 978-3-943157-07-9

Inhalt

1. Aspekte des theoretischen und literarischen Diskurses der Frühen Moderne (1890–1930) 11

1.1 »Per scientiam ad justitiam«? – ›Wissenschaft‹: Definitionen und Grenzen 16

1.2 »Kunst zeigt, wo sie Wert hat, Dinge, die noch wenige gesehen haben« ›Literatur‹: Definitionen und Grenzen 42

1.3 Theoriewissen und Textwissen: Wissenschaft und Literatur in der Frühen Moderne 50

2. Zwischen Pathologie und Normalität: Die Wissenschaft von der Sexualität 59

2.1 Lust, Grausamkeit und Lust an der Grausamkeit: Definitionen und Erklärungsmodelle 62

2.1.1 Der »Sumpf gemeiner Wollust« und die »Nachtseite[n] menschlichen Lebens« Richard von Krafft-Ebing: »Psychopathia sexualis« 62

2.1.2 »Sehr oft liebt es das Weib, sich unter die Füsse des Mannes zu werfen« Césare Lombroso und Guglielmo Ferrero: »Das Weib als Verbrecherin und Prostituirte« 80

2.1.3 »Belachenswerth, närrisch, widerlich bis zum Ekelhaften« –
das »nur allzu umfangreiche[] Gebiet[]
geschlechtlicher Verirrungen«
Albert Eulenburg: »Sexuale Neuropathie« 83

2.1.4 »*Das ›sadistische Weib‹ ist [...] eine Schöpfung
des masochistischen Mannes.*«
Albert Eulenburg: »Sadismus und Masochismus« 89

2.1.5 »Variationsbedürfnis« und »Reizhunger«
Iwan Bloch: »Beiträge zur Aetiologie der Psychopathia sexualis« 99

2.1.6 »Jeder sucht das geliebte Wesen zu besiegen«
Dr. Veriphantor: »Der Sadismus« 107

2.1.7 »Leidenschaft für die Rute«
Eugen Dühren: »Englische Sittengeschichte« 111

2.1.8 »The normal manifestations of a woman's sexual
pleasure are exceedingly like those of pain«
Havelock Ellis: »Studies in the Psychology of Sex« 112

2.1.9 »Die Sexualität der meisten Männer zeigt eine
Beimengung von *Aggression*«
Sigmund Freud: »Drei Abhandlungen zur Sexualtheorie« 121

2.1.10 »Masochismus und Sadismus sind so die beiden
entgegengesetzten Pole desselben primitiven Instinkts«
Magnus Hirschfeld: »Geschlechtsverirrungen« 126

2.1.11 Zusammenfassung und Ausblick 130

2.2 Sprache, Metaphern, Wertesystem 139

2.2.1 Die sexuelle Organisation 139

2.2.2 Natur vs. Kultur 141

2.2.3 Ohnmacht des Subjekts vs. Macht des Triebs 144

2.2.4 Rausch und Ernüchterung 148

2.2.5 Die Sexualwissenschaften zwischen
Populär- und Naturwissenschaft 155

2.2.6 Tropische Redeformen aus dem Bereich der Natur 157

2.2.7 Tropische Redeformen aus dem Bereich der Technik 159

2.2.8 Sexuelle Begierde als Reizhunger 163

2.2.9 Legitimation und Kommunikationssituation
sexualwissenschaftlicher Werke 166

3 ›Einschlägige Texte‹: Sexuelle Norm und Abweichung in der Literatur der Frühen Moderne 175

3.1 Ernst von Wildenbruch: »Brunhilde« 177

3.1.1 »Ein Wesen, das den Namen unserer Art führt und
doch nicht zu unserer Art gehört«:
Die riesenhafte Frau als Missgriff der Natur 177

3.1.2 Zwischen Lust und Entsetzen:
Der sexuelle Drang als zerstörerisches Element 180

3.1.3 Verzehren und Vernichten:
Sadismus als Inkorporationslust 184

3.1.4 Das »Greuel dieser Unnatur«:
Der empfangende Mann und die entgrenzte Frau 187

3.1.5 Ästhetisierungsstrategien:
Der Narrator als Wertungsinstanz 189

3.2 Alfred Döblin: »Der schwarze Vorhang. Roman von den Worten und Zufällen« 191

3.2.1 Ansteckung durch Anschauung: Von der
»seltsamlichen starren Lust« des beobachtenden Sadisten 191

3.2.2 Die »Lust [...] sich zu schließen, zu umschließen«:
Der sexuelle Drang als identitätsauflösendes Element 195

3.2.3 »Unersättliche Verlassenheit«:
Sadismus als Verschmelzungsversuch 200

3.2.4 Erdrückende Mütter und sich verweigernde Fremde:
Frauen als »geborene[] Feinde[]« 206

3.2.5 Ästhetisierungsstrategien:
Aussparung und Bagatellisierung 214

3.3 Robert Musil: »Die Verwirrungen des Zöglings Törleß« 218

3.3.1 »Unbestimmtes« und »eine innere Hilflosigkeit«:
Die Ich-Schwäche des Protagonisten 220

3.3.2 »Dunkelheit, Geheimnis, Blut und
ungeahnte[] Überraschungen«:
Der sexuelle Drang als Möglichkeit der Auflösung 225

3.3.3 Das Tor zu einer anderen Welt: Sadismus als Experiment 229

3.3.4 Ein »Geschöpf [...] in wolkenloser Entfernung«
und ein »Knäuel aller geschlechtlichen Begehrlichkeiten«:
Mutter und Hure 234

3.3.5 Ästhetisierungsstrategien: Verwirrung und Dunkelheit 237

**3.4 Hanns Heinz Ewers:
»Der Zauberlehrling oder Die Teufelsjäger«** 240

3.4.1 An Leib und Seele verkrüppelt:
Hereditäre und topographische Belastungen 242

3.4.2 »Und außer mir war das Nichts und das Uebernichts«:
Die Sehnsucht nach dem Ich-Verlust 244

3.4.3 Ein »Maelstrom strahlender Lüste«:
Der sexuelle Drang als verbindendes Element 247

3.4.4 Geißelung und Kreuzigung: Sadismus als
»Wesenseinheit von Wollust, Religion und Grausamkeit« 250

3.4.5 »Wie das Weib wach wurde in ihr«:
Die Frau als Lustobjekt und Mutter 254

3.4.6 Ästhetisierungsstrategien: Analogien und Erotik 258

3.5 Hanns Heinz Ewers: »Alraune« 265

3.5.1 Eines Mörders und einer Metze Kind:
Alraune als Produkt der Wissenschaft 266

3.5.2 »*Gut ist das Gesetz, gut ist alle Regel und alle strenge Norm*«:
Sehnsucht nach der Grenze, Lust an der Überschreitung 270

3.5.3 Geschlechterkampf: Der sexuelle Drang als Fessel 272

3.5.4 »Schlag zu [...] schlag zu! – Oh, so hab ich dich gern!«:
Sadismus als Spiel 275

3.5.5 »*Sanfte Freundin*« und »*sündige Schwester*«:
Extrempunkte und die wandelbare Frau 279

3.5.6 Geschlechterverwirrung 285

3.5.7 Ästhetisierungsstrategien:
Der Traum als Wunscherfüllung 287

3.6 Heimito von Doderer:
»Die Bresche. Ein Vorgang in vierundzwanzig Stunden« **292**

3.6.1 »Auflösung oder Überwindung«:
Der sexuelle Drang als Chance und Gefahr 292

3.6.2 »Was dann kam war wie Sterben«:
Sadismus als Hilfe zur Selbsterkenntnis 294

3.6.3 »Und man nennt dies auch ›ein Mann‹ sein ...«:
Identitätsgewinn 301

3.6.4 »Welches Rätsel, diese herrlichen Wesen!«:
Die Frau als Leidende und sich Hingebende 307

3.6.5 Ästhetisierungsstrategien: Schicksal und Kontext 310

3.7 Hermann Ungar: »Die Verstümmelten« **316**

3.7.1 Angeborene Sexualangst und erworbene Phantasien 316

3.7.2 »Feindliche[] Einsamkeit«:
Anankastische Rituale zur Sicherstellung von Grenzen 324

3.7.3 Die »Bresche«:
Der sexuelle Drang als Vorbote des Kontrollverlusts 326

3.7.4 Die »Qualen aus vielen Nächten«:
Sadismus als Manipulationsinstrument 331

3.7.5 »Die Schnittlappen einer zerrissenen Wunde«:
Die verletzende Frau 338

3.7.6 Ästhetisierungsstrategien: Präzision und Zurückhaltung 343

3.8 Zusammenfassung **347**

3.9 Sprache, Metaphern, Wertesystem 352

3.9.1 Die Familiengeschichte der Protagonisten 352
3.9.2 Personenkonzeption 354
3.9.3 Der sexuelle Drang und seine Metaphorisierung 363
3.9.4 Die Funktionalisierung des Sadismus 371
3.9.5 Frauenfiguren und Geschlechterkampf 378
3.9.6 Ästhetisierungsstrategien 385

4. Fazit **395**

Literaturverzeichnis **407**

1. Aspekte des theoretischen und literarischen Diskurses der Frühen Moderne (1890–1930)

Klatsch! Im Nu hatte sie ihm mit der Rute eins quer über die Brust versetzt, daß ein dicker Streifen, wie ein rotes Band sichtbar wurde. Er zuckte zusammen, und ich sah, wie sein Schweif mit einem Ruck sich aufrichtete.
»Spürst du das, du Gauner, du Räuber, du Futschlecker…, du Laustanz…, du Beutel…, du Dreckfink…, du Vagabund…, spürst du das…?«
Zenzi schlug drauf los und mit jedem Hieb kam ein neuer Schimpfname, mit jedem Hieb wurden Brust und Bauch röter.
»Ja…, ich spür' es…, gnädigste Komtesse…«, röchelte er, »ich danke… für die Strafe…, ich danke…, fester…, bitte…, züchtigen Sie mich fester… Aber die Prinzessin auch…, warum züchtigt mich die Prinzessin nicht…?«
»Hau zu!« schrie mich Zenzi an, und hob gegen mich die Rute. Ich erschrak und gab ihm einen sanften Streich über den Rücken. Seine Haut zuckte, aber er wimmerte: »Ach, ich bitte, die erhabene Prinzessin…, sie will mich nicht strafen…, ich spür' gar nichts…, ich bitte Prinzessin…, ich weiß…, ich bin unwürdig…, aber ich bitte um meine Strafe…, fester…«
Ich schlug stärker zu, und bemerkte, daß es mir Vergnügen machte.
[…]
Wir schlugen jetzt im Takt. Zenzi vorn auf seine Brust und auf seine Schenkel, ich von hinten auf seinen Rücken und auf seinen Arsch, der bald rot angelaufen war, und je mehr wir schlugen, desto aufgeregter wurden wir, desto mehr Freude machte es uns, und desto besser zielten wir.[1]

Eine Männerphantasie. Ein anonym bleibender Masochist diktiert zwei Kinder-Prostituierten die Bedingungen, unter denen sie ihn befriedigen ›dürfen‹: Er erhebt die beiden in seiner Imagination gesellschaftlich weit über sich in den Adelsstand, so dass es für ihn ungehörig ist, auch nur an sie zu denken oder sie gar zu berühren. Seine unzüchtigen Gedanken haben deshalb Strafe verdient, die erbarmungslos an ihm vollstreckt werden muss. Die jungen Freudenmädchen erfüllen gegen das

---
1   Josefine Mutzenbacher: S. 262.

schließlich verschämt auf einem Stuhl hinterlegte Entgelt die sexuellen Wünsche ihres Kunden nicht nur, sie übererfüllen sie sogar, sind letztlich selbst erregt, spielen ihre Rolle in dem ihnen zunächst zumindest partiell aus finanzieller Not aufgezwungenen Spiel mit wachsendem Genuss. Die Ich-Erzählerin Josefine erscheint fast enttäuscht, als der »sonderbare Mensch« Zenzi und sie am Ende der Szene nicht »vögel[t]«, sondern sich »mit einem ermüdeten traurigen Gesicht«[2] ankleidet und dann aus dem Zimmer flieht.

Eine doppelte Männerphantasie – zumindest mutmaßlich. »Die Geschichte einer Wienerischen Dirne von ihr selbst erzählt«, aus der die Szene stammt, erschien 1906 zwar anonym bei dem Wiener Verleger Fritz Freund, doch dass der Autor ebenfalls ein Mann ist, darf stark angenommen werden.[3] *»Das ›sadistische Weib‹ ist – in der Literatur sicher, und bis zu einem gewissen Grade wohl auch im Leben – eine Schöpfung des masochistischen Mannes«*[4], hatte der Sexualwissenschaftler Albert Eulenburg bereits 1902 postuliert. Sowohl der literarische als auch der theoretische Diskurs über Sexualität waren zu großen Teilen von Männern bestimmte – und somit natürlich zuweilen recht einseitig.

Dass sich in »Josefine Mutzenbacher« neben diversen Szenen mit vaginalen, analen und oralen sexuellen Handlungen auch eine sadomasochistische Szene findet, ist nicht ungewöhnlich. Jene zwar bereits lange bekannten, allerdings noch nicht lange benannten Perversionen[5]

---

2   Ebd. S. 265.

3   Über eine Autorschaft des österreichischen Schriftstellers und Journalisten Felix Salten wurde bereits kurz nach Erscheinen der angeblichen Lebenserinnerungen spekuliert, zumal neben Anton Kuh auch Karl Kraus, der Herausgeber der »Fackel«, mehrfach den Feuilletonisten als Schöpfer der »Mutzenbacher« bezeichnet hatte – möglicherweise allerdings lediglich, um den missliebigen Theaterkritiker der »Neuen freien Presse« als Pornographen zu diskreditieren. Salten selbst kokettierte zuweilen ebenfalls mit der Verfasserschaft an der »Mutzenbacher«, was ihm unter den zumeist sexuell betont progressiv eingestellten Bohemiens der Kaffeehausszene Wiens einiges an Ansehen eingebracht haben dürfte. Ob Salten allerdings tatsächlich der Autor des Werkes gewesen ist, konnte nie nachgewiesen werden (vgl. z. B. Farin: Die letzten Illusionen. S. 511–528 und Ehneß: Felix Saltens erzählerisches Werk. S. 309–312).

4   Eulenburg: Sadismus und Masochismus. S. 86.

5   Während Pica della Mirandola bereits 1498 einen Mann beschrieb, der sich peitschen lassen musste, um koitieren zu können, ist es Richard Fridolin Joseph Freiherr Krafft von Festenburg auf Frohnberg genannt von Ebing, der 1890 in seinen »Neuen Forschungen auf dem Gebiet der Psychopathia sexualis« die Bezeichnung

wurden zwar zumindest in der Hochliteratur nicht sonderlich häufig geschildert, aber ihre Darstellung war – trotz der offiziellen, prohibitiven Sexualmoral – nicht (mehr) unmöglich – und in der erotischen Literatur bzw. Pornographie[6] auch nicht anomal.[7] Wohl ebenfalls kein Zufall dürfte es sein, dass die (angebliche) Lebensbeschreibung gerade 1906 publiziert wurde und sich darüber hinaus auch noch erfolgreich auf dem literarischen Markt positionieren konnte:

> Überprüft man die einschlägigen Bibliographien, so findet man einen etwa gleichbleibenden Bodensatz an pornographischer Literatur bis zur Mitte der sechziger Jahre des 19. Jahrhunderts. Danach steigt die Anzahl der Titel ständig und erreicht in den Jahren von 1906 bis 1914 das höchste Niveau.[8]

Es scheint also so, als bestehe gerade in den letzten Jahren vor dem Ersten Weltkrieg ein gesteigertes Interesse an Beschreibungen sexuellen Verkehrs in seinen Varianten und Abweichungen von der Norm.

Daneben war es nicht nur die Literatur, die sich um die letzte Jahrhundertwende verstärkt mit der Sexualität beschäftigte, sondern vor

---

›Masochismus‹ einführt und den Begriff ›Sadismus‹ aus dem Französischen übernimmt (vgl. Sigusch: Geschichte der Sexualwissenschaft. S. 557). – Auch der Begriff der Perversion selbst ist zu diesem Zeitpunkt noch nicht sehr alt: 1843 veröffentlichte der Arzt Heinrich Kaan seine lateinische Schrift »Psychopathia sexualis«, »in der er fleischliche Sünden in geistige Krankheiten umdefiniert. Andere Ärzte und Psychiater folgen dieser Initiative und fangen ebenfalls an, mittelalterliche theologische Schimpfwörter wie ›Deviation‹, ›Aberration‹ und ›Perversion‹ in die Medizin einzuführen. Ursprünglich hatten sie einen ›falschen‹ Glauben oder Ketzerei bezeichnet; jetzt werden sie zu pseudowissenschaftlichen Begriffen.« (Haeberle: Chronologie)

6 »Pornographie meint auf Literatur bezogen die Behandlung von sexuellen Gegenständen in unverhüllter, direkter oder ›obszöner‹ Sprache in schriftlicher Gestalt mit dem intendierten und/oder erreichten Zweck der Erregung. [...] Es läßt sich ferner eingrenzend beobachten, daß Pornographie aus allen denkbaren sexuellen Handlungen zumeist den Koitus oder koitusähnliche Szenen beschreibt, bevorzugt aber dessen jeweils tabuisierte Spielarten.« (Joost: Die Angst des Literaturwissenschaftlers bei der Sexualität. S. 315 f.) – Zumeist wird unterschieden zwischen »zwanghafter, gewaltsamer Pornographie und warmer, ganzheitlicher Erotik« (Hecken: Gestalten des Eros. S. 25).

7 Salewski nennt in seinem Aufsatz eine ganze Reihe von Titeln sadomasochistischer – pornographischer – Romane (vgl. Salewski: »Julian, begib dich in mein Boudoir«. S. 62).

8 Ebd. S. 45.

allem auch die Wissenschaft.⁹ 1905 – ein Jahr vor der Publikation der »Mutzenbacher« – entdeckt Fritz Schaudinn zusammen mit Erich Hoffmann den Erreger der Syphilis (gegen den 1906 das erste wirksame Gegenmittel (Salvarsan) gefunden wird), August Forel erläutert »Die sexuelle Frage«, Helene Stöcker initiiert den »Bund für Mutterschutz« und gründet die »Zeitschrift zur Reform der sexuellen Ethik«, Alfred Ploetz gründet eine »Gesellschaft für Rassenhygiene«, Havelock Ellis publiziert 1905 und 1906 die Bände 4 und 5 seiner »Studies in the Psychology of Sex«. 1907 veröffentlicht Iwan Bloch »Das Sexualleben unserer Zeit in seinen Beziehungen zur modernen Kultur«, wieder ein Jahr später gründet Magnus Hirschfeld die »Zeitschrift für Sexualwissenschaft«, bringt Max Marcuse die Zeitschrift »Sexual-Probleme« heraus.[10]

Literatur und Theorie entwickelten sich dabei natürlich nicht gänzlich unabhängig voneinander – beide greifen zum einen auf gesellschaftlich akzeptierte und als Allgemeinwissen etablierte Kenntnisse zurück, beziehen sich aber, vor allem wenn es um anthropologische Fragen geht, auch wechselseitig aufeinander. Wissenschaft ist zwar bereits zum gesellschaftlichen Leitdiskurs geworden, doch scheint sie sich und ihren Erkenntnissen selbst gelegentlich nicht so recht zu trauen und somit das Bedürfnis zu haben, sich in der Literatur, der offenbar ein hohes Maß an Welterkenntnis zugesprochen wurde, rückzuversichern. Umgekehrt bemüht sich auch zuweilen die Literatur, sich durch Rückgriff auf wissenschaftliche Einsichten und Theoreme zu authentifizieren und zu legitimieren.

Die Frühe Moderne ist dabei als Zeit- und Darstellungsrahmen besonders interessant und relevant, weil hier gerade dieser Umbruch am deutlichsten wird, weil Literatur und Wissenschaft miteinander (noch) in einer Weise konkurrieren und sich voneinander abzugrenzen suchen, wie es später nie wieder der Fall sein wird. Es ist eine Zeit voller Spannungen und Ungewissheiten, in der alte, vermeintlich stabile Systeme in Wissenschaft, Gesellschaft und Literatur durch neue Systeme abgelöst werden, was selten ohne Reibungsverluste und Ängste vonstatten geht.

---

9   Stephen Garton berichtet, dass zwischen 1886 und 1933 mehr als zehntausend Monographien und Artikel über Sexualität im deutschsprachigen Raum veröffentlicht wurden (vgl. Garton: Histories of Sexuality. S. 169).
10 Vgl. Sigusch: Geschichte der Sexualwissenschaft. S. 262.

In der Physik lösten beispielsweise die konzeptionell grundlegend neue Relativitätstheorie und die Quantenmechanik die klassische Newtonsche Mechanik ab, was radikal andere Weltdeutungsmodelle notwendig machte, während die Erkenntnisse der neu entstehenden Psychoanalyse und Soziologie dazu führten, dass »die Konzeption der Person und die Sozialstrukturen als permanent krisenhaft erfahren«[11] wurden. Dass das Literatursystem der Zeit auf die Umbrüche reagierte und – davon abhängig oder in Teilen vielleicht auch independent – ebenfalls verschiedene »Systemzustände« durchlief (z. B. Naturalismus, Expressionismus, Neue Sachlichkeit), während »andererseits fast in jeder Teilphase verschiedene Subsysteme koexistieren (so z. B. neben der naturalistischen eine nicht-naturalistische oder anti-naturalistische Literatur oder zu einem späteren Zeitpunkt, eine tendenziell mimetische und eine fantastische Literatur)«[12], sollte nicht überraschen.

War im Literarischen Realismus die Rede über Sexualität und die Darstellung sexueller Abweichung weitgehend ausgeschlossen, erfolgt in der Frühen Moderne eine Neubewertung der Geschlechterrollen und ihrer Normierung: Sexualität wird zu einem Thema, über das man grundsätzlich sprechen kann, auch und gerade im Medium der Literatur. Fortan konkurrieren literarische und theoretische Texte in der Darstellung von Norm und Abweichung sexueller Handlungen.

---

11   Decker: Literaturgeschichtsschreibung und deutsche Literaturgeschichte. S. 36. – Vgl. Maillard/Titzmann: Vorstellung eines Forschungsprojekts. S. 7 f.
12   Wünsch: Regeln erotischer Beziehungen. S. 139.

1.1 »Per scientiam ad justitiam«?[13] – ›Wissenschaft‹: Definitionen und Grenzen

Im neunzehnten Band von »Pierer's Universal-Lexikon der Vergangenheit und Gegenwart« von 1865 wird ›Wissenschaft‹ zunächst recht unspezifisch als »Inbegriff von Kenntnissen od. Erkenntnissen«[14] bestimmt. Allerdings bilde – so die sofortige Präzisierung – »nicht jede zufällig zusammengekommene, ungeordnete Masse der verschiedenartigsten Kenntnisse« eine Wissenschaft, definierten sich die einzelnen Disziplinen doch maßgeblich darüber, »daß für die Kenntniß eines bestimmten Gebietes gleichartiger Gegenstände nach Vollständigkeit u. Ordnung gestrebt«[15] werde. Ein abgesteckter Wissensbereich muss demnach (vorzugsweise empirisch) zur Gänze erschlossen werden – wobei das Bewusstsein für die Grenzen des Gebiets seiner vollständigen Durchdringung logisch vorausgehen muss –, worauf das Wahrgenommene systematisiert wird:

> Da aber die bloße Ansammlung u. Anordnung des rohen Erfahrungsstoffes dem Bedürfnisse des denkenden Geistes niemals vollständig genügt u. die Frage nach den Gesetzen, den Ursachen u. dem Zusammenhange des empirisch Gegebenen durch bloße Beobachtung u. Induction niemals vollständig beantwortet werden kann, so entsteht das Bedürfniß einer rationalen Behandlung des empirischen Wissens, d. h. das Bedürfniß sich subjectiv über die Gründe des Fürwahrhaltens, objectiv über die Gesetze

---

13   »Durch Wissenschaft zur Gerechtigkeit«. Grabinschrift Magnus Hirschfelds.
14   [Art.] Wissenschaft. In: Pierer's Universal-Lexikon. S. 294. – Ein bemerkenswerter Unterschied wird bereits hier zwischen Kenntnissen – also bekannten, aber noch nicht vollständig aufgenommenen Informationen – und Erkenntnissen – also geistig verarbeiteten Informationen – gemacht.
15   Ebd. – (Empirisch wahrnehmbare) Unordnung wird (wissenschaftlich herzustellender) Ordnung gegenübergestellt. Diese Betonung von Ordnung und Systematik findet sich in den meisten Lexikon-Definitionen von ›Wissenschaft‹ aus der Zeit. So heißt es z. B. in »Meyers Großem Konversations-Lexikon« von 1908, Wissenschaft sei »im engern und eigentlichen Sinne der vollständige Inbegriff gleichartiger, *systematisch, also nach durchgreifenden Hauptgedanken, geordneter* Erkenntnisse« ([Art.] Wissenschaft. In: Meyers Großes Konversations-Lexikon. S. 695; Hervorhebung P. P.). – Der Brockhaus von 1935 bestimmt Wissenschaft ebenfalls als »im weiteren Sinn Wissen, Kunde und im engeren ein *geordnetes, folgerichtig aufgebautes, in sich zusammenhängendes* Gebiet von Erkenntnissen« ([Art.] Wissenschaft. In: Der Große Brockhaus. S. 400; Hervorhebung P. P.).

u. Ursachen dessen, was ist u. geschieht, durch denkende Reflexion Rechenschaft zu geben.[16]

Besonders auffällig ist die Betonung von Vollständigkeit und Gesetzmäßigkeit, Rationalität und Objektivität: Die ›rohe‹ Erfahrung muss nicht nur (nach einer der Wissenschaft jeweils eigenen Methode) gesammelt und organisiert werden – erst die logische Aufarbeitung, die Einbindung des Beobachteten in aufzuweisende Strukturmuster macht das Wissen konsumierbar. Das Interesse der Wissenschaft des ausgehenden 19. Jahrhunderts gilt also zunächst einer (Wieder-)Herstellung von Ordnung, der Suche nach feststehenden Grundsätzen und Regeln. Doch damit nicht genug:

> Ein Wissen im strengen Sinn des Wortes findet überhaupt nur da statt, wo sich das Fürwahrhalten auf Gründe, auf einen inneren, von subjectiver Willkür u. Vorliebe unabhängigen Zusammenhang der Gedanken, auf die Einsicht in die Unmöglichkeit des Gegentheiles stützt; dadurch wird die bloße äußere Kenntniß eigentliche Erkenntniß, u. W[issenschaft]en, welche im Stande sind, alle ihre Lehrsätze mit zwingender Nothwendigkeit aus unmittelbar gewissen Grundgedanken (Axiomen u. Principien) abzuleiten, heißen *demonstrative*, im Gegensatze zu den empirischen u. inductiven, welche den Grund des Fürwahrhaltens nicht aus dem inneren Zusammenhang der Begriffe u. Gedanken, sondern aus den Thatsachen der Erfahrung entlehnen.[17]

Das auf der Werteskala am höchsten angesiedelte, wahre Wissen, »eigentliche Erkenntniß« kann nur dort entstehen, wo nicht nur das äußere, sondern auch das innere Wesen der Dinge erfasst und – unabhängig vom erkennenden Subjekt – festgehalten wird. Bestimmte, unhintergehbare Grundsätze bilden dabei die Basis des gesamten Konstrukts, das allerdings weniger als Entwurf wahrgenommen wird denn als unanfechtbares System. Es existieren also »fundamentale Wissenteilmengen«, die offenbar nicht hinterfragt werden können bzw. dürfen, weil sie »ontologische Basisannahmen über die Struktur der Welt« darstellen[18] – eben »unmittelbar gewiss« sind – und (was das Lexikon hier selbstverständlich nicht darstellt) ihre Überprüfung und mögliche Kor-

---

16 [Art.] Wissenschaft. In: Pierer's Universal-Lexikon. S. 294.
17 Ebd. S. 295.
18 Richter u. a.: Literatur – Wissen – Wissenschaft. S. 24. Im Original kursiv.

rektur dementsprechend auch eine Revision der eigenen Weltdeutung nach sich ziehen müsste. Somit existiert nur eine beschränkte »Menge als zulässig und legitim erachteter Denkoperationen«, durch die Wissen erlangt oder geprüft werden kann.[19] Jeder wissenschaftliche Text transportiert über das explizit formulierte Wissen hinaus auch implizite (häufig auch unreflektierte) Propositionen.[20]

Auch die vorangestellte Wahl des »wissenschaftlichen Modus der Wissensproduktion« – eine Entscheidung, die selbst nicht auf wissenschaftlichen Prämissen basiert – offenbart bestimmte »ideologische[] Bedürfnisse[] und Annahmen«[21]; so bleibt z. B. als Überbleibsel der Aufklärung die Vernunft die letztbegründete und -begründende Instanz für Wahrheit. ›Wissenschaft‹ hebt sich als Diskurs von anderen Diskursformen ab, definiert sich in Opposition zu diesen, »indem er für sich besonders hochrangige Formen von Logik und Rationalität und von Ableitbarkeit und Beweisbarkeit seiner Propositionen in Anspruch nimmt (die er den anderen theoretischen Diskursen damit zugleich abstreitet)«.[22] Nach der Säkularisierung und dem Zusammenbruch autoritär geführter politischer Systeme zum Ende des neunzehnten und Beginn des zwanzigsten Jahrhunderts verloren die zugehörigen Leitdiskurse an Einfluss und Bedeutung; die Wissenschaft übernahm ihre Funktion[23], dominierte und bestimmte die geltenden Normvorstellungen.

Den Modernisierungsprozess begleitete auch die zunehmende Ausdifferenzierung der Wissenschaften. Wurden zunächst die Wissenschaften in Natur- und Geschichts-/Geistes- bzw. Kulturwissenschaften

---

19 Ebd. S. 24. Im Original kursiv.
20 Vgl. ebd. S. 18. – Zumeist lässt sich nicht entscheiden, ob diese Basisprämissen bewusst sind oder unbewusst bleiben – wird das Wissen allerdings in einer Reihe von Texten explizit artikuliert, ist es zumindest bewusstseinsfähig (vgl. ebd. S. 18 f.).
21 Ebd. S. 15.
22 Ebd. S. 22.
23 Der Sexualwissenschaftler Volkmar Sigusch spricht von der Wissenschaft als einem »ideellen Gesamtfetisch, der all das verheißt, worauf die gesellschaftliche Ordnung hinauswill: immer tiefer, exakter und perfekter, immer schneller, machtvoller und besser zerlegen und neu zusammensetzen ohne Rücksicht auf Mensch, Moral und Natur« (Sigusch: Geschichte der Sexualwissenschaft. S. 28).

klassifiziert[24], so gliederten sich die als wissenschaftlich empfundenen Teildisziplinen immer weiter auf.[25]

Die Herausbildung einer neuen wissenschaftlichen Disziplin ist in den meisten Fällen mit Reibungen, Grabenkämpfen, Streitigkeiten um Prioritätsrechte an Begriffen und Entdeckungen usw. verbunden. Wenn man annimmt, dass ›Disziplin‹ einen Diskurs benennt,

> der für sich erstens ›Wissenschaftlichkeit‹ beansprucht, also beispielsweise über einen ›Objektbereich‹, über ›Rederegeln‹, über (definierte) ›Terminologien‹, rationale ›Methodologien‹, explizite oder implizite ›Metatheorien‹/›Wissenschaftstheorien‹ usw. verfügt, und der zweitens sozial institutionalisiert ist: als ›Fach‹, als spezialisierte ›Einzelwissenschaft‹ mit ›Fachvertretern‹ in Akademien, Universitäten oder ähnlichen Institutionen und/oder mit spezifischen Publikationsorganen usw.[26],

dann dürften an allen theoretischen Schaltstellen – Objektbereich (mit seinen Abgrenzungen), Terminologie, spezifische Methodologie, Metatheorien etc. –, aber auch bei ganz praktischen Erwägungen Streitigkeiten entstehen: Wer besetzt die neu zu schaffenden, aber nicht in unendlicher Anzahl verfügbaren Lehrstühle und andere Stellen? Wer bestimmt über die Ausrichtung und die Inhalte von Publikationen? Wer repräsentiert die neue Disziplin nach außen (und auf welche Weise)? etc. Wissenschaftliche Arbeit ist also in keinem Falle voraussetzungslos und die Präsentation von wissenschaftlichen Erkenntnissen selten absichtsfrei.

---

24 Vgl. Maillard/Titzmann: Vorstellung eines Forschungsprojekts. S. 7.
25 Die Frühe Moderne tendiert dazu, die Wissenschaft nach »ontologisierten Objektklassen (›Natur‹ vs ›Geist‹ bzw. ›Kultur‹)« zu unterteilen, gleichzeitig allerdings bestimmte »Erkenntnisinteressen (›Regularität‹ vs ›Individualität‹)« zu unterstellen »und dabei beide Kategorisierungen zu homologisieren (›Natur‹ ≈ ›Regularität‹ vs ›Geist‹/›Kultur‹ ≈ ›Individualität‹)« (Titzmann: Revolutionärer Wandel in Literatur und Wissenschaften. S. 298). – Naturwissenschaften werden also qua Definition des Erkenntnisinteresses zu rationalen Ordnungswissenschaften, Kulturwissenschaften zu subjektiven Individualwissenschaften erklärt.
26 Richter u. a.: Literatur – Wissen – Wissenschaft. S. 23 f. – Arthur Kronfeld ging in seiner Rede zur Gründung des »Instituts für Sexualwissenschaft« 1919 davon aus, dass die Disziplin diese Kriterien für Wissenschaftlichkeit erfülle und zumindest in Kürze erfüllen würde (vgl. Seeck: Aufklärung oder Rückfall? S. 177).

Moderne Sexualwissenschaft

Eine der vielen sich in der Frühen Moderne etablierenden Disziplinen ist die Sexualwissenschaft.[27] In den zwei bis drei Jahrzehnten um 1800 hatte sich eine Auffassung ›des‹ Menschen als »selbstmächtiges, organisierendes Subjekt« entwickelt, das sich vom toten, anorganischen Objekt unterschied; erst jetzt entstand ein Bewusstsein für ein »spezifisches und eigenes Gebiet ›des‹ Menschen«.[28] Gleichzeitig entwickelte sich die Wissenschaft zum allgemein anerkannten Maßstab zur Beschreibung der Welt und somit natürlich – nachdem »das bisherige Geschlechts- und Liebesleben […] als Problem von anderen menschlichen Vermögen und Aktivitäten abgegrenzt und überwiegend als Sexualität zur *gesellschaftlichen Form*« geworden war – auch zur Bewertungsinstanz des Sexuellen.[29] Wo genau jedoch die Grenzen dieses Objekts der Sexualwissenschaften – des Sexuellen – lagen, wo es in andere Objektbereiche – die Psyche? den menschlichen Körper an sich? justiziable Überschreitungen? – überging, konnten die Sexualwissenschaftler zunächst nicht ausmachen; und sie kümmerten sich auch nicht sonderlich energisch darum.

---

27 In der Zeit zwischen 1850 und 1930, »die drei bis vier Forschergenerationen umfasst, mausert sich die neue Betrachtungsweise zu einer Disziplin mit eigener Theoriebildung, mit Standard- und Sammelwerken, Zeitschriften, Fachgesellschaften, Fachkongressen, einem Spezialinstitut außerhalb der Universität und, wenngleich nur nominell, einem innerhalb der Universität sowie programmatischen Erklärungen und öffentlichen Interventionen« (Sigusch: Geschichte der Sexualwissenschaft. S. 13). – Spricht man von diesem Zeitraum, muss man auch Paolo Mantegazza und Karl Heinrich Ulrichs als erste Gelehrte anführen, die die Sexualwissenschaft (mit-)›begründen‹ (vgl. ebd. S. 52). Für den thematischen Zusammenhang dieser Arbeit ist ihre Aufnahme m. E. allerdings nicht notwendig, da sie sich nicht speziell mit der Abweichung, die Krafft-Ebing später als ›Sadismus‹ bezeichnen sollte, auseinandergesetzt haben. – Für die Darstellung einer Geschichte der Sexualwissenschaft vgl. auch: Anfänge der Sexualwissenschaft. Historische Dokumente.

28 Sigusch: Geschichte der Sexualwissenschaft. S. 27.

29 Ebd. – Zur Wortgeschichte der Begriffe ›Sexualität‹ und ›Sexualwissenschaft‹ vgl. ebd. S. 46–51; zur theoretischen Fundierung der kulturellen Konstruktion von Sexualität vgl. Foucault: Der Gebrauch der Lüste; sowie Foucault: Der Wille zum Wissen.

»Ein anatomisch-physiologisches Basiswissen über Aufbau und Funktion des Geschlechts- und Sexualkörpers«[30] war bereits vorhanden, das allerdings von Biologie und Medizin verwaltet und somit von zwei Disziplinen als Forschungsobjekt beansprucht wurde:

> Um eine eigenständige Disziplin werden zu können, musste die Medizin insgesamt zurückgedrängt werden, namentlich jene Fachvertreter, die danach gierten, das Sexuelle zu zerstückeln und in Form diverser Störungen und Krankheiten ihrem oft noch um allgemeine Anerkennung ringenden Gebiet einzuverleiben. Dabei handelte es sich einerseits um Fächer, die wie Gynäkologie, Urologie, Venerologie und später Andrologie durch ihre Zuständigkeit für die Genitalien gewissermaßen einen privilegierten Zugang zu dem neuen Forschungsfeld hatten, andererseits um Fächer, die sich diesen Zugang erst durch mehr oder weniger gewagte oder auch überaus interessante und Erfolg versprechende ätiologisch-therapeutische Konstruktionen ergattern wollten wie die Chirurgie und die Endokrinologie oder heutzutage Biochemie und Pharmakologie.[31]

Man war sich weitestgehend darüber einig, dass es sich bei der Sexualwissenschaft um eine Naturwissenschaft handeln sollte, die an die Medizin und die diskursbeherrschende Biologie[32] angelehnt war – ob und welche Rolle die Kulturwissenschaften dabei spielen sollten, blieb jedoch ein Diskussionsthema. Kaum diskutiert wurde hingegen die Frage, weshalb es eine eigene Disziplin »Sexualwissenschaft« geben sollte, wenn sich bereits andere Disziplinen – neben Medizin und Biologie die Psychiatrie und Psychoanalyse, die Soziologie und Ethnologie sowie die historischen Kulturwissenschaften und die Philosophie[33] – mit der Frage beschäftigten.

Die Argumentationsweise der Sexualwissenschaftler ist selbstverständlich zum einen von ihrem persönlichen, gesellschaftlich-sozialen und wissenschaftlichen Herkommen geprägt, zum anderen durch das Erkenntnisinteresse ihrer Forschungen, das ebenfalls wieder von persön-

---

30 Sigusch: Geschichte der Sexualwissenschaft. S. 15.
31 Ebd.
32 Vgl. ebd. S. 16. – »Biologisches Wissen gerierte zum Herrschaftswissen und erreichte Hegemonie in allen Seins- und Wissensgebieten« (Dornhof: Inszenierte Perversionen. S. 257).
33 Vgl. Maillard/Titzmann: Vorstellung eines Forschungsprojekts. S. 16.

lichen, gesellschaftlichen, institutionellen und fachlichen (sowie fachpolitischen) Motiven abhängt.

Die meisten Sexualwissenschaftler begannen ihre Karriere als Ärzte und wurden – mehr oder minder stark – durch den Universitätsbetrieb geprägt. Richard von Krafft-Ebing (1840–1902), der vielen als Begründer der Sexualwissenschaft gilt, letztlich aber vielleicht mehr der Begründer der Forensischen Psychiatrie war[34], trug in jedem Fall durch die ungeheure Massenwirksamkeit seiner 1886 erscheinenden »Psychopathia sexualis« zur Popularisierung der neu entstehenden Disziplin bei. Der Sohn eines Amtmanns und der Tochter des Rechtsreformers Karl Josef Anton Mittermaier wurde in Mannheim geboren und wuchs in Eberbach und Heidelberg auf – die väterliche Linie bestand aus folgsamen Staats- und Kirchendienern, denen aus Dank für ihre Treue ein niedriges Adelsprädikat verliehen wurde, während ihn die mütterliche Familie sehr früh »mit dem Geist der bürgerlichen Aufklärung«[35] vertraut machte. Jene Mischung aus Festhalten am Althergebrachten und Wille zu notwendigen Reformen, die sein Elternhaus ihm nahe brachte, spiegelt sich auch in seinen Schriften wider.[36]

Krafft-Ebing studiert Medizin und wird Assistenzarzt an der Landesirrenanstalt Illenau, bevor er sich als Nervenarzt in Baden-Baden niederlässt. Nach dem Deutsch-französischen Krieg, in dem er als Feldarzt tätig war, wird er zum außerordentlichen Professor der Psychiatrie in Straßburg berufen.[37] Vermutlich aufgrund der mangelnden Ausstattung, die ihm die dortige Universität zur Verfügung stellen kann, folgt er 1873 dem Ruf auf die Professur für Psychiatrie an der Universität Graz; dort wird er auch Direktor der Steierischen Landesirrenanstalt. Während seiner Zeit an der Universität Graz, in der er 1879 zum ordentlichen Professor befördert wird, tut er sich als Lehrbuchautor hervor: 1875 erscheint sein »Lehrbuch der gerichtlichen Psychopathologie«, 1879 zwei Bände des »Lehrbuchs der Psychiatrie« – ein dritter Band wird ein Jahr später publiziert –, welches als Standardwerk gilt.[38]

---

34 Vgl. Sigusch: Geschichte der Sexualwissenschaft. S. 56.
35 Ebd. S. 177.
36 Vgl. ebd.
37 Vgl. ebd.
38 Vgl. ebd. S. 178.

1886 erscheint eben jenes berühmte Werk »Psychopathia sexualis«, das bereits ein Jahr später neu aufgelegt werden muss. Im gleichen Jahr eröffnet Krafft-Ebing sein Privat-Sanatorium Mariagrün auf dem Rosenberg bei Graz, »in dem auch Mitglieder des europäischen Hochadels behandelt werden«.[39] Vielleicht ist es auch der Erfolg seiner Werke, der dazu führt, dass Krafft-Ebing 1889 zum ordentlicher Professor für Psychiatrie und Neuropathologie in Wien und Vorstand der I. Psychiatrischen Klinik, 1892 zum Hofrat und Vorstand der II. Psychiatrischen Klinik der Universität Wien ernannt wird.[40] Seine Institutionalisierung erfolgte also rasch und mustergültig.

Krafft-Ebing war ein reger Publizist und veröffentlichte beinahe 400 wissenschaftliche Arbeiten: »Sein Interesse galt dem Typhus und der Pest ebenso wie der Syphilis, der Paralysis agitans und der Hemikranie wie der konträren Sexualempfindung, dem Hypnotismus und der Psychosis menstrualis wie der Morphinodipsie, der Nervosität seiner Zeit wie den so genannten neurasthenischen Zuständen.«[41] Die Psychiatrie fasste er als lediglich beschreibende Wissenschaft auf, die nicht in jedem Fall Erklärungen für zu Beobachtendes finden musste.[42] Möglicherweise erklärt dies die gelegentlich mangelnde Systematik seiner Ausführungen zur »Psychopathia sexualis«, in der er von *individuellen* Einzelfällen ausgehend zuweilen auf ungewöhnliche Weise und nicht unbedingt einsichtig und nachvollziehbar Krankheitsbilder abstrahiert.[43]

Teile der Sexualwissenschaften sehen das Subjekt gar als »losgelöstes Gesellschaftsglied«, sie erkennen nicht an, dass es in gesellschaftliche Strukturen eingebunden und auch von diesen beeinflusst und geprägt ist, sondern sie suchen nach somatischen Anzeichen für Abweichungen: »Dieser Diskurs pathologisiert den Körper, indem er in dessen *biologischer* Konstitution eine Wahrheit sucht, die etwas über seine *soziale* Funktions- und Integrationsfähigkeit in der Gesellschaft aussagt.«[44]

---

39 Ebd. S. 179.
40 Vgl. ebd.
41 Ebd. S. 180.
42 Vgl. ebd. S. 181.
43 Vgl. ebd. S. 188 f. – Vgl. auch ebd. S. 191: »Alle konnten sich irgendwie auf ihn berufen, weil er, jedenfalls im Bereich der Sexualpsychopathologie, nur zusammenfügte, was bereits mehr oder weniger bekannt war«.
44 Heitmüller: Zur Genese sexueller Lust. S. 122. – Und weiter: »Die objektivierten Pathologien des Einzelnen gerinnen zum individuellen Konflikt mit der gesell-

Hier zeigt sich der Einfluss von Darwins Theorien, die es möglich machen, (gesellschaftlich) unerwünschte Abweichungen als – biologisch bestimmte oder durch milieubedingte Einflüsse ausgelöste – atavistische Rückfälle oder bedauerliche Fehlentwicklungen in einer ansonsten vorwärtsgerichteten, positiven und gesunden Evolutionsbewegung zu begreifen.[45]

Gleichzeitig wird das Individuum damit auf bestimmte erlaubte Sexualempfindungen und -betätigungen festgelegt, von denen es nicht abweichen darf, um nicht als krank zu gelten. Mehr noch, es muss sich seiner restringierten Begierden und Lüste erfreuen, selbst andersgeartete *Wünsche* können als pathologisch gelten.

Andererseits wird das Subjekt auch nicht als Einzelnes wahrgenommen, sondern als Fall; »seine Individualität [wird] unter Nosologien begraben«.[46] Dennoch kommt es als Individuum zur Sprache, wenn seine Fallgeschichte in wissenschaftlichen Texten nicht durch den Sexualwissenschaftler wiedergegeben, sondern von ihm selbst erzählt wird.[47] In diesem Zusammenhang scheint die Arbeit als Nervenarzt und Leiter von Anstalten Krafft-Ebing ebenfalls beeinflusst zu haben – häufig sind seine Fallgeschichten, die er weitgehend unverfälscht wiedergibt[48], von Mitleid geprägt. Als Gutachter bei Gericht lenkte er »den Blick der Medizin und des Rechts von der Tat auf den Täter, von einer strafbaren Handlung auf ein beschädigtes, gefährliches, leidendes Subjekt«[49], dem es zu helfen galt und das er nicht anders denn als ›krank‹ wahrnehmen konnte.

Generell ist der »Unterscheidungs- und Benennungsprozeß«[50] unterschiedlicher Varianten von Sexualität jedoch zunächst vor allem durch die Bedürfnisse der Justiz geprägt, die in Sittlichkeitsprozessen über die Strafbarkeit sexueller Handlungen, späterhin auch über die Schuldhaftigkeit und -fähigkeit des möglichen Täters und dessen wei-

---

schaftlichen Norm, ohne daß Spannungen innerhalb der Struktur konkreter Gemeinschaft selbst überhaupt erscheinen würden.« (ebd. S. 123)
45 Vgl. ebd. S. 141.
46 Gorsen: Psychopathia Sexualis und Kunst. S. 203.
47 Vgl. ebd.
48 Vgl. Sigusch: Geschichte der Sexualwissenschaft. S. 189.
49 Ebd. S. 56.
50 Wünsch: Sexuelle Abweichungen. S. 350.

tere Einstufung und Behandlung entscheiden muss. Handelt es sich um als pathologisch eingestufte Täter, kann der Justizapparat die ›Fürsorge‹ an andere Disziplinen delegieren – die Medizin oder die Psychiatrie beispielsweise.

Der Arzt und Kriminalanthropologe Cesare Lombroso (1835–1909) ist als Gerichtsmediziner natürlich zunächst interessiert daran, die eigene Fachrichtung zu stärken und ihre gesellschaftliche Relevanz nachzuweisen. Auch aus diesem Grund plädiert er dafür, Naturwissenschaftler stärker in den Gerichtsprozess einzubinden, vor allem Mediziner, Biologen und Anthropologen. Deren Gutachten sollten maßgeblich für die Art und Höhe der Bestrafung sein und die Medizin sollte die Deutungshoheit über Schuld und (angemessene) Sühne erhalten.

Lombrosos Überzeugung, dass Geisteskrankheiten biologische Ursachen haben und sich an Kriminellen eine Reihe von Anomalien nachweisen lassen, die teilweise durch Degeneration, teilweise durch einen atavistischen Rückfall auf eine vorherige Entwicklungsstufe des Menschen erklären lassen, erhöht selbstverständlich auch die Bedeutsamkeit seiner Profession. Denn wenn es stimmt, dass es den ›geborenen Verbrecher‹ gibt, einen bestimmten Typus Mensch, den man durch gewisse phrenologische Hinweise erkennen und dessen Abnormität auch nicht durch eine zivilisatorische Sozialisation unterdrückt werden kann, wie es Lombroso 1876 in »L'Uomo delinquente« formuliert, dann erscheint es unabdingbar, dass man jene Verbrechermenschen zu erkennen lernt – wofür der Mediziner und der Anthropologe ausgebildet werden –, um die Nicht-Gesellschaftsfähigen entsprechend kompetent aussondern zu können.

Die Sexologen übernehmen dabei häufig »den Standpunkt ihrer eigenen bürgerlichen Identität«[51], aus der sie sich schwerlich selbst befreien konnten. So gehen sie zum Beispiel häufig von fixen und unabänderlichen Geschlechtsidentitäten aus, denen bestimmte Qualitäten zuzuweisen (bzw. abzuerkennen) sind. Auch die geistige und körperliche Minderwertigkeit der Frau versuchte Lombroso aufgrund von objektiv feststellbaren körperlichen Indizien nachzuweisen – in seinem Werk »Das Weib als Verbrecherin und Prostituirte« (»Donna delinquente«), von dem später noch die Rede sein wird. Dass die dort vorgestellten Argumente und Schlussfolgerungen bestenfalls pseudowissenschaftlich

---

51 Heitmüller: Zur Genese sexueller Lust. S. 124.

zu nennen sind, befand bereits Albert Eulenburg in seiner Rezension von 1893:

> Aber diese ganze Lehre vom ›normalen Weibe‹, sammt ihrem großartigen Oberbau von weiblicher Kriminologie und Prostitution, hängt zuletzt überhaupt mit ihrem gesammten somatisch-psychischen Wurzelwerke frei in der Luft, ist trotz aller Beschwerung mit ›wissenschaftlichem‹ Material im Grunde so unwissenschaftlich und – was schlimmer ist – so unwirklich wie möglich.[52]

Der Vorwurf der Beliebigkeit im Umgang mit Theorie und der Malus der Unwissenschaftlichkeit kommen nicht von ungefähr. Wollte sich die Sexualwissenschaft als ›ordentliche‹ Wissenschaft etablieren, musste sie sich von anderen Theoriegebäuden abgrenzen und deren Erklärungsmuster abwerten – was natürlich nichts daran ändert, dass Lombrosos Argumentation tatsächlich nicht stringent ist und somit faktisch wissenschaftlichen Ansprüchen nicht genügt.[53]

Der Rezensent selbst, Albert Eulenburg (1840–1917) stammt ebenfalls aus einer Ärztefamilie, die jedoch auch kulturell vielseitig interessiert war.[54] Eulenburg begann bereits mit sechzehn Jahren, Medizin zu studieren; er promovierte mit zwanzig und habilitierte sich mit vierundzwanzig an der Universität Greifswald. Eulenburg betrieb Forschungen auf den unterschiedlichsten Gebieten[55] und arbeitete 1866 und 1870/71 als Lazarettarzt, bevor er 1874 zum ordentlichen Professor der Pharmakologie in Greifswald ernannt wurde. Da er gegen den Widerstand der dortigen Fakultät installiert worden war und sein Institut nicht seinen Ansprüchen entsprach, gab er die Professur 1882 auf und wechselte nach Berlin zurück.[56] An der dortigen Universität konn-

---

52   Aus: Albert Eulenburg: Lombrosos Weib. In: Die Zukunft. Bd. 5. 2. Dezember 1893. S. 407–420. Zitiert nach Sigusch: Geschichte der Sexualwissenschaft. S. 243.
53   Näheres zu »Das Weib als Verbrecherin und Prostituirte« in Kapitel 2.1.2.
54   Eulenburgs Mutter, Auguste Eulenburg, war eine Base Paul von Heyses (vgl. Sigusch: Geschichte der Sexualwissenschaft. S. 234).
55   »Nach heutigem Spezialistenverständnis arbeitete er sowohl als Physiologe, Pathologe, Chirurg, Neurologe, Internist, Medizinhistoriker, Pharmakologe und Psychiater wie auch auf den Gebieten Elektromedizin, Balneologie, Sozialmedizin – und Sexualwissenschaft.« (Ebd. S. 234)
56   Vgl. ebd. S. 234.

te Eulenburg jedoch trotz seiner hohen Reputation – seine »Real-Encyclopädie der gesammten Heilkunde« galt als Standardwerk –, vermutlich aufgrund des dort tobenden Antisemitismusstreits, keine Position erhalten, weshalb er in Berlin eine Praxis als Nervenarzt eröffnete, die sich zu einer Poliklinik entwickelte. Daneben trat Eulenburg ebenfalls als Gutachter in Gerichtsprozessen auf und lehrte als Privatdozent an der Universität[57], wo er 1913 »als erster deutscher Professor eine Vorlesung [hielt], in der die Sexualität im Zentrum stand«.[58] Im gleichen Jahr übernahm er – wohl auch aufgrund seiner hohen akademischen Stellung und Reputation gewählt – den Vorsitz der neu gegründeten »Ärztlichen Gesellschaft für Sexualwissenschaft« (ÄGESE)[59], der ersten fachwissenschaftlichen Gesellschaft der Sexualwissenschaften.

Die ÄGESE wurde ebenfalls in Berlin gegründet und hielt ihre »erste öffentliche Sitzung im Langenbeck-Haus der Berliner Charité ab«.[60] Neben Eulenburg gehörten dem ersten Vorstand an:

> Iwan Bloch und Magnus Hirschfeld als Stellvertretende Vorsitzende, der Monist und Psychoanalytiker Heinrich Koerber als Schriftführer, der Gynäkologe Otto Adler als Kassenführer sowie der Sozialhygieniker Alfed Grotjahn, der Psychiater Otto Juliusburger und der Sexualarzt Hermann Rohleder als Beisitzer.[61]

Der Zweck der ÄGESE lag darin, den versprengten Sexualwissenschaftlern eine Anlaufstelle zu bieten und sie in einer Vereinigung zusammenzuführen. Daneben sollte vor allem die Forschung gefördert werden, um mehr Ärzte dazu zu bewegen, sich mit dem ›neu entdeckten‹ Gebiet zu beschäftigen.

Die Unternehmung gelang: Die ÄGESE konnte ihre Mitgliederzahl rasch von fünfzehn auf 102 Mitglieder vergrößern; und es fand sich ein Verlag, der das geplante Publikationsorgan übernehmen wollte.[62] Die meisten Mitglieder waren – wie der Name der Gesellschaft

---

57 Vgl. ebd. S. 235.
58 Ebd. S. 57.
59 Vgl. ebd.
60 Ebd. S. 92.
61 Ebd.
62 Vgl. ebd. – »Zuvor waren Sitzungsberichte in der *Medizinischen Klinik* (1913/14) erschienen. Von 1919 an wurden sie in einem *Sexualwissenschaftlichen Beiheft* des

bereits andeutet – Ärzte, es gab jedoch auch einige Psychoanalytiker: Karl Abraham, Karen Horney, Carl-Müller Braunschweig, auch Freud war zumindest »nominelles Mitglied«.[63] Vielleicht orientierte sich die ÄGESE auch aus diesem Grund stark an den Naturwissenschaften, vor allem an der Biologie und Medizin. Zunächst stand die Gesellschaft politisch der Sexualreformbewegung nahe und plädierte nicht notwendigerweise für eine strikte Trennung zwischen wissenschaftlichem Denken und politischem Engagement, immerhin waren einige der Mitglieder auch im »Wissenschaftlich-humanitären Komitee«[64] oder dem »Bund für Mutterschutz«[65] tätig.[66] Nachdem jedoch Albert Eulenburg ausgeschieden war und Hirschfeld sich verstärkt um das von ihm gegründete »Institut für Sexualwissenschaft« kümmerte, orientierte sich die ÄGESE um, konzentrierte sich verstärkt auf die wissenschaftliche Forschung und distanzierte sich von der Sexualreformbewegung.[67]

---

von Hirsch verantworteten *Archivs für Frauenkunde* und ab 1924 direkt in diesem *Archiv* veröffentlicht.« (ebd.)

63 Ebd.

64 Das »Wissenschaftlich-humanitäre Komitee« (WhK) (1897–1933) wurde in Charlottenburg (bei Berlin) gegründet. Es handelt sich dabei zunächst um eine »Selbst- und Selbsthilfeorganisation homosexueller Männer«, die sich vor allem um eine Abschaffung des § 175 RStGB (der sogenannte »Homosexuellenparagraph«) bemühte (ebd. S. 81) – und im Dezember 1897 dem Reichstag und Bundesrat eine dementsprechende Petition vorlegte (vgl. ebd. S. 82), in zweiter Linie jedoch um einen Zusammenschluss von Menschen, die für die Etablierung einer Sexualwissenschaft arbeiten wollten. Ihr Zeitschriftenorgan war das »Jahrbuch für sexuelle Zwischenstufen unter besonderer Berücksichtigung der Homosexualität« (1899–1923), das Hirschfeld ab dem 2. Heft im Auftrag des WhK herausgab (vgl. ebd.). Die Zeitschrift enthielt vor allem Beiträge über die »sexuellen Zwischenstufen« – »aus diversen Gebieten, wie der Literaturwissenschaft, Ethnologie, Medizin, Rechtswissenschaft, Biologie und Geschichtsforschung« (ebd. S. 108).

65 Der »(Deutsche) Bund für Mutterschutz« (1905–1933), der in Berlin gegründet wurde, machte sich den Schutz von ledigen Müttern und ihren Kindern zur Aufgabe, vor allem auch die Sicherstellung ihrer wirtschaftlichen Versorgung. Während in den Anfängen hier Frauenrechtlerinnen und Sexualwissenschaftler eng zusamenarbeiteten, kam es später vermutlich auch aufgrund von Differenzen zwischen Sexualforschern und Sexualreformern zu Zerwürfnissen, nach denen einige Mitglieder den Bund verließen, dessen Tendenz ihnen zu naiv und nicht ›wissenschaftlich‹ genug erschien (vgl. ebd. S. 86/91).

66 Vgl. ebd. S. 92.

67 Vgl. ebd. S. 93.

Das offizielle Organ der ÄGESE ist die »Zeitschrift für Sexualwissenschaft (und Sexualpolitik)«[68] (1914–1932) – im Untertitel zunächst »Internationales Zentralblatt für die Biologie, Psychologie, Pathologie und Soziologie des Sexuallebens«[69], herausgegeben von Albert Eulenburg. 1919/20, nach kurzer alleiniger Herausgeberschaft Blochs, die er nach Eulenburgs Tod 1917 angetreten hatte, wird die Zeitschrift von der »Internationalen Gesellschaft für Sexualforschung« (INGESE) (1913–1932) übernommen und ab diesem Zeitpunkt von Max Marcuse redigiert.[70] 1928 ging dann auch die »Berliner Ärztliche Gesellschaft für Sexualforschung und Konstitutionsforschung« in die INGESE über.[71]

Federführend in der INGESE waren Albert Moll, Max Marcuse und der Bevölkerungstheoretiker Julius Wolf, die durch die Gründung der zunächst siebzig Mitglieder umfassenden Gesellschaft den Versuch unternehmen wollten, Sexualforschung als nicht interessegeleitete und unpolitische Wissenschaft zu betreiben[72] – ganz im Gegensatz zu den älteren sexualwissenschaftlichen Organisationen, wie Julius Wolf anmerkte: »Wir wollen nicht gegen sie, nicht einmal mit ihnen arbeiten. Denn alle diese Organisationen haben praktische Ziele«.[73] Die INGESE dagegen verfolge lediglich rein wissenschaftliche Absichten.[74]

Vor allem zwischen Albert Moll, Albert Eulenburg und Magnus Hirschfeld wurden die unterschiedlichen Auffassungen über die Ziele der Sexualwissenschaft zum Streitpunkt. »Es ist der Streit zwischen jener Wissenschaft, die sich als wertfrei, objektiv, tendenzlos, ja rein

---

68   »1928/29 lautet der Titel des gebundenen 15. Jahrganges […] *Zeitschrift für Sexualwissenschaft und Sexualpädagogik*. Die Hefte dagegen tragen vom 15. bis zum 18. Jahrgang 1831/32, d. h. bis zur Einstellung mit dem 8. Heft vom März 1932, den Titel *Zeitschrift für Sexualwissenschaft und Sexualpolitik* mit dem neuen Untertitel *Mitteilungsblatt der Internationalen Gesellschaft für Sexualforschung*.« (Ebd. S. 112)
69   Vgl. ebd. – Im Original kursiv.
70   Vgl. ebd. S. 113.
71   Vgl. ebd. S. 93.
72   Vgl. ebd.
73   Julius Wolf: Aus Vereinen, Versammlungen, Vorträgen. Sexualforschung [Rede zur Gründung der Internationalen Gesellschaft für Sexualforschung]. In: Sexual-Probleme 10 (1914). S. 83–88. Hier: S. 84ff. Zitiert nach Sigusch: Geschichte der Sexualwissenschaft. S. 93 f.
74   Bemerkenswert, dass die meisten programmatischen Äußerungen darüber, wie sich eine Sexualwissenschaft definieren sollte, von Mitgliedern der ÄGESE stammen (vgl. Seeck: Aufklärung oder Rückfall? S. 176).

versteht, und jener, die soziale Verantwortung übernehmen, Reformen durchsetzen, Partei ergreifen will.«[75]
Albert Moll beschuldigte Eulenburg und Hirschfeld, Forschungsergebnisse absichtsvoll so zu interpretieren und zu ›färben‹, dass sie damit (sexual)politisch argumentieren konnten.[76] Zum »I. Internationalen Kongreß für Sexualforschung« erhielt Hirschfeld mithin keine Einladung.[77] Moll wies die Annahme, er habe Hirschfeld aufgrund von dessen politischen Ansichten nicht eingeladen, jedoch scharf zurück – immerhin habe auch er, Moll, sich für Reformen (z. B. des sogenannten »Homosexuellenparagraphen« §175) und die Emanzipation eingesetzt, zu den ersten Mitgliedern des »Bundes für Mutterschutz« gehört und sich zur Frauenfrage geäußert:

> Deshalb ein offenes Wort: Er wurde nicht eingeladen, weil nach bestimmten Äußerungen anzunehmen war, daß bedeutende Persönlichkeiten am Kongreß nicht teilgenommen hätten, wenn Magnus Hirschfeld eine Einladung erhalten hätte. Der Grund ist aber nicht etwa der, daß Herr Magnus Hirschfeld eine radikalere Anschauung vertritt, sondern, weil er von sehr vielen ernsten Forschern nicht für einen objektiven Wahrheitssucher gehalten wird, da [...] er bekanntlich nicht voraussetzungslos an die Wissenschaft herantritt, sondern [...] Agitation und Wissenschaft verwechselt.[78]

Albert Moll warf Hirschfeld später nicht nur vor, den INGESE-Kongress im Vorfeld torpediert zu haben, sondern auch noch während der Tagung gegen ihn intrigiert und die Veranstaltung herabgewürdigt zu haben: »den Kongreß, der der erste internationale wissenschaftliche Kongreß war, der seit Beginn des Krieges auf deutschem Boden abgehalten wurde, aber auch der erste internationale wissenschaftliche Kongreß

---

75   Sigusch: Geschichte der Sexualwissenschaft. S. 252. – Doch auch die Arbeiten von Mitgliedern der INGESE waren – da von gängigen Diskursen geprägt – nicht gänzlich frei von politischen Meinungen und Werturteilen (vgl. Seeck: Aufklärung oder Rückfall? S. 194).
76   Vgl. Sigusch: Geschichte der Sexualwissenschaft. S. 214.
77   Vgl. ebd. S. 222.
78   Albert Moll: Der »reaktionäre« Kongreß für Sexualforschung. In: Zeitschrift für Sexualwissenschaft 13 (1926/7). S. 321–331. Hier: S. 322 f. Zitiert nach Sigusch: Geschichte der Sexualwissenschaft. S. 227.

für Sexualforschung überhaupt«.[79] Die von Hirschfelds »Institut für Sexualforschung« bereits 1921 organisierte »I. Internationale Tagung für Sexualreform auf sexualwissenschaftlicher Grundlage« ignoriert Moll dabei geflissentlich, da er sie nicht als wissenschaftlichen Kongress ansehen kann: »Wer den Unterschied [zwischen] einer Tagung für Sexual-Reform und einem Kongreß für Sexual-Forschung nicht begreift, der ist für die Wissenschaft verloren.«[80]
Hirschfelds Tagung

> nahm sich [...] heraus, nicht nur über »innere« Sekretionen zu sprechen, sondern auch über »äußere« Exkretionen, über Sexualpädagogik, Sexualstrafrecht, Geburtenregelung und »allgemeine Sexualreformen«. Sie nahm sich auch heraus, diejenigen teilnehmen, ja sogar sprechen zu lassen, die heute »Betroffene« genannt werden. Außerdem und folglich plädierte sie zum Missvergnügen der konservativen Öffentlichkeit unüberhörbar für soziale und rechtliche Reformen.[81]

Hirschfeld, für den die politische Arbeit uneingeschränkt mit der akademischen zu vereinen war, empfand seine Tagung also durchaus als eine wissenschaftliche – und er stand damit nicht allein: Die sich erst 1928 offiziell konstituierende »Weltliga für Sexualreform« (1928–1935) erkannte sie im Nachhinein als ihren ersten Kongress an[82] – der erste *offizielle* Kongress der WLSR, der 1928 in Kopenhagen stattfand, wurde zum zweiten erklärt. Neben Magnus Hirschfeld, der offenbar der Ideengeber für die Gründung der Liga gewesen war, gehörten dem Vorstand der WLSR zunächst noch August Forel und Havelock Ellis an, die 1930 zwar abgelöst wurden, aber Ehrenpräsidenten blieben.[83]

1929 wurde der dritte Kongress der WLSR in London, 1930 der vierte in Wien – mit umfangreichem Programm und offenbar bis zu 2000 Teilnehmern – abgehalten: Ein großer Erfolg für die Liga.[84] Am letzten Kongress (1932 in Brno/Brünn) nahmen zwar weniger Personen teil, dafür durfte dieser allerdings zum ersten Mal in einem »staatlichen Universitäts-Institut, und zwar im Hörsaal der Anatomie der Masaryk-

---

79 Ebd. S. 321. Zitiert nach Sigusch: Geschichte der Sexualwissenschaft. S. 219.
80 Ebd. S. 322. Zitiert nach Sigusch: Geschichte der Sexualwissenschaft. S. 219.
81 Sigusch: Geschichte der Sexualwissenschaft. S. 222 f.
82 Vgl. ebd. S. 223.
83 Vgl. ebd. S. 100.
84 Vgl. ebd. S. 100 f.

Universität« abgehalten werden.[85] Die Kongresse dienten als Foren, auf denen die teilweise isolierten Sexualwissenschaftler aus unterschiedlichen Ländern sich mit Gleichgesinnten zusammenschließen und dringliche Problemstellungen diskutieren konnten.

Wie der Name bereits andeutet, verstand sich auch die Weltliga als eher politisch ausgerichtete Organisation: So forderte die WLSR u. a. die Gleichberechtigung der Frau, die Entkriminalisierung der Homosexualität, die Verhütung von Prostitution und Geschlechtskrankheiten, ein reformiertes Sexualstrafrecht, die Möglichkeit der verantwortungsbewussten Geburtenkontrolle etc.[86]

Aus den biologischen Erkenntnissen, die die Sexualwissenschaft zu Tage förderte, folgte für sexualpolitisch Interessierte wie Hirschfeld zwingend die Notwendigkeit ›sexueller‹ Reformen. Wissenschaft galt dem aus einer – sozial engagierten – Ärztefamilie stammenden Hirschfeld als Mittel, seinen Kampf gegen die Diskriminierung von Homosexuellen zu forcieren – es ging ihm vor allem darum, durch »konstitutionsbiologische, genochirurgische und endokrinologische Forschungen« die Heredität von Homosexualität zu beweisen und das Individuum somit zu exkulpieren.[87] Wenn Homosexualität z. B. angeboren war, wie konnte sie dann noch bestraft werden? Für Hirschfeld bedingten sich Politik und Wissenschaft gegenseitig[88] – da der überzeugte Sozialdemokrat offenbar eingesehen hatte, dass sich gesellschaftliche Änderungen nunmehr nur noch aufbauend auf wissenschaftliche Erkenntnisse herbeiführen ließen, gleichzeitig jedoch erst politische Aktivität und Über-

---

85 Ebd. S. 101.
86 Vgl. ebd. S. 100.
87 Ebd. S. 64.
88 Vgl. ebd. S. 65. – Die eigene politische Argumentation als natürliche und zwangsläufige Konsequenz zunächst ›wertfreier‹ Wissenschaft darzustellen, war erfolgreich, hatte aber auch Nachteile: Zum einen schienen die politischen Forderungen so von den biologischen Erkenntnissen abhängig – neue Forschungsergebnisse hätten zu einer Entwertung der angeführten Belege führen können. Zum anderen konnte die biologische Forschung von den Emanzipationsbewegungen, die sie unterfüttern sollte, abgesondert und letztlich auch im Gegensinn verwendet werden: Ist z. B. die Homosexualität erblich, dann kann sie durch Sterilisierung von Homosexuellen zum Verschwinden gebracht werden. – Daneben wird eine Reflexion über die der Analyse zugrunde liegenden Werte und Normvorstellungen verhindert, wenn sie lediglich unterschwellig transportiert werden (vgl. Seeck: Aufklärung oder Rückfall? S. 196 f.).

zeugungsarbeit dazu führen konnten, dass unbequeme Forschung überhaupt durchgeführt und anerkannt werden konnte, engagierte er sich sowohl in der und für die Wissenschaft als auch in reformatorischen Bewegungen. Zudem verschaffte er den Sexualwissenschaften auch publizistische Aufmerksamkeit, z. B. durch seine Tätigkeit als Gerichtsgutachter im Rahmen der Harden-Eulenburg-Affäre.[89]

Zwar konnte Hirschfeld die Sexualwissenschaften nicht universitär integrieren, doch gelang es ihm, durch die Gründung des »Wissenschaftlich-humanitären Komitees« (WhK) – zusammen mit dem Verleger Max Spohr, dem Beamten Eduard Oberg und dem ehemaligen Offizier Franz Josef von Bülow –, dessen Anliegen die Entkriminali-

---

89 Bei der Harden-Eulenburg-Affäre (oder Eulenburg-Affäre) handelt es sich um eine Reihe von Strafprozessen um öffentlich geäußerte Anwürfe der Homosexualität und gegen diese Vorhaltungen geführte Verleumdungsklagen. Der entlassene Kanzler Bismarck hatte dem Journalisten Max Harden Informationen über die angebliche Homosexualität einiger der Mitglieder des Freundeskreises um Wilhelm II. zugespielt, die Harden – als Mitstreiter im Emanzipationskampf der Homosexuellen – jedoch zunächst nicht nutzte. 1906 jedoch deckte Harden in »Die Zukunft« eine ›verdächtig‹ wirkende Freundschaftsbeziehung zwischen dem engen Vertrauten des Kaisers, Philipp Fürst zu Eulenburg-Hertefeld und dem Militärkommandanten Berlins, Graf Cuno von Moltke, auf. Moltke erstattete daraufhin Anzeige wegen Verleumdung, im Oktober 1907 kam es zum Prozess. Moltkes frühere Ehefrau berichtete vom Frauenhass ihres Mannes und seiner engen Freundschaft zu Eulenburg. Als Sachverständiger wurde Magnus Hirschfeld vernommen, der – gestützt auf die Aussagen der Ex-Ehefrau – bei Moltke eine »ihm selbst nicht bewußte homosexuelle Veranlagung mit ausgesprochenem seelisch-ideellen Charakter« feststellte (Haeberle: Justitias zweischneidiges Schwert). Harden wurde freigesprochen, Moltke galt als homosexuell – und auch Eulenburg war diskreditiert. Im Dezember 1907 wurde der Prozess, der zwischenzeitlich wegen Verfahrensmängeln für ungültig erklärt worden war, wiederholt. Die Aussagen der früheren Ehefrau wurden durch medizinische Gutachter, die sie für hysterisch befanden, unglaubwürdig gemacht. Hirschfeld, der erneut als Sachverständiger fungierte, konnte somit seine Diagnose nicht mehr aufrechterhalten und zog sie – wohl auch aufgrund äußeren Drucks – zurück. Moltke war rehabilitiert, Harden dagegen wurde zu einer Gefängnisstrafe verurteilt. Um sich zu wehren, konspirierte der Journalist mit einem Kollegen – Anton Städele –, der veröffentlichte, Eulenburg habe Harden bezahlt, damit dieser ihn nicht belaste. Harden verklagte daraufhin verabredungsgemäß Städele wegen Verleumdung und nutzte die Verhandlung, um Zeugen aufzurufen, die Eulenburgs Homosexualität bestätigten. Damit war der Diplomat vollständig diskreditiert (vgl. ebd.; Haeberle erläutert auch die Implikationen, die Hirschfelds jeweilige Aussagen als Sachverständiger hatten, und legt den historischen Hintergrund der Prozesse dar).

sierung der Homosexualität war[90], der Gründung und Herausgabe des »Jahrbuchs für sexuelle Zwischenstufen unter besonderer Berücksichtigung der Homosexualität« (1899–1923) und der ersten »Zeitschrift für Sexualwissenschaft« (1908)[91] sowie der Finanzierung und Leitung des ersten »Instituts für Sexualwissenschaft«[92] der jungen und sich gerade konstituierenden Wissenschaft ein Forum und ein (zwar außeruniversitäres, aber dennoch an Institutionen gebundenes) Netzwerk zu bieten. Institutszugehörige lieferten Gutachten in teilweise recht spektakulär aufgenommenen Gerichtsfällen.[93]

Daneben war Hirschfelds Einrichtung allerdings auch eine Zufluchtsstätte für alle Arten von ›sexuell Abweichenden‹, denen es medizinische und juristische Hilfe, teilweise Logis bot.[94] Die Arbeit der Einrichtung dürfte zur Popularisierung des neuen Fachgebiets beigetragen haben: »Im ersten Tätigkeitsjahr hätten die Mitarbeiter des Instituts laut Rechenschaftsbericht etwa 3.500 Personen in über 18.000 Sitzungen beraten, in über der Hälfte der Fälle unentgeltlich.«[95] Ratsuchende konnten auch anonym drängende Probleme ansprechen – sie mussten sie lediglich auf einen Zettel schreiben und einem Briefkasten anvertrauen –, die dann an sogenannten Frageabenden öffentlich diskutiert wurden.[96] Die sexuelle Aufklärung der Bevölkerung, die sie durch Veröffentlichungen, »zahlreiche populärwissenschaftliche Vorträge und Filmvorführungen im Institut, Kurse für Studenten, Ärzte und Juristen sowie Führungen unterschiedlichster Besuchergruppen durch die Sammlungen des Instituts«[97] voranzutreiben versuchten, war ein weiteres Anliegen der Mitglieder.

---

90 Vgl. ebd. S. 98.
91 Die »Zeitschrift für Sexualwissenschaft« führt als erste Zeitschrift den Begriff ›Sexualwissenschaft‹ im Titel. Max Marcuse, der die Zeitschrift »Mutterschutz« unter dem Titel »Sexual-Probleme« übernommen hatte, vereinigte die beiden Zeitschriften 1909 als »Sexual-Probleme. Zeitschrift für Sexualwissenschaft und Sexualpolitik«, die er bis 1914 führte (vgl. Sigusch: Geschichte der Sexualwissenschaft. S. 110 f.).
92 Vgl. ebd. S. 64.
93 Vgl. ebd. S. 346.
94 Vgl. ebd. S. 65.
95 Ebd. S. 346.
96 Vgl. ebd. S. 347.
97 Vgl. ebd.

Die Sexualwissenschaft war der Aufklärung in ihrer doppelten Wortbedeutung verpflichtet – Aufklärung im Sinne von Verstandesbildung, Emanzipation und Erkenntnisfindung, Aufklärung aber auch im Sinne von Sexualerziehung: Das Schweigen, das gerade im Bereich des Sexuellen zu so viel Leiden geführt hatte, sollte durchbrochen, die Menschen sollten in die Lage versetzt werden, ihre Probleme, Ängste und Nöte – ebenfalls doppeldeutig gemeint – zur Sprache zu bringen, Sexuelles sollte enttabuisiert und zu einem diskursfähigen Thema gemacht werden.[98]

Hirschfeld bemühte sich, von den Betroffenen zu lernen und »zog oft seine Schlüsse aus ›nichtklinischem Material‹«[99] – dezidierte Wissenschaftlichkeit erschien ihm bisweilen offenbar weniger wichtig als Hilfe und Verständnis. Diese Haltung brachte unter anderem Albert Moll gegen ihn auf, der die von ihm vertretene Wissenschaft nicht durch politische Interessen infiltriert sehen wollte.

Als Hirschfeld 1903/04 eine empirische Befragung von Berliner Studenten und Metallarbeitern zu ihrer sexuellen Orientierung durchführte, um herauszufinden, wie hoch der Prozentsatz an Homosexuellen unter ihnen war, wurden Strafanzeigen gegen ihn gestellt. »Hirschfeld wurde noch 1904 von einem Gericht wegen Beleidigung zu einer Geldstrafe in Höhe von 200 Mark bestraft und musste die Kosten des Verfahrens tragen.«[100] 1920 wurde der Wissenschaftler von einer völkischen Gruppe angegriffen und schwer verletzt, danach blieb er das Ziel von Hetzkampagnen, bis er aus Deutschland floh. Das »Institut für Sexualwissenschaft« wurde 1933 durch Nationalsozialisten zerstört und geplündert.[101]

Ebenso wie Hirschfeld entstammen auch viele andere Sexualwissenschaftler jüdischen Familien, blieben jedoch häufig in Distanz zum orthodoxen religiösen Judentum und/oder konvertierten sogar zum Christentum. Wichtige Forscher waren zudem homosexuell.[102] Zum einen kämpfen hier also Ausgestoßene und Verfolgte für »persönliche

---

98 Letztlich gingen aus diesem Sprechen über Sexuelles neue normative Festsetzungen und Möglichkeiten der Sanktionierung hervor.
99 Sigusch: Geschichte der Sexualwissenschaft: S. 65.
100 Ebd. S. 562.
101 Vgl. ebd. S. 232.
102 Vgl. ebd. S. 374.

Freiheiten, für Aufklärung, Entkriminalisierung und Emanzipation«, zum anderen bot die Sexualwissenschaft, die – wie auch die Venerologie – als eines der ›schmutzigen‹ Fächer galt, den »Diffamierte[n] und prinzipiell Verfolgte[n]«[103] überhaupt Karrieremöglichkeiten. »Die Normopathen sorgten auf diese Weise [...] dafür, dass die, die ihnen ohnehin als sexualistisch und verweiblicht und schmutzig galten, von den ›sauberen‹, ›anständigen‹ und ›männlichen‹ Fächern ferngehalten wurden.«[104]

Die Etablierung der Sexualwissenschaften als neue wissenschaftliche Disziplin fand wohl auch deshalb weitgehend außerhalb der Hochschulen statt: Die meisten Sexualforscher arbeiteten außeruniversitär und waren größtenteils nicht habilitiert; auch Hirschfelds »Institut für Sexualwissenschaft« war nicht an eine Hochschule angeschlossen. Vorstöße, einen Lehrstuhl für Sexualwissenschaft einzurichten, wurden abgewehrt.[105] »Das weltweit erste sexuologische *Universitäts*-Institut wurde im Dezember 1920 an der Prager Karls-Universität beschlossen« – aber erst 1934 wurde vom Dermatologen Josef Hynie dort ein Institut für Sexualpathologie aufgebaut.[106]

Außerhalb der Universitäten war die neue Wissenschaftsdisziplin jedoch erfolgreich, vor allem auf publizistischem Gebiet. Neben Krafft-Ebings »Psychopathia sexualis« erreichten auch die Übersetzungen von Havelock Ellis' »Studies in the Psychology of Sex« und Iwan Blochs Schriften hohe Auflagenzahlen.

---

103   Ebd.
104   Ebd. – Christina von Braun erkennt zwei unterschiedliche Traditionen in den Sexualwissenschaften – eine, die auf säkularisiertem jüdischen und eine, die auf säkularisiertem christlichen Denken beruhe. Schon in der Definition des Wissenschaftsbegriffs (›jüdische‹ Wissenschaft basiere auf einer wohlwollenden Akzeptanz des Bestehenden, während ›christliche‹ Wissenschaft die physisch wahrnehmbare Welt verändern wolle) und im Verständnis der Sexualität (während die jüdische Religion die sexuelle Befriedigung nicht verdamme, entspreche es der christlichen Anschauung, Sexualität als Funktion der Fortpflanzung wahrzunehmen) seien deutliche Unterschiede zu verzeichnen (vgl. Braun: Ist die Sexualwissenschaft eine »jüdische Wissenschaft«? S. 234–243). – Sigusch widerspricht Braun in seiner eigenen Analyse: Die Sexualwissenschaftler seien von beiden Denktraditionen beeinflusst worden, wie sie sich in den Geschlechts- und Sexualdiskursen der Zeit niedergeschlagen hätten (vgl. Sigusch: Geschichte der Sexualwissenschaft. S. 373 f.)
105   Vgl. ebd. S. 117.
106   Ebd.

›Wissenschaft‹: Definitionen und Grenzen 37

Iwan Bloch wuchs in einer »jüdischen Schlachter- und Viehhändlerfamilie« auf. Er studierte Medizin und »spezialisierte sich zum Dermatologen und Venerologen«, bevor er sich als Arzt für Haut- und Sexualleiden in Charlottenburg niederließ.[107] Sein Werk »Das Sexualleben unserer Zeit in seinen Beziehungen zur modernen Kultur« war stark verbreitet – auch wenn es »lediglich sehr belesen und samt aller Widersprüche und Paradoxien einen Strang des Sexualdiskurses der Zeit zusammen[fasst]: Die Sexualität soll sauber, rein und durch und durch heterosexuell sein.«[108] 1912 beginnt Bloch mit der Herausgabe eines »Handbuchs der gesamten Sexualwissenschaft in Einzeldarstellungen«, das jedoch aufgrund des Ausbruchs des Weltkriegs und Blochs Tod nicht vollendet wird.[109]

Wenn der Arzt seinen späteren programmatischen Schriften die Biologie und Medizin als objektive Wissenschaften über die spekulativen Kulturwissenschaften stellt[110], ist es nicht verwunderlich, dass er sich wiederholt darum bemüht hat, »die neue Disziplin Sexualwissenschaft theoretisch zu begründen«[111] und sie ebenfalls in den Rang einer (möglichst) objektiven Wissenschaft zu erheben. Wohl auch, um damit die eigenen Position als Wegbereiter der neuen Disziplin zu stärken; nur so erklärt sich z. B. sein Beharren darauf, den Begriff ›Sexualwissenschaft‹ als Erster verwendet oder andere, grundlegende Entdeckungen gemacht zu haben, was Bloch dann durch die Zitation zustimmender Kollegen ›belegt‹.[112]

Seine Einstellung zur Wissenschaftlichkeit der Sexualwissenschaft erscheint jedoch widersprüchlich:

> Schon in der Vorrede zum ›Sexualleben unserer Zeit‹ habe ich die Ueberzeugung ausgesprochen, daß eine rein medizinische (geschweige denn psychiatrische) Auffassung des Geschlechtslebens, obgleich sie immer den Kern der Sexualwissenschaft bilden wird, nicht ausreicht, um den vielseitigen Beziehungen des Sexuellen zu allen Gebieten des menschlichen Lebens gerecht zu werden. Diese Beziehungen als Ganzes machen den In-

---
107 Ebd. S. 68.
108 Ebd. S. 295.
109 Vgl. ebd. S. 69.
110 Vgl. ebd. S. 68.
111 Ebd. S. 69.
112 Vgl. ebd. S. 286.

halt der ›besonderen‹ Sexualwissenschaft aus, deren Aufgabe es ist, sowohl die physiologischen als auch die sozialen und kulturgeschichtlichen Beziehungen der Geschlechter zu erforschen und durch das Studium des Natur- und Kulturmenschen gewissermaßen die *sexuellen Elementargedanken* der Menschheit aufzufinden, die übereinstimmenden biologisch-sozialen Erscheinungen der Sexualität bei allen Völkern und zu allen Zeiten, den festen Grund für das Gebäude der neuen Wissenschaft. Einzig und allein diese *anthropologische* Betrachtungsweise (im weitesten Sinne des Wortes) liefert uns für die Sexualwissenschaft an der Hand von Massenbeobachtungen, für die das Material nicht groß genug sein kann und immer noch neu hinzuströmt, solche wissenschaftlich verwertbaren Grundlagen, daß sie denselben Anspruch auf Exaktheit und Objektivität erheben können wie die rein naturwissenschaftliche Einzelbeobachtung.[113]

Einerseits wollte Bloch die Sexualwissenschaft »erklärtermaßen, gegen die Medizin und insbesondere die Psychiatrie gerichtet, anthropologisch-ethnologisch basieren« – so wie auch er selbst oft argumentierte, griff dann aber »die Internationale Gesellschaft für Sexualforschung (INGESE) von Julius Wolf und Albert Moll an, weil sie einen Nationalökonomen und nicht einen Arzt an ihre Spitze stellte.« »Er predigte allerorten eine ›reine‹, ›voraussetzungslose‹ Wissenschaft, die niemanden etwas zuliebe oder gar zuleide tun dürfe«[114], sprach sich aber auch immer wieder gegen eine rein naturwissenschaftlich fundierte Sexualwissenschaft aus.

Letzteres gilt auch für den britischen Sozialforscher und Sozialreformer Havelock Ellis (1859–1939). Ellis hatte nie eine ärztliche Praxis, obwohl er – wie die meisten Sexualwissenschaftler – Medizin studierte. Ellis übte den Beruf des Arztes nur als Privatgelehrter aus, beriet Kranke z. B. brieflich[115] – Tausende von Menschen sollen sich mit der Bitte um Rat an ihn gewandt haben. Eine Korrespondenz unterhielt Ellis auch mit Freud und Lombroso, er »publizierte zusammen mit Moll und stand mit Hirschfeld und August Forel der Weltliga für Sexualre-

---

113 Aus: Iwan Bloch: Vorrede (zugleich Einleitung zum Handbuch der gesamten Sexualwissenschaft in Einzeldarstellungen). In: Handbuch der gesamten Sexualwissenschaft in Einzeldarstellungen. Bd. 1. Berlin 1912. S. V–XXII. Zitiert nach Sigusch: Geschichte der Sexualwissenschaft. S. 300.
114 Sigusch: Geschichte der Sexualwissenschaft. S. 294.
115 Vgl. ebd. S. 62.

form vor«.[116] Ellis veröffentlichte zahllose Texte in vielen Sprachen und behandelte dabei beinahe sämtliche Aspekte der Sexualität.[117]

Daneben war er auch kulturell vielseitig interessiert. Als Medizinstudent arbeitete Ellis bei der »Westminster Review« mit, ab 1887 fungierte er als Herausgeber von Elizabethanischen und Jakobinischen Dramen; er schrieb Essays, Literaturkritiken und Gedichte und gab eine Reihe namens »Contemporary Science Series« heraus.[118]

Ellis' Hauptwerk »Studies in the Psychology of Sex« enthält zweiunddreißig Einzelstudien und zeichnet sich dadurch aus, dass »sie nach dem vorausgegangen Exzess der Sexualpsychopathologie das ›normale‹ Sexual- und Geschlechtsleben ebenso ernst nimmt wie das seltene, bizarre oder perverse«.[119] 1896 erschien der die Homosexualität behandelnde Band »Das konträre Geschlechtsgefühl« als Teil der »Studies« in Deutschland – als er unter dem Titel »Sexual Inversion« auch in England publiziert wurde, wurde ein Buchhändler, der ihn vertrieb – George Bedborough – verklagt. Ein Richter erklärte die »Studies« für obszön, so dass die folgenden Bände nicht mehr in England publiziert werden konnten und stattdessen in Amerika und Deutschland erschienen.

Ellis gilt als liberaler Sexualforscher, der sich für Sexualreformen auf allen Gebieten einsetzte – von der sexuellen Aufklärung und der Frauenfrage über die Geburtenregelung und die Entpathologisierung von Homosexualität und anderen als ›pervers‹ geltenden Sexualbegierden bis zum Umgang mit Sexualstraftätern.[120]

Wer bleibt noch übrig? Ebenso wie Cesare Lombroso ist auch Sigmund Freud kein Sexualwissenschaftler im engeren Sinne.[121] »Ein sexuologischer Pionier aber ist er, weil er den Sexualtrieb als die entscheidende menschliche Antriebskraft ansah und weil er dem ›sexuellen Zeitalter‹

---

116 Ebd. S. 62 f.
117 Vgl. ebd. S. 62.
118 Vgl. ebd. S. 63.
119 Ebd.
120 Vgl. ebd. S. 62.
121 Obwohl der Sexualtrieb in den Theorien der Psychoanalyse eine große Rolle spielt, ist nicht er ihr eigentliches Objekt, sondern die – komplette und komplexe – Psyche des Menschen.

gewissermaßen die Sexualtheorie lieferte, die den ›Zeitgeist‹ traf.«[122] Freud gelang es als ausgezeichnetem Prosaisten, seine psychoanalytische Sexualtheorie so zu formulieren, dass sie allgemeinverständlich und einsichtig erschien und (dennoch?) im Einklang mit »dem durchgesetzten Wissenschaftsobjektiv«[123] stand. Freuds Lehre ist naturwissenschaftlich geprägt, er beruft sich auf evolutions- und entwicklungsbiologische Erkenntnisse und zeigt sich vom »psychophysischen Parallelismus« beeinflusst[124], der zwar eine Wirkung von Geistigem auf Materielles verleugnet, allerdings von parallelen Ereignissen und Entwicklungen ausgeht. Freud selbst schrieb noch gegen Ende seines Lebens:

> Die Phänomene, die wir bearbeiten, gehören nicht nur der Psychologie an, sie haben auch eine organisch-biologische Seite und dementsprechend haben wir [...] auch bedeutsame biologische Funde gemacht und neue biologische Annahmen nicht vermeiden können. [...] [Das] hat uns in den Stand gesetzt, die Psychologie auf einer ähnlichen Grundlage aufzurichten wie jede andere Naturwissenschaft, z. B. wie die Physik.[125]

Der Arzt Freud, der seine Habilitation im Bereich der Neuropathologie abgeschlossen und seine Naturforscher-Karriere wohl vor allem aus finanziellen Erwägungen heraus abgebrochen hatte, um eine Privatpraxis in Wien zu eröffnen[126], ist also bemüht, auch seine Disziplin auf eine naturwissenschaftliche Basis – neben die Physik – zu stellen.

Gleichzeitig unterwirft er seine Schriften selbst nicht in jedem Punkt den Vorgaben des Wissenschaftsdiskurses, »weil sich in seinem voluminösen Werk zu vielen Fragen doppelsinnige oder widersprüchliche Antworten finden«[127] – was natürlich den Vorteil hat, dass viele sich durch ihn bestätigt fühlen konnten.

Obgleich sich Freud mit Albert Moll über Prioritätsrechte an Begriffen wie dem Unterbewussten und Ideen wie der kindlichen Sexualentwicklung stritt[128] und in seinen Werken Havelock Ellis und andere

---

122 Sigusch: Geschichte der Sexualwissenschaft. S. 59.
123 Ebd.
124 Ebd. S. 60.
125 Freud: Abriss der Psychoanalyse. S. 125 f.
126 Vgl. Sigusch: Geschichte der Sexualwissenschaft. S. 60 f.
127 Ebd. S. 60.
128 Vgl. ebd. S. 266.

Sexuologen zitiert[129], besteht eine »grundsätzliche Differenz von Psychoanalyse und Sexualwissenschaft zu dieser Zeit: Unbewusstes, Fantasie und Konfliktpsychologie auf der einen Seite, Bewusstes, Verhalten und Assoziations- oder Reflexpsychologie auf der anderen Seite«.[130]

Freud kooperierte zwar mit den Sexualwissenschaftlern und veröffentlichte z. B. einige Arbeiten in sexualwissenschaftlichen Büchern und Zeitschriften – vermutlich auch aus rein opportunistischen Gründen: immerhin war die neue Disziplin gerade dabei sich zu etablieren und ihre Anhänger gewannen an Einfluss[131] –, doch im Grunde genommen waren ihre Ansichten und auch ihre Argumentationsweise unvereinbar. Während die Sexualwissenschaftler sich mit biologischen Fakten befassten, vermaßen und zählten, während sie sich auf die Vererbungslehre beriefen und sich mit der Möglichkeit beschäftigten, Homosexualität durch Operationen zu ›heilen‹, sprach Freud von – letztlich nicht beweisbaren – Trieben: »Selbstvernichtungstrieb, Todestrieb, überhaupt Trieb, Eros und Thanatos, Lustprinzip, das Unbewusste, der Traum – das sind in einer durchrationalisierten Welt die Ingredienzien einer geheimnisvollen, vielleicht sogar transzendentalistischen Lehre«.[132]

---

129 Vgl. ebd. S. 268.
130 Ebd. S. 266.
131 Vgl. auch – vor allem bezüglich Kooperationsversuchen – ebd. S. 271.
132 Ebd. S. 275.

1.2 »Kunst zeigt, wo sie Wert hat, Dinge, die noch wenige gesehen haben«[1]
›Literatur‹: Definitionen und Grenzen

1911 verfasst Robert Musil einen kurzen Essay, in dem er sich zum einen darum bemüht, die Literatur von der Wissenschaft abzugrenzen und den ihr ganz eigenen Wert aufzuzeigen, in dem er jedoch zugleich das gesellschaftliche Primat der Theoriebildung anerkennt und sogar Übereinstimmungen im Objekt der Schilderung zugibt – ein Objekt, das er auf der anderen Seite zumindest teilweise als darstellungswürdig und -notwendig verteidigen muss.

Musil wehrt sich gegen sämtliche Zensurmaßnahmen von Seiten der Polizei, von Staatsanwälten oder auch (konservativen) Kunstzeitschriften. Gerade das ›Unanständige‹ und das ›Kranke‹ sei kunstfähig, denn auch das ›Gesunde‹ und ›Anständige‹ lasse sich nur in Relation zum Verworfenen begreifen.

Der Künstler nähere sich seinem Objekt wissenschaftlich-rational und analytisch:

> Der Eindruck, den ein Künstler erhält, irgend etwas Gemiedenes, eine unbestimmte Empfindung, ein Gefühl, eine Willensregung, zerlegt sich in ihm, und die Bestandteile, losgelöst aus ihrem gewohnheitsstarren Zusammenhange, gewinnen plötzlich unerwartete Beziehungen zu oft ganz anderen Gegenständen, deren Zerlegung dabei unwillkürlich mit anklingt. Bahnungen werden so geschaffen und Zusammenhänge gesprengt, das Bewußtsein bohrt sich seine Zugänge.[2]

Während also das Verstehen eines Gegenstandes oder eines Gefühls dessen Zergliederung in seine Einzelteile voraussetzt – eine Vorgehensweise, die einer Sektion gleichkommt –, macht es die künstlerische Darstellung notwendig, durch Vergleiche und Verknüpfungen Beziehungen zwischen Dingen und Begriffen herzustellen. »Kunst sucht Wissen«[3] – und da sie das Unanständige und Kranke in seinen Relationen zum Anständigen und Gesunden darstellt, erweitert sie ihr Wis-

---
1   Musil: Das Unanständige und Kranke in der Kunst. S. 17.
2   Ebd. S. 16.
3   Ebd.

sen – gleichzeitig auch das Wissen des möglichen Rezipienten – über das Regelgerechte.
Als Ergebnis des künstlerischen Schaffens entsteht eine Art Assoziationsraum um den beschriebenen Gegenstand herum. Es ergebe sich

> eine meist nur ungenaue Vorstellung des zu schildernden Vorganges, aber ringsherum ein dunkles Klingen seelischer Verwandtschaften, ein langsames Bewegen weiter Gefühls-, Willens- und Gedankenzusammenhänge. Dies ist, was wirklich geschieht, und so sieht ein kranker, häßlicher, unverständlicher oder bloß konventionell mißachteter Vorgang in dem Gehirn des Künstlers aus.[4]

Was Musil schildert – und in seinen eigenen Texten zuweilen auch umsetzt –, ist eine Kunst, die nicht mimetisch beschreibt, sondern sich löst vom zwanghaften Festhalten am Wiedererkennbaren und Vereindeutigten, gleichzeitig jedoch der Realität – dem, »was wirklich geschieht« – in der Schilderung umso näher kommt. »Was in der Wirklichkeit wie ein heißer Tropfen zusammengeballt bleibt, wird hier aufgelöst, auseinandergezogen, verflochten – verseligt, vermenschlicht.«[5] Musil argumentiert mit dem Topos der ›Seele‹ – also dem vom Körper Geschiedenen, dem Immateriellen, Nicht-Sinnlichen –, gar der ›Seligkeit‹ und ruft so neben der Anbindung der Literatur an die Wissenschaft in einem Nebensatz Assoziationen zum Religiösen wach. Die Kunst erhebt (je)den Gegenstand und entsinnlicht ihn, »reinig[t]«[6] ihn durch die Darstellung. Parallel dazu wird das Objekt »vermenschlicht« – im Zusammenhang mit dem Wort »verseligt« impliziert dies vermutlich eine Abkehr vom Animalischen (Tiere haben keine Seele), ist aber auch ›dem Menschen gemäß‹, womit Musil vor allem auf die Konsumierbarkeit der Darstellung anzuspielen scheint. Die Verantwortung für das adäquate Verständnis der künstlerischen Darstellung liegt dabei auf Seiten des Rezipienten, der das Produkt in der gleichen Weise aufnehmen muss, wie es geschaffen wurde: »So aber – in eine Kette von Beziehungen verknüpft, von einer Bewegung ergriffen, die ihn hebt, mit sich zieht und den Druck seiner Schwere aufhebt – muß er [d. i. der geschilderte Vorgang] auch in dem Gehirn dessen aussehen, der die

---
4 Ebd.
5 Ebd.
6 Ebd.

Darstellung versteht.«[7] Hier – im Bewusstsein des nachvollziehenden, verstehenden Rezipienten – wird letztlich über die echte, nicht bloß vorgeschobene »Sittlichkeit«[8] der Darstellung entschieden. *Honi soit qui mal y pense.*
Der Künstler bedient sich zwar ›wissenschaftlicher‹ (Zergliederungs-)Techniken, hat aber – im Gegensatz etwa zum Mediziner – ein anderes Erkenntnisinteresse, das nicht dem Allgemeinprinzip, sondern dem Speziellen, Einzigartigen gilt: »Kunst zeigt, wo sie Wert hat, Dinge, die noch wenige gesehen haben.«[9] Die analytische Zergliederung des darzustellenden Objektes lässt den Kunstschaffenden des Weiteren etwas erkennen, das der Wissenschaft der Jahrhundertwende auch gerade zu Bewusstsein zu kommen scheint: Im Gegensatz zur gängigen Meinung verläuft zwischen den Zuständen ›Gesund‹ und ›Krank‹ keine feste Grenze – es gibt »keine seelischen Kräfte schlechthin [...], sondern nur die giftige Wirkung eines funktionellen Überwiegens des einen oder anderen der seelischen Mischungsbestandteile.«[10] Es kommt also auf das Verhältnis zwischen dem ›Normalen‹ und dem ›Pathologischen‹ an; ›kranke‹ und ›perverse‹ Anteile sind somit »auch in der gesunden und zusammen-lebenstüchtigen Seele«[11] zu finden.[12] Ist diese Annahme richtig, so lässt sich auch jede Perversität, sei sie noch so seltsam und abwegig, »durch ihren Aufbau aus Normalem«[13] darstellen. Die Beschreibung der normalen und ›wertvollen‹ Anteile macht auch die Darstellung insgesamt wertvoll und nützlich.

---

7 Ebd.
8 Ebd.
9 Ebd. – Hier zeigt sich möglicherweise der Einfluss Heinrich Rickerts und anderer Neukantianer wie Wilhelm Windelband: Nach Rickerts Unterscheidung in »Kulturwissenschaft und Naturwissenschaft« (1899) bemühen sich die Naturwissenschaften darum, das allgemeingültige Gesetz zu finden, das hinter dem Einzelfall steht, während die Kulturwissenschaften gerade das Individuelle interessiert. Die Wirklichkeit ist für ihn aus beiden Perspektiven – unter Inanspruchnahme unterschiedlicher Kategorien – angemessen zu beschreiben, die Betrachtungsweisen stehen einander in nichts nach.
10 Ebd. S. 17.
11 Ebd. S. 18.
12 Während die größtenteils gesunde Seele gesellschaftsfähig ist, ist die zu einem großen Teil kranke offenbar a-sozial.
13 Musil: Das Unanständige und Kranke in der Kunst. S. 18.

Diese Kunstgriffe ermöglichen es Musil, seine Behauptung zu untermauern, dass »das Unanständige und Kranke [...], von einem Künstler dargestellt, gar nicht mehr es selbst«[14] sei. Wenn das Abgebildete indes durch den Prozess der künstlerischen Durchdringung seine Beschaffenheit und Qualität verändert, können durch das Produkt nur »künstlerische Begierden« befriedigt werden: »Das Bedürfnis nach (künstlerischer) Darstellung empfinden heißt – selbst dann, wenn Begierden des wirklichen Lebens den Anstoß geben sollten – kein dringendes Bedürfnis nach ihrer direkten Befriedigung haben.«[15] Eine möglicherweise gefährliche Wirkung auf das Publikum wird dabei zwar nicht geleugnet, aber lediglich als zu überwindende Schwierigkeit, nicht als Argument gegen die Darstellung anerkannt. Wenn der Rezipient für die Art und Weise, wie er ein Kunstprodukt erfährt, selbst verantwortlich ist, dann muss nicht die Kunst sich wandeln, um ihn nicht zu erschüttern, sondern er selbst muss sich den veränderten Gegebenheiten anpassen: »Man wird auch im wirklichen Leben anders denken lernen müssen, um Kunst zu verstehen.«[16] Nur auf diese Weise könne der notwendige Umbruch eingeleitet werden.[17] Ein Abweichen von allgemein anerkannter Sittlichkeit sei ein Zeichen schwachen Willens, ebenso wie die Notwendigkeit, jene gesellschaftliche Ethik bis ins Kleinste festzuschreiben: »Man definiere als Moral irgendein Gemeinsamkeitsziel, aber mit einem größeren Maß gestatteter Seitenpfade. Und stimme die Bewegung darauf zu auf starken Vorwärtswillen, um nicht bei jedem Grübelchen am Weg Gefahr zu leiden, hineinzuplumpsen.«[18]

Musil verfolgt in seinem kurzen Essay auf komplexe Art verschiedene Argumentationsketten, um Darstellungsobjekt und -art der Kunst sowie die Literatur als Ganzes zu legitimieren. Da Wissenschaft als Leitdiskurs gesellschaftlich anerkannt und Wissen – gleich welcher Art – als erstrebenswertes Gut gilt, muss Literatur ihr etwas entgegenzusetzen und ein Wissen anzubieten haben, das sich durch die Forschung nicht erreichen lässt, sondern kunstgemäß bleibt.

---

14   Ebd. S. 14.
15   Ebd. S. 15.
16   Ebd. S. 19.
17   Vgl. ebd.
18   Ebd.

Geschickt beginnt Musil seinen Aufsatz damit, einen offenbar aufklärerisch gemeinten Vortrag über die Wechseljahre auf eine Stufe mit Flauberts literarischem Werk zu stellen.[19] Beide, so die Prämisse, sind gleich schützenswert, denn beide fügen dem Wissen über die Welt Neues hinzu – ein Wissen, das keinesfalls durch Zensur unterdrückt werden darf. Auch die Weltwahrnehmung von Wissenschaftler und Künstler ist zunächst ähnlich – beide zergliedern, analysieren ihr Objekt und versuchen es in Relation zu schon Bekanntem zu setzen. Unterschiede bestehen allerdings in der Art der Einordnung der gewonnenen Erkenntnisse – und (selbstverständlich) in der Darstellungsweise. Wissenschaft geht deduktiv vor, sie interessiert sich für das Allgemeine, aus dem eventuell wieder der Einzelfall abgeleitet werden kann; die schönen Künste sind am Individuellen interessiert, aus dem sie gegebenenfalls induktiv Aussagen über die Welt ableiten können – wobei Letzteres aus Musils Essay nicht eindeutig hervorgeht, aber gefolgert werden kann.

Die spezifische Darstellungsweise der Literatur, die einen Assoziationsraum öffnet, den der Lesende sich selbst aneignen muss – wobei er mutmaßlich das induktive Vorgehen des Autors nachvollzieht –, zeigt das Objekt nicht als es selbst. Das Dargestellte hat sich verändert. Letztlich – und dies wird in Musils Text fast nebensächlich und somit als selbstverständlich angemerkt –, zeigt das Kunstprodukt das Objekt allerdings, wie es ›in Wahrheit‹ ist: »Dies ist, was wirklich geschieht«.[20] In einer Gesellschaft, die Wissen als höchstes Gut propagiert, ein ungeheurer Anspruch. Um diese Wahrheit jedoch zu erkennen, muss sich der Rezipient verändern und sowohl Darstellungsweise als auch Objekt akzeptieren – nur so, argumentiert Musil, könne es zum gesellschaftlichen Fortschritt kommen.

Auf wenigen Seiten gelingt es dem Autor, den literarischen Diskurs durch Anbindung an zwei offenbar gesellschaftlich akzeptierte Ziele –

---

19 Vgl. ebd. S. 12. – Die Zeitschrift »Pan« hatte im Januar 1911 Auszüge aus Flauberts Reisetagebüchern abgedruckt, in denen der Autor seine Besuche bei Prostituierten schilderte. Die Ausgabe war daraufhin – wohl auch aufgrund dieser ›Obszönität‹ – verboten worden. Bei dem Vortrag handelte es sich um ein Referat der dänischen Schriftstellerin Karin Michaelis, deren Roman »Das gefährliche Alter«, in dem sie die Schwierigkeiten und Liebesbedürfnisse einer Frau im Klimakterium schildert, bei seiner Veröffentlichung im selben Jahr einen Sturm der Entrüstung ausgelöst hatte.

20 Ebd. S. 16.

Wissen und Fortschritt – erneut zu legitimieren. Kunst wird durch ihre spezifischen Erkenntnisweisen sogar ein autoritatives, weil nur durch sie zu erlangendes Wissen zugesprochen.

Am Ende des Aufsatzes nutzt Musil ein weiteres Schlagwort, um mögliche Kritik an seiner Argumentation abzuweisen: den Willen. Wer nur genug Willen zum Fortschritt habe, wer seine Kräfte bündeln könne und viril sei, der könne sich auch mit dem Perversen und Abnormalen beschäftigen, ohne davon ›angesteckt‹ zu werden. Ein interessanter Ansatz, der jedwede Zensur und moralische Entrüstung als angstgesteuert und – durch die Anbindung des unbeirrt Fortschreitenden an den männlich konnotierten Begriff des ›Willens‹ – letztlich ›weiblich‹ erscheinen lässt. Eine Verbesserung sei nur möglich, wenn man sich der Entwicklung nicht aus Unvernunft in den Weg stelle: »Denn man soll nach vorwärts reformieren und nicht nach rückwärts; gesellschaftliche Krankheiten, Revolutionen sind durch konservierende Dummheit gehemmte Evolutionen.«[21] Auch die Vokabeln ›Reform‹ und ›Evolution‹ sind um die Jahrhundertwende deutlich positiv besetzt und rufen eine ganze Reihe an Diskursen (Lebensreform, Entwicklungsbiologie …) wach. Die Faszination der Frühen Moderne für das Neue wird genutzt, die damit verbundenen Ängste werden als unmännlich abgeschmettert.

Der Essay Musils – hier stellvertretend für die Haltung vieler Autoren von Hochliteratur analysiert[22] – macht zweierlei deutlich: Zum einen der Wunsch, noch etwas zur Gesellschaft beizutragen zu haben, zum anderen allerdings die Furcht, dass wissenschaftliche Redeformen der Kunst den Rang abgelaufen und sie überflüssig gemacht haben könnten. Auf diese Mischung zwischen Hoffnung und Furcht haben Autoren unterschiedlich reagiert, wobei zwei der jeweiligen Ansicht entsprechende Haltungen dominant waren: Abgrenzungswillen und

---

21 Ebd. S. 19.
22 Ähnlich äußert sich z. B. Hermann Broch in einem Entwurf zum Verlagsprospekt zu den »Schlafwandlern«: »Dieser Roman hat zur Voraussetzung, daß die Literatur mit jenen menschlichen Problemen sich zu befassen hat, die einesteils von der Wissenschaft ausgeschieden werden, weil sie einer rationalen Behandlung überhaupt nicht zugänglich sind und nur mehr in einem absterbenden philosophischen Feuilletonismus ein Scheinleben führen, andererseits mit jenen Problemen, deren Erfassung die Wissenschaft in ihrem langsameren, exakteren Fortschritt noch nicht erreicht hat.« (Broch: Der Roman ›Die Schlafwandler‹. S. 719).

als notwendig wahrgenommene Öffnung gegenüber dem wissenschaftlichen Diskurs, die bis zur Nachahmung gehen kann.

Auf der einen Seite herrschte die Meinung vor, Literatur müsse sich der Wissenschaft annähern, sich ihre Darstellungsformen aneignen und – möglicherweise abgewandelt – nachahmen. Da naturwissenschaftliche Ideale wie Exaktheit und Überprüfbarkeit zu Maßstäben geworden sind, an die auch die Literatur sich halten zu müssen glaubt, fordern z. B. ›naturalistische‹ Autoren wie Conrad Alberti oder Wilhelm Bölsche eine ›Verwissenschaftlichung‹ der Literatur. Um sich mit den Naturwissenschaften messen zu können, soll sich der literarische Text dem Protokoll, dem Dokument, dem Experiment[23] annähern, wissenschaftliche Textsorten imitieren.[24]

Teilweise in Reaktion auf diese Tendenzen entwickelt sich die Ansicht, Literatur müsse in keiner Weise in Konkurrenz zur Wissenschaft treten, im Gegenteil: Dadurch, dass sie nicht auf Formulierungsregeln festgelegt sei, habe sie die praktische Möglichkeit, sprachlich neue Erfahrungen vorstellbar und Entgrenzungserfahrungen ohne (in der Realität eintretende) Sanktionen möglich zu machen. Im Extremfall dieser Anschauung wäre Literatur gar nicht dafür ›zuständig‹, der Wirklichkeit einen Spiegel vorzuhalten, sondern könne – im Gegenteil – eine Möglichkeit bieten, Realitätsfernes darzustellen.[25] Der naturalistischen Dichtung, die alles determiniert und vorherbestimmt sah, soll somit eine Poesie entgegengesetzt werden, die die Wirklichkeit erweitert und den Leser ebenso wie ihre Figuren entgrenzt, eine Kunstwelt erschafft.[26]

Literatur wurde auch in diesem Fall als Ort für Experimente wahrgenommen – aber gänzlich anders verstanden: Hier kann möglicherweise bereits ansatzweise gedacht werden, was das Denksystem einer Epoche noch nicht zulässt, hier können Probleme und Fragen der Realität auf nonkonformistische Weise schöpferisch behandelt, Normen und Werte versuchsweise außer Kraft gesetzt werden.[27] Vor allem im Bereich

---

23 Vgl. Zolas Essay »Roman expérimental« von 1879.
24 Vgl. Kimmich/Wilke: Einführung in die Literatur der Jahrhundertwende. S. 64 f.
25 Vgl. Koopmann: Entgrenzung. S. 77.
26 Vgl. ebd. 78 f.
27 Vgl. Decker: Literaturgeschichtsschreibung und deutsche Literaturgeschichte. S. 15 f.

der Humanwissenschaften kann Literatur somit gelegentlich sogar eine Vorreiterstellung einnehmen oder zumindest aus bereits bekannten Erkenntnissen eigenständig eigene, sich möglicherweise mit den Schlussfolgerungen der Wissenschaft überschneidende Konsequenzen ziehen. So entwickeln sich im Übergang vom Realismus zur Frühen Moderne z. B. »implizit Konzeptionen von einem ›Unbewußten‹ in der ›Person‹ und von dessen Dynamik unabhängig von der Psychoanalyse«.[28] »Umgekehrt wird vielleicht in der Literatur *noch* gedacht, was im Denksystem längst nicht mehr dominant gedacht wird«[29], dient die Literatur gewissermaßen als Archiv für überkommene Weltdeutungsmuster.

---

28 Maillard/Titzmann: Vorstellung eines Forschungsprojekts. S. 15.
29 Decker: Literaturgeschichtsschreibung und deutsche Literaturgeschichte. S. 23.

1.3 Theoriewissen und Textwissen[1]: Wissenschaft und Literatur in der Frühen Moderne

Spätestens um die Jahrhundertwende zum 19. Jahrhundert erscheinen Kunst und (Natur-)Wissenschaften als eigenständige, wechselseitig inkommensurable und autonome Diskurse.[2] Der wissenschaftliche Diskurs mit seinen Redeformen und grenzen wurde zum dominanten – dennoch wurden die Künste weder marginalisiert noch ließen sie sich auf den wissenschaftlich-positivistischen Realitätsbegriff festschreiben.[3]

Doch selbst im Zuge der immer deutlicher werdenden Trennung und immer stärkerer Ausdifferenzierung der beiden Diskursformen wurde neu gewonnenes (Spezial-)Wissen auch immer wieder an bestehende Diskurse rückgekoppelt.[4] Den Divergenztendenzen von Wissenschaft und Kunst standen dementsprechend immer Tendenzen zur Konvergenz gegenüber: Goethe ging z. B. davon aus, dass bei wissenschaftlicher Tätigkeit keine menschliche Kraft ausgeschlossen sein dürfe und »daß eine ursprüngliche, bei den Alten noch gegebene Einheit der Weltdeutungs- und -darstellungsweisen deren (notwendig) spezialistischer Weiterentwicklung zum Opfer gefallen sei, auf einer höheren Stufe aber wiedergewonnen werden könne«.[5] Robert Musil, Hermann Broch und Ernst Jünger dagegen nahmen die physikalischen Entdeckungen zu Beginn des 20. Jahrhunderts als Wiederannäherung des physikalischen an das künstlerische Weltbild.[6] Gerade diese Entdeckungen waren es je-

---

1 Die Termini ›Theoriewissen‹ und ›Textwissen‹ wurden aus dem vorzüglichen Forschungsbericht von Maillard/Titzmann übernommen (Vorstellung eines Forschungsprojekts).

2 Mit der Trennung von Natur- und Geisteswissenschaften »wird intrakulturell zugleich die Klasse wissenschaftlicher Diskurse in zwei Klassen zerlegt, die, gemäß Postulat, weder Diskursgegenstand noch Diskursregeln teilen würden, so daß die vom Oberbegriff ›Wissenschaft‹ doch postulierte Gemeinsamkeit fast nur noch in den nicht-diskursiven, sozialen Merkmalen einer Spezialisierung, Professionalisierung und Institutionalisierung bestünde« (Richter u. a.: Literatur – Wissen – Wissenschaft. S. 23).

3 Vgl. Fulda/Prüfer: Das Wissen der Moderne. S. 7.

4 Vgl. Link: Literaturanalyse als Interdiskursanalyse. S. 285.

5 Fulda/Prüfer: Das Wissen der Moderne. S. 3. – Diese Idee wurde von vielen Autoren und Naturforschern geteilt. Ähnliche Vorstellungen hegten auch die Frühromantiker, wenn sie die Welt poetisieren wollten (vgl. ebd.).

6 Vgl. ebd. S. 4.

doch, die die Glaubwürdigkeit der führenden Wissenschaften erschütterten – wenn neue Weltdeutungsmodelle möglich waren, die bis dahin unumstößlich Geglaubtes obsolet erscheinen ließen, welches Selbstverständnis konnte die Physik noch vertreten?

In »Die Fröhliche Wissenschaft« (1887) bezeichnete Friedrich Nietzsche die wissenschaftliche Theorie als »*Vorurtheil*«[7], als paradoxen Glauben an eine mathematische Kalkulierbarkeit der Welt, der allerdings weder mit »menschlichen Werthbegriffen« noch mit »Menschenvernunft« beizukommen sei. Wissenschaft versuche zwar, dem Dasein seine Vieldeutigkeit zu nehmen, doch ihre empirische Forschung, ihr »Zählen, Rechnen, Wägen, Sehn und Greifen«[8] könne nur die Oberfläche ergründen und beschreiben, niemals die Welt im Ganzen fassen. Nietzsche lehnt die Wissenschaft und ihren Faktenglauben als Leitdiskurs deutlich ab: »Eine essentiell mechanische Welt wäre eine essentiell *sinnlose* Welt.«[9]

Die Erkenntnisse der Wissenschaften, so hatte der Philosoph schon 1873, in »Über Wahrheit und Lüge im außermoralischen Sinn«, erklärt, seien generell nichts als Zirkelschlüsse. Da der Mensch die Welt mit für ihn feststehenden Begriffen bezeichne, diese Begriffe jedoch im Grunde lediglich konventionalisierte Sprache, starr gewordene Metaphern für faktisch nicht Benennbares darstellten, baue er sich zwar einen »komplizierten Begriffsdom[]«[10], dieser jedoch könne nichts über das »Wesen der Dinge«[11], die Welt als solche aussagen. Was als Naturgesetz erkannt werde, sei letztlich nichts anderes als die Vorstellungen, die der Mensch sich von seiner Umwelt mache:

> Was ist für uns überhaupt ein Naturgesetz? Es ist uns nicht an sich bekannt, sondern nur in seinen Wirkungen, das heißt in seinen Relationen zu andern Naturgesetzen, die uns wieder nur als Summen von Relationen bekannt sind. Also verweisen alle diese Relationen immer nur wieder aufeinander und sind uns ihrem Wesen nach unverständlich durch und durch; nur das, was wir hinzubringen, die Zeit, der Raum, also Sukzessionsverhältnisse und Zahlen, sind uns wirklich bekannt. Alles Wunderbare

---

7   Nietzsche: Fröhliche Wissenschaft. S. 624.
8   Ebd. S. 625.
9   Ebd. S. 626. – Vgl. auch Fulda/Prüfer: Das Wissen der Moderne. S. 8 f.
10 Nietzsche: Über Wahrheit und Lüge im außermoralischen Sinne. S. 315.
11 Ebd. S. 317.

aber [...] liegt gerade und ganz allein nur in der mathematischen Strenge und Unverbrüchlichkeit der Zeit- und Raum-Vorstellungen. Diese aber produzieren wir in uns und aus uns [...]. Alle Gesetzmäßigkeit, die uns im Sternenlauf und im chemischen Prozeß so imponiert, fällt im Grunde mit jenen Eigenschaften zusammen, die wir selbst an die Dinge heranbringen.[12]

Es ist ebenso fraglich, ob und in welcher Weise literarische Texte die empirische Welt widerspiegeln oder auf sie rekurrieren. Zumindest aber sind sie nicht ohne – mehr oder minder extensiven und intensiven – Rückgriff auf textexternes Wissen zu verstehen, zu interpretieren und analysieren. Zum Verständnis benötigt werden neben gängigem Alltagswissen[13] oft auch – in veränderlichem Maße – wissenschaftliche Kenntnismengen.[14]

Mit diesen Kenntnismengen und Wissenschaftsdiskursen können literarische Texte auf unterschiedliche Weise verbunden sein: »1. Literarische Texte integrieren mit expliziten oder impliziten Markierungen ›kulturelles Wissen‹, um es zu vermitteln – das heißt, es zu bestätigen, zu modifizieren oder zu kritisieren«.[15] Eine explizite Markierung wäre z. B. die Erwähnung eines mit einer wissenschaftlichen Theorie verbundenen Namens oder eines charakteristischen Schlagwortes, eine implizite Markierung läge dann vor, wenn der Text theoretisches Wissen für sein Verständnis voraussetzt, so z. B. wenn die psychologischen Motive einer literarischen Figur durch den Leser erschlossen werden müssen.[16] Die indirekte Einflussnahme von Wissenschaft auf Literatur ist schwerer auszumachen – der Autor kann aus einer wissenschaftlichen Theorie Konsequenzen ziehen, die für die Bedeutung des Textes

---

12 Ebd. S. 318. – Vgl. auch Fulda/Prüfer: Das Wissen der Moderne. S. 8 f.
13 Vgl. das Konzept des Kulturellen Wissens und das des Denksystems nach Titzmann (Titzmann: Kulturelles Wissen – Diskurs – Denksystem; vgl. auch Krah: Einführung in die Literaturwissenschaft. S. 223–225 bzw. S. 225–227).
14 Markanter formuliert Jürgen Link: »Nicht bloß das von Foucault beschriebene medizinische, auch das entsprechende pädagogische, juristisch, prä-biologische und biologische Wissen scheint in vielen literarischen Texten nicht bloß ›vorzukommen‹, es scheint sie geradezu wesentlich mit zu konstituieren.« (Link: Literaturanalyse als Interdiskursanalyse. S. 285)
15 Richter u. a.: Literatur – Wissen – Wissenschaft. S. 30.
16 Vgl. Maillard/Titzmann: Vorstellung eines Forschungsprojekts. S. 24.

ausschlaggebend sind oder sich mit bereits aus den Erkenntnissen gezogenen Schlussfolgerungen anderer auseinandersetzen.[17]
»2. Literatur kann Wissen, das in den Wissenschaften nicht (oder noch nicht) aufgenommen wird, bewahren und im öffentlichen Gespräch halten« oder »3. Literatur wird zum Ort der Erzeugung von Wissen, das erst in der nachfolgenden Korrespondenz oder Bestätigung durch Wissensproduktion der Wissenschaften als kulturell relevantes Wissen gilt«.[18]
Theorien über ›das Wesen des Menschen‹ können sich unabhängig voneinander in Literatur und Wissenschaft in die gleiche Richtung entwickeln, ohne dass notwendigerweise aufeinander Bezug genommen wird. Eine solche parallele Veränderung zeugt von einem Wandel im Denksystem der Gesellschaft[19], der unterschiedliche Ursachen haben kann: gewandelte Wahrnehmungsbedingungen beispielsweise (so kann unter anderem die Betrachtung einer fremden Kultur Präsupponate der eigenen Kultur als nicht-naturgegeben erscheinen lassen), die Entwicklung neuer Technologien, die die Postulate einer Gesellschaft unterminieren, eine veränderte Demographie etc.
»4. für die Literatur erweisen sich bestimmte Wissenskomplexe der Wissenschaften als nicht zu vermittelnde«.[20] Auch eine Verweigerung, allgemein bekanntes Wissen auf einem behandelten Gebiet wahrzunehmen bzw. zu thematisieren, zeugt von einer Auseinandersetzung mit den Konsequenzen und Implikationen dieses Wissens. Literatur hat gegenüber dem theoretischen Diskurs den Vorteil, nicht in jedem Falle eine Begründung für Ausgelassenes, Lückenhaftes und (implizite und explizite) Bewertungen von Dargestelltem zu liefern.[21]

---

17 Vgl. ebd. S. 27.
18 Richter u. a.: Literatur – Wissen – Wissenschaft. S. 30.
19 Vgl. Maillard/Titzmann: Vorstellung eines Forschungsprojekts. S. 24.
20 Richter u. a.: Literatur – Wissen – Wissenschaft. S. 30.
21 »Gegenüber dem, was […] theoretisch denkbar geworden ist, reagiert die Literatur […] einerseits selektiv und damit implizit normierend (was sie ausläßt, behandelt sie implizit zugleich als nicht diskussionsfähig und somit ausgeschlossen, mit dem Vorteil, diese Begrenzung nicht begründen zu müssen), andererseits durch die evaluative Konfrontation positiv bewerteter und negativ bewerteter erotischer Lebensläufe mit exemplarischen Identifikationsangeboten, somit ebenfalls normierend (und wiederum mit dem Vorteil, vom theoretischen Begründungszwang befreit zu sein).« (Wünsch: Regeln erotischer Beziehungen. S. 166)

Eine Analyse der geteilten oder jeweils abgelehnten Prämissen und Schlussfolgerungen erscheint legitim und bietet sich auch deswegen an, weil beide Diskurse sich gleichen oder zumindest ähnlichen Objekten widmen: »dem Menschen in seinem leiblichen, psychischen und intellektuellen Status, dem menschlichen Zusammenleben, der Erfahrung von Natur, der Konstruktion von geschichtlichen Zusammenhängen usf.«.[22] Sie unterscheiden sich allerdings in der Art und Weise wie sie ihre Beobachtungen kategorisieren und präsentieren sowie im Bezug auf das leitende Erkenntnisinteresse und die zugrunde liegenden Prämissen. Dabei scheint Wissenschaft zunächst in ihren Präsentationsformen sowie sprachlich durch die normative Festschreibung auf Nüchternheit und Rationalität eingeschränkter als Literatur zu sein[23] – doch auch die Belletristik wird durch Publikumsgeschmack, soziale Prägung der Autoren, literarische Konventionen etc. vielfältig bestimmt.

Aus diesen Gründen lassen sich literarischer Text und zeitgenössischer theoretischer Diskurs »offenkundig sinnvoll miteinander vergleichen und zwar unabhängig davon, ob der Text bzw. sein Autor eine Bezugnahme auf den theoretischen Diskurs *intendiert* hat oder *nicht intendiert* hat, unabhängig davon, ob er ihn verstanden oder mißverstanden hat, falls er ihn kennt, unabhängig davon, ob er ihn überhaupt kennt oder nicht kennt«[24], zumal dann, wenn es nicht um eine wie auch immer geartete Einflussforschung geht, sondern darum, den Text durch die Beschreibung seiner Beziehungen zu kulturellen Wissensmengen in seinem kulturellen Kontext zu situieren und eben jenen Kontext zu rekonstruieren.[25] Daneben muss die Frage, ob ein Bezug auf kulturelles Wissen oder einen Spezialdiskurs intendiert ist oder nicht von der Frage geschieden werden, ob das Erkennen dieser Beziehung dem Leser neue Bedeutungsebenen des Textes erschließt, also »*interpretatorisch relevant*« ist.[26]

---

22 Richter u. a.: Literatur – Wissen – Wissenschaft. S. 28.
23 Vgl. ebd.
24 Maillard/Titzmann: Vorstellung eines Forschungsprojekts. S. 21.
25 Stefan Neuhaus argumentiert in diesem Sinne, »dass die Analyse des Diskurses über Sexualität in literarischen Texten nur vollzogen werden kann, wenn die in Texten zusammenlaufenden Fäden bis in die verschiedensten Disziplinen, Wissens- und Gesellschaftsbereiche zurückverfolgt werden« (Neuhaus: Sexualität im Diskurs der Literatur. S. 17).
26 »Im Falle der *interpretatorischen Verwendung von Wissen* machen wir durch *Anwendung eines Wissens auf Textdaten* Aussagen über die *Textbedeutung*; im Falle der *kul-*

Die Verbindung zwischen Literatur und Wissenschaft liegt immer auch in der verwendeten Sprache, namentlich an den gebrauchten Sprachbildern, Analogien, Metaphern und Symbolen[27], die in verschiedenen Diskursen auftauchen, jeweils ähnliche Funktionen haben und somit auf tiefer liegende, *gemeinsame* Basispostulate und -prämissen hindeuten. Gerade die Wissenschaften, die sich mit dem Menschen beschäftigen – unter ihnen Psychiatrie, Sexualwissenschaft, Neurologie – präsentieren sich nicht nur als Ansammlung von Daten und Zahlen, »sondern bestehen ihrerseits aus narrativen Konstruktionen, aus Metaphern, Ikonographien und Fiktionen, die jeweils in ein Wechselspiel mit den literarischen Diskursen eintreten«.[28] So erinnert Freuds Verdrängungslehre an hydraulische Konzepte des 19. Jahrhunderts bzw. an ältere Konzeptionen von ›Körpersäften‹ (›humores‹) und ihrer Kanalisierung.

Die Kriminologie griff zuweilen wie natürlich auf literarische Belege zurück – »aus Mangel an empirischem Material, aber auch mit Verweis auf die höhere Wahrheit schöner Literatur.«[29] Dass dort ähnliche Deutungs- und Argumentationsmuster aufzufinden sind, wird als ›Beweis‹ oder doch zumindest Stütze der eigenen Überlegungen wahrgenommen, wobei häufig außer Acht gelassen wird, dass der literarische Text, auf den man sich bezieht, durch die gleichen »ontologische[n] Basisannahmen«[30] gebunden ist und begrenzt wird. An das eigentliche Objekt der Schilderungen erfolgt keine Rückbindung.[31]

Die nachfolgenden Kapitel werden Figuren und Handlungsabläufe in ausgewählten Erzählungen und Romanen der Frühen Moderne[32] dar-

---

    turellen Situierung eines Textes machen wir durch den *Vergleich von ›Textwissen‹ und Theoriewissen* Aussagen über den *kulturellen Ort des Textes*.« (Maillard/Titzmann: Vorstellung eines Forschungsprojekts. S. 22)

27 Diese Kollektivsymbole sind »*Sinn-Bilder* (komplexe, ikonische, motivierte Zeichen) […], deren kollektive Verankerung sich aus ihrer sozialhistorischen, z. B. technohistorischen Relevanz ergibt, und die gleichermaßen metaphorisch wie repräsentativ-synekdochisch und nicht zuletzt pragmatisch verwendbar sind« (Link: Literaturanalyse als Interdiskursanalyse. S. 286).

28 Erhart: Medizingeschichte und Literatur am Ende des 19. Jahrhunderts. S. 238.

29 Weiler: Das Klischee der ›typisch weiblichen Giftmischerin‹. S. 226.

30 Richter u. a.: Literatur – Wissen – Wissenschaft. S. 24. Im Original kursiv.

31 Vgl. Weiler: Das Klischee der ›typisch weiblichen Giftmischerin‹. S. 226.

32 Die ausgewählten Texte sind nicht alle kanonisch – da es jedoch darum geht, bestimmte grundlegende Annahmen, verbreitete Metaphern etc. im literarischen

auf untersuchen, ob und inwieweit psychopathologische Kategorien aufzufinden sind und die Frage nach der Funktionalität der Darstellung von sadistischen Szenen stellen: »Wie kein anderes literarisches Sujet schienen die sexuellen Perversionen und deren genaue Erkundung ein geeignetes Mittel zur Aufrechterhaltung bestimmter Vorstellungen von Unversehrtheit, Kontrolle und Stabilität.«[33]

Sadismus kann dabei allerdings auch als Geste der Überschreitung gelten, die Machtgefüge wahrnehmbar und damit als nicht-naturgegeben erkennbar macht. Die Darstellung von Perversionen eröffnet subversive Möglichkeiten des Spiels mit Macht und Unterwerfung. Darüber hinaus werden auch Fragen der Identität und Abgrenzung, Norm und Überschreitung in den Texten diskutiert. Die sadistische Szene ist der Kulminationspunkt einer von Angst vor der Auslöschung, aber auch Sehnsucht nach Ganzheit und Lust am Sich-Verlieren geprägten Entwicklung. Die Diskussion von Identität findet auf der Körperoberfläche statt – ein gewaltsames Aufbrechen von Körpergrenzen erzwingt ein vom Sadisten kontrolliertes und damit in keinem Fall vollständiges Ineinander-Aufgehen und eine ›Kommunikation‹ über das Eigene und das Fremde.

Neben dem thematischen Aspekt ist die jeweilige Darstellungsform von zentraler Relevanz: Literatur und Wissenschaft inszenieren ihr Thema für je unterschiedliche Kontexte und intendieren ihre Texte für ein unterschiedliches Publikum[34], das unterschiedliche Erwartungen hat. Die Grenzziehung zwischen Fiktion (»potenziellen Geschehnissen«) und Realität (»wirklichen Geschehnissen«) präsupponiert nicht unbedingt auch Grenzverläufe zwischen den Darstellungsweisen von Pornographie.[35] Literatur steht also, anders gesagt, nicht im strikten Gegensatz zur Wissenschaft, sondern in einem Verhältnis der Komplementarität, Affinität und Äquivalenz.

    Diskurs (der mehr als die Hochliteratur umfasst) herauszufiltern, erscheint es mir legitim, den Blick etwas zu weiten. Die ästhetischen Mittel der zu analysierenden Texte sind dabei natürlich jeweils andere – ist jedoch festzustellen, dass sie sich einer ähnlichen Symbolik bedienen, kann auf dahinterstehende Basispostulate geschlossen werden.

33   Dornhof: Inszenierte Perversionen. S. 274.

34   Allerdings stimmen intendiertes und reales Publikum nicht unbedingt überein, wie im Verlauf der Arbeit zu zeigen sein wird.

35   Vgl. Kappeler: Pornographie. S. 14.

Beide, Literatur und Wissenschaft, sind auf Darstellung angewiesen. Beide sind sie deskriptiv und narrativ zugleich, und im Zuge der Narration vergewissern sie sich ihrer (spezifischen) Darstellungsmittel, indem sie sich der Konkurrenz um die Weltdeutung (zwischen Wissenschaft oder Literatur) stellen, sich abgrenzen, sich aber auch anregen lassen. Der Darstellungsimpuls beider führt dazu, dass hier wie dort Pornographie entsteht, wissenschaftliche und literarische, die sich nur aufgrund ihrer (kommunikativen) Kontexte voneinander trennen lässt, ihrer Adressatenbezüge, ihrer Publikations- und Rezeptionsbedingungen usw., während die »Fallgeschichten« selbst sich sowohl inhaltlich als auch auf Darstellungsebene ähneln. Der belletristische Autor, der einen solchen »Fall« erzählt, muss gegebenenfalls Zensur, Skandal oder gesellschaftliche Ausgrenzung befürchten, der wissenschaftliche Autor erwirbt sich mit dem gleichen Material möglicherweise Prestige und eine Position auf dem rasch wachsenden Markt der Sexualtherapeutik und Ratgeberliteratur.

Dabei scheinen beide, Literatur und Wissenschaft, männlich dominiert zu sein. Zwar versteht sich diese Arbeit nicht als Beitrag zur Geschichte des Feminismus oder als Plädoyer für die Emanzipation von Frauen, doch kann es ihr nicht entgehen, dass Frauen als Verfasser von Literatur und Wissenschaft im genannten Zeitraum – und wohl auch heute noch – deutlich unterrepräsentiert sind. Zumindest Sexualwissenschaftlerinnen sind rar, ihre Werke wurden offenbar nicht breit rezipiert, auf dem Gebiet des Sadismus hat keine von ihnen Bahnbrechendes veröffentlicht. Anna Freud (1895–1982), die Tochter Sigmund Freuds, begann erst gegen Ende des Darstellungszeitraums zu lehren und zu publizieren, zudem vom psychoanalytischen Standpunkt aus. Ihr Forschungsschwerpunkt lag außerdem in der (neu zu begründenden) Kinderpsychologie und -psychoanalyse und ist daher für die vorliegende Thematik nicht einschlägig. Ähnliches gilt für Marie Bonaparte (1882–1962), Urenkelin Napoleons, die seit 1920 psychoanalytische und philosophische Abhandlungen unter dem Einfluss Freuds publizierte.[36]

---

36 Zudem ihr Gegentand, »der sadistisch-nekrophile Poe«, als Autor des 19. Jahrhunderts noch im Bann der Romantik stand, wenngleich seine »Aggressionsphantasien«, seine (literarischen) »Träume von sadistischen Gewalttaten« mitunter sehr modern anmuten und die Literatur der Moderne auch geprägt haben (Bonapar-

Gibt es bereits eine Reihe von Arbeiten zum Masochismus in der deutsch- und englischsprachigen Literatur und eine Vielzahl von Arbeiten zu de Sade und dessen spezifischer Koppelung von Philosophie, Pornographie und der Beschreibung von Grausamkeiten, so findet sich kaum literaturwissenschaftliche Forschung zur Darstellung und Rezeption sadistischen Verhaltens in der deutschsprachigen Literatur. Zu nennen wären jedoch Bernhard Dieckmanns »Devianz und Literatur« und Jasper Mohrs »Verhaltensanalytische Studien zum Sadismus als Psychopathologie des Phänomens der Liebe« – in dem der Verfasser u. a. Heimito von Doderers »Die Bresche« untersucht und Figuren und Handlungsabläufe einer »verhaltensanalytischen Exploration«[37] unterzieht. Sowohl Dieckmann als auch Mohr argumentieren jedoch von einem psychoanalytischen Standpunkt aus, deshalb sind die beiden Monographien für die vorliegende Arbeit nur bedingt auszuwerten.

Heranzuziehende exemplarische Primärtexte sind prominent u. a. Alfred Döblins »Der schwarze Vorhang«, Robert Musils »Die Verwirrungen des Zöglings Törleß«, Hanns Heinz Ewers' »Alraune« und »Der Zauberlehrling«, Heimito von Doderers »Die Bresche« sowie Hermann Ungars »Die Verstümmelten«. Des Weiteren werden Musils »Die Vollendung der Liebe«, Ewers' »Vampir«, Dolorosas Gedichtsammlung »Confirmo te chrysmate«, Lou Andreas-Salomés: »Eine Ausschweifung« und weitere Texte eine Rolle spielen.

---

te: Edgar Poe. Bd. 2. S. 380). Marie Bonaparte hat dieser »Poeschen Perversität«, die sie als »erotisierte Aggressionslust« konzeptualisierte, die »stets Sadismus oder Masochismus« sei (ebd. S. 381), eine bedeutende Studie gewidmet, die auch den »Gedächtniszwang« thematisiert, der zur »Exhibition«, zum »Einbekennen« der Normverletzung führt (ebd. S. 383).

37 Mohr: Verhaltensanalytische Studien. S. 5.

2. Zwischen Pathologie und Normalität: Die Wissenschaft von der Sexualität

Schon im 18. und frühen 19. Jahrhundert interessierten sich Politik und Wissenschaft nachhaltig für den gesundheitlichen Zustand, die Fortpflanzungsgewohnheiten und die sexuelle Moral der Bevölkerung.[1] Genaue Beobachtungen am Menschen sollten dazu beitragen, die Naturgesetzmäßigkeit aufzuweisen, nach denen Physis, Geschlecht und Sittlichkeit miteinander verbunden waren.[2] Die Autopsie in Vergleichsstudien des Körpers und die Erfassung kleinster anatomischer Unterschiede sollten dabei helfen, die verfallenden und teils obsoleten Geschlechterdefinitionen wieder zu stützen. Individueller anatomischer Körper und Gesellschaftskörper[3] schienen dabei in engem Zusammenhang zu stehen. Die bedenkliche Verschiebung der geschlechtlichen Rollenverteilung zugunsten der Frau, die aufgrund gesellschaftlicher Verfeinerung eine Höherstellung und höhere Wertschätzung zu erfahren schien, sollte durch die Untersuchungen somit aufgehalten, dem ›Weib‹ erneut sein Platz in der häuslichen Gemeinschaft zugewiesen werden – drohte ansonsten doch weiblicher »Müßiggang, Fortpflanzungsträgheit, Vernachlässigung der Mutterpflichten, Hang zu leerer Gelehrsamkeit und sozialer Dominanz«[4], war die Gesellschaft insgesamt gefährdet.[5]

---

1 Vgl. Eder: Kultur der Begierde. S. 188.
2 »›Das Physische bildet das Moralische‹ ist ein Kernsatz der neuen Anthropologie um 1800.« (Honegger: Die Ordnung der Geschlechter. S. 42)
3 Die zunehmende Verwendung dieses Begriffs weist auf den angenommenen engen Zusammenhang zwischen Physiologie und Anthropologie hin. Die »Aufwertung des Geschlechts als biologische Materialisierung des Sozialen im Körper und als soziale (Macht-)Ressource zeigt sich am Ende des 19. Jahrhunderts in zahlreichen, heterogenen Diskursen zu Gesundheit und Hygiene, zur Verbesserung der Fortpflanzung, Vererbung und Nachkommenschaft, zu Sexualität, Geschlecht und Geschlechterbeziehungen sowie zu ›Rasse‹ und ›Kultur‹.« (Bublitz: Einleitung. S. 15)
4 Honegger: Die Ordnung der Geschlechter. S. 52.
5 »Die herrschenden Dichotomien von Evolution und Degeneration/Entartung erzeugten Bedürfnisse nach einer symbolischen Verkörperung für das Böse, Verwor-

In der zweiten Hälfte des 19. Jahrhunderts wurden ein stetiger Anstieg von Geschlechtskrankheiten, eine Zunahme der Prostitution sowie die Verbreitung von als ›pervers‹ einzustufendem Sexualverhalten postuliert – lesbar als besorgniserregende Indikatoren für die beginnende Degeneration der Gesellschaft. Die von Natur- und Sozialwissenschaftlern, Politikern und Klerikern vorgebrachten Warnungen vor einer langsam augenfällig werdenden sittlichen Verwahrlosung des ›Volkes‹ führten dazu, dass die von ihnen angesprochenen Fehlentwicklungen – unter dem Stichwort der sogenannten ›Sexualfragen‹ – um die Jahrhundertwende auf einem breiten Forum diskutiert wurden. Das Bedürfnis der Öffentlichkeit nach Erklärungen und Handlungsempfehlungen schien sich stetig zu vergrößern, wobei sich Nachfrage – auch des interessierten Laienpublikums – und Angebot offenbar gegenseitig bedingten.

Wissenschaftliche Abhandlungen über das Sexuelle stellten allerdings zunächst häufig Sammlungen von Sexualpathologien dar, gaben Unterweisungen für das richtige Tun lediglich durch die Ausmalung des zu Unterlassenden: Das ›Gesunde‹ wurde begrenzt durch das, was als ›krank‹ wahrgenommen wurde, erst die peinlich genaue und detaillierte Aufzählung von Abweichungen konnte das moralisch Richtige konstituieren. Dass die ›Norm(alität)‹ sich nur *ex negativo* durch die Abweichung bestimmen ließ und eine Definition in den meisten Fällen nicht einmal versucht, sondern bewusst umgangen wurde, indem man sie dem ›gesunden Menschenverstand‹ überließ oder schlichtweg als unnötig bezeichnete, unterstreicht die Fragilität dieses Konstruktes, das augenscheinlich weder inhaltliche Präzisierung noch Infragestellung zuließ.

Wie bedeutsam somit Beschreibung, Begrenzung und damit Kontrolle von Sexualität wurden, zeigt die Etablierung der sogenannten Sexualwissenschaft[6], auch wenn diese gerade in ihren Anfängen gegen

---

fene, Nicht-Identische, um es zum Sündenbock des ›nervösen Zeitalters‹ klassifizieren zu können. Die angestrebte und immer wieder durch Risse und Spaltungen gekennzeichnete Normalisierung von individuellem und Gesellschaftskörper durch ein Wissen aus Naturgeschichte und Biologie verläuft über Äußerungsweisen verschiedenster Ordnung und Dichte, etwa einem wissenschaftlichen Experiment, einem literarischen Text oder über Alltagssprache.« (Dornhof: Inszenierte Perversionen. S. 258 f.)

6   Iwan Bloch betonte immer wieder, den Begriff erstmals 1907 in »Das Sexualleben unserer Zeit« verwendet und in die wissenschaftliche Diskussion eingeführt

eine Reihe von Widerständen z. B. der politischen Konservativen oder der bürgerlichen Traditionalisten ankämpfen musste, die – unter anderem mit dem Hinweis auf Sitte und Moral – das Sprechen über sexuelles Verhalten reduzieren oder ganz und gar unterbinden wollten. Dieser Ablehnung ist es u. a. auch geschuldet, dass die Türen der Universitäten den Sexualwissenschaftlern lange verschlossen blieben. Für die führenden Sexologen wurden keine Lehrstühle vorgehalten, sondern sie arbeiteten zumeist als Privatgelehrte, die sich über ihre Arzt- oder Autorenhonorare finanzierten.[7] Die von diesen Wissenschaftlern verfassten Schriften jedoch erreichten hohe Auflagen und wurden breit rezipiert.

Im Folgenden sollen die Gegenstände der wichtigsten sexualwissenschaftlichen bzw. -theoretischen Werke der Zeit, sofern sie sich mit der Lust am Schmerz auseinandersetzen, referiert und kontextualisiert werden. Der Fokus liegt dabei auf der jeweiligen Definition von Sadismus und der Erklärung für dessen Entstehung sowie auf den Annahmen über weibliche und männliche Sexualität, die häufig als Grundlage für die Thesen zur Schmerzwollust dienen. Dabei soll weitestgehend chronologisch vorgegangen werden (wobei jeweils vom Erscheinungsdatum der ersten Ausgabe ausgegangen wird); zuweilen muss jedoch von der Chronologie abgewichen werden, um Entwicklungslinien in den Theorien einzelner Wissenschaftler nachvollziehen zu können.

---

zu haben. Der Arzt für Haut- und Sexualleiden wollte diese neue Wissenschaft als interdisziplinäre verstanden wissen: »Um die ganze Bedeutung der Liebe für das individuelle und soziale Leben und für die kulturelle Entwicklung der Menschheit zu würdigen, muß sie eingereiht werden in die *Wissenschaft vom Menschen* überhaupt, in der und zu der sich alle Wissenschaften vereinen, die allgemeine Biologie, die Anthropologie und Völkerkunde, die Philosophie und Psychologie, die Medizin, die Geschichte der Literatur und diejenige der Kultur in ihrem ganzen Umfang« (Iwan Bloch: Vorwort. In: Das Sexualleben unserer Zeit in seinen Beziehungen zur modernen Kultur. 4. Auflage. Berlin 1908. S. III. Zitiert nach Jütte: Einleitung. S. VI). – Volkmar Sigusch macht allerdings darauf aufmerksam, dass das Wort bereits 1898 von Sigmund Freud in einem in der »Wiener Klinischen Rundschau« veröffentlichten Aufsatz verwendet wurde (vgl. Sigusch: Geschichte der Sexualwissenschaft. S. 50) und den Gebildeten zum Erscheinungszeitpunkt von Blochs Schrift bekannt gewesen sein dürfte: »Tatsache ist dagegen, dass der seit geraumer Zeit laufende Sexualdiskurs sich bereits in den Jahren zuvor auch zu einem sexualwissenschaftlichen Diskurs verdichtet hatte, sodass es für belesene Leute [...] gewissermaßen logisch war, von Sexualwissenschaft zu sprechen.« (ebd. S. 51)

7 Vgl. Jütte: Einleitung. S. VII.

2.1 Lust, Grausamkeit und Lust an der Grausamkeit: Definitionen und Erklärungsmodelle

1886 erschien die erste Auflage von Krafft-Ebings »Psychopathia sexualis«, die fünfundvierzig Krankengeschichten enthielt, 1903 bereits die zwölfte – und die letzte von Krafft-Ebing noch selbst vorbereitete – Auflage mit 238 Fallgeschichten, die beinahe viermal so umfangreich war wie die erste. In der sechsten Auflage wurde zum ersten Mal von ›Sadismus‹ gesprochen[8], den Krafft-Ebing in Übereinstimmung mit der französischen Literatur benannt, in der sich der Ausdruck eingebürgert habe, in Anlehnung an den »berüchtigten Marquis de Sade, dessen obszöne Romane von Wollust und Grausamkeit triefen«.[9]

2.1.1 Der »Sumpf gemeiner Wollust«[10] und die »Nachtseite[n] menschlichen Lebens«[11] Richard von Krafft-Ebing: »Psychopathia sexualis«

Krafft-Ebing weist beiden Geschlechtern deutlich unterschiedliche Charaktereigenschaften zu: Demnach kann das christliche Weib, obgleich »gleichberechtigte Gefährtin des Mannes«, am ehesten als »Hausfrau« und »Erzieherin der Kinder« ihre »Tugenden und Fähigkeiten« ausspielen.[12] Das höchste Glück des Weibes sei die Mutterschaft und die Aufzucht von Kindern, sein ›Wesen‹ wird diesem Ziel untergeordnet. Es erwartet von seinem Partner Schutz für sich und seine Nachkommenschaft; die Ehe ist für das Weib von essentieller Relevanz, um versorgt zu sein. Das Bedürfnis der Frau nach Liebe ist zwar größer und stetiger als das des Mannes, doch geht es ihr im Gegensatz zu diesem nicht um die sinnliche, sondern um die geistige Liebe, um die Zuneigung des Gatten.[13] Krafft-Ebing resümiert:

---

8   Vgl. Heitmüller: Zur Genese sexueller Lust. S. 107.
9   Krafft-Ebing: Psychopathia sexualis. S. 69.
10 Ebd. S. 5.
11 Ebd. S. IV [Vorwort der ersten Auflage].
12 Ebd. S. 5.
13 Vgl. ebd. S. 13.

> Ohne Zweifel hat der Mann ein lebhafteres geschlechtliches Bedürfnis als das Weib. Folge leistend einem mächtigen Naturtrieb, begehrt er von einem gewissen Alter an ein Weib. Er liebt sinnlich, wird in seiner Wahl bestimmt durch körperliche Vorzüge. Dem mächtigen Drange der Natur folgend, ist er aggressiv und stürmisch in seiner Liebeswerbung. Gleichwohl füllt das Gebot der Natur nicht sein ganzes psychisches Dasein aus. Ist sein Verlangen erfüllt, so tritt seine Liebe temporär hinter anderen vitalen und sozialen Interessen zurück.
> Anders das Weib. Ist es geistig normal entwickelt und wohlerzogen, so ist sein geschlechtliches Verlangen ein geringes. Wäre dem nicht so, so müsste [sic] die ganze Welt ein Bordell und Ehe und Familie undenkbar sein. [...]
> Das Weib wird um seine Gunst umworben. Es verhält sich passiv. Es liegt dies in seiner sexuellen Organisation und nicht bloss in den auf dieser fussenden Geboten der guten Sitte begründet.[14]

Die geschlechtliche Lust des Mannes wird hier – den gängigen Vorstellungen entsprechend[15] – als geradezu unwiderstehlicher Drang[16] geschildert, dem nachgegeben werden müsse. Selbst der zivilisierte Mann könne sich erst nach der Erfüllung seines Triebes wieder seinen sozialen und kulturellen Verpflichtungen widmen. Sein Begehren – und dies muss nicht einmal mehr belegt werden, es steht »ohne Zweifel« fest – wird als deutlich stärker als das des Weibes, welches Krafft-Ebing sich nicht anders als »passiv« vorstellen kann, veranschlagt. Aufgrund seines (naturgemäßen) Dranges agiert der Mann in der Liebe aggressiv, während die »wohlerzogen[e]« Frau sich ihm hingibt.

14 Ebd. S. 12 f.
15 So Martha Vicinus in ihrer Bestandsaufnahme: »Jedes Reden über Sexualität erfordert natürlich Metaphern: jedes Wort, jede Abstraktion wird dadurch rasch mit wertenden Nebenbedeutungen aufgeladen. Dennoch ist festzustellen: das vorherrschende Denkmodell für Sexualität ist überwältigend männlich und heterosexuell. In dem Modell der Trieb-Beherrschung (der Hydraulik entlehnt) wird Sexualität als eine eigenständige Kraft oder Energie angesehen, die durch persönliche oder gesellschaftliche Einschränkungen eingedämmt wird. Sexualität ist immer etwas, das enthemmt oder beherrscht werden muß; wenn sie beherrscht wird, wird sie sublimiert oder zielabgelenkt oder verzerrt. [...] Sexualität im allgemeinen wird in Begriffen des männlichen Orgasmus gedacht: sie ist wie eine gewaltige Antriebskraft, die sich aufstaut, bis sie in einem einzigen Erguß verausgabt wird.« (Vicinus: Sexualität und Macht. S. 143)
16 Mehrfach wird die Kraft dieser Begierde betont (»*mächtigen* Naturtrieb«, »*mächtigen* Drange der Natur«), sie hat beinahe Gesetzmäßigkeit (»*Gebot* der Natur«).

Die Insistenz, mit der Krafft-Ebing die natürliche und natur*gemäße* Passivität des Weibes betont, wirkt verräterisch. Erfolgt zunächst noch die Einschränkung »*ist es [d. i. das Weib] geistig normal entwickelt und wohlerzogen*, so ist sein geschlechtliches Verlangen ein geringes«, so wird im nächsten Absatz die Anerzogenheit des mangelnden Sexualinteresses zumindest teilweise wieder geleugnet: »Es liegt dies [d. i. die hingebungsvolle Passivität] *in seiner sexuellen Organisation* […] begründet.« Krafft-Ebing legt also offenbar gesteigerten Wert darauf, dass die sexuelle Zurückhaltung des Weibes kein gesellschaftlich antrainiertes Verhalten, sondern unabänderbar in seiner geistigen Verfassung festgelegt ist. Anderenfalls, so die Schreckensvision, wäre eine Welt käuflicher Lust die Folge und das Modell domestizierter Liebe in Ehe und Familie nicht lebbar.

Sexualität wird als etwas potenziell Gefährliches und durch kulturelle und gesellschaftliche Normen im Zaum zu Haltendes eingeschätzt – zwar leugnet Krafft-Ebing nicht, dass Geschlechtsverkehr zum Zwecke der Fortpflanzung körperliches Wohlbefinden verheißt, doch hält er auch fest, dass die sinnlichen Lüste permanenter Kontrolle bedürfen. »Die sittliche Freiheit des Individuums« hängt von der erfolgreichen Versagung der Begierden in Momenten ab, die nicht »günstig zur Ausübung des individuell befriedigenden Geschlechtsakts«[17] sind. Die menschlichen Triebe müssen mit »hemmenden Vorstellungen« bekämpft werden: »Auf die Stärke der treibenden Momente haben Konstitution, überhaupt organische Einflüsse, auf die der Gegenvorstellung Erziehung und Selbsterziehung gewichtigen Einfluss.«[18] Der Körper muss sich den von außen herangetragenen Regeln nicht nur unterwerfen – mehr noch, diese müssen *verinnerlicht* werden, die Erziehung muss zur *Selbst*erziehung werden. Hilfen zur Zügelung der Begierde stellen »Religion, Gesetz, Erziehung und Sitte dem Kulturmenschen«[19] bereit, die »entfesselte Leidenschaft« jedoch kann zum »Vulkan« werden, »der alles versengt, verzehrt, ein[] Abgrund, der alles verschlingt – Ehre, Vermögen, Gesundheit«.[20]

---

17 Krafft-Ebing: Psychopathia sexualis. S. 32.
18 Ebd.
19 Ebd. S. 5.
20 Ebd. S. 2. – Die auf die Erdtektonik anspielende Metaphorik ist nicht ungewöhnlich. Im Rahmen seiner Untersuchung der Lebensideologie der Frühen Moderne

Umso wichtiger ist es, die Grenzen, innerhalb derer sich Sexualität entwickeln kann bzw. *soll*, genauestens abzustecken und alles außerhalb dieser Normen als »pervers«, also ›verdreht‹ oder ›umgekehrt‹, gar als unnatürlich zu markieren: »Als pervers muss – bei gebotener Gelegenheit zu naturgemässer geschlechtlicher Befriedigung – jede Aeusserung des Geschlechtstriebes erklärt werden, die nicht den Zwecken der Natur, i.e. der Fortpflanzung entspricht.«[21] Nur die Reproduktion verhilft dem Menschen zu seiner eigenen Art der Unsterblichkeit, verheißt ihm, »die eigene, vergängliche Existenz durch Vererbung geistiger und körperlicher Eigenschaften in neuen Wesen über Zeit und Raum hinaus fortzusetzen«.[22]

Das Normalitätsparadigma des Sexualpathologen ist also ebenso einfach wie deutlich: Nur fortpflanzungsgebundene Sexualität ist legitim, so dass z. B. Onanie, Homosexualität, aber auch Geburtenkontrolle auszuschließen sind. Krafft-Ebing macht allerdings eine Konzession: Äußerungen des Geschlechtstriebs, die nicht der Reproduktion dienen, gelten dann nicht als pervers, wenn keine »Gelegenheit zu naturgemässer geschlechtlicher Befriedigung«[23] vorhanden ist. Offenbar kann der Arzt Situationen imaginieren, in denen der (im Zweifelsfalle männliche) aufgestaute Trieb sich Bahn bricht und die Grenzen regulierter Sexualität sprengt: etwa in Haftanstalten oder im Kriegsdienst.

Auch aus diesem Grund unterscheidet der Mediziner ausdrücklich zwischen Perversion als Krankheit und Perversität als – moralisch verwerflichem, nicht jedoch krankhaftem – Laster; wichtigste Differenz ist die »Triebfeder«[24] sowie die Persönlichkeitsstruktur des Handelnden, nicht die Tat an sich. Anscheinend ist die Unterscheidung ein wichtiges Kriterium für die Sondierung der Schuldfrage: Liegt der Ausbruch ei-

---

macht Martin Lindner darauf aufmerksam, dass das strömende ›Leben‹ häufig als »das lavaähnliche ›Unten‹« verstanden wird, das immer wieder »zu Brüchen in der harten Schale des ›Oben‹« führt, wenn die Spannung zwischen dynamischer Ganzheit des ›Lebens‹ und erstarrter äußerer Form – den »oberflächlich-starren Gesellschafts- und Bewußtseinsformen« – zu groß wird: Diese Risse werden dann oft als »Erdbeben« oder »Vulkanausbrüche[]« gefasst (Lindner: Leben in der Krise. S. 8 f.).

21 Krafft-Ebing: Psychopathia sexualis. S. 68.
22 Ebd. S. 1.
23 Ebd. S. 68.
24 Ebd.

ner Krankheit nicht in der Kontrolle des Patienten, so ist er umso mehr für die geistige Zügelung seiner Begierden verantwortlich.[25]

Die Notwendigkeit der richtigen Einschätzung von Krankheiten und Lastern für die Rechtssprechung legitimiert schließlich die Beschäftigung mit den »Nachtseite[n] menschlichen Lebens und Elends«[26], der Psychopathologie des Sexuallebens; daneben bedarf es des Verweises auf die »Wichtigkeit des Gegenstandes für das öffentliche Wohl«[27] und der Versicherung, dass das wissenschaftliche Werk »Unberufenen« nicht als Anregung dienen könne, da häufig Fachtermini benutzt sowie besonders »anstössige Stellen« ins Lateinische übersetzt würden.[28] Bevor er die von ihm gesammelten Fallgeschichten referiert, thematisiert Krafft-Ebing ferner seinen ästhetischen und sittlichen Ekel, dessen Überwindung er allerdings der Forschung schulde.[29]

---

25 In diesem Zusammenhang ist der Einwurf von Konrad Liessmann erwähnenswert, der mit dem zunehmenden Wissen um die vielfältigen Einflüsse der Umwelt auf den Menschen einen Paradigmenwechsel verbindet: »Die Defekte, Verirrungen und Verbrechen der Menschen hörten auf, Sünde und damit Ausdruck des Bösen zu sein, sie werden als Resultat der Umstände – Geburt, soziales Milieu, politische Situation, Krankheit, Unbewußtes, Triebleben – aufgefaßt.« (Vgl. Konrad Liessmann: Einleitung. S. 7) An Stelle von Schuld und Sühne stünden nun Devianz und Resozialisierung.

26 Krafft-Ebing: Psychopathia sexualis. S. IV [Vorwort der ersten Auflage]. – Kapitel VI ist gänzlich dem »krankhafte[n] Sexualleben vor dem Kriminalforum« gewidmet, hier werden z. B. Fragen der Zurechnungsfähigkeit von Sexualstraftätern geklärt.

27 Ebd. S. IV [Vorwort der ersten Auflage].

28 Ebd. S. V [Vorwort der ersten Auflage]. – Genutzt haben diese Vorsichtsmaßnahmen allerdings offenbar wenig: In Hirschfelds »Geschlechtsverirrungen« wird der Fall eines Patienten des Therapeuten Wilhelm Stekel geschildert, der, angeregt durch eine Beschreibung bei Krafft-Ebing, Koprophagie betreiben wollte (vgl. Hirschfeld: Geschlechtsverirrungen. S. 438). Albert Eulenburg macht darauf aufmerksam, dass Krafft-Ebings Werke übersetzt und im europäischen Ausland zu literarischen Texten kompiliert wurden, so zum Beispiel in den »Déséquilibrés de l'amour«, die Armand Dubarry herausgab (vgl. Eulenburg: Sadismus und Masochismus. S. 92). – Wie Michael Farin berichtet, warb man noch 1969 in Amerika für die »Psychopathia sexualis« mit den Worten: »Aufregende Geschichten über widernatürliche Sexpraktiken, seltsame autoerotische Methoden, Sex – Wollust – Qual – mehr, ja viel mehr! Viele dieser Hunderte von Sexualgeschichten stammen aus Geheimakten und vertuschten Gerichtsverfahren. Monströse, befremdende, fast unglaubliche Sexualakte! Nur für Erwachsene!« (zitiert nach Farin: Nachtseiten der Liebe. S. 55 f.)

29 Vgl. Krafft-Ebing: Psychopathia sexualis. S. 68.

Die Definition, die der Arzt seinem Kapitel über die »Verbindung von aktiver Grausamkeit und Gewalttätigkeit mit Wollust« voranstellt, umschreibt den Sadismus als die

> Empfindung von sexuellen Lustgefühlen bis zum Orgasmus beim Sehen und Erfahren von Züchtigungen u. a. Grausamkeiten, verübt an einem Mitmenschen oder selbst an einem Tier, sowie der eigene Drang, um der Hervorrufung solcher Gefühle willen anderen lebendigen Wesen Demütigung, Leid, ja selbst Schmerz und Wunden widerfahren zu lassen.[30]

Für den Mediziner liegt bei dieser Perversion die – pathologische – Übersteigerung des naturgemäß »aggressive[n] Charakter[s]«[31] des Mannes vor. Der Reiz für den männlichen Sexualpartner besteht in jedem Fall darin, das Weib zu erobern und zu besiegen, während dieses »defensiv sich verhält«[32] oder dem Mann Hindernisse entgegenstellt. Verweigert sich die Frau jedoch zu sehr, löst sie oft sadistische Impulse im Mann aus, der diese dann in gesteigertes, aggressives, gar gewalttätiges ›Werben‹ um das Weib umsetzt – da die Überwindung ihrer Widerstände auch für die Frau lustvoll ist, wiederholt sich die »Liebeskomödie«[33] danach immer wieder.

Der Mann will auf das Wesen, das seine geschlechtliche Lust anfacht, das seinen Drang erst entstehen lässt, eine möglichst intensive Wirkung ausüben. Krafft-Ebing sieht hier eine Verbindung zwischen der Regung des Zorns und der Regung der Liebe – es handele sich um die beiden stärksten Affekte, unter deren Einfluss der Wunsch auftrete, sich des anderen zu bemächtigen und körperlich auf ihn einzuwirken, möglichst heftig auf ihn zu reagieren und heftige Reaktionen bei ihm auszulösen. Dem Weib Vergnügen zu verschaffen, reiche dann mitunter nicht aus, der Mann füge seiner Sexualpartnerin Schmerzen zu, um seine Erregung abzuladen, die beiden Affekte vermischten sich.[34] So komme es zum Beispiel zu Liebesbissen oder anderen (nur) »scheinbar feindse-

---

30 Ebd. S. 69. – Die Reihenfolge der möglichen Schädigungen (»Demütigung, Leid, ja selbst Schmerz und Wunden«) zeugt davon, dass die Phantasietätigkeit des sexuellen Subjekts sowie die psychische Grausamkeit im Vordergrund steht, nicht das tatsächliche physische Erleiden von Schmerz.
31 Ebd. S. 73.
32 Ebd.
33 Ebd. S. 70.
34 Vgl. ebd. S. 72.

ligen Akten«.[35] Gelegentlich steigerten sich diese Reaktionen allerdings ins Maßlose und sprengten die ihnen durch moralische Hemmungen gesetzten Grenzen – »eine der verborgenen Wurzeln des Sadismus«, so Krafft-Ebing, sei »de[r] Drang zur *schrankenlosen* Unterwerfung des Weibes«.[36] Der Arzt konstatiert also nur graduelle Unterschiede zwischen der ›natürlichen‹ Geschlechtsempfindung und der Perversion, die daneben durch Heranziehung von Literatur, Bräuchen und Mythen in das (als normal empfundene) Kulturleben eingebettet wird.[37]

Die möglichen Äußerungsformen des Sadismus sieht Krafft-Ebing im Lustmord[38], in der Leichenschändung[39], im »Misshandeln von Weibern (Blutigstechen, Flagellieren usw.)«[40], in der »Besudelung weiblicher Personen«[41], im »symbolische[n]«[42] sowie »ideelle[n] Sadismus«[43] – im ersten Fall werden scheinbar sinnlose Ersatzhandlungen für sadistische Akte verübt, im zweiten bleibt es bei der Vorstellung sadistischer Aktionen –, in der Geißelung von Knaben[44], in »sadistische[n] Akte[n] an Tieren«[45] sowie im »Sadismus des Weibes«.[46] Besprochen werden zunächst die kriminologisch relevanten Äußerungen des Triebes (Lustmord, Leichenschändung etc.), Schilderungen von einvernehmlich mit dem Partner gestalteten Akten des Sadismus sind hingegen in der Minderzahl.

Krafft-Ebing macht die Ursache der Vermischung von Grausamkeit und Wollust beim geschlechtlichen Verkehr an »abnormen (degenerativen) Veranlagungen«[47] in den Tätern fest, es handelt sich bei ihnen um »geistig Entartete«.[48] Der Sadismus fällt unter die »zerebral bedingte[n]

---

35 Ebd.
36 Ebd. S. 91. Hervorhebung P. P.
37 Vgl. Gratzke: Liebesschmerz und Textlust. S. 15.
38 Vgl. Krafft-Ebing: Psychopathia sexualis. S. 75–82.
39 Vgl. ebd. S. 82–86.
40 Vgl. ebd. S. 86–91.
41 Vgl. ebd. S. 91–95.
42 Vgl. ebd. S. 95.
43 Vgl. ebd. S. 95–97.
44 Vgl. ebd. S. 97–100.
45 Vgl. ebd. S. 100–102.
46 Vgl. ebd. S. 102–104.
47 Ebd. S. 70.
48 Ebd. S. 397.

Neurosen«[49], genauer: unter die »Parästhesie[n] der Geschlechtsempfindung«[50] – also neben dem ›Normalen‹ liegende Geschlechtsempfindungen – und

> beruht darauf, dass die physiologisch im Bewusstsein kaum angedeutete Assoziation von Wollust und Grausamkeitsvorstellungen auf psychisch-degenerativer Grundlage mächtig sich geltend macht und die Lustbetonung solcher Grausamkeitsvorstellungen sich bis zur Höhe mächtiger Affekte erhebt.[51]

Die Unfähigkeit, zwischen den beiden Gefühlen zu unterscheiden, führt zu sadistischen Akten, wenn »Hyperästhesie als Komplikation besteht oder hemmende moralische Gegenvorstellungen versagen«[52] und gilt – zumindest in den meisten Fällen – als angeboren. Zwar könne es geschehen, dass sich »ab origine belastete Individuen« erfolgreich gegen ihren Drang wehrten und lange Zeit unauffällig blieben, weil sie sich mit Phantasievorstellungen begnügten. Spätestens dann jedoch, wenn die »ethischen und ästhetischen Gegenmotive« überwunden sind, der Koitus allein sich als unbefriedigend erwiesen hat und/oder Impotenz eintritt[53], »kommt es zum Durchbruch des krankhaften Triebes nach aussen«.[54] Aufgrund der langen Latenzzeit kann es dann so scheinen, als handele es sich bei der angeborenen um eine erworbene Perversion. Ein weiteres Argument für seine These von der Heredität des Sadismus, so Krafft-Ebing, sei die Tatsache, dass sich oft schon bei Kindern, denen gewöhnlich sexuelle Empfindungen abzusprechen seien, auftauche.[55]

---

49   Ebd. S. 47. – Laut Krafft-Ebing ist der Sexualtrieb »als Fühlen, Vorstellen und Drang […] eine Leistung der Hirnrinde«. Das »Zentrum eines Geschlechtssinns« sei zwar »bis jetzt nicht nachgewiesen«, seine Existenz müsse allerdings logisch aus dem Beobachteten geschlossen werden (ebd. S. 24). Demnach liegt es nahe, Perversionen und Anomalien als krankhafte Störungen des Gehirns aufzufassen.
50   Ebd. S. 68.
51   Vgl. ebd. S. 47.
52   Ebd. S. 47 f.
53   Krafft-Ebing unterscheidet zwischen solchen sadistischen Akten, die vorgenommen werden, wenn die Befriedigung durch den Koitus nicht als ausreichend wahrgenommen wird, solchen, die zur Aufstachelung bei abnehmender Potenz verwendet werden, und solchen, die bei Impotenz als Äquivalent des Koitus zur Ejakulation führen sollen (vgl. ebd. S. 75).
54   Ebd. S. 74.
55   Vgl. ebd. S. 70.

Der Grund für das Auftreten der Perversion wird also im Patienten selbst, nicht in dessen Umgebung gesucht, sein Laster ist individuell, nicht gesellschaftlich begründet.

Krafft-Ebings Fallgeschichten werden häufig von Darstellungen der Familiengeschichte der Handelnden, die die Vererbbarkeit der Störung veranschaulichen sollen, illustriert.[56] Ist keine hereditäre Belastung feststellbar, erscheint dies verwunderlich und wird betont und gleich mehrfach festgehalten.[57] Inwieweit die festgehaltenen Anomalien allerdings ursächlich mit den Perversionen seiner Patienten zusammenhängen, wird nicht erläutert. Überhaupt ist stellenweise ein Mangel an Kohärenz in den Schilderungen Krafft-Ebings festzustellen. Die Fallgeschichten erweisen sich des Öfteren als Hintereinanderstellung von Symptomen, Rekonstruktion von Tathergängen, Aussagen über die Schädelform der Patienten[58] und ihre körperlichen Attribute sowie Diagnosen und wertenden Einschätzungen, ohne dass die einzelnen Beobachtungen logisch miteinander verknüpft würden und für den Leser nachvollziehbar zu einer Diagnose führten. Jede Information steht gleichwertig neben der nächsten, Abstufungen in ihrer Aussagekraft sind oft nicht zu erkennen. Auch reiht sich zeitweilig Fallgeschichte an Fallgeschichte, ohne dass der Sinn der Aneinanderreihung – Kenntlichmachung von Erkennungsmerkmalen, spezifischen Symptomen, mögliche Therapien etc. – dem Leser klar vor Augen geführt würde.

56 Zum Beispiel: »Seine Mutter litt an Mania menstrualis periodica, ein Onkel war irrsinnig, ein anderer trunksüchtig.«; »Sein Vater hatte einen Anfall von akuter Manie gehabt, ein naher Verwandter litt an Manie mit Mordtrieben.«; »Wie es scheint, ist Verzeni ein Hereditarier – zwei Onkel sind Kretins, ein dritter ist mikrozephal, bartlos, im Hode fehlend, der andere atrophisch. Der Vater bietet Spuren von pellagröser Entartung und hatte einen Anfall von Hyppochondria pellagrosa. Ein Vetter litt an Hyperaemia cerebri, ein anderer ist Gewohnheitsdieb.«; »Die Gesundheitsverhältnisse seiner Familie sind nicht genügend bekannt, das Vorkommen von Geisteskrankheiten in der Aszendenz ist jedoch sichergestellt.« etc. (Ebd. S. 77–87) Körperliche Leiden und moralische Verfehlungen werden gleichwertig nebeneinandergestellt.

57 Beispielsweise der Fall des »V., geb. 1869, von *ehrenwerten* Eltern, aus *geistesgesunder* Familie.« Ein Professor der Gerichtsmedizin und ein Irrenarzt »konstatierten den *Mangel an hereditärer Belastung*« (vgl. ebd. S. 78, Hervorhebungen P. P.).

58 Laut Annemarie Wettley lehnte Krafft-Ebing die Phrenologie als Wissenschaft allerdings ab (vgl. Wettley: Von der »Psychopathia sexualis« zur Sexualwissenschaft. S. 58).

Als Beispiel einer typischen Fallgeschichte mag »Beobachtung 25« dienen:

> Herr X., 25 Jahre alt, stammt von luetischen, an Dem. paralytica gestorbenem Vater und konstitutionell hystero-neurasthenischer Mutter. Er ist ein schwächliches, konstitutionell neuropathisches, mit mehrfachen Degenerationszeichen behaftetes Individuum. Schon als Kind Anwandlungen von Hypochondrie und Zwangsvorstellungen. Später beständiger Wechsel zwischen exaltierten und deprimierten Stimmungen. Schon als Junge von 10 Jahren fühlte Pat. einen sonderbaren wollüstigen Drang, Blut aus seinen Fingern fließen zu sehen. Er schnitt und stach sich deshalb öfters in die Finger und fühlte sich dann ganz beseligt. Schon früh gesellten sich dazu Erektionen, desgleichen, wenn er fremdes Blut sah, z. B. ein Dienstmädchen sich in den Finger schnitt. Das machte ihm besonders wollüstige Empfindungen. Seine vita sexualis regte sich nun immer mächtiger. Ganz ohne Verführung begann er zu onanieren, dabei kamen ihm jeweils Erinnerungsbilder blutender Frauenzimmer. Es genügte ihm nun nicht mehr, sein eigenes Blut fließen zu sehen. Er lechzte nach dem Anblick des Blutes junger Frauenspersonen, besonders solcher, die ihm sympathisch waren. Er konnte sich oft kaum bezwingen, zwei Cousinen und ein Stubenmädchen nicht zu verletzen. Aber auch an und für sich nicht sympathische Frauenzimmer riefen diesen Drang hervor, wenn sie ihn durch besondere Toilette, Schmuck, namentlich Korallenschmuck, reizten. Es gelang ihm, diesen Gelüsten zu widerstehen, aber in seiner Phantasie waren blutige Gedanken beständig gegenwärtig und unterhielten wollüstige Erregungen. Ein innerer Zusammenhang bestand zwischen beiden Gedanken und Gefühlskreisen. Oft kamen auch anderweitige grausame Phantasien, z. B. er dachte sich in die Rolle eines Tyrannen, der das Volk mit Kartätschen zusammenschiessen liess. Er musste sich die Szene ausmalen, wie es wäre, wenn Feinde eine Stadt überfallen, die Jungfrauen schänden, martern, töten, rauben würden. In ruhigeren Zeiten schämte und ekelte sich der sonst gutmütige und ethisch nicht defekte Patient vor solchen grausam wollüstigen Phantasien, gleichwie sie auch sofort latent wurden, sobald er durch Masturbation seiner sexuellen Erregung Befriedigung verschafft hatte.
> Schon nach wenigen Jahren war Pat. neurasthenisch geworden. Nun genügte ihm die blosse Phantasievorstellung von Blut und Blutszenen, um zur Ejakulation zu gelangen. Um sich von seinem Laster und seinen zynisch grausamen Phantasien zu befreien, trat Pat. in sexuellen Verkehr mit weiblichen Individuen. Koitus war möglich, aber nur, wenn Pat. sich vorstellte, das Mädchen blute aus den Fingern. Ohne Zuhilfenahme dieser Phantasievorstellung wollte sich keine Erektion einstellen. Die grau-

samen Gedanken, hineinzuschneiden, beschränkten sich auf die Hand des Weibes. In Zeiten höchst gesteigerter sexueller Erregung *genügte der Anblick einer sympathischen Frauenhand, um die heftigsten Erektionen hervorzurufen.* Erschreckt durch populäre Lektüre über die schändlichen Folgen der Onanie und abstinierend, verfiel Pat. in einen Zustand schwerer allgemeiner Neurasthenie mit hypochondrischer Dysthymie, taed. vitae. Eine komplizierte und wachsame ärztliche Behandlung stellte binnen Jahresfrist den Kranken wieder her. Er ist seit 3 Jahren psychisch gesund, ist nach wie vor sexuell sehr bedürftig, aber nur selten mehr von seinen früheren blutdürstigen Ideen heimgesucht. Der Masturbation hat X. ganz entsagt. Er findet Befriedigung im natürlichen Geschlechtsgenuss, ist vollkommen potent und nicht mehr genötigt, seine Blutideen zu Hilfe zu nehmen.[59]

Der Vater des Patienten starb an den Folgen der Syphilis – ist also zumindest eines ausschweifenden Lebensstils und sexueller Hyperästhesie, einer der Voraussetzungen für ausgelebten Sadismus verdächtig –, die Mutter ist nervenkrank. Das Erbmaterial, das an den Sohn weitergegeben wurde, ist folglich bereits schadhaft – dass dieser zumindest die Disposition zu Exzess, Nervosität und Erschöpfung von den Eltern übernommen hat, steht zu vermuten. Dieser Vorstellung Krafft-Ebings entspricht, dass auch der Sohn von schwächlicher Konstitution ist und sogar mehrere »Degenerationszeichen« trägt, auch wenn diese Merkmale nicht aufgeführt werden. Offenbar geht der Verfasser davon aus, dass sich eine sexuelle Störung zeichenhaft im Körper einschreibt und auf diese Weise für das geschulte Auge sichtbar wird.

Bereits in der Kindheit zeigen sich beim Patienten dann sowohl Anzeichen einer geistigen Schädigung als auch erste sexuelle Regungen. Da das Kind bis zum Eintritt der Geschlechtsreife bei Krafft-Ebing als unschuldig und asexuell gilt, tritt der Sexualtrieb bei Herrn X. zu früh auf, zumal er nicht nur einen »wollüstigen Drang« verspürt, sondern auch sein Glied erigiert, er also psychisch und physisch sexuelle Erregung erlebt. Die mehrmalige Verwendung des Temporaladverbs ›schon‹ soll dem Leser die Vorzeitigkeit der einsetzenden Libido signalisieren.

Die Macht des Triebs macht sich bemerkbar: Der Patient beginnt zu onanieren und wird nicht einmal als Verführter exkulpiert, sondern ist ganz allein für sein zweifelhaftes Tun verantwortlich. Da Onanie als besonders verabscheuungswürdige sexuelle Abweichung mit schwerwie-

---

59 Krafft-Ebing: Psychopathia sexualis. S. 87 f.

genden Folgen für Leib und Psyche gilt – Desinteresse für das andere Geschlecht, Vorherrschen des tierischen Triebs ohne hemmende Moralvorstellungen, Neurosenbildung, körperliche Schwächung, Krankheit und Auszehrung etc. gelten als Ursachen und Folgen –, beginnt spätestens hier der stetige Niedergang des X. Durch die doppelte Verwendung des Wortes ›nun‹ wird die Masturbation des Patienten darüber hinaus mit der Tatsache in Verbindung gebracht, dass es ihm nicht mehr zur Befriedigung gereicht, das eigene Blut fließen zu sehen.

Vor allem dem Jungen ›sympathische‹ – körperlich anziehende, nahe stehende, für seine Annäherungsversuche empfängliche? – Frauen lösen bei ihm Erregung aus, doch auch ›nicht sympathische‹ Frauen können ihn durch entsprechende Aufmachung reizen.[60] Gewöhnung führt zu Abstumpfung führt zur Suche nach neuen Sinnesreizen. Implizit wird also auch vor zu heftiger sexueller Betätigung gewarnt, die ihr den Reiz nimmt, gleichzeitig jedoch die Phantasie nicht zur Ruhe kommen lässt.

Während es dem Patienten gelingt, sich davon abzuhalten, seinem Drang nachzugeben und tatsächlich eine Frau zu verletzen, werden seine Phantasien immer ausgefeilter, und er ergeht sich in Vorstellungen, wie er als Kriegsherr mit Kanonen auf das Volk schießt[61], oder wie feindliche Soldaten eine Stadt überfallen und die Jungfrauen vergewaltigen und morden.[62]

Wie zu erwarten, wird Herr X. »schon nach wenigen Jahren« – schnelle Progression der Degeneration durch anhaltende Masturbation! – »neurasthenisch«. Er ist freilich noch immer von hemmenden Moralvorstellungen bestimmt, die ihn zunächst davon abgehalten haben, tatsächlich Frauen zu verletzen und die ihn dann zu dem Versuch treiben, im heterosexuellen Koitus Befriedigung zu finden. Da er jedoch sadistisch veranlagt ist, muss der Patient sich eingangs durch Phantasien erregen,

---

60 Bemerkenswert ist hier die Verwendung des Wortes ›reizen‹, das eine willentliche Lockung und Anstachelung suggeriert, obwohl die gemeinten Frauen sich ihrer Wirkung wohl kaum bewusst gewesen sein dürften.

61 Die losfeuernde Kanone könnte daneben allerdings auch ein gängiges Phallussymbol darstellen.

62 Eine Vorstellung, die im Übrigen an die Metaphorik verschlüsselt pornographischer Texte erinnert, in denen Barrieren niedergerissen, Tore gesprengt, Verteidigungen überwunden werden etc. Es scheint, als werde hier die Vorstellung des Geschlechterkampfs übertrieben.

74 Pathologie und Normalität: Die Wissenschaft von der Sexualität

bevor er erigieren kann – ist Erektion ohne sadistische Vorstellungen nicht möglich, können diese andererseits ohne zusätzliche Auslöser von Erregung Erektionen hervorrufen:

> Wohl bei jedem Masturbanten kommt ein Zeitpunkt, wo er, erschreckt durch Belehrung über die Folgen des Lasters oder diese an sich gewahrend (Neurasthenie), oder durch Beispiel, Verführung zum anderen Geschlecht gedrängt, dem Laster entfliehen und seine Vita sexualis sanieren möchte[63],

heißt es in anderem Kontext der »Psychopathia sexualis« – und tatsächlich, auch Herr X. zeigt sich erschreckt über die ihm in der Ratgeberliteratur erläuterten Folgen der Onanie, die er am eigenen Leib erfahren hatte.[64] Abstinenz von der Masturbation führt bei ihm jedoch – naturgemäß – zu schwerwiegenden psychischen Folgen, depressiver Verstimmung, sogar zum Ekel vor dem Leben. Erst die Hilfe eines geschulten Experten, der seine Behandlung überwacht, verhilft X. zur seelischen Gesundung sowie der – charakterlichen? – Stärke, sowohl der Masturbation als auch den sie begleitenden grausamen Ideen zu entsagen und den heterosexuellen Koitus mit vollkommener Potenz auszuführen, auch wenn weiterhin offenbar sexuelle Hyperästhesie vorhanden ist, die allerdings als körperliche Veranlagung auch nicht geheilt werden kann. Der Sexualwissenschaftler legitimiert sich und seine Arbeit durch den Heilungserfolg, den nur er herbeiführen kann. Er kann den Patienten begleiten und anleiten und ersetzt durch seine wachsame Beobachtung sozusagen von außen zunächst die noch nicht stark genug aufgebauten moralischen Hemmnisse innerhalb der Psyche des Patienten.[65]

---

63 Krafft-Ebing: Psychopathia sexualis. S. 227 f.
64 Ganz nebenbei wird hier auch die Wichtigkeit dieser Sexualratgeber unterstrichen und somit auch die Wertigkeit des eigenen Werks betont – auch in der »Psychopathia sexualis« konnte sich der Betroffene informieren und sein Laster erkennen.
65 Corinna Wernz konstatiert, dass dem therapierenden Arzt/wissenschaftlichem Autor im Verhältnis zu seinem aufgrund seiner unkontrollierbaren Leidenschaften krankenden Patienten/Leser in der Zeit um 1800 eine ähnliche Funktion zukommen kann: »Die Autoren bringen sich selbst in die Position ›wandelnder Über-Ich-Strukturen‹, repräsentieren tatsächlich jedoch vorwiegend den strafenden Aspekt. Im Idealfall verfügt das pädagogisch geschulte Patientensubjekt später über einen Katalog von Handlungs-, Denk- und Fühlanweisungen, nicht aber über ein individuelles Über-Ich.« (Wernz: Sexualität als Krankheit. S. 228)

Die meisten der aus dieser Fallgeschichte gezogenen Schlüsse wirken allerdings nur dann logisch, wenn man die »Beobachtung« nicht textimmanent interpretiert, sondern bereits mit vorgefasster Meinung an sie herantritt bzw. die in der »Psychopathia sexualis« erläuterten Ansichten teilt und die zugrunde liegenden Prämissen anerkennt. Die Vermutung beispielsweise, dass die geschilderten Erkrankungen der Eltern Auswirkungen auf den Patienten gehabt haben müssen, drängt sich dem Leser auf, der nach einer Möglichkeit der hermeneutischen Deutung sucht, und sie wird durch die Sukzession der unterschiedlichen Krankheitsbilder suggeriert, nirgendwo jedoch explizit gemacht. Ähnlich steht es mit der Annahme, dass der Patient deutlich zu früh in seiner Entwicklung sexuelle Neigungen verspürt oder mit der Mutmaßung, dass ein Zusammenhang zwischen Masturbation und entstehender Neurasthenie von X. besteht etc. Die gemachten Beobachtungen werden durch den Sammler der Fallgeschichten in den meisten Fällen nicht interpretiert und eingeordnet, sondern lediglich aufgezählt – interessanterweise nicht im Wissenschaftlichkeit und dauerhafte Gültigkeit suggerierenden Präsens, sondern im für die populäre Darstellung typischen Präteritum.[66]

Dies zeigt zum einen, dass sich der Autor zum Teil positivistischen Wissenschaftsidealen verpflichtet fühlt, denen gehorchend er zunächst alle Beobachtungen vollständig und ohne Abstufung ihrer Relevanz aufzulisten gehalten ist, zum anderen aber auch, dass er sich sicher darüber sein konnte, dass die Leser aus diesen Betrachtungen die richtigen Schlüsse ziehen würden, ohne dass rezeptionslenkend und -leitend eingegriffen werden müsste.

Die Fallgeschichten der als Sadisten eingestuften Männer lesen sich allesamt ähnlich: Die Sadisten stammen von kranken, (geistig oder körperlich) geschwächten Eltern ab und leiden selbst an Neuropathien. In frühester Jugend beginnen sie zu masturbieren, entwickeln Phantasien über die Verletzung von Frauen (Stechen, Schneiden etc.), leben diese zuweilen auch aus, zuweilen bleibt es bei der Vorstellung. Die meisten der Täter schämen sich für ihre Handlungen oder bereuen diese zumindest im Nachhinein. Auch deshalb wird vermutlich selten deutlich, welche *Lust*empfindungen sie dazu getrieben haben, ihren

---

66 Vgl. Pörksen: Deutsche Naturwissenschaftssprachen. S. 188.

Neigungen nachzugehen und nachzugeben.⁶⁷ Es ist dunkel von einem Drang, geradezu von Zwängen die Rede (viele sadistische Szenen werden mit der Wendung »er musste« eingeleitet); die Befriedigung wird eher knapp umschrieben, häufig wird lediglich die Erektion und/oder die Ejakulation erwähnt. Die Schilderungen wirken dabei merkwürdig passiv – Befriedigung wird ›gefunden‹ oder ›gehabt‹, Erregungen werden ›unterhalten‹, es ›kommt‹ zu Erektionen, die durch äußere Stimuli ›hervorgerufen‹ werden, zu Ejakulationen wird ›gelangt‹ oder sie ›treten ein‹ etc.⁶⁸ Es ist, als geschähe dem Patienten ein Sexualakt, an dem er nur halbherzig teilnimmt. Allerdings sind im Wortlaut der Täter wiedergegebene Darstellungen rar, in den meisten Fällen stammen die Schilderungen aus der Feder eines Sexualpathologen⁶⁹, in dessen Denkmodell sadistische Akte lediglich als Ersatz für den aus unterschiedlichen Gründen nicht befriedigenden oder nicht durchführbaren Koitus vorstellbar sind.⁷⁰

Da der Sadismus als pathologische Steigerung des männlichen Geschlechtscharakters wahrgenommen wird, geht Krafft-Ebing davon aus, dass die Störung bei Frauen seltener auftritt, zumal die äußeren Hemmnisse schwerer zu überwinden seien: »Gleichwohl kommt Sadismus des Weibes vor und lässt sich recht wohl aus dem ersteren konstitutiven Element des Sadismus, der allgemeinen Übererregung der motorischen Sphäre, allein erklären.«⁷¹

---

67 Elke Heitmüller kritisiert dagegen, dass Krafft-Ebing vorrangig sexuelle Beweggründe für den Lustmord annimmt: »Daß jedem Mörder sexuelle Motive unterstellt werden, der auch nur ahnen läßt, daß er andere Gefühle beim Töten empfunden habe als der imaginierte Normalbürger, ist ein originäres Produkt der Sexologen.« (Heitmüller: Zur Genese sexueller Lust. S. 162)
68 Krafft-Ebing: Psychopathia sexualis. S. 86–89.
69 Der Schriftsteller John Henry Mackay hielt zumindest wohlwollend fest, dass Krafft-Ebing verstummten Gesellschaftsmitgliedern eine Stimme gegeben und die ihm anvertrauten Erzählungen seiner Patienten im Vergleich zu anderen Psychiatern nur unwesentlich seinen Vorgaben und Vorstellungen entsprechend angepasst habe (vgl. Sigusch: Geschichte der Sexualwissenschaft. S. 189). – Mackay selbst hatte offenbar erst durch die Lektüre der »Psychopathia sexualis« seine Ephebophilie erkannt, missbilligte jedoch die Tendenz Krafft-Ebings und anderer Wissenschaftler, Erregungsarten zu kategorisieren und klassifizieren (vgl. ebd. S. 160 und 189).
70 Geistige oder körperliche Impotenz galt als einer der ›Auslöser‹ für sadistische Phantasien und Akte.
71 Krafft-Ebing: Psychopathia sexualis. S. 102.

In einer Fußnote macht Krafft-Ebing allerdings auf »ein grässliches Gemälde eines erdachten vollkommen weiblichen Sadismus« aufmerksam, das »der geniale, aber zweifellos geistig nicht normale Heinrich von Kleist in seiner ›Penthesilea‹« gezeichnet habe und erwähnt dabei Ernst von Wildenbruchs Novelle »Brunhilde« als Bildnis einer Sadistin.[72] In der Kunst findet Krafft-Ebing also vorgebildet, was er im ›realen‹ Leben verneint – allerdings als Phantasien von mental gestörten Schriftstellern.

Empirisch belegt, so Krafft-Ebing, seien nur zwei Fälle von weiblichem Sadismus: Eine der Fallgeschichten erweist sich als Schilderung eines jungen Mannes, der sich mit Schnittwunden bei dem Mediziner vorstellte und diese dadurch erklärte, dass seine »›nervöse[]‹ Frau« nur dann sexuell erregt werde, wenn er sich vor dem Akt einen Schnitt zufüge, an dem sie saugen könne. Der zweite Fall – den Krafft-Ebing teilweise ins Lateinische übersetzt –, ist der einer verheirateten Frau und Mutter, die – augenscheinlich aufgrund ihrer »streng sittlich[en]« Erziehung – kein Verlangen nach dem Koitus verspürt und diesen sogar als Herabsetzung der Liebe empfindet, die sie für ihren Ehemann hegt: »Es ist der Patientin durchaus unklar, wie man einen solchen Akt als höchsten Genuss der Liebe bezeichnen kann, die ihr etwas bei weitem Höheres sei, das nicht mit solchem Triebe zusammenhänge.«[73] Die Genitalien scheinen ihr nichts mit »Liebe« zu tun zu haben.[74] Am Austausch von Küssen findet sie dagegen verstärkten Gefallen, besonders, wenn diese in Liebesbisse übergehen und dabei Blut fließt. Auch diese Frau – deren Geschichte Krafft-Ebing i. Ü. von Albert Moll übernimmt – wird als hysterisch und neurasthenisch eingestuft.[75]

Die ›Störung‹ wird bei beiden Frauen von ihrer nervlichen Verfassung hergeleitet, es wird eine übergroße Empfindlichkeit gegen äußere Einflüsse angenommen, die sich dann darin ausdrückt, dass sie – obgleich körperlich dazu in der Lage (es werden keine Anomalien festgestellt)

---

72 Ebd. S. 104.
73 Ebd. S. 103.
74 Möglicherweise handelt es sich also um eine Begriffsverwirrung: Die Patientin unterscheidet Liebe und Sexualität, die für sie nicht unbedingt miteinander verbunden sind, der Arzt kann ihre Trennung ebenso wenig akzeptieren wie die Ehefrau ihre Verknüpfung: »Dass aber die Genitalien irgend etwas mit Liebe zu tun hätten, kann ihr nicht einleuchten.« (ebd.)
75 Vgl. ebd.

und, als verheiratete Frauen, durchaus auch in der Situation und zu ihm ›berechtigt‹ – den Koitus ablehnen und (als Vorbereitung oder als Ersatz) sadistische Handlungen bevorzugen. Krafft-Ebing stellt diese Präferenzen allerdings lediglich fest – weder hinterfragt er ihre Ursachen noch bietet er über die allgemeine Diagnose der Nervosität und Neurasthenie hinaus eine Erklärung dafür, dass sich die Vorlieben der Frauen gerade auf diese Art und Weise manifestieren.

Die ›Herrinnen‹, denen sich die als ›masochistisch‹ eingestuften Männer unterwerfen, werden indessen nicht als Sadistinnen eingestuft – ob sie Freude dabei empfanden, die von ihren ›Sklaven‹ zumeist genau festgelegten Rollen zu spielen und deren Phantasien zu erfüllen, bleibt im Dunkeln. Da es sich bei den ›grausamen Frauen‹ aber vorwiegend um Prostituierte handelte, die den Wünschen ihrer Kunden entsprechend auftraten, welche keineswegs daran interessiert waren, ihre Macht tatsächlich abzugeben, sondern ihre Unterwerfung in genau begrenztem Rahmen *spielten*, darf eine Lust an den zu erbringenden Diensten zumindest angezweifelt werden.

Bemerkenswert ist, dass der Phantasietätigkeit in Krafft-Ebings Darstellung eine so große Bedeutung beigemessen wird[76]: Die Patienten schildern verhältnismäßig ausführlich ihre sexuellen Vorstellungen – Erzählungen, die Krafft-Ebing auch nutzt, um daran die Ausbildung bestimmter fehlgeleiteter Assoziationen zu erläutern – und zählen ihre literarischen Vorlieben und Vorbilder auf. Einige der als Masochisten eingestuften Männer berufen sich z. B. auf Sacher-Masochs Schriften, um ihre Phantasien zu illustrieren.[77] Der bereits erwähnte Herr X. nutzt ausgefeilte Vorstellungen zur Masturbation. Anderen Patienten dienen Phantasien dieser Art dazu, den Koitus für sich befriedigend zu gestalten, wenn sie der Geschlechtsverkehr selbst nicht genügend erregt. In späteren Abhandlungen wird dieser Zusammenhang zwischen Phantasietätigkeit, Literatur und sexuellen Neigungen noch ausführlicher beleuchtet, dort wird auch stärker auf die denkbare korrumpierende

---

76 Roland Dollinger betont »Krafft-Ebing's recognition of the significance of creative phantasy for the production of masochistic phantasies and acts.« (Dollinger: The Self-Inflicted Suffering of Young Werther. S. 92)
77 Vgl. Krafft-Ebing: Psychopathia sexualis. S. 128 f., S. 134 u. ö.

Wirkung von Literatur hingewiesen, die Krafft-Ebing zufolge offenbar in weiten Teilen arglose Konzeptionen reiner Liebe umfasst:

> Vorläufig dürften die Dichter noch bessere Psychologen sein, als die Psychologen und Philosophen von Fach, aber sie sind Gefühls- und nicht Verstandesmenschen und mindestens einseitig in der Betrachtung des Gegenstandes. Sehen sie doch über dem Licht und der sonnigen Wärme des Stoffes, von dem sie Nahrung ziehen, nicht die tiefen Schatten! Mögen auch die Erzeugnisse der Dichtkunst aller Zeiten und Völker dem Monographen einer »Psychologie der Liebe« unerschöpflichen Stoff bieten, so kann diese grosse Aufgabe doch nur gelöst werden unter Mithilfe der Naturwissenschaft und speziell der Medizin, welche den psychologischen Stoff an seiner anatomisch-physiologischen Quelle erforscht und ihm allseitig gerecht wird.[78]

Während sich die Dichter lediglich mit der hellen, freundlichen Seite der »sexuelle[n] Verhältnisse«[79] befassen, obliegt es dem Naturwissenschaftler und dem Arzt, sich der dunklen, noch nicht erkundeten Seite der Liebe – bemerkenswert erneut, dass Liebe und Sexualität synonym bzw. als zusammengehörig verstanden werden – zu widmen, diese zu ›erhellen‹ und aufklärerisch tätig zu sein. Erst dann kann das Sexualleben in seiner Gänze verstanden und können Erkenntnisse gewonnen werden, die nicht nur auf Einfühlung beruhen, sondern vor allem auf rationaler Erforschung der Grundlagen, des Ursprungs aller Sexualhandlungen. Krafft-Ebing geht davon aus, dass das Gefühls- und Triebleben des Subjekts von seiner Anatomie bestimmt wird[80] – gelingt es dem Forscher, die Physiologie des Menschen zu begreifen, wird er auch dessen Psyche verstehen lernen. Erst, wenn beide Seiten zusammengebracht und -gedacht werden, wird man dem hochkomplexen Objekt der Forschung gerecht.

Ziel seines eigenen Werkes sei es jedoch nicht, »Bausteine zu einer Psychologie des Sexuallebens beizutragen«[81], sondern (lediglich?) die psychopathologischen Erscheinungen im Sexualleben des Menschen zu sammeln und ihre Grundlagen zu beschreiben.

---

78 Ebd. S. IV [Vorwort der ersten Auflage].
79 Ebd.
80 Dass ein »Stoff« seine »Quelle« im Körperlichen haben soll, mutet allerdings seltsam an.
81 Krafft-Ebing: Psychopathia sexualis. S. V [Vorwort der ersten Auflage].

2.1.2 »Sehr oft liebt es das Weib, sich unter die Füsse des Mannes zu werfen«[82]
Césare Lombroso und Guglielmo Ferrero: »Das Weib als Verbrecherin und Prostituirte«

Césare Lombroso und Guglielmo Ferrero wählen sich für ihre Analyse – wie man dem Titel ihres Werkes bereits entnehmen kann – einen anderen Fokus als den der sexuellen ›Abirrungen‹; es geht ihnen um die Darstellung der Umstände, unter denen das »Weib«, das als allgemein weniger stark erregbar und geistig wenig(er) beweglich gilt, dem Laster oder dem Verbrechen anheim fallen kann. Bedeutsam sind ihre Ausführungen – vor allem zur Grausamkeit der Frau – in diesem Zusammenhang dennoch, weil sie einen Versuch darstellen, eine zugleich erhöhte Grausamkeit *und* außerordentliche Befähigung zum Mitleid bei der Frau zu konstatieren und beide Extreme aus deren Körperlichkeit herzuleiten.[83]

Die Argumentation von »Das Weib als Verbrecherin und Prostituirte« ist ebenfalls zwiespältig: Zum einen wird zwar in der Einleitung zugestanden, dass die faktische Unterdrückung der Frau »Tyrannei« und das Weib das »Opfer« dieser Gewaltherrschaft, dass das Verbot zur »Berufsbildung« bzw. Berufsausübung »lächerlich[] und grausam[]« sei und der Mann seine Gefährtin absichtlich in Abhängigkeit halte, um ihre Unvollkommenheit und mangelnde Bildung auszunutzen[84], zum anderen jedoch wird immer wieder darauf abgestellt, dass die körperliche und seelische Organisation die Frau dazu *prädestiniere*, ihrem Mann unterlegen zu sein.

Lombroso und Ferrero gehen davon aus, dass Frauen geschlechtlich wenig reizbar sind und sich dem Mann nur sträubend oder gleichgültig überlassen[85], generell zeichneten sie sich durch eine »geringere[] Sinnes-

---

82 Lombroso/Ferrero: Das Weib als Verbrecherin und Prostituirte. S. 390.
83 Dies ist nicht der einzige Widerspruch, den die beiden Wissenschaftler nicht aufzulösen vermögen. Albert Eulenburg wandte sich dementsprechend 1893 in einem Artikel in der Zeitschrift »Die Zukunft« vehement gegen Lombrosos »Theorie des Weibes«, die letztlich lediglich eine Bestätigung aller gängigen (Vor-)Urteile gegenüber Frauen darstelle (vgl. Sigusch: Geschichte der Sexualwissenschaft. S. 243).
84 Lombroso/Ferrero: Das Weib als Verbrecherin und Prostituirte. S. VII.
85 Vgl. ebd. S. 54 f.

empfindlichkeit«[86] aus. Die Grausamkeit des Weibes erklärt sich zum Teil aus der unterstellten Unempfänglichkeit für physische Eindrücke – »man ist leichter bereit, Leiden zuzufügen, und man geniesst die Freude am misshandeln [sic] erst recht dann, wenn man selbst nicht empfindlich ist«[87] –, zum Teil aus seiner mangelnden »Differenzirung [sic] und Variabilität, denn die kortikalen Funktionen sind von geringem Einfluss auf das Geschlechtsleben [der Frau] und haben, weil sie weniger angeregt werden, weniger Gelegenheit, in Perversität zu verfallen«.[88]

Neigt die Frau allerdings einmal zur Perversion, dann greift sie zu ausgesuchteren und ideenreicheren Folterungen als der Mann. Dieses Verhalten leiten Lombroso und Ferrero aus der Entwicklungsgeschichte ab: Da das Weib gemeinhin zu schwach sei, um seinen Gegner schnell und schmerzlos zu töten, müsse es ihn kampfunfähig machen; aus dieser Notwendigkeit erwachse dann die Lust daran, dem Feind »die grösstmöglichen Leiden zuzufügen.«[89]

Die relative Unempfindlichkeit gegenüber dem Schmerz anderer macht die Frau allerdings auch zu einer guten Krankenpflegerin – während der Mann das Elend des anderen nicht ertragen kann.[90] Darüber hinaus sei ihr Mitleid, das Lombroso und Ferrero von ihrem Mutterschaftsinstinkt, der die Sorge für Schwächere einschließe, herleiten, stärker ausgeprägt als das des Mannes.[91] In diesem Punkt sehen die beiden Autoren die Absichten von Mann und Frau sogar als gegenläufig: »Während der Mann, mitten im Kampfe ums Dasein stehend, immer die Aufgabe gehabt hat, die Schwachen zu unterdrücken, sie auszumerzen zum Besten der Starken«[92], liegt es in der Natur der Frau, sich für die Schwächeren – zu denen sie im Zweifelsfall ebenfalls gehört – einzusetzen.

Das Mitleid mit anderen bleibt demgemäß nicht ohne Hintergedanken – das Weib wünscht sich, durch Zärtlichkeiten (Küsse der Kin-

---

86   Ebd. S. 58.
87   Ebd. S. 103.
88   Ebd. S. 408.
89   Ebd. S. 102.
90   Vgl. ebd. S. 61.
91   Vgl. ebd. S. 56 und 61.
92   Ebd. S. 111.

der etc.) für seine Pflege belohnt zu werden[93] und legt es darauf an, seine (Mutter-)Instinkte zu befriedigen. Daneben wirbt es durch seine – teilweise sogar vorgespielte[94] – Wohltätigkeit um die Liebe und um den Schutz des Mannes[95], der nach einem sanften Wesen zur Aufzucht seiner Nachkommenschaft sucht. Dieser Art von Zuchtwahl, so Lombroso und Ferrero, sei es zuzuschreiben, dass die Grausamkeit der Frau stetig ab-, die Sanftheit jedoch zunehme, da der Mann bei der Brautschau nunmehr nach Anmut und Grazie suche.[96]

Trotz dieser Entwicklung zur Sanftheit haben »sexuell Psychopathische[]« jedoch auch weiterhin ihren Anteil an »der höheren Prostitution wie unter eigentlichen Verbrecherinnen«; diese sind »Liebhaberinnen der Marterung, Peitschung des Mannes, mit Neigungen zum Blutabzapfen, zur tyrannischen Behandlung (Masochismus), zur Einweihung von Kindern in sexuelle Mysterien«.[97] Gleichwohl konstatieren die Mediziner, dass gerade bei Frauen sowohl sadistische als auch masochistische Gelüste oft im Stadium der Vorstellung bleiben, während der Mann seine Triebe auslebt.[98] Vor allem Sadistinnen seien selten, Kleists Penthesilea, in den Augen der Autoren (ebenso wie in denen Krafft-Ebings) der – allerdings nicht wirklichkeitsnahe – Prototyp, sei eine Kopfgeburt des Dichters und nicht ein Abbild der Realität.[99] Näher als die Herrschaft über den Mann liege der Frau die Unterwerfung.[100]

---

93 Vgl. ebd. S. 115. – Wohltätigkeit gegenüber anderen sei beim Weib auch mit »ganz leise[n] Lustempfindungen vonseiten der Geschlechtsorgane« verbunden (ebd.).
94 Vgl. ebd. S. 113 f.
95 Vgl. ebd. S. 56.
96 Vgl. ebd. S. 120 f. – Oft genug werde er aber durch das Weib auch getäuscht (ebd.).
97 Ebd. S. 388 f.
98 Vgl. ebd. S. 389.
99 Lombroso und Ferrero liefern eine lebendige Beschreibung der Kleist'schen Figur: »Kleist zeigt uns seine Penthesilea im Taumel geschlechtlicher Lust, während sie Achilles von ihrer Meute zerreissen sieht und mithilft, ihn zu zerstückeln; sie reisst ihm den Harnisch herunter, beisst ihn in die Brust und derilirt [sic] von der Verschmelzung von Küssen und Bissen.« Gefolgt jedoch von der lapidaren Einschränkung: »Aber Kleist ist Dichter.« (Ebd. S. 390)
100 Vgl. ebd. – Auch hier (wie in vielen sexualtheoretischen Schriften) wird das Beispiel der slawischen Frauen angebracht, die sich nur geliebt fühlten, wenn ihr Mann nicht mit Schlägen spare (ebd.).

Auch für die beiden Italiener stellt die Frau also die passive, weniger interessierte Sexualpartnerin dar, deren körperliche Konstitution sie zur Unterwerfung und Hingabe prädestiniere und deren psycho-physischer Aufbau nicht zur Perversion tendiere, da er schlichtweg zu simpel sei, um die notwendige »Variabilität« zu bieten. Gleichzeitig warnen sie jedoch vor dem grausamen, verbrecherischen und pathologischen Weib. Der Text schwankt zwischen der Schilderung der durch dieses Weib entstehenden Bedrohung für den Mann und die (männliche) Gesellschaftsordnung sowie der Leugnung der Existenz jener sexuell pathologischen Frau. Es scheint, als entzöge sich diese Figur ihrem taxierenden Blick.

2.1.3 »Belachenswerth, närrisch, widerlich bis zum Ekelhaften« – das »nur allzu umfangreiche[] Gebiet[] geschlechtlicher Verirrungen«[101] Albert Eulenburg: »Sexuale Neuropathie«

Der Mediziner Albert Eulenburg führt zunächst seine Abscheu für das Thema aus, dem er sich nähern muss[102], und rechtfertigt seine Beschäftigung mit dem »so wenig verlockende[n] Gebiet«[103] durch die Notwendigkeit der Forschung, bevor er sich an einer Erklärung der Phänomene des Sadismus und Masochismus versucht.

Festzuhalten ist in diesem Zusammenhang, dass Eulenburg sich gegen eine Pathologisierung der Algolagnie ausspricht: Lustmörder seien als geisteskrank und degeneriert einzustufen, bei allen anderen müsse eine genaue Untersuchung der Begleitumstände erfolgen.[104] Der Sexualwissenschaftler tendiert augenscheinlich zu der Auffassung, die Neigung zur Perversion werde im Laufe der Zeit erworben und die auslösenden Faktoren könnten durch eine Anamnese der individuellen Geschichte des Sadisten identifiziert werden. An anderer Stelle dagegen spricht Eulenburg von »Naturen von ausgesprochener erotischer Grundstimmung«, bei denen die »Neigung zum Beissen, Kratzen, Schlagen u. s. w.« häufig

---

101 Eulenburg: Sexuale Neuropathie. S. 109.
102 Vgl. ebd. sowie Kapitel 2.2.9 dieser Arbeit.
103 Ebd. S. 110.
104 Vgl. ebd. S. 115.

zu beobachten sei[105], wobei die Wahl des Vokabulars – *Grund*stimmung – darauf schließen lässt, dass eine angeborene ›Störung‹ gemeint ist; ein erworbener Hang wird dadurch allerdings nicht ausgeschlossen. Explizit spricht sich der Autor zumindest an dieser Stelle weder für die eine noch für die andere Variante aus.

Als Grundlage für seine Definition des Sadismus thematisiert Eulenburg die von Krafft-Ebing als ›gültig‹ präsupponierten Geschlechterrollen sowie dessen Definitionen von Sadismus und Masochismus, die beide abweichendes Sexualverhalten des Mannes postulieren und das der Frau ausklammern:

> Nach obiger Definition [d. i. Krafft-Ebings] könnte eigentlich Sadismus nur vom Manne begangen, Masochismus nur vom Manne erduldet werden, da eben im Sadismus eine krankhafte Steigerung des normalen Geschlechterverhältnisses (der »Eroberung« des Weibes durch den Mann) – im Masochismus aber eine krankhafte Umkehr dieses Verhältnisses gegeben sein soll.[106]

Eulenburg scheint offenbar durchaus zu glauben, dass es eine Reihe von weiblichen Masochisten und Sadisten gebe – dies führt jedoch nicht dazu, dass er die angeblich ›natürliche‹ Passivität der Frau und Aktivität des Mannes nachhaltig hinterfragt: Im Gegenteil, er legt sogar Wert darauf, dass die Etymologie der von ihm für die beiden Phänomene des Sadismus und Masochismus vorgeschlagenen Begriffe (»Lagnänomanie« und »Machlänomanie«) auf die Verbindung von Aktivität und Männlichkeit, Passivität und Weiblichkeit hinweise.[107] Darüber hinaus betrachtet auch er – trotz seiner Kritik an Krafft-Ebing – beide Perversionen vor allem als Paraphilien des Mannes. Die Perspektive der Frau wird selten eingenommen, ihre Empfindungen – wenn überhaupt – werden nur kursorisch beschrieben. Es scheint, als handele die Frau nicht selbstverantwortlich, sondern agiere in den meisten Fällen als eine Art Komparsin in den Sexualvorstellungen ihres Partners.

Die Mechanismen, nach denen Lagnänomanie (Sadismus) und Machlänomanie (Masochismus) funktionieren sollen, werden folglich ebenfalls vor allem am männlichen Beispiel erklärt. Sie sind laut Eulen-

---
105 Ebd. S. 109.
106 Ebd. S. 110.
107 Vgl. ebd. S. 112.

burg sowohl körperlicher als auch seelischer Natur: Einige Individuen seien imstande, durch Zufügung von Schmerz oder Erduldung desselben Wollustgefühle zu entwickeln, und dabei meist in der Lage, sowohl das Schlagen als auch das Geschlagenwerden zu genießen.[108] Eulenburg hebt also darauf ab, dass es Sadisten und Masochisten auf tatsächlichen körperlichen Schmerz ankomme und Phantasien und Demütigungen keinen adäquaten Ersatz für Tätlichkeiten darstellten. Gerade beim Mann löse die passive Flagellation direkte physiologische Folgen aus, habe eine »Reflexwirkung auf die genitalen Nervencentren«[109], die Erektionsstörungen aufheben und sogar zum Orgasmus führen könne. Daneben sind allerdings auch »Motive der Demüthigung, der Selbsterniedrigung, der Askese, der freiwillig übernommenen Strafe und befreienden Busse [sic]«[110] von großer Bedeutung. Die Strafende nimmt dabei weniger die Rolle der Geliebten als vielmehr die einer »Mutter oder Gouvernante«[111] ein – doch auch in dieser Rolle erfährt sie eine sexuelle (Mit-)Erregung, die dem geschlagenen Mann bei der Verführung hilfreich sein kann, wenn er die Flagellation als Vorbereitung zum Koitus und nicht als dessen Ersatz ansieht.[112]

Für die aktive Flagellation von Seiten des Mannes gibt es noch eine Reihe von anderen Motiven:

> Hier wirken vielmehr je nach den besonderen Umständen offenbar noch ganz andere Momente sinnlicher Erregung mit: der Anblick entblösster weiblicher Reize, und zwar – bei der gewöhnlichen Art der Flagellation – gerade derjenigen, für die sexuale Gourmands ohnehin ein besonderes ästhetisches faible an den Tag legen; die durch Ideen-Association vermittelte Vorstellung, eine geliebte oder doch erotisch begehrte Person ganz als Kind behandeln zu dürfen, sie völlig unterjocht und unterwürfig zu wissen, über sie despotisch schalten zu können; endlich die Beobachtung der unmittelbaren Folgewirkungen bei der Flagellirten, die Veränderungen der Hautfarbe, die auf- und abzuckenden Bewegungen, die gewisse Begleiterscheinungen des Coitus vortäuschen oder anticipiren.[113]

---

108 Vgl. ebd. S. 113.
109 Ebd. S. 123.
110 Ebd. S. 122.
111 Ebd. S. 123.
112 Vgl. ebd.
113 Ebd. S. 121.

86 Pathologie und Normalität: Die Wissenschaft von der Sexualität

Eulenburg scheint also ebenfalls das auch von Krafft-Ebing imaginierte Tableau als das ›natürlichere‹ wahrgenommen zu haben – der aktive, flagellierende Mann, die passive, geschlagene Frau, die »unterjocht« und wie ein Kind (!) behandelt wird. Daneben wird allerdings auch eine Eigenschaft der sadistischen Szenerie angesprochen, die Krafft-Ebing weitestgehend verborgen geblieben war, nämlich deren ästhetische Qualität: die Verfärbungen der Haut, die als aufreizend empfundenen Bewegungen der Flagellierten unter dem Schlaginstrument. Zuletzt klingt noch einmal die Vorstellung an, dass Sadismus oft mit Phantasietätigkeit verbunden ist, hier als »Ideen-Association« bezeichnet. Weniger die tatsächlich erzeugten Schmerzen sind wichtig, als vielmehr die Vorstellung, über den Unterworfenen (bzw. die Unterworfene) zu herrschen und ihn (oder sie) vollständig ausgeliefert zu finden.

Eulenburg war die Relevanz von Phantasien und von Vorstellungskraft für den Sadisten durchaus bewusst – deshalb stehen für ihn auch »Dichtung und Wirklichkeit [...] auf diesem ganzen Gebiete [...] in verhängnissvoller [sic] Berührung und Wechselwirkung«.[114] Besonders bedenklich stimmt es den Sexualwissenschaftler darum, diagnostizieren zu müssen, dass in der gegenwärtigen Literatur und bildenden Kunst Pornographie überhandnehme.[115] Dabei unterstellt Eulenburg den Schaffenden nicht einmal mangelnde Kunstfertigkeit – gerade in der bildenden Kunst erkennt der Mediziner selbst in den »in bedenklicher Weise sadistisch wirkende[n] Schöpfungen« häufig eine »virtuose[] Technik«[116] –, sondern offenbar mehr eine gewisse Blindheit gegenüber

---

114 Ebd. S. 120.
115 Dagegen argumentiert im Übrigen Albert Moll: »Wenn die Gegenwart als besonders unsittlich charakterisiert und dies zum Teil aus der modernen Literatur geschlossen wird, so wird das u. a. schon durch die zu berücksichtigenden Literaturprodukte früherer Zeiten widerlegt«, die bei ihrem Erscheinen ebenfalls als obszön galten (Moll: Die Erotik in der Literatur und Kunst. S. 486).
116 Eulenburg: Sexuale Neuropathie. S. 120. – Eulenburg erwähnt direkt Rodins Monumentalskulptur »Pforte der Danteschen Hölle«, Frémiets Skulptur »Gorilla, der ein Weib raubt«, Galliard-Sansonettis »Brunhild«, Rochegrosses »Andromache«, »Jacquerie« und »Eroberung Babylons« sowie Albert von Kellers »Im Mondschein« (vgl. ebd.). – Die meisten der genannten Bilder und Skulpturen beziehen sich bereits durch den Titel auf ein existentes literarisches Werk bzw. die biblische Überlieferung und legitimieren auf diese Weise die Darstellung von Geköpften, nackten und geschändeten Frauenleibern, Erstochenen und Erwürgten sowie Menschen unter Höllenqualen – beliebte Topoi auch der Heiligenlegenden. – Anders jedoch

den möglichen Folgen ihrer Darstellungen und (vor allem!) Sensationsgier. Romane nach dem Vorbild de Sades könnten empfängliche Gemüter erregen, ihnen Vorbilder liefern und sie zu Nachahmungstaten verführen. In diesem Zusammenhang kritisiert Eulenburg auch die ansteigende Beschäftigung der Literaten mit dem Motiv des Lustmords, vor allem wenn die Autoren in Nachahmung Strindbergs die Täter »als hoffnungsvolle Vorboten einer schöneren männlicheren Zukunft«[117] verherrlichen. Der Lustmord stellt zwar eine Übersteigerung des männlichen aktiven Verhaltens dar, wirkt aber im wörtlichen Sinne degenerativ, da mögliche Fortpflanzungspartner ausgeschaltet werden – und ist somit pathologisch. Nicht mit der Aussicht auf diese »männlichere[] Zukunft« schließt Eulenburg darum seine Ausführungen zur Literatur, sondern mit »der Hoffnung, dass es sich auch hier mehr um vorübergehende Modeströmungen handelt und dass vielleicht frischere Winde

---

Albert von Kellers Bildnis »Im Mondschein«: Es zeigt eine nackte junge Frau, die an einem monumentalen Holzkreuz hängt, die rechte Hand mit einem Nagel an den Querbalken des Kreuzes geschlagen, den linken Arm in einer Schlaufe aus Seil, die auf der anderen Seite des Holzes befestigt ist. Auch die Füße sind ans Kreuz gebunden. Möglicherweise handelt es sich um eine Selbstkreuzigung. Der Kopf der Gekreuzigten liegt auf ihrer rechten Schulter, ihr Ausdruck ist schwer zu deuten – Erschöpfung, Befriedigung? Ihr Leib ist gekrümmt, so dass sich Brüste und Unterleib nach vorn schieben, doch den Schoß wendet die Nackte vom Betrachter ab, ihr rechter Oberschenkel bedeckt die Schamgegend. Der Betrachter könnte sich vorstellen, dass die junge Nackte bei der Kreuzigung Lust empfunden habe, die sie nun auskostet, während er seine Imagination anstrengt. Ebenfalls phantasieanregend wirkten offenbar die beiden Gorillaskulpturen Emmanuel Frémiets, die er 1859 und 1887 anfertigte. Beide Skulpturen zeigen einen Gorilla, der eine junge Frau unter dem Arm davonträgt. 1859 trug diese Frau noch negroide Züge und primitiven Schmuck und ließ sich vom Affen offenbar willenlos davontragen – die zweite Skulptur zeigt, wie der Gorilla eine weiße Nackte davonträgt, die sich vergeblich wehrt. Hier ist der Affe mit einem Stein bewaffnet, den er anscheinend gegen Angreifer richtet, die ihn mit Pfeilen beschießen. Die Skulpturen galten als skandalös, zumal in den fünfziger und sechziger Jahren des neunzehnten Jahrhunderts noch die Schreckensmär umging, dass Gorillas regelmäßig Frauen in den Dschungel verschleppten, um sie dort zu vergewaltigen. Als Frémiet seine zweite Skulptur anfertigte, hatte sich zwar die Erkenntnis durchgesetzt, dass Gorillas zur Vergewaltigung einer menschlichen Frau anatomisch nicht in der Lage sind und den Menschen generell eher meiden (vgl. Erche: Keine Frage des Fressens), dennoch dürfte auch der zweite Entwurf der suchenden Phantasie Nahrung gegeben haben.

117 Eulenburg: Sexuale Neuropathie. S. 117.

in Kunst und Leben die Luft bald rein fegen werden«.[118] Auch wenn die zeitgenössische Kunst nach Kriterien der Virtuosität nicht zu kritisieren ist, gilt sie Eulenburg als der Reinigung bedürftig, als schmutzig, eben der sie umgebenden Lebenswelt angepasst, die ebenfalls geläutert werden müsste.

Umso befremdender wirkt die Form der Fallschilderungen, die Eulenburg in seine Abhandlungen aufnimmt. Als Beispiel mag der Fall des Michel Bloch dienen.[119] Bemerkenswert daran ist zum einen, dass ein Spannungsbogen aufgebaut wird, der nicht ganz zur nüchternen Art des wissenschaftlichen Werkes passen will, und zum anderen die Detailfülle, mit der die Verletzungen des Opfers ausgeführt werden: Zunächst wird der sechzigjährige Bloch als Diamantenhändler und Millionär, glücklicher Ehemann und Vater zweier Töchter vorgestellt, der sich selbst vor allem durch die geringe Entlohnung seines Opfers in Schwierigkeiten gebracht habe. Nachdem Bloch weitere Geldforderungen des jungen Mädchens abgelehnt und die Polizei gerufen habe, seien seine Taten ans Tageslicht gekommen; mit ihm sei die Kupplerin, die ihm behilflich war, angeklagt worden.

Erst nach diesem ausführlichen Vorlauf wird geschildert, welchen Verbrechens der Millionär aus welchen Gründen überhaupt verdächtigt wurde: Claudine Buron, sein Opfer, sei mit zwei weiteren Altersgenossinnen in ein Zimmer gelockt worden, wo Bloch sie mit Nadeln gestochen, ein ihr mit Nadeln am nackten Körper befestigtes Brusttuch vom Leib sowie ihr Haare ausgerissen und sie schließlich gepeitscht habe, bevor er Geschlechtsverkehr mit ihr hatte. Als sie daraufhin erkrankte und ihn um Geld bat, habe er das als Erpressung empfunden und sich an die Behörden gewandt.

An der Darstellung fällt auf, mit welcher Detailliertheit die Szenerie beschrieben wird – das Zimmer, das Sofa, die Kleidung des Täters, das erzwungene Lächeln der Opfer, die Anzahl der Nadeln und vor allem die Art und Weise, mit der das Brusttuch an der Haut des Mädchens befestigt wurde: »Dann faltete er [d. i. Bloch] ein Taschentuch dreieckig zusammen und befestigte es mit etwa zwanzig Nadeln auf dem Busen des jungen Mädchens, sodass ein Zipfel zwischen die Brüste, die beiden

---

118   Ebd. S. 121.
119   Vgl. ebd. S. 118 f.

übrigen auf die Schultern zu liegen kamen«.[120] Eine Genauigkeit, die in keinem Verhältnis zum Mitteilungswert steht und von der seltsamen Mischung aus Faszination und Abscheu zeugt, die dem Text gelegentlich anhaftet.[121]

2.1.4 »Das ›sadistische Weib‹ ist [...] eine Schöpfung des masochistischen Mannes.«[122] Albert Eulenburg: »Sadismus und Masochismus«

Einige Jahre später widmete sich Eulenburg nochmals und diesmal ausführlicher den Phänomenen des Sadismus und Masochismus. 1902 erscheint eine wissenschaftliche Abhandlung, in der er sich speziell mit diesen ›Perversionen‹ beschäftigte, 1911 deren umgearbeitete 2. Auflage.[123] Erneut wendet Eulenburg sich gegen die starre Festlegung der Begriffe in der Nachfolge von Krafft-Ebing und dessen immer noch einflussreicher »Psychopathia sexualis«. Neben dem Einwurf, die meisten Flagellanten seien sowohl willens, Schmerzen zuzufügen als auch zu empfangen[124], so dass nicht eindeutig von Masochisten und Sadisten gesprochen werden könne, den Eulenburg bereits 1895 angebracht hatte, begründet er diesmal seine Abneigung gegen die Annahme, die Rollen im sadistischen oder masochistischen Akt seien durch die geschlechtliche Identität bereits festgelegt, auch rein logisch: Gehe man davon aus, dass es den masochistischen Mann gebe – und dessen Existenz sei ja belegt –, so müsse das sadistische Weib ebenfalls existieren, »da er [...] nur bei diesem die Erfüllung seiner Wünsche, die Krönung

---

120 Ebd. S. 118.
121 Die Fallgeschichte ist als Beobachtung 232 auch bei Krafft-Ebing (mit einem Hinweis auf Eulenburg) zu finden, hier etwas weniger detailfreudig geschildert – allerdings wird ebenfalls u. a. das Gewand des Peinigers und der Stoff der verwendeten Taschentücher erwähnt – und zum Teil ins Lateinische übersetzt (vgl. Krafft-Ebing: Psychopathia sexualis. S. 400 f.).
122 Eulenburg: Sadismus und Masochismus. S. 86.
123 Bereits 1899 hatte Eulenburg einen Essay über »Leben und Werke des Marquis de Sade – sein Charakter und sein Geisteszustand« veröffentlicht, der 1902 Teil von »Sadismus und Masochismus« wurde (vgl. Heitmüller: Zur Genese sexueller Lust. S. 158).
124 Vgl. Eulenburg: Sadismus und Masochismus. S. 3.

des seiner Phantasie vorschwebenden Frauen-Ideals findet«.[125] Daneben schlösse Krafft-Ebing durch seine zu eng gefasste Begriffsbestimmung die von Frauen oder Männern gegen das *eigene* Geschlecht gerichtete Grausamkeit geradezu aus.[126]

Eulenburgs Definition richtet sich nicht so sehr am Geschlecht als vielmehr an der Handlung selbst aus:

> Für die psychologische Analyse des Sadismus kommt es jedenfalls nicht sowohl auf den Umstand an, dass Akte der Grausamkeit gerade von Männern an Frauen (oder auch umgekehrt) verübt werden – sondern das Wesentliche ist und bleibt, *dass mit der geschlechtlichen Lustbefriedigung überhaupt das Begehen, oder Erdulden, oder (als Drittes) sogar nur das – sinnliche oder geistige – Anschauen gewaltsamer und grausamer Handlungen als ein schlechterdings dafür notwendiges, unentbehrliches Ingrediens untrennbar verknüpft wird.*[127]

Auch die reine Vorstellung eines sadistischen Aktes kann also bereits befriedigend wirken, erneut zielt Eulenburg damit auf die Phantasietätigkeit ab. Damit verbunden öffnet der Arzt noch eine weitere Perspektive – so sei die Algolagnie nicht unbedingt auf die Erdulung oder Zufügung physischen Schmerzes beschränkt, sondern schlösse auch psychischen Schmerz (Demütigungen etc.) mit ein[128], hier spielt die Phantasie ebenfalls eine größere Rolle als die tatsächliche Ausführung.

Es verwundert also nicht, dass Eulenburg die Ursache der Störung im Seelenleben des Menschen vermutet, »wo die als naturgemäss gel-

---

125 Ebd. S. 4. – Ferner formuliert Eulenburg auch seine Abneigung gegen allzu unterwürfige Frauen: »Die in Demut ersterbenden Griseldisnaturen können ebensowenig als Frauenideale gelten, wie die männerzerfleischenden Penthesileen; die einen gebahren [sic] sich so krankhaft unerfreulich und widerlich wie die anderen – und selbst das vielgepriesene Käthchen von Heilbronn dürfte einem Manne von gesundem Fühlen und Denken im Grunde wenig Sympathie einflössen; sie ist eine psychopathische Halluzinantin, eine erotomane Hysterische, die auch nur ein männlicher Hysteriker, wie es Heinrich von Kleist unbeschadet seines Genies war, so recht nachzuempfinden und zu goutieren vermochte.« (ebd. S. 85) Als Modelle für die unterschiedlichen Rollen dienen literarische Frauengestalten – Griseldis, Penthesilea, Käthchen von Heilbronn. Eulenburg stellt sein literarisches Wissen zur Schau und verortet damit auch sein Werk im kulturellen Kontext der Zeit.
126 Vgl. ebd. S. 4.
127 Ebd. S. 5.
128 Vgl. ebd. S. 6.

tenden, gewöhnlichen (›normalen‹) Beziehungen und Verknüpfungen abgerissen, verwirrt, durch neue und fremdartige, den Charakter des *Krankhaften* an sich tragende Assoziationen ersetzt sind«. Es handele sich dabei um »*ihrem Wesen nach als krankhaft zu betrachtende[], primär assoziatorische[] Störungen des seelischen Mechanismus*«.[129] Erneut wird nicht ganz klar, ob von einer angeborenen oder erworbenen Perversion ausgegangen wird, die Wortwahl scheint allerdings auf Letzteres hinzudeuten, da die ›regulären‹ assoziativen Verbindungen zunächst abgerissen und erst dann durch fremde Verknüpfungen ersetzt werden. Beachtenswert ist auch die dreifache Verwendung des Wortes ›krankhaft‹ in einem Satz[130] in Gegenüberstellung zu dem, was betont als naturgemäß, ›gesund‹ und normal wahrgenommen wird.

Die Unterscheidung zwischen ›gesund‹ und ›krank‹ ist für den Mediziner Eulenburg eine als absolut zu treffende. Der Autor macht zwar seine Intention deutlich, die Störung begreifen und verstehen zu lernen, doch sollen die Ursprünge des Sadismus lediglich erforscht werden, um »die Ursachen seines Wachstums in der gesellschaftlichen Organisation überhaupt oder in gewissen, innerhalb bestimmter Zeitperioden seuchenartig um sich greifenden Krankheitszuständen des Gesellschaftskörpers blosszulegen«.[131] Nicht nur das Individuum, sondern der gesamte Gesellschaftskörper ist also krank, gar von einer Seuche befallen, die augenfällig weiter um sich zu greifen droht und der deshalb Einhalt zu gebieten ist, die behandelt werden muss.

Eulenburg nimmt indes durchaus die Möglichkeit zur Kenntnis, dass zumindest die Grausamkeit selbst dem Menschen angeboren sein könnte und sieht den »Zerstörungs- und Vernichtungstrieb[]«[132] als einen Teil der Natur an:

> Wie Leben und Tod, Aufbau und Zerstörung im Universum, so erscheinen Zeugung und Vernichtung, Weltlust und Grausamkeit als entgegengesetzte, aber gerade deshalb sich gegenseitig fordernde, untrennbar zusammengehörige Pole des menschlichen Naturbedingtseins. Auf dem engeren erotischen Gebiete ist Grausamkeit in der Liebe, und Wollust in

---

129 Ebd.
130 Der Abschnitt ist hier nicht vollständig zitiert.
131 Eulenburg: Sadismus und Masochismus. S. 8.
132 Ebd. S. 9.

der Grausamkeit ein unmittelbar zugehöriges Moment, ein fast niemals ganz auszuscheidender Faktor.[133]

Dennoch scheint eine Begründung des Sadismus durch Hinweis auf atavistische Triebe für Eulenburg nicht befriedigend, da Tiere ebenso wie die Naturvölker nicht über algolagnistische Neigungen verfügten.[134] Der Sadismus habe sich erst im Laufe der Zeit entwickelt: Die Menschen mussten sich gegen physisch überlegene Gegner wehren und diesen dabei Schmerz zufügen, um nicht selbst Schmerzen erleiden zu müssen oder gar getötet zu werden; dabei entwickelte sich offenbar ein gewisses Lustgefühl daraus, den Feind zu besiegen, auch aufgrund des eigenen – wohltuenden – Überlegenheitsgefühls.[135] Dieses Lustgefühl sei Selbstzweck geworden und habe sich immer mehr verfeinert, bis die Empfindung von Lust aufgrund des Schmerzes von anderen möglich war.[136]

Eulenburgs Erklärungsmodell fußt auf »drei Fundamentaltatsachen psychosexualer Erfahrung«[137]: Grausamkeit und Begierde teilten die gleiche psychische Wurzel, die geschlechtliche Befriedigung sei somit immer mit Grausamkeit verbunden, und diese Grausamkeit richte sich nach dem Akt oft gegen den Partner.[138] Die gesellschaftlich erzwungene Eindämmung des Geschlechtsverkehrs habe zur Folge, dass sich Männer, solange ihr Sexualhunger nicht gestillt sei, den Launen von Frauen unterwerfen müssten – die Frauen übten also eine Gewalt über ihre potenziellen Partner aus und missbrauchten diesen Einfluss auch gern. Die weibliche Herrschaftsposition führt demzufolge dazu, dass sich die Machtverhältnisse immer weiter zuungunsten der Männer verschieben, was ein »Umsichgreifen masochistischer Vertrottelung auf der einen Seite« und ein »Hervortreten einer zähneknirschenden Misogynie […] auf der anderen Seite« zur Folge habe.[139] Die Zügelung der Begierden wird also in diesem Fall nicht unbedingt als positiver Nebeneffekt

---

133 Ebd. S. 9 f.
134 Vgl. ebd. S. 22 f.
135 An dieser Stelle ähnelt Eulenburgs Erklärungsmodell jenem, das Lombroso und Ferrero für den Sadismus der Frau eingebracht hatten.
136 Vgl. Eulenburg: Sadismus und Masochismus. S. 27.
137 Ebd. S. 12.
138 Vgl. ebd. S. 12 f.
139 Ebd. S. 14

der Kulturentwicklung wahrgenommen, sondern – zumindest implizit – sogar kritisiert. Während des »sich zum Teil ziemlich dicht an der Grenzschwelle des Bewusstseins abspielende[n] und mit seinen konvulsischen Bewegungen an das Bild des epileptischen Krampfes gemahnende[n] Akt[es]«[140] entladen sich die ob des verhinderten Sexualverkehrs akkumulierten Aggressionen – oft im Kratzen und Beißen. Nach dem Koitus, nach der Entladung seines Triebes und nun wieder im Vollbesitz seiner geistigen Kräfte, empfindet es der Mann allerdings umso schmerzlicher und geradezu als Demütigung, von der Frau abhängig (gewesen) zu sein; er fühlt sich auf eine niedere Stufe heruntergezogen, beinahe vertiert[141]:

> Wie jedem intensiven, körperlichen und seelischen Genusse ein bitterer Nachgeschmack der Ernüchterung, der Enttäuschung, ein Stadium physischen und moralischen »Jammers« unvermeidlich zu folgen pflegt, so folgt auch dem am heissesten ersehnten und oft am schwersten erkämpften Genusse der Geschlechtsbefriedigung – wenigstens beim Manne, für den ja dieser Genuss nur Episode, nicht, wie beim Weibe, höchster Lebensinhalt und Lebensbestimmung zugleich ist – ein Gefühl von Widerwillen und Ekel.[142]

Der vom Mann so schwer gegen die Widerstände der Frau »erkämpfte« Sexualgenuss verheißt nur solange Befriedigung, wie er andauert. Im Gegensatz zur Partnerin, für die dieser Genuss »höchster Lebensinhalt und Lebensbestimmung zugleich« bedeutet (vermutlich, weil er Voraussetzung für Empfängnis und Schwangerschaft ist), stellt er für den Mann lediglich eine Episode dar. Offenbar sogar eine recht lästige Episode, deren Vorbereitung und Ausführung Zeit und Kraft in Anspruch nimmt, die anderen Projekten fehlt – somit richtet sich ein gewisser Widerwille gegen die Frau, der in Aggression enden kann.

Eulenburg geht jedoch davon aus, dass der Sadismus nicht nur im Sexuellen begründet liegt, sondern auch im Herrschaftsdrang bzw. Drang zu dienen, den die Menschheit in sich trage.[143] Vor allem von der Frau sei Gehorsamkeit dem physisch überlegenen Manne gegenüber einge-

---

140 Ebd. S. 15.
141 Ebd. S. 15 f.
142 Ebd. S. 15.
143 Ebd. S. 17.

fordert oder sogar erzwungen worden, was die Entwicklung sadistischer Triebe auf seiner und die Ausbildung eines Dienstbarkeitsdrangs auf ihrer Seite befördert habe.[144] Verlässt das Weib seine Sklavenrolle allerdings einmal und findet sich als Herrscherin über den Mann wieder, gebietet es über diesen genauso wie über es selbst geherrscht wurde, nämlich despotisch und grausam.[145]

Dennoch, so Eulenburg, gebe es wenige Sadistinnen im engeren Sinne, auch wenn die masochistische Literatur ihre Existenz unterstelle.[146] Sadistische Neigungen, wenn nicht dem Manne aus Koketterie oder Eigennutz vorgespielt[147], seien durch den Mann provoziert oder sogar von ihm auf seine Partnerin projiziert.[148] Die im realen Leben beobachteten Fälle weiblichen Sadismus gelten Eulenburg als zu wenig untersucht:

> Einzelne als weiblicher Sadismus gedeutete Fälle, die aus neuerer Zeit berichtet werden, sind teils in den Einzelheiten zu unsicher oder zu wenig aufgehellt, teils sind sie mit anderweitigen Motiven in solcher Weise durchsetzt, dass sie als rein sadistische Belege jedenfalls nicht gelten können.[149]

Der Fall einer Zirkusdirektorin wird erwähnt – allerdings mit dem Vorbehalt »es wird [...] erzählt« –, die jeden Abend nach der Vorstellung das männliche Personal und den eigenen Ehemann mit der Reitpeitsche geprügelt haben soll, bis sie wegen Körperverletzung verurteilt wurde. Ein weiterer Fall, den Eulenburg widerwillig und mit Vorsicht aus einem Werk namens »Stock und Peitsche« übernimmt, das ihm als unzuverlässig gilt, weil es »Wahrheit und Dichtung« vermischt, ist der eines jungen Mädchens, das eine Affäre mit einem verheirateten Mann dazu genutzt haben soll, den Ehebrecher dazu zu bringen, seine Frau zu prügeln. Beide Fälle erscheinen ihm zu wenig gesichert, um sie einer eingehenden Analyse zu unterziehen. Letztlich mündet – da Eulenburg auch die Romanheldinnen masochistischer Autoren für Luftgebilde

---

144 Vgl. ebd. S. 18.
145 Vgl. ebd. S. 26.
146 Vgl. ebd. S. 84.
147 Vgl. ebd. S. 86.
148 Vgl. ebd. S. 88.
149 Ebd. S. 87.

hält – die Aufzählung der wenigen bekannten Fälle in der Aussage: »*Das ›sadistische Weib‹ ist – in der Literatur sicher, und bis zu einem gewissen Grade wohl auch im Leben – eine Schöpfung des masochistischen Mannes.*«[150]
Eulenburg spricht den von ihm erwähnten Autoren erneut keineswegs das Talent ab[151], zeigt sich jedoch von der Gegenwarts-Novellistik und der in ihr enthaltenen Frequenz sadistischer Szenen teilweise zutiefst befremdet. Recht fassungslos referiert der Sexualwissenschaftler eine Stelle aus Heinrich Manns »Im Schlaraffenland«, in der ein Theaterpublikum an der Aufführung des Stücks »Die Rache« sadistisches Vergnügen findet, lobt hingegen sogar »die nur allzu realistische Lebenswahrheit der Schilderung«.[152] Der Neuropathologe charakterisiert die sadistischen Züge in Manns »Die Göttinnen, oder die drei Romane der Herzogin von Assy«, die »freilich durch den symbolistischen Zug des Ganzen eine Milderung erfahren«[153] und erwähnt den unter Pseudonym erschienen Roman von Eva »Der letzte Mann« (»eine Fülle blut- und wollusttriefender Schilderungen«[154]), in dem Sadismus mit Blasphemie verbunden werden – eine Verkettung, die Eulenburg auch in Hanns Heinz Ewers' Werken und bei Artur Landsberger festgestellt haben will.[155] Erwähnung finden u. a. Rachilde (mit ihrer »– übrigens recht schwach ausgefallene[n] – Entwickelungsgeschichte einer Sadistin«[156]), Baudelaire, Verlaine (der »geniale Alkoholiker«[157]) und Swinburne (der »geniale[] Engländer[]«[158]) – die jeweiligen Texte werden dabei kurz rezensiert und teilweise sogar ausführlich zitiert –, die wie-

---

150 Ebd. S. 86. – In diesem Fall widerspricht sich der Wissenschaftler selbst, hatte er doch seine Neudefinition der Termini Sadismus und Masochismus u. a. mit dem Argument begründet, die sadistische Frau müsse existieren, da der masochistische Mann nur mit ihr sexuelle Erfüllung finden könne (ebd. S. 4). Es konnte also offenbar nicht sein, was nicht sein durfte.
151 Vgl. ebd. S. 89.
152 Ebd. S. 90.
153 Ebd. S. 91.
154 Ebd.
155 Vgl. ebd.
156 Ebd.
157 Ebd. S. 93.
158 Ebd.

derum Vorbilder für die »algolagnistischen Stimmungsergiessungen«[159] des »hochbegabte[n], zu früh verstorbene[n]« Ludwig Jacobowski und des »läppisch erscheinenden Poetlein[s]« Johannes Wedde gewesen seien.[160] Die »nicht unbegabte Dichterin des Masochismus«[161], Dolorosa, wird ebenfalls erwähnt.

Ohne »moralkritische Steine«[162] werfen zu wollen, sieht Eulenburg diese gedruckten Phantasien als hochproblematisch an:

> So werden auch *Kunst* und *Literatur* [...] zum Dienste algolagnistischer Zwecke vielfach herangezogen; ja sie treten, einer Zeitströmung, der sie sich nicht entziehen können, gehorchend unbewusst in den Kreis solcher Aufgaben, um dann freilich durch ihre Leistungen wiederum jene Strömung mächtiger und verderblicher anschwellen zu lassen – ein verhängnisvoller, unentrinnbarer Circulus vitiosus![163]

Der Mediziner selbst trägt freilich mit seinen wie Leseempfehlungen anmutenden Beschreibungen der zeitgenössischen Literatur[164], der Art und Weise, in der er sadistische Szenen schildert, sowie mit den in seinem Werk zu findenden Abbildungen durchaus ebenfalls zu diesem ›Circulus vitiosus‹ bei – so beschreibt er eine ihm vorliegende »(tech-

---

159   Ebd.
160   Ebd. S. 93 f.
161   Ebd. S. 94.
162   Ebd. S. 95.
163   Ebd. S. 12.
164   So findet sich in seinem Werk z. B. folgender Absatz: »Vielfach sadistischen Inhalts sind auch die literarisch ebenso minderwertigen Romanfabrikate eines *Jean de Villiot, Vaudère, Aléra, Jean Virgans* und ähnlicher (vgl. das Literaturverzeichnis am Schlusse). Einzelne sadistische Szenen neben stark erotischen finden sich aber auch bei namhafteren Schriftstellern, wie *Catulle Mendès, Dubut de Laforest, Métenier* (›Madame la boule‹), *Louys* (›Aphrodite‹ u. a.). *Nonce Casanova* (›Messalina‹), *Lombard* (›Byzance‹) und anderen, zum Teil schon das pornographische Gebiet bedenklich streifenden Schöpfungen der neufranzösischen erzählenden Muse.« (Ebd. S. 92) Bei den meisten der zunächst genannten Autoren handelt es sich um Verfasser pornographischer Reihentexte: Jean de Villiot ist ein Pseudonym, unter dem eine Reihe von Autoren Flagellationsromane für der Verleger Charles Carrington anfertigten. Auch bei Jean de Virgans handelt es sich um ein Pseudonym, unter dem in rascher Folge eine Reihe von Romanen veröffentlicht wurde – z. B. »La flagellation des femmes en Espagne«, »La flagellation des femmes dans la Rome antique«, »La flagellation des femmes en Pologne« etc. Oscar Méténier ist der Gründer des »Théâtre du Grand-Guignol« in Paris.

nisch gut ausgeführte) Bilderreihe, wobei einer von zwei Männern geschändeten weiblichen Person schliesslich ein dicker Pfahl in den After getrieben wird; auf anderen Bildern werden die Opfer in mannigfaltigen Attituden gegeisselt oder gekreuzigt«[165], illustriert die größtenteils in Latein gehaltene Beschreibung des so genannten »Berkeley horse« – einem Instrument zur Fixierung des zu Flagellierenden – mit einer Abbildung[166], der weitere Illustrationen von Flagellationsbänken[167] und Möglichkeiten der Korsettdisziplin[168] folgen. Misshandlungen in Frankreich und Amerika werden zwar auf Französisch bzw. Englisch, doch in einer erstaunlichen Detailfülle referiert. So zum Beispiel der folgende Fall, den Eulenburg augenscheinlich ohne Auslassungen und Raffungen zitiert:

> Ein von den Indianern geschonter und später entlaufener junger Bursche beschreibt als Augenzeuge folgende höllische Szene, deren Opfer eine abenteuerlustige junge Dame war, die von Indianern aus Neu-Mexiko aus einem Postwagen gerissen und davongeschleppt, erst eine Zeitlang gemissbraucht, dann wegen ihres widerwilligen Verhaltens den Weibern zu beliebiger Behandlung überlassen wurde[169]:
>
> »She suddenly found herself surrounded by all the women in the party, dragged to a tree and tied with her back to it, her hands over her head and her feet wide apart. Then (the scout said) a scene ensued the like of which could not be equalled out of hell. *The men took no part in it – The women did it all.* First they danced about the victim and jeered at her. Then one of them split one of her nipples with a knife. Then another did the same with the other. They cross-severed both breasts. Then they seamed her belly with their knives and thrust thorns into her hips and buttocks. The singed away the hair under her arms. They cut off first one lip and then the other of her vulva. Then they started a fire under her and kept it up until the inside of her thighs was wasted brown. Finally they thrust red hot brands up her vagina, jabbed their knives into her eyeballs, filled her mouth with red hot embers and scalped her.« – Das Opfer soll unter diesen Martern noch

---

165 Ebd. S. 57.
166 Vgl. ebd. S. 69.
167 Vgl. ebd. S. 70.
168 Vgl. ebd. S. 71.
169 Eulenburg zitiert hier: Human Gorillas. A study of rape with violence. Paris 1901. S. 163 f. – Zum Titel des zitierten Werks vgl. die Ausführungen zu Frémiets »Gorilla« auf S. 86 f. (Fußnote 116) dieser Arbeit.

fast zwei Stunden gelebt haben, zuletzt aber anscheinend unempfindlich gewesen sein, da sie nur noch ganz schwach ächzte.[170]

Die von Eulenburg verfasste Einleitung führt den Leser in die Erzählung ein und bereitet ihn auf das Folgende vor: Es wird eine »höllische Szene« präsentiert werden – womit Eulenburg eine Idee aus dem Zitat selbst aufnimmt, in dem behauptet wird, dass die Szene nicht einmal in der Hölle Parallelen finden könne –, deren Hauptperson eine »junge Dame«, also eine Frau von gesellschaftlicher Reputation sein wird. Die Vokabel »abenteuerlustig« wirkt im Zusammenhang mit den später so detailliert geschilderten Misshandlungen deplatziert – offenbar handelt es sich um eine versteckte Kritik an den Reiseplänen der jungen Frau, deren Lust auf Abenteuer durch Vergewaltigung und Folterung bestraft worden ist.

Die »Dame« wird »wegen ihres widerwilligen Verhaltens« gegenüber den Männern, die als Wilde auf einer niederen Entwicklungsstufe stehen, einer Gruppe von Frauen – »den Weibern« – überlassen. Die Wortwahl erscheint erneut hinterfragenswert: Wenn man davon ausgeht, dass die Wendung »eine Zeitlang gemissbraucht« einen Euphemismus für mehrfache Vergewaltigung darstellt – wobei Eulenburg davor zurückschreckt, dieses Wort zu nutzen, jedoch keinerlei Skrupel zeigt, die späteren Folterungen detailliert zu zitieren –, dürfte »widerwilliges Verhalten« eine beschönigende Beschreibung dafür sein, dass die Frau gegen ihre Unterdrücker gekämpft hatte.

Der Augenzeuge der Szene beginnt damit, die Marterung aus der Perspektive des Opfers zu schildern, wechselt dann jedoch mit Beginn der Grausamkeiten schnell in die Rolle eines unbeteiligten Voyeurs, der die Frauen – dass die männlichen Indianer zumindest an diesen Peinigungen keinen Anteil haben, wird ausdrücklich betont, immerhin stammt das Zitat aus dem Kapitel »Weibliche Grausamkeit. Sadismus und Masochismus des Weibes« – dabei beobachtet, wie sie ihr Opfer foltern.

Die »Weiber« widmen sich dabei zuerst und zuletzt den sekundären und primären Geschlechtsmerkmalen ihres Opfers und gehen dabei recht systematisch und keineswegs wie im Rausch vor. Zunächst zerschneiden sie eine Brustwarze, dann die andere, dann die Brüste und

---

170 Eulenburg: Sadismus und Masochismus. S. 83.

den Bauch, bis sie zunächst die eine, dann die andere Schamlippe entfernen, ein Feuer unter der gemarterten Frau entzünden und ihr brennende Hölzer in die Vagina stecken, sie blenden, versengen und skalpieren. Dass die Frau dabei noch fast zwei Stunden am Leben geblieben sein soll, zeugt davon, dass die Indianerinnen ihre Folterungen soweit zu dosieren wussten, dass sie ihr Opfer nicht sofort töteten.[171]

Weshalb jedoch wird diese Szenerie – so wie einige andere – im Wortlaut und in all ihrer Ausführlichkeit wiedergegeben? Zum einen mag hier die wissenschaftliche Verpflichtung zur Nennung aller bekannten Details eine Rolle gespielt haben – mochten einige der aufgelisteten Informationen zum gegenwärtigen Zeitpunkt noch keine Schlüsse erlauben, konnten sie doch in der Zukunft möglicherweise aufschlussreich sein, wenn die Forschung weiter fortgeschritten sein würde. Auf der anderen Seite dürfte eine Sammlung solcher Schilderungen allerdings den Verkaufszahlen des Werkes nicht gerade abträglich gewesen sein.

Auch in der ausführlichen Bibliographie hätten sich Interessierte u. a. unter der Rubrik »Gegenschriften, Nachahmungen. Sadistische Romane und Literatur des Sadismus« über mögliche literarische Anregungen informieren können. Erneut zeigt sich der schmale Grat zwischen dem Wunsch nach wissenschaftlicher Beschreibung und (eigenwilliger) Faszination.

2.1.5 »Variationsbedürfnis«[172] und »Reizhunger«[173] Iwan Bloch: »Beiträge zur Aetiologie der Psychopathia sexualis«

Iwan Bloch hat sich gleich mehrfach mit den Phänomenen des Sadismus und Masochismus auseinandergesetzt: Zum ersten Mal unter seinem eigenen Namen 1902 in seiner Sammlung »Beiträge zur Aetiologie der Psychopathia sexualis« und in späteren Jahren unter verschiedenen Pseudonymen. In den »Beiträgen« sind die Ausführungen über Sadismus und Masochismus wie in vielen anderen Veröffentlichungen über

---
171 Insofern dieses Ereignis tatsächlich stattgefunden hat – zumindest Eulenburg scheint es für realistisch gehalten zu haben, da er es im Gegensatz z. B. zu der Schilderung aus »Stock und Peitsche« ohne Einschränkungen wiedergibt.
172 Bloch: Beiträge zur Aetiologie der Psychopathia sexualis. S. 126.
173 Ebd. S. 363.

die »Psychopathia sexualis« eingebettet in Überlegungen zur generellen psychosexuellen Struktur des Menschen, wobei sich Blochs Auffassungen zuweilen deutlich von denen Krafft-Ebings u. a. abheben, wenngleich er an anderen Stellen bemerkenswert ähnlich argumentiert.

Ebenso wie für Krafft-Ebing steht für Bloch etwa fest, »dass der Mann das *aktive*, das Weib das *passive* Prinzip in der menschlichen Vita sexualis darstellt«.[174] Im Vergleich zum Mann sei die Frau sogar als frigide zu bezeichnen.[175] Aus diesen Beobachtungen zieht der Verfasser – sich hierin Eulenburgs Theorien annähernd – den Schluss, dass die Frau den Mann aufgrund der Möglichkeit, sich dem Geschlechtsakt zu verweigern, ohne diesen selbst zu vermissen, körperlich beherrsche – solange er sie liebt (bzw. begehrt[176]), ist er ihr ausgeliefert, da er ihrer bedarf, um seinen Trieb zu befriedigen.[177] Basierend auf diesen Grundannahmen stellt Bloch die These auf, dass Masochismus – der oft als Zeichen der Degeneration (miss-)verstanden wird – dann auftritt, wenn die Aktivität des Mannes der Passivität des Weibes unterliegt.[178] Da der Mann sexuell aktiver ist, läuft er auch eher Gefahr, hörig zu werden; die Frau wird zwar unterdrückt, hat es aber verstanden, den Mann gleichfalls durch ihre Sinnlichkeit zu unterjochen. Masochismus beim Weib beruht darauf, dass es durch die Umwelt bereits unterdrückt wird, das sexuelle Element tritt erst hinzu.[179] *Intellektuelle* Überlegenheit dagegen erreicht der Mann[180], da die Bestimmung des Weibes in der Mutterschaft liege und diese Rolle »intensive geistige Bethätigung«[181] beinahe unmöglich mache. Aufgrund dieser geschlechtsbezogenen Unterschiede ist zwar Verständnis zwischen beiden Geschlechtern möglich, keinesfalls jedoch Gleichheit.[182]

---

174 Ebd. S. 3. – Wie auch bei Krafft-Ebing spielt diese Feststellung bei der Definition des Sadismus noch eine große Rolle.
175 Vgl. ebd. S. 5.
176 Bloch geht jedoch davon aus, dass asexuelle Liebe nicht möglich sei, auch ›romantische‹ Liebe immer auf Sinnlichkeit beruhe (vgl. ebd. S. 2).
177 Vgl. ebd. S. 8.
178 Vgl. ebd. S. 119.
179 Vgl. ebd. S. 178.
180 Vgl. ebd. S. 12.
181 Ebd. S. 19.
182 Vgl. ebd. S. 15.

Die Geschlechterrollen sind somit durchaus ambivalent konzipiert: Der Mann verkörpert zwar die Ratio und ist prädestiniert für geistige Höchstleistungen, doch seine Libido bedeutet eine permanente Gefahr für seine intellektuelle Überlegenheit, da sein Sexualtrieb einen Drang von »gewaltige[r] Intensität« darstellt, der zuweilen das »klare Bewusstsein trübt und alle Gegenmotive der Vernunft und Intelligenz über den Haufen wirft«.[183] Die Frau verkörpert dagegen das Prinzip der Natur, sie stellt die Fortpflanzung und Aufzucht des Nachwuchses sicher, worin sie Erfüllung findet – intellektuelle Großtaten sind somit nicht von ihr zu erwarten. Trotz ihrer geistigen Schwäche ist sie jedoch, da nicht vom Sexualtrieb gehemmt und bestimmt, die (heimlich) über den Mann Herrschende, was gesellschaftlich nicht nur akzeptiert, sondern durch die anerkannten Konventionen sogar unterstützt wird. Da sie es ist, die entscheidet, wem und wann sie ihre Gunst schenkt, ist der Mann von ihr abhängig, solange sein Trieb ihn lenkt.

Einen Ausweg aus diesem Dilemma bietet die Selbstkontrolle. Der Verstand kann über den Drang obsiegen, wenn der eigene Wille groß genug ist: »Bei aller Anerkennung der grossen Bedeutung der physischen Liebe für die Gesellschaft ist und bleibt doch die letzte Entscheidung im Menschenleben immer eine geistige«.[184] Eine geistige – und somit offenbar immer vom Mann zu treffende – Entscheidung kann diesem wieder zur Selbstbestimmung verhelfen.

Eine deutliche Abweichung zur Haltung vieler Sexualwissenschaftler ist bezüglich der Bewertung von ›geschlechtlichen Verirrungen‹ festzuhalten: Für Bloch sind Perversionen keine Folge von Degeneration, denn diese »bildet allerhöchstens einen *begünstigenden* Faktor, ein *frequenzvermehrendes* Moment«.[185] Den Grund für die Aberrationen sieht er dagegen in einer (naturgegebenen!) Eigenart des Menschen: Die »*Ursache* [ist] *das dem Genus Homo eigentümliche geschlechtliche Variationsbedürfnis, welches als eine physiologische Erscheinung aufzufassen ist und dessen Steigerung zum geschlechtlichen Reizhunger die schwersten sexuellen Perversionen erzeugen kann*«.[186] Das hereditäre Bedürfnis des

---

183 Ebd. S. 367.
184 Ebd. S. 378.
185 Ebd. S. 363.
186 Ebd. – Bloch nimmt einen Urzustand der Promiskuität des Menschen an (vgl. ebd. S. 125).

Menschen nach Abwechslung – ein *körperliches* Merkmal und als solches weder kontrollier- noch veränderbar – ist es also, das ihn immer neue Arten der Befriedigung suchen und nirgendwo lange verharren lässt. Perversionen dagegen sind dem Menschen nicht angeboren, er *erwirbt* sie, sie werden durch die Entwicklung des bloßen Bedürfnisses zum echten Hunger erst *erzeugt*. Der Reizhunger letztlich führe dazu, dass der Mensch nicht nur verschiedene Möglichkeiten zur sexuellen Befriedigung wahrnehme, sondern auch die gefundenen immer weiter auszureizen suche. Bloch warnt jedoch vor solchen Ausschweifungen, da er davon ausgeht, »dass der sexuelle Genuss nicht beliebig gesteigert werden kann, dass vielmehr aus jedem geschlechtlichen Raffinement mehr Unlust als Lust, jedenfalls kein wahres Glück hervorgeht«.[187]

Die geschlechtliche Aberration wird allerdings nicht *per se* als krankhaft wahrgenommen: »Es muss jetzt der Standpunkt eingenommen werden, dass zwar auch zahlreiche kranke, degenerierte und psychopathische Individuen geschlechtliche Anomalien aufweisen, dass aber *dieselben* Anomalien und Verirrungen ausserordentlich häufig bei *gesunden* Personen vorkommen.«[188] Verirrungen sind kein Einzelfall mehr, sondern treten gehäuft auf, bei Kranken und Gesunden. Augenscheinlich ist es diese Entwicklung, die für den Sexualwissenschaftler eine »Sanierung des Geschlechtslebens«[189] notwendig macht. Bloch empfiehlt dabei frühe Heiraten, um einen »Schutz gegen alle Gefahren aus der regellosen Befriedigung des Geschlechtstriebes«[190] aufzubauen, auch wenn er die Ehe als künstliche, dem (natürlichen), Variationen suchenden Geschlechtstrieb widersprechende Institution wahrnimmt.[191]

Da der Mensch nach immer neuen Möglichkeiten der Befriedigung sucht, der Geschlechtstrieb variabel ist und von außen bestimmt wird, spielen die Gewöhnung des Menschen durch Wiederholung einer Handlung, Suggestion und Nachahmung anderer für die Anlage und

---

187   Ebd. S. 378. – Blochs Ziel ist eine »Kulturmenschheit«: »Dieses Ziel konnte nach seinen Vorstellungen nur erreicht werden durch Willenskraft, die alle aufregenden Genüsse vermeidet, die das Sexuelle und die Liebe vergeistigt und harmonisiert, wo es nur möglich ist.« (Sigusch: Geschichte der Sexualwissenschaft. S. 290)
188   Bloch: Beiträge zur Aetiologie der Psychopathia sexualis. S. 366.
189   Ebd. S. 377.
190   Ebd.
191   Vgl. ebd.

Ausbildung des Sexualtriebs eine große Rolle.[192] Aus diesem Grund spricht Bloch sich dafür aus, Kinder erst beim Eintritt der geschlechtlichen Reife aufzuklären und dann vom Hausarzt nicht nur die »sexuelle Hygiene« der Jugendlichen überwachen zu lassen[193], sondern vor allem auch ihre Lektüre, um die empfindliche Psyche der jungen Menschen zu schützen.[194] Auch warnt er davor, Kinder zu schlagen, da diese den Schmerz sonst mit sexueller Erregung verbinden könnten – so würden »die sexuellen Perversionen meistens in früher Jugend durch occasionelle Veranlassungen hervorgerufen«.[195]

Bloch geht davon aus, dass auch die örtliche Umgebung einen großen Einfluss auf die sexuelle Entwicklung jedes Menschen nimmt. So erwähnt er zum Beispiel den sogenannten ›Tropenkoller‹: Die ungewohnte tropische Hitze wirke auf ansonsten harmlose und friedliche Europäer ebenso berauschend wie die ihnen plötzlich an einem Ort, an dem die bekannten Konventionen nicht gelten, überantwortete Macht. Selbst menschenfreundlichste Individuen entwickelten sich unter solchen Einflüssen häufig zu »brutale[n], blutdürstige[n] und zugleich sexuell ausschweifende[n] Tyrannen«.[196] Ebenso nennt Bloch Kriege und Raubzüge als mögliche auslösende Faktoren für das Begehen sadistischer Taten[197] – abgestumpft gegen den Schmerz anderer, drängt der in den Schlachten angewachsene Sexualhunger die Soldaten zur Schändung Unterworfener.[198] Darüber hinaus werden nicht nur die Kriegsteilnehmer erregt, sondern auch mögliche Zuschauer. Ähnliche Wirkungen erreichen z. B. Gladiatoren- und Stierkämpfe oder Hinrichtungen.[199] An dieser Stelle beklagt Bloch erneut die Macht der Literatur: »Fast beinahe so gefährlich wie der Akt der Hinrichtung selbst wirkt die *Schilderung* derselben bezw. eines Mordes in der *Hinrichtungs-, Mord- und*

---

192 Vgl. ebd. S. 365.
193 Ebd. S. 376.
194 Vgl. ebd. S. 377.
195 Ebd. S. 86.
196 Ebd. S. 55.
197 Vgl. ebd. S. 43.
198 Vgl. ebd. – Umgekehrt kann auch die Steigerung der Wollust – durch mitreisende Prostituierte – die Kriegslust der Soldaten und Kriegsherren anregen (vgl. ebd. S. 44).
199 Vgl. ebd. S. 45 f.

Lustmordlitteratur.«[200] Besonders »*geschlechtlich stark erregbare Individuen*«[201] würden durch die Berichte zur Nachahmung verführt. Bloch trennt, was die Beeinflussbarkeit unterschiedlicher Individuen angeht, auffälligerweise klar zwischen den einzelnen Ständen:

> Wie viele Lustmörder aus dem niederen Volke mögen nicht durch die Lektüre der die Wollust des Blutdurstes schildernden Hintertreppenromane künstlich gezüchtet worden sein, während die zahlreichen sadistischen Erotica, allen voran die Werke des »divin Marquis« selbst, diese Neigung bei Leuten der höheren Stände hervorrufen und schüren.[202]

Beim niederen Volk reicht bereits die Lektüre von Trivialliteratur, der Sexualhunger der höheren Stände muss durch hochwertigere Texte angeregt werden. Gleichwohl zeitigen sowohl die einen als auch die anderen Texte entsprechende Wirkung: Der Blutdurst und die Wollust des Lesers wird erregt, und er bemüht sich, die gereizte Phantasie auszuleben.

Bemerkenswert ist dabei allerdings wiederum, dass sich Bloch durch die von ihm befürchtete und sogar beschriebene Wirkung solcher Texte nicht davon abhalten lässt, seine eigenen Beobachtungen ebenfalls an Literatur rückzubinden. So verweist er z. B. auf Schillers »Geschichte des Abfalls der vereinigten Niederlande«, um die gegenseitige Steigerung von Kriegs- und Wollust zu illustrieren[203] und nennt eine ganze Reihe von Texten, in denen Stier- und Gladiatorenkämpfe erwähnt werden, um die Wirkung von Grausamkeiten auf Zuschauer zu veranschaulichen.[204]

Da der Arzt davon ausgeht, dass der Sexualtrieb von außen geformt wird, spielt für ihn die sinnliche Wahrnehmung eine große Rolle. So glaubt Bloch, dass dem Laster der Flagellation vor allem deshalb so häufig gefrönt werde – er hält sie für sehr viel verbreiteter als gemeinhin angenommen –, »*weil gerade bei ihr sich alle physiologischen sadis-*

---

200 Ebd. S. 50. – Bemerkenswert ist dabei noch Blochs Erwähnung des sogenannten Wort-Sadismus: geschlechtliche Erregung durch Aussprechen von obszönen oder brutalen Worten (vgl. ebd. S. 101).
201 Ebd. S. 52.
202 Ebd. S. 54.
203 Vgl. ebd. S. 44.
204 Vgl. ebd. S. 46.

tischen Begleiterscheinungen des geschlechtlichen Verkehrs vereinigen und stärker potenziert zu Tage treten«[205]; der Sadismus sei »nur ein bewusster Reflex organischer Bewegungen und körperlicher Veränderungen«.[206] Der Arzt geht mit Eulenburg konform, der die Vorliebe für die aktive Flagellation aus den Reaktionen des ›Opfers‹ – Zuckungen, Schreien, Anpressen an den Liebhaber, Beißen usw.[207] – herleitet, die denen beim Koitus ähneln, hier allerdings in verstärkter Form auftreten und den aktiven Flagellanten deshalb erregen können.[208] Dieser weidet sich an den Zuckungen der »Hinterbacken« seines Opfers[209] und goutiert die auftretenden Veränderungen der Couleurs ebenso wie den »Kontrast der Farben zwischen den nichtflagellierten und den flagellierten Stellen«.[210] Vor allem die Farbveränderungen sind dabei laut Bloch von großer Bedeutung, ist doch die Rötung von Gesicht und Genitalien Begleiterscheinung bei sexueller Brunst[211] (auch hier also: ein essentieller Bestandteil des Koitus wird übertrieben aufgenommen) und erweckt die Erregung steigernde Assoziationen mit Blut, Hitze und Kampf.[212] Der passive Flagellant hingegen – und hier kommt Bloch den Ausführungen Eulenburgs ebenfalls nahe – zieht sein Vergnügen aus der Reizung der Haut in der Gegend der Geschlechtsteile, die erektionsfördernd wirken[213], gar als Heilmittel gegen Impotenz dienen kann.[214] »Sexuelle *Massage* und *Friction*« gelten Bloch demnach als Vorstufe der Flagellation.[215]

---

205 Ebd. S. 76.
206 Ebd. S. 34.
207 Vgl. ebd. S. 36.
208 Vgl. ebd. S. 78.
209 Ebd. S. 79.
210 Ebd. S. 80.
211 Vgl. ebd. S. 39.
212 Vgl. ebd. S. 40. – Bloch erläutert später noch einmal die herausragende Bedeutung des Anblicks von Blut für die sexuelle Erregung einiger Sadisten und erwähnt in diesem Zusammenhang die klassische Vampirsage, die, wie er vermutet, dadurch entstanden sein könnte, dass sadistische Frauen gern beißen und das Blut ihres Mannes saugen (vgl. ebd. S. 67 f.).
213 Vgl. ebd. S. 78.
214 Vgl. ebd. S. 88.
215 Ebd. S. 77.

Ähnlich wie für Krafft-Ebing ist auch für Bloch der Sadismus eine Übersteigerung des ›normalen‹, natürlichen Geschlechtsaktes, auch er definiert die Perversion vorrangig aus der Perspektive des Mannes:

> In beiden Fällen [d. i. Masochismus und Sadismus], welche sich häufig genug bei ein und derselben Person ereignen, ist es das durch die Phantasie genährte geschlechtliche Variationsbedürfnis, welches einmal den Mann Gefallen an der »Effemination«, ein andermal an der excessiven Betonung seiner Männlichkeit und seiner Übermacht finden lässt.[216]

Bloch folgert aus diesen Beobachtungen, dass »sadistische Handlungen häufiger bei Männern vorkommen als bei Frauen«.[217] Der Arzt streitet die Existenz sadistischer Frauen dabei nicht ab, glaubt jedoch, »dass sadistische Frauen meist solche sind, die eine politische und soziale Stellung einnehmen, wie sie sonst nur Männern zukommt«.[218] Eine Veränderung der (gesellschaftlichen) Position des Weibes hat offenbar einen Wandel ihrer sexuellen Präferenzen zur Folge, hier zeigt sich zum einen die Macht der Gewohnheit und Gewöhnung, zum anderen jedoch die starren geschlechtlichen Konventionen: Verlässt die Frau ihren Platz und nimmt eine Stellung ein, die nicht ihr, sondern dem Manne zukommt, verändert sie also ihr ›gesellschaftliches Geschlecht‹, so verändert sich auch ihr Sexualleben. Weibliche Grausamkeit stellt sich dennoch anders dar als die des Mannes – sind es bei ihm oft Impuls- oder Affekthandlungen, so ist die Grausamkeit des Weibes eine berechnete, nicht vom Gefühl geleitete.[219] Da der Geschlechtstrieb der Frau als relativ gering eingestuft wird, sie im Vergleich zum Mann sogar als frigide gilt, kann sie auch nicht vom Drang überwältigt handeln.

Der Sadismus ist dabei »nicht etwas einem ›nervösen‹ Zeitalter bezw. einer ›zivilisierten‹ Gesellschaft Eigentümliches, sondern eine exquisit *anthropologische* Erscheinung, die sich auch bei primitiven Völkern nachweisen lässt«.[220] Der Menschheit wohne ein grausamer Zug inne, das Individuum strebe seit jeher danach, Macht über andere zu er-

---

216 Ebd. S. 163.
217 Ebd. S. 56.
218 Ebd.
219 Vgl. ebd. S. 57.
220 Ebd. S. 61.

kämpfen[221] und zu erhalten – so vermutet Bloch die Gründe für Lustmorde darin, dass der Täter sich bemühe, seine Lust an der Macht bis ins Unendliche auszudehnen.[222] Trotz dieser Feststellungen lehnt Bloch die These vom Sadismus als Rest eines atavistischen Triebes aus rein logischen Gründen ab: Die evolutionäre Begünstigung des Lustmörders wäre widersinnig, weil sie eine Entwicklung, einen Fortschritt des Menschengeschlechts wohl eher verhindere als fördere.[223]

2.1.6 »Jeder sucht das geliebte Wesen zu besiegen«[224] Dr. Veriphantor: »Der Sadismus«

Unter dem Pseudonym Dr. Veriphantor veröffentlicht Iwan Bloch ein Jahr später ein weiteres Werk, in dem er sich noch einmal eingehender mit Sadismus und Masochismus auseinandersetzt. Dabei beginnt Bloch mit einer Einschätzung des gesamten Geschlechtslebens, dessen Grundtendenzen er anscheinend als weniger altruistisch einschätzt als gemeinhin angenommen. Beim Geschlechtsverkehr, so Bloch, werde vieles aus egoistischen Motiven unternommen, und dieser diene weniger der Befriedigung des Partners als vielmehr »der Beglückung, Erweiterung, Vertiefung des Ich«[225]:

> Jeder sucht das geliebte Wesen zu besiegen, an sich zu reissen, mit sich zu verschmelzen, eins mit ihm zu werden, in dieser Vereinigung aber *sich selbst* am meisten zu empfinden, aus der Wonne der Umarmung gleichsam als ein gesteigertes, gekräftigteres Ich hervorzugehen.[226]

Der Wunsch nach geschlechtlicher Vereinigung entspringt also nicht eigentlich dem Ziel des Aufgehens im Anderen, sondern gleicht dem Wunsch nach Selbsterhöhung und Erkenntnis (sowie Festigung?) der eigenen Grenzen.

Neben diese generellen Tendenzen zur Ichbezogenheit im Menschen tritt noch die Neigung zur Grausamkeit, die – laut Bloch – der

---

221 Vgl. ebd. S. 25 f.
222 Vgl. ebd. S. 34.
223 Vgl. ebd. S. 32.
224 Dr. Veriphantor [Iwan Bloch]: Der Sadismus. S. 1.
225 Ebd.
226 Ebd. S. 1 f.

Menschheit ebenfalls innewohnt und die auch der Kulturmensch nicht abgelegt hat.[227] Der Autor stellt im Tierreich und bei noch nicht kultivierten Stämmen eine gewisse natürliche Lust an der Schmerzerzeugung während des Koitus fest.[228] Bloch rekurriert auf de Sade und einen anonymen englischen Autor, um seine These zu unterstützen, dass der zivilisierte Mensch die Verbindung von Geschlechtsgenuss und Grausamkeit sogar benötige, um überhaupt noch Erregung zu empfinden.[229] Dabei geht es vor allem um Authentizität: Die Frau könne zwar Befriedigung spielen, nicht jedoch Schmerz – die Sicherheit, eine Reaktion ausgelöst zu haben, der Verursacher einer Erschütterung zu sein, verschaffe dem Täter sinnlichen Genuss.[230]

Diese Erkenntnisse ergänzend, zitiert Dr. Veriphantor in seiner Definition des Sadismus einen unter einem weiteren seiner Pseudonyme (Eugen Dühren) erschienenen Text:

> Der Sadismus ist die absichtlich gesuchte oder zufällig dargebotene Verbindung der geschlechtlichen Erregung und des Geschlechtsgenusses mit dem wirklichen oder auch nur symbolischen (ideellen, illusionären) Eintreten furchtbarer und erschreckender Ereignisse, destruktiver Vorgänge und Handlungen, welche Leben, Gesundheit und Eigentum des Menschen und der übrigen lebenden Wesen bedrohen oder vernichten, und die Kontinuität toter Gegenstände bedrohen und aufheben, wobei der aus diesen Vorgängen einen geschlechtlichen Genuss schöpfende Mensch selbst ihr direkter Urheber sein kann, oder sie durch andere herbeiführen lässt, oder blosser Zuschauer bei denselben ist, oder endlich freiwillig oder unfreiwillig ein Angriffsobjekt dieser Vorgänge ist.[231]

Das Phänomen des Sadismus deckt hier ein weites Spektrum ab, sogar die Situationen, die man gemeinhin eher mit dem Masochismus in Verbindung bringen würde, nämlich die freiwillige oder unfreiwillige Unterwerfung unter einen anderen Menschen. Dr. Veriphantor nimmt somit einen engen Zusammenhang zwischen Sadismus und Masochismus an.

---

227 Vgl. ebd. S. 2 f.
228 Vgl. ebd. S. 18.
229 Vgl. ebd. S. 4.
230 Vgl. ebd. S. 5.
231 Ebd. S. 13.

Eine *Erklärung* für sadistisches Verhalten liefert der Autor nicht, er zitiert aber einen anonym bleibenden Gewährsmann, der eine psychische Erregung verneint und von einer *physischen* Erregung ausgeht. Der Sadist sei zwar von der ihm eingeräumten schrankenlosen Macht berauscht und der Masochist davon, die Macht über sich selbst an die geliebte Person abzugeben, um nur innerlich daran teilzunehmen[232], daneben existiere jedoch das Phänomen der sogenannten Schmerzlüsternheit, einer körperlichen Lust am Schmerz.[233] Blochs anonyme Autorität spricht von einer physischen Verwandtheit zwischen Erregung und Pein:

> Der Misshandlungsschauder kann unmittelbar in Wollustschauder übergehen, weil beide auf gleichen oder eng zusammenhängenden Vorgängen in Gehirn und Nerven beruhen, oder es kann die Lüsternheit auf einen dem willkürlichen Schmerz an *Stärke entsprechenden Genuss* in die Geschlechtsorgane, als Organe des *einzigen* entsprechend starken Lustgefühles ausstrahlen.[234]

Wollust und Schmerz nutzen die gleichen oder zumindest miteinander verbundene Nervenbahnen, deshalb kann Wollust in Schmerz übergehen (bzw. umschlagen) und umgekehrt. Gleichzeitig kann nur der Affekt des Schmerzes der sexuellen Erregung an Stärke ebenbürtig sein.

Neben diesen rein körperlichen Voraussetzungen für den Sadismus macht auch Dr. Veriphantor den gesellschaftlichen Zustand für die zunehmende Zahl an Perversen verantwortlich. Ebenso wie Richard von Krafft-Ebing sucht auch Bloch die Ursache für deviantes Verhalten in der persönlichen Geschichte des Individuums. Während Krafft-Ebing sich allerdings für die möglichen hereditären Ursachen der Perversion interessiert, liegt Blochs Fokus auf dem sozialen Umfeld des Patienten.[235] Der Geschlechtstrieb verkompliziere sich mit zunehmender kultureller Verfeinerung[236]; Kultur und Degeneration trügen zur Häufung sexueller Perversionen bei:

---

232 Vgl. ebd. S. 14.
233 Bloch trennt also deutlich zwischen der Lust, psychischen und jener, physischen Schmerz zu empfinden. Es handelt sich für ihn um zwei unterschiedliche Phänomene.
234 Dr. Veriphantor [Iwan Bloch]: Der Sadismus. S. 15.
235 Vgl. Heitmüller: Zur Genese sexueller Lust. S. 149 f.
236 Bloch argumentiert nicht »medizinisch-pathologisch, sondern ethnologisch-anthropologisch« (Sigusch: Geschichte der Sexualwissenschaft. S. 130).

> Die Kultur überhaupt steigert ja das Erregungsbedürfnis des Menschen in vielfacher Beziehung [...], welches gewissermassen jeder höheren Kultur »natürlich« ist. So treten die stärkeren Reizungen des Geschlechtslebens in diesen natürlichen Entwickelungsprozess [sic] ein, und wir müssen jedenfalls bei ihrer Verdammung im Auge behalten, dass sie ähnlichen Kulturzwecken dienen, wie die masslosen Erregungen auf politischem Gebiete.[237]

Dr. Veriphantor spricht – wie andere Wissenschaftler des 20. Jahrhunderts – von einer Überforderung des Menschen durch die Ansprüche der ›modernen‹ Zivilisation. Selbst die Begierden des zivilisierten Menschen verfeinerten und steigerten sich, da sie häufigeren Reizungen ausgesetzt seien. Das Begehren müsse wie jede andere Erregung abreagiert werden, der Sadismus stelle also eine Möglichkeit zur Verfügung, die gereizten Nerven wieder zu entspannen und die aufgestaute Energie zu entladen, ebenso wie die »masslosen Erregungen auf politischem Gebiete«. Als Bedingung der Neigung zum Sadismus kann demgemäß zunächst die Übererregbarkeit der Menschen gelten, nicht dessen sittliche Entartung.[238]

Einen Unterschied in der psychischen wie physischen Organisation von Männern und Frauen macht jedoch auch Dr. Veriphantor: Frauen neigten gemeinhin weniger zur Grausamkeit als Männer; der Sadismus des Mannes stelle »meist eine blosse graduelle Steigerung von in der männlichen Natur begründeten physiologischen Erscheinungen dar[]«[239] (auch hier macht sich also der Einfluss Krafft-Ebings und anderer bemerkbar). Neige die Frau aber zur Grausamkeit, sei sie zu sehr viel extremeren Taten fähig als der Mann.

Dr. Veriphantors Text wartet zwar nicht mit detaillierten Schilderungen grausamer Taten und Abbildungen von Folterinstrumenten auf, das Buch selbst könnte allerdings dennoch zur Fundgrube Interessierter geworden sein: Eingebunden ist nicht nur eine Werbeanzeige für Eugen Dührens »Das Geschlechtsleben in England« und für »Der Marquis de Sade und seine Zeit«, sondern auch der Abdruck verschiedenster Rezensionen für Dolorasas »Confirmo te chrysmate« und »Fräulein Don Juan« sowie Margarete Beutlers Gedichte.

---

237 Dr. Veriphantor [Iwan Bloch]: Der Sadismus. S. 23.
238 Vgl. ebd. S. 15 f.
239 Ebd. S. 22.

2.1.7 »Leidenschaft für die Rute«[240]
Eugen Dühren: »Englische Sittengeschichte«

England galt vielen Sexualwissenschaftlern als das Land mit den meisten Flagellanten und die Neigung, Schmerzen zu erleiden oder zuzufügen geradezu als ›englisches Laster‹. Einige der in Deutschland erschienenen flagellantischen Werke waren Übersetzungen oder Nachbildungen englischer Originale. Die Vorliebe der Engländer für den Gebrauch der Rute zu verstehen, schien somit auch ein Schlüssel für das Verständnis der »allgemeinen Beziehungen der Flagellation zur Sexualität«[241] zu sein. Aus diesem Grund beschäftigte sich Iwan Bloch unter dem Pseudonym Eugen Dühren noch einmal speziell mit den englischen Flagellanten.

Seine Argumentation folgt allerdings in großen Teilen jener, die er auch unter seinem eigenen Namen sowie als Dr. Veriphantor vertreten hatte: Der Mensch habe im Allgemeinen eine Neigung zur Grausamkeit und verbinde diese nicht selten mit sexuellen Motiven.[242] Die sexuelle Flagellation sei zwar »gewiß nichts Normales«, könne sich jedoch »aus den natürlichen Begleiterscheinungen des gewöhnlichen Geschlechtsaktes«[243] sowie den ästhetischen Reizen des Anblicks eines Gesäßes[244], den sich während der Flagellation abzeichnenden Farbveränderungen[245] und den Zuckungen des Opfers, die jenen während des Koitus gleichen[246], ableiten. Die passive Flagellation bietet dem Opfer den Reiz der Demütigung und Scham sowie die Möglichkeit der Rückversetzung ins kindliche Alter – also zur straffreien Regression in Verantwortungslosigkeit und Vorrationalität. Erneut erfolgt auch der Hinweis auf das Tierreich, wo häufig der männliche Partner dem weiblichen vor dem Koitus Schmerzen zufüge.[247]

Dührens Text überrascht jedoch – ebenso wie viele der anderen sexualtheoretischen Werke – durch eine Detailfülle, die kaum noch durch

---

240 Dühren [Iwan Bloch]: Englische Sittengeschichte. S. 199.
241 Ebd. S. 340.
242 Vgl. ebd. S. 334.
243 Ebd. S. 356.
244 Vgl. ebd. S. 357.
245 Vgl. ebd. S. 362 f.
246 Vgl. ebd. S. 365.
247 Vgl. ebd. S. 354 f.

wissenschaftliche Genauigkeit zu erklären ist: So findet sich z. B. eine lange Aufzählung von möglichen Flagellationsinstrumenten[248], und auch die Szenen sadistischer Färbung sind äußerst ausführlich geschildert.[249]

Der Autor bemüht sich zwar darum, seinem Text einen wissenschaftlichen Anstrich zu geben, indem er – sich bereits bestehender Untersuchungen bedienend – zwischen Flagellationssubjekt und -objekt differenziert und z. B. die Flagellationsinstrumente unterschiedlichen Ordnungen zuteilt, doch der Text wirkt trotzdem kaum strukturiert. Literarische und anthropologische Zeugnisse, wissenschaftliche Erkenntnisse, persönliche Briefe von Betroffenen – das Werk enthält ausführliches Material für den Interpreten, Bloch selbst jedoch unterzieht es kaum einer geordneten Analyse. Häufig reiht sich Zitat an Zitat, kaum eingeleitet durch eine kurze Nennung der Quelle der Beobachtung.

Bemerkenswert ist allerdings eine eher beiläufige Äußerung Blochs, in der er sich auf Giovanni Frusta beruft: Angeblich existiert eine magnetische Kraft, die vom – zumeist weiblichen – Geißler auf den Gegeißelten und wieder zurück übertragen wird, eine starke Verbindung, die beinahe der Gedankenübertragung gleicht.[250]

2.1.8 »The normal manifestations of a woman's sexual pleasure are exceedingly like those of pain«[251] Havelock Ellis: »Studies in the Psychology of Sex«

Für Havelock Ellis erklären sich viele menschliche Verhaltensweisen in der Geschlechterbeziehung aus ihren jeweiligen Wurzeln im Tierreich. Dort stellt das Werben um einen Sexualpartner in der Regel eine Art Kampf dar: Das männliche Säugetier gewinnt das Weibchen dadurch, dass es ihm seine Stärke – und somit Beschützerfähigkeiten – demonstriert, nicht selten fügt es ihm dabei Schmerz zu. Da das Weibchen allerdings lediglich solchen Beschützern zugeneigt ist, die ihm auch Lust

---

248 Vgl. ebd. S. 386–394.
249 Vgl. ebd., z. B. S. 404–406.
250 Vgl. z. B. ebd. S. 370 f.
251 Ellis: Studies in the Psychology of Sex. S. 84.

zu verschaffen vermögen, darf der zugefügte Schmerz einen gewissen Grad nicht überschreiten; folglich muss das Männchen sich zurückhalten.[252] Dasjenige, das die Balance zwischen Machtdemonstration und Lusterregung am besten zu halten weiß, wird am erfolgreichsten um das Weibchen werben.

Einen Widerschein dieses ›Spiels‹ zwischen ›Jäger‹ und ›Gejagter‹ glaubt Ellis im menschlichen Freien um die Partnerin auszumachen: Auch hier bemüht sich der Mann darum, der Erwählten seine Dominanz zu demonstrieren, da sich Frauen von Mut und Stärke angezogen fühlen, sich dem Mächtigen gern unterwerfen.[253] Dabei besteht die Liebeswerbung auf männlicher Seite oft darin, eine gewisse Kampfeslust zu beweisen. Die gesellschaftlichen Konventionen jedoch setzen dem Werben um die Frau bestimmte Grenzen: Dem Drang, möglichen Rivalen um das Weibchen Schmerz zuzufügen, kann gemeinhin nicht nachgegeben werden, demzufolge richtet sich die Energie des Mannes vollständig auf die Frau.[254]

Des Weibes Stärke fußt nun darauf, dem männlichen Drang lange nicht nachzugeben[255]; solange es sich verweigert, ist der Mann ihm untertan, wenn es sich ihm hingibt, hat es seinen Trumpf verspielt. Die Gesellschaft trägt ebenfalls dazu bei, dass das Weib die Rolle der zu Unterwerfenden annimmt: Nicht selten wird dem Mädchen beigebracht, dass Vergnügen eine Sünde ist, dass es in keinem Fall sexuelle Lust zu empfinden und sich dem Manne (trotzdem) in allen Punkten zu unterwerfen habe. Die natürlichen Hemmungen, die dafür sorgen, dass die sexuelle Energie des Mannes nicht in Grausamkeit gegenüber seiner Partnerin umgewandelt wird, werden damit abgebaut.[256]

> When the normal man inflicts, or feels the impulse to inflict, some degree of physical pain on the woman he loves he can scarcely be said to be moved by cruelty. He feels, more or less obscurely, that the pain he inflicts or desires to inflict, is really a part of his love, and that, moreover, it is not really resented by the woman on whom it is exercised. [...] Moreover, we have

---

252 Vgl. ebd. S. 67.
253 Vgl. ebd. S. 82.
254 Vgl. ebd. S. 83.
255 Vgl. ebd. S. 67 f.
256 Vgl. ebd. S. 83.

to bear in mind the fact [...] that the normal manifestations of a woman's sexual pleasure are exceedingly like those of pain.[257]

Der Mann ist also aus unterschiedlichen Gründen – die instinktive Verbindung von Schmerz und Lust, die Erziehung der Frau zur Hingabe und Opferbereitschaft sowie die Ähnlichkeit der Anzeichen von Leiden und Vergnügen – nicht imstande, seine Grausamkeit als solche zu erkennen: Er betrachtet sie als Zeichen seiner überschwänglichen Liebe. Interessant ist dabei, dass Ellis zwar die vorherrschende Meinung der Sexualwissenschaft, dass der Mann den aktiven Teil einer Partnerschaft, die Frau dagegen den passiven Teil übernimmt, teilt, dass er allerdings eine Neigung zum Sadismus in diesem Zusammenhang nicht als Zeichen einer exzessiven Männlichkeit, sondern im Gegenteil als Symptom von Effemination wahrnimmt: Der maskuline Mann beherrscht seine Triebe, er wird nicht von ihnen beherrscht[258], er erkennt, wenn seine Partnerin durch seine Passion leidet. Die Tendenz der Frau, ein bestimmtes Maß an Schmerz zu ertragen und sich ihrem Liebhaber zu unterwerfen, hält Ellis dagegen durchaus für normal (und feminin):

> To abandon herself to her lover, to be able to rely on his physical strength and mental resourcefulness, to be swept out of herself and beyond the control of her own will, to drift idly in delicious submission to another and stronger will – this is one of the commonest aspirations in a young woman's intimate love-dreams.[259]

Für die Frau ist es eminent wichtig, für Schutz und Hilfe auf den Mann vertrauen, sich ihm hingeben zu können und dabei jede willentliche Kontrolle abzugeben. Die (angeblichen) Liebesphantasien der Frauen lesen sich dabei beinahe wie ein Katalog außerkörperlicher Erfahrungen: sich aufgeben, aus sich herausgelöst werden, die Grenzen des eigenen Willens überschreiten, müßig schweben. Ellis ist sich dabei zwar durchaus bewusst, dass es um *Phantasien* geht – auch wird er von einer Dame seiner Bekanntschaft darauf aufmerksam gemacht, dass eher die *Idee*, Schmerz zu empfinden, von Frauen als lustvoll wahrgenommen wird

---

257 Ebd. S. 83 f.
258 Vgl. ebd. S. 109.
259 Ebd. S. 89.

und weniger der Schmerz selbst[260] –, dennoch lässt er nicht davon ab, dass Phantasie und Wunsch mehrheitlich übereinstimmen.[261] Allerdings ist es nicht nur die Frau, die sich ein Aufgeben ihres (rationalen) Selbst, ein Aufgehen im möglichst intensiv empfundenen Gefühl wünscht – Ellis spricht von »emotional intoxication«[262], einem emotionalen Rauschzustand, der häufig mit Schmerz verbunden wird. Dabei ist es nicht wichtig, ob dieser zugefügt, erlitten, beobachtet oder nur phantasiert wird: Sein emotionaler Wert, die Auf- bzw. Erregung, die der Schmerz auslöst, ist gleich[263], weswegen Ellis auch nicht zwischen Masochismus und Sadismus trennen will – darin ausdrücklich auf Eulenburg verweisend[264] – und weswegen er davon ausgeht, dass jedes Individuum fähig ist, alle beschriebenen Zustände zu genießen.

Darüber hinaus beschäftigt der Mediziner sich nicht – wie die meisten seiner zeitgenössischen Kollegen – mit dem zu Gewaltausbrüchen und Lustmorden führenden Sadismus, sondern beschränkt sich größ-

---

260 Vgl. ebd. S. 90 f.
261 An anderer Stelle gibt der Mediziner jedoch zu, dass Männer über den Sexualinstinkt von Frauen nicht objektiv urteilen könnten, da ihr eigenes Interesse oder Desinteresse sie zu Vorurteilen verführe (vgl. ebd. S. 193). Frauen würden dabei entweder als asexuell oder als Verkörperung des Sexualinstinktes gesehen (vgl. ebd. S. 192), eher seltener werde in Erwägung gezogen, dass es in dieser Hinsicht möglicherweise keinen Unterschied zwischen den Geschlechtern geben könnte (vgl. ebd. S. 202 f.). – Eine besondere Schwierigkeit für den Sexualforscher entstehe daraus, dass viele Frauen aus Scham die Empfindung sexueller Gefühle selbst dann verneinten, wenn sie sie empfänden (vgl. ebd. S. 204 f.). Darüber hinaus wüssten die Frauen oft wenig über Sexualität und Lust, würden unwissend gehalten (vgl. ebd. S. 205), so dass ihnen sexuelle Erfüllung oftmals verwehrt bliebe – vor allem dann, wenn der Mann (selbst unfähig oder unwissend) nicht in der Lage sei, ihnen Befriedigung zu verschaffen (vgl. ebd. S. 218). Fasziniert zeigt sich Ellis von der Fähigkeit der Frauen, ihren Sexualhunger auf Tätigkeiten umzuleiten, die nichts mit dem Akt zu tun haben und bei denen ihnen selbst nicht klar sei, dass ihr Vergnügen daran eine sexuelle Basis hat – Ellis nennt religiöse Inbrunst als Beispiel (vgl. ebd. S. 250).
262 Ebd. S. 186.
263 Vgl. ebd. – Siehe auch ebd. S. 184: »Pain is seldom very far from some of the phases of primitive courtship; but it is not the pain which is the essential element in courtship, it is the state of intense emotion, of tumescence, with which at any moment, in some shape or another, pain may, in some way or another, be brought in connection.«
264 Vgl. ebd. S. 159.

tenteils darauf, den Sadismus zu beschreiben, der mit reziproken Lustgefühlen einhergeht:

> We have thus come to recognize that sadism by no means involves any love of inflicting pain outside the sphere of sexual emotion, and is even compatible with a high degree of general tender-heartedness. We have also to recognize that even within the sexual sphere the sadist by no means wishes to exclude the victim's pleasure, and may even regard that pleasure as essential to his own satisfaction.[265]

Das Vergnügen an der Zufügung von Schmerz beschränkt sich auf den Liebesakt; es geht dem Sadisten dabei nicht darum, ausschließlich die eigene Lust durchzusetzen – im Gegenteil, das Vergnügen des Partners ist häufig essentielle Voraussetzung für das eigene.

Als Beleg zitiert Ellis ausführlich aus dem Bericht einer ihm bekannten Dame, die die Theorie vertritt, dass eine Person, die es genießt, einer anderen Schmerz zuzufügen, sich imaginär an die Stelle ihres Opfers versetze. Besonders der Mann, der seine Würde und Eitelkeit möglicherweise dadurch verletzt sähe, wenn er sich einer Frau unterwerfe, behielte ihre Achtung, wenn er sie mit seiner Kraft unterjocht, erfahre jedoch gleichzeitig eine Art von widergespiegeltem Vergnügen, indem er sich an die Stelle der Frau versetze und sich ihre Lust vorstelle:

> I think that when I get pleasure out of the idea of subduing another it is this reflected pleasure I get. And if this is so one could thus feel more kindly to persons guilty of cruelty, which has hitherto always seemed the one unpardonable sin. Even criminals, if it is true that they are themselves often very insensitive, may, in the excitement of the moment, imagine that they are only inflicting trifling pain, as it would be to them, and that their victim's feelings are really pleasurable.[266]

Die Dame aus Ellis' Bekanntschaft beglaubigt ihre Theorie – und somit auch Ellis' Gedanken über die Verwandtschaft von Sadismus und Masochismus – durch eigene Erfahrungen und Empfindungen[267], belegt sie mithin empirisch.

---

265 Ebd. S. 166.
266 Ebd. S. 160. – Ganz ähnliche Ideen finden sich in Musils »Vollendung der Liebe«. Vgl. S. 376 f. dieser Arbeit.
267 Vgl. Ellis: Studies in the Psychology of Sex. S. 161.

Aufgrund dieser Sichtweise ist es Ellis auch ohne Weiteres möglich, festzustellen, dass die meisten Perversionen ihre Wurzeln im ›normalen‹ Sexualverhalten haben.[268] Dennoch unterscheidet er genau zwischen gesund und krankhaft:

> In the ordinary healthy organism, however, although the stimulants of strong emotion may be vaguely pleasurable, they do not have more than a general action on the sexual sphere, nor are they required for the due action of the sexual mechanism. But in a slightly abnormal organism – whether the anomaly is due to a congenital neuropathic condition, or to a possibly acquired neurasthenic condition, or merely to the physiological inadequacy of childhood or old age – the balance of nervous energy is less favorable for the adequate play of the ordinary energies in courtship.[269]

Es gibt bestimmte Grenzen für das Ausleben der Aggressionslust, hier ein angemessenes Gleichgewicht der ›normalen Energien‹ (Demonstration von Stärke vs. Vergnügen), die zu einem gelungenen Ablauf des Sexualaktes führen, dort die Aberration. Angeboren ist die Perversion nicht – zuweilen allerdings die Prädisposition für ihren Erwerb, weswegen auch Havelock Ellis in seinen Fallgeschichten zumeist mehr oder minder ausführlich auf die Familienhistorie der Protagonisten eingeht[270], jedoch andererseits keine Veranlassung sieht, fehlende erbliche Belastung deutlich zu markieren.[271]

Ellis ist es in seinen Darstellungen offenbar wichtig, zum einen den Zeitpunkt zu bestimmen, an dem die von ihm beschriebenen Personen zum ersten Mal mit dem Kernpunkt ihrer Paraphilie konfrontiert wer-

---

268 »Even the most terrible and repugnant sexual perversions are still demonstrably linked on to phenomena that are fundamentally normal« (vgl. ebd. S. 104).
269 Ebd. S. 176.
270 Zum Beispiel: »Jules P. […], of good heredity on father's side, but bad on that of mother, who is highly hysterical, while his grandmother was very impulsive and sometimes pursued other women with a knife. He has one brother and one sister, who are somewhat morbid and original.«; »a Catholic priest of highly neurotic heredity«; »another young woman […] – where there was neurastenia with other minor morbid conditions in the family, but the girl herself appears to have been sound«; »a girl of 19, hereditarily neuropathic (her father was alcoholic)« (Ebd. S. 142–148).
271 Vgl. ebd. S. 144: In der Fallgeschichte, die mit »In a case that has been reported to me« beginnt, scheint es keine Familiengeschichte von psychischen Krankheiten gegeben zu haben, dennoch wird diese Ausnahme (?) nicht ausgeführt.

den – im Falle der Sadisten und Masochisten also der Augenblick, in dem sie zuerst Schmerz und Lust miteinander zu verbinden lernten –, zum anderen die Entwicklung der Protagonisten von diesem Moment an bis zur vollständigen Ausbildung der Perversion.

Der Sexualwissenschaftler leitet seine Patientengeschichten zumeist durch einen kurzen Hinweis darauf ein, aus welchem Grund er sie ausgewählt hat, was er durch sie zu belegen hofft.[272] Besonders Hervorzuhebendes wird darüber hinaus des Öfteren durch Wendungen wie »it will be seen« oder »it may be noted«[273] markiert. Innerhalb des Textes wird der Leser so in seinem Denken gelenkt, zu ziehende Schlüsse werden ihm vorgegeben oder zumindest vorgeschlagen. In den meisten Fällen orientiert Ellis sich dabei zwar am chronologischen Ablauf, weicht davon jedoch ab, um bedeutsame Aspekte speziell zu betonen.

Als – wenn auch nicht ganz typisches – Beispiel mag die Fallgeschichte von K. dienen, die auch insofern beachtenswert ist, als sie eine relativ spät im Erwachsenenleben entwickelte Perversion abbildet. Dieser Textabschnitt wird ebenfalls dadurch eingeführt, dass Ellis ihn unter ein Motto stellt: »It is noteworthy that a passion for whipping may be aroused by contact with a person who desires to be whipped.« Diese Behauptung soll durch eine Fallgeschichte belegt werden: »This is illustrated by the following case which has been communicated to me«.[274] Die Erzählung selbst enthält – ungewöhnlich für Ellis' Darstellungen – einige Distanzsignale: Nicht nur, dass sie durch Anführungszeichen als Schilderung aus zweiter Hand gekennzeichnet wird, sie enthält auch wenig direkte Rede. In den meisten Berichten überlässt Ellis den Betroffenen selbst über weite Strecken das Wort.

> »K. is a Jew, about 40 years of age, apparently normal. Nothing is known of his antecedents. He is a manufacturer with several shops. S., an Englishwoman, aged 25, entered his service; she is illegitimate, believed to have

---

272 Vgl. z. B. ebd. S. 142: »Régis has recorded a case which well illustrates the circumstances and hereditary conditions under which the idea of whipping may take such firm root in the sexual emotional nature of a child as to persist into adult life; at the same time the case shows how a sexual perversion may, in an intelligent person, take on an intellectual character, and it also indicates a rational method of treatment.«
273 Ebd. S. 147 f.
274 Ebd. S. 148.

been reared in a brothel kept by her mother, is prepossessing in appearance. On entering K.'s service S. was continually negligent and careless. This so provoked K. that on one occasion he struck her. She showed great pleasure and confessed that her blunder had been deliberately intended to arouse him to physical violence. At her suggestion K. ultimately consented to thrash her. This operation took place in K.'s office, S. stripping for the purpose, and the leather driving band from a sewing machine was used. S. manifested unmistakable pleasure during the flagellation, and connection occurred after it. These thrashings were repeated at frequent intervals, and K. found a growing liking for the operation on his own part. Once, at the suggestion of S., a girl of 13 employed by K. was thrashed by both K. and S. alternately. The child complained to her parents and K. made a money payment to them to avoid scandal, the parents agreeing to keep silence. Other women (Jewish tailoresses) employed by K. were subsequently thrashed by him. He asserts that they enjoyed the experience. Mrs. K., discovering her husband's infatuation for S., commenced divorce proceedings. S. consented to leave the country at K.'s request, but returned almost immediately and was kept in hiding until the decree was granted. The mutual infatuation of K. and S. continues, though K. asserts that he cares less for her than formerly. Flagellation has, however, now become a passion with him, though he declares that the practice was unknown to him before he met S. His great fear is that he will kill S. during one of these operations. He is convinced that S. is not an isolated case, and that all women enjoy flagellation. He claims that the experience of the numerous women whom he has now thrashed bear out this opinion; one of them is a wealthy woman separated from her husband, and is now infatuated with K.«[275]

Der Protagonist der Fallgeschichte ist lediglich durch seine Volkszugehörigkeit[276] und sein Alter charakterisiert; Letzteres dient, wie erwähnt, als Anlass für die Schilderung der Vorkommnisse. Da offenbar weder physiognomische noch familiäre Auffälligkeiten vorhanden sind bzw. erschlossen werden können, kommt Ellis auf die soziale Stellung K.s zu sprechen, die für sein Erklärungsmuster wichtiger ist: Der Ladenbesitzer und Warenproduzent befindet sich in einer gefestigten sozialen Position, und er ist – wie später mehr *en passant* erwähnt wird – verheiratet. Doch auch eine solche Person kann selbst in mittleren Jahren

---

275 Ebd. S. 148 f.
276 Nicht ganz klar wird, ob das Judentum K.s auch als Erklärung für seine Prädisposition zur Perversion geltend gemacht werden soll.

noch eine Perversion entwickeln – wenn sie etwas erlebt, das ihr neue Erfahrungsmöglichkeiten offenbart.

S., die zweite Figur in der Erzählung, erscheint dagegen (als uneheliches Kind) erblich und (möglicherweise im Bordell der Mutter aufgewachsen) auch sozial zumindest potenziell deutlich belasteter zu sein; sie ist es, die die Flagellation initiiert. Interessant erscheint sowohl, dass die Szene einvernehmlich abläuft, als auch, dass hier Lust und Schmerz miteinander verbunden werden – nachdem S. von K. mit einem Treibriemen geschlagen wurde, schlafen die beiden miteinander. Ab diesem Zeitpunkt gelingt es K. augenscheinlich, auch aus dem Schmerz anderer selbst Lust zu ziehen.

Trotz der erfüllten Beziehung und dem beidseitigen Genuss der Flagellation tritt jedoch das ein, vor dem viele Sexualwissenschaftler warnen – der Faktor der Gewöhnung und Abstumpfung. Zunächst ist es S., die den Vorschlag macht, ein Kind zu ihren Spielen hinzuzuholen, später genügt K. die Engländerin nicht mehr als Objekt seiner Lust. Offenbar fehlt es ihm an Variation, so dass er zunächst weitere Angestellte schlägt, bald gar die Lust an S. zu verlieren scheint und nach einer neuen Partnerin sucht.

Der Reiz der neuen sexuellen Betätigungsmöglichkeit ist schnell verflogen, gleichzeitig wird der Einfluss der Perversion auf K. immer größer: Anfangs empfindet nur S. Vergnügen an der Szene, während von K.s Lust nicht die Rede ist, dann jedoch heißt es, K.s Vorliebe für die Flagellation sei gewachsen. Am Ende des kurzen Textes hat er sogar eine ›Leidenschaft‹ für die Rute entwickelt. Die Furcht K.s, dass er S. einmal beim sadistischen Liebesspiel töten könnte, weist ebenfalls darauf hin, dass die Intensität der von ihm verabreichten Schläge deutlich zugenommen hat.

Wie so oft wird diese Warnung vor der raschen Gewöhnung und dem gedankenlosen Ausreizen geschlechtlicher Möglichkeiten im Text jedoch nicht explizit gemacht, dem Leser werden diese Befunde nicht vorgegeben, nicht einmal ausdrücklich nahe gelegt. Generell weist der Beispieltext wenige rezeptionslenkende Konstruktionen, z. B. auch kaum Kausaladverbien auf. Anscheinend vertraut auch Ellis darauf, dass der erklärende und erläuternde Text um die Fallgeschichten herum sowie der Hinweis darauf, was die jeweilige Erzählung belegen soll, ausreicht, damit der Leser die erwünschten Schlussfolgerungen zieht.

2.1.9 »Die Sexualität der meisten Männer zeigt eine Beimengung von *Aggression*«[277] Sigmund Freud: »Drei Abhandlungen zur Sexualtheorie«

Sigmund Freud wählt in seinen »Drei Abhandlungen zur Sexualtheorie« einen anderen Weg als Krafft-Ebing, Eulenburg u. a., um die Entstehung von Perversionen zu erklären. Da er – ähnlich wie Bloch und Havelock Ellis – davon ausgeht, dass viele Perversionen auch im ›normalen‹ Sexualleben angelegt sind, bemüht er sich in der Konsequenz darum, logisch zu ergründen, unter welchen Umständen diese verstärkt zum Ausdruck kommen und unter welchen sie Sexual*potenzial* bleiben.

Freud unterscheidet dabei zunächst grundsätzlich zwischen der »Person, von welcher die geschlechtliche Anziehung ausgeht«[278], als dem Sexualobjekt, und der »Handlung, nach welcher der Trieb drängt«[279], als dem Sexualziel. In Bezug auf das Sexualobjekt gilt als Abirrung, wenn Menschen sich sexuell von gleichgeschlechtlichen Partnern angezogen fühlen; Freud spricht in diesem Fall von Inversion.[280] Parallel zu dieser ›Verirrung‹ in Bezug auf das Sexualobjekt existieren jedoch auch Abweichungen bezüglich des Sexualzieles, welches zunächst recht konventionell definiert wird: »Als normales Sexualziel gilt die Vereinigung der Genitalien in dem als Begattung bezeichneten Akte, der zur Lösung der sexuellen Spannung und zum zeitweiligen Erlöschen des Sexualtriebes führt.«[281] Auch Freud sieht den Zweck des Geschlechtsverkehrs vorgängig in der Fortpflanzung – was Homosexualität bzw. Inversion zunächst ebenso von der Normalität ausnimmt wie nicht der Reproduktion die-

---

277 Freud: Drei Abhandlungen zur Sexualtheorie. S. 60.
278 Ebd. S. 37. – Die »Drei Abhandlungen« erschienen zuerst 1905 und in einer vermehrten, inhaltlich erheblich veränderten Auflage 1924. Der zitierte Text entspricht der Ausgabe der gesammelten Werke von 1942, die sich auf die Auflage von 1924 beruft.
279 Ebd. S. 38.
280 Vgl. ebd. S. 39. – Der Psychoanalytiker differenziert zwischen absolut Invertierten, die das andere Geschlecht überhaupt nicht, und amphigen Invertierten, die beide Geschlechter anziehend finden, sowie okkasionell Invertierten, die sich nur unter bestimmten Umständen dem eigenen Geschlecht zuwenden.
281 Ebd. S. 52.

nende Akte –, daneben jedoch auch in der Abreaktion des Triebes und im Abbau von aufgestauten Spannungen.

Die »Drei Abhandlungen« verneinen allerdings recht schnell die Möglichkeit einer deutlichen Abgrenzung von ›normal‹ und ›pervers‹. Freud macht deutlich, dass auch beim fortpflanzungsgebundenen Sexualverkehr Ansätze dessen zu finden sind, was man gemeinhin als Perversion bezeichnet: »Es werden nämlich gewisse intermediäre (auf dem Wege zur Begattung liegende) Beziehungen zum Sexualobjekt, wie das Betasten und Beschauen desselben, als vorläufige Sexualziele anerkannt.«[282] ›Vorläufig‹ impliziert jedoch, dass diese lediglich Etappenziele auf dem Weg zur Begattung sind, bei denen nicht verweilt werden darf, sondern die auf dem Weg zum ›gültigen‹ Sexualakt durchlaufen werden sollten.[283]

Neben diesen »*Verweilungen*« kommt es noch zu weiteren Abweichungen; dann nämlich, wenn der Sexualakt nicht in der Vereinigung der Genitalien besteht, sondern es zu »anatomische[n] *Überschreitungen* der für die geschlechtliche Vereinigung bestimmten Körpergebiete« kommt.[284] Ein gewisser Grad der Überschreitung wird zwar auch hier als ›normal‹ angesehen – schließlich wird das Sexualobjekt immer als Ganzes (und nicht nur in Teilen) geliebt und zwar mit einer durchaus als Verblendung zu betrachtenden Inbrunst[285] –, diese Überschreitung darf jedoch weder zu lange anhalten noch zur Fixierung werden.

---

282 Ebd.

283 »Freuds Lehre ist eine von Darwin und der Evolutionsbiologie stark beeinflusste Entwicklungspsychologie des Sexuellen, die gewissermaßen gesetzmäßige Entfaltungs- bzw. Reifungsschritte annimmt – von einer postulierten ›polymorph perversen Anlage‹, die das Kind mitbringt, über bestimmte, als abgrenzbar postulierte psychosexuelle ›Phasen‹ (orale, anale, phallische Phase, Latenzperiode, genitale Phase) samt charakteristischer Konflikte und Ängste wie des berühmten Ödipus-Komplexes und der heftig diskutierten Kastrationsangst bis hin zum Primat der Genitalität, der nach den Wirren der Pubertät die Partialtriebe bündeln und für die Penis-Scheiden-Kohabitation mit der Absicht der Zeugung eines Kindes sorgen soll. In späteren Arbeiten hat Freud diese so genannte Phasenlehre zu den kulturellen Einflüssen hin geöffnet« (Sigusch: Geschichte der Sexualwissenschaft. S. 261).

284 Freud: Drei Abhandlungen zur Sexualtheorie. S. 53.

285 Vgl. ebd. – Freud gibt in diesem Zusammenhang im Übrigen rundheraus zu, dass die Wissenschaft wenig über das Liebesleben und -empfinden der Frau herausgefunden habe, macht dafür jedoch nicht ungenügende Bemühungen oder mangelndes Einfühlungsvermögen, sondern zumindest zu einem Teil die Falschheit der

Sadismus und Masochismus können als ›anatomische Überschreitungen‹ wahrgenommen werden, bezeichnen sie doch Sexualakte, die weder genital beschränkt sind noch auf die Fortpflanzung abzielen, sondern darauf, dass sich ein Partner des anderen bemächtigt, dass Lust aus Schmerz gewonnen wird. Freud bezeichnet Sadismus und Masochismus als »häufigste und bedeutsamste aller Perversionen«.[286] Besonders gewichtig sind sie vor allem deshalb, weil ihre grundlegenden Mechanismen diejenigen sind, die auch dem fortpflanzungsgebundenen Sexualverkehr zugrunde liegen.[287] Ähnlich wie die meisten Sexualwissenschaftler vor ihm geht auch Freud davon aus, dass die Wurzeln des Sadismus »im Normalen« liegen:

> Die Sexualität der meisten Männer zeigt eine Beimengung von *Aggression*, von Neigung zur Überwältigung, deren biologische Bedeutung in der Notwendigkeit liegen dürfte, den Widerstand des Sexualobjektes noch anders als durch die Akte der *Werbung* zu überwinden. Der Sadismus entspräche dann einer selbständig gewordenen, übertriebenen, durch Verschiebung an die Hauptstelle gerückten, aggressiven Komponente des Sexualtriebes.[288]

Das Sexualobjekt – im Normalfall: das Weib – lässt sich demnach in Freuds Verständnis nicht einfach durch Werbung »überwinden«, es bedarf auch noch einer gewissen Aggressivität von Seiten des Mannes, der sich der Frau bemächtigen muss. Erst wenn diese Aggression überhand nimmt und nicht mehr das Mittel zum Zweck, sondern den Zweck selbst darstellt – eine »ausschließliche[] Bindung der Befriedigung an die Unterwerfung und Mißhandlung«[289] des Sexualobjekts –, handelt es sich um eine pathologische Sexualstörung. Masochismus umfasst dagegen – als Gegenstück des Sadismus – »alle passiven Einstellungen

---

Frauen verantwortlich: »Die Bedeutung des Moments der Sexualüberschätzung läßt sich am ehesten beim Manne studieren, dessen Liebesleben allein der Erforschung zugänglich geworden ist, während das des Weibes zum Teil infolge der Kulturverkümmerung, zum anderen Teil durch die konventionelle Verschwiegenheit und Unaufrichtigkeit der Frauen in ein noch undurchdringliches Dunkel gehüllt ist.« (Ebd. S. 54)

286 Ebd. S. 60.
287 Vgl. ebd. S. 62.
288 Ebd. S. 60.
289 Ebd. – Freud sieht offenbar keinen Unterschied zwischen der Verbindung von Lust und Demütigung und der von Lust und Schmerz.

zum Sexualleben und Sexualobjekt, als deren äußerste die Bindung der Befriedigung an das Erleiden von physischem oder seelischem Schmerz von seiten des Sexualobjektes erscheint«.[290] Sadismus und Masochismus treten, laut Freud, immer gleichzeitig in einem Individuum auf, auch wenn eine Seite der Perversion stärker ausgebildet ist als die andere. Freud wendet sich zwar explizit gegen eine genaue Abgrenzung zwischen dem, was als ›normal‹, und dem, was als ›abweichend‹ eingestuft wird, geht jedoch dennoch von einer zu erreichenden Normvorstellung – eben der Beschränkung auf den reproduktiven Koitus und eine genital gebundene Sexualität – aus, die das (Wunsch-)Ergebnis der psychosexuellen Entwicklung des Kindes zum Erwachsenen ist:

> Den Ausgang der Entwicklung bildet das sogenannte normale Sexualleben des Erwachsenen, in welchem der Lusterwerb in den Dienst der Fortpflanzungsfunktion getreten ist und die Partialtriebe unter dem Primat einer einzigen erogenen Zone eine feste Organisation zur Erreichung des Sexualzieles an einem fremden Sexualobjekt gebildet haben.[291]

Bereits das Neugeborene besitzt eine – noch ungezügelte – Libido, die Keime potenzieller Perversionen sind schon in ihm angelegt. Freud führt als Beweis dafür an, dass das Kind »unter dem Einfluß der Verführung polymorph pervers werden« könne.[292] Die Suppressionsmechanismen – Scham, Ekel, Moral –, die sich im Laufe der Zeit entwickeln und die Libido immer stärker unterdrücken müssen, sind noch nicht genügend gefestigt bzw. müssen sich überhaupt erst ausbilden.[293] Diese Entwicklung muss vollständig und erfolgreich durchlaufen werden, um zu einem ›gesunden‹ und angepassten sexuellen Wesen zu reifen – ansonsten entstehen Abirrungen oder (wenn die zu unterdrückenden Triebe nicht vollständig verdrängt und verarbeitet werden können) Neurosen.[294] Bei Freud ist die Sexualität also nicht mehr (wie bei Krafft-Ebing und anderen Sexualwissenschaftlern) von der Psyche, sondern umgekehrt die Psyche von der Sexualentwicklung abhängig.[295]

---

290 Ebd.
291 Ebd. S. 98.
292 Ebd. S. 93.
293 Vgl. ebd.
294 Vgl. ebd. S. 73.
295 Vgl. Heitmüller: Zur Genese sexueller Lust. S. 168.

Die Grausamkeitskomponente des Sexualtriebes bildet sich unabhängig von der an die Genitalzonen gebundenen Sexualität aus und hängt mit dem Bemächtigungstrieb zusammen, dem früh in der kindlichen Entwicklung auftretenden Wunsch, den anderen zu besitzen, ihn sich geradezu einzuverleiben.[296] Die Fähigkeit zum Mitleiden, die diesem Wunsch Hemmnisse entgegensetzen könnte, entsteht dagegen erst später.[297] Ein ›Zurückfallen‹ auf den Sadismus ist – somit wie jede andere Perversion – »eine Regression auf eine frühere Entwicklungsstufe«[298], eine »*Unterschreitung* der subjektiven Entwicklungspotentiale«.[299]

Etwas anders stellt sich allerdings die Anlage eines »unkultivierte[n] Durchschnittsweib[s]« dar, bei dem die kindliche, polymorph perverse Veranlagung zumindest als Potenzial erhalten bleibt. Das Weib »kann unter den gewöhnlichen Bedingungen etwa sexuell normal bleiben, unter der Leitung eines geschickten Verführers wird es an allen Perversionen Geschmack finden und dieselben für seine Sexualbetätigung festhalten«.[300] Diese Feststellung erscheint etwas paradox, da Freud im selben Text erwähnt, dass sich die Entwicklung der Sexualhemmungen beim Mädchen früher und mit weniger Widerstand als beim Jungen vollziehe und »die Neigung zur Sexualverdrängung« beim weiblichen Geschlecht größer sei.[301] Ähnlich wie andere Autoren, die sich mit der Sexualtheorie beschäftigten, scheint sich also auch Freud des ›Weibes‹ nicht ganz sicher gewesen zu sein.

---

296 Freud erwähnt, dass einige Autoren die Aggression, die dem Sexualtrieb beigemischt sei, als »Rest kannibalischer Gelüste« einstufen (vgl. Freud: Drei Abhandlungen zur Sexualtheorie. S. 61).
297 Vgl. ebd. S. 93.
298 Heitmüller: Zur Genese sexueller Lust. S. 170.
299 Ebd. S. 169.
300 Freud: Drei Abhandlungen zur Sexualtheorie. S. 93.
301 Ebd. S. 119.

126 Pathologie und Normalität: Die Wissenschaft von der Sexualität

2.1.10 »Masochismus und Sadismus sind so die beiden entgegengesetzten Pole desselben primitiven Instinkts«[302] Magnus Hirschfeld: »Geschlechtsverirrungen«

Magnus Hirschfeld widmet sich dem Phänomen der Verbindung von Grausamkeit und Wollust im Rahmen von Untersuchungen zu vielerlei anderen »Geschlechtsverirrungen«. Er unterscheidet bei der Beschreibung des Sadismus zwischen der Lust, physischen, und der Lust, psychischen Schmerz zu empfinden bzw. zu verursachen. Aus diesem Grund lehnt er den Begriff Algolagnie ab, der sich nur auf den Genuss des Erduldens bzw. Zufügens von physischem Schmerz beziehen lässt.[303] Stattdessen behält er Krafft-Ebings Begriffe des Sadismus und Masochismus bei, fügt sie allerdings – da sie sich seiner Meinung nach gegenseitig ergänzen und nicht ohne einander denkbar sind – zum Ausdruck Sadomasochismus zusammen[304]: »Masochismus und Sadismus sind so die beiden entgegengesetzten Pole desselben primitiven Instinkts«.[305] Dabei definiert Hirschfeld Sadismus als Ausübung von »Handlungen, […] in denen ein Zusammenhang zwischen dem Aggressiv- und dem Geschlechtstrieb nachzuweisen ist«.[306]

Auch Hirschfelds Haltung gegenüber der Geschlechtsgebundenheit von Sadismus und Masochismus ist zwiespältig: Zwar sieht er Aggressivität bzw. Passivität nicht als angeborene und dem jeweiligen Geschlecht entsprechende Haltungen an, sondern geht davon aus, dass

---

302 Hirschfeld: Geschlechtsverirrungen. S. 404.
303 Vgl. ebd. S. 301. – Das Werk wurde nur zu einem Teil von Hirschfeld selbst verfasst, zum anderen Teil von seinen Schülern ergänzt. Der Einfachheit halber – und da die Schüler selbst auf die namentliche Kennzeichnung der von ihnen eingebrachten Kapitel verzichtet haben (lediglich im Vorwort wird vermerkt, welche Teiltexte aus dem Nachlass Hirschfelds stammen und welche von anderen ausgefertigt wurden), sich also offenbar sicher waren, im Sinne Hirschfelds zu argumentieren – wird nicht angemerkt, welche Thesen von Hirschfeld selbst stammen und welche nicht. Die englische Originalfassung von »Geschlechtsverirrungen« erschien zwar erst 1938 in London, bei einer Reihe der Kapitel handelt es sich allerdings um Wiederabdrucke von Texten älteren Datums, weswegen Hirschfelds Werk noch als dem Beobachtungszeitraum zugehörig eingestuft wird.
304 Vgl. ebd. S. 304.
305 Ebd. S. 404.
306 Ebd. S. 378.

der Mensch sich den (gesellschaftlichen) Konventionen entsprechend anpasse[307], doch ordnet er weiterhin dem Mann die aktive, der Frau die passive Rolle im offenbar von ihm als Geschlechter*kampf* interpretierten Verkehr miteinander zu:

> In unserer Zivilisation ist der Mann der sexuell aktive, angreifende Partner, während die Frau eine passive, rezeptive Rolle übernimmt. Diese Beziehung geht aus geläufigen Ausdrücken, wie »eine Frau erobern«, »sie nehmen«, »sie besitzen«, hervor, oder auch daraus, daß man sagt: eine Frau »gibt sich einem Mann hin«.[308]

Die angenommene Rollenverteilung, die hinter den »geläufigen Ausdrücken« steht, die aus dem Weib wahlweise eine Festung oder einen Gegenstand machen, wird dabei nicht hinterfragt, sondern – den Konventionen entsprechend – als ›normal‹ wahrgenommen.[309] Aus diesem Grund kann Hirschfeld auch mit Krafft-Ebing davon ausgehen, dass

---

307   Vgl. ebd. S. 303.
308   Ebd. S. 302.
309   Nach der von Hirschfeld aufgestellten »Zwischenstufentheorie« existiert weder *der* Mann noch *die* Frau. »Körper und Psyche eines jeden Individuums setze sich zusammen aus einer Kombination zahlreicher männlicher (›m‹), weiblicher (›w‹) oder zwischengeschlechtlicher (›m+w‹) Eigenschaften.« (Seeck: Aufklärung oder Rückfall? S. 198) Das heißt, jeder Mensch steht auf einer Zwischenstufe zwischen den Geschlechtern – der Heterosexuelle ebenso wie der Homosexuelle oder der Transsexuelle –, es kommt auf das Mischungsverhältnis zwischen den Eigenschaften an. Hirschfeld unterschied vier Gruppen:
1.   Menschen mit einer Mischung aus weiblichen und männlichen Geschlechtsorganen – *Hermaphroditismus genitalis* –, sogenannte Zwitter.
2.   Menschen mit einer Mischung der sonstigen physischen Geschlechtsmerkmale – *Hermaphroditismus somaticus* –, also z. B. Androgyne.
3.   Menschen mit einer Mischung von seelischen Geschlechtsmerkmalen – *Hermaphroditismus psychicus* –, also u. a. Transvestiten.
4.   Menschen, deren Sexualität nicht gegengeschlechtlich geprägt ist – *Hermaphroditismus psychoseuxalis* –, also beispielsweise Homosexuelle oder Bisexuelle (vgl. Herrn: Sexualwissenschaft und -politik bei Magnus Hirschfeld. S. 261 und Wettley: Von der »Psychopathia sexualis« zur Sexualwissenschaft. S. 74).
Dies bedeutet jedoch nicht, dass Hirschfeld sich von der herkömmlichen Geschlechterdichotomie löst – zwar erscheinen die primären Geschlechtsorgane von geringerer Bedeutung für die gender-Identität zu sein, doch beharrt Hirschfeld darauf, einzelne Verhaltensweisen als ›weiblich‹ bzw. ›männlich‹ zu charakterisieren und somit einem bestimmten Geschlecht fest zuzuordnen (vgl. Seeck: Aufklärung oder Rückfall? S. 198).

»der Sadismus und der Masochismus wie andere Formen der sexuellen Perversionen bis zu einem gewissen Grade zum normalen Geschlechtsverkehr gehören«.[310] So spiegele sich der Masochismus im normalen Geschlechtsleben in der Unterwerfung unter den anderen und dem Wunsch nach völliger Verschmelzung mit der geliebten Person wider[311]: »Bei Frauen kommt jede Nuance dieses Triebes vor, von der einfachen Lust an der körperlichen Überlegenheit des männlichen Partners bis zum Gefühl der ›Vernichtung‹ im Augenblick höchster Ekstase.«[312]

Angenommen wird also eine gewisse Aggressivität im Geschlechtsverkehr; Beißen oder Kratzen des Partners gelten als deren am weitesten verbreitete Ausdrücke. Erst bei einer Verletzung des Partners, wenn die Aggressivität und der Kampf nicht mehr Mittel zum Zweck, sondern den Zweck selbst darstellten, könne man von einer Anomalie sprechen.[313]

Da Aggressivität bei Hirschfeld männlich, der Wille zur Unterwerfung weiblich konnotiert ist, kommt der Sexualwissenschaftler zu der Annahme, dass echter Sadismus nur beim Manne und echter Maso-

---

310 Hirschfeld: Geschlechtsverirrungen. S. 302. – Der Wunsch nach Unterwerfung geht für Hirschfeld sogar soweit, dass Frauen oft sexuelle Angriffe imaginieren: »Kriminologen sind schon lange zu der Schlußfolgerung gekommen, daß Beschuldigungen wegen angeblicher Vergewaltigung mit der größten Vorsicht zu behandeln sind, da der Wunsch nach Vergewaltigung im Unterbewußtsein vieler Frauen schläft« (ebd. S. 381). – Hier scheint eine Idee mitzuschwingen, die im 18. Jahrhundert weit verbreitet war: Im medizinischen Diskurs herrschte die Ansicht vor, dass Frauen bei einer Vergewaltigung durchaus Wollust erleben könnten. In juristischen Werken des 18. Jahrhunderts wurde Vergewaltigung als gewalttätiger, außerehelicher Verkehr, verübt mit einer Frau von sexueller Ehre und gegen ihren Willen und Widerstand definiert. Unzucht *ohne*, jedoch nicht *gegen* ihren Willen stellte dagegen keine Vergewaltigung dar (vgl. Smith: Sexual violence in German culture. S. 134). Vergewaltigte Frauen wurden oft als nur scheinbar unwillige Verführte dargestellt, deren schwacher, kaum ernst zu nehmender Widerstand den Mann nicht von der Tat abhielt, sondern ihn erst anstachelte. Möglicherweise vorgetäuschte Ohnmachtsanfälle während der Tat erschienen als Möglichkeit, sich der Verantwortung für die empfundene Lust zu entziehen. Eine Schwangerschaft dagegen galt als untrügliches Zeichen für einen Orgasmus während der Notzucht, da erst die Empfindung von Wollust eine Befruchtung ermögliche (vgl. ebd. S. 133–144; Smith analysiert in diesem Zusammenhang u. a. Kleists »Marquise von O.«).
311 Vgl. Hirschfeld: Geschlechtsverirrungen. S. 404.
312 Ebd. S. 406.
313 Vgl. ebd. S. 310.

chismus nur beim Weibe vorkommen könne: »Weibliche Sadisten und männliche Masochisten bezeichnen wir als *Metatropisten*.«[314] Interessant ist jedoch, wo Hirschfeld die Motivation des männlichen Masochismus verortet: Der so genannte »symbolische[] Sadismus«, welcher die Unterwerfung unter den und Demütigung durch den Partner, z. B. durch Fesselungen, einschließt[315], ist nämlich männlich konnotiert und wird als »Protest[] gegen die von der Gesellschaft ihm [d. i. dem Mann] zugeteilte Rolle des aktiven, aggressiven und überlegenen Teils«[316] verstanden. Der Mann inszeniere den Verlust seiner Freiheit und lasse sich zum Tier oder gar zur leblosen Sache degradieren.[317] Auf der anderen Seite wird schon der »Inkubismus«, d. h. die Reiterstellung des Weibes, die bis zur Jahrhundertwende als anomal eingestuft wurde[318], als »Drang der Frau« verstanden, »sich gegen ihre körperlich unterworfene Stellung aufzulehnen« und mit »Aggressivität und Herrschsucht« verbunden.[319] Weibliche Sadisten stünden der Gesellschaftsordnung, die sie zur Unterwerfung unter den Mann zwinge, ablehnend gegenüber: »*Die aktiv aggressive Frau wird durch ihren Trieb in eine feindliche Stellung gegenüber der herrschenden Gesellschaftsordnung gebracht, und diese Stellung ist für alle ihre Handlungen und für ihre ganze Einstellung entscheidend.*«[320] So verwundert es nicht, dass weiblicher Sadismus als »*totalitär*« wahrgenommen wird – im Gegensatz zu männlichen Sadisten geben sich weibliche Sadistinnen weder mit Fesselungen oder anderen, mehr symbolischen Akten der Unterwerfung zufrieden[321] noch beschränken sich ihre sadistischen Neigungen auf ihr Liebesleben, sondern greifen auf ihre berufliche und gesellschaftliche Existenz über: »Eine Sadistin ist eine Sadistin durch und durch.«[322]

Hirschfeld verortet die Ursachen für die Entstehung von Perversionen nicht nur in der körperlichen Verfassung der Menschen, sondern

---

314 Ebd. S. 303.
315 Ebd. S. 322.
316 Ebd. S. 427.
317 Vgl. ebd. S. 408 und S. 413.
318 Vgl. ebd. S. 309.
319 Ebd. S. 310.
320 Ebd. S. 333.
321 Vgl. ebd. S. 343.
322 Ebd. S. 325.

zumindest zum Teil auch in ihrem sozialen Umfeld[323] und in ihrem Seelenleben. Folglich geht er davon aus, dass neben dem aktiven Sadisten durchaus auch der geistige Sadist existiert, der sich mit aggressiven Phantasien zufrieden gibt. Dass diese ihn befriedigen könnten, liege jedoch nicht daran, dass ihm ein weniger starker Trieb als dem aktiven Sadisten innewohne, sondern an der »Stärke und Wirksamkeit seiner *Verdrängungen*«.[324]

Die Stärke der Verdrängungen ist es offenbar auch, die in Hirschfelds Augen den aktiven Sadisten vom Lustmörder unterscheidet, für den das Töten den Koitus ersetzt. Ein geistig ›normaler‹ Mensch, so Hirschfeld, könne nicht zum Sexualmörder werden, denn diese seien »Psychopathen mit hochgradigen Degenerationserscheinungen«. Der Sexualmord könne nicht als letzte Steigerung des Sadismus begriffen werden, »denn der Sinn für soziale Verantwortlichkeit, der das Individuum zwingt, seine primitiven Instinkte zu unterdrücken«, sei »nicht nur eine äußere, rechtliche Schranke, sondern eine organische Hemmung, die im Geist selbst verwurzelt ist«.[325] Auch den aktiven Sadisten halten also innere Hemmungen vom Töten ab, die beim Lustmörder infolge von Degeneration und Entartung ausgeschaltet sind.

2.1.11 Zusammenfassung und Ausblick

Generell kann man festhalten, dass fast alle Theoretiker ein genaues Bild von der Norm sexuellen Verhaltens haben, das als mehr oder minder

---

323 So heißt es im Zusammenhang mit der Misshandlung und dem Missbrauch von Kindern: »Bei der Betrachtung des geschlechtlichen Mißbrauchs von Kindern müssen wir jedoch nicht nur die subjektive psychologische Struktur des Pervertierten in Betracht ziehen, sondern auch die objektive Art der sozialen Umgebung, vor allem die Überbevölkerung in den Arbeitervierteln, das Teilen eines Bettes von Knaben und Mädchen, die Unterbringung eines Mieters, der häufig auch ein Bett mit einem anderen teilt usw. Die jetzigen Gerichte müßten, wenn sie über einzelne Fälle zu urteilen haben, noch viel mehr die aus solchen ungesunden Bedingungen erwachsenden Erregungen und Versuchungen berücksichtigen, zusammen mit den manchmal natürlichen, manchmal laxen Auffassungen des Proletariats über Geschlechtsfragen. Wir und unsere Schule haben oft darauf hingewiesen, daß die sexuelle Perversion *nicht nur ein biologisches, sondern auch ein soziales Problem ist.*« (Ebd. S. 358)
324 Ebd. S. 311.
325 Ebd. S. 454.

selbstverständlich angenommen und mehr oder minder explizit ausgeführt wird. Fixiert Krafft-Ebing diese Vorstellung noch ausdrücklich (»Als pervers muss [...] jede Auesserung des Geschlechtstriebes erklärt werden, die nicht [...] der Fortpflanzung entspricht«[326]), so verzichten später veröffentlichende Wissenschaftler zumeist auf eine solch betonte Festlegung, auch wenn sie augenscheinlich ebenso außer Frage steht wie die sexuelle Aggressivität und Aktivität des Mannes und die Passivität der Frau.[327]

Die Normalität sollte nun offenbar *implizit* durch das jenseits von ihr Liegende definiert werden. Zu diesem Zweck wurde eifrig vermessen und gesammelt, wurden Statistiken aufgestellt und empirische Erhebungen durchgeführt[328], alles sollte festgehalten und (im doppelten Wortsinne) sichergestellt werden. Paradox – wenn auch nicht überraschend – ist dabei, dass die (rasch immer weiter wachsenden) Sammlungen von Fallgeschichten und die Aufzählungen von Abweichungen nicht dazu benutzt wurden, die sexuellen Grenzen als übertretbar zu kennzeichnen – denn immerhin *wurden* sie zuhauf überschritten –, sondern dazu, sie zu zementieren.[329] Um die Perversionen nicht als er-

---

326 Krafft-Ebing: Psychopathia sexualis. S. 68.
327 Der als Arzt praktizierende Krafft-Ebing (der sich zunächst als Mediziner etabliert hatte) kann Sexualnormen oder Geschlechterrollen offenbar nur als rigide – da vorderhand als biologisch festgelegt – verstehen und muss darum nach biologischen Anzeichen der doch psychischen Abweichungen suchen, während eher an Sexualpolitik Interessierte wie Magnus Hirschfeld, denen es nicht unbedingt um die rasche Therapie der Betroffenen und Normalisierung ging, sondern darum, wie die ›Kranken‹ mit ihren sexuellen Wünschen leben konnten, einerseits Spielarten von Sexualität zulassen können und andererseits eher anthropologische Untersuchungen anstellen. – Iwan Bloch, der sich selbst immer wieder widersprüchlich bezüglich der Frage äußerte, ob es sich bei den Sexualwissenschaften um eine rein natur- oder (auch) um eine kulturwissenschaftliche Disziplin handeln sollte, steht dann zwischen diesen beiden Polen, was sich auch an den Erkenntnissen ablesen lässt, die er aus seinen Forschungen zieht – so geht er von einem biologisch bestimmten Geschlecht und einer daraus folgenden Geschlechterrolle aus, kann dann jedoch (ohne einen Widerspruch festzustellen) erklären, dass der Sadismus der Frau offenbar dann und daraus entsteht, wenn sie eine gesellschaftliche Position einnimmt, die nicht ihr, sondern dem Mann zukommen sollte, also z. B. in der Politik tätig ist. Verändert sie also ihr ›gesellschaftliches Geschlecht‹, so verändert sich auch ihr Sexualleben.
328 Vgl. Wünsch: Sexuelle Abweichungen. S. 354.
329 Vgl. Treut: Die grausame Frau. S. 103.

strebenswert erscheinen zu lassen, wurden sie zumeist allerdings auch nicht als lustvoll dargestellt[330], sondern als Zwänge und Laster, denen sich der Mensch aus individueller Schwäche nicht entziehen könne – und darüber hinaus als eine skandalöse Verschwendung von Energie und Samen.

Die Lust wurde allerdings nicht nur im Bezug auf die Perversionen, sondern prinzipiell als nebensächlich behandelt. Was die Frau beim Verkehr empfand, scheint die Sexualwissenschaftler z. B. weitestgehend nicht interessiert zu haben – sie stellten sie sich als passiv, hingebungsvoll, dem Manne nur zur Beförderung von dessen Erregung Hindernisse in den Weg legend vor.[331] Was den Mann zum Geschlechtsverkehr trieb, schien nicht Begierde, nicht der Wunsch nach Vereinigung zu sein, sondern eine Art dunkler, mächtiger und potenziell gefährlicher Naturdrang, dem zwar nachgegeben werden musste, aus dessen Verdrängung und Aufschub allerdings erst kulturelle Blüte entstehen konnte. Die meisten der sich mit sexuellen Abweichungen beschäftigenden Ärzte argumentieren damit, dass der zivilisierte Mensch die Verdrängung lernen, sich selbst zum gesellschaftlich funktionierenden Individuum erziehen müsse. Schon Krafft-Ebing geht davon aus, dass der Geschlechtstrieb den Menschen antreibe und ihn dazu befähige, ein Sozialgefühl zu entwickeln und gesellschaftsfähig zu werden, indem er ihn sich altruistisch verhalten lasse.[332] (›Normale‹) Sexualität wurde also

---

330 Ellis' Ausführungen bilden hier z. B. eine Ausnahme.

331 Peter Gay erläutert in »Erziehung der Sinne« allerdings, dass dieses Bild nicht ganz die privaten Verhältnisse des Bürgertums widerspiegelt. Im familiären Umgang miteinander waren die Partner doch besser über die Erregung und Befriedigung ihrer Partner informiert und kommunizierten darüber zuweilen überraschend offen, was Gay mit Tagebuchaufzeichnungen und Briefen zu belegen vermag.

332 »In der grobsinnlichen Liebe, in dem wollüstigen Drang, den Naturtrieb zu befriedigen, steht der Mensch auf gleicher Stufe mit dem Tier, aber es ist ihm gegeben, sich auf eine Höhe zu erheben, auf welcher der Naturtrieb ihn nicht mehr zum willenlosen Sklaven macht, sondern das mächtige Fühlen und Drängen höhere, edlere Gefühle weckt, die, unbeschadet ihrer sinnlichen Entstehungsquelle, eine Welt des Schönen, Erhabenen, Sittlichen aufschliessen.« (Krafft-Ebing: Psychopathia sexualis. S. 1) – Hugo Kupferschmidt kritisiert Krafft-Ebings Haltung: »Im ersten Teil seiner Schrift [...] wird der ideologische Hintergrund des abendländischen Sexualverhaltens skizziert im soziokulturellen Zusammenhang eines abendländischen Selbstverständnisses, das patriarchalisch und von einem Überlegenheitsgefühl über die Völker der anderen Kulturkreise geprägt ist.« (Kupferschmidt: Krafft-Ebings ›Psychopathia Sexualis‹. S. 481)

nicht unbedingt in Opposition zu Kultur gesehen, sondern im Gegenteil beinahe als deren Ursprung.[333]

Die ansteigende Zahl von ›Perversen‹ musste dementsprechend als Anzeichen der Degeneration und nicht als Zeichen der Variabilität des sexuellen Vergnügens gedeutet werden[334], da durch die Paraphilien gesellschaftliche Konventionen gebrochen wurden und somit die Basis der Zivilisation auf dem Spiel zu stehen schien. Auch Freud und der Psychoanalyse erscheint z. B. der Sadismus als eine zu überwindende Stufe in der psychosexualen Entwicklung jedes Menschen. Wer bei diesem Entwicklungsschritt stehen bleibt, gilt als fehlgeleitet.[335]

Die meisten Sexualwissenschaftler stellen zwar fest, dass viele Perversionen zu allen Zeiten der Menschheitsgeschichte aufgetreten waren, betonen dann jedoch häufig deren beunruhigende und von zunehmender Entartung zeugende Häufung im eigenen, von Nervosität und Überreizung gekennzeichneten Zeitalter. Die sorgsame Einbettung der Perversionen in die Geschichte, in Mythen und Literatur sowie – im Falle des Sadismus – ihre Einordnung als (zwar pathologische) Übersteigerung der noch als normal eingestuften Äußerungen des Sexuallebens, sorgte somit ebenfalls in den wenigsten Fällen dafür, dass die Paraphilien als Variationen ›gesunden‹ Geschlechtsverkehrs wahrgenommen wurden.[336] Immerhin standen mit der Norm der Heterosexualität und der Fortpflanzung als Ziel allen Sexuallebens zwei Grundpfeiler der gesellschaftlichen Ordnung auf dem Spiel. Wenn die ›Degenerierten‹ allerdings Ausnahmeerscheinungen und Kranke waren, dann war es

---

333 Krafft-Ebing argumentiert hier wohl auch aufbauend auf Auguste Comte damit, dass Kulturentwicklung auf Triebkontrolle beruhe (vgl. Wettley: Von der »Psychopathia sexualis« zur Sexualwissenschaft. S. 59).

334 Blochs Rede vom natürlichen Variationsbedürfnis stellt eine Ausnahme dar. Allerdings zeigt auch er sich bestürzt über die zunehmende Anzahl an Perversen, die ihren Trieb nicht mehr kontrollieren.

335 Vgl. Heitmüller: Zur Genese sexueller Lust. S. 15 und Wünsch: Sexuelle Abweichungen S. 353.

336 Die Etikettierung als ›Sadist‹ bzw. ›Masochist‹ mag zwar einigen ›Betroffenen‹ dabei geholfen haben, die eigene sexuelle Erfahrung einzuordnen (Robin Tobin macht darauf aufmerksam, dass die Einstufung als Masochist Patienten eine Sprache und ein begriffliches Bezugsystem zur Verfügung gestellt habe [Tobin: Masochism and identity. S. 38]) – unterwarf man sich allerdings den »Instanzen der Normalität«, musste man sich selbst als krank und moralisch degeneriert einstufen (vgl. Bahnen: Zur Sozialgeschichte des Sadomasochismus. S. 24).

zumindest theoretisch nicht nur möglich, von einer grundsätzlich gesunden Gesellschaft auszugehen, sondern auch, den Gesellschaftskörper zu heilen und ihn wieder in den (imaginierten) Ursprungszustand zurückzuversetzen.[337]

Die Frage nach der Schuld trat dabei immer weiter in den Hintergrund, wichtiger wurde die Erforschung der Gründe für das Auftreten einer Perversion. Schlechtes Erbgut, milieubedingte Einflüsse, mangelnde Beherrschung, Gewöhnung, Nachahmung anderer, falsche Lektüre – die möglichen Auslöser für die Ausbildung einer Paraphilie waren vielfältig. Dazu verschwamm die Grenze zwischen ›gesund‹ und ›krank‹, die Krafft-Ebing noch leicht hatte ziehen können, immer mehr.

Das Interesse der Sexualwissenschaftler galt dabei verstärkt Sadismus und Masochismus, da diese ›Perversionen‹ – anders z. B. als Koprolagnie – nicht nur als Abweichungen von der Norm, sondern auch »als Verstöße gegen normativ erwartete Geschlechterrollen interpretiert«[338] wurden. In diesen Fällen ging es auch um die Festigung der scheinbar immer durchlässiger werdenden Geschlechtergrenzen und -rollen. Nicht nur Albert Eulenburg wollte eine Verschiebung der Machtstrukturen der Gesellschaft zuungunsten der männlichen Bevölkerung bemerkt haben, mit der er das »Umsichgreifen masochistischer Vertrottelung auf der einen Seite« und das »Hervortreten einer zähneknirschenden Misogynie [...] auf der anderen Seite«[339] erklärte (und vielleicht auch entschuldigte). Während der Mann seinem Trieb geradezu ausgeliefert war, gab die Gesellschaft dem ›Weib‹ immer mehr Möglichkeiten, sich dem Partner zu verweigern, ohne die Konventionen zu verletzten, ja es erfüllte das Ideal der Gesellschaft erst durch die Zurückweisung des männlichen Werbens.[340] Je mehr die Frau sich verweigerte, als desto sittsamer galt sie. Hier liegt auch der Grund dafür, dass sowohl Sadismus als auch Masochismus vor allem als männliche Perversionen

---

337 Vgl. Heitmüller: Zur Genese sexueller Lust. S. 141.
338 Wünsch: Sexuelle Abweichungen. S. 356.
339 Eulenburg: Sadismus und Masochismus. S. 14.
340 Ein bemerkenswerter Mechanismus: Das von Männern geschaffene Idealbild der asexuellen, harmlosen Frau entwickelte sich zu einer Bedrohung der männlichen Position. Dem ›Weib‹ war es nun ohne Weiteres möglich, sich dem Werben des Mannes zu entziehen und ihn gerade dadurch zu unterjochen.

wahrgenommen wurden – vor allem der Status des Mannes hatte sich gewandelt, *seine* Privilegien standen auf dem Spiel. Ein Aufgreifen, Erläutern und Berichtigen dieser Veränderungen schien notwendig.

Was männlich und weiblich ist, galt zwar als festgeschrieben und – da biologisch bestimmt – unveränderbar, musste aber offenbar dennoch immer wieder neu bestätigt werden. Abweichendes Verhalten, abweichende Sexualität musste in die gängigen Muster eingeordnet werden, auch von andersartigen Paarbeziehungen wurde angenommen, dass sich dort die ›normale‹ Rollenverteilung – wenn auch in anderer Form – fortsetzte: »Man kann sich sexuelle Beziehungen anscheinend nur so vorstellen, daß immer der eine Teil die kulturelle Rolle des Mannes, der andere Teil die kulturelle Rolle der Frau spielt.«[341]

Selbst wenn es jedoch der Mann war, der die »kulturelle Rolle der Frau« spielte, blieb er derjenige, auf dessen Handlungen der Fokus der Wissenschaftler lag: Unterwarf er sich tatsächlich? Oder spielte er nur den Sklaven, behielt jedoch die Fäden in der Hand? ›Entwarf‹ und schuf er sich seine Herrin?

Die Funktion der Frau, die in diesem Szenario die »kulturelle Rolle des Mannes« spielte, wirkt dagegen seltsam unaufgeklärt. Was sie empfand, ob es tatsächlich auch ihr gelang, aus der Zufügung von Schmerz Lustgewinn zu ziehen, wurde nicht (oder nur unzureichend) beleuchtet.[342] Auch im umgekehrten Fall, wenn es der Mann war, der schlug und demütigte, wurden die Empfindungen der Frau nicht beachtet, Wert gelegt wurde auf die eventuellen Reize für den Mann: Dem aktiven Sadisten geht es um Wahrhaftigkeit und Ästhetik. Der Zuschlagende kann sicher sein, eine authentische Reaktion der Geschlagenen zu sehen – der Schmerz und die Schmerzwirkung sind evident, die Stärke der Pein wird darüber hinaus vom ›Täter‹ kontrolliert. Daneben bietet gerade die Flagellation auch einen ästhetischen Reiz, der in den

---

341 Wünsch: Sexuelle Abweichungen. S. 356.

342 Hirschfelds Äußerungen stellen also in doppelter Hinsicht ein Novum dar – zum einen damit, dass er sich überhaupt mit der Rolle der Frau differenzierter auseinandersetzte, zum anderen durch die Aussage, es ginge der Sadistin auch um einen Protest gegen die herrschenden Konventionen: »*Die aktiv aggressive Frau wird durch ihren Trieb in eine feindliche Stellung gegenüber der herrschenden Gesellschaftsordnung gebracht, und diese Stellung ist für alle ihre Handlungen und für ihre ganze Einstellung entscheidend.*« (Hirschfeld: Geschlechtsverirrungen. S. 333)

sexualwissenschaftlichen Werken häufig betont wird – das Farbenspiel, die unwillkürlichen Zuckungen, die Veränderungen der Haut. Ein anderer möglicher Reiz wird nicht von allen Sexualwissenschaftlern erwähnt, zumal er weiteres destabilisierendes Potenzial birgt: Die Begierde nach Auflösung des Selbst, (zumindest kurzzeitiger) Aufhebung der Körpergrenzen. Ellis schreibt diesen Wunsch zunächst lediglich der Frau zu, die sich ein Aufgeben ihres (rationalen) Selbst, ein Aufgehen im möglichst intensiv empfundenen Gefühl, geradezu ein Verlassen ihrer physischen Hülle – »to be swept out of herself«[343] – erträume; im weiteren Verlauf seiner Studie spricht er allerdings generell von einem begehrten emotionalen Rauschzustand, der durch ein intensiv erlebtes Gefühl – Schmerz biete sich aufgrund seines hohen emotionalen Wertes an – ausgelöst werde. Freud verbindet die Grausamkeitskomponente des Sexualtriebes ebenfalls mit dem Bemächtigungstrieb, dem Wunsch, sich den anderen einzuverleiben[344], Hirschfeld spricht vom Wunsch der Frau nach Unterwerfung unter den Partner, völliger Verschmelzung mit der geliebten Person[345], geradezu Vernichtung des eigenen Selbst.[346] Im Gegensatz dazu geht Iwan Bloch (alias Dr. Veriphantor) davon aus, dass es beim Koitus nicht um die Verschmelzung mit dem anderen gehe, sondern um ein Fühlen des eigenen Selbst in dieser Verschmelzung, um eine Kräftigung des eigenen Ich – Aufgehen und dennoch Bestehen.[347]

Beachtlich ist weiterhin, dass zunehmend die wichtige Rolle der Phantasietätigkeit für den Sadismus (und Masochismus) anerkannt wird: Die Demütigung des ›Opfers‹ und die Gewissheit, dass das Gegenüber der eigenen Gnade ausgeliefert ist, wird teilweise – sowohl von den Sadisten selbst als auch von den Sexualwissenschaftlern – als bedeutender gewertet als die Zufügung von Schmerz. Vorstellungen und Phantasien können darüber hinaus (über einen gewissen Zeitraum und bei hinlänglicher Verdrängung und Verinnerlichung der gesellschaft-

---

343 Ellis: Studies in the Psychology of Sex. S. 89.
344 Freud erwähnt, dass einige Autoren die Aggression, die dem Sexualtrieb beigemischt sei, als »Rest kannibalischer Gelüste« einstufen (vgl. Freud: Drei Abhandlungen zur Sexualtheorie. S. 61).
345 Vgl. Hirschfeld: Geschlechtsverirrungen. S. 404.
346 Vgl. ebd. S. 406.
347 Vgl. Dr. Veriphantor [Iwan Bloch]: Der Sadismus. S. 1 f.

lichen Regeln) Ersatz für die eigentliche Handlung bieten und Befriedigung verschaffen.

An dieser Stelle überschneiden sich die Sexualwissenschaften – willentlich oder unwillentlich, wissentlich oder unwissentlich – mit der Belletristik. Schon Krafft-Ebing leitete die Bezeichnungen für die beiden Perversionen Sadismus und Masochismus von den Namen zweier Schriftsteller ab, in deren Werken er die zu benennenden Paraphilien sorgsam ausgestaltet fand. In Mythen, Bräuchen, Märchen und nicht zuletzt in Romanen und Novellen entdeckten auch andere Sexualwissenschaftler ein reiches Reservoir an Beispielen, um ihre Theorien zu illustrieren, so z. B. die natürliche Neigung der Frau zu Herrschsucht und Grausamkeit.[348]

Auf der anderen Seite warben die Wissenschaftler durch die Erwähnung von Autoren geradezu Leser für deren Texte. De Sades Werke wurden zum Teil erst dadurch wieder bekannt[349]: Eulenburg veröffentlichte 1899 ein Essay zu Leben und Werk des Marquis de Sade, Bloch gab 1904 das bis dahin als verschollen geltende Manuskript de Sades »Die 120 Tage von Sodom« heraus. Die Vorstellungen Sacher-Masochs und de Sades wurden somit zu Prototypen für die Aktionen der ›Perversen‹, die dort mehr oder minder lebbare Vorbilder für ihre eigenen Phantasien fanden.[350] Eulenburgs Ausführungen über die zeitgenössische Literatur und deren problematische Tendenzen dürften nicht wenigen zunächst Unkundigen als Lektüreliste gedient haben[351], vor allem, da auch noch explizit auf die ›anstößigen‹ Stellen verwiesen wurde.[352]

Am erstaunlichsten ist allerdings »die eigenwillige Diskrepanz zwischen drastischen Fallbeschreibungen [...] und medizinischer kolpor-

---

348 Eulenburg erinnert z. B. an die hellenische Mythologie (Iuno, Venus und Psyche, Antiope und Dirke, Medea und Kreusa) und Märchen (böse Stiefmütter, Königinnen etc.), ebenso nennt er u. a. Shakespeares Lady Macbeth, Kleists Penthesilea, Grillparzers Medea etc. als Quellen für die Darstellung von weiblicher Grausamkeit (vgl. Eulenburg: Sadismus und Masochismus. S. 79).
349 Die Wissenschaftler achteten zwar darauf, die Zitate de Sades im eigenen Text ins Lateinische zu übersetzen – wer dieser Sprache jedoch nicht mächtig war, griff auf die Originaltexte zurück (vgl. Heitmüller: Zur Genese sexueller Lust. S. 8).
350 Einige Masochisten suchten zum Beispiel in einschlägigen Anzeigenblättern nach ihrer eigenen »Venus im Pelz«.
351 Vgl. Eulenburg: Sadismus und Masochismus. S. 89–95. – Einige der dort ›empfohlenen‹ Texte werden auch in dieser Arbeit analysiert werden.
352 Vgl. ebd. S. 90.

tageartiger Kommentierung«[353], die sich nicht nur in Krafft-Ebings »Psychopathia sexualis«, sondern auch in den meisten anderen sexualwissenschaftlichen Werken findet. Folterungen werden *en detail* präsentiert, Lustmorde ausführlich geschildert, die Phantasien von Sadisten und Masochisten in allen Einzelheiten wiedergegeben[354], teilweise sogar durch Fotografien und Zeichnungen von Folterbänken und Fesselungen illustriert. Die Berichte haben somit oft eine stärkere Wirkung als ihre Kommentierung, sie scheinen nicht in den sie begleitenden Erläuterungen aufgehoben. Dieses Missverhältnis könnte auf die unterschwellige Hoffnung hindeuten, dass etwas, das genau beschrieben wurde, über das alle relevanten Informationen gesammelt wurden, eingedämmt werden kann und keine besondere Gefährlichkeit mehr entwickelt.[355] Dass die Fallbeschreibungen teilweise beinahe sprachkünstlerisch gestaltet wurden, einen Spannungsbogen aufweisen und sich oft wie Literatur lesen, mag zum einen der humanistischen Bildung der Autoren, zum anderen allerdings auch ihrer eigenen Faszination geschuldet sein.

Inwiefern sich Literatur im Gegenzug wissenschaftliche Ausdrucksformen und Erkenntnisse aneignete, in den Werken von Krafft-Ebing, Eulenburg und anderen vielleicht sogar Vorbilder fand, soll in Kapitel 3 analysiert werden.

---

353 Dornhof: Inszenierte Perversionen. S. 263. – Dornhof bezieht sich hier auf Krafft-Ebing.
354 Einige dieser Schilderungen wurden weiter oben bereits kommentiert.
355 Ähnlich sieht es auch Dorothea Dornhof: »Die eigenwillige Diskrepanz [...] basiert auf einer dem Gegenstand verwandten perversen Strategie, die darin besteht, die unterschwelligen oder latenten Motive, Phantasien, Wünsche oder Ängste zu verdecken.« (Dornhof: Inszenierte Perversionen. S. 263)

2.2 Sprache, Metaphern, Wertesystem

Festzustellen ist, dass in den Texten der Sexualwissenschaftler Normalität und Normativität synonym verwendet werden.[1] Die gewünschte Norm *entspricht* dem Mittelwert. Daneben existieren offenbar wenig Diskussionen darum, was ›normal‹ bedeutet. Es gibt den ›normalen‹ Mann[2], die ›normale‹ Frau[3], das ›normale‹ Sexualziel[4], das ›normale‹ Sexualleben.[5] Wie diese Leerformeln letztlich auszufüllen sind, wird nicht explizit erläutert.

2.2.1 Die sexuelle Organisation

Zunächst einmal gehen die meisten Texte von einer allgemeinmenschlichen und natürlichen Organisation des Sexuallebens aus, die es für den Wissenschaftler zu ergründen gilt. Ob dieses Gefüge in seinen Grundzügen gewissermaßen *ab ovo* existiert (Krafft-Ebing) oder ob es sich dynamisch entwickelt bzw. entwickeln muss (Freud), wird jeweils unterschiedlich aufgefasst; in jedem Fall wird jedoch ein mögliches Ideal vorausgesetzt – entweder als Naturzustand, der zu halten, oder als Ergebnis, das zu erreichen ist. Dass eine solche Ordnung überhaupt angenommen wird, hängt wohl mit der noch immer implizit vertretenen Idee zusammen, dass der Kosmos bis in seine kleinsten Einzelteile – durch göttliche Fügung oder evolutionäre Entwicklung – sinnvoll, logisch und funktionell eingerichtet sei[6] und dort, wo noch keine Regeln identifiziert werden können, die erforderlichen Erkenntnismög-

---

1 Normalität »bedeutet eine empirisch quantifizierbare, statistische Verteilung von Phänomenen eines bestimmten Bereichs auf einer Skala zwischen möglichen Extremwerten, die von einer als wünschenswert gedachten ›Norm‹ erheblich abweichen kann« (Titzmann: Revolutionärer Wandel in Literatur und Wissenschaften. S. 317).
2 Vgl. z. B. Ellis: Studies in the Psychology of Sex. S. 83 f.
3 Vgl. ebd. S. 83 f.
4 Vgl. Freud: Drei Abhandlungen zur Sexualtheorie. S. 52.
5 Vgl. ebd. S. 98.
6 Hirschfelds Theorie, dass die Homosexualität eine Art Sterilisation darstelle, mit deren Hilfe die Natur verhindere, dass sich Degenerierte fortpflanzten, indem sie sie mit einer nicht auf Reproduktion abzielenden Sexualität ausstatte, könnte ebenfalls damit in Verbindung stehen (vgl. Seeck: Aufklärung oder Rückfall? S. 198 f.).

lichkeiten (beispielsweise akkuratere Messgeräte oder feinere optische Instrumente) erst noch entwickelt werden müssten. Die vermutete Idealkonstitution ist vor allem psychischer Natur: Das Subjekt unterwirft sich den je nach Geschlechtszugehörigkeit geltenden Verhaltensregeln, die nicht als kulturell bestimmte, sondern als naturgegebene Normen wahrgenommen werden. Verräterisch ist in dieser Hinsicht zum Beispiel Krafft-Ebings Rede von der Passivität des Weibes, die »in seiner sexuellen Organisation und nicht bloss in den auf dieser fussenden Geboten der guten Sitte begründet«[7] liegen sollen. Nicht gesellschaftliche Konventionen, sondern originäre, körperliche Attribute bestimmen das Wesen des (weiblichen) Subjekts. Aber auch Freuds Annahme, dass die Entwicklung der menschlichen Sexualität schließlich in einem Zustand münden solle, »in welchem der Lusterwerb in den Dienst der Fortpflanzungsfunktion getreten ist und die Partialtriebe unter dem Primat einer einzigen erogenen Zone eine feste Organisation zur Erreichung des Sexualzieles an einem fremden Sexualobjekt gebildet haben«[8], baut darauf auf, dass die Reproduktion *von der Natur* über die Stillung sexueller Begierden gestellt wurde. Denn es ist seinerzeit (noch?) nicht denkbar, dass das Primat der Fortpflanzung eine gesellschaftlich geprägte und somit veränderbare Norm darstellt.

Ebenfalls als unhinterfragbares Faktum galt, dass das Ziel des Sexualakts prinzipiell die Fortpflanzung sein sollte – zumal in den in dieser Arbeit analysierten Werken, in denen es um die *Pathologie* des Sexuallebens geht. Sehr selten wird die Prämisse überhaupt begründet, oft nicht einmal explizit gemacht – zwar konnten Sexualität und Fortpflanzung theoretisch getrennt gedacht werden, dass das natürliche Lebensziel menschlicher Wesen allerdings die Reproduktion sein sollte, wird nicht infragegestellt. Gesellschaftlich ist das Interesse an fortpflanzungsbezogenem Sex nachzuvollziehen, verheißt doch eine wachsende Bevölkerungszahl Vorteile z. B. im Kriegszustand, aber auch für die Warenherstellung und den Konsum.[9] Möglicherweise spielt auch noch der biblische Auftrag des »Seid fruchtbar und mehret euch!« eine Rolle.

---

7 Krafft-Ebing: Psychopathia sexualis. S. 13. – Vgl. auch S. 64 dieser Arbeit.
8 Freud: Drei Abhandlungen zur Sexualtheorie. S. 98.
9 Das verstärkte Interesse an der Funktionalität des Sexualakts könnte auch mit der aufkommenden Frauenbewegung und dem beobachtbaren Geburtenrückgang zusammenhängen (vgl. Heitmüller: Zur Genese sexueller Lust. S. 116).

Daneben könnte auch noch die Angst vor dem Verschwinden des Selbst mit dem Tod ein Motiv sein – zumindest Krafft-Ebing ging davon aus, dass die Fortpflanzung dem Menschen Unvergänglichkeit verheißen könne.[10]

2.2.2 Natur vs. Kultur

Nicht einig sind sich die Sexualwissenschaftler darin, wie die Auswirkungen von Kultur und Zivilisation auf den Menschen und dessen Sexualtrieb zu bewerten sind, was auch mit ihrer Einschätzung dessen zusammenhängt, was dem Menschen natürlich ist. Stimmen die meisten Sexualwissenschaftler noch mit Krafft-Ebing überein, wenn er die Fortpflanzung zum einzig legitimen Zweck jeder »Aeusserung des Geschlechtstriebes« erklärt, so hören die Gemeinsamkeiten da auf, wo es um die Frage geht, was noch zu »naturgemässer geschlechtlicher Befriedigung«[11] gehört.

Wenn zum Beispiel Albert Eulenburg davon ausgeht, dass »*Zerstörungs-* und *Vernichtungstrieb*[]«[12] einen Teil der menschlichen Natur ausmachen, und er »Zeugung und Vernichtung, Weltlust und Grausamkeit als entgegengesetzte, aber gerade deshalb sich gegenseitig fordernde, untrennbar zusammengehörige Pole des menschlichen Naturbedingtseins«[13] bezeichnet, so müsste konsequenterweise Gewalt während des Koitus als naturgemäß und ›normal‹ betrachtet werden. Je stärker die Wollust, desto stärker die mit ihr verbundene Grausamkeit. Eulenburg jedoch verfolgt diese Idee nicht: Zwar sieht er einen Keim der Grausamkeit in jedem Liebesspiel (»Auf dem engeren erotischen Gebiete ist Grausamkeit in der Liebe, und Wollust in der Grausamkeit ein unmittelbar zugehöriges Moment, ein fast niemals ganz auszuschei-

---

10 »In der Befriedigung dieses Naturdrangs ergeben sich nicht nur Sinnesgenuss und Quellen körperlichen Wohlbefindens, sondern auch höhere Gefühle der Genugtuung, die eigene, vergängliche Existenz durch Vererbung geistiger und körperlicher Eigenschaften in neuen Wesen über Zeit und Raum hinaus fortzusetzen.« (Krafft-Ebing: Psychopathia sexualis. S. 1)
11 Ebd. S. 68.
12 Eulenburg: Sadismus und Masochismus. S. 9.
13 Ebd. S. 10.

dender Faktor«[14]), doch sind ihr gesellschaftliche Grenzen – die hier allerdings wiederum nicht expliziert werden – gesetzt. Werden diese überschritten, gilt die Emotion nicht mehr als natürlich.

Analog argumentiert auch Bloch: Sadismus sei als »Steigerung *physiologischer* Vorgänge [...] eine exquisit *anthropologische* Erscheinung, die sich auch bei primitiven Völkern nachweisen« lasse, »ja oft bei diesen greller und drastischer zu Tage« trete »als dies unter dem Einfluss der modernen Kultur der Fall ist«.[15] Die Perversion stellt damit eine naturgemäße, wenn auch sozial unerwünschte Regung dar, die allerdings von zivilisatorischen Konventionen begrenzt und somit gezügelt wird. Kulturelle Evolution und mit ihr die Entstehung von Verhaltensmaßregeln wird folglich als der Menschheit förderlich wahrgenommen. Ähnliches führt auch Krafft-Ebing an, wenn er »Religion, Gesetz, Erziehung und Sitte« als »Hilfen« bezeichnet, die es »dem Kulturmenschen«[16] ermöglichen, sich nicht von seiner Wollust kontrollieren zu lassen, sondern sie zu überwinden.

Zivilisation und Kultur unterstützen das Subjekt demnach dabei, seine Begierden zu zähmen – nimmt es die Kontrollinstanzen an, verinnerlicht es willig ihre Ansprüche, richtet es sein Selbst an ihnen aus, kann es produktiver Teil des Gesellschaftskörpers werden.

Gleichzeitig birgt die zunehmende Verfeinerung der aufblühenden Kultur allerdings auch Gefahren – zum einen zeigt sich das Individuum durch die auf es einströmenden Sinneseindrücke überreizt und Verhaltenserwartungen ausgesetzt, die es überfordern, zum anderen bedarf es immer stärkerer Stimuli durch die permanente Spannungshaltung, in der es sich befindet, um überhaupt noch angeregt zu werden. Wieder ist es Iwan Bloch, der dies unter seinem Pseudonym Dr. Veriphantor am pointiertesten formuliert: »Die Kultur überhaupt steigert ja das Erregungsbedürfnis des Menschen in vielfacher Beziehung [...], welches gewissermassen jeder höheren Kultur ›natürlich‹ [!] ist.«[17] Die Zivilisation formt den Menschen von außen und innen, beschränkt seine Handlungsmöglichkeiten und reguliert sein Verlangen, macht ihn somit gesellschaftsfähig – auf der anderen Seite stumpft sie ihn jedoch

---

14 Ebd.
15 Bloch: Beiträge zur Aetiologie der Psychopathia sexualis. S. 61.
16 Krafft-Ebing: Psychopathia sexualis. S. 5
17 Dr. Veriphantor [Iwan Bloch]: Der Sadismus. S. 23.

auch ab, lässt ihn unempfindlich werden und nötigt ihn geradezu, sich heftigerer Anregungen zu bedienen, um Begierden anzufachen, die er augenscheinlich jedoch benötigt, um Emotionen abzureagieren: »So treten die stärkeren Reizungen des Geschlechtslebens in diesen natürlichen Entwickelungsprozess [sic] ein, und wir müssen jedenfalls bei ihrer Verdammung im Auge behalten, dass sie ähnlichen Kulturzwecken dienen, wie die masslosen Erregungen auf politischem Gebiete.«[18]

Sehr oft wird die Neigung zur Flagellation auch auf andere Kulturen übertragen – vor allem Osteuropäern und Engländern wird eine Neigung zu Sadismus und Masochismus unterstellt. Die Projektion wird teilweise noch geschlechterspezifisch ausgelegt: Sind es auf der einen Seite »slawische wie ungarische Weiber«, die »glauben nicht geliebt zu sein, wenn der Mann sie nicht schlägt«[19], so sind es auf der anderen vor allem englische Männer, die sich unter die Rute einer ›Mistress‹ begeben.[20] Diese Zuteilung entspricht offenbar dem Eindruck, den die jeweilige Kultur auf einen Außenstehenden macht: Osteuropa gilt zwar als zivilisiert, aber gerade was die Landbevölkerung angeht noch als urwüchsig und primitiv – weswegen die Geschlechterrollen noch den ›natürlichen‹ entsprechen: Das Weib, »das auch auf relativ hohen Stufen der Civilisation dem Manne unterthan bleibt«[21], unterwirft sich dem physisch stärkeren Mann. England dagegen gilt als kulturell hochstehend, dafür allerdings auch als überfeinert – kein Wunder also, dass der effeminierte Engländer sich gegen seine ihm von der Natur zugewiesene Rolle wendet und sich von einer Frau dominieren lässt.[22] Die Geschlechterrollen gelten dort allerdings generell als dehnbar – so

---

18 Ebd.
19 Lombroso/Ferrero: Das Weib als Verbrecherin und Prostituirte. S. 390.
20 Iwan Bloch verfasste unter dem Pseudonym Eugen Dühren sogar eine »Englische Sittengeschichte« – in der Hoffnung, durch das Verständnis der Vorliebe der Engländer für die Flagellation auch Erkenntnisse über die »allgemeinen Beziehungen der Flagellation zur Sexualität« zu erringen (Dühren [Iwan Bloch]: Englische Sittengeschichte. S. 340). – In Deutschland und Frankreich teilten nur einzelne Individuen diese Neigung, in England jedoch existiere eine wahre »Leidenschaft für die Rute« (ebd. S. 199).
21 Lombroso/Ferrero: Das Weib als Verbrecherin und Prostituirte. S. 390.
22 Diese Zuschreibungen verwundern nicht. Laut Martin Lindner verbindet die Raumsemantik der deutschen Lebensideologen in der Frühen Moderne den »lebensferne[n] Intellekt« mit dem Westen, vor allem mit Frankreich. Die »geistigseelische Schicht« werde in Deutschland situiert, der Osten (vor allem Russland)

stellt Albert Eulenburg z. B. fest, dass in englischen Internaten Frauen oft von Frauen gepeitscht würden, was er als Beweis dafür nimmt, dass auch eine solche Konstellation lustvoll zu sein vermag.[23]

2.2.3 Ohnmacht des Subjekts vs. Macht des Triebs

Der Sexualtrieb wird im Allgemeinen als bedeutende Naturkraft wahrgenommen, die den Menschen zu bezwingen und über ihn zu herrschen vermag. Vor allem die Adjektive »mächtig« und »gewaltig« werden häufig verwendet – es geht also um Dominanz und Herrschaft. Der sexuelle Drang wird als überwältigend wahrgenommen, er kann den Menschen – in diesem Fall betrifft dies vor allem den Mann – überkommen, ihn zu ungewollten Handlungen zwingen. Iwan Bloch spricht von der »gewaltige[n] Intensität des rein physischen Geschlechtstriebes, der als ein blinder, rasender Drang das ›Jenseits von Gut und Böse‹ der Liebe darstellt, das klare Bewusstsein trübt und alle Gegenmotive der Vernunft und Intelligenz über den Haufen wirft«.[24] Der Trieb ist rational nicht zu begreifen, jenseits jeder Ordnung, bewegt sich (zunächst) außerhalb von moralischen Vorstellungen – und ist dadurch auch vom Verstand nicht zu beherrschen, ganz gleich, was dieser dem Drang entgegengestellt. Die aufgestellten Hemmnisse nimmt der Trieb nicht einmal wahr, ist selbst blind und blendet wohl auch den Betroffenen für die Folgen des eigenen Tuns, denn der Drang bewegt sich zum Teil im Nicht-Wahrnehmbaren, Unbewussten. Durch das Adjektiv »rasend« wird der Sexualtrieb gar in die Nähe des Wahnsinns gerückt, spielt sich in jedem Fall auf der Grenze zwischen Bewusstsein und Bewusstlosigkeit ab.

Gerade für den (idealerweise) durch Rationalität geprägten Mann stellt der sexuelle Drang somit eine existenzielle Bedrohung dar, da dieser die Schranken vernunftgemäßen Denkens unterläuft, innere Kontrollmechanismen außer Kraft setzt und die Illusion einer selbstbestimmten Persönlichkeit aufhebt. Das Subjekt stimmt nicht mehr mit sich selbst überein, wenn ein Teil des Ichs die als identitätskonstituie-

---

gilt als Heimat der »vital-elementare[n] Triebschicht« (Lindner: Leben in der Krise. S. 78).
23   Vgl. Eulenburg: Sexuale Neuropathie. S. 123 [Fußnote].
24   Bloch: Beiträge zur Aetiologie der Psychopathia sexualis. S. 367.

rend wahrgenommenen Strukturen durchbricht und somit die Integrität des Selbst negiert.

Der Trieb wird – um diese Gegenentwicklung zu rationalisieren – oft nicht als Teil des eigenen Körpers bzw. der eigenen Psyche wahrgenommen, sondern teilweise auch als fremd und/oder von außen kommend. Der sonst rational bestimmte Mann lässt den sexuellen Drang nur widerwillig zu, da der Akt selbst ihn seines Verstandes zu berauben droht, spielt dieser sich doch »zum Teil ziemlich dicht an der Grenzschwelle des Bewusstseins«[25] ab. Der Koitus bringt den männlichen Sexualpartner zurück auf die evolutionäre Stufe des Tiers, über dessen Status er sich mittels seiner Selbstkontrolle und Geisteskraft erhoben zu haben glaubte.[26] Aus diesem Grund muss der zivilisierte Mann sich und seine Gefühle permanent kontrollieren, um nicht durch »entfesselte Leidenschaft«[27] alles zu verlieren. Die äußeren Hemmnisse, die die Gesellschaft aufstellt, sind dabei zweitrangig: Wichtig ist vor allem Selbstkontrolle und die Einsicht in deren Notwendigkeit.

Die Frau, deren Rationalität geringer geschätzt wird, wird hingegen vor allem von außen bestimmt: Ist der Sadismus als pathologische Steigerung des maskulinen Geschlechtscharakters hauptsächlich eine Störung, die Männer betrifft, so geht Krafft-Ebing auch davon aus, dass die geringe Anzahl von bekannten weiblichen Sadistinnen damit zusammenhänge, dass die äußeren, gesellschaftlichen Hemmnisse bei der Frau schwerer zu überwinden seien.[28]

Das körperliche Bedürfnis wird in jedem Fall unter das Primat einer rationalen Entscheidung gestellt. Es wird dem Menschen anheim gestellt, sich von der Stufe eines instinktgeleiteten Wesens zu erheben und durch Selbstkontrolle und Einsatz des Willens zu einem zivilisierten Subjekt auszubilden. Diese Entwicklung wird allerdings permanent durch innerpsychische Prozesse und (noch) ungebändigte Emotionen unterminiert.

Es gilt, äußere Einschränkungen – Gesetze, gesellschaftliche Konventionen, Anstandsvorstellungen – nicht nur zu akzeptieren, sondern auch zu verinnerlichen, das eigene Selbst an diesen Ordnungen auszurichten

---

25 Eulenburg: Sadismus und Masochismus. S. 15.
26 Vgl. ebd. S. 15 f. – Vgl. auch S. 92 f. dieser Arbeit.
27 Krafft-Ebing: Psychopathia sexualis. S. 2.
28 Vgl. ebd. S. 102.

und sie in die Ich-Vorstellung zu integrieren.[29] So entstehen Scham, Moral und Ekel[30] oder auch Mitleid[31] als innere Äquivalente der von außen an das Subjekt herangetragenen Ansprüche und Wünsche. Auch die Partnerwahl wird demgemäß idealerweise von rationalen Überlegungen bestimmt – dass emotionale Reaktionen dennoch eine Rolle spielen, verrät z. B. der leise Widerspruch in Krafft-Ebings Ausführungen zur (Zucht-)Wahl des Mannes: Während er zunächst noch von den körperlichen Vorzügen spricht, die die Partnerwahl des Mannes beeinflussten, wird an anderer Stelle betont, dass der Mann vor allem nach einer keuschen und sittsamen Frau suche. Die körperliche Anziehungskraft muss jedoch hinter der vernunftgemäßen Wahl zurücktreten.[32] Und selbst der als so überwältigend wahrgenommene sexuelle Drang kann bezwungen werden, wenn die inneren Hemmnisse durch einen starken Willen aufrechterhalten werden: »Bei aller Anerkennung der grossen Bedeutung der physischen Liebe für die Gesellschaft ist und bleibt doch die letzte Entscheidung im Menschenleben immer eine geistige«.[33] Letztlich obliegt es also jedem Einzelnen, ein vollständig kontrolliertes und kontrollierbares Ich aufzubauen – das Unvermögen, diesen Anspruch einzulösen, bedeutet menschliches Versagen.

Die Frau gilt dabei wiederum als Ausnahme: In diesem Fall wird ihr ein Mangel an intakten Kontrollmechanismen unterstellt, so dass äu-

---

29   Ähnlich argumentiert auch Elisabeth Mixa im Bezug auf die Anstandsdiskurse der Moderne: »Meiner Meinung nach geht es nicht um passives, unreflektiertes ›Einrücken‹ von äußeren Zwängen, sondern viel eher um die systematische Produktion eins ›Innen‹. Um Normierungen, die von den Individuen reproduziert werden und vermittels derer sich die Individuen produzieren, also um einen Prozeß der aktiven Erzeugung von Innenräumen.« (Mixa: Erröten Sie, Madame! S. 147) – Bereits im 19. Jahrhundert wurde das ›autonome‹ Subjekt vor allem durch seine Fähigkeit zum Selbst-Opfer und zum Verzicht bestimmt: »The nineteenth century rescinds on the postulation of a free, autonomous subject by formulating relentless natural laws of evolution and by insisting that culture and society demand acts of renunciation. Self-determination is thus transformed into self-renunciation or self-sacrifice as the primary mode by which the social subject is constituted« (Stewart: Sublime surrender. S. 176 f.).
30   Vgl. Freud: Drei Abhandlungen zur Sexualtheorie. S. 64.
31   »Grausamkeit fliesst ja aus verschiedenen Quellen und ist dem primitiven Menschen natürlich. Mitleid ist dem gegenüber die sekundäre Erscheinung und spät erworbene Empfindung.« (Krafft-Ebing: Psychopathia sexualis. S. 102)
32   Vgl. ebd. S. 12 f. und S. 14.
33   Bloch: Beiträge zur Aetiologie der Psychopathia sexualis. S. 378.

ßerer Reiz oder innerer Drang sofort zu einer unangemessenen und vernunftwidrigen Reaktion führen: Lombroso und Ferrero argumentieren, dass die Frau Rachepläne nicht wie der Mann abwehrt, sondern in die Tat umsetzt, da »beim Weibe wegen seiner grossen Impulsivität die Reaktion viel schneller auf den Reiz folgt als beim Manne«.[34] Ob das ›Weib‹ überhaupt der Selbstreflexion mächtig ist, wird bezweifelt. Wird es von heftigen Gefühlen beherrscht, neigt es zum Maßlosen und verliert jede Barmherzigkeit:

> Dass in der Tat das Weib, wenn es durch Gehässigkeit, Neid, Eifersucht und Rachsucht angestachelt, wenn es von der in ihm schlummernden Herrschsucht oder von religiösem Fanatismus gepackt ist, über alle Schranken der Menschlichkeit hinaus und zu mänadenhaften Untaten fortgerissen wird, das lehren die blutgetränkten Blätter der Geschichte seit den sagenhaften Zeiten der Semiramis bis in unsere Tage.[35]

Diese Schwäche ist dem weiblichen Geschlecht jedoch inhärent und wird nicht als individuelle Schwäche, sondern als kollektiver Makel wahrgenommen und somit partiell entschuldigt.

Dem Sadisten auf der anderen Seite ist es ebenfalls nicht gelungen, seine Persönlichkeit auszubilden und innerhalb selbst gesteckter Regeln zu etablieren – oder die Entwicklung dieser Strukturen wurde durch eine Fehl- oder Rückentwicklung unterbrochen und gestört.[36] Er fühlt sich weder durch innere Hemmungen noch durch äußere Konventionen gebunden – im Gegenteil: »das hochmütige und selbstherrliche, individualistische Sichaufbäumen gegen Autorität, Vorschrift und Satzung«[37] birgt für ihn besondere Wollust. Konsequent weitergedacht, entspricht der Sadist also in keinem Fall dem Idealbild des selbstbeherrschten, regelgeleiteten Individuums, sondern eher dessen Gegenteil. Dennoch gilt Sadismus den meisten Sexualwissenschaftlern als übersteigerte Form der Maskulinität – erst Havelock Ellis bringt die Neigung mit

---

34 Lombroso/Ferrero: Das Weib als Verbrecherin und Prostituirte. S. 75.
35 Eulenburg: Sadismus und Masochismus. S. 79.
36 Eulenburg spricht davon, dass der Sadist einen »barbarisch rohen oder [...] krankhaft verrohten Sinn« haben müsse (Eulenburg: Sexuale Neuropathie. S. 113): Entweder also hat dieser die emotionale Reife noch nicht erreicht oder er ist durch anormale Rückentwicklungen beschädigt.
37 Eulenburg: Sadismus und Masochismus. S. 19.

Effeminität in Verbindung, da er sie mit mangelnder Selbstkontrolle und somit mit fehlender Männlichkeit gleichsetzt.[38]

2.2.4 Rausch und Ernüchterung

Der Koitus bedeutet den meisten Sexualwissenschaftlern eine emotionale Verschmelzung mit dem Sexualpartner – wobei dieses Aufgehen im anderen sowohl negativ als auch positiv konnotiert werden kann. Fürchtet der Mann – so jedenfalls die meisten Sexualwissenschaftler – beim Akt den Verlust des eigenen Selbst, die Auflösung der Ich-Grenzen, Ohnmacht und Bewusstlosigkeit, so verheißt die körperliche Vereinigung der Frau die Lust am Untergang im ›Meer der Emotionen‹[39], an der »Vernichtung«[40] des Ich, an Kontrollverlust und Unterwerfung, am Gleiten und Schweben.[41]

Lediglich Iwan Bloch – unter seinem Pseudonym Dr. Veriphantor – bietet noch eine andere Lesart an, indem er das Selbst gerade aus der Verschmelzung mit einem anderen als gestärkteres hervorgehen sieht. In den meisten Fällen wird der Sexualakt allerdings als gefährliches Verharren am Rande der Bewusstlosigkeit beschrieben und gilt als rauschhafter Zustand. Havelock Ellis spricht von »emotional intoxication«[42], einem Aufgehen im möglichst intensiv empfundenen Gefühl.

Eben jener zeitweilige Verlust des rationalen Willens ist es offenbar, der den Koitus auf der einen Seite erstrebenswert macht, weil er es dem Individuum erlaubt, sich kurzfristig aller Hemmungen zu entledigen, das Subjekt aber mit Selbstverlust bedroht, insofern es sich gleichzeitig der Gefahr aussetzt, jene Kontrollmechanismen, sind sie einmal beseitigt, nur mit Mühe oder gar nicht wiederaufbauen zu können.

Auf der anderen Seite steht dem temporären Sich-Aufgeben nämlich ein andauernder Kampf um Vernunft und Selbstüberwachung gegenüber, der jede Hemmungslosigkeit im Rückblick als verdammenswert erscheinen lassen muss:

---

38 Vgl. Ellis: Studies in the Psychology of Sex. S. 109.
39 Vgl. ebd. S. 185.
40 Hirschfeld: Geschlechtsverirrungen. S. 406.
41 Vgl. Ellis: Studies in the Psychology of Sex. S. 89.
42 Ebd. S. 186.

> Wie jedem intensiven, körperlichen und seelischen Genusse ein bitterer Nachgeschmack der Ernüchterung, der Enttäuschung, ein Stadium physischen und moralischen »Jammers« unvermeidlich zu folgen pflegt, so folgt auch dem am heissesten ersehnten und oft am schwersten erkämpften Genusse der Geschlechtsbefriedigung – wenigstens beim Manne, für den ja dieser Genuss nur Episode, nicht, wie beim Weibe, höchster Lebensinhalt und Lebensbestimmung zugleich ist – ein Gefühl von Widerwillen und Ekel.[43]

Augenscheinlich wird jedem – zumindest jedem bedeutenden, also das Normalmaß übersteigenden – Vergnügen systemimmanent ein Nachteil zugeschrieben, der jenen Genuss nicht erstrebenswert erscheinen lässt. Anderenfalls wäre das Denkpostulat, dass der Mensch naturgemäß gehalten sei, sich zu mäßigen und extreme Genüsse zu vermeiden, kaum zu untermauern. Das Subjekt muss – so die These – die physische und psychische Kraftanstrengung kompensieren: Dem (implizit mitgedachten) Rausch folgt der Katzenjammer.

Dazu passt auch Iwan Blochs Warnung vor der Unersättlichkeit in der Sexualität, da er davon ausgeht, »dass der sexuelle Genuss nicht beliebig gesteigert werden kann, dass vielmehr aus jedem geschlechtlichen Raffinement mehr Unlust als Lust, jedenfalls kein wahres Glück hervorgeht«.[44] Augenscheinlich herrscht die Ansicht, dass der Mensch ein Variationsbedürfnis besitzt, das er befriedigen will und das ihm gewissermaßen natürlich zukommt. Da dieses Verlangen nach Abwechslung jedoch zur Überschreitung von normativen Grenzen führen könnte, macht es nur eine noch stärkere Selbstkontrolle, ein noch strikteres Maßhalten notwendig – jede Anregung, jeder Reiz muss dosiert genossen werden, damit der Mensch sich weiterhin damit zufrieden geben kann, keinen Geschmack an der Ausschweifung findet und keiner exotischeren Stimuli bedarf. So geht Bloch zum Beispiel davon aus, dass ein sich seinem Trieb Hingebender irgendwann einen Geschmack für Grausamkeiten entwickeln wird, da sein Sexualhunger durch die stete Befriedigung nicht etwa gestillt, sondern im Gegenteil noch vergrößert wird. Ähnliches beobachtet er auch bei alternden Prostituierten, die sich mit der Zeit an die Wünsche ihrer Freier gewöhnen, sowie im

---

43   Eulenburg: Sadismus und Masochismus. S. 15.
44   Bloch: Beiträge zur Aetiologie der Psychopathia sexualis. S. 378.

Krieg, wenn die vorherrschende Grausamkeit und der überall zu beobachtende Schmerz die Menschen abstumpften.[45]

Mit entsprechenden Erklärungsangeboten wird im Übrigen auch immer wieder gegen die Züchtigung von Kindern argumentiert, da Gefahren drohten: Die Geschlagenen könnten durch die Wiederholung Schmerz mit Lust verbinden lernen, der Zuchtmeister selbst könnte durch Gewöhnung zum Sadisten werden und mögliche Zuschauer könnten sich durch die Szene erregt fühlen und ebenfalls zu Algolagnisten werden.

Die Sexualwissenschaftler, die davon ausgehen, dass bestimmte Aberrationen nicht durch Veränderungen in den Organen, zumeist auf der Hirnrinde, ausgelöst und hereditär weitergegeben werden, sondern vornehmlich durch Sozialisation erworben werden, sehen das Subjekt also permanenten Gefahren ausgesetzt: Suggestion, Nachahmung und Gewöhnung können zur Ausbildung von mannigfaltigen Paraphilien führen. Allerdings kann sich das Subjekt auch gegen diese Einflüsterungen wehren, indem es Situationen umgeht, in denen es mit möglichen Reizen konfrontiert werden könnte, bzw. zumindest eine Gewöhnung an diese Stimuli vermeidet, seinen drängenden Wünschen nicht nachgibt.

In der Adoleszenz müssen die Eltern in die Entwicklung eingreifen und die Jugendlichen vor den Gefahren der Außenwelt schützen, solange diese selbst noch keine eigenen Kontrollmechanismen aufgebaut haben – Bloch schlägt deshalb z. B. vor, Kinder erst bei Eintritt der geschlechtlichen Reife aufzuklären und dann ihre »sexuelle Hygiene« vom Hausarzt überwachen zu lassen, wobei er vor allem auch auf die Lektüre der Jugendlichen abhebt.[46]

Der Versuch, die zugelassenen Möglichkeiten der Geschlechtsbefriedigung zu überschreiten und sich exotischeren Gelüsten hinzugeben, wird deutlich abgelehnt. Ein neuer Reiz würde nicht lange genügen, es müsste bald nach einem neuen Stimulus gesucht werden, der den alten übersteigt – aus diesem Grund ist es besser, die Reizzufuhr erst gar nicht zu steigern. Argumentativ ergibt sich daraus allerdings ein nicht thematisiertes Problem: Wenn jedes weitere sexuelle Raffinement zu Abstumpfung und Gewöhnung führen soll, müsste sich logisch fol-

---

45 Vgl. ebd. S. 41–43.
46 Vgl. ebd. S. 376 f.

gern lassen, dass auch der erlaubte geschlechtliche Reiz das Individuum nicht auf Dauer stimulieren kann – weil es überhaupt nach stärkeren Anregungen sucht, da *jedweder* Reiz binnen kurzem an Kraft verliert. Diese Schlussfolgerung wird allerdings in keinem der untersuchten Texte gezogen.

Geschlechtliche Lust verheißt zudem nur ein scheinbares Glück, weil sie den Körper eben nicht vervollständigt, sondern ihn auslaugt und ein Gefühl der Enttäuschung zurücklässt. Diese Ernüchterung führt ferner zu *moralischen* Bedenken (»moralische[m] ›Jammer[]‹«): Die Ausschweifung ist auch ethisch nicht zu vertreten. Bemerkenswert ist dabei die geschlechtliche Zuordnung, die zudem differente Moralbegriffe bei Mann und Frau suggeriert: Der Mann, der offenbar neben dem Sexualgenuss noch Perioden rationaler Entscheidungsfähigkeit, Nüchternheit und Zurückhaltung kennt, empfindet seinen zeitweiligen Kontrollverlust als beschämend. Die Frau dagegen, die keine Zeitabschnitte durchlebt, in denen sie *gänzlich* vernunftgemäß handelt, kennt die Schwierigkeit, zwischen Vergnügen und Ratio navigieren zu müssen, nicht. Häufig gilt sie als ganz Genital, ganz Geschlechtsempfindung: Dementsprechend heißt es bei Lombroso und Ferrero, dass selbst Wohltätigkeitsarbeit beim Weib mit »ganz leise[n] Lustempfindungen vonseiten der Geschlechtsorgane« verbunden sei.[47]

Es scheint, als stufe sich der Mensch durch den Koitus – weil die Kontrollfähigkeit des Menschen während seiner Ausführung abnimmt, er sich der Bewusstlosigkeit annähert und folglich nicht mehr rational handeln kann – freiwillig herab, er lebt seine Aggressionen aus, kratzt und beißt[48]; er vertiert. Masochismus gilt so vor allem auch deshalb als verwerflich, weil der Masochist den Verlust seiner Freiheit inszeniere und sich zum Tier oder gar zur leblosen Sache degradieren lasse.[49]

Auch der (normale) sexuelle Akt an sich wird als Geschlechterkampf wahrgenommen[50], Mann und Frau stehen in einer Täter-Opfer-Relation zueinander. Die angebliche körperliche Konstitution der Sexualpartner befördert diese Haltung: das Weib schwach, passiv, zuweilen von verminderter Erregbarkeit, der Mann körperlich kraftvoll und

---

47 Lombroso/Ferrero: Das Weib als Verbrecherin und Prostituirte. S. 115.
48 Vgl. Eulenburg: Sadismus und Masochismus. S. 15.
49 Vgl. Hirschfeld: Geschlechtsverirrungen. S. 408 und S. 413.
50 Für den Zeitraum um 1800 vgl. Wernz: Sexualität als Krankheit. S. 10 f. u. ö.

aktiv. Die Aufgabe des Mannes liegt nun darin, das Weib zu erobern und zu besiegen, die Hemmnisse des Weibes zu überwinden und den – tatsächlich: seinen eigenen – Geschlechtsgenuss zu erringen bzw. gar zu erzwingen.[51]

Oft wird diese kämpferische ›Werbung‹ um die Frau durch ein Analogon aus dem Naturreich erklärt, wo das männliche Tier das weibliche durch die Demonstration von Stärke beeindruckt und sich somit letztlich als Beschützer und Ernährer beweist, seltener jedoch *hinterfragt*, aus welchem Grund diese doch letztlich im Wortsinne inhumane Haltung als erhaltens- bzw. erstrebenswert gilt. Krafft-Ebing stützt seine These des sexuell aktiven Mannes und der passiven Frau durch ein konsequentes Weiterdenken eines gegenteiligen Befundes: Wie könnten Ehe, Gemeinschaft oder Staat möglich sein, wenn beide Sexualpartner ein ähnlich starkes Verlangen teilten und die Frau sich nicht passiv verhielte, sondern – dem Manne gleich – aktiv ihren Sexualgenuss einforderte? Der Frau wird die Rationalisierungsleistung, die vonnöten ist, um Begierde durch Selbstkontrolle zu zügeln, nicht zugetraut.

Lombroso und Ferrero führen das Bild des ›Geschlechterkampfes‹ sogar noch weiter – für sie ist nicht nur die Beziehung zwischen den Geschlechtern, sondern auch das generelle Verhalten von Männern und Frauen durch Atavismen und den ständig drohenden Zwist geprägt. Das ›Weib‹ neigt zur Grausamkeit, weil es sich nicht im offenen Schlagabtausch, sondern nur durch (hinter-)listiges Mürbemachen gegen den Mann durchsetzen kann.[52] Während der Mann sich im »Kampfe ums Dasein«[53] als der Stärkere erweist und die Schwachen unterdrückt,

---

51 Eulenburg spricht vom »am heissesten ersehnten und oft am schwersten erkämpften Genusse der Geschlechtsbefriedigung« (Eulenburg: Sadismus und Masochismus. S. 15). Und auch Freud sieht in der »Sexualität der meisten Männer [...] eine Beimengung von *Aggression*, von Neigung zur Überwältigung, deren biologische Bedeutung in der Notwendigkeit liegen dürfte, den Widerstand des Sexualobjektes noch anders als durch die Akte der *Werbung* zu überwinden« (Freud: Drei Abhandlungen zur Sexualtheorie. S. 60).

52 Vgl. Lombroso/Ferrero: Das Weib als Verbrecherin und Prostituirte. S. 102.

53 Ebd. S. 111. – Das Darwin'sche Schlagwort vom »Kampf ums Dasein« wurde also bereits hier nur noch in einer seiner Bedeutungen (falsch) verstanden. Darwin selbst hatte den Begriff weiter gefasst und mit ihm eine Abhängigkeit aller Lebewesen voneinander verbunden. Für eine Diskussion einiger der von Darwin metaphorisch gebrauchten Wörter siehe z. B. Pörksen: Deutsche Naturwissenschaftssprachen. S. 126–149.

folglich seinen für ihn vorgesehenen Platz in der natürlichen Ordnung einnimmt und verteidigt, bleibt der Frau nur eine parasitäre Rolle – sie profitiert von der Stärke des um sie werbenden Mannes, untergräbt jedoch seine Bemühungen, ein Überleben des Stärkeren zu gewährleisten – zum einen dadurch, dass er zur Fortpflanzung auf sie angewiesen ist, zum anderen durch ihre Hilfe für Schwächere, die letztlich jedoch egoistisch bleibt, weil sie ebenfalls zu den Schutzlosen gehört.

Im Verlaufe der Zeit gibt es allerdings Tendenzen dahin, den Geschlechterkampf als Geschlechter-Spiel wahrzunehmen, auch wenn die Idee, dass Frauen sich bei der Partnerwerbung und beim Sexualakt passiv, Männer dagegen aktiv verhalten, als Basisprämisse wohl noch länger zumindest latent bestehen bleibt.[54] Erst Hirschfeld macht darauf aufmerksam, dass diese Haltungen keine naturgegebenen, sondern von (gesellschaftlichen) Konventionen geprägte Verbindungen sind[55], was an ihrer Gültigkeit für ihn jedoch anscheinend nichts ändert. Schon Krafft-Ebing bezeichnete allerdings die immer neue Ablehnung von Seiten der Frau und die halb spielerische, halb ernste Überwindung derselben als »Liebeskomödie«[56], die für beide Seiten letztlich angenehm verliefe.

Für die Erklärung des Phänomens des Sadismus ist diese Konzeption von großer Bedeutung, weil die Aberration – je nach Erklärungsmuster – als übersteigerte oder auf das falsche Ziel verschobene Form des sexuellen Geschlechterkampfes eingestuft wird. Der metaphorisch gemeinte Begriff wird wörtlich genommen: Der Sadist verbindet den Geschlechts- mit dem Aggressionstrieb, für ihn stellt der sexuelle Akt tatsächlich eine

---

54 Für Krafft-Ebing ist, ebenso wie für Bloch, diese Verbindung geradezu selbstverständlich (vgl. Krafft-Ebing: Psychopathia sexualis. S. 73; Bloch: Beiträge zur Aetiologie der Psychopathia sexualis. S. 3; Dr. Veriphantor [Iwan Bloch]: Der Sadismus. S. 22). Eulenburg benennt die beiden Phänomene des Sadismus und Masochismus neu und betont dabei, dass die beiden neu gefundenen Ausdrücke vor allem auf eine Verbindung von Aktivität und Männlichkeit, Passivität und Weiblichkeit hinweisen (vgl. Eulenburg: Sexuale Neuropathie. S. 112). Und auch Freud stellt fest: »Sadismus und Masochismus nehmen unter den Perversionen eine besondere Stellung ein, da der ihnen zugrunde liegende Gegensatz von Aktivität und Passivität zu den allgemeinen Charakteren des Sexuallebens gehört.« (Freud: Drei Abhandlungen zur Sexualtheorie. S. 62)

55 Vgl. Hirschfeld: Geschlechtsverirrungen. S. 303.

56 Krafft-Ebing: Psychopathia sexualis. S. 70. – Zur Frage der Authentizität siehe auch S. 135 dieser Arbeit.

Art von Gefecht dar, und es erfreuen ihn z. B. die Farbveränderungen der Haut als Reaktion auf Schläge, da sie für ihn erregende Assoziationen mit Blut, Hitze und Kampf auslösen.[57] Auch die bereits weiter oben beschriebenen Phantasien des von Krafft-Ebing befragten Sadisten, der sich »in die Rolle eines Tyrannen, der das Volk mit Kartätschen zusammenschiessen«[58] lässt, denkt, um zu masturbieren, ist in dieser Hinsicht verräterisch, handelt es sich doch sozusagen um eine exzessiv ausgeschmückte Vision der Metapher vom ›Geschlechterkampf‹.

Andere Autoren hatten die Trennung zwischen gesellschaftlich erwünschtem Betragen und natürlicher Disposition im Übrigen schneller vollzogen. Im Rahmen seiner Ausführungen zur psychischen Impotenz des Mannes erläutert der Arzt Dr. E. Heinrich Kisch in seinem Werk »Das Geschlechtsleben des Weibes in physiologischer, pathologischer und hygienischer Beziehung« bereits 1917:

> Die Furcht und Angst [vor Krankheiten oder sexuellem Ungenügen], welche solche Personen [d. i. psychisch impotente Männer] befällt, wirken hemmend auf das Zustandekommen der Erektion. Zuweilen ist diese Hemmungswirkung keine vollständige, sondern nur derartig, daß solche Männer im Umgange mit Meretrices, welche sich auf gewohnte Anregungsmethoden verstehen, den Koitus so ziemlich auszuführen vermögen, aber nicht imstande sind, mit anständigen, nur die passive Rolle bietenden Frauen zu kohabitieren oder gar das Hindernis eines Hymens zu nehmen und die Mühen primae noctis zu überwinden.[59]

Es wird also unterschieden zwischen Prostituierten, die durchaus sexuell aktiv agieren konnten (und durften?), ihre Kunden durch ihre Maßnahmen zu erregen wussten und es den durch psychische Schranken Gehemmten ermöglichten, »so ziemlich« zu koitieren[60] und achtbaren Frauen. Diese Frauen sind allerdings nur in der Lage, »die passive Rol-

---

57 Vgl. Bloch: Beiträge zur Aetiologie der Psychopathia sexualis. S. 40.
58 Krafft-Ebing: Psychopathia sexualis. S. 87.
59 Kisch: Das Geschlechtsleben des Weibes. S. 393.
60 Dass Kisch den ›fachterminologischen‹ Ausdruck für Prostituierte verwendet und weder die »gewohnte[n] Anregungsmethoden« erläutert, noch, wie ein »Koitus so ziemlich auszuführen« ist, erscheint doppelt verräterisch. Zum einen konnte der Arzt offenbar darauf bauen, dass seine Leser sowohl den Ausdruck ›Meretrice‹ verstanden als sich auch darüber im Klaren waren, welche Methoden diese anwandten. Zum anderen galt das geteilte Wissen allerdings offenbar immer noch als Tabu.

le [zu] bieten[]«. Inaktivität während des Geschlechtsverkehrs gilt hier also als (angelerntes?) Rollenverhalten, das durchaus – die Prostituierten bewiesen es – dem ›Weibe‹ nicht natürlich zukam.

Dass die Furcht davor, die Frau könne ihren Sexualpartner während des Koitus über ihre wahren Gefühle täuschen, verbreitet war, beweist die Bedeutung, die einige der Sexualwissenschaftler der Frage der Authentizität beimessen. Vor allem Iwan Bloch hält den Sadismus für einige Männer vor allem deshalb für anziehend, weil die Frau zwar Erregung spielen könne, nicht jedoch Schmerz.[61] Fügt der Sadist seinem Opfer also körperliches Leid zu, so kann er sicher sein, dass er eine emotionale Reaktion verursacht, deren Intensität er darüber hinaus zu regulieren in der Lage ist. Offenbar unsicher über seine sexuelle Potenz, kann er sich seiner Herrschaft und Stärke über die Gewaltausübung versichern.

2.2.5 Die Sexualwissenschaften zwischen Populär- und Naturwissenschaft

Die sich gerade konstituierenden Sexualwissenschaften waren auch dort, wo sie als ›reine‹ Naturwissenschaften konzipiert, aber vor allem da, wo sie als Grundlage für Sexualreform und Sexualpolitik verstanden wurden, der Aufklärung verpflichtet – der Erforschung der Sexualität mit all ihren Spielarten und Abweichungen, aber auch der Information der Bevölkerung. Die oben analysierten Werke richteten sich zwar zunächst an interessierte Wissenschaftler, in zweiter Linie aber auch an den Laien, dem sie sein Sexualleben verständlich machen, den sie vor Ausschweifung und Abweichung warnen, dem sie Symptome für Krankheiten anzeigen, den sie vor Irrtümern schützen wollten. Dies bedeutet jedoch, dass das zu schreibende Werk ein zwiefaches Publikum ansprechen muss – zum einen muss der Text allgemeinverständlich argumentieren, dem Leser Abstraktes bildlich (metaphorisch oder graphisch) veranschaulichen und darf ihn dabei nicht durch übermäßigen Gebrauch von Fachtermini abschrecken, zum anderen bedarf er jedoch des Bezugs zur exakten Wissenschaft: Er muss präzise Beschreibungen, empirisch gewonnene Beweise, nachprüfbare Belege sowie korrekte bi-

---

61 Dr. Veriphantor [Iwan Bloch]: Der Sadismus. S. 5.

bliografische Nachweise liefern, sich in einen wissenschaftlichen Diskurs einordnen und sich in jenem behaupten.[62]

Der Umstand, dass die Sexualwissenschaft sich auf der anderen Seite den naturwissenschaftlichen Leitdiskursen annähern, diese jedoch keinesfalls kopieren, sondern sich als unabhängige Wissenschaft etablieren wollte, kompliziert das darstellerische Problem weiter. Übernahm man für seine Theorien gängige Metaphern und Analogien aus den Naturwissenschaften, erwarb man für diese möglicherweise einen gewissen Glaubwürdigkeits- und Vertrauensvorschuss und konnte sich auf die den bereits existierenden Disziplinen zugeschriebene Autorität berufen[63], setzte sich aber auch dem Vorwurf der Uneigenständigkeit aus.

Vermehrt werden die Schwierigkeiten mit uneigentlicher Rede und übertragenen Bedeutungen dadurch, dass die gleichen Begriffe in unterschiedlichen Disziplinen verwendet werden, von einem Fachgebiet ins andere ›wandern‹:

> Am Anfang des 19. Jahrhunderts kann man beobachten, wie in der deutschen naturphilosophischen Bewegung weit auseinanderliegende Gebiete mit Hilfe des gleichen spekulativen Vokabulars erschlossen werden. Die Sprache von Philosophie, Theologie, Anthropologie und Poesie strahlt in die sich erst herausbildenden Sektoren der Naturwissenschaft aus. Am Ende des 19. Jahrhunderts dominiert umgekehrt die Ausstrahlung der Naturwissenschaften und man beobachtet die Übernahme ihrer Grundbegriffe in die Bereiche der Philosophie, Weltanschauung, Ethik, Sozialtheorie, Politik und Dichtung.[64]

Begriffe können sich mit Konnotationen aufladen, die im ›ursprünglichen‹ Bedeutungsumfang nicht enthalten sind. Wer sie unreflektiert

---

62 Friedrich Dethlefs unterscheidet sehr einleuchtend die Aufgaben von natur- und populärwissenschaftlichen Texten (vgl. Dethlefs: Populäre Wissenschaftsprosa und Lexemautonomie. S. 70).

63 »Die Teilsprachen sind einem gesellschaftlichen Prestigegefüge zugeordnet, übernommene Wörter evozieren das Prestige ihres ursprünglichen Milieus. Hypothetisch könnte man also Freuds ›naturwissenschaftliche‹ Sprache auf den Eindruck eines Sozialprestiges zurückführen, oder man könnte sie als wirkungsbewußte Prestigeanleihe erklären, dies um so mehr, als sie für ein als unexakt geltendes Gebiet einen Anschluß an die exakten Wissenschaften herzustellen scheint.« (Pörksen: Deutsche Naturwissenschaftssprachen. S. 166) Dies gilt in vergleichbarer Weise auch für die Sexualwissenschaft, die sich ebenfalls zu etablieren suchte.

64 Ebd. S. 164 f.

verwendet, läuft folglich Gefahr, dass die verwendeten Metaphern neben den beabsichtigten auch noch nicht bedachte, unter Umständen sogar ungewollte Bedeutungen aufrufen.[65] Wird der Mensch zum Beispiel mit einer Maschine verglichen, wie es Julien Offray de LaMettrie in seinem Werk »L'homme machine« bereits 1748 getan hatte, liegt der Schluss nahe, vom menschlichen Leib auch andere ›maschinelle‹ Eigenschaften zu erwarten, beispielsweise, dass Einzelteile ohne Schwierigkeiten auszutauschen wären. Ähnliche Vorstellungen finden sich gegen Ende des 18. Jahrhunderts dann auch in den Werken Donatien Alphonse François de Sades, in dessen »Les Infortunes de la vertu« beispielsweise die Protagonistin Justine kontinuierlich verstümmelt wird – allerdings ohne dass ihre körperliche Integrität dadurch beeinträchtigt wäre. Ebenso wie die Jungfräulichkeit Justines ohne Weiteres wiederherzustellen ist, scheinen auch ihre Gliedmaßen letztlich unzerstörbar zu sein.

2.2.6 Tropische Redeformen aus dem Bereich der Natur

Die tropischen Redeformen, die sexuelle Begierde bzw. den Akt selbst bildhaft verschlüsseln sollen, speisen sich vor allem aus zwei Bereichen: Genauso wie Hemmung und Erziehung oft durch Metaphern aus dem Wortfeld der Technik oder Mechanik verdeutlicht werden, wird Unbeherrschtheit und Ausschweifung durch Naturbildnisse illustriert. Zügelung und Erziehung sind kulturelle Phänomene, die Natur ist die Sphäre des Maßlosen, Gewaltigen und (zumindest potenziell) Zerstörerischen. So spricht Krafft-Ebing zum Beispiel vom »Sumpf gemeiner Wollust«[66], in den das Individuum gezogen werden könne, wenn es seine Triebe nicht beherrsche.

---

65 »Und während bei dem Fremdwörterjargon das Gefühl kühler Wissenschaftlichkeit und das Prestige des Fachmännischen konnotiert wird, nimmt ein muttersprachlicher Jargon leicht die umgangssprachlich assoziierten Gefühle und Wertungen in sich auf. Wissenschaftszweige, die mit einer appellativen Terminologie arbeiten, haben möglicherweise eine erhöhte Chance, zu Modeerscheinungen zu werden, also zu einer breiten Wirkung und Rezeption ihrer Termini zu gelangen bei nur halber Kenntnis der in dem Vokabular intendierten Sachzusammenhänge« (ebd. S. 176).
66 Krafft-Ebing: Psychopathia sexualis. S. 5

Überhaupt werden unkontrollierte emotionale Reaktionen und Begierden als räumlich tiefstehend beschrieben.[67] Bei Albert Eulenburg heißt es zum Beispiel:

> Wir müssen uns fort und fort gegenwärtig halten, dass auf keinem anderen Gebiete so wie auf dem des Geschlechtslebens Erhabenstes und Gemeinstes, Ueber- und Untermenschliches dicht beisammen und eng miteinander verknüpft liegen, da sich die feinsten und tiefsten Wurzeln unserer geistig-körperlichen Existenz grossentheils aus diesem Untergrunde entfalten; und dass der Mensch nicht so tief, wie es leider die sexuale Pathologie lehrt, bis weit unter das Niveau der Thierheit herabsinken könnte, wenn er nicht zuvor eine unermessliche Kulturhöhe im Kampfe mit der Natur und mit sich selbst eigenkräftig erstiegen hätte.[68]

Neben der Naturmetaphorik – so wurzelt das Subjekt pflanzenähnlich im »Untergrund« der Sexualität – lässt sich hier eine bereits lange gültige Vorstellung des menschlichen Subjekts erkennen: Das Individuum bewegt sich auf einer Werte-Skala zwischen Tier und – hier nicht ausgesprochen, aber vermutlich impliziert – gänzlich rational handelndem Mensch.[69] Dabei ist dem Tier das Attribut ›gemein‹ zugeordnet, es steht unter dem Menschen – das höchstentwickelte menschliche Subjekt wird dagegen mit dem ›Erhabenen‹ verbunden. Dem Individuum ist es nun gegeben, sich auf dieser Werteskala zu bewegen – gibt es seinen Trieben nach, kann es seine ihm als Menschen zukommenden Eigenschaften verlieren, noch unter den Rang eines Tieres zurückfallen – kontrolliert es sich jedoch, beschränkt es seine natürlichen Regungen[70], so kann es Vollendung erreichen, die topographisch mit der Höhe verbunden ist.

---

67 Der lebensideologische Raum in der Frühen Moderne wird ebenfalls durch semantische Achsen definiert: Die Oberfläche, das ›Außen‹ wird mit der verhärteten Form gleichgesetzt, die Tiefe, das ›Innen‹ mit dem höherwertigen, dynamischen Strömen des »nicht-bewußten Erleben[s]« (Lindner: Leben in der Krise. S. 7).

68 Eulenburg: Sexuale Neuropathie. S. 152.

69 Vgl. für das Denksystem um 1800, das eine Werteskala zwischen Tier und Engel abbildete: Wernz: Sexualität als Krankheit. S. 16.

70 Susanne R. Stewart erläutert, welch schwerwiegende Folgen die ideologische Verbindung von Frauen und Natur haben kann: »When Nature thus comes to be associated not only with woman (an old association) but, more pointedly, with her sexuality, and when Nature is then viewed as that which must be transcended, as that which is chancy, wasteful and dangerous, the consequences for women are disastrous.« (Stewart: Sublime Surrender. S. 165)

2.2.7 Tropische Redeformen aus dem Bereich der Technik

Obwohl zu Beginn des 20. Jahrhunderts ein anatomisches Basiswissen vorhanden war, das komplexere Beschreibungen zumindest ermöglicht hätte, tendieren viele Sexualwissenschaftler dazu, physische und psychische Abläufe vereinfachend mit einem mechanistischen Modell zu erklären. Möglicherweise wird hier z. B. auf ältere Vorstellungen und bereits bekannte tropische Redeformen angeknüpft, ohne diese zu prüfen bzw. den ursprünglichen Bildgehalt noch mitzudenken.

Um die Jahrhundertwende 1800 herum wurde der menschliche Körper oft als Maschine oder Werkzeug beschrieben – eine Hülle für den Geist bzw. den mentalen Pol, welche (solange intakt, also gesund) den Verstand nicht tangieren, von der *eigentlichen* Person nicht wahrzunehmen sein sollte: »Begründet wird das Ideal der Minimierung von Körperwahrnehmungen mit der unhinterfragten Notwendigkeit eines kontinuierlichen und ungestörten Funktionierens des mentalen Poles«.[71] Der Körper wurde also als ›Objekt‹ wahrgenommen, eine Distanz zwischen Körper und ›Körperbesitzer‹ vermutet und oft sogar gewünscht.

Mit der verwendeten Metaphorik gingen allerdings auch Implikationen einher, deren Transport möglicherweise nicht beabsichtigt war, die letztlich aber die Vorstellungen über den menschlichen Körper veränderten.[72] Wird der Körper als mechanisches Instrument betrachtet, so suggeriert die Metapher zum Beispiel »ein viel höheres Maß an Homogenität in Material und Struktur, als es der menschliche Körper aufweist«.[73] Das Detail mag so durch die verwendete Bildsprache korrekt, wenn auch simplifiziert dargestellt werden, doch die vereinfachende Darstellung wirkt auf das Gesamtbild zurück: Der Körper erscheint also gegebenenfalls durch die gebrauchten tropischen Redeformen als einfach aufgebaut und gegliedert, womit die Erkenntnismöglichkeiten und das Wissen der Zeit unterschritten werden. Daneben wird durch die Maschinenmetaphorik überdies die Konstruiertheit des Leibes be-

---

71 Wernz: Sexualität als Krankheit. S. 62.
72 Uwe Pörksen macht im Zusammenhang seiner Untersuchung zu Naturwissenschaftssprachen darauf aufmerksam, dass solche Sprachbilder von den Rezipienten häufig zu wörtlich aufgefasst werden – es werden dann eventuell Analogien erwartet und wahrgenommen, die vom Beschreibenden nicht in Erwägung gezogen wurden (vgl. Pörksen: Deutsche Naturwissenschaftssprachen. S. 180).
73 Wernz: Sexualität als Krankheit. S. 67.

tont – somit gelten dessen Aufbau und die Prozesse im Körperinneren, die bis dahin lediglich unzureichend durch Obduktionen erschlossen werden konnten, als vom Mediziner durch seine Beobachtungen logisch ableitbar[74], die Deutungshoheit über die somatischen Prozesse liegt also weiterhin bei ihm als Interpreten. Die Bildsprache legt zudem nahe, »daß es keine grundsätzlich verschiedenen physiologischen Prozesse im Körper gibt«[75], eine Idee, der jedoch durch verschiedene medizinische Publikationen, die zumindest im Bereich der Sexualität schon um 1800 deutlich komplexere Erklärungsmodelle anbieten, implizit widersprochen wird.

Vielleicht ist es also lediglich eine Frage der bereits traditionell gewordenen Vorstellungen, dass der menschliche Körper auch in der Frühen Moderne durch ähnliche Sprachbilder ›erklärt‹ wird wie in der medizinischen Literatur um 1800, vielleicht verbirgt sich dahinter allerdings auch ein grundsätzlich noch verwandtes Verständnis des menschlichen Leibes als eine im günstigsten Fall nicht zu bemerkende, die rationale Betrachtung der Welt nicht tangierende Hülle für den Geist bzw. die Seele. Das psychosoziale Denken ist gegenüber dem mechanistischen also nicht in dem Maße ausgeprägt, das man erwarten würde. So fürchtete z. B. Albert Eulenburg noch, dass ein am Mann ausgeübter Oralverkehr diesen zu sehr erschöpfen und auslaugen und somit zu Impotenz oder einer Neurasthenie führen könne.[76]

Bereits die Idee eines sexuellen »Triebs« – bei dem im Übrigen nicht ganz klar wird, ob es sich um ein vom Körper oder der Seele oder von beidem zugleich ausgehendes Phänomen handelt –, wird verwendet, um ein aus der Mechanik stammendes Bild auf ein Aktion-Reaktion-Modell des Körpers zu übertragen: Der Trieb wird als eine Art von Energie wahrgenommen, deren Überschuss – als »Triebfeder«[77] – bestimmte psychische und physische Mechanismen auslöst. Das Übermaß an Ener-

---

74 Vgl. ebd.
75 Ebd.
76 Vgl. Sigusch: Geschichte der Sexualwissenschaft. S. 235 f. – Fischer-Dückelmann geht ebenfalls davon aus, dass selbst gegenseitige Masturbation in der Ehe bei Impotenz des Mannes unangenehme Nebenerscheinungen im Körper auslösen könne, die sich sichtbar manifestierten (vgl. Fischer-Dückelmann: Das Geschlechtsleben des Weibes. S. 88).
77 Krafft-Ebing: Psychopathia sexualis. S. 68.

gie staut sich auf, wird drängend, verursacht ›sexuelle Spannungen‹[78], die abreagiert, also vom Körper abgeführt werden müssen.[79] Dazu bedarf es eines Sexualakts, der dem mechanischen Abbau solcher Energien in körperlicher Aktion dienen kann.

Noch Havelock Ellis schreibt dazu:

> In the ordinary healthy organism, however, although the stimulants of strong emotion may be vaguely pleasurable, they do not have more than a general action on the sexual sphere, nor are they required for the due action of the sexual mechanism. But in a slightly abnormal organism – whether the anomaly is due to a congenital neuropathic condition, or to a possibly acquired neurasthenic condition, or merely to the physiological inadequacy of childhood or old age – the balance of nervous energy is less favorable for the adequate play of the ordinary energies in courtship.[80]

Die Existenz von Energien wird angenommen, die zwar nicht für den Ablauf des »Sexualmechanismus« selbst (also des Koitus) notwendig sind, die aber das gesamte Gebiet der Sexualität – die »Sexualsphäre« – beeinflussen und die körperliche Begierde mitauslösen können.

Interessant sind auch die weiteren Schlüsselwörter in diesem kurzen Textabschnitt: Es ist von einem notwendigen Gleichgewicht der Nervenenergien und einem angemessenen Zusammenspiel der ›normalen‹ Energien die Rede. Auch hier spielen offenbar Vorstellungen eine Rolle, die bereits im 19. Jahrhundert vertreten wurden: Die eines anzustrebenden Gleichgewichts aller im Körper wirkenden Kräfte und die des Maßhaltens, um eben jene Balance zu bewahren.[81]

---

78 Hier spielt offenbar auch die Vorstellung von elektrischen Energien eine Rolle.
79 Vgl. z. B. Freud: Drei Abhandlungen zur Sexualtheorie. S. 52.
80 Ellis: Studies in the Psychology of Sex. S. 176.
81 Corinna Wernz beschreibt diese Relationen so: »Zwischen ›Körper‹ und ›Seele‹ als topologischen Strukturen bestehen Austauschprozesse. Die Beschreibung solcher ›Austauschprozesse‹ ist theoretisch geboten, da es sich beim ›menschlichen Subjekt‹ nicht um ein statisches, sondern ein dynamisches, lebendiges System handelt. Der Basiszustand läßt sich als eine Art prästabilierter Harmonie zwischen beiden Polen mit Übergewicht des ›mentalen‹, seelischen Pols beschreiben. Abweichungen von diesem Basiszustand sind temporär möglich unter der Bedingung, daß eine Rückkehr in diesen Zustand möglich ist. Irreversible Abweichungen werden als pathologisch qualifiziert und führen zu einer Dominanz des ›Körpers‹ über die ›Seele‹, rücken also das ›menschliche Subjekt‹ insgesamt auf der Skala in die Nähe des Tiers.« (Wernz: Sexualität als Krankheit. S. 15) Kontrolle des Selbst sowie Ökono-

Neben jenem körperlichen Mechanismen existiert noch so etwas wie ein »seelische[r] Mechanismus«[82], bei dem die Einwirkung von äußeren oder inneren Kräften zu Reaktionen führt. Jede Emotion hat dabei einen bestimmten Energiewert. Erhellend mag in diesem Zusammenhang Havelock Ellis' Aussage über das Energiepotenzial von Schmerz sein: »The emotional value of pain is equally great whether the pain is inflicted, suffered, witnessed, or merely exists as a mental imagination«.[83] Selbst als bloße Vorstellung kommt Schmerz also der gleiche emotionale Wert zu wie tatsächlich erlebter oder anderen beigebrachte Pein.

Die seelischen und körperlichen Energien müssen durch den Verstand einer rationalen Selbstkontrolle unterworfen werden – aus diesem Grund ist der Aufbau von Suppressionsmechanismen wie Scham, Ekel, Moral notwendig.[84] Von außen an das Individuum herangetragene Anforderungen werden zu einer inneren – Hirschfeld spricht gar von einer »organische[n]«[85] – Hemmung entwickelt. Der menschliche Leib passt sich demgemäß den sozialen Ansprüchen an. Die Unterdrückung der aufkeimenden Kräfte kann allerdings – und hier passt die Metapher der Energiepotenziale weiterhin – nicht zu deren Verschwinden führen, sondern die Energien können lediglich auf andere Gebiete umgeleitet werden, wo sie abreagiert werden müssen. Freud, aber z. B. auch Hirschfeld wechseln in diesem Fall das Metaphernfeld und sprechen – auf aquatische Begriffe zurückgreifend – von Stauungen und Verdrängungen.[86]

---

    mie – Haushalten mit den eigenen Kräften, aber auch Maßhalten bei von außen aufgenommenen – galten als zentrale Werte für das menschliche Subjekt (vgl. ebd. S. 290).

82   Eulenburg: Sadismus und Masochismus. S. 6.
83   Ellis: Studies in the Psychology of Sex. S. 186.
84   Vgl. Freud: Drei Abhandlungen zur Sexualtheorie. S. 93.
85   Hirschfeld: Geschlechtsverirrungen. S. 454.
86   Vgl. ebd. S. 311.

2.2.8 Sexuelle Begierde als Reizhunger

Geschlechtliche Begierde wird in der sexualwissenschaftlichen Literatur der Frühen Moderne oft als Hunger wahrgenommen, also als körperliches Bedürfnis nach Nahrung, nach Vervollständigung.

Noch immer wird auch noch ein Unterschied zwischen gemäßigtem ›Appetit‹ – der als legitim und vorteilhaft verstanden wird – und Hunger, der offenbar zu geschlechtlicher ›Völlerei‹ und somit Kontrollverlust führen kann, gemacht: So spricht Iwan Bloch von einem »*dem Genus Homo eigentümliche[n] geschlechtliche[n] Variationsbedürfnis, welches als eine physiologische Erscheinung aufzufassen ist und dessen Steigerung zum geschlechtlichen Reizhunger die schwersten sexuellen Perversionen erzeugen kann*«.[87] Demgemäß kann der durch äußere Reize (Blut, Gewalt, Tod etc.) unverhältnismäßig groß gewordene Sexualhunger Soldaten zu Vergewaltigungen und anderen Kriegsgräueln treiben.[88]

Der Sexualakt an sich wird dann allerdings nicht explizit als nährend dargestellt, Frauen werden nicht mehr »mit bestimmten mehr oder weniger tauglichen Nahrungsmitteln äquivalent gesetzt und haben nach dem Muster der Diätetik Einfluß auf die körperliche Integrität und das Wohlbefinden des Mannes«[89], wie es noch um 1800 der Fall war. Die Metapher wird nicht konsequent weitergeführt.

Nichtsdestoweniger nutzen auch die Wissenschaftler des 20. Jahrhunderts diese Termini nicht unreflektiert. Freud z. B. verwendet das Bild, um die von ihm postulierte Entwicklungslinie des Kindes plausibler erscheinen zu lassen. Die zuerst vom sich entwickelnden Säugling zu durchlaufende ›orale Phase‹, während der er volle Befriedigung durch die Stillung seines Hungers an der Mutterbrust erlangt, weckt und stärkt den »Bemächtigungstrieb«[90] des Kindes, den Wunsch, das, was außerhalb seiner selbst liegt, zu besitzen und beherrschen, oral zu inkorporieren.[91] Die prägenitale Organisation des Sexuallebens trennt also die Sexualtätigkeit nicht von der Nahrungsaufnahme. Möglicherweise, so deutet Freud an, spielt diese Lust an der Herrschaft, die Lust

---

87 Bloch: Beiträge zur Aetiologie der Psychopathia sexualis. S. 363.
88 Ebd. S. 43.
89 Wernz: Sexualität als Krankheit. S. 166.
90 Freud: Drei Abhandlungen zur Sexualtheorie. S. 94.
91 Ebd. S. 99.

am Einverleiben, auch im späteren, genital organisierten Sexualleben eine Rolle, wenn die Grausamkeitskomponente des Sexualtriebes tatsächlich als »Rest kannibalischer Gelüste«[92] einzustufen ist.

Umgekehrt wird im Übrigen auch der Sexualtrieb – der sich von außen beeinflussbar und bestimmt zeigt – durch Phantasie, Lektüre etc. ›genährt‹. Es zeigt sich, dass auch hier eine implizite Aufforderung zur Mäßigung und Kontrolle mitschwingt: Wird der Appetit nicht oder nicht zur rechten Zeit gestillt, sondern immer weiter gereizt und angeregt, entwickelt er sich zum Hunger, der möglicherweise zu übermäßigem und nicht normgerechtem Genuss verleitet: »In beiden Fällen« – Masochismus und Sadismus – »ist es das durch die Phantasie genährte geschlechtliche Variationsbedürfnis, welches einmal den Mann Gefallen an der ›Effemination‹, ein andermal an der excessiven Betonung seiner Männlichkeit und seiner Übermacht finden lässt.«[93]

Die Phantasietätigkeit des Individuums gilt dementsprechend als besonders scharf zu beobachtendes Phänomen. Lässt der Mensch seine Phantasie schweifen, so befindet er sich in einem Stadium herabgesetzter Kontrolle.

> Schliesslich sei noch darauf aufmerksam gemacht, dass, wie bei anderen Formen der Algolagnie, auch hier der Fall vorkommt, dass die sexuale Erregung nicht durch active Ausübung oder passive Erduldung der Flagellation, sondern *durch den blossen Anblick von Flagellationsscenen*, oder *sogar durch die blosse Vorstellung einer durch Andere an Anderen verübten Flagellation* in genügender Stärke erzeugt wird.[94]

Die Energie, die von den vom Subjekt aufgenommenen Reizen ausgeht, genügt in jedem Fall, um das phantasierende Subjekt zu erregen – selbst die bloße Vorstellung einer Szene, in der es Zuschauer ist, reicht dazu aus. Es scheint also, als könne ein Sinnenreiz direkt in eine körperliche Reaktion – in diesem Fall die sexuelle Erregung – umgewandelt werden, was an ältere Konzepte wie das des ›Versehens‹ erinnert:

> »Sinneseindrücke« können sich also »materialisieren«, und zwar gewollt oder ungewollt. Ungewolltermaßen geschieht dies beim »Versehen« der Mutter während der Schwangerschaft, wobei durch Sinneseindrücke aus-

---

92   Ebd. S. 61.
93   Bloch: Beiträge zur Aetiologie der Psychopathia sexualis. S. 163.
94   Eulenburg: Sexuale Neuropathie. S. 124.

gelöste Empfindungen durch die »Einbildungskraft« sich auf Körper oder Psyche des Kindes im Sinne einer Imitation des Wahrgenommenen auswirken [...]. Potentiell positiv wirken sie auf die Regeneration des Subjekts analog der realen Nahrung gegen die ständig sich ereignende »Konsumption des Körpers«.[95]

In diesem Zusammenhang spielt auch und vor allem die Lektüre eine Rolle, die gegebenenfalls zu Ausführungen von sadistischen und masochistischen Handlungen zu ›verführen‹[96], Lustmörder und Perverse zu ›züchten‹[97] vermag: »Wenn solche Personen [d. i. mit einer Disposition zum Masochismus] die Lektüre und die dadurch bedingten Phantasiebilder stets nach dieser Richtung wählen, wird das normale Geschlechtsleben immer mehr unterdrückt, das masochistische immer mehr verstärkt werden.«[98]

Die Phantasietätigkeit des Einzelnen kann dessen psychische und physische Bedürfnisse verändern, der Autor eines literarischen Textes Einfluss auf die emotionale Verfasstheit des Lesers nehmen – was dem Schriftsteller auf der einen Seite eine gewisse Verantwortung aufbürdet, ihm auf der anderen Seite allerdings auch Macht über sein Publikum verleiht. Die Sexualwissenschaften gestehen der Literatur somit eine Bedeutung und einen Einfluss zu, den die Texte selbst zumeist nicht für sich in Anspruch nehmen: In fiktionaler Literatur wird letztlich sehr oft die *visuelle* Wahrnehmung als Ausgangspunkt für die Entwicklung einer sadistischen oder masochistischen Neigung dargestellt: Der oder die spätere Perverse wohnt entweder einer Szene bei, in der ein anderer geschlagen wird, oder er oder sie bekommt Bilder (zumeist Zeichnungen) einer solchen Begebenheit zu Gesicht. Erst die unvermittelte Anschauung, nicht das durch die Lektüre nur Nach-Erlebte kann unmittelbare Wirkung zeitigen.

---

95 Wernz: Sexualität als Krankheit. S. 43.
96 Vgl. Bloch: Beiträge zur Aetiologie der Psychopathia sexualis. S. 52 und Ellis/Moll: Die Funktionsstörungen des Sexuallebens. S. 665.
97 Vgl. Bloch: Beiträge zur Aetiologie der Psychopathia sexualis. S. 54 und Moll: Die Erotik in der Literatur und Kunst. S. 493.
98 Ellis/Moll: Die Funktionsstörungen des Sexuallebens. S. 665.

2.2.9 Legitimation und Kommunikationssituation sexualwissenschaftlicher Werke

Dem gelesenen Text ist es möglich, so wird suggeriert, das Individuum zu beeinflussen, seine Vorlieben zu verändern, die körperliche Reaktion des Einzelnen auf Sexualreize zu verändern.

Wenn dies gilt, so fragt sich natürlich, ob nicht auch die sexualwissenschaftlichen Werke, die detailreich sexuelle Perversionen beschreiben, zu einer Verbreitung der Abberationen führen müssten. Die Mediziner um 1800, für die die Schwierigkeiten noch virulenter war, weil Vorstellungen wie die des ›Versehens‹ noch allgemein akzeptiert waren, umgingen das Problem

> dadurch, daß sie es verschweigen und in der Darstellung »ritualartig« verfahren. Dazu gehört eingangs eine Entschuldigung für die Darstellung des Themas, häufig ein manischer Grundton der Belehrung, der Verweis auf die Dominanz pädagogischer Ziele und das häufig versteckte gegenseitige Zitieren, der Gebrauch stereotyper Formulierungen, wörtlicher blumiger Zitate etc. die keinen informatorischen Bedeutungszuwachs leisten. Dieses defensive, leicht zwanghaft wirkende »Bewältigen« eines schwerwiegenden theoretischen Problems durch das »Hereinnehmen« von Kollegen in die aktuell anstehende Problematik beim Schreiben wirkt wie ein magisches Ritual zur Konfliktvermeidung.[99]

Ähnliche Strategien sind auch bei den Sexualwissenschaftlern des 20. Jahrhunderts zu beobachten, wenn auch nicht im gleichen Maße: Der Sexualpathologe Krafft-Ebing und der Sexualwissenschaftler Albert Eulenburg begründen ihre Beschäftigung mit sexuellen Abweichungen und Perversionen, den »Nachtseite[n] menschlichen Lebens und Elends«[100], ausführlich, betonen die kriminalistische und (vor allem) gesellschaftliche Relevanz ihrer Studien und thematisieren letztlich ihre eigene moralische Abscheu, die zu überkommen allerdings – eben wegen jenes postulierten Nutzens für die Gemeinschaft – notwendig sei. Anscheinend ist die Erforschung des Sexuellen noch immer kein angesehenes Unterfangen und vor allem keines, das ohne Reflexion durchzuführen wäre.

---

99 Wernz: Sexualität als Krankheit. S. 228.
100 Krafft-Ebing: Psychopathia sexualis. S. IV [Vorwort der ersten Auflage].

Neben der Apologie für die Beschäftigung mit dem heiklen Thema werden oft die Wissenschaftlichkeit der Untersuchung sowie ihr gesellschaftlicher Wert betont. Krafft-Ebing stellt z. B. zunächst den Nutzen für die Justiz in den Vordergrund: Häufig sei der Gerichtsarzt gezwungen, trotz mangelnder Kenntnisse im Bereich der Sexualpathologie, über einen Mitmenschen zu urteilen, dessen »Leben, Freiheit und Ehre auf dem Spiele stand[en]«.[101] Der Gutachter kann allerdings kaum Hilfe zur Bewertung der Verfehlungen des Angeklagten erhalten, da selbst die Gesetzbücher auf »irrigsten Anschauungen« beruhen, die auch die »öffentliche Meinung« maßgebend prägen. Deshalb erscheint es nicht verwunderlich, wenn basierend auf solcher Unwissenheit »die fehlerhaftesten Urteile«[102] gefällt werden. Und obgleich Krafft-Ebing bescheiden zu bedenken gibt, dass auch er lediglich »Unvollkommenes«[103] anbieten könne, strebt er gleichzeitig danach, durch sein Werk dem beruflich Interessierten Informationen anzubieten und »eine wirkliche Lücke in der Literatur aus[zu]füllen.«[104]

Dass Krafft-Ebing dieser Hoffnung Ausdruck verleiht, hängt auch mit seinem zweiten Legitimationsgrund zusammen: dem Forscherdrang. »Pflicht und Recht der medizinischen Wissenschaft zu diesen Studien erwächst ihr aus dem hohen Ziel aller menschlichen Forschung nach Wahrheit.«[105] Nicht reine Neugier ist es, die den Mediziner antreibt, sondern der bedeutendere Wunsch nach Erkenntnis. Der Drang nach Wissen rechtfertigt die Forschung nicht nur, sondern erlegt sie dem Gelehrten sogar als Schuldigkeit auf. Der Sexualpathologe argumentiert hier mit Tardieu, der dem Mediziner, der gezwungen sei, alles zu sehen, auch das Recht zubilligte, über alles Erfahrene zu sprechen.[106]

Steht auf der einen Seite der Wunsch nach Wahrheitsfindung, so muss auf der anderen Seite sichergestellt werden, dass das Werk nicht – entgegen der Intention des Autors – als Anregungsmittel dienen kann:

---

101 Ebd.
102 Ebd.
103 Ebd.
104 Ebd. S. V [Vorwort der ersten Auflage].
105 Ebd.
106 Vgl. ebd.

> Die folgenden Blätter wenden sich an die Adresse von Männern ernster Forschung auf dem Gebiete der Naturwissenschaft und der Jurisprudenz. Damit jene nicht Unberufenen als Lektüre dienen, sah sich der Verfasser veranlasst, einen nur dem Gelehrten verständlichen Titel zu wählen, sowie, wo immer möglich, in Terminis technicis sich zu bewegen. Ausserdem schien es geboten, einzelne besonders anstössige Stellen statt in deutscher, in lateinischer Sprache zu geben.[107]

Der Adressatenkreis ist eindeutig definiert: Naturwissenschaftler und Juristen männlichen Geschlechts. Allen nicht diesem Kreis Zugehörigen – also Frauen und jenen, denen es nicht um ernsthafte Forschung, sondern um die anstößigen Stellen des Werkes zu tun ist –, soll die Lektüre verwehrt werden, indem man auf fachsprachliche Termini rekurriert und/oder ins gelehrte Latein wechselt.

Bemerkenswerterweise erläutert Krafft-Ebing im Vorwort zur zwölften Auflage der »Psychopathia sexualis«, dass er den »unerwartet grosse[n] buchhändlerische[n] Erfolg« dem Interesse jener »Unglückliche[n]« zuschreibt, »die in dem sonst nur Männern der Wissenschaft gewidmeten Buche Aufklärung und Trost hinsichtlich rätselhafter Erscheinungen ihrer eigenen Vita sexualis suchen und finden«.[108] Die Aufzählung der Wirkungsabsichten des Textes wird dementsprechend ausgeweitet: Das Buch wird nicht nur in den Dienst von Wissenschaft und Recht, sondern auch in den der »Humanität« – menschliche Anteilnahme am Schicksal der sexuell Abweichenden – gestellt.[109]

Der Adressatenkreis hat sich also um die ›Kranken‹ erweitert – diejenigen, die sonst nur als Protagonisten von Fallgeschichten in die »Psychopathia sexualis« eingegangen waren, gehören nun auch zu den Lesern des Werkes. Ob es sich bei diesen Betroffenen lediglich um Männer handelt, oder ob – abgesehen vom erneut als maskulin definierten Publikum aus Wissenschaft und Justiz – auch Frauen zu den neuen Lesern zählten, bleibt unklar. Krafft-Ebing beschreibt zwar, dass er »aus allen Landen« Briefe, in welchem ihm Patienten ihre Leiden beschrieben hätten, erhalten habe, vermeidet es jedoch (absichtsvoll?), von deren Geschlecht zu sprechen – so ist neutral von »Unglückliche[n]«,

---

107 Ebd.
108 Ebd. S. VI [Vorwort der zwölften Auflage].
109 Ebd.

»Stiefkinder[n] der Natur« und »in der Mehrzahl geistig und sozial hochstehende[n] und oft sehr feinfühlende[n] Menschen«[110] die Rede. Diese Charakterisierung der dem Sexualpathologen beichtenden Korrespondenten zeugt nicht nur von Krafft-Ebings Mitgefühl, sondern auch von seinem Bewusstsein für die Ängste und Bedürfnisse seines Leserkreises. Den Laien, die in seinem Werk Erklärungen für ihre sexuellen Nöte suchten, versprach er nicht nur, dass sie dort auch fündig werden würden – »Aufklärung [...] suchen und *finden*«[111] –, er bezeichnete sie indirekt als an ihrer Krankheit zunächst Schuldlose, von der Natur nachteilig Behandelte und verhieß ihnen Zuspruch. Des Weiteren versicherte er sowohl den Kollegen als auch den Laien, dass sie sich als Leser der »Psychopathia sexualis« buchstäblich in guter Gesellschaft befänden – unter mehrheitlich intelligenten und angesehenen Bürgern nämlich, von denen einige Bedauernswerte sexuellen Paraphilien nachhingen.[112]

Obgleich er hofft, dass »das Buch solchen Unglücklichen auch ferner Trost und Rehabilitation biete[t]«, bleibt Krafft-Ebing dessen ungeachtet bei seinen Vorsichtsmaßnahmen: »Um seine Lektüre etwaigen Unberufenen zu erschweren und zu verleiden, wurde tunlichst von Terminis technicis [sic] und lateinischer Sprache Gebrauch gemacht.«[113] Weitestgehend ausgeschlossen sind damit weiterhin die Sensationsgierigen, die – wenn sie schon nicht davon abgehalten werden können, das wissenschaftlich ausgerichtete Werk zur eigenen Befriedigung zu gebrauchen, wie es noch die erste Auflage des Buches suggerierte –, dann jedoch zumindest keine leichte Lektüre finden sollen.

Abscheu vor dem Thema, mit dem man sich beschäftigen muss, zu zeigen, gehört zur Wahrung von ethischer, moralischer und auch ästhetischer Distanz zur Darstellung von Perversionen, wie auch die Worte, die Albert Eulenburg seinen Ausführungen über Sadismus und Masochismus voranstellt, exemplarisch zeigen:

---

110 Ebd.
111 Ebd., Hervorhebungen P. P.
112 »Seine Zielleserschaft hingegen nahm das Werk sehr reserviert auf. Man wandte ein, die Betroffenen erhielten zuviel Raum, den Fallberichten fehle der genügende Kommentar und die Perversionen würden romantisiert – eine Gefahr in der Annahme, Literatur könne Perversionen hervorrufen.« (Kupferschmidt: Krafft-Ebings ›Psychopathia Sexualis‹. S. 483)
113 Krafft-Ebing: Psychopathia sexualis. S. VI [Vorwort der zwölften Auflage].

Auf dem nur allzu umfangreichen Gebiete geschlechtlicher Verirrungen stossen wir bis zum Ueberdruss auf Dinge, die je nach ihrer Beschaffenheit und nach dem subjectiven Maassstab des Urtheilenden als belachenswerth, närrisch, widerlich bis zum Ekelhaften, abstossend, unbegreiflich, oder auch nur als paradox, absonderlich und excentrisch erscheinen mögen: Dinge, die aber doch das menschliche Gefühl nicht in dem Maasse beleidigen und empören, wie es bei dem Gegenstande der nachfolgenden Betrachtungen vielfach der Fall ist.[114]

Deutlich wird: Es wird von Perversionen die Rede sein, die der Leser nicht mehr merkwürdig, lächerlich oder Ekel erregend finden dürfte. Die zu beschreibenden Abweichungen werden weit stärkere Reaktionen auslösen, da sie zu den Moralvorstellungen des Menschen gänzlich konträr laufen. Interessant ist dabei der rhetorische Aufbau des Absatzes, in dem möglicherweise einzunehmende Haltungen gegenüber dem Geschilderten in der Reihenfolge ihrer Heftigkeit aufgezählt werden, um am Ende festzustellen, dass selbst die stärkste Ablehnung nun übertroffen werden wird.

Auch bei der Beschreibung von unterschiedlichen Phänomenen des Sexuallebens wahren die Autoren nicht immer ›wissenschaftliche Distanz‹ zu ihren Objekten, sondern zeigen durch wertende Attribute ihren Abscheu: So spricht Eulenburg z. B. von den »schrecklichsten Verirrungen«[115], die der Sexualwissenschaftler beobachten könne, und bei Ellis ist die Rede von »the most terrible and repugnant sexual perversions«.[116] Selbst die von Mitgefühl für ihre Patienten geprägten Ärzte sind nur bis zu einem gewissen Grad bereit, ihren Forschungsgegenstand ohne Wertung zu betrachten.

Daneben ist die räumliche Metapher in Eulenburgs Text aufschlussreich – Eulenburg erwähnt ein »Gebiet[] geschlechtlicher Verirrungen«. Ein Raum, der offenbar – wie noch unbekannte, unzivilisierte Länder – systematisch erforscht werden muss: Der Sexualwissenschaftler spricht davon, in das »so wenig verlockende Gebiet« eben jener sexuellen Abarten »tiefer eindringen«[117] zu müssen. Erneut wird also die Notwendigkeit der Forschung als Legitimationsgrund benannt.

---

114 Eulenburg: Sexuale Neuropathie. S. 109.
115 Ebd. S. 152.
116 Ellis: Studies in the Psychology of Sex. S. 104.
117 Eulenburg: Sexuale Neuropathie. S. 110.

Sprache, Metaphern, Wertesystem 171

Die Kommunikationssituation in den behandelten Werken ist vorderhand die folgende: Ein männlicher Wissenschaftler – zumeist handelt es sich um einen ausgebildeten Arzt, der als Sexualwissenschaftler spricht – kommuniziert über seinen Text mit männlichen Lesern.[118] (Diese Regelung scheint sich allerdings im Laufe der Zeit aufzuweichen bzw. wird zumindest nicht mehr explizit ausgeführt.) Frauen sind jedoch zunächst als Leserinnen und Kommunikationspartnerinnen nicht vorgesehen und rücken höchstens als Patientinnen und Objekt der wissenschaftlichen Forschung in das Sichtfeld: Sie sind allerdings auch dann legitimer Gegenstand der Betrachtungen, wenn das Wissen über sie, das über anatomische Grundkenntnisse hinausgeht und die Empfindungsfähigkeit des weiblichen Geschlechts anbelangt, mangels eigener Einfühlungsmöglichkeiten oder, so das zeitgenössische Erklärungsmodell, aufgrund der – schamhaften oder betrügerischen – Unaufrichtigkeit der Frau notwendigerweise rudimentär bleibt.[119]

Anna Fischer-Dückelmann[120], die 1900 über »Das Geschlechtsleben des Weibes. Eine physiologisch-soziale Studie mit ärztlichen Ratschlägen« schrieb, muss selbst bei der dreizehnten Auflage ihres Werkes 1908 [!] noch nachweisen, dass sie die wissenschaftlichen Vorkenntnisse und die geistige Befähigung besitzt, über ihr eigenes Geschlecht zu urteilen. Auf dem Titelblatt des Werkes wird sie als Frau Dr. med. geführt – wobei die Titelangabe nicht gänzlich unüblich ist –, auffallender aber ist der Zusatz: »in Zürich promoviert«, mit dem sie ihren Doktortitel offenbar glaubhaft machen muss.[121] In ihren Text einleitend, zweifelt Fischer-Dückelmann selbst an der Reife des weiblichen Geschlechts

---

118 Vgl. Krafft-Ebing: Psychopathia sexualis. S. V [Vorwort der ersten Auflage] – »Die folgenden Blätter wenden sich an die Adresse von Männern ernster Forschung auf dem Gebiete der Naturwissenschaft und der Jurisprudenz.«

119 Vgl. Freud: Drei Abhandlungen zur Sexualtheorie. S. 54 und Ellis: Studies in the Psychology of Sex. S. 193.

120 Fischer-Dückelmann wurde vor allem durch »Die Frau als Hausärztin – ein ärztliches Nachschlagebuch für die Frau« (1901) bekannt, das Millionenauflagen erlebte. Ihren Werdegang beschreibt Meyer: Physiatrie and German Maternal Feminism. S. 145–182.

121 Die junge Universität Zürich galt als besonders liberal. Bereits seit den Vierzigerjahren des 19. Jahrhunderts wurden vereinzelt Frauen als Gasthörerinnen zum Studium zugelassen. An der dortigen medizinischen Fakultät promovierte 1867 Nadeschda Prokofjewna Suslowa nach einem Regelstudium als erste Frau an einer Universität im deutschen Sprachraum (vgl. Loll: Pionierin der Wissenschaft).

zur Selbstreflexion und fürchtet, dass die »Geschlechtsaufgaben [...] das Weib in seinem geistigen Wachstum gehemmt« hätten.[122] Immer wieder bemüht sie sich im Text darum, zu erweisen, dass ihr Buch für die Diskussion über das Sexualleben der Frau notwendig ist, um dieser eine neue Facette zuzuführen – immer wieder betont sie die eigene Bildung und Erfahrung, um ihre Tauglichkeit zur Beurteilung der Fakten darzulegen und auch um eine grundsätzliche Eignung der Frau für Ausbildung und Forschung zu belegen. Fischer-Dückelmann plädiert vor allem für eine bessere körperliche und geistige Bildung der Frauen, um sie stärker zu machen, damit sie in der Ehe ihr Glück finden können, das auch darin besteht, sich den Lastern des Mannes zu versagen. Die Autorin sieht die mehr oder minder tugendhafte Frau unterdrückt und in den Schmutz gezogen von ihrer Umwelt und vor allem ihrem Lebensgefährten, der sie auslaugt und seine Begierden an ihr befriedigt, ohne auf die Gesundheit seiner Partnerin zu achten.

Dass das Werk das Kapitel »Das unsittliche Weib« enthält, das offenbar mit der vierten Auflage eingefügt wurde, wird von Fischer-Dückelmann mit einem Wunsch der männlichen Leserschaft nach Aufklärung begründet.[123] Die Aufnahme eines solchen Textteils wird also doppelt legitimiert: Zum einen durch das in jedem Fall berechtigte Streben nach Wissen, zum anderen durch die Tatsache, dass gerade das männliche, gebildete Publikum sich diese Art von Erkenntnis von der Autorin verspricht.

Männliche Sexualwissenschaftler haben einen Beweis von Kompetenz und Legitimation nicht in diesem Maße nötig – nichtsdestoweniger sind auch in den bereits analysierten Texten Strategien zu verzeichnen, die darauf zielen, die Beschäftigung mit Sexualität, gar mit Perversionen zu rechtfertigen: Durch Berufung auf die wissenschaftliche Notwendigkeit der Forschung[124] – wozu auch das Abstecken des eigenen Forschungsinteresses gegenüber anderen Disziplinen gehört[125] –, durch den Hinweis auf das gesellschaftliche Interesse an Früherkennung von

---

122 Fischer-Dückelmann: Das Geschlechtsleben des Weibes. S. 2.
123 Ebd. S. VI.
124 Vgl. z. B. Eulenburg: Sadismus und Masochismus. S. 7.
125 So legt Eulenburg z. B. fest, dass Sadisten und Masochisten in das Gebiet der Psychopathologie, der Psychiatrie, der sozialen Pathologie sowie – wenn sie mit dem Gesetz in Konflikt geraten – der Kriminologie fallen (vgl. ebd. S. 8).

Perversionen, Therapien u. Ä. und durch den Aufbau einer Position im medizinischen Diskurs.[126] Gegenseitige Querverweise[127], Übernahme von Definitionen, Aufgreifen von Fallgeschichten aus den Sammlungen anderer etc. gliedern den einzelnen Wissenschaftler in die Forschungsgemeinschaft ein, die in erster Linie den Autor und seine Kollegen umfasst, in die aber der Leser qua Rezeption des akademischen Textes oftmals eingebunden wird. So verwendet Havelock Ellis in seinen Ausführung des Öfteren die Wendung »we have come to recognize« in verschiedenen Variationen[128], womit er nicht nur suggeriert, dass seine Erläuterungen logisch richtig und von jedem nachzuvollziehen sind, sondern dem Leser auch das ›richtige‹ Verständnis der Fakten unterstellt: Wer dem Autor hier nicht folgen will, muss die Informationen falsch oder unvollständig aufgenommen haben.

---

[126] Ähnliches hält auch Corinna Wernz für den medizinischen Diskurs über Sexualität um 1800 fest: »Beim Rezipienten der vorliegenden Texte entsteht bei zunehmender Textmenge folgendes ›Grundmuster‹, von dem es natürlich Abweichungen gibt: Ein männlicher Autor schreibt über männliche Individuen (Patienten) für männliche Leser und legitimiert sein Interesse an dem Thema Sexualität und den Mut zur Veröffentlichung mit einer bestimmten Verhaltensweise von ehemaligen Patienten, männlichen Kollegen, Lehrern und Freunden. Häufig sind Danksagungen an Lehrer, die Äußerung abschließender Wünsche an einen Kollegen, sich eines weiter bestehenden heiklen Themas anzunehmen, sowie die Zusage auf Hilfe und Unterstützung, ferner die Aufforderung zum Schreiben entgegen dem eigenen Bedürfnis« (Wernz: Sexualität als Krankheit. S. 225 f.).

[127] Iwan Bloch scheint in dieser Hinsicht ein Sonderfall zu sein, da er unter verschiedenen Pseudonymen publiziert, sich dabei aber immer wieder selbst zitiert, so z. B. seine Übernahme der eigenen Definition von Sadismus in Dr. Veriphantor [Iwan Bloch]: Der Sadismus. S. 13.

[128] Vgl. z. B. Ellis: Studies in the Psychology of Sex. S. 166.

3. ›Einschlägige Texte‹: Sexuelle Norm und Abweichung in der Literatur der Frühen Moderne

Die Literatur der Jahrzehnte vor und nach 1900 beschäftigt sich vermehrt mit der Diskussion von Norm und Abweichung. Viele Orientierungspunkte – Traditionen, gesellschaftliche Klassen, Geschlechterrollen, die Rolle des Menschen in der Weltordnung, Religion usw. – schienen verloren. Umso wichtiger war es, die Notwendigkeit von Grenzen und Normen zu diskutieren, ihre Reichweite festzulegen und gegebenenfalls neue Gesetzmäßigkeiten zu finden, um sich daran festzuhalten. Sexualität – noch immer tabubesetztes Gebiet, das allerdings immer mehr diskussionsfähig wurde – bot sich als Thema an, um Grenzüberschreitung sowie die Wonne der Normerfüllung zu beschreiben.

Trotz allem ist der literarische Umgang mit der Sexualität nicht sehr häufig.[1] Sadistische oder auch masochistische Szenen sind dementsprechend noch seltener zu finden[2] – zumindest außerhalb pornographischer Zusammenhänge.[3] Als Einstellung gegenüber dem jeweiligen (homo- oder heterosexuellen Partner) sind Dominanz und Unterwerfung dagegen massiv präsent, vor allem dann, wenn es um die Abgrenzung von Geschlechterrollen geht.[4]

Im Folgenden sollen einige literarische Texte, in denen Sadismus nicht nur als psychische Einstellung präsent ist und sadistische Szenen nicht nur angedeutet, sondern mehr oder minder ausführlich beschrieben werden, exemplarisch einer Analyse unterzogen werden. Die Texte

---

1   Vgl. Wünsch: Sexuelle Abweichungen. S. 360. – Wenn Sexualität beschrieben wird, dann häufig nur als »Sexualakte, die sich gewissermaßen rauschhaft, in einem unkontrollierten Triebschub vollziehen und sich dabei auf eine Art minimalistischen Koitus beschränken« (ebd. S. 361).
2   Vgl. ebd.
3   Salewski nennt in seinem Aufsatz eine ganze Reihe von Titeln sadomasochistischer – pornographischer – Romane (vgl. Salewski: »Julian, begib dich in mein Boudoir«. S. 62).
4   Vgl. Wünsch: Sexuelle Abweichungen. S. 361.

werden dabei in der chronologischen Reihenfolge ihrer Entstehung präsentiert. Die Auswahl des Korpus ist teilweise durch die explizite Erwähnung der Texte in grundlegenden sexualwissenschaftlichen Werken zum Thema bedingt, die davon zeugt, dass sie als beispielhaft für die zunehmende Verrohung der schöngeistigen Literatur angesehen wurden, teilweise aber auch durch ihre literarhistorische Kanonisierung und/oder dadurch, dass sie eine weitere mögliche Funktionalisierung von sadistischen Szenen aufzeigen. Da auch geschlechtsspezifische Unterschiede der sadistischen Praxis eine Rolle spielen sollen, wurde ferner darauf geachtet, sowohl homo- als auch heterosexuelle ›Paarbeziehungen‹ zu berücksichtigen.

3.1 Ernst von Wildenbruch: »Brunhilde«

Nach Krafft-Ebing stellt die Novelle des vor allem als Dramatiker bekannten Ernst von Wildenbruch einen – in der Realität selten auftretenden – Fall von weiblichem Sadismus dar.[5] Zum ersten Mal 1882 erschienen und vormodern erzählt, gehört der Text weder inhaltlich noch formal zum Beobachtungszeitraum – seine Analyse soll jedoch zum einen als Folie dienen, vor deren Hintergrund Entwicklungen kontrastierend erörtert werden können, und zum anderen beleuchten, ob Kontinuitäten in Hinsicht auf Erklärungen für die Paraphilie und ihre Literarisierungsstrategien aufzufinden sind.

3.1.1 »Ein Wesen, das den Namen unserer Art führt und doch nicht zu unserer Art gehört«[6]: Die riesenhafte Frau als Missgriff der Natur

Carlotta in Ernst von Wildenbruchs »Brunhilde«[7] erscheint schon durch ihren Namen beinahe prädestiniert dazu, ›männliche‹ Eigenschaften zu inkorporieren, handelt es sich doch um die verweiblichte Form eines männlichen Vornamens. Ihre Gestalt ist ebenfalls nicht typisch weiblich: »Daß es eine Frau war, erkannte ich zuvörderst nur an ihrer Kleidung, denn die Maße und Verhältnisse ihres Körpers waren so kolossal, daß der hünenhafte Mann an ihrer Seite sie nur um wenige Zoll überragte«[8], erklärt der Erzähler. Carlotta sprengt bereits durch die Massigkeit ihres Leibes die für das Weib vorgegebenen Grenzen. Nur durch ihr Gewand – nicht durch den Körper – wird ihr Geschlecht markiert, nur diese künstliche Hülle zeigt ansatzweise ihren Willen, sich anzupassen und zu integrieren.[9] Benno Rother sieht Carlotta als

---
5 Vgl. Krafft-Ebing: Psychopathia sexualis. S. 104.
6 Wildenbruch: Brunhilde. S. 320.
7 Krafft-Ebing bezeichnet die Figur als Bildnis einer Sadistin (vgl. Krafft-Ebing: Psychopathia sexualis. S. 104).
8 Wildenbruch: Brunhilde. S. 311.
9 Hier erweist sich im Übrigen der Einfluss Bennos auf Carlotta. Bei ihrer ersten Begegnung hatte sie, den Wünschen des Tierbändigers folgend, ein eng anliegendes Trikot und Stiefeletten getragen (vgl. ebd. S. 319) – nachdem Benno ihr jedoch erklärt hatte, dass diese Kleidung sie lächerlich wirken lasse, angekündigt, das Trikot nie wieder anzulegen (vgl. ebd. S. 329).

von der Natur benachteiligt, die die Riesin »durch einen schweren Mißgriff [...] zum tiefsten Leide verdammt hatte«: Obgleich auch ihre äußere Erscheinung »aus den Grenzen vernünftiger Ordnung«[10] ausgestoßen, ist Carlotta gleichzeitig verstandesbegabt und somit fähig, diese Schranken, ihre eigene Überschreitung und die daraus resultierende Isolation zu empfinden.[11] Die Hünin fällt dementsprechend doppelt aus dem Rahmen – zum einen durch ihre Größe, zum anderen aber auch dadurch, dass ihre körperliche ›Missbildung‹ ihre psychische Situation nur zum Teil abbildet. Zwar beweist ihre mächtige Physis Carlottas psychische Abnormität – ihren Hang zu Selbstzerstörung und Sadismus –, doch nicht ihre Verletzlichkeit und Intelligenz. Der Körper ist also nicht mehr eindeutig zuzuordnendes, sondern höchstens ambivalentes Zeichen der Seele.

»Brunhilde« bietet somit allerdings nicht nur die Möglichkeit, Carlottas Perversion als eine ererbte zu betrachten, sondern auch, sie als durch Erlebtes erworbene Anomalie zu begreifen. Zwar ist es die körperliche Größe der jungen Frau, also ihre angeborene Physis, die sie als Ausgestoßene leben lässt, doch es ist vor allem das Bewusstsein ihrer Isolation – die ihr in ihrer Kindheit klar vor Augen geführt wird –, das sie quält.[12]

Carlotta stammt aus einem Teil des Deutschen Reiches, in dem sowohl Polnisch als auch Deutsch gesprochen wird[13], also möglicherweise aus Pommern oder Schlesien. Ähnlich wie Sacher-Masochs Frauengestalten erhält somit auch von Wildenbruchs Figur einen exotischen Hintergrund, wird als fremd und somit zumindest potenziell gefährlich gekennzeichnet.[14] Die Situierung im slawischen Raum – wenn nicht

10 Ebd. S. 332. – Dass die Ordnung als »vernünftig« wahrgenommen wird, ihre Überschreitung dementsprechend als irrational gelten muss, zeigt, wie deutlich hier Verstand und (als ›natürlich‹ wahrgenommenes) gesellschaftliches Regelwerk zusammengedacht werden.

11 Vgl. ebd. S. 332.

12 Benno sieht ihre Ähnlichkeit zu »Menschen aus der Steinzeit [...], ein Wesen, das den Namen unserer Art führt und doch nicht zu unserer Art gehört«, mit der »Qual des Selbstbewußtseins« auf ihren Zügen (ebd. S. 320). Für ihn stellt Carlottas Wesen einen Atavismus dar, einen Rückfall in vorzivilisierte Zeiten.

13 Vgl. ebd. S. 336.

14 »Die Geschichten Sacher-Masochs spielen pittoresk in Galizien, Rußland oder auch in Afrika. Damit verbreiten sie eine traumhafte Atmosphäre, die es erlaubt, alltagsuntaugliche Gefühle zu erleben.« (Gratzke: Liebesschmerz und Textlust. S. 25)

sogar eine slawische Herkunft Carlottas suggeriert wird –, dürfte ferner Assoziationen zu den angeblich generell masochistisch veranlagten Slawinnen ausgelöst haben[15], die Liebe und (allerdings gegen sie ausgeübte) Gewalt – so die damalige Lehrmeinung – oftmals verwechselten.[16]
Carlotta ist das uneheliche Kind eines unbekannten Vaters – also offenbar von Eltern geboren, deren moralische Festigkeit zu wünschen übrig lässt[17] – und das »Unglück«[18] ihrer Mutter. Der potenzielle Vater der Hünin arbeitet in der Fabrik, ihre Herkunft ist folglich eher proletarisch.[19] Vernachlässigt von der Mutter, von den Mitschülern ob ihrer großen Gestalt gequält, schlägt sich Carlotta mit den Jungen aus ihrer Schule. Als einer der Mitschüler sich gegen sie wehrt, wird es ihr »plötzlich ganz rot vor den Augen«[20], sie verliert die Kontrolle, würgt und prügelt ihn, bis sie ermüdet. Die junge Frau gerät durch die Gewaltausübung in einen Rausch und vergisst ihre Umgebung, wird beinahe ohnmächtig. Mangelnde Selbstkontrolle führt zum Bewusstseinsverlust und in der Folge zum Verlust des Bewusstseins für die eigene Position im sozialen System: Carlottas Hass richtet sich nun auch gegen den Lehrer, der sie nicht verteidigt, sondern sie bestrafen will. Sie zerbricht

---

15 Vgl. zum Beispiel Lombroso/Ferrero: Das Weib als Verbrecherin und Prostituirte. S. 390.

16 Vgl. auch S. 143 f. dieser Arbeit. – Der Osten, besonders Russland, gilt in der Raumsemantik der Frühen Moderne generell als Heimat »der vital-elementare[n] Triebschicht« (Lindner: Leben in der Krise. S. 78).

17 Die Sexualwissenschaftler scheinen eine illegitime Geburt mehrheitlich als Stigma wahrgenommen zu haben – in vielen der Fallgeschichten wird dieser Makel in einer Aufzählung mit körperlichen und nervlichen Gebrechen der Eltern erwähnt.

18 Wildenbruch: Brunhilde. S. 337.

19 Die Masse des Proletariats, die möglicherweise exzessive Vermehrung der Arbeiterschaft und die damit einhergehende zunehmende Bedeutungslosigkeit der ›höheren‹ Schichten wurden vom Bürgertum als Gefährdung wahrgenommen (vgl. Lamott: Die vermessene Frau. S. 89).

20 Wildenbruch: Brunhilde. S. 337. – Die Farbe Rot wird anscheinend durchgängig mit Blut, Gewalt, Krieg und Tod assoziiert. Sie spielt in vielen der literarischen Texte eine Rolle und wird auch von den Sexualwissenschaftlern immer wieder mit sadistischen Taten in Verbindung gebracht – so heißt es bei Eulenburg z. B., dass der Sadist die Farbveränderungen der Haut unter seinen Schlägen goutiere (vgl. Eulenburg: Sexuale Neuropathie. S. 121) und Bloch spricht vom dem Sadisten Vergnügen bereitenden »Kontrast der Farben zwischen den nichtflagellierten und den flagellierten Stellen« (Bloch: Beiträge zur Aetiologie der Psychopathia sexualis. S. 80).

seinen Rohrstock und lehnt sich damit gegen die gesellschaftliche Ordnung auf, die den Erwachsenen über das Kind und den Mann über die Frau stellt – in der Folge wirft der Lehrende sie als Unmensch, als »Affe«[21] von der Schule, und auch die Mutter bezeichnet die Tochter als »Affenschande«.[22] Konsequent verlässt Carlotta daraufhin Heim und Heimat und lebt zunächst wie »ein wildes Tier«[23] – sie schreit ihren Kummer in die Nacht hinaus und schläft im Straßengraben: »In dem Augenblick war ich selbst so böse und wild, daß ich mich in Blut hätte baden mögen«.[24] Die Frau wird naturalisiert, durch einfache Zuschreibung – die auch noch durch die Figur selbst erfolgt – tierähnlich gestaltet; daneben kommt ihr noch ein martialischer Zug zu.

Erst als sie in der Wildnis von einem Mann gefunden wird, der zunächst versucht, sich ihr sexuell zu nähern, von ihr jedoch auf den Rücken geworfen wird, was ihr die eigene Stärke beweist[25], kehrt sie zu den Menschen zurück und schließt sich einer Schaustellertruppe an. Noch immer gehört sie damit allerdings zu den Außenseitern der Gesellschaft.

3.1.2 Zwischen Lust und Entsetzen: Der sexuelle Drang als zerstörerisches Element

Inwieweit Carlotta als ›vollendet ausgebildete‹ Persönlichkeit bezeichnet werden kann bzw. ob auch sie Schwierigkeiten damit hat, sich als autarkes Individuum zu begreifen, kann aus dem Text nicht erschlossen werden, da dieser sich nicht primär mit der psychischen Situation der Riesin befasst und ihr Innenleben lediglich durch Benno bzw. den Narrator, die Mutmaßungen darüber anstellen, beschrieben wird. Benno hingegen wird zumindest zum Teil auch durch eigene Aussagen über seine Gefühlswelt und seinen Geisteszustand charakterisiert – der erste Eindruck, den der Leser erhält, wird allerdings ebenfalls über den Narrator vermittelt. Dieser stellt Benno als ausgesprochen fügsam und –

---

21 Wildenbruch: Brunhilde. S. 337.
22 Ebd. – Carlottas Aussehen und Wesen wird folglich als Atavismus, Rückfall auf eine frühere Existenzstufe verstanden.
23 Ebd. S. 338.
24 Ebd. S. 339.
25 Vgl. ebd. S. 339.

durch die Anzeichen von Weichheit und Schwäche – beinahe feminin[26] dar: »Wie die schmale, weiche Hand in der meinigen lag, den Druck der meinen ohne Gegendruck hinnehmend, wartend, bis daß ich sie losließ; eine Hand, die nicht selber führen, die geführt sein wollte«.[27] Benno wirkt schon durch diese kleinen Gesten seltsam ›unabgeschlossen‹ und ›unfertig‹, sein Wesen, so der Erzähler, sei »zur Empfänglichkeit angelegt«.[28] Der junge Mann wird dementsprechend nicht als selbständige, starke Persönlichkeit geschildert, sondern als noch zu formendes Individuum, das nach Grenzen sucht, als »leicht zerstörbare[r] Mensch[]«[29], der der Lenkung bedarf. Carlotta, das massige, statuesk anmutende Weib, das einen Panther zu bezwingen und Benno somit vor dem Tier zu beschützen vermag, erscheint Benno offenbar interessant, weil ihr Körper eben jene Festigkeit und Stärke zu haben verspricht, die seiner eigenen Physis (und auch seiner Psyche) fehlt.

Folglich ist es kein Wunder, dass Benno sich von Carlotta angezogen fühlt – selbst in der Rückschau kann der junge Mann den Reiz, den er verspürt, jedoch nicht explizit als sexuellen Drang benennen. Wenn er dem Erzähler von seinem Erlebnis mit der Tierbändigerin berichtet, ringt er um Worte, um seine Empfindungen anschaulich zu machen: So heißt es zunächst, als er Carlotta, von der er nicht die Augen abwenden kann, zum ersten Mal angesehen habe, habe ihn ein »unbeschreibliches, aus Mitleid und Widerwillen gemischtes Gefühl«[30] erfasst, später spricht er von seiner Empfindung als »etwas anderes, was ich nicht verstand, was ich nicht zu bezeichnen vermochte«, das er jedoch erneut rationalisierend als »Mitleid und Mitgefühl« identifiziert.[31] Das Gefühl,

---

26 Auf die Feminität des Protagonisten wird in Kapitel 3.1.4 dieser Arbeit näher eingegangen.
27 Wildenbruch: Brunhilde. S. 303.
28 Ebd. – Der Begriff ›Empfänglichkeit‹ erscheint mir nicht willkürlich gewählt – da Weiblichkeit in der Frühen Moderne häufig über die Fähigkeit zur Fortpflanzung, zur Austragung eines Kindes, definiert wurde, galt ›Empfänglichkeit‹ (auch für neue Ideen) zunächst als weibliches Merkmal. Interessanterweise wurde diese Eigenschaft jedoch zunehmend von männlichen Autoren für sich proklamiert: Man erinnere sich an die Idee der literarischen Kopfgeburt (vgl. Helduser: Geschlechterprogramme. S. 206ff.).
29 Wildenbruch: Brunhilde. S. 306.
30 Ebd. S. 320.
31 Ebd. S. 332.

das ihn bei der Tierbändigerin zu bleiben hieß, als er bei seinem zweiten Besuch die Chance gehabt hätte, sie zu verlassen, kann er gleichfalls nicht etikettieren: »War es aufkeimendes Interesse? War es Edelmut?«[32] Da Benno sich offenbar nicht eingestehen will, beginnendes Verlangen wahrgenommen zu haben, heischt er, seine Geschichte unterbrechend und letztlich erfolgreich, die Zustimmung des homodiegetischen Erzählers zu der ihm passenderen Erklärung: »Ein törichter Edelmut – nicht wahr?«[33] Nicht einmal bei der Beschreibung der Szene, in der er Carlotta fieberhaft küsst, kann Benno klar von sexueller Erregung sprechen: »ich weiß nicht, ob ich Lust oder Entsetzen empfand«.[34]

Bereits kurz nachdem ihn Carlotta vor dem freilaufenden Panther auf den Stiegen zu seiner Wohnung rettete, hatte sich Benno durch die Begegnung mit ihr seelisch erschüttert gezeigt:

> In meiner Seele war ein Zustand, den ich nur mit dem Bilde vergleichen kann, das eine durch einen Dammbruch jählings unter Wasser gesetzte Landschaft gewährt. Da, wo Acker und Wiesen, Anpflanzungen und freundliche Wege waren, herrscht nur noch das wilde, zerstörende Element, und statt der bunten Mannigfaltigkeit von Farben und Linien, die uns bisher erquickte, gewahren wir nur noch die graue und eintönige Flut.
>
> So war in mein Leben plötzlich und gewaltsam dieses dämonische Wesen hereingebrochen, Erinnerung und Ziele, Vergangenheit und Zukunft meines Lebens versanken mit unter der vernichtenden Gewalt dieser letzten Stunden.[35]

Bennos Psyche wird von ihm mit einem Stück Nutzland gleichgesetzt – fruchtbarer Boden, ordentlich durch Pfade getrennte Beete und Äcker. Doch die klaren Begrenzungen und (geistigen?) Erträge seiner Seele werden von seinen – durch eine große Flutwelle symbolisierten – unkontrollierten und unkontrollierbaren Emotionen weggespült, er fühlt sich ›beherrscht‹ vom zerstörerisch wirkenden Begehren, das unaufhaltsam – wie Wasser durch einen geborstenen Damm – über ihn hereinbricht.

---

32 Ebd. S. 338.
33 Ebd.
34 Ebd. S. 335.
35 Ebd. S. 331.

Nicht ganz deutlich wird, wer oder was mit »dieses dämonische Wesen«, das in Bennos Existenz getreten ist, bezeichnet wird – nach einer möglichen Lesart wäre dies Carlotta, die als ›deformierter‹ Mensch durchaus als böser Geist in fleischlicher Gestalt angesehen werden könnte. Da Benno jedoch angibt, der Frau vor allem mit Mitleid und nur wenig beigemischtem Widerwillen begegnet zu sein, was die Herabsetzung ihrer Person unwahrscheinlich machen dürfte, ist auch noch eine zweite Lesart denkbar: Nach dieser identifiziert Benno das von ihm ob seiner Widernatürlichkeit nur abwehrend wahrgenommene Verlangen als sündhaft und teuflisch. Es ist ein fremdes Gefühl, das von außen an ihn herangetragen wird und von seiner empfänglichen Seele aufgenommen wurde.

Zu dieser Interpretation passt Bennos Verhalten, als er zusammen mit dem Erzähler die Vorstellung Carlottas in Kopenhagen besucht. Der junge Mann zeigt sich unwillens, den ihm unbekannten Zirkus zu betreten: »Dann schüttelte er wieder den Kopf, als wollte er einen fremden quälenden Körper aus seinem Gehirn hinauswerfen«.[36] Der ihn quälende Körper ist in diesem Fall wohl der Leib Carlottas bzw. seine Erinnerung an diesen und die Erlebnisse mit der Hünin, an sein eigenes Verlangen. Es gelingt Benno kurzzeitig, sich von diesen lähmenden Gedanken zu befreien und den Holzschuppen, in dem die Vorstellung stattfindet, zu betreten – nicht ahnend, dass sich die ihn so ängstigende Frau eben dort befindet, das ihn peinigende Begehren also erneut entflammt werden wird.

Durch den Erzähler wird im Übrigen auch der Tierbändigerin eine solch fremde, animalische Begierde zugeschrieben – als Carlotta Benno wahrnimmt, glaubt der Narrator in ihren Augen zunächst »ein stummes, leidenschaftliches, rasendes Leben«, dann »etwas Lechzendes, Wildes, beinahe Tierisches, eine unbeschreibbare Mischung von zürnender Drohung und selbstvernichtender Hingebung, eine wütende Freude […] und eine schauerliche Verzweiflung«[37], schließlich ein »dämonische[s] Verlangen[]«[38] zu sehen. Dass der Erzähler die Erregung Carlottas zunächst als dem Wahnsinn nahe stehende Lebenskraft, dann mit Animalität und Ungezähmtheit verbindet, zeigt, wie deutlich in

---

36 Ebd. S. 309.
37 Ebd. S. 315.
38 Ebd. S. 316.

Wildenbruchs Novelle Sexualität mit dem Unkontrollierbaren und Gefährlichen identifiziert wird. Gleichzeitig vermeint der Narrator – der Bennos Erlebnisse zwar aus der Rückschau erzählt, zu dem Zeitpunkt innerhalb der Geschichte allerdings noch keine Kenntnis von Bennos erster Begegnung mit der Riesin hat – in Carlottas Blick eine Mischung aus Begehren und sowohl gegen sich selbst als auch gegen Benno gerichteter Gewalt zu sehen. Überbordende Leidenschaft mündet also im Allgemeinen tendenziell in Raserei, Kontrollverlust und Gewalt.

3.1.3 Verzehren und Vernichten: Sadismus als Inkorporationslust

In »Brunhilde« finden sich zwei Szenen, die Sexualität und Gewalt verbinden; eine davon wird von Benno erzählt, um dem Freund die Flucht aus Leipzig nach der Begegnung mit Carlotta zu erklären, die zweite, in der die Verbindung eher implizit bleibt und nur durch die Vorgeschichte erschlossen werden kann, bildet den Höhepunkt der Novelle, wird dem Erzähler allerdings ebenfalls in der Rückschau von einem Unbeteiligten berichtet.

Benno bemüht sich darum, dem Freund den Schrecken seiner Erlebnisse mit Carlotta möglichst lebendig vor Augen zu führen. Nachdem die Tierbändigerin den jungen Mann vor einem freilaufenden Panther gerettet hatte, hatte sie sich von ihm verarzten lassen, um dann plötzlich – und für Benno überraschend – zu versuchen, ihn an sich zu pressen. Offenbar war es zunächst vor allem die ungeheure Größe der Frau, die ihn abstieß, daneben jedoch auch ihre Unförmigkeit, die ihn zu übermannen drohte:

> Plötzlich sank sie [d. i. Carlotta] vor mir nieder, ihre Hände glitten von meinen Schultern und schlangen sich um meinen Leib, und mit der ganzen Kraft dieser Arme fühlte ich mich an ihren wogenden Busen gepreßt.
> [...]
> Ich weiß nicht, ob sie zu mir emporstrebte, oder mich zu sich herniederzog, ich weiß nicht, ob ich Lust oder Entsetzen empfand, nur noch das weiß ich, daß ich mich plötzlich wie umflutet fühlte von einem glühenden Meere, daß ich zwei Lippen fühlte, die in wilden Küssen meine Lippen suchten, daß meine Hand in ihrem strömenden Haare untertauchte und

daß auch meine Lippen sich wieder und immer wieder auf die ihrigen senkten.[39]

Carlotta sinkt vor Benno nieder: Abgesehen von der Geste an sich, die sowohl Hingabe und Unterwerfung als auch Anbetung signalisieren kann, eröffnet sich auch eine interessante Topologie. Nähert die Tierbändigerin sich Benno, so muss sie sich anstrengen, um zu ihm hinaufzureichen – wobei die Vokabel ›emporstreben‹ durchaus auch die Konnotation sittlicher Erhebung aufruft –, zieht sie ihn jedoch an sich, so bringt sie ihn auf ihr (niederes) Niveau. Zivilisierter Intellekt und unkultivierte Wildheit sind hier deutlich zugewiesen.

Dass Carlotta – zumindest in Bennos Augen – durch ihre Naturhaftigkeit bestimmt wird, zeigt sich auch in dem Vokabular, das er nutzt, um sein Gegenüber zu beschreiben: Die Arme der Frau gleiten und schlingen wie Pflanzen, ihr Busen ›wogt‹, ihr Haar ›strömt‹, ihr gesamter Körper erscheint amorph und kann Benno wie ein Ozean ›umfluten‹, in dem er ›untertaucht‹. Der junge Student fürchtet, in seiner Partnerin aufzugehen, sich in ihren Armen aufzulösen, von ihr assimiliert zu werden.

Dass diese Ängste durchaus begründet sind, dass Carlotta tatsächlich daran gelegen ist, sich Benno einzuverleiben, zeigt sich kurze Zeit später, wenn die riesenhafte Frau beinahe der Sprache nicht mehr mächtig, nur noch stammelnd – Zeichen mangelnder Rationalität –, Benno erklärt, dass sie mit ihm zusammen sterben wolle[40], ihn – noch immer auf dem Boden sitzend, Bennos Bitte, sich neben ihn zu setzen, sich also mit ihm auf eine Ebene zu begeben, ablehnend – küsst und sich damit nicht zufrieden geben will: »Küssen ist doch eigentlich nichts – aber beißen – und verschlingen«.[41] Tatsächlich beginnt sie sogar damit, ihn in sich aufzunehmen, beißt ihn in die Schulter und trinkt sein Blut, »*vernichtungs*selige Freude«[42] in den Augen, die später von einem »*verzehrende[n]* Blick«[43] abgelöst werden wird, wenn Carlotta Benno zu dem Löwen führt, in dessen ›Armen‹ die beiden ›ruhen‹ sollten, ginge

---

39 Ebd. S. 334 f.
40 Vgl. ebd. S. 335.
41 Ebd. S. 341.
42 Ebd., Hervorhebung P. P.
43 Ebd. S. 343, Hervorhebung P. P.

es nach dem Willen der Gigantin: »Ich dulde es nicht [...], daß die verfluchten Menschen dich quälen, daß sie dich martern, bis daß du stirbst – ich will dabei sein – mit dir zusammen will ich sterben!«[44] Carlotta will Bennos Tod – und sich in der gleichmacherischen Vernichtung mit dem jungen Mann unauflösbar vereinigen. Doch diese Verbindung findet nicht statt, weil Benno sich ihr verweigert, flieht und sowohl die unwillens begehrte Frau als auch Leipzig verlässt und zu seinen Eltern, zu Ordnung und ideeller Mutter-Liebe zurückkehrt.

Carlotta glaubt sich mit dem Protagonisten körperlich und geistig verbunden – für ihn ist ihr Blut geflossen, als sie durch den Prankenschlag des Panthers eine Wunde erlitt, und sie hat sein Blut getrunken: »nun kann er nicht mehr von mir los!«[45] Tatsächlich fühlt auch Benno sich von der Tierbändigerin schicksalhaft angezogen, entgegen seiner Absprache mit dem Freund besucht er nochmals den Zirkus in Kopenhagen, in dem Carlotta arbeitet. Allein durch seine Anwesenheit lenkt er sie allerdings bei ihrer Dressur so sehr ab, dass der bereits »ungeduldig«[46] und aggressiv gewordene Löwe sich nicht mehr von ihr bändigen lässt, und sie beim hastigen Verlassen des Käfigs anfällt. Benno ist es dementsprechend zwar mit zuzuschreiben, dass Carlotta verletzt wird – doch sie stirbt außerhalb des Löwenkäfigs in Bennos Umarmung, nicht in der körperlichen und geistigen Vereinigung, die sie erwünscht hatte. Dennoch verschuldet ihr Sterben wiederum den *geistigen* Tod Benno Rothers, der nach der schrecklichen Erfahrung nicht mehr »der lebendigen Welt angehört«.[47]

Sexuelle Anziehung spielt in dieser Szene insofern eine Rolle, als der Text suggeriert, dass das Tier die Anwesenheit Rothers als eines Nebenbuhlers gespürt habe und eifersüchtig geworden sei. Die Prophezeiung einer Wahrsagerin, die Carlotta geweissagt hatte, dass ihr zunächst ein »Schwarzer« begegnen, der sie aber »nicht bekommen«[48], dann jedoch ein »Gelbe[r]« erscheinen würde, dessentwegen sie »mit Seele, Leib und Leben«[49] verloren ginge, die sie zunächst so interpretiert hatte, dass

---

44   Ebd. S. 346.
45   Ebd. S. 341.
46   Ebd. S. 351.
47   Ebd. S. 352.
48   Ebd. S. 335.
49   Ebd. S. 340.

das Tier die Stelle des ›Gelben‹ besetzte, dann jedoch auf Benno bezogen hatte, lässt beide – Mann und Löwe – auf einer Ebene positioniert erscheinen. Die Tierbändigerin macht keinen Unterschied zwischen ihnen, betrachtet auch den Löwen mit »verzehrendem Ausdruck«[50], befindet sich in seiner Nähe »in einem Zustande wildester Ekstase«.[51] Für Carlotta wäre es deshalb auch der höchste Liebesbeweis, wenn Benno mit ihr in den Armen des Löwen stürbe – das Tier also als Kopplungspunkt für die beiden so ungleichen Körper dienen, sie durch den Tod von allem menschlichen Leid erlösen könnte. Rother kommt es in diesem Augenblick so vor, als verstünde das Tier den Wunsch seiner Herrin[52], der Löwe wird also als potenziell vernunftbegabt gezeichnet.

Dieser Eindruck Rothers und die Emotionen bzw. Emotionsbezeugungen, die der unbeteiligte Zuschauer dem Löwen zuschreibt – »üble[] Laune«, drohendes »Murren«[53], Ungeduld, Zorn –, wirkt das Tier beinahe menschlich, seine Reaktion auf Bennos Anwesenheit bzw. Carlottas mangelnde Zuwendung erscheint dementsprechend fast wie ein Mord aus Leidenschaft. Dass diese Gewalthandlung und der anstehende Tod Carlotta als besonders weiblich erscheinen lassen – »Nichts Wildes war mehr darin [d. i. in ihren Augen], nichts Leidenschaftliches, nur der ergreifende Ausdruck liebender, leidender Weiblichkeit« –, zeugt davon, dass Feminität in der Novelle nur als passiv, unterlegen und innerhalb eng gesteckter Grenzen gedacht werden kann.

3.1.4 Das »Greuel dieser Unnatur«[54]: Der empfangende Mann und die entgrenzte Frau

Benno wird von Beginn der Erzählung an als androgyn oder gar effeminiert beschrieben, was sich nicht nur in seiner äußeren Erscheinung ausdrückt – sein »langes, blondes […] Haar«, seine Bartlosigkeit, die »fast mädchenhafte Zartheit der Hautfarbe«[55] –, sondern auch in seiner psychischen Anlage: So erscheint er dem Freund »eigentümlich[]«,

---

50   Ebd. S. 344.
51   Ebd. S. 345.
52   Vgl. ebd.
53   Ebd. S. 351.
54   Ebd. S. 332.
55   Ebd. S. 301.

»träumerisch«[56], ein »Bild sanftmütiger Ergebung«.[57] Sein Händedruck, seit jeher Möglichkeit der männlichen Selbstinszenierung, wirkt schlaff.[58] Der Erzähler geht sogar so weit, zuzugeben, dass der Freund einen »seltsamen Zauber«[59] auf ihn ausübt. Der Narrator spricht von seinem Freund als von einer »Seelenknospe« mit »unberührte[m] Kelch« und von Bennos »Empfänglichkeit«.[60] Die Metaphern, die er zur Beschreibung der Seele des Freundes einsetzt, dienen oft der verschlüsselten Darstellung des weiblichen Genitals – die Anziehungskraft Bennos wird damit durchaus sexuell aufgeladen. Der Erzähler schätzt gerade die Keuschheit und Aufnahmefähigkeit an Benno, analysiert seine Empfindungen für den jungen Mann, der ihn in seinen »Bannkreis«[61] zieht, jedoch nicht.

Bennos Status als Einzelkind und seine überfürsorglichen Eltern[62] werden vom Erzähler für seine Zartheit und sein zur Unterwerfung neigendes Wesen verantwortlich gemacht. Wildenbruch präferiert also die Idee, dass die soziale Umwelt Bennos für seine Persönlichkeitsentwicklung verantwortlich ist und nicht das genetische Erbe. Auch Carlottas Neigung zum Sadismus wird – wie oben angemerkt – weniger ihrer Abkunft (auch wenn auf mögliche slawische Einflüsse hingewiesen wird) als vielmehr ihrer gesellschaftlichen Stellung und ihren individuellen Erfahrungen zugeschrieben.

Im Gegensatz zu Carlotta aber, die ihre Haltung gegenüber Benno offenbar als natürlich und geradezu schicksalhaft empfindet[63], ist diesem die postulierte Abnormität in seiner Stellung zu der riesenhaften Frau durchaus bewusst: »Das Verhältnis zwischen Mann und Weib war zwischen uns in sein Gegenteil verwandelt, sie war der gebietende, ich der gehorchende Teil, und ich fühlte den Greuel dieser Unnatur auf das

---

56 Ebd.
57 Ebd. S. 302.
58 Vgl. ebd. S. 303.
59 Ebd. S. 301.
60 Ebd. S. 303.
61 Ebd.
62 Vgl. ebd. S. 307.
63 Vgl. ebd. S. 334: »Wer das [d. i. über der Nasenwurzel zusammengewachsene Augenbrauen] hat, […] mit dem nimmt es kein natürliches Ende.«

allertiefste.«[64] Benno kann mit dieser ›naturwidrigen‹ Machtverteilung zwischen sich und Carlotta sowie seiner Sympathie für die Riesin nicht umgehen – ebenso wie er sein Begehren für die Hünin rationalisierend und verdrängend als Mitleid und seine Unfähigkeit sich von ihr zu lösen als Edelmut identifiziert hatte, will er die Verbindung zu Carlotta auch in eine ›der Natur entsprechende‹ umdeuten – und so konstatiert er, »daß in diesem Körper, dessen Maße alle Grenzen der Weiblichkeit überschritten, eine Seele wohnte, die in jeder Faser das Gepräge der Weiblichkeit trug, die sehnend danach verlangte, von den Menschen als Weib erkannt und anerkannt zu sein«[65], interpretiert sich damit als Sinn-, als Wahrheitssucher, dem es als einzigem Mann gelungen ist, diese Weiberseele in dem kolossalen Körper zu finden.

Der Erzähler übernimmt im Übrigen Carlottas Re-Naturisierung am Ende der Novelle. Als die Tierbändigerin durch den Prankenhieb des Löwen, der ihr eine Wunde auf der Brust (!) zufügt[66], stirbt, sieht der Narrator noch einmal in ihre Augen: »Nichts Wildes war mehr darin, nichts Leidenschaftliches, nur der ergreifende Ausdruck liebender, leidender Weiblichkeit.«[67] Es wird deutlich, dass Feminität – die Liebe und ausgehaltenen, aber eben nicht zugefügten Schmerz umfasst – im krassen Gegensatz zu jenen Emotionen steht, die der Narrator vorher in den Blick Carlottas interpretiert hatte.

Durch den Tod Carlottas wird ihre Anomalität aus der Welt ausgeschlossen – und durch die folgende Katatonie Bennos die furchtbaren Folgen einer (zumindest halbwegs willig unternommenen) Überschreitung der Grenzen der Normalität vorgeführt. Wer sich seinen – noch dazu selbst als destruktiv wahrgenommenen – Leidenschaften ergibt, wird sich zerstören.

3.1.5 Ästhetisierungsstrategien: Der Narrator als Wertungsinstanz

Beide gewalthaltigen Szenen in »Brunhilde« werden bereits dadurch gebrochen und somit konsumierbar gemacht, dass sie dem Narrator

64 Ebd. S. 332.
65 Ebd.
66 Vgl. ebd. S. 351.
67 Ebd. S. 352.

in der Rückschau erzählt werden, in einem Fall vom beteiligten, aber durch die inzwischen verstrichene Zeit etwas weniger emotional bewegten Benno, im anderen Fall von einem unbeteiligten Zuschauer. Sie werden dem Leser nicht durch präsentisches Erzählen näher gebracht, sondern doppelt in die Vergangenheit versetzt. Der in der Ich-Form erzählende Narrator, der dem Leser als Identifikationsfigur dienen dürfte, da durch ihn beinahe alle in der Novelle vorkommenden Handlungen in einen größeren Kontext eingeordnet werden, und er es ist, der die beiden Hauptcharaktere einführt und beurteilt, wird durch ebenfalls in der Ich-Form erzählende Figuren abgelöst. Bennos Geschichte wird allerdings immer wieder durch die Kommentare und Einwürfe des Erzählers unterbrochen, so dass der Narrator weiterhin als Wertungsinstanz präsent bleibt – so unterstützt er zum Beispiel Bennos Hoffnung, dessen Interesse an Carlotta könne auch als Edelmut verstanden werden, durch sein Urteil, der Freund habe richtig gehandelt. Die Erläuterungen des Zirkusbesuchers am Ende der Novelle werden vom Bericht des Erzählers eingerahmt und ergänzt und sind dementsprechend kurz gehalten.

Durch diese Dominanz des Erzählers wird dem Leser eine bestimmte Haltung den Figuren gegenüber suggeriert – Mitleid mit dem ätherischen Benno, Fremdheitsempfinden gegenüber Carlotta, deren persönliche Entwicklung zwar geschildert und somit plausibel gemacht wird, auf deren deformierten Körper und dem Wahnsinn nahenden Geist der Erzähler jedoch immer wieder rekurriert, so dass ihre Außergewöhnlichkeit nicht in Vergessenheit gerät.

Eine Ästhetisierung der körperlichen Gewalt findet dagegen nicht statt – dies ist auch kaum notwendig, denn der Erzähler verzichtet auf die detaillierte Darstellung von Wunden – auch wenn bisweilen von Blut die Rede ist – und beschränkt sich auf die Beschreibung psychischer Traumata.

3.2 Alfred Döblin: »Der schwarze Vorhang. Roman von den Worten und Zufällen«

Am 9. April 1904 schrieb Döblin, der nach einem Verleger für »Der schwarze Vorhang« suchte, an Axel Juncker, seinen Roman erläuternd:

> Absicht ist: eine Geschichte des Liebestriebes eines Menschen. Wie dieser Trieb aus der natürlichen Isolierung den »Helden« herausdrängt, ihn zu Pflanze, Tier, Freund, schließlich zur »Heldin« und zum Mord an ihr führt, soll psychologisch entwickelt werden. [...] Sexuell Pathologisches wird [...] auf ein normalpsychisches Verhalten zurückgeführt, als dessen Verschärfung, und eben durch diese Zurückführung begreiflich und künstlerisch darstellungsfähig.[1]

(Er-)fassbar wird die sexuelle Aberration des Protagonisten in »Der schwarze Vorhang« durch die Verankerung seiner Begierden im ›Normalen‹, aber auch durch die Suche und genaue Verortung dessen, was ihn abhebt von der Masse. Musil hatte in seinem Essay »Das Unanständige und Kranke in der Kunst« ähnlich argumentiert: Durch die Zergliederung und die Veranschaulichung der einzelnen Bausteine der Paraphilie kann der Autor dem Publikum die Perversion verständlich machen, durch seine Kunst*fertigkeit* wird die Aberration kunst*fähig*.[2]

3.2.1 Ansteckung durch Anschauung: Von der »seltsamlichen starren Lust«[3] des beobachtenden Sadisten

Döblin schildert seinen Protagonisten zunächst als zumindest körperlich das durch normative Vorstellungen geformte Geschlechterrollenbild (über-)erfüllend: Johannes wird – ähnlich wie Carlotta in Wildenbruchs »Brunhilde« – als breitschultrig, plump und roh beschrieben.[4] Johannes' Familie dagegen ist dysfunktional – die »herrische, starkknochige Mutter« dominiert den »fügsame[n]« Vater[5], die Geschlechter-

---
1 Döblin: Briefe. S. 23.
2 Vgl. Musil: Das Unanständige und Kranke in der Kunst. S. 18.
3 Döblin: Der schwarze Vorhang. S. 115.
4 Vgl. ebd. S. 107.
5 Ebd. S. 110.

rollen in der Paarbeziehung sind vertauscht. Ein Umstand, den der Erzähler offenbar als Makel wahrnimmt: »Keine Mutter hatte Johannes zart sprechen gelehrt, keine Schwester seine Sprunggelenke im Tanz gelockert und seinen Sinn an süße, feine Nichtse gekettet.«[6] Auch nach dem Tod der Eltern lebt Johannes bei einer herrischen, fettleibigen Frau, »deren Tochter verdorben und deren Sohn verschollen war«[7], hier findet sich ebenfalls kein männliches Vorbild, sondern erneut eine erdrückende Weiblichkeit – die wiederum mit der Überfülle einer sprießenden Natur in Verbindung gebracht wird: Johannes' Pflegemutter wird verglichen mit »eine[r] Rose von übergroßer Pracht, die sich über ein kartoffelblasses Pflänzchen [d. i. Johannes selbst] beugte«.[8]

Während er zu Hause niedergedrückt wird durch die weibliche Übermacht, mehrt sich bei Johannes die Lust an der selbst ausgeübten Gewalt – zunächst lediglich erträumt, später realisiert als Tierquälerei. Anfangs beschäftigt sich Johannes im Theatersaal mit Allmachtsphantasien – er glaubt, die Menschen in seiner Umgebung zu beherrschen, ihr Schicksal zu lenken[9], er malt sich sogar aus, Wände und Decken auf sie einstürzen zu lassen:

> Ja, es wäre ihm nicht staunenswert erschienen bei dieser so sichtbaren Offenbarung seiner Macht, wenn die Säulen des Theaters sich auf seinen Wink bewegt und die Decke sich gesenkt hätte. – Und manchmal zuckte er mit dem kleinen Finger, leise versuchend, und den Blick auf die Säule gerichtet: aber dann fuhr er lachend zusammen und drohte sich schalkhaft wegen seiner unergründlichen Bosheit und ließ es sein.[10]

Ganz ähnlich dem Patienten in Krafft-Ebings »Psychopathia sexualis«, der zu Zerstörungsphantasien masturbierte[11], empfindet auch Johannes offenbar eine gewisse Lust dabei, seine Macht zu erproben: Er glaubt sich in der Lage, die Menschen in seiner Umgebung zu töten oder zu verletzen, er ist der Herrscher über ihr Geschick. Wie ein Kind, das

---

6   Ebd. S. 111.
7   Ebd.
8   Ebd. – Für eine Diskussion des Frauenbilds im Roman siehe Kapitel 3.2.4 dieser Arbeit.
9   Vgl. Döblin: Der schwarze Vorhang. S. 112.
10 Ebd. S. 113.
11 Vgl. Krafft-Ebing: Psychopathia sexualis. S. 87. – Möglicherweise ein Vorbild für Döblins Schilderungen?

annimmt, die Welt verschwinde, wenn es die Augen schließt, sich also als den Schöpfer seiner Umwelt sieht, weil es nicht zwischen eigener Wahrnehmung und der ›Realität‹ unterscheiden kann, geht auch Johannes davon aus, dass die Menschen um ihn herum sich in seiner Gewalt befinden, sich auf seinen Wink bewegen.

Daneben hat Johannes allerdings auch eine unterwürfige Seite – so schmiegt er sich an einen Freund an, dessen Willen er sich gern beugt[12] – und im Verlauf des Romans sucht er sich einen weiteren jungen Mann, mit »schönen, aber männliche[m] Mund«, den er begehrt und vor dem er sogar fliehen muss, »in einer unklaren Furcht unrein zu werden«.[13] Sexuelle Normen werden zum Teil von der Religion mitbestimmt – wobei die christlichen Wertvorstellungen und Regeln nicht verinnerlicht sind und somit auch keine psychische Stabilität garantieren können; sie werden nicht einmal zur Gänze verstanden: Johannes' Furcht vor der Homosexualität und der Onanie ist denn auch »unklar«[14], er denkt an »dunkle Worte aus der Bibel und dem Munde des Religionslehrers« sowie »heimliche Versuchungen« und »heimliche Strafen Gottes«[15], wenn er masturbiert.

Der junge Mann ist leicht beeinflussbar – als er Zeuge wird, wie in der Schule aufgrund eines Missverständnisses ein Mitschüler »furchtbar geschlagen« wird, erregt ihn dies zunehmend:

> Die Angst, die der Augenblick in Johannes hineinpreßte unter der Verschuldung, der Wut des Lehrers, dem Keuchen des Kameraden, spitzte sich jählings zu einer seltsamlichen starren Lust, die den Zusammengeduckten stumm und vornübergebeugt jeden Stockschlag auf das weiche Fleisch verfolgen, sein Ohr jedes Schmerzächzen einfangen ließ, und Zittern kam über ihn.[16]

---

12 Vgl. Döblin: Der schwarze Vorhang. S. 115.
13 Ebd. S. 131.
14 Ebd.
15 Ebd. S. 119 f.
16 Ebd. S. 115 f. – Georg Braungart macht auf die Relevanz der empfundenen Angst für die Entwicklung des Protagonisten aufmerksam: »Die Lust am Schmerz wird als abnormal charakterisiert, aber zugleich auf eine konkret erfahrene – gesellschaftlich genau situierbare – Angst zurückgeführt.« (Braungart: Leibhafter Sinn. S. 308) Döblins Beitrag zur Aufklärung der Ätiologie des Sadismus sei die Darstellung dieser Angst als eine der Wurzeln der Aberration (vgl. ebd. S. 314). Das

Zumindest in der Fiktion werden die Befürchtungen der Sexualwissenschaftler, die Anwesenheit bei einem Akt der Bestrafung könne den Beobachtern die Lust am Schmerz anderer nahebringen, wahr. Johannes – ohnehin sehr empfänglich für die Vorgänge in der Außenwelt – nimmt die visuellen und auditiven Signale von Lehrer und Schüler auf und reagiert mit Lust, die er allerdings passiv *erleidet*: Es ist die Angst, die in Johannes injiziert wird, die sich zu sexueller Leidenschaft entwickelt – das Attribut ›starr‹ soll dabei vermutlich eine Erektion andeuten[17] –, es ist ein Zittern, das den Jungen ›überkommt‹, ihn überwältigt. Der sexuelle Trieb wirkt und dringt von außen gewaltvoll auf ihn ein und bestimmt über ihn.

Generell wird der Drang in »Der schwarze Vorhang« als etwas Eigenständiges wahrgenommen[18]: Als Johannes nach dem Erlebnis in der Schule damit beginnt, seinen treuen Hund zu quälen, ihn mit Petersilie zu füttern, ihn zu würgen, ihn letztendlich die Treppe hinunterwirft[19], zittert erneut nicht etwa der Junge vor Scham oder Aufregung, sondern es heißt metonymisch, dass »die Erwartung in ihm zitterte und mit jeder Sekunde stärker zitterte«.[20] Johannes wird exkulpiert – nicht er ist es, der den Hund quält: Es ist eine Kraft in ihm, der er nichts entgegenzusetzen hat.

Dabei wünscht sich der Junge gleichzeitig, dass das Tier unter seiner Behandlung verende, damit er dieses Sterben tröstend (!) begleiten könne, und dass es die Angriffe unbeschadet überleben möge. Als der Hund nach dem Treppensturz verzweifelt versucht, seinem Herrn zu entkommen, liebkost und küßt Johannes das Tier »mit herzlichem, dankbaren Mitleid«.[21] Im Gegensatz zu den »täuschenden Schmeichelworten«[22]

    Erlebnis in der Schule soll »als eine psychologische Erläuterung der sadistischen Verhaltensweisen des Helden erscheinen« (ebd. S. 308).

17 Daneben schwingt allerdings auch noch die Assoziation zum visuellen ›Starren‹ mit – durch die optischen Stimuli angeregt, gelingt es dem Jungen nicht, seinen Blick abzuwenden.

18 Dazu mehr in Kapitel 3.2.2 dieser Arbeit.

19 Vgl. Döblin: Der schwarze Vorhang. S. 116.

20 Ebd.

21 Ebd. – Möglicherweise deutet der Erzähler schon hier an, dass der Sadismus Johannes' durchaus auch masochistische Züge trägt – der Junge ist dem Tier dafür dankbar, dass er mit ihm leiden kann.

22 Ebd.

vor der letzten Misshandlung ist die Anteilnahme in diesem Fall augenscheinlich authentisch, da von Herzen kommend. Misshandlung und Pflege wechseln sich ab. Johannes wünscht nicht, dass sein »Freund«[23] dauerhaft leidet, sondern er experimentiert mit ihm – er freut sich allerdings über die Schmerzen, deren Ursache er gewesen ist, und liebt das Tier vor allem als Versuchsobjekt. Vom Text wird dabei suggeriert, dass die Tierquälerei konkrete Folge seines Erlebnis' in der Schule sei, denn es heißt, Johannes »horchte starr entzückt *wie auf das Ächzen des Kameraden* auf das Winseln und hastige Atmen des Tieres«.[24]

3.2.2 Die »Lust [...] sich zu schließen, zu umschließen«[25]: Der sexuelle Drang als identitätsauflösendes Element

Während seine Kameraden mit »grenzenlose[r] Sicherheit [...] über Menschen und Dinge sprachen«, dabei ohne Nachdenken Begriffe verwenden und Urteile abgeben können, fürchtet Johannes die »unerbittliche[] Bestimmtheit der Worte, wo er stumm den Dingen lauschte und sich ihnen hingab«.[26] Der Junge kann seine Umwelt nicht klar benennen, weil er sich ihrer und seiner selbst nicht gewiss ist. Johannes versenkt sich – im Gegensatz zu seinen Bekannten, die in der Lage sind, Beziehungen zu anderen Menschen aufzubauen – nur in die *Gegenstände* in seiner Umgebung.[27] Er fürchtet sich vor dem, was er als »das Leben, das echte Leben«[28] erkennt – freund- oder feindschaftliche Verbindungen zu anderen, emotionale Verbundenheit –, eben weil er ab einem bestimmten Punkt in seiner Entwicklung unfähig ist, sein eigenes Ich als unverbrüchliches Ganzes zu erfassen.[29] Diese Ich-Schwä-

---

23 Ebd.
24 Ebd., Hervorhebungen P. P. – Vgl. auch Braungart: Leibhafter Sinn. S. 308.
25 Döblin: Der schwarze Vorhang. S. 125.
26 Ebd. S. 117.
27 Hier ist nicht mehr von »Menschen *und* Dinge[n]«, sondern nur noch von »Dingen« die Rede (ebd., Hervorhebung P. P.).
28 Ebd.
29 Ähnlich argumentiert auch Otto Keller: »Im S[chwarzen] V[orhang] thematisiert Döblin wie andere Autoren dieser Zeit die Ich-Problematik, weicht er die Festigkeit des Ich von kollektiven Grundkräften her auf.« (Keller: Döblins Montageroman. S. 35)

che wird akut, als Johannes sich der Geschlechterdifferenz[30] und seines eigenen Strebens zur Frau – *als zu einer Ergänzung hin* – bewusst wird. In Johannes wächst der Wunsch nach erneuter, als selbstverständlich wahrnehmbarer Begrenztheit: Wenn er morgens aufwacht und sich nach der Berührung einer fremden Haut sehnt[31], dann symbolisiert dieser Wunsch auch das Verlangen nach Selbstvergewisserung qua Sicherstellung der Körpergrenzen. Daneben verspürt Johannes die Sehnsucht nach dem anderen, um etwas zu inkorporieren, das offenbar noch außerhalb seiner selbst liegt, sich dadurch zu vervollständigen: »über die gekrümmten Knie strömte und spukte die Lust hin sich zu schließen, zu umschließen«.[32]

Die Begierden des Körpers werden als ›natürlich‹ wahrgenommen, ihre spezifische Ausbildung wird akzidentell bestimmt – die Triebe passen sich den Gegebenheiten der Außenwelt an, sie nehmen auf, was diese ihnen anbietet, das Individuum entwickelt sich (aus seinen ererbten Anlagen heraus) entsprechend des Milieus, in das es geboren wurde:

> Wie die Gewebe, ehe eine Krankheit oder Gesundheit den Körper überrumpelt, sich in Schwäche oder Stärke vorbereiten, ihr Geschick zu empfangen, so die Triebe.
> Die Zufälle wirbeln und reiten durch alle Welt und sind an jeglichem Orte.
> [...]
> Aber die Triebe müssen wachsen und ihrem Zufall entgegenreifen, ehe sie sich an ihm mästen und verrecken.[33]

Das Keimen, Reifen und Vergehen des Verlangens wird durch den der Natur gemäßen Zyklus determiniert.[34] Der Trieb wirkt überwältigend und zerrüttend, durchläuft Johannes' Körper unaufhaltsam, was sich auch in der sprachlichen Gestaltung bemerkbar macht, in der nun

---

30 Der Junge ist – so scheint es – nicht aufgeklärt. Erst als er geschlechtsreif wird, erschließt sich ihm, »warum [...] ein Teil der Menschen Röcke [trägt]« (Döblin: Der schwarze Vorhang. S. 121).
31 Vgl. ebd. S. 125.
32 Ebd. – Heidi Thomann Tewarson beschreibt diese Entwicklung ebenfalls als Drängen »zum anderen Menschen, zur Frau hin« (Tewarson: Von der Frauenfrage zum Geschlechterkampf. S. 223).
33 Döblin: Der schwarze Vorhang. S. 126.
34 Vgl. Keller: Döblins Montageroman. S. 37.

substantivierte »Verben der Bewegung« dominieren[35], wodurch die bedeutende Kraft des die Natur durchdringenden ›Lebens‹ betont wird:

> Er hatte die wirrsäligen Pfade erst zaghaft und stockend, mit dem Gefühle eines schmählichen Selbstbetruges, ja einer verbotenen Schuld und Sünde, betreten; aber unter dieser Hemmung schliefen und stahlen sich die Triebe gepreßt immer wieder, immer weiter ein, mit niedergeschlagenen grünen Augen, stießen sich vertraulich an. Mit ein- und vielmaligem Gelingen und dem Genuß an der gerafften Beute verlor sich die Angst und wuchs die Begehrlichkeit; aus dem Versuchen, Tasten, Rucken wurde ein heftig geschmeidiges Schlüpfen, wurde ein freches Stampfen, Schreiten und Gleiten, und dann ein Segeln mit breit entfalteten Flügeln und hellem Rauschen und übermütiges Wiegen, Kichern, Kreischen, Plätschern in allen Lüften.[36]

Johannes versucht sich gegen seine Begierden zu wehren, weil sie ihm fremd sind und er nicht auf ihr Wirken vorbereitet ist. Bei der ersten sexuellen Erregung – nachdem er »mit glühheißen Wangen, heftigem Herzschlagen, unter wollüstigen Krämpfen«[37], also zunächst als Krankheitserscheinungen zu interpretierenden Symptomen, erwacht ist –, flieht der Junge aus seinem Zimmer nach draußen, vor seinen Körperreaktionen davonlaufend: »Er wußte nicht, was über ihn hereingebrochen war.«[38]

Dem Ursprung seiner für ihn nicht zu deutenden und von außen in ihn dringenden Begierde kommt er näher, als er sieht, wie eine junge Frau ihr Kind in der Öffentlichkeit stillt: Johannes ist es, als habe er eine »Stichflamme« vor Augen: »Die blendete ihn, so daß er stehen blieb und den Atem anhielt. […] Er war fassungslos nach dem heißen Schreck«.[39] Das feurige Verlangen, das er plötzlich nach der Stillenden verspürt, lässt ihn die Zusammenhänge zwischen seinen ersten Pollutionen, dem anatomisch differenten Frauenkörper und dem »Drängen seines Schoßes«[40] erkennen – doch es versöhnt ihn nicht mit seiner rebellierenden Physis oder seinen ungewollten, wollüstigen Phantasien.

---

35 Ribbat: Die Wahrheit des Lebens. S. 26.
36 Döblin: Der schwarze Vorhang. S. 113 f.
37 Ebd. S. 118.
38 Ebd. S. 119.
39 Ebd. S. 126.
40 Ebd. S. 127.

Seine Gedanken werden von ihm als geradezu feindlich wahrgenommen, sie »schwammen rettungslos nach dem einen Ziel und überströmten, bezwangen, bewältigten den Wehrlosen«.[41] Der Trieb – zunächst mit Feuer, nunmehr mit Wasser, beides elementare Urkräfte[42], verbunden – schwemmt das ›Ich‹ des Johannes immer mehr hinweg. Das Gefühl übermannt ihn, ein »Drängen, das ihm sich selbst entfremdete«[43], ihn den eigenen Körper und selbst den eigenen Verstand als nicht zu ihm gehörig wahrnehmen lässt, da er beides letztlich nicht zu beherrschen vermag: »Die Schwäche seines Gedankenwillens erfuhr er, als er vergeblich seine Begierde zu zähmen suchte; er ließ es gehen.«[44]

In Johannes existieren zwei miteinander ringende Einflüsse:

> Die spöttische Ruhe in sich hatte er sein Nein, den alten wilden Drang das Ja genannt, – die kluge Schwester und den hitzigen Kindskopf, die sich stritten.
> Jetzt schwieg die kluge Schwester still und grämte sich. Aber emsig suchte sie bunte Decken, Tücher und Schleier hervor, um den Lärm des tobenden Bruders durch Behängen der Wände, Türen, der Fenster zu dämpfen.[45]

Der Drang wird gleichzeitig als alt und kindlich attribuiert – gilt offenbar parallel als vertraute, da strukturell in jedem Menschen angelegte, und noch unbekannte, neue, da gerade aufgebrochene Kraft, die als maskulin (»Bruder«), roh und rasend vorgestellt wird. Die Rationalität dagegen ist »die kluge Schwester«: sanft, leise und interessanterweise – vermutlich, da Ruhe und Balance im »Schwarzen Vorhang« immer feminin konnotiert ist – weiblich. Sie versucht, die Triebäußerungen zu bemänteln, sie nach außen hin nicht wahrnehmbar werden zu lassen.[46]

Johannes bemüht sich, zwischen Ratio und Lust zu navigieren: »Für den Helden […] steigert sich die Geschlechtlichkeit zum Kampf zwi-

---

41 Ebd.
42 Vgl. Keller: Döblins Montageroman. S. 31.
43 Döblin: Der schwarze Vorhang. S. 130.
44 Ebd.
45 Ebd. S. 134.
46 Möglicherweise spielt der Text hier darauf an, dass sexuelle Begierde mithilfe von Verbrämungen in Kulturleistungen umgewandelt werden kann, ein Vorgang, den bereits Krafft-Ebing dargestellt hatte. Vgl. S. 133 f. dieser Arbeit.

schen freiem Willen und (biologischem) Determinismus.«[47] Die Triebe, von der Natur zu Wachsen und Vergehen prädestiniert, treiben Johannes zur Frau, seine Selbstkontrolle dagegen lässt ihn sich zurückziehen. Wenn allerdings zwei Kräfte innerhalb eines Individuums miteinander ringen, erweist sich das Subjekt als gespalten, als in sich nicht eins: »Als archaische Gewalten stellen sie [d. i. die Triebkräfte] die menschliche Autonomie und Identität des Ich grundsätzlich in Frage.«[48]

Die sexuelle Begierde – das »Kainszeichen der Geschlechtlichkeit«[49] – wird dementsprechend als Sehnsucht nach einer verlorenen, »zersplittert[en]« Ganzheit beschrieben, die den Menschen aus sich selbst heraustreten lässt; der Mensch wird »ewig über die eignen Grenzen gedrängt, an fremdes Lebendiges getrieben«, denn er »gewinnt sich erst im andern«[50], kann ohne einen Partner, der das kurzzeitige Verstummen des sexuellen Drangs in der Vereinigung verheißt, kein Gefühl von Vollständigkeit erlangen:

> Es ist, als wollte sich das Leben, das sich erst geschlossen in das Freie, Breite, unbegrenzt Wogende von Luft, Feuer, Wasser, ergießt, nur schmaler und enger einschnüren und auseinander würgen zu starrer Zweiheit, um sich heißer zu verbeißen, sich aufs wildeste zu packen.[51]

Das ›Leben‹ – »gewissermaßen metaphysische Instanz«[52] – ist eine elementare Urkraft, die sich lediglich in die beiden Geschlechter trennt, um diese in Qualen nacheinander verlangen zu lassen, sie aneinander zu fesseln. Die Individuen sind dabei unwichtig, »das Ich mit seinem Körper nur Mittel.«[53] Der freie Wille bleibt Illusion.[54]

---

47 Tewarson: Von der Frauenfrage zum Geschlechterkampf. S. 223.
48 Keller: Döblins Montageroman. S. 38.
49 Durch die Verbindung von Geschlechtlichkeit mit dem »Kainszeichen« koppelt der Erzähler sexuelle Begierde mit Eifersucht und Mord. Johannes bringt seine sexuelle Begierde mit Sünde in Verbindung – da sein Körper ihn verrät, muss Gott menschenhassend sein (vgl. Tewarson: Von der Frauenfrage zum Geschlechterkampf. S. 223).
50 Döblin: Der schwarze Vorhang. S. 128.
51 Ebd.
52 Braungart: Leibhafter Sinn. S. 325.
53 Ebd.
54 »Dem alles durchdringenden natürlichen Leben kann sich niemand entziehen, jeder wird von ihm geformt, ob er will oder nicht. Der Mensch ist seit jeher schon

3.2.3 »Unersättliche Verlassenheit«[55]: Sadismus als Verschmelzungsversuch

Der Drang nach Nähe und Zusammenschluss wird dabei nicht gänzlich positiv gewertet. Der Trieb zur Frau, zur »Fülle«[56] eines anderen ist Ausdruck eines Mangels an körperlicher und geistiger Autonomie und somit Zeichen von Unterlegenheit. Eine Blöße, von der niemand erfahren darf, »auf daß er [d. i. Johannes] wieder atmen und das Gesicht erheben konnte«.[57] Ein Leben in Stolz und Würde ist nur möglich, wenn – zumindest von außen – die »Armut«[58] Johannes' nicht erkennbar wird, er als in sich geschlossene Einheit wirkt. Die Vortäuschung von Vollkommenheit ist dabei spezifisch männlich konnotiert: Das maskuline sich konstituierende Ich muss die Illusion von Autarkie erhalten, um sich als im doppelten Wortsinne abgeschlossene Persönlichkeit wahrzunehmen, während Irene als Prototyp ›des Weibes‹ – zumindest aus Johannes' Perspektive und zunächst ohne Einschränkungen der sich hier allerdings zurücknehmenden Erzählfigur – klar, vollkommen und in sich ruhend wirkt.[59] Erst Johannes' Forderungen an Irene treiben sie aus ihrer Ruhe heraus: »Bei Johannes stand der Geschlechtstrieb im Gegensatz zu seinem freien, geistigen Selbst. Bei Irene wird er auch zur alles determinierenden Macht, durch die ihr altes Selbst, das sittliche, tröstende zerstört wird.«[60] »Zerstörung« trifft den Sachverhalt allerdings nicht ganz: Irene gibt sich dem sexuellen Drang hin – es handelt sich dabei nicht um eine bewusste, sondern um eine instinktive Handlung –, und der Trieb bestimmt ihr Ich, verbindet sich mit ihrem

---

in einer ganz bestimmten Weise geprägt, auch wenn er noch an eine unbegrenzte Entscheidungsfreiheit glauben mag.« (Ribbat: Die Wahrheit des Lebens. S. 15)
55 Döblin: Der schwarze Vorhang. S. 171.
56 Ebd. S. 142.
57 Ebd. S. 143.
58 Ebd.
59 Vgl. z. B. ebd. S. 146: »Wenig wallte ihr Inneres, wenn sie die Augen schloß; sie achtete still, glättete sich ohne Zagen und sicher, *weder von außen noch von innen beirrt*, reihte sich in das Bunte ein, die Klare.« (Hervorhebung P. P.)
60 Tewarson: Von der Frauenfrage zum Geschlechterkampf. S. 226. – Inwiefern so etwas wie ein »freie[s], geistige[s] Selbst« allerdings überhaupt existieren kann, wenn ›das Leben‹ jeden Körper durchdringt und mitbestimmt, bleibt dahingestellt.

Selbst und führt sie dem zu, was sie offenbar später als ihre Bestimmung ansieht: Johannes' Liebhaberin zu sein und für ihn zu sterben. Die Begierde des Jungen, sich wieder zu einer Einheit zusammenzuschließen, mündet jedoch in Aggression. Wütend darüber, eine Schwäche eingestehen zu müssen, will Johannes sein Gegenüber, das ihn emotional berührt und ihm somit seine Unzulänglichkeit vor Augen führt, leiden sehen[61], zumal er Irene die Schuld für das Empfinden des Mangels zuschreibt, der ihn erniedrigt[62]: »Ich muß nach dir verlangen; bin ich ein Bruchstück, so kannst nur du mich noch ergänzen. Irene, du, du hast mich zum Bruchstück gemacht.«[63]

Diese Einsicht löst in Johannes erneut Gewaltphantasien aus: »Mit Ruten und Skorpionen wollte er über sie fahren, die sein Glück verstörte, sich sein Recht zu holen; das Gleichgewicht sollte wieder hergestellt, dem Gesetz Genüge getan werden.«[64] Der Junge wünscht sich die ihm abhanden gekommene Ruhe zurück, die Balance zwischen den beiden nun in ihm streitenden Kräfte, die ihn seine Zerrissenheit nicht spüren ließ. Dem »Gesetz«, Sinnbild emotionsloser Entscheidungsfähigkeit, dem rationalen ›Ich‹, kommt dabei das Primat zu, es soll Johannes den inneren Frieden wiedergeben, den er als ihm zukommend beansprucht. Es geht dem Jungen nicht mehr um die gleichberechtigte Vereinigung mit einer Partnerin zu einem Ganzen, sondern darum, das Weib zu dominieren, es zu »bezwingen«[65] – die körperliche Verschmelzung wird zum Kampf:

> Zankende Hände packen sich, erbarmenlos loht Aug gegen Aug. Der Mensch soll nicht allein sein. Jammern, Betteln, flehendes Wimmern an allen Türen, verzweifeltes Rauben und Morden. Eine himmlische Stimme ruft; hinter einer himmelsüßen Maske sperrt sich ein Maul auf, funkeln zwei heiße Augen, höhnend: die unersättliche Verlassenheit.[66]

---

61 Vgl. Döblin: Der schwarze Vorhang. S. 138.
62 Vgl. ebd. S. 153: »Er hatte mit diesem bestimmten Wesen nichts zu schaffen, und sie erniedrigte ihn.«
63 Ebd. S. 189.
64 Ebd. S. 140. Vgl. ebd. S. 165: »Jetzt ging er sie niederwerfen, wie man ein Weib niederwirft. Jetzt mußte er sie morden.«
65 Ebd. S. 143.
66 Ebd. S. 171.

Vom Körper offenbar losgelöste Hände[67] ergreifen rabiat andere, widerstreitende Gliedmaßen. Die Lust erniedrigt, nötigt den Gepeinigten dazu, seine Befriedigung zu erbetteln oder gewaltsam einzufordern. Die Zufriedenheit versprechende wechselseitige Ergänzung zu einer Einheit bleibt ideelle Wunschvorstellung.[68] Beim Versuch, dem paradiesische Zustände versprechenden Ruf zu folgen, tritt lediglich die durch den nur scheinbar höheren Zweck verbrämte animalische Seite der Lust stärker zu Tage, aus deren »Maul« offenbar die »himmlische Stimme« gedrungen war. Letztlich bleibt der ›Liebende‹, nach dem Besitz des anderen Strebende, emotional unbefriedigt zurück – das Gefühl der Isolierung ist höchstens temporär aufzuheben, die Sehnsucht nach Ganzheit ist unstillbar.

Döblin selbst hat diese Deutung in seinem Brief an Juncker vorweggenommen:

> Gegenüberstellung des geläufigen sentimentalen leeren Liebesbegriffs – »Worte« –, und des inhaltsvollen, des Eigentums- Haß und Neidtriebes. [...]
> Der lyrische Kern [d. i. von »Der schwarze Vorhang«] ist: die Unmöglichkeit der völligen Vereinigung zweier Menschen, selbst in der Liebe; das *Wort* »Liebe« täuscht solche Vereinigung, solchen innern Zusammenhang der Wesen vor, wirklich ist und lebt nur das Einzelne, Zusammenhanglose, der »*Zufall*«, das Einsame, das vernichtend auf andere Einsame übergreift.[69]

Liebe als gegenseitige Ergänzung ist unmöglich, da das Gefühl immer mit körperlichem Verlangen und dieses immer mit Besitzgier einhergeht.[70] Es gibt keine tragende Brücke zwischen den beiden Entitäten: »Eines lebt für sich und das andere für sich, und nur darin sind sie. [...]

---

67 Johannes nimmt seine Glieder des Öfteren als von sich getrennt wahr, was auf ein gestörtes Körperbewusstsein hindeutet, das mit seiner Unfähigkeit, sich nach Außen hin abzugrenzen, zusammenhängen dürfte. Vgl. z. B. ebd. S. 110: »Die Hand sank zusammen und lag wie ein weißer Tierleichnam flach auf dem Tisch.«
68 Vgl. zu diesem Punkt Ribbat: Die Wahrheit des Lebens. S. 17.
69 Döblin: Briefe. S. 23.
70 Der Erzähler formuliert diesen Gedanken aus: »Seine [d. i. Johannes'] Einsamkeit verstand das Wort Liebe: ein Lebendes, eine Menschenseele auf Tod und Leben zu besitzen.« (Döblin: Der schwarze Vorhang. S. 159) Vgl. auch ebd. S. 152: »Lieben: heißt das nicht besitzen? Besitzen in der Maske des Sklaven?«

Monaden sind wir und haben keine Fenster.«[71] Eine Kontaktaufnahme, eine mehr als körperliche Berührung ist nicht möglich, da keiner der beiden Liebenden seine Hülle durchbrechen kann. Ein Ineinander-Aufgehen bleibt Illusion, auch wenn Johannes gerade die Verschmelzung wünscht: »Todtraurig und kalt gegen alles macht es mich, wenn ich Irene in Freud oder Qualen sehe, die ich nicht geweckt habe. [...] Sie sollte alles fühlen wie ich.«[72] Das Gefühl der Getrenntheit, das Gefühl, dass Irene eigenständiges Wesen bleibt und ihm nicht assoziiert ist, weckt Johannes' Groll.

Der Junge kann nie sicher sein, ob Irene etwas für ihn empfindet, sie bleibt ihm fremd – der Andere bleibt für das Ich »prinzipiell unerkennbar«.[73] Georg Braungart interpretiert Johannes' Streben nach einer körperlichen und mentalen Vereinigung mit Irene als Versuch des Helden, seine Monadenexistenz permanent aufzugeben – es erscheine zunächst auch so, als könne Irene »den Solipsismus des Helden aufbrechen«, ihn über sich hinaustreiben, doch »durch dieses Zusammenwirken des Fremden im Innern und im Außen wird dem Ich seine Individuation schmerzlich bewußt.«[74]

Johannes stellt tatsächlich fest, dass er weder seine Gedankenwelt noch seinen Körper im Wortsinn mit Irene teilen kann – doch diese Erkenntnis birgt nicht nur Schrecken für ihn. Auf der anderen Seite fürchtet der Junge nämlich, etwas von sich preiszugeben: »Er barg seinen Kopf in den Händen, wandte sich ab, damit sie ihm nicht in das Gesicht, in die Augen sähe, ihm nichts nähme.«[75] Johannes treibt die Angst, in der von ihm imaginierten Verbindung zu unterliegen, sich zu verlieren: »Er hatte Irene ganz eingesogen, so daß sie zu ihm gehörte. Ihr Bild hatte sich in ihn eingedrängt; ja er hatte sie verloren, aber sie besaß ihn jetzt, sie konnte er nicht mehr lassen, sonst schrieen seine Be-

---

71 Ebd. S. 160.
72 Ebd. S. 161 f.
73 Braungart: Leibhafter Sinn. S. 319.
74 Ebd. – Ähnlich argumentiert auch Otto Keller: »Das Leben ist für ihn [d. i. Johannes] tot, wenn es nicht transzendiert, wenn es nicht im All aufgeht, durch einen hellen Kosmos getragen ist, wenn es die adäquatio intellectus et rei nicht gibt.« (Keller: Döblins Montageroman. S. 30) Johannes versuche, eine in ihm auftretende Grundangst, die der fehlenden Transzendenz, zu bewältigen (vgl. ebd. S. 31).
75 Döblin: Der schwarze Vorhang. S. 168.

gierden nach ihr.«[76] In der »Wand« um Johannes ist durch Irenes Schuld ein »breite[r] Spalt«[77] entstanden, und er muss sich immer wieder seine Eigenständigkeit versichern: »Da trieb es ihn, ihre Hände zu lassen, fortzulaufen, zu singen, die dunkle, schwere Last vor sich hinzudrängen und laut, laut: ›Johannes‹ zu rufen.«[78] Das Nennen des Namens soll dabei ebenso die Angst vertreiben wie das Erklingenlassen der eigenen Stimme. Dementsprechend stellt »Der schwarze Vorhang« nicht nur den Kampf gegen die Individuation dar, die lediglich im Tod zurückgenommen werden kann[79], sondern das Hin- und Hergeworfensein des Menschen zwischen Sehnsucht nach Nähe und dem Wunsch des Für-Sich-Seins.[80]

All dies – der Wunsch nach Vereinigung, das gleichzeitige Verlangen, in der Verschmelzung dominierend zu sein und die Furcht vor dem Ich-Verlust – führt zu ungehemmter Aggression, die – zunächst scheinbar widersinnig – ebenso wie die nach außen strebende Lust mit ›Leben‹ assoziiert wird:

> Nun faß ich aber den Sinn des Lebens. Auf Vernichtung geht es aus, willentlich in Grausamkeit und Zerstörung lacht es. […] Wir haben nicht Arme, um uns entzückt zu umschlingen, nur um uns zu wehren und zu kämpfen gegen das andere und zu töten, wir Grenzzerstörer. Jeder Kuß verfehlt einen Biß. Ah, darum schnürt sich das Leben zur Zweiheit ein, zu Mann und Weib, daß es sich aufs wildeste packt und zerreißt.[81]

Leben bedeutet Kampf und Zerstörung, Verlangen drückt sich aus in Gewalt, lieben heißt letztendlich töten, mehr noch: »Etwas in die Arme schließen und zerbrechen, ich möchte etwas langsam, langsam zerknirschen, Rippe um Rippe, Glied um Glied – Ach, Blut sehen, mit dem Munde Blut schlürfen.«[82] Jeder Kuss verfehlt einen (vampirischen)

---

76 Ebd. S. 172.
77 Ebd. S. 184. – Vgl. auch die Metaphorik in Doderers »Die Bresche«.
78 Döblin: Der schwarze Vorhang. S. 183. – Ähnliches noch einmal S. 184.
79 Vgl. Braungart: Leibhafter Sinn. S. 320.
80 Otto Keller interpretiert Johannes' Entwicklung an dieser Stelle ähnlich: »Es geht auch jetzt um Ganzheit, und noch immer ist das Ich die treibende Kraft.« (Keller: Döblins Montageroman. S. 25)
81 Döblin: Der schwarze Vorhang. S. 199.
82 Ebd. S. 196.

Biss, ist nur Vorstufe zum atavistischen, kannibalischen Einverleiben des Partners.

Hier ähnelt Döblins Vorstellung Freuds Erklärungsmodell der psychosozialen Entwicklung des Menschen, nach dem die prägenitale Organisation des Sexuallebens die Sexualtätigkeit nicht von der Nahrungsaufnahme trenne und der Säugling durch das Stillen an der Mutterbrust eine Neigung dazu entwickle, außerhalb seiner selbst Liegendes besitzen und inkorporieren zu wollen, um sich des eigenen Ichs und der Herrschaft über die Umwelt zu versichern.[83]

Johannes' Ich drängt ihn aus sich heraus, ist übervoll – hat allerdings zugleich nicht genügend Substanz, um sich in dieser Expansion als ›Ich‹ zu behaupten: »Ich bin so reich, und doch so arm, daß du sterben mußtest.«[84] Die körperliche Vereinigung, so wie sie Johannes anscheinend wünscht – unter seiner Kontrolle, ohne Risiko der Selbstauflösung, unumkehrbar – ist nur durch eine vollständige Aufnahme des anderen möglich, hat dann allerdings den Verlust eines Lebens – das des anderen – zur Folge.

Wenig später wird Johannes seine Phantasie wahr machen: »Denn wie er sie umschlang, hatten seine Zähne tief in den weißen Hals und die Kehle geschlagen, das Gesicht in den Blutstrom gedrückt, schlürfte er an ihrem Halse, die mit leisem Keuchen gegen seine Umklammerung anrang.«[85] Doch er kann Irene nicht als lebendiges Wesen inkorporieren, sondern lediglich ihren toten Körper an sich pressen, nachdem er sie gemordet hat. Das Mädchen selbst ist verschwunden: »Seine Blicke suchten an den Bäumen, den Ästen und dem weißen Himmel.«[86] Johannes ist es nicht gelungen, seinen Monadenstatus zu verlassen, »eine Tür [zu] öffnen«[87], denn auch Irenes Tod konnte ihn nicht aus seiner Einsamkeit befreien: »Der Sadismus ist also einerseits Ausdruck des

---

83 Vgl. Freud: Drei Abhandlungen zur Sexualtheorie. S. 99.
84 Döblin: Der schwarze Vorhang. S. 203. – Hier wird auf eine andere Stelle im Text angespielt: »Niemand durfte von der Armut wissen, auf der sich der Reichtum seines Hasses erhob« (ebd. S. 143), in der Johannes sein Leid geklagt hatte, durch den Drang aus sich selbst hinaus- und zum Weibe hingedrängt worden zu sein. Johannes ist noch immer reich an Hass und arm, da er nicht in sich selbst ruhen kann und nach außen strömen muss.
85 Ebd. S. 200.
86 Ebd. S. 201.
87 Ebd. S. 203.

Leidens unter der Einsamkeit, andererseits ist er eine extreme Form der Ich-Bestätigung, der individualistischen Abgrenzung.«[88]

3.2.4 Erdrückende Mütter und sich verweigernde Fremde: Frauen als »geborene[] Feinde[]«[89]

In »Der schwarze Vorhang« werden zweierlei Frauenbilder beschrieben: Auf der einen Seite existiert die massige, mütterliche, das Männliche um sie herum zurückdrängende und unterdrückende Frau, wie sie Johannes in seiner Mutter und Pflegemutter kennenlernt, auf der anderen Seite die feingliedrige, stimulierende, den Mann zumindest potenziell ergänzende Frau, wie sie die »Schwarzhaarige«[90] und die ruhige, sich Johannes hingebende Irene darstellen.

Während die Mutter des Protagonisten als »herrisch[]« und »starkknochig[]«, »mit kühlem Blick«[91] beschrieben wird – emotional offenbar wenig zugänglich –, heißt es von der Pflegemutter stattdessen:

> Und er [d. i. Johannes] hauste bei einer fetten, glotzäugigen, kropfhälsigen Frau aus seiner Sippe, deren Tochter verdorben und deren Sohn verschollen war; und die in dem engen Bezirk weniger Straßen ihr behäbiges, dickwanstiges Dasein führte mit leichter Atemnot.
> Über Johannes' Appetit, Schnupfen, zerrissene Socken und schmutzige Hemden herrschte sie junonisch und mit einer herzlichen Teilnahme, die er oft ungeduldig und seufzend abwehrte.[92]

Körperlich abstoßend massig – eine Beschreibung, die später zurückgenommen wird, wenn die Rede von »behagliche[m] Fett«[93] ist –, mit Anzeichen von Krankheit (hervortretende Augen, Kropf, Atemlosigkeit) ausgestattet, beschäftigt sich das ›Weib‹ seiner Natur gemäß mehr mit Johannes' physischen Bedürfnissen als mit denen seines Geistes und seiner Seele. Die Pflegemutter entspricht dem Prototyp der nur auf das Körperliche bedachten Frau ohne große moralische Stärke – die eigene

---

88 Tewarson: Von der Frauenfrage zum Geschlechterkampf. S. 224.
89 Döblin: Der schwarze Vorhang. S. 130.
90 Ebd. S. 132.
91 Ebd. S. 110.
92 Ebd. S. 111.
93 Ebd. S. 120.

Tochter verdorben, der Pflegesohn wird zum (Lust-)Mörder –, deren geduldige und duldende Fürsorge[94] das (männliche) Kind nicht zur Entfaltung seiner Geisteskräfte kommen lässt.[95]

Als Sexualpartnerinnen kommen beide nicht in Frage – wobei der Status als ›Mutter‹ eine Frau nicht zwangsläufig für Begierde tabuiert. Die »junge, blonde, stumpfnasige Frau, die ihr winziges Kindchen auf den Schoß legte« und deren »halboffene[r] Busen«[96] Johannes seine Erregung erst verständlich gemacht hatte, ist trotz oder möglicherweise auch gerade wegen ihrer ausgestellten Fruchtbarkeit für den Jungen attraktiv. Diese Bauersfrau ist es auch, welche Johannes' Vorstellungen über die Frauen verändert und vervollständigt: Johannes' Eindruck vor dieser Begegnung war, dass sie »rätselhafte, unfaßbare Menschen waren […], kaum Menschen, zarter, erlesener […] – und noch mehr: die Blume vom Weine Mensch«.[97] Kostbare, sanfte Wesen, dem Mann unähnlich und fremd, vom Bewusstsein der durch sie in die Welt gekommenen Erbschuld niedergedrückt, gleichzeitig allerdings die Krone der Schöpfung: »Vielleicht sagt nichts anderes die Lehre von der Erschaffung des Weibes, als daß der Mannesmensch nur ein vorläufiger Versuch Gottes war, als er den Menschen bilden wollte, nur sein Rohstoff, das Weib zu schaffen.«[98]

Die »strotzenden Brüste«[99] der Bauersfrau, die pralles Leben symbolisieren, lassen Johannes schließlich erkennen, wohin sein Körper – bis dahin unerkannt – gestrebt hatte: »Weibesbrüste«[100] werden für ihn ab diesem Zeitpunkt zum Inbegriff der Schönheit, seine Vorstellung und seine Phantasien davon allerdings gleichzeitig auch zum Anlass des steten »Elend[s]«[101] der Masturbation. Johannes' Ehrfurcht ist nicht gewichen, ihr ist jedoch »Haß und Ingrimm« gegenüber den nun als seine

---

94 Johannes spricht davon, dass sie »mit […] lammäßigen [sic] Augen in die Welt« schaue (ebd. S. 121).

95 Dies erinnert an Otto Weiningers Diktum, dass eine Mutter auch und vor allem aufgrund ihres Geschlechts zwar »die Physis, nicht aber die Psyche des Kindes« pflegen könne (Weininger: Geschlecht und Charakter. S. 295).

96 Döblin: Der schwarze Vorhang. S. 126.
97 Ebd. S. 122.
98 Ebd.
99 Ebd. S. 126.
100 Ebd. S. 128.
101 Ebd.

»geborenen Feinde[]«[102] decouvrierten Frauen beigemischt, die ihn in »seiner selbstfrohen Ruhe«[103] gestört haben.[104]

Die »Schwarzhaarige [...] mit den schwarzen lächelnden Puppenaugen«[105] ist diejenige, die auf Johannes Annäherungen als Erste eingeht, den ›Geschlechterkampf‹ mit ihm aufnimmt und an ihm »ihre Waffen übte«.[106] Seine Liebe zu ihr – die als bloßes ›Wort‹ offenbar mit sexuellem Verlangen gleichgesetzt wird – ringt mit seinem »Stolz«, der diese Begierde immer wieder niederdrücken, nie jedoch vollständig besiegen kann.[107] Er ist ungeschickt und unbeholfen, schreibt dem Mädchen in seinen Phantasien Niedergeschlagenheit über sein langes Warten, sich ihm zu nähern, zu.[108] Tatsächlich ist es jedoch Johannes, der an seinen Gefühlen für die Schwarzhaarige und seiner Unfähigkeit, diese auszudrücken, verzweifelt und das Ringen um Fassung durch Aggression überdecken, die innere Spannung nach außen abführen muss. Als sie ihm seine »hohnvolle[n] Worte«[109] verweist, wählt er die Einsamkeit und die Stille, um wieder zu sich zu kommen und seine Neigung zu ihr zu vergessen – mit Erfolg: Johannes fühlt sich gereift, wieder als Herr seiner Emotionen. »Wenn die Schauer des Allweiblichen von ihr sanken, was blieb von ihr?«[110] Der Junge hält sein Gefühl für ein rein physisches – nach dem unter den Röcken der Schwarzhaarigen verborgenen Körper hatte er sich gesehnt, nach ihrer Umarmung, nicht nach seelischer Verbundenheit. Der begehrenswerte Leib, Rundungen und Brüste jedoch sind jedem Weib gegeben – die Frau, der das Verlangen gilt, ist somit austauschbar. Folglich erfährt der Leser auch nie den Na-

---

102 Ebd. S. 130.
103 Ebd. S. 131.
104 Es ist nicht ganz klar, ob hier der Erzähler spricht oder sich des Stilmittels der erlebten Rede bedient und Johannes' Ansichten wiedergibt. Letztere Deutung ist m. E. stimmiger, da der Zustand des Jungen vor seiner Erkenntnis, dass der Körper der Frau und sein Begehren zusammenhängen könnten, wohl kaum als »selbstfrohe Ruhe« zu bezeichnen war, zumal bereits vorher von nächtlichen Pollutionen die Rede ist.
105 Döblin: Der schwarze Vorhang. S. 132.
106 Ebd.
107 Ebd.
108 Vgl. ebd. S. 132 f.
109 Ebd. S. 134.
110 Ebd. S. 136.

men des Mädchens, das Johannes angezogen hatte – sie wird auf ihre körperlichen Attribute (Haar, Augen, Lippen etc.) reduziert, es ist ihr »Bild«, um das sich Johannes »Tagesstimmungen«[111] drängen, nicht ihr Wesen.

Fasziniert zeigt Johannes sich allerdings von der »eigenschön[en]«[112], rothaarigen Irene – sie erweckt sein Interesse vor allem dadurch, dass sie sich abweisend zeigt, ihre Gedanken vor ihm hinter ihren Worten verbirgt und von ihm unabhängig bleibt: »Wer war dieses Mädchen, daß sie ein Recht hatte, sich selbst zu fühlen?«[113] Ihr Körper und ihre Schönheit interessieren ihn nicht – die Kameraden, die lediglich ihr Aussehen wahrnehmen, verspottet er. Durch Irene will er sich an ihrem ganzen Geschlecht rächen, sein leises Mitleid mit ihr »entflammt[]«[114] seine Begierde nur noch mehr[115], sie ist das »Spielzeug seiner Lust«.[116]

Vom Erzähler wird Irene allerdings als autonomes Individuum vorgestellt, das Johannes nicht (be-)achtet, obwohl er »ein Recht auf sie«[117] zu haben glaubt. Die, die Johannes als Pflegerin für die durch die Schwarzhaarige verursachten psychischen Verwundungen ausgewählt hatte, schlägt ihm unwissend und unwillkürlich neue Wunden, stachelt dadurch seine Rachegelüste nur noch mehr an.[118] Er arbeitet sich an ihrer Art ab, fühlt sich ihr unterlegen, will ihr weiteres Dasein indes zumindest minimal beeinflussen, sich als »Herr ihres Lebens«[119] fühlen, solange sie seines in ihrer Hand hält. Irene hingegen interessiert sich nicht für Johannes, sie ruht in sich selbst:

> Irenes Seele bewegte sich in langsamen Menuettschritt. Eine gehaltene Dämpfung lag auf der Zarthäutigen. […]
> Sie reichte zum Gruß und Abschied ihre kühle Hand; nackte, stolze Mädchenhände waren die vertrauten Dienerinnen ihres Leibes, schlanke

---

111 Ebd. S. 132.
112 Ebd. S. 139.
113 Ebd. S. 138.
114 Ebd. S. 138.
115 In dem Sadisten sind folglich offenbar tatsächlich masochistische Anteile angelegt – sein eigenes (Mit-)Leid erregt ihn nur noch mehr.
116 Döblin: Der schwarze Vorhang. S. 138.
117 Ebd. S. 139.
118 Vgl. ebd. S. 140.
119 Ebd. S. 145.

Finger, die die Augen mit gelblicher Blässe trösteten. [...] Wenig wallte ihr Inneres, wenn sie die Augen schloß; sie achtete still, glättete sich ohne Zagen und sicher, weder von außen noch von innen beirrt, reihte sich ganz in das Bunte ein, die Klare.
So träumte sie auch nicht oft. Ihre Träume spielten in ganz zarten Farben, die manchmal ins Traurige hinübergrauten.[120]

Während Irenes Seele sanft ist, nach außen hin abgeschlossen und unerschütterlich, eins mit ihrem Körper, während das Mädchen als simpel, licht und angepasst gilt, stellt Johannes das genaue Gegenteil dar: ein »plumper, breitschultriger Mensch [...], dessen Seele sich so verwirrend schnell erregte«[121], mit dissoziierten Körperteilen[122], mit »Dunkelgefühl« und »finsteren Gedanken«[123], von außen beeinflussbar und im steten Kampf mit dem eigenen Inneren. Sie träumt selten und nur in hellen, sanften Farben, er dagegen ergeht sich in Träumen von »zügellose[r] Wildheit.«[124] Irene ist Johannes' »Gegenpol«[125], und »er war ihr etwas Wüstes, Fremdes«.[126]

Der Protagonist macht das Mädchen für seine Begierden verantwortlich, sie erscheint ihm als Auslöser seiner Zerrissenheit – sie »bindet ihn ans Kreatürliche und gibt ihn dem Lächerlichen preis«.[127] Irene er-

---

120 Ebd. S. 146.
121 Ebd. S. 107.
122 Vgl. z. B. ebd. S. 110: »Die Hand sank zusammen und lag wie ein weißer Tierleichnam flach auf dem Tisch.« – Offenbar ist es das Begehren, das zur Körperdissoziation führt: Nachdem Johannes Irene berührt hat, erscheinen auch ihr ihre Glieder fremd – »und sie drückte sie [d. i. ihre Hände] leicht und scheu an Wange und Stirn, eilte zu der Mutter, die die Hände freundlich sanft hielt und streichelte, so daß sie ihre Hände wieder hatte und sich darüber freute« (ebd. S. 157). Irenes Mutter ent-sexualisiert die Gliedmaßen und gibt sie ihrer Tochter dadurch wieder.
123 Ebd. S. 140.
124 Ebd. S. 116.
125 Tewarson: Von der Frauenfrage zum Geschlechterkampf. S. 223.
126 Döblin: Der schwarze Vorhang. S. 146.
127 Tewarson: Von der Frauenfrage zum Geschlechterkampf. S. 223. – Dem männlichen Freund, vor dem der Junge geflohen war, weil er befürchtete, »unrein« zu werden, wird dagegen keine Schuld an Johannes' Verlangen zugesprochen: »Seine weiblichen Feinde hatten ihn aus seiner selbstfrohen Ruhe getrieben, von dem Freunde, zu dem er sich retten wollte, war er fortgepeitscht.« (Döblin: Der schwarze Vorhang. S. 131) Die Furcht ist es, die Johannes vertreibt. Diese wird jedoch

scheint durch ihr Wesen zunächst tiefer und inniger mit dem Leben verbunden als Johannes – sie lebt nicht nur mit sich selbst im Einklang, sondern auch mit ihrer Umgebung, sie reiht sich ein, sticht nicht heraus. Johannes dagegen braucht das Gefühl der Kontrolle und der Macht.[128]

»Der breitstirnige, unbändige Mensch ließ sie nicht still, wie es ihre Art war, vor sich hinträumen, entriß ihr diese blaue Blume«.[129] Das romantische Symbol, das zitiert wird, steht hier für Irenes Selbstgenügsamkeit, für ihre Einheit mit sich selbst und ihrer Umgebung. Löst der Verlust dieses Gefühls zunächst Angst in Irene aus, weckt Johannes damit auch ihre Lust[130], da der Junge sie damit über sich hinaustreibt, sie in Unruhe bringt. Irenes »Fügsamkeit« wird unter dem Einfluss des aggressiv werbenden Protagonisten zum »Masochismus«[131], sie übernimmt ihre Rolle in der imaginierten Geschlechterordnung aktiv[132], ordnet sich unter: »Irene ging neben dem Friedensfrohen her, bot sich seinem Willen willig an.«[133] Dem Frauenbild der meisten Sexualwissenschaftler entsprechend, die davon ausgegangen waren, dass ›das Weib‹ sich passiv und defensiv zu verhalten habe, will Irene von Johannes unterworfen werden, wird »fast ungeduldig, wenn er sich ihr fügte und mit zarten Worten begegnete«[134], empfindet es als Vergnügen, wenn er ihr grollt und sie verachtet. In ihren Phantasien sieht sie »in Johannes bald den grausigen Räuber und Mädchenschänder, bald den düster bleichen Held[en] und kühnen Retter, der sie mit Gewalt überfiel und fortriß, der schmerzzerrissen sein Letztes an ihr Leben setzte und starb, um den sie lange trauerte«.[135] Dabei weist ihre Schmerzlust durchaus auch sadistische Züge auf – sie stellt sich nicht nur vor, von Johannes (in der Rolle eines Vergewaltigers) entführt zu werden, sondern auch, wie er als ihr Befreier bei einem Rettungsversuch zugrunde geht.

---

nicht mit dem »schlankgewachsenen blonden Knaben« (ebd.) verbunden – für das Verlangen nach dem Freund macht sich Johannes selbst verantwortlich.
128 Vgl. Tewarson: Von der Frauenfrage zum Geschlechterkampf. S. 224.
129 Döblin: Der schwarze Vorhang. S. 158.
130 Vgl. Keller: Döblins Montageroman. S. 20.
131 Tewarson: Von der Frauenfrage zum Geschlechterkampf. S. 225.
132 Vgl. Braungart: Leibhafter Sinn. S. 311.
133 Döblin: Der schwarze Vorhang. S. 149.
134 Ebd.
135 Ebd. S. 147.

Irenes Unterwürfigkeit wird von dem Mädchen selbst mit seinem Geschlecht verbunden:

> Warum wirfst du mich nicht hin und schlägst mich, wenn meine Arme dich fortstoßen?
> [...]
> Oh, wie begehren meine Arme und Lippen dich, nur dich. Komm zu mir, du Entsetzlicher. Im Traum und heimlich fiel ich zusammen, und wenn mein Leib sich in Trunkenheit wand, fuhr mir der tolle Ekel mit dunstigen gallertigen Händen über das Gesicht. In Blut und Schmutz schwamm ich; zertrümmert mußte ich mehr leiden, als meine Zunge sagen kann.
> Oh, in welche Schmach wirft es mich, daß ich ein Weib bin. Genug duldete ich in mir und nun wälzt es mich vor deine Füße hin. Komm zu mir, du Entsetzlicher. Ich bin ganz von mir abgedrängt, das Stumme in mir hast du sprechen machen; nun bette mich auch und laß mich büßen, daß ich ein Weib bin. Schlürftest nie an meiner Seele so bang und durstig. Meine Hände wollen in deinen zucken, wie Efeu wollen dich meine Glieder bedrängen.[136]

Begehren wird mit einem Rausch gleichgesetzt, der allerdings bereits einen Ekel als potenzielle Bestrafung in sich birgt.[137] Die Lust als unbändige Urkraft zerstört das Subjekt: Es wird uneins mit sich selbst, es leidet an seiner Zerrissenheit.[138] Dem Weib – und hier generalisiert Irene ihren Zustand – gebührt es, unterdrückt und niedergerungen zu werden; es gebührt ihm nicht, der Annäherung des Mannes auszuweichen. Das in der Frau bereits angelegte, sprachlose archaische Verlangen wird durch den Mann erweckt – der Koitus ist ihr Recht und die Strafe für ihr Auflehnen.[139] Masochismus wird somit – wie im Diskurs der

---

136 Ebd. S. 170.
137 Vgl. Eulenburg: Sadismus und Masochismus. S. 15 sowie S. 149 f. dieser Arbeit: Im Diskurs der Sexualwissenschaften wird postuliert, dass jedem überdurchschnittlich intensiven Genuss ein Gefühl des Elends folgt – eine Verknüpfung, die den Aufruf zur Mäßigung und Zurückhaltung unterstützen soll.
138 Dieser Monolog »drückt das paradoxe Ineinander von Lust und Ekel, von höchster Begehrlichkeit und grauenerfüllter Abstoßung, von rauschhafter Liebe und abgründigem Hasse aus. In diesen Gegensätzen wird das Ambivalente der Sexualität, wird diese Grundkraft evoziert« (Keller: Döblins Montageroman. S. 22).
139 Mit dem Bild des Efeus, das am Manne hängt, ruft Döblin darüber hinaus eine um die Jahrhundertwende häufig verwendete Metapher ab: Nicht in der Lage, ihren Lebensunterhalt zu bestreiten, unfähig, allein zu bestehen, hingen die Frauen an

Sexualwissenschaften – generell eher der Frau, Sadismus dem Mann als Recht und Merkmal zugeordnet: »Die Charakterisierung von Sadismus und Masochismus zeigt andeutungsweise, daß Döblin diese Haltungen als Extreme von Geschlechtsrollen versteht«.[140]

Johannes dagegen verlangt von Irene, ihn zu vervollständigen, seine Trösterin, seine Verbindung mit der geheimnisvollen Lebenskraft zu sein.[141] Zunächst erscheint es also so, als verarbeite Döblin in seinem Roman ein »alte[s] Schema«[142] – doch Irene wird nicht zu Johannes' Retterin. Sie *kann* es nicht werden, da ihr Widerpart nicht nach seiner Erlösung, dem Aufgehen im Anderen strebt: seine »extreme Ich-Bezogenheit führt zur Grausamkeit«.[143] Heidi Thomann Tewarson stellt eine Kopplung zwischen Geschlecht und Erkenntnisfähigkeit fest – während Johannes begreife, »dass der Mensch vornehmlich durch seine Natur bestimmt wird« und dass sein Streben nach einem durch seinen freien Willen bestimmten Leben aus diesem Grund ins Leere zielen muss, sei Irene »von dieser Art Bewusstsein ausgeschlossen; ihr Leiden wird durch den Mann verursacht und führt zu keiner Erkenntnis, obwohl sie zum Angelpunkt der Wende gemacht wird«.[144]

Irenes Einsicht ist tatsächlich keine rationale, sondern eine physische – was Johannes in Worte kleidet: »Nun faß ich aber den Sinn des Lebens. Auf Vernichtung geht es aus, willentlich in Grausamkeit und Zerstörung lacht es«[145], begreift Irene intuitiv und körperlich: »Langsam und lautlos wie ein Schwan über einen blauen See streicht, erschien ein harter Zug auf ihrem schmalen Gesicht; etwas Gewaltsames durchreckte sie.«[146] Sie selbst sucht sich ihre Opferrolle aus und nimmt sie aktiv an, sie presst sich gegen einen Stamm »als wäre sie an den Baum genagelt«[147], Assoziationen an Jesus erweckend, sie provoziert Johannes,

---

den Männern wie Schlingpflanzen an einer Eiche – Lebenskraft raubende Parasiten (vgl. Stewart: Sublime surrender. S. 22).
140 Braungart: Leibhafter Sinn. S. 311.
141 Vgl. Tewarson: Von der Frauenfrage zum Geschlechterkampf. S. 223.
142 Ebd. S. 224.
143 Ebd.
144 Ebd. S. 227.
145 Döblin: Der schwarze Vorhang. S. 199.
146 Ebd. S. 200.
147 Ebd.

stachelt ihn an: »Hole mich.«[148] Ihre Annahme der ihr zugewiesenen Rolle wird mit dem natürlichen Kreislauf des Lebens in Verbindung gebracht: Irene »blühte ihm [d. i. Johannes] mit Gelächter [...] entgegen«[149], sie »wuchs in die Umarmung hinein«.[150] Noch im Tod wühlen sich ihre Hände in den Boden, als suche sie eine Verbindung mit der fruchtbaren Erde, als bemühe sie sich darum, Wurzeln zu schlagen – gleichzeitig »suchten ihre Lippen nach seinem Munde«.[151] Wachsen und Vergehen, Sexualität und Tod werden zusammengedacht, der Mensch ist diesen Urkräften Untertan, durch die Natur determiniert[152] – die Erkenntnis dieses Zusammenhangs kommt Irene, im Gegensatz zu Johannes, instinktiv zu.

3.2.5 Ästhetisierungsstrategien: Aussparung und Bagatellisierung

Gewalt wird in »Der schwarze Vorhang« in den meisten Fällen mit Lust und Vergnügen verbunden – und zwar buchstäblich. In der Beschreibung der schulischen Bestrafung des Kameraden bildet der Begriff ›Lust‹ so etwas wie den Mittelpunkt des Satzes:

> Die Angst, die der Augenblick in Johannes hineinpreßte unter der Verschuldung, der Wut des Lehrers, dem Keuchen des Kameraden, spitzte sich jählings zu einer seltsamlichen starren Lust, die den Zusammengeduckten stumm und vornübergebeugt jeden Stockschlag auf das weiche Fleisch verfolgen, sein Ohr jedes Schmerzächzen einfangen ließ, und Zittern kam über ihn.[153]

Darüber hinaus fokalisiert die Szene auf Johannes' Perspektive – nur *seine* Gefühle werden direkt geschildert, werden zum Subjekt des

---

148 Ebd.
149 Ebd.
150 Ebd. S. 201.
151 Ebd.
152 Ähnlich argumentiert Tewarson: »Geist und freier Wille müssen einem determinierten Lebens- und Naturbegriff weichen. [...] Johannes' Opfer bedeutet, dass er in Irene das alte Ideal der Frau als Helferin und Erlöserin zerstört; dadurch deckt er ihr, wie er meint, wahres Wesen auf, die Frau als Inbegriff der Natur und Elementarkräfte.« (Tewarson: Von der Frauenfrage zum Geschlechterkampf. S. 226)
153 Döblin: Der schwarze Vorhang. S. 115 f.

Satzes. Die beiden anderen Beteiligten sind Statisten, die Anzeichen ihrer Emotionen verwandeln Johannes' Schrecken in Entzücken, das ihn andererseits die äußeren Signale noch stärker und aufmerksamer wahrnehmen lässt. Dass die Schläge des Lehrers überhaupt körperlichen Schmerz auslösen, lässt sich lediglich am »Keuchen« und »Schmerzächzen« des Kameraden ablesen.

Analoges lässt sich über die Beschreibung der Tierquälerei seitens Johannes sagen – zunächst ist die einzige Schmerzäußerung des Hundes sein Winseln, erst später dann sein – menschenähnliches – Schreien.[154] Ferner wird nicht detailliert ausgeführt, was mit dem Tier geschieht – als Johannes Molly die Treppe hinunterwirft, richtet sich der Fokus des Erzählers auf den Protagonisten, nicht auf die Hündin: »Während die Erwartung in ihm zitterte und mit jeder Sekunde stärker zitterte, schleuderte er es plötzlich die halbe Treppe hinunter, worauf er mit halsbrecherischen Sprüngen nacheilte, um zu sehen, ob das Tier noch lebe und seinen Trost auf den letzten dunklen Pfad mitnehmen könne«.[155] Welchen Effekt die Misshandlung hat, wird nicht klar – am Fuße der Treppe dreht sich Molly lediglich orientierungslos um sich selbst; ob der Hund überhaupt verletzt wurde und wie schwer, ist für den Leser nicht erkennbar. Ähnlich wie der anonyme Klassenkamerad, bleibt auch der Hund anfänglich namenlos – dass es sich um ein Weibchen handelt und dass dieses den Namen ›Molly‹ trägt, wird erst klar, als das Tier bereits verstorben ist und Johannes dessen Tod betrauert.

Während bei diesen beiden Szenen eher Vermeidungsstrategien zu beobachten sind, weil der Erzähler sich auf den Beobachtenden bzw. den Schmerzauslösenden fokussiert, sind in der Konzeptualisierung des Lustmordes an Irene Ästhetisierungsstrategien festzustellen. Irene drängt Johannes und seinem Vorhaben, das sie zu ahnen scheint, entgegen – der Mord an ihr wird als beinahe zwingend und natürlich geschildert: Das Mädchen ›blüht‹ und ›wächst‹ in die tödliche Umarmung des Jungen hinein, es scheint beinahe, als reize sie ihn dazu, sie zu töten – ihre Abwehr dagegen ist schwach:

> Denn wie er sie umschlang, hatten seine Zähne tief in den weißen Hals und die Kehle geschlagen, das Gesicht in den Blutstrom gedrückt, schlürf-

---

154 Vgl. ebd. S. 116.
155 Ebd.

te er an ihrem Halse, die mit leisem Keuchen gegen seine Umklammerung anrang. Er seufzte mit gepreßten Kiefern und zitterte: wie warm, wie warm. Es quoll wie ein Bad über sein Gesicht, lag wie eine rote Binde über seinen Augen. Den bittern Blutdunst atmeten sie: sie kannten sich beide nicht. Durch das Weib rauschte weiß und immer dichter die tödliche Lust; rührte ihr Stirn, Auge und Knie.

Sie wuchs in die Umarmung hinein, in die Schwere seiner mörderischen Hände, den erstickenden Druck seines Leibes. Aus seinen Armen, die sich lösten, glitt sie seufzend an ihm herunter [...].

Sie spritzte ihr Blut nach ihm, mit tiefen Schauern, träumend. Ihre Finger kratzten den Waldboden; sie zuckte, als er sie aufhob. Noch als sie erkaltete, suchten ihre Lippen nach seinem Munde.[156]

Nicht Johannes beißt Irene in den Hals, seine Zähne schlagen wie von selbst in die weiße Haut; der Junge wird also exkulpiert. Dass sich die von ihm geschlagene Wunde und das austretende Blut, in das der Protagonist sein Gesicht presst, bedingen, wird aus dem Text nicht zwingend klar. Ebenso wenig wird deutlich, was der Junge schlürft – dass es sich höchstwahrscheinlich um das Blut Irenes handelt, muss erschlossen werden. Die Körperflüssigkeit selbst wird zunächst positiv konnotiert: Wärme und ein gemeinhin mit Erfrischung und Sauberkeit verbundenes Bad. Um Johannes schließt sich die rote Dunkelheit, während die attackierte Irene – das entpersönlichte ›Weib‹ – von lichter Lust durchflossen wird.

Die Gewalt des Angriffs, die Kehrseite ihrer Erregung, wird lediglich durch die beigeordneten Adjektive deutlich – tödlich, mörderisch, erstickend. Selbst als Irenes Blut schon in Strömen aus ihrem Körper herausdringt, empfindet sie noch Lust, schwebt sie in Träumen; als sie schon im Sterben liegt, bemüht sie sich immer noch darum, Johannes zu küssen. Es scheint, als opfere sich Irene beinahe willig für ihren Liebhaber, als biete sie sich ihm an. Und auch der Junge ordnet den Mord an dem Mädchen als Zeichen seiner Liebe ein: »Dich hat einer erwürgt. Wer liebte dich so?«[157]

Johannes, der darauf gehofft hatte, Irene durch das Schlürfen ihres Blutes zu inkorporieren, sie sich vollständig zu eigen zu machen, hält nur noch ihren Leichnam in den Armen: »Ich selbst bin mit ihr gestor-

---

156 Ebd. S. 200 f.
157 Ebd. S. 205.

ben. Leer bin ich, allein.«[158] Der Junge fühlt sich einsam und – da sein Versuch, Liebe zu gewinnen, gescheitert ist – tot, selbst im Leben. Sein letzter Ausweg ist der Selbstmord:

> Der Tod ist die einzige Möglichkeit, das vollkommen zu verwirklichen, worauf sich alle Entgrenzungen richten, und zugleich das Ende aller Entgrenzungen – in diesem Doppelaspekt zeichnet sich noch einmal der unbändige Wunsch nach Entgrenzung ab wie die Unmöglichkeit, sie je realisieren zu können.[159]

---

158 Ebd. S. 206.
159 Koopmann: Entgrenzung. S. 91.

3.3 Robert Musil: »Die Verwirrungen des Zöglings Törleß«

1906 erschien der vermutlich bereits 1905 fertiggestellte Roman Musils, »Die Verwirrungen des Zöglings Törleß«, im Wiener Verlag. »Von der literarisch nicht unbedingt interessierten so genannten guten Gesellschaft wurde es teils ignoriert, teils als unmoralisch verworfen.«[1] Alfred Kerr, der den Roman zur frühen Erscheinung verholfen hatte, rezensierte den Text ausführlich und positiv in »Der Tag« – der Autor habe es verstanden, die »Nachtseiten«[2] des Lebens »ohne Weichlichkeit«[3] und »Empfindsamkeit«[4] darzustellen. Törleß gilt ihm als Abbild in der Realität zu findender Personen, »die so fühlen können wie wir, aber zugleich noch anders fühlen können; die um eine Gliederung reicher sind, vor der wir erschauern«.[5] Dennoch gelinge es Musil, die Fremdheit der Figur zu mildern, indem er sie in »Zusammenhänge« stelle: »Weil triebmäßig eine Erkenntnis wächst, die keine Wissenschaft, aber die ein Dichter geben kann.«[6]

Andere Rezensenten kritisierten die Darstellungsweise Musils, die sie für zu wenig künstlerisch hielten:

> Es geht nicht anders: entweder muß man sich zur wissenschaftlichen oder man muß sich zur künstlerischen Darstellung entschließen. [...] Musil mag sich zwischen diesen Gedanken-Gespensterwesen trefflich auskennen; aber es ist ein Fehler, zu denken, daß nun der außenstehende Leser auch Bescheid wissen soll.[7]

---

1 Schröder-Werle: Robert Musil. S. 79.
2 Alfred Kerr: Robert Musil. In: Der Tag (Berlin). Nr. 647. 21. Dezember 1906. Zitiert nach Schröder-Werle: Robert Musil. S. 81.
3 Ebd. Zitiert nach Schröder-Werle: Robert Musil. S. 82.
4 Ebd. Zitiert nach Schröder-Werle: Robert Musil. S. 83.
5 Ebd. Zitiert nach Schröder-Werle: Robert Musil. S. 87.
6 Ebd. Zitiert nach Schröder-Werle: Robert Musil. S. 87. – Kerr scheint also mit Musils Ansicht über die Aufgaben und Möglichkeiten des Dichters übereinzustimmen.
7 Jakob Schaffner: ›Verwirrungen des Zöglings Törleß‹, von Robert Musil. In: Die neue Rundschau 1911. S. 1769 f. Zitiert nach Schröder-Werle: Robert Musil. S. 98.

Unklar und verworren seien die poetischen Versuche Musils, so Jakob Schaffner. Er empfiehlt dem Autor implizit, das Geschilderte anschaulicher zu machen – und sich ein anderes, relevanteres Thema zu wählen: »Musil steigt mit seiner ganzen Mannheit in die unmaßgebliche Frage der Sechzehnjährigen hinab. Zu viel Ehre für eine Episode.«[8]

Viele der ersten Rezensenten beziehen sich entweder hauptsächlich auf das im Roman dargestellte Geschehen, das als umgestaltetes Jugenderlebnis Musils interpretiert wird, oder auf die ungewöhnliche Darstellungsweise des Autors, der die »psychische[] Essenz«[9] der Figuren herausdestilliert habe, umgeben mit »den Reizen des Ungewissen, Gleitenden, Verschwimmenden«: »Ein genußvolles Umwehtwerden aus nachbarlichen Bezirken.«[10]

Die ersten literaturwissenschaftlichen Untersuchungen konzentrieren sich ebenfalls zumeist lediglich auf einen Teilaspekt des Romans – die angeblich in ihm angelegte Präfiguration des Faschismus, die philosopischen Implikationen der Krise Törleß', die angedeutete Sprach- und Erkenntniskritik, die spezifische Schreibweise Musils usw. Die in dieser Arbeit gelieferte Analyse des Romans fällt insofern hinter die bereits geleistete Interpretation Roland Kroemers (»Ein endloser Knoten?«) zurück, als sie die Anregung des Literaturwissenschaftlers nicht aufgreift, die psycho-physische Entwicklung des Protagonisten mit der philosophischen Einbettung der im Roman geschilderten Geschehnisse verbunden zu betrachten, obgleich letztere erstere zu bedingen scheint. Die folgende Untersuchung konzentriert sich vor allem auf die Darstellung und Funktionalisierung des Sadismus im Roman und fokussiert deshalb die geschilderte Körperlichkeit – die im Roman mittransportierten soziologischen und philosophischen Diskurse geraten so notwendigerweise aus dem Blickfeld.

---

8   Ebd. Zitiert nach Schröder-Werle: Robert Musil. S. 99.
9   Ernst Blaß: Robert Musils ›Die Verwirrungen des Zöglings Törleß‹. In: Prager Tagblatt. 7. April 1912. Zitiert nach Schröder-Werle: Robert Musil. S. 103.
10 Ebd. Zitiert nach Schröder-Werle: Robert Musil. S. 103.

3.3.1 »Unbestimmtes« und »eine innere Hilflosigkeit«[11]: Die Ich-Schwäche des Protagonisten

»Die Verwirrungen des Zöglings Törleß« erlebt dieser in einem Konvikt im Osten, wo die empfindliche männliche Jugend »vor den verderblichen Einflüssen einer Großstadt«[12] geschützt werden soll. Die Lehranstalt befindet sich in der Nähe der Bahnstrecke nach Russland[13], an den äußeren Rändern des Deutschen Reiches, also an einem per se bereits exponierten und möglicherweise – ob seiner Nachbarschaft zu als ›exotisch‹ und fremd wahrgenommenen Gebieten – gefährdeten Ort. Die Selbstentfremdung des Protagonisten wird nach außen projiziert – die Lehranstalt ist Konklave der Nachkommenschaft des intellektuellen Bürgertums und Adels in einem mehrheitlich von (slawischen?) Arbeitern bevölkerten Landstrich.[14] An ähnlichen Handlungsorten sind Sacher-Masochs Werke situiert, ein ähnliches Figurenarsenal durchzieht die Werke der Sexualwissenschaftler.[15]

Über die Familiengeschichte des Protagonisten wird wenig bekannt: Das Elternhaus scheint ein solides bürgerliches zu sein – der Erzähler spricht davon, dass Törleß »schon von den Eltern her […] kräftig, gesund und natürlich«[16] sei –, das dem Jungen ein »abwechslungsreiche[s]

---

11 Musil: Die Verwirrungen des Zöglings Törleß. S. 14.
12 Ebd. S. 8.
13 Vgl. ebd. S. 7.
14 Boženas Name scheint auf eine slawische Abkunft hinzudeuten, die sie – in den Augen vieler Sexualwissenschaftler – zu perverser Sexualität prädestinieren dürfte (vgl. S. 143 f. dieser Arbeit).
15 »In den Mythen der mit sexueller Freizügigkeit und niedriger Moral identifizierten Sexualität des Proletariats sind die Frauen Objekte männlichen Begehrens und gleichzeitig der Entwertung ausgesetzte Objekte der Verachtung, verweisen sie doch auf die eigene ungeliebte, da unterdrückte Triebhaftigkeit bürgerlicher Männer. In der Literatur des ausgehenden 19. Jahrhunderts erscheint die Klassengrenzen überschreitende proletarische Sexualität daher nicht nur als Verlust der bürgerlichen Unschuld und Reinheit, sondern auch als Zeichen eines gefürchteten Absturzes, weil sie rigoros ›die Mechanismen bürgerlicher Selbstkontrolle‹ unterläuft. Die proletarische Sexualität kommt wie die Revolution von ›unten‹ aus dem Bereich des Unkontrollierbaren. Sie ist ambivalent, löst Angst und Faszination zugleich aus. Daher wird die Sexualität der Mädchen und Frauen des Proletariats dämonisiert und mystifiziert.« (Lamott: Die vermessene Frau. S. 89)
16 Musil: Die Verwirrungen des Zöglings Törleß. S. 109.

kulturelle[s] Leben«[17] bietet, welches der Langeweile und Enge in der Schule deutlich entgegensteht. Es wird geschildert, dass der junge Mann den Zerstreuungen des Konvikts und den Spielen seiner Mitschüler zunächst fernbleibt, weil er sich nach seinen Verwandten sehnt[18], die ihn »mit einer starken, gedankenlosen, tierischen Zärtlichkeit«[19] – also vorbehaltlos und für den Jungen auch (körperlich?) spürbar – lieben. »Beinahe täglich« schreibt er Briefe an die Eltern:

> Alles andere, was er tat, schien ihm nur ein schattenhaftes, bedeutungsloses Geschehen zu sein, gleichgültige Stationen wie die Stundenziffern eines Uhrblattes. Wenn er aber schrieb, fühlte er etwas Auszeichnendes, Exklusives in sich; wie eine Insel voll wunderbarer Sonnen und Farben hob sich etwas in ihm aus dem Meere grauer Empfindungen heraus, das ihn Tag um Tag kalt und gleichgültig umdrängte. Und wenn er untertags, bei den Spielen oder im Unterrichte, daran dachte, daß er abends seinen Brief schreiben werde, so war ihm, als trüge er an unsichtbarer Kette einen goldenen Schlüssel verborgen, mit dem er, wenn es niemand sieht, das Tor von wunderbaren Gärten öffnen werde.[20]

Es ist eine im Roman virulente Vorstellung, dass lediglich ein Tor – ein von beiden Seiten zu durchschreitender, wenn auch gewöhnlich geschlossener Durchlass – zwei seelische Zustände voneinander trenne, dass dieses Tor aber in den meisten Fällen spontan und willkürlich zu öffnen sei, sofern man den notwendigen Schlüssel besitze. Törleß ist von solchen Passagemöglichkeiten fasziniert: Ihn interessiert der Zeitpunkt des Statuswechsels, des Übergangs zwischen zwei differenten psychischen Zuständen. In diesem Fall ist es der Übertritt zwischen der Lethargie, der Gewöhnlichkeit, der durch den Stundenzeiger der Uhr bestimmten Ordnung des Alltagslebens und der elitären Erhebung über die Masse, die ihm sein reiches Gefühlsleben erlaubt:

> Er hielt es für Heimweh, für Verlangen nach seinen Eltern. In Wirklichkeit war es aber etwas viel Unbestimmteres und Zusammengesetzteres. […] Törleß konnte sich damals beispielsweise nicht mehr das Bild seiner

---

17 Vgl. Minkova: Im Spannungsfeld verschiedener Kulturen und Wertvorstellungen. S. 187.
18 Vgl. Musil: Die Verwirrungen des Zöglings Törleß. S. 8.
19 Ebd. S. 10
20 Ebd. S. 8 f.

»lieben, lieben Eltern« – dermaßen sprach er es meist vor sich hin – vor Augen zaubern. Versuchte er es, so kam an dessen Stelle der grenzenlose Schmerz in ihm empor, dessen Sehnsucht ihn züchtigte und ihn doch eigenwillig festhielt, weil ihre heißen Flammen ihn zugleich schmerzten und entzückten. Der Gedanke an seine Eltern wurde ihm hiebei mehr und mehr zu einer bloßen Gelegenheitsursache, dieses egoistische Leiden in sich zu erzeugen, das ihn in seinen wollüstigen Stolz einschloß wie in die Abgeschiedenheit einer Kapelle, in der von hundert flammenden Kerzen und von hundert Augen heiliger Bilder Weihrauch zwischen die Schmerzen der sich selbst Geißelnden gestreut wird.[21]

Was Törleß als Heimweh bezeichnen will, ist die Lust am seelischen Schmerz, den der Junge durch den Gedanken an die Eltern willentlich auslösen kann. Diese Qual ist auch nicht mehr an das Bild der Verwandten gebunden, sondern von diesem Anlass unabhängig geworden – die Erinnerung an das Leid, das der Gedanke vormals in dem Jungen ausgelöst hat, genügt, um den Schmerz erneut heraufzubeschwören. Die Pein wird dabei körperlich empfunden (die »Sehnsucht [...] züchtigt[]« Törleß) und ist mit erotischem Lustgewinn verbunden[22] – ein Vergnügen, das der Junge als ein solipsistisches einstuft, das ihn in sich selbst einkerkert. Es ist eine selbstbezogene und einsame Leidenschaft, die offenbar bereits in ritualisiertem Ablauf (darauf weist die Verbindung mit der christlichen Kirche – Weihrauch und Heiligenbilder – hin) kanalisiert wird.

Der Junge ist es gewöhnt, seinen Tagesablauf durch Wiederholungen bestimmt zu wissen: Die Lehranstalt unterliegt rigiden Regeln, die das Leben der Jungen prägen. Törleß fühlt sich durch »das Glockenzeichen«[23] des Konvikts eingeschränkt, das er selbst dann zu hören vermeint, wenn er sich gar nicht in der Nähe des Schulgebäudes befindet und das ihn »in ohnmächtiger Wut über sich selbst, über sein Schicksal, über den begrabenen Tag erzittern«[24] lässt. Die Ordnung der Schule

---

21 Ebd. S. 9.
22 Darauf weisen sowohl das Entzücken, das Törleß mit seinem Schmerz verbindet, und das Attribut »wollüstig«, das seinem »Stolz« beigeordnet wird, als auch das Bild der »heißen Flammen«, die in Törleß auflodern und die in der Literatur der Frühen Moderne häufig metaphorisch für den sexuellen Drang stehen, hin (vgl. Kapitel 3.9.3 dieser Arbeit).
23 Musil: Die Verwirrungen des Zöglings Törleß. S. 16.
24 Ebd.

wird von den Schülern offenbar akzeptiert, von einigen wird sie sogar internalisiert: Beineberg und Reiting berufen sich in ihrer Legitimation der Quälereien an Basini implizit auf die gängigen Moralvorstellungen im Konvikt, die sie dazu berechtigen, ihren Mitschüler zu bestrafen.[25] Törleß dagegen erkennt das vorgefundene Regelwerk zwar an – »aber nur als Garantie für geordnete äußere Verhältnisse, die ihm erlauben, sich ganz der Selbstkultivierung im privaten Raum hinzugeben. Sein eigentliches, persönliches Interesse ist [...] introvertiert, auf die eigene Verfeinerung bezogen«.[26]

Wie viele Adoleszenten – auch Törleß steht kurz vor der Geschlechtsreife – ist der Junge sich seiner selbst nicht sicher.[27] Im Konvikt von allen gewöhnlich genutzten Möglichkeiten abgeschnitten, sich selbst durch aus der Literatur »erborgte[] Gefühle« zu artikulieren und »etwas [zu] bedeuten«, ist er auf sich selbst zurückgeworfen, um eine individuelle Persönlichkeit zu entwickeln: »Es schien damals, daß er überhaupt keinen Charakter habe.«[28] Während die Kameraden sich durch Leistungen und Anstrengungen im Sport hervortun, ist Törleß für die martialischen Spiele seiner Mitschüler »zu geistig angelegt«: »So erhielt sein Wesen etwas Unbestimmtes, eine innere Hilflosigkeit, die ihn nicht zu sich selbst finden ließ.«[29] Wehrlos erscheint Törleß auch deshalb, weil die bisher seine Wertvorstellungen und Normen bestimmenden Eltern nicht mehr in der Lage sind, ihm Halt zu vermitteln: »Die Ignoranz der Eltern, ihre Unsicherheit und Ratlosigkeit gegenüber dem pubertierenden Sohn macht [...] erstmals deutlich, daß er mit bestimmten Erlebnissen und Erkenntnissen alleine zu Rande kommen muß.«[30]

---

25 Eine Ansicht, die offenbar von der Leitung der Schule geteilt wird – am Ende des Romans wird Basini der Schule verwiesen, während seine beiden Peiniger ungestraft davonkommen (vgl. ebd. S. 139).
26 Paetzke: Erzählen in der Wiener Moderne. S. 125.
27 Vgl. Kroemer: Ein endloser Knoten? S. 122: »Der Internatseintritt markiert den Beginn der sekundären Sozialisation, die für Törleß auch mit tiefgreifenden Veränderungen des eigenen Ich-Gefühls verbunden ist. In der neuen Umgebung erwachen in Törleß Zweifel an der Selbstverständlichkeit seiner Identität«.
28 Musil: Die Verwirrungen des Zöglings Törleß. S. 13. – Vgl. Campe: Das Bild und die Folter. S. 138: »Basini und Törleß sind hier Leute ohne Eigenschaften; beide zusammen auf der Schwelle zur unmöglichen Erfahrung der Kontingenz des Bildes des Selbst.«
29 Musil: Die Verwirrungen des Zöglings Törleß. S. 14.
30 Luserke: Robert Musil. S. 20.

Törleß ist permanent mit sich selbst beschäftigt. Er versucht, seinen Charakter zu ergründen, bleibt »über sich selbst gebeugt«.[31] Der Junge glaubt sich durch seine Umgebung beeinflusst, sieht seine Entwicklung vorgezeichnet. Auf dem Weg zurück zum Konvikt, nachdem er seine Eltern zur Bahn gebracht hat, sieht er sein Leben durch den Zwang, in die Fußstapfen des vor ihm Gehenden treten zu müssen, symbolisiert:

> Schritt für Schritt trat er in die Spuren, die soeben erst vom Fuße des Vordermanns in dem Staube aufklafften, – und so fühlte er es: als ob es so sein müßte: als einen steinernen Zwang, der sein ganzes Leben in diese Bewegung – Schritt für Schritt – auf dieser einen Linie, auf diesem einen schmalen Streifen, der sich durch den Staub zog, einfing und zusammenpreßte.[32]

Nicht in jedem Fall jedoch wird die Vorbildfunktion der Mitschüler von Törleß abgelehnt: »Sein ganzes Leben bestand in dieser kritischen Periode eigentlich nur in diesem immer erneuten Bemühen, seinen rauhen, männlicheren Freunden nachzueifern, und in einer tiefen innerlichen Gleichgültigkeit gegen dieses Bestreben.«[33] Der Junge bemüht sich unter dem sozialen Druck und in seiner Einsamkeit, sich in die Gruppe einzugliedern – gleichzeitig berührt diese Absicht aber nicht sein Inneres, das seiner Umgebung gegenüber indifferent bleibt[34], weil er sich über sie erhaben fühlt.

Törleß wird vom Erzähler als überlegene, verfeinerte Natur gezeichnet, die in einer ihm nicht zuträglich erscheinenden Umwelt erwachsen werden muss. Sein elitärer Charakter entschuldigt seine Handlungen dabei nicht nur für den Narrator, der einen deutlichen Unterschied zwischen den gewöhnlichen, in gesellschaftlichen und esoterisch-religiösen Vorurteilen verfangenen Mitschülern Törleß' (wie Beineberg und Reiting) und dem Protagonisten macht[35], sondern auch für den Jungen selbst, der als Erwachsener in der Rückschau seine Erlebnisse als notwendig für seine Entwicklung einstuft und in ihnen Positives sieht:

---

31 Musil: Die Verwirrungen des Zöglings Törleß. S. 14.
32 Ebd. S. 16.
33 Ebd. S. 14.
34 Vgl. Keckeis: Männlichkeit in einer gedoppelten Welt. S. 103.
35 Vgl. Paetzke: Erzählen in der Wiener Moderne. S. 130 f.

»Ich leugne ganz gewiß nicht, daß es sich um eine Erniedrigung handelte. Warum auch nicht? Sie verging. Aber etwas von ihr blieb für immer zurück: jene kleine Menge Giftes, die nötig ist, um der Seele die allzu sichere und beruhigte Gesundheit zu nehmen und ihr dafür eine feinere, zugeschärfte, verstehende zu geben.«[36]

Während die gemeinhin als ›gesund‹ wahrgenommene Seele zwar still leben kann und in dieser Regungslosigkeit unerschütterlich bleibt, mangelt es ihr an Verständnis- und Erkenntnisfähigkeit – nur die leicht ›abnorme‹, die ›kranke‹ Seele, die bereits eine Krise durchlaufen hat und durch sie gestärkt worden ist, ist in der Lage, die Welt so zu sehen, wie sie sich möglicherweise ›tatsächlich‹ darstellt.[37] Sie weiß um die möglichen Gefährdungen ihrer Seelenruhe und bleibt folglich in einem dauernden, fruchtbaren Spannungszustand.[38]

3.3.2 »Dunkelheit, Geheimnis, Blut und ungeahnte[] Überraschungen«[39]: Der sexuelle Drang als Möglichkeit der Auflösung

Der Ursprung jenes »»Giftes«, das Törleß' Seele noch im Alter vor anderen auszeichnen wird, ist das erotische Empfinden. »Das thematische Zentrum« des Romans, so Wohlgemuth, bilde »das Bewusstwerden der Sexualität, ihr aktives und passives Erleben und die Auseinandersetzung auch mit den dunklen Seiten der Sexualfantasie und dem Sexual-

---

[36] Musil: Die Verwirrungen des Zöglings Törleß. S. 112.
[37] Musil beschreibt eine Erfahrung, die in der Frühen Moderne immer wieder formuliert wurde: Das Subjekt gerät in eine Krise, in der die verkrusteten gesellschaftlichen und individuellen Lebensformen den ›Lebensstrom‹ nicht mehr zu fassen vermögen, der die verhärteten Oberflächen zerbricht. In dieser Situation, in dieser – naturgemäß nicht dauerhaften – Krise sind dem Individuum bedeutsame Erkenntnisse möglich. Im Laufe der Zeit setzt sich das ›Leben‹ allerdings in neuen Formen ab, die wiederum erstarren, bis es zum abermaligen Durchbruch kommt (vgl. Lindner: Leben in der Krise. S. 10).
[38] »Aber die Erinnerung, daß es anders sein kann, daß es feine, leicht verlöschbare Grenzen rings um den Menschen gibt, daß fiebernde Träume um die Seele schleichen, die festen Mauern zernagen und unheimliche Gassen aufreißen, – auch diese Erinnerung hatte sich tief in ihn gesenkt und strahlte blasse Schatten aus« (Musil: Die Verwirrungen des Zöglings Törleß. S. 140).
[39] Ebd. S. 41.

leben«.⁴⁰ Obwohl den Jungen eine »Schüchternheit in geschlechtlichen Sachen« hemmt, die ihn davor zurückhält, sich Frauen so unbefangen zu nähern wie seine Klassenkameraden, so spricht der Erzähler ihm eine »besondere[] Art der sinnlichen Veranlagung« zu, »welche verborgener, mächtiger und dunkler gefärbt war als die seiner Freunde und sich schwerer äußerte«.⁴¹ Törleß' sexueller Drang drückt sich nicht in den oberflächlichen Tändeleien seiner Mitschüler aus, sondern in einer tiefen Verunsicherung – einer (psychischen) Krise, die Törleß jedoch nicht nur negativ konnotiert, sondern auch als Chance auf eine persönliche Weiterentwicklung wahrnimmt.

Törleß sehnt sich nach einer gesicherten Identität, einem gefestigten Ich-Bewusstsein, das er im Rückblick mit seiner Kinderzeit verbindet, verspürt jedoch auf der anderen Seite auch Neugier auf die Welt, die sich ihm öffnet – eine Welt voller Gefahren, aber auch voller Reize und Geheimnisse.⁴² Der Junge wartet auf etwas, das er selbst nicht zu benennen imstande ist und das auch der Erzähler – der hier offenbar das Stilmittel der erlebten Rede verwendet und dessen Sprachmächtigkeit folglich mit der Törleß' abnimmt – kaum zu umschreiben vermag:

> Auf etwas Überraschendes, noch nie Gesehenes; auf einen ungeheuerlichen Anblick, von dem er sich nicht die geringste Vorstellung machen konnte; auf irgend etwas von fürchterlicher, tierischer Sinnlichkeit, das ihn wie mit Krallen packe und von den Augen aus zerreiße; auf ein Erlebnis, das in irgendeiner noch ganz unklaren Weise mit den schmutzigen Kitteln der Weiber, mit ihren rauhen Händen, mit der Niedrigkeit der Stuben, mit … mit einer Beschmutzung an dem Kot der Höfe … zusammenhängen müsse ….⁴³

Törleß wünscht sich die psychische Verletzung durch ein ihn überkommendes, animalisches Trieberlebnis, das er gleichzeitig in seiner Imagination (sehnsuchtsvoll?) mit Schmutz, Kot und Erniedrigung verbindet – möglicherweise, damit es sich kontrastierend nicht nur von der eintönigen Existenz im Konvikt, sondern auch vom geregelten und sittenreinen Leben seiner Familie abhebt.

---

40 Wohlgemuth: Eroserleben als Macht- und Ohnmachtserleben. S. 153.
41 Musil: Die Verwirrungen des Zöglings Törleß. S. 17.
42 Vgl. Kroemer: Ein endloser Knoten? S. 123.
43 Musil: Die Verwirrungen des Zöglings Törleß. S. 17 f.

Božena, die Prostituierte, die viele der Jungen aus der Lehranstalt besuchen, weil sie ihnen eben jenen Kitzel der verbotenen Unreinheit bieten kann, erscheint Törleß demgemäß

> als ein Geschöpf von ungeheuerlicher Niedrigkeit und sein Verhältnis zu ihr, die Empfindungen, die er dabei zu durchlaufen hatte, als ein grausamer Kultus der Selbstaufopferung. Es reizte ihn, alles zurücklassen zu müssen, worin er sonst eingeschlossen war, seine bevorzugte Stellung, die Gedanken und Gefühle, die man ihm einimpfte, all das, was ihm nichts gab und ihn erdrückte. Es reizte ihn, nackt, von allem entblößt, in rasendem Laufe zu diesem Weibe zu flüchten.
> Das war nicht anders als bei jungen Leuten überhaupt. Wäre Božena rein und schön gewesen und hätte er damals lieben können, so hätte er sie vielleicht gebissen, ihr und sich die Wollust bis zum Schmerz gesteigert. Denn die erste Leidenschaft des erwachsenden Menschen ist nicht Liebe zu der einen, sondern Haß gegen alle.[44]

Der Junge sehnt sich danach, die ihn schützenden Hüllen abzustreifen und Leib, Leben, Seelenfrieden riskieren zu dürfen. Er fühlt sich durch die ihm vorgegebenen Lebensstrukturen, durch die fremdbeschränkten Denkmöglichkeiten und durch seinen Status, der ihn auf einem bestimmten Punkt festhält, eingeengt.[45] Törleß will diese Grenzen durchbrechen, die er beinahe als Gefängnis wahrnimmt. Er fühlt sich »eingeschlossen« und zieht in Betracht, seine geistige Gesundheit aufs Spiel setzend (nicht umsonst ist von »*rasendem* Laufe« die Rede), zu der Prostituierten zu »flüchten«. Die durch Božena versinnbildlichte Sittenlosigkeit und Freizügigkeit erscheint als Ausweg aus der Bedrängnis.

Diese Fluchtmöglichkeit gilt jedoch nur kurzfristig als Alternative – solange, bis Törleß seine eigenen Erfahrungen mit der Sexualität gemacht, seine Reaktionen intellektualisiert und in seine Persönlichkeitsstruktur integriert hat. Sobald Törleß seine Leidenschaften jedoch seziert und für sich eingeordnet, sie als Medium der Erkenntnis aufgewertet hat, wird die rohe, ungebärdige Erotik der slawischen Arbeiter-

---

44   Ebd. S. 30.
45   Vgl. Kroemer: Ein endloser Knoten? S. 35: Kroemer geht davon aus, dass die Sexualität in »Die Verwirrungen des Zöglings Törleß« Alltagsstrukturen aufbreche – die bürgerliche Welt stehe der Welt der Sinnlichkeit gegenüber. – Vgl. auch Campe: Das Bild und die Folter. S. 138: Das Konvikt als Institution gebe »der Grundlosigkeit der Geltung von Codes und Normen Halt«.

schaft als schmutzig und irrational, geradezu animalisch abgewertet.[46] Der Erzähler geht ebenfalls einen Schritt weiter und verallgemeinert seine Beobachtungen: Jede erste Liebe sei in Wahrheit Feindschaft. Im Gegensatz zu Törleß selbst, der eine körperliche Beziehung zu Božena zunächst vor allem als Gelegenheit der geistigen Befreiung und letztlich Auflösung wahrnimmt, stuft der Narrator die Möglichkeit des ›Liebesbisses‹ beim Koitus allerdings offenbar als Mittel des Kampfes und der Abgrenzung gegenüber dem anderen ein.[47] Später äußert der Schüler selbst seinen Wunsch, individuelle Verhaltensregeln zu entwickeln, selbstmächtig zu werden und eine autarke, von anderen unabhängige Persönlichkeit zu entwickeln:

> Dann sehnte er sich danach, endlich etwas Bestimmtes in sich zu fühlen: feste Bedürfnisse, die zwischen Gutem und Schlechtem, Brauchbarem und Unbrauchbarem schieden; sich wählen zu wissen, wenn auch falsch – besser doch, als überempfänglich alles in sich aufzunehmen.[48]

Der Junge weiß nicht, wie er diesen fragilen Geisteszustand definieren soll. Rational sind seine Gefühle und seine Unsicherheit nicht zu erklären, sprachlich sind sie nicht zu artikulieren.[49] Törleß gibt seine Versuche auf, nachdem er erkennt, dass selbst in der bisher als logisch und durchstrukturiert wahrgenommenen Mathematik auf den – irrationalen – Glauben zurückgegriffen werden muss, um bestimmte Phänomene wie die imaginären Zahlen zu begründen, wie ihm sein Lehrer erläutert: »Lieber Freund, du mußt einfach glauben; wenn du einmal zehnmal soviel Mathematik können wirst als jetzt, so wirst du verstehen, aber einstweilen: glauben!«[50] In Törleß' Phantasien gehen Erotik und Rationalität, Sinnlichkeit und Naturwissenschaft schließlich ineinander über[51], die Traumfiguren des Lehrers und Immanuel Kants diskutieren über mathematische Beweise und streicheln sich dabei zärtlich.[52]

---

46 Vgl. Paetzke: Erzählen in der Wiener Moderne. S. 129.
47 Interessanterweise wird die Qual dabei als letzte *Steigerung* der Lust wahrgenommen – offenbar gibt es nur graduelle, nicht jedoch qualitative Unterschiede zwischen den beiden Emotionen.
48 Musil: Die Verwirrungen des Zöglings Törleß. S. 42.
49 Vgl. Kroemer: Ein endloser Knoten? S. 140–150.
50 Musil: Die Verwirrungen des Zöglings Törleß. S. 77.
51 Vgl. Wohlgemuth: Eroserleben als Macht- und Ohnmachtserleben. S. 156 f.
52 Vgl. Musil: Die Verwirrungen des Zöglings Törleß. S. 85.

Dennoch gelingt es dem Jungen nicht, die als Beschränkung wahrgenommenen Grenzen niederzureißen:

> Der ganze Schmerz darüber, daß er noch immer vor einem verschlossenen Tore stehen müsse, – das eben, was noch im Augenblick vorher die warmen Schläge seines Blutes weggedrängt hatten, – erwachte dann wieder, und eine wortlose Klage flutete durch Törleß' Seele, wie das Heulen eines Hundes, das über die weiten, nächtlichen Felder zittert.[53]

Epiphanische Selbst- und Welterkenntnis, sinnliche und rationale Erfahrung des Lebens ist nur momenthaft möglich und ebenso wenig zu artikulieren wie ihr schmerzlich empfundenes Fehlen, das Törleß auf seine Kreatürlichkeit zurückzuwerfen scheint.

3.3.3 Das Tor zu einer anderen Welt: Sadismus als Experiment

Basinis Fehltritt macht Törleß erneut bewusst, dass die eigene »Larvenexistenz« im Konvikt das ›wahre‹ Leben nur oberflächlich berührt. Wenn Basini durch seinen Diebstahl Schande über sich gebracht hat, von einem Moment auf den anderen seine gesicherte Existenz aufgegeben und eine Grenze übertreten hat: »Dann war es auch möglich, daß von der hellen, täglichen Welt, die er bisher allein gekannt hatte, ein Tor zu einer anderen, dumpfen, brandenden, leidenschaftlichen, nackten, vernichtenden führe.«[54] Törleß setzt in diesem Moment die Unterschlagung des Geldes mit der von ihm imaginierten »Selbstaufgabe«[55] bei Božena gleich – beide Normverletzungen sind von derselben Qualität, da sie ein Heraustreten des Menschen aus der gleichförmigen Alltäglichkeit bedeuten, eine bewusste Entscheidung für das Außergewöhnliche und Schmutzige.

---

53 Ebd. S. 87.
54 Ebd. S. 46. – Bereits einige Seiten zuvor hieß es ähnlich: »Er [d. i. Törleß] fühlte sich gewissermaßen zwischen zwei Welten zerrissen: Einer solid bürgerlichen, in der schließlich doch alles geregelt und vernünftig zuging, wie er es von zu Hause her gewohnt war, und einer abenteuerlichen, voll Dunkelheit, Geheimnis, Blut und ungeahnter Überraschungen.« (Ebd. S. 41)
55 Ebd. S. 46.

Die beiden Welten stehen sinnbildlich für zwei differente seelische Zustände – und der Junge bemüht sich darum, den Übertritt von einem Status in den anderen bewusst wahrzunehmen. Dieser Wunsch unterscheidet Törleß' Versuche, Basini zu quälen auch von denen Reitings und Beinebergs[56]: Während Reiting seine Peinigungen Basinis zum einen dazu nutzt, sich für das spätere Leben in der Kontrolle anderer zu üben[57], sich zum anderen durch den Jungen aber auch erregen lässt und ihn sexuell missbraucht, nutzt Beineberg die Möglichkeit, mit Basini zu experimentieren, um die Nichtigkeit des Einzelnen zu beweisen: »Ich bin mir schuldig, täglich an ihm zu lernen, daß das bloße Menschsein gar nichts bedeutet, – eine bloße äffende, äußerliche Ähnlichkeit.«[58]

Allen drei Jugendlichen ist allerdings zunächst gemein, dass sie die Peinigungen Basinis sinnlich genießen, Törleß als Zuhörer, die beiden anderen als Täter:

> Törleß unterschied aus den Geräuschen, daß sie Basini die Kleider vom Leibe zogen und ihn mit etwas Dünnen, Geschmeidigem peitschten. Sie hatten dies alles offenbar schon vorbereitet gehabt. Er hörte das Wimmern und die halblauten Klagerufe Basinis, der unausgesetzt um Schonung flehte; schließlich vernahm er nur noch ein Stöhnen, wie ein unterdrücktes Geheul, und dazwischen halblaute Schimpfworte und die heißen leidenschaftlichen Atemstöße Beinebergs.
>
> Er hatte sich nicht vom Platze gerührt. Gleich anfangs hatte ihn wohl eine viehische Lust mit hinzuspringen und zuzuschlagen gepackt, aber das Gefühl, daß er zu spät kommen und überflüssig sein würde, hielt ihn zurück. Über seinen Gliedern lag mit schwerer Hand eine Lähmung.
> [...]
> Törleß wäre auch eine Stunde lang so sitzen geblieben, ohne es zu fühlen. Er dachte an nichts und war doch innerlich so vollauf beschäftigt. Dabei beobachtete er sich selbst. Aber so, als ob er eigentlich ins Leere sähe

---

56 Die Quälereien bei Reiting und Beineberg gelten als nutzlose Akte, bei Törleß ist die Peinigung Basinis eine zweckmäßige Verirrung, die seine Sinnlichkeit auf dem Wege der Höherentwicklung nimmt (vgl. Paetzke: Erzählen in der Wiener Moderne. S. 128). – Vgl. auch Minkova: Im Spannungsfeld verschiedener Kulturen und Wertvorstellungen. S. 193: »Unter dem Vorwand der Bestrafung des Diebes experimentieren Beineberg, Reiting und Törleß mit Basini aus persönlichen Gründen, sie verwandeln ihn in ihr Experimentierobjekt und die Projektionsfläche für ihre Phantastereien.«
57 Vgl. Musil: Die Verwirrungen des Zöglings Törleß. S. 40.
58 Ebd. S. 6.

und sich selbst nur wie in einem undeutlichen Schimmer von der Seite her erfaßte. Nun rückte aus diesem Unklaren – von der Seite her – langsam, aber immer sichtlicher ein Verlangen ins deutliche Bewußtsein.
Irgend etwas ließ Törleß darüber lächeln. Dann war wieder das Verlangen stärker. Es zog ihn von seinem Sitz hinunter – auf die Knie; auf den Boden. Es trieb ihn, seinen Leib gegen die Dielen zu pressen; er fühlte, wie seine Augen groß werden würden wie die eines Fisches, er fühlte durch den nackten Leib hindurch sein Herz gegen das Holz schlagen.
Nun war wirklich eine mächtige Aufregung in Törleß, und er mußte sich an seinem Balken festhalten, um sich gegen den Schwindel zu sichern, der ihn hinabzog.[59]

Törleß hält sich damit zurück, tätig einzugreifen und zieht es vor, das Geschehen von einem erhöhten Punkt aus mitzuerleben. Dabei beschränkt sich seine Wahrnehmung auf die auditiven Signale, die die drei Jungen aussenden – ebenso wie der Leser weiß er nicht, was genau geschieht und kann es nicht beschreiben. Seine Phantasie setzt die Geräusche zu Handlungen zusammen: Die demütigende Entblößung des zu Strafenden, das Peitschen mit offenbar vorbereiteten Gegenständen, das Flehen Basinis, die Erregung Beinebergs.

Das Hineinversetzen in die Situation geht dabei so weit, dass Törleß keine Notwendigkeit mehr darin sieht, sich den Schlagenden tatsächlich anzuschließen – dem als animalisch wahrgenommenen Drang reicht am Ende die Imagination aus. Auch hier – ähnlich wie bei Döblin – bestätigt der literarische Text die Befürchtung vieler Sexualwissenschaftler, die Perversion könne durch Anschauung erworben, ein Lustgefühl durch Gewöhnung an seinen Anlass erlernt werden.

Die Erregung des Jungen ist eine einsame, selbstbezogene, möglicherweise gesellschaftsfeindliche – er bemüht sich gar nicht mehr darum, die Geißelung zu sehen, sondern beschränkt sich darauf, sich selbst zu beobachten, wie er die Szene wahrnimmt. Da Törleß jedoch klar ist, dass die Betrachtung seiner selbst das Objekt der Untersuchung bereits wieder verändern würde, versucht er sich »von der Seite her«[60] zu erfassen, um das noch nicht Bewusste ins Bewusstsein zu bringen.

Auf diese Weise spürt Törleß in sich selbst die sexuelle Begierde auf, die die Szene in ihm auslöst – eine Entdeckung, die ihn (aufgrund ihrer

---

59 Ebd. S. 69 f.
60 Ebd. S. 70.

Vorhersehbarkeit?) amüsiert. Das Verlangen übernimmt die Kontrolle über den Körper des Jungen, er imaginiert, wie er auf die Knie geht und sich auf den Boden presst. Törleß fühlt sich – auch moralisch? – hinab gezogen, das Beobachtete und die eigene Erregung erniedrigen ihn.

Trotz dieser empfundenen Herabsetzung öffnet das Szenario Törleß eine Perspektive auf eine »fremde[] Welt« – eine Möglichkeit, die seine beiden Begleiter allerdings nicht wahrnehmen: »Törleß empfand aber Schadenfreude. Er fühlte, daß er diese Ereignisse mit einem Sinne mehr in sich aufnahm als seine Gefährten.«[61] Während Beineberg und Reiting die Peinigungen selbst aus unterschiedlichen Gründen genießen, treibt Törleß die Frage um, wie die Folter das Opfer und das Betrachten der Folter die Täter und den Zuschauer verändert[62], sein Verlangen geht über die Person Basinis hinaus.[63]

Aus diesem Grund löst er sich von den beiden Kameraden und versucht, durch Beobachtung Basinis, während er ihn zur Erniedrigung zwingt, den Übergang zwischen beiden Seelenzuständen zu ergründen:

>»So paß auf; ich werde dir jetzt befehlen, dich wieder auszukleiden.«
>Basini lächelte.
>»Dich platt vor mir auf die Erde zu legen. Lach nicht! Ich befehle es dir wirklich! Hörst du?! Wenn du nicht augenblicklich folgst, so wirst du sehen, was dir bevorsteht, wenn Reiting zurückkommt! ... So. Siehst du, jetzt liegst du nackt vor mir auf der Erde. Du zitterst sogar; es friert dich? Ich könnte jetzt auf deinen nackten Leib speien, wenn ich wollte. Drücke nur den Kopf fest auf die Erde; sieht der Staub am Boden nicht merkwürdig aus? Wie eine Landschaft voll Wolken und Felsblöcken so groß wie Häuser? Ich könnte dich mit Nadeln stechen. Da in der Nische, bei der Lampe liegen noch welche. Fühlst Du sie schon auf der Haut? ... Aber ich will nicht ... Ich könnte dich bellen lassen, wie es Beineberg getan hat, den Staub auffressen lassen wie ein Schwein, ich könnte dich Bewegungen machen lassen – du weißt schon –, und du müßtest dazu seufzen: Oh meine liebe Mut ...« Doch Törleß hielt jäh in dieser Lästerung inne. »Aber ich will nicht, will nicht, verstehst du?!«
>Basini weinte. »Du quälst mich ...«

---

61   Ebd. S. 71.
62   Vgl. Campe: Das Bild und die Folter. S. 137.
63   Vgl. Musil: Die Verwirrungen des Zöglings Törleß. S. 109.

»Ja, ich quäle dich. Aber nicht darum ist es mir; ich will nur eines wissen: Wenn ich all das wie ein Messer in dich hineinstoße, was ist in dir? Was vollzieht sich in dir? Zerspringt etwas in dir? Sag! Jäh wie ein Glas, das plötzlich in tausend Splitter geht, bevor sich noch ein Sprung gezeigt hat? Das Bild, das du dir von dir gemacht hast, verlöscht es nicht mit einem Hauche; springt nicht ein anderes an seine Stelle, wie die Bilder der Zauberlaternen aus dem Dunkel springen? Verstehst du mich denn gar nicht? Näher erklären kann ich's dir nicht; du mußt mir selbst sagen …!«[64]

Bemerkenswert ist an dieser Begegnung erstens, dass Basini die Vorstellungen, die Törleß vor ihm entwirft, offenbar als schlimmer empfindet als die körperlichen Folterungen Beinebergs und Reitings – er weint und erinnert seinen Peiniger daran, dass dieser ihm seelische Schmerzen bereitet. Die Phantasie hat im Roman einen hohen Stellenwert – und somit werden die Handlungen der Jungen erst durch die Vorstellungen außergewöhnlich, die sie mit den Akten verknüpfen. Zweitens ist auffällig, dass Törleß davor zurückschreckt, Basinis Mutter auch nur sprachlich mit lediglich vorgespielten sexuellen Handlungen zu verbinden: Mutterfiguren bleiben bis zum Ende des Romans unnahbar und können nicht mit erotischen Akten verknüpft werden. Bezeichnend ist drittens, dass Törleß sich nicht für das Körperliche der Situation zu interessieren scheint, sondern lediglich dafür, ob sich bei Basini aufgrund des körperlichen Missbrauchs eine Persönlichkeitsspaltung feststellen lässt, ob sich das Ich des Mitschülers verändert oder auflöst.[65]

Dem Protagonisten ist es wichtig zu erkennen, was eine Persönlichkeitsstruktur ausmacht, wie sie sich zusammensetzt, wie sie sich verändern kann und was *im Moment* der Veränderung mit ihr geschieht – möglicherweise um herauszufinden, wo identitätsstabilisierende Faktoren liegen und selbst feste Strukturen aufbauen zu können. Wenn sich beim moralischen Abstieg Basinis – beim Übergang von der bürgerlichen Welt in die geheime, dunkle Welt der Qual – dessen Identität wandelt, so muss es einen Zeitpunkt geben, an dem die Erneuerung stattfindet, an dem die Persönlichkeit des Jungen in der Schwebe hängt: »Basini wird für Törleß zum Objekt, mit dem er den Übergang von der hellen Welt zur ›anderen‹ Welt im Geiste immer wieder – oszillierend –

---

[64] Ebd. S. 103 f.
[65] Vgl. Minkova: Im Spannungsfeld verschiedener Kulturen und Wertvorstellungen. S. 196.

nachvollziehen und miterleben kann«. Der Protagonist quält Basini aus Erkenntnisinteresse und kennt dabei »keine ethischen Bedenken«.[66] Die Peinigung seines Kameraden verhilft Törleß allerdings nicht zu neuen Einsichten: Es gelingt ihm nicht, den Moment des Wandels nachzuvollziehen oder diesen gar sprachlich zu fassen. Seine Erlebnisse befähigen ihn jedoch zu erkennen, dass Basinis Bestrafung ritualisiert worden ist und weder für die Peiniger des Mitschülers noch für diesen selbst noch erotische Macht birgt. »Törleß ist von der sinnlichkeitslosen Bestrafung angewidert – und nicht mehr an ihr interessiert.«[67]

Dennoch gibt der Roman Hinweise darauf, dass die Erlebnisse des Jungen seine Entwicklung prägend beeinflussen – unter anderem die Prolepse, in der der Protagonist auf seine Jugend zurückblickt und seine Involvierung in die Folter Basinis als notwendige Erniedrigung begreift, die seine Verfeinerung und Kultivierung erst ermöglichte. Offenbar entwickelt Törleß durch seine Erfahrungen sowohl eine feste Persönlichkeitsstruktur als auch die notwendige Selbstkontrolle und Rationalität, um seine Triebe und (erotischen) Vorstellungen in dieses Gefüge zu integrieren.[68]

3.3.4 Ein »Geschöpf [...] in wolkenloser Entfernung« und ein »Knäuel aller geschlechtlichen Begehrlichkeiten«[69]: Mutter und Hure

Zu Beginn des Romans unterscheidet Törleß deutlich zwischen den Frauen der »nie formvergessenen Gesellschaft«[70] und Dirnen wie Božena. Als die Prostituierte erklärt, früher einmal bei Beinebergs Tante in Dienst gewesen zu sein, erinnert der Protagonist sich der

> hellen Räume der elterlichen Wohnung. Der gepflegten, reinen, unnahbaren Gesichter, die ihm zu Hause bei den Diners oft eine gewisse Ehr-

---

66 Kroemer: Ein endloser Knoten? S. 44.
67 Wohlgemuth: Eroserleben als Macht- und Ohnmachtserleben. S. 158. – Vgl. auch Kroemer: Ein endloser Knoten? S. 42.
68 Vgl. Robertson: Gender anxiety and the shaping of the self. S. 49: »The novel recounts his attainment of heterosexual masculinity, understood as involving detachment and self-control.«
69 Musil: Die Verwirrungen des Zöglings Törleß. S. 33.
70 Ebd. S. 32.

furcht eingeflößt hatten. Der vornehmen, kühlen Hände, die sich selbst beim Essen nichts zu vergeben schienen. Eine Menge solcher Einzelheiten fiel ihm ein, und er schämte sich, hier in einem kleinen, übelriechendem Zimmer zu sein und mit einem Zittern auf die demütigenden Worte einer Dirne zu antworten. [...] Mit visionärer Eindringlichkeit sah er eine kühle, abwehrende Handbewegung, ein chokiertes [sic] Lächeln, mit dem man ihn wie ein kleines unsauberes Tier von sich weisen würde.[71]

Die mit Reinheit verbundenen Frauen seiner eigenen Gesellschaftsschicht – die der Junge mit Božena kontrastiert, welche mit Schmutz, Kot und Enge assoziiert wird[72] – nimmt Törleß nur fragmentiert wahr (Gesicht, Hände, Mund), nicht als vollständige Körper. Der Protagonist sieht sie als asexuelle Wesen, die abwärts der Taille nicht zu existieren scheinen. Diese Frauen bleiben ihm gegenüber kalt und abweisend, und schüchtern den Jungen mit ihrer Erhabenheit ein. Wie die Mutter Törleß' sind sie »Gestirn[e] jenseits alles Begehrens«.[73]

Als Kind hatte Törleß sich ebenfalls als Mädchen wahrgenommen und eine tiefe Sehnsucht verspürt, weiblich zu sein – offenbar, weil er eine deutliche Differenz zwischen Männern und Frauen erkennt, die er nicht an körperlichen Merkmalen festmacht, sondern an ihrem Wesen. An kleinen Mädchen habe ihn deren »Arroganz« fasziniert, »mit der sie [...] über die Erwachsenen kichern, diese furchtsame, stets wie zu schnellem Davonlaufen bereite Arroganz, die fühlt, daß sie sich jeden Augenblick in irgendein furchtbar tiefes Versteck in dem kleinen Körper zurückziehen könne ....«[74]

Während Törleß noch im Jugendalter keine souveräne Identität aufgebaut hat, sondern zwischen Auflösungslust und Verschmelzungsangst oszilliert, sah er offenbar schon als Kind die Frauen seiner Umgebung als überlegene, weil bereits ausgebildete Persönlichkeiten an. Die Identität der Mädchen wird dabei implizit an ihrer Physis festgemacht – offenbar gelingt es ihnen, durch die feste Verbindung ihrer psychischen Eigenschaften mit ihrer Körperlichkeit, sich schneller als die männlichen Kinder ihrer Umgebung von den Erwachsenen zu emanzipieren und zu autarken Subjekten zu werden. Gleichzeitig ist diese Individua-

---

71 Ebd.
72 Vgl. ebd. S. 17 f.
73 Ebd. S. 33.
74 Ebd. S. 86. – Vgl. Keckeis: Männlichkeit in einer gedoppelten Welt. S. 105.

lität keine (er-)fassbare: Auch sie ist nicht in der direkten Beobachtung wahrzunehmen, sondern lediglich durch Einfühlung zu erkennen. Diese bewunderten, distanzierten Frauenfiguren stehen im Kontrast zu Figuren wie Božena, die Törleß als »Geschöpf von ungeheuerlicher Niedrigkeit«[75], als »Knäuel aller geschlechtlichen Begehrlichkeiten«[76] wahrnimmt, »deren sexuelle Macht die sozialen Machtverhältnisse untergräbt und umkehrt« und die »durch ihre mindere Stellung und zügellose Offenheit zu einem sozial-verruchten Gegenpol, dem sich Törleß hingeben will«[77], wird.

Ein Gegensatz, der sich allerdings aufzulösen scheint, als die Prostituierte beginnt, von den Damen der Gesellschaft zu sprechen und deren Körperlichkeit in den Blick kommt, von sexuellem Verkehr und Schwangerschaft die Rede ist. Durch die Worte Boženas verbindet sich ihre eigene Sexualität mit den »Geschöpf[en] […] in wolkenloser Entfernung«[78], als die Frauen wie seine Mutter für Törleß bisher galten.

Der Protagonist reagiert mit heftiger Abwehr auf diese Gedanken, kann sich allerdings auch nicht von ihnen freimachen, wodurch sie »eine fürchterliche, unklare Bedeutung« gewinnen, »die wie ein perfides Lächeln alle Anstrengungen begleitete.«[79] Die Mutter wird sexualisiert[80], das Verhältnis zwischen den Eltern gewinnt dadurch eine andere Bedeutung:

> Er erinnerte sich an ein eigentümliches Lachen seiner Mutter und sich wie scherzhaft fester an den Arm ihres Mannes Drücken, das er an einem jener Abende beobachtet hatte. Es schien jeden Zweifel auszuschließen. Auch aus der Welt jener Unantastbaren und Ruhigen mußte eine Pforte herüberführen.[81]

Im Diskurs der Erzählung gelingt es Törleß, sich mit der Sexualisierung seiner Mutter abzufinden – die Erkenntnis, dass die Pforten und

---

75 Musil: Die Verwirrungen des Zöglings Törleß. S. 30.
76 Ebd. S. 33.
77 Wohlgemuth: Eroserleben als Macht- und Ohnmachtserleben. S. 155. – Vgl auch Luserke: Robert Musil. S. 23, der in Božena ebenfalls eine »Kontrastfigur zur Mutter« Törleß' sieht. Die Dirne setze ihre Sexualität als Machtmittel ein.
78 Musil: Die Verwirrungen des Zöglings Törleß. S. 33.
79 Ebd.
80 Vgl. Wohlgemuth: Eroserleben als Macht- und Ohnmachtserleben. S. 155.
81 Musil: Die Verwirrungen des Zöglings Törleß. S. 34.

Tore, die er zwischen unterschiedlichen Seelenzuständen postuliert hatte, leicht zu durchdringen und demgemäß die Grenzen fließend sind, gestattet es ihm, zwischen Mutter und Hure ebenfalls lediglich einen graduellen Unterschied wahrzunehmen. Als die Verwandte ihn nach seinem Schulausschluss abholt und die beiden am Hause Boženas vorbeifahren, schreckt ihn weder der Gedanke an die Dirne noch der an die körperliche Sexualität der Eltern: »Und er betrachtete verstohlen von der Seite seine Mutter. [...] | Und er prüfte den leise parfümierten Geruch, der aus der Taille seiner Mutter aufstieg.«[82]

3.3.5 Ästhetisierungsstrategien: Verwirrung und Dunkelheit

Der Erzähler der »Verwirrungen des Zöglings Törleß« ist nullfokalisiert – er gibt seinen Wissensvorsprung gegenüber dem Protagonisten zwar häufig auf und nutzt das Stilmittel der erlebten Rede, um Emotionen und Handlungen des Jungen aus dessen Perspektive und mit dessen Worten schildern zu können, im Allgemeinen jedoch verfügt er souverän über Raum, Zeit und Geschehen. Der Narrator kennt bereits den Endpunkt von Törleß' Entwicklung und scheint von diesem aus in der Rückschau zu erzählen – deswegen kann er sich vom jeweiligen Zeitpunkt der Erzählung aus Prolepsen bedienen und die Urteile des Protagonisten ergänzen und korrigieren. Hält Törleß zum Beispiel den seelischen Schmerz, den er in Abwesenheit der Eltern empfindet, für Heimweh, so weiß der Erzähler: »In Wirklichkeit war es aber etwas viel Unbestimmteres und Zusammengesetzteres.«[83]

Der sadistische Genuss des Schülers, seine Quälereien Basinis können somit als durch ihr Ergebnis – die verfeinerte, veredelte Seele Törleß' – legitimiert gelten, sie sind bloße »Verirrungen« auf dem Weg zu einem lohnenswerten Ziel, das der aus seinen Mitschülern durch seine erweiterten Erlebnis- und Erkenntnismöglichkeiten herausgehobene Törleß erreichen wird, während anderen, wie Reiting und Beineberg, anscheinend die Fähigkeit dazu fehlt, das theoretisch-philosophische Problem zu erkennen, das ihnen Basini stellt. Die Kameraden des Protagonisten

---

82 Ebd. S. 140.
83 Ebd. S. 9.

quälen den Dieb und befriedigen ihre Lust an ihm, hinterfragen dabei aber weder ihre Handlungen noch ihre Motivation und nehmen folglich lediglich das Oberflächliche der Situation wahr. Dem Protagonisten gelingt es jedoch – vor allem durch die gleichzeitige Introspektion und die kontinuierliche Beobachtung seines Selbst, das Spezifische und Verändernde der Tat für sich als Individuum zu erkennen. Während es Basini offenbar nicht möglich ist, den Moment zu identifizieren, in dem seine Persönlichkeit sich verändert und er sich kurzzeitig zwischen zwei Seelenzuständen befindet, oder diesen Augenblick gar zu versprachlichen, vollbringt es Törleß zumindest, die Persönlichkeitsspaltung bewusst zu erleben und daraus sowohl die Fragilität des Ich-Konstrukts als auch die darin liegende Chance zu beständigem Wandel abzuleiten. Basini wird zum Katalysator, der die Entwicklung Törleß anregt – das Schicksal der Nebenfigur ist dabei nebensächlich; sie gerät nur so weit und so lange in den Blick, wie sie eine Funktion für den Protagonisten erfüllt.

Während Basini offenbar nicht einmal dazu in der Lage ist zu begreifen, was mit ihm geschieht, gelingt es auch Törleß nur bedingt, seine Erlebnisse zu artikulieren – wann immer er es versucht, brechen seine Sätze ab: »die Worte sagten es nicht«.[84] Der Erzähler, der sich sonst vor allem durch eine präzise Sprache und souveräne Handhabung seines Materials auszeichnet – Wohlgemuth spricht von einer »Wissenschaftlichkeit des Stils«[85] –, verzichtet an diesen Stellen darauf, Törleß' Einlassungen zu ergänzen.

Solange der Sadismus der Jungen sich physisch äußert, bleiben ihre Handlungen somit gleich zweifach ›im Dunkeln‹ – ist Törleß bei den Quälereien anwesend, kann er in der Finsternis der roten Kammer nicht klar erkennen, was Reiting und Beineberg ihrem Mitschüler antun, sondern lediglich die Geräusche wahrnehmen, die mit ihren Aktionen einhergehen. In allen anderen Fällen erlebt er ihre Handlungen nicht mit, sondern erfährt sie lediglich mittelbar, durch die Erzählungen von Tätern oder Opfer. Ebenso wie der Leser ist Törleß auf seine Phantasie

---

84 Ebd. S. 18.
85 Wohlgemuth: Eroserleben als Macht- und Ohnmachtserleben. S. 153. – Wenn man bedenkt, dass Theodor Fontane noch gegen Ende des 19. Jahrhunderts vermieden hatte, in seinen Romanen das Wort ›nackt‹ zu verwenden (vgl. Thiel: Thema und Tabu. S. 25–30), ist es besonders auffällig, wie frei Musil keine zwanzig Jahre später Begriffe wie »geschlechtliche[] Erregung« (Musil: Die Verwirrungen des Zöglings Törleß. S. 70) verwenden kann.

angewiesen, um sich die Geschehnisse auszumalen. Erst als Törleß sich darum bemüht, die Gefühle Basinis zu ergründen, seinen psychischen Status zu eruieren, sieht er klarer und nimmt seine Sprachmächtigkeit wieder zu. Offenbar sind Sexualität und Gewalt »in ihrem extremen Körperbezug sprachlich-gedanklich nicht angemessen zu beschreiben«.[86]

---

[86] Kroemer: Ein endloser Knoten? S. 48.

3.4 Hanns Heinz Ewers: »Der Zauberlehrling oder Die Teufelsjäger«

»Der Zauberlehrling oder Die Teufelsjäger« (1909) ist Teil einer Romantrilogie um den Abenteurer Frank Braun, die durch »Alraune. Die Geschichte eines lebenden Wesens« (1911) und »Vampir. Ein verwilderter Roman in Fetzen und Farben« (1920) vervollständigt wird. Die Romane gelten heute als trivial und sensationslüstern[1] – und auch die zeitgenössische Kritik sparte zuweilen nicht mit Tadel.[2] Auf der anderen Seite hielt der polnische Autor Stanislaw Przybyszewski Ewers für einen »große[n] Künstler«[3], heißt es über den »Zauberlehrling« in Jakob Elias Poritzkys Rezension im Berliner »Das literarische Echo« lobend:

> Muß man noch sagen, daß Ewers diesen düsteren Stoff mit einer beispiellos konzentrierten Kraft zu lebendiger Wirkung gebracht hat? [...] Wenn andere so stolz sind auf das Himmlische, das in uns ist, hebt Ewers mit brutaler Geste die Vorhänge von unseren verborgensten Häßlichkeiten und Satanismen, und er zeigt, daß der Mensch eine Verruchtheit erreichen kann, die in allen Farben schillert; daß wir unheimlich reich sind an schrecknisbergenden Abgründen und giftigen Sümpfen [...]. Dieser Atavismus von Lastern, der uns anhaftet, diese Rückkehr zur grauenhaften Sinnlichkeit, diese Fähigkeit zu den schauerlichsten Extasen [sic] [...] sind ihm Beweis dafür, daß wir, so sehr wir auch Satan leugnen, ihn dennoch anbeten [...].[4]

Poritzky sieht im »Zauberlehrling« die durch zivilisatorischen Fortschritt eingeschränkte Aggression und die durch die kulturelle Bemäntelung verborgene Abscheulichkeit des Menschen enttarnt und schonungs-

---

1 Freund konstatiert »ein sensationell aufgeputztes literarisches Amusement« (Freund: Hanns Heinz Ewers. S. 41). Wörtche sieht ein »Arsenal stereotyper erotischer Sensationen der Zeit« abgebildet (Wörtche: Phantastik und Unschlüssigkeit. S. 90), Brittnacher argumentiert ähnlich (vgl. Brittnacher: Ästhetik des Horrors. S. 266). Gegen die seiner Meinung nach zu voreilige Verurteilung des Autors wendet sich Gmachl: Zauberlehrling, Alraune und Vampir. S. 47 f.
2 Vgl. z. B. ebd. S. 143 f.
3 Stanislaw Przybyszewski in der Randbemerkung zu Hanns Heinz Ewers: Mein Begräbnis. 12. Auflage. München 1917. S. XXX f. Zitiert nach Gmachl: Zauberlehrling, Alraune und Vampir. S. 145.
4 Jakob Elias Poritzky: Dämonisten und Phantasten. In: Das literarische Echo. 1. 10. 1910. Sp. 95–97. Zitiert nach Kugel: Der Unverantwortliche. S. 142 f.

los offen dargestellt – der Roman gilt ihm dementsprechend nicht als ›phantastisch‹ und ›trivial‹ wie vielen heutigen Kritikern, sondern als durchaus gelungenes Abbild der Wirklichkeit.[5]

Albert Eulenburg, der Ewers' Romane in »Sadismus und Masochismus« als Beispiele für die literarische Verbindung zwischen Sadismus und Blasphemie erwähnt hatte[6], rezensiert den Roman im »Zeitgeist«, der Beilage zum »Berliner Tageblatt«, ebenfalls durchaus – wenn auch nicht durchweg – positiv:

> Also wirklich ein starkes Stück, nur für nervenstarke Leser – und wirklich schläft ›manches Grauen‹ in diesen Blättern und manches grinst heraus, ›was scheußlich und verrucht‹. Aber es ist von Hanns Heinz Ewers – und das will sagen, von einem Dichter geschrieben, dessen siegende Kraft auch den mißlichsten Stoff in Farbe und Gestalt zu zwingen und in reine, lichtere Höhen der Kunst zu erheben vermag. Freilich versagt auch diese Kraft mitunter oder scheint wie erschöpft zu schlummern.[7]

Eulenburg hatte jedoch bereits in »Sadismus und Masochismus« beanstandet, dass die Neigung zur Schilderung von Paraphilien zu einem »Circulus vitiosus«[8] beitragen könne: Die Sensationsgier der Leser werde durch diese Art Literatur angeregt, und der kommerzielle Erfolg der Texte trage wiederum zu einer Verbreitung von Schilderungen gleichen Inhalts bzw. ähnlicher Machart bei. Folglich verleiht er auch in seiner Rezension der Hoffnung Ausdruck, dass er dem »Zaubermeister« Ewers »nun bald einmal in Sonnenlicht und Himmelsbläue, am vollen Tage unserer nach ihm verlangenden Gegenwartskultur, und vor allem im Reiche schöner Menschlichkeit gabenspendend […] begegnen«[9] werde.

---

5   Ähnlich argumentiert im Übrigen ein weiterer Rezensent, Walter Turszinsky, der Ewers »auf dem Wege« sieht, »das innere Wesen der religiösen Extase [sic] aufzuhellen« und »diese Erscheinung in ihren Fundamenten und Konsequenzen bloßzulegen« (Walter Turszinsky in: »Deutsche Nachrichten«. 27. 11. 1909. Zitiert nach Kugel: Der Unverantwortliche. S. 143).

6   Vgl. Eulenburg: Sadismus und Masochismus. S. 91.

7   Albert Eulenburg: Ein Roman des religiösen Wahnsinns. In: Zeitgeist. Beilage zum Berliner Tageblatt. Nr. 50. 13. 12. 1909. p. 3. Zitiert nach Kugel: Der Unverantwortliche. S. 142.

8   Eulenburg: Sadismus und Masochismus. S. 12.

9   Albert Eulenburg: Ein Roman des religiösen Wahnsinns. In: Zeitgeist. Beilage zum Berliner Tageblatt. Nr. 50. 13. 12. 1909. p. 3. Zitiert nach Kugel: Der Unverantwortliche. S. 142.

3.4.1 An Leib und Seele verkrüppelt: Hereditäre und topographische Belastungen

Die Dorfbewohner im Val di Scodra[10] sind offensichtlich hereditär belastet, möglicherweise durch konstanten Inzest. Don Vincenzo deutet jedoch darauf hin, dass auch allein der bedrückende Ort Einfluss auf die Bevölkerung genommen haben könne: »Alle haben sie irgendein Gebrechen; der ist am Leibe, jener an der Seele verkrüppelt.«[11] Die psychischen Defekte, so der Pfarrer, wirkten sich vor allem auf die Intelligenz und die Phantasie der Menschen des Tales aus[12] – ein Reflex dieser Beschädigungen ließe sich an den Körpern der Dörfler ablesen: »Klein und plattgedrückt sind ihre Schädel, unförmige Kröpfe hängen an ihrem Halse.«[13] Und tatsächlich – als Braun Mister Peter kennenlernt, den Sektenprediger in Val di Scodra, erkennt auch der Erzähler physiognomische Auffälligkeiten: »Der Schädel war prognathisch, das Kinn fehlte, die Nase schien plattgedrückt. Dagegen standen nach beiden Seiten mächtig die großen Ohren ab, angewachsen an den Läppchen. Alte Skrofelnarben zogen sich über den Hals; seine Bewegungen waren hastig, fast epileptisch.«[14] Prognathie – das Vorstehen des Oberkiefers – galt als Kennzeichen des Primitiven oder gar des Verbrechers, die angewachsenen Ohrläppchen signalisierten Unehrlichkeit, ebenso wie die abstehenden Ohren. Mister Peters physische Erscheinung bildet folglich seinen Geisteszustand ab.[15]

Auch andere Dorfbewohner weisen sich offenbar allein durch ihre Körpermerkmale als psychisch belastet aus: Angelo, der Knecht, stammt zwar nicht aus dem Dorf, doch seine Erscheinung – »er hatte ein breites, bartloses, hartes Gesicht«[16] – bezeugt dem Erzähler (und of-

---

10 ›Scodra‹ ist die lateinische Schreibweise von ›Shokdra‹, einer Stadt in Nordalbanien.
11 Ewers: Der Zauberlehrling. S. 22.
12 »Denken – sie denken überhaupt nicht, diese Höhlenmenschen der Bergtäler. Sie träumen nicht einmal.« (Ebd. S. 24)
13 Ebd. S. 24.
14 Ebd. S. 100 f.
15 Braun ist ein Anhänger von Rassentheorien und bemüht sich im Roman darum, seine eigenen Forschungen dazu niederzuschreiben (vgl. ebd. S. 56ff. und 79ff.).
16 Ebd. S. 38.

fenbar auch Braun) nicht nur Hässlichkeit, sondern auch Dummheit.[17] Später im Roman wird sich zeigen, dass Angelos Sexualität nicht der Norm entspricht: Braun vermutet nicht ohne Grund, dass der Knecht mit seiner Ziege verkehrt.[18]

Teresas Eltern dagegen – ein ehemaliger Feldwebel der Kaiserjäger und die Tochter eines (deutschen) Lehrers – werden als körperlich unauffällig beschrieben. Die Mutter entstammt offenbar dem Kleinadel – ihr voller Name wird genannt: »Maria von Brixen«[19] –, und ihr »kleine[s] bißchen Bildung trennte sie, wie gering es auch war, dennoch weit von diesen Tieren der Berge, ließ sie als eine Fremde erscheinen, als einen Eindringling, den man hassen mußte«.[20] Teresas spätere Neigung zum Sadismus kann somit möglicherweise weniger ihrer Herkunft als vielmehr der Atmosphäre des Hasses, in der sie aufgewachsen ist, zugeschrieben werden.

Über die Familiengeschichte Frank Brauns wird im »Zauberlehrling« wenig bekannt. Da der Erzähler sich darum bemüht, seinen Protagonisten geheimnisvoll und seiner Umwelt überlegen erscheinen zu lassen, wird seine Vergangenheit zunächst nicht ausgeschmückt. Erst im Verlaufe des Romans werden einige Erinnerungen Brauns eingeflochten – da Braun diese Reminiszenzen Teresa allerdings als »Märchen«[21] erzählt, kann sich der Leser über ihren Wahrheitsgehalt nicht sicher sein. In seiner Jugend, so der Abenteurer, habe man ihn nicht gut behandelt: »Alle quälen mich. Alle treten mich. Alle schlagen mich«[22], erklärt er in der Erinnerung. Immerzu habe er sich geschämt – vor dem Ladeninhaber, wenn er ein neues Schulheft kaufen sollte, vor Besuch im elterlichen Hause, vor einem Mädchen, in das er sich verliebt hatte.[23] Der zum

---

17 Vgl. ebd. S. 38 f.
18 Angelo glaubt, dass Braun selbst die Ziege mit auf seine Spaziergänge nimmt, um sich an ihr zu vergehen – am »Schimmer eines stillen Wissens und Einverständnisses« und am Erröten des Knechts erkennt der Abenteurer den Verdacht Angelos, was ihm schließlich die Augen über die Natur des Verhältnisses zwischen Tier und Knecht öffnet, ohne dass Braun daran Anstoß nimmt: »Du bist also ein Faun!« (Ebd. S. 327)
19 Ebd. S. 89.
20 Ebd. S. 88.
21 Ebd. S. 118.
22 Ebd. S. 121.
23 Vgl. ebd.

Zeitpunkt der Romanhandlung so selbstbewusste Protagonist stellt sich selbst als unsicher dar, als unfreiwillig unangepasst, allerdings mit einer tiefen Sehnsucht nach Eingliederung in ein Kollektiv: »Wie muß man es machen, daß sie [d. i. die Menschen] gut sind?«[24] Immer wieder, so erzählt er weiter, habe er versucht, sich anderen anzuschließen, um ein Gemeinschaftsgefühl zu erleben, doch sie hätten sich als Lügner, ihre Ideale als Trugbilder herausgestellt. Mit der Zeit sei er so immer mehr abgestumpft: »Nun bin ich frei. Alle Liebe starb und aller gute Haß. Und nichts gibt es mehr für mich in aller Welt, nichts mehr.«[25] Durch seine Erfahrungen habe er sich zu einem autarken und rationalen, allerdings auch beinahe gefühllosen Individuum entwickelt: »Man vergißt nichts, weder die großen noch die kleinen Schmerzen. Alle kommen wieder, zu irgendeiner Stunde tauchen sie auf, in endloser Reihe. Und martern und quälen.«[26]

3.4.2 »Und außer mir war das Nichts und das Uebernichts«[27]: Die Sehnsucht nach dem Ich-Verlust

Frank Braun gibt sich Pater Vincenzo gegenüber als Erkenntnissuchender zu erkennen – wobei der Wunsch nach Wissen hier nicht gänzlich altruistischer Natur ist, sondern vor allem auch eine Gier nach Herrschaft mit einschließt. Begeistert erzählt Braun von Don Alfieri, einem Prediger, der die Menschen mit seiner Stimme zusammenschweißen könne zu einer einzigen Seele, »eine[r] einzige[n] starke[n] Masse; ein gewaltiges, wahnsinniges Tier«.[28] Da der Redner allerdings keinen kreativen Gedanken besäße, da er kein Ziel habe, zu dem er die Menschen begeistern könne, könne er dieses Tier nicht zum Laufen oder gar zum Beißen bringen, die Macht nicht kanalisieren.[29] Als Braun davon hört,

---

24 Ebd. S. 124.
25 Ebd. S. 139.
26 Ebd. S. 129.
27 Ebd. S. 135.
28 Ebd. S. 13 f.
29 Mit der Rede vom sich erhebenden Tier spielt Ewers auch auf die Johannes-Offenbarung an: »Und ich sah ein Tier aus dem Meer steigen, das hatte zehn Hörner und sieben Häupter und auf seinen Hörnern zehn Kronen und auf seinen Häuptern lästerliche Namen. […] Und es wurde ihm ein Maul gegeben, zu reden große

dass es in Val di Scodra einen Prediger geben soll, der das Volk in den Bergen durch seine Stimme eint, denkt er darüber nach, diesem Redner eine solche Idee einzugeben, »die geheimnisvolle, schwärmerische, ekstatische Kraft«[30], die er in den Bergen vermutet, zu nutzen, das »Tier« herauszufordern. Das ›einfache‹ Volk im Val di Scodra, urwüchsig, noch unberührt von der Zivilisation, reflexionsunfähig – so glaubt Braun –, wäre ein aufnahmewilliges Publikum für seine Einflüsterungen.

Braun ist zwar bewusst, dass die Macht, die er anstrebt, Gefahren birgt, doch schreckt ihn dies keineswegs – im Gegenteil: Es zieht ihn sogar an. Da er sich als den meisten Menschen überlegen ansieht, strebt Braun danach, sich mit gewaltigeren Kräften zu messen – ob dabei Gott oder der Teufel im Spiel sind, interessiert ihn nicht.[31] Dass diese Mächte ihn überwältigen könnten, sieht er nicht nur als notwendiges Risiko, sondern auch als Chance. Der Grenzgänger sehnt sich danach, etwas Anerkennenswertes außerhalb seiner selbst zu entdecken, denn er leidet darunter, dass für ihn nichts existiert außer seinem Ich: »Und ich fühlte wohl, daß das andere Ding, das nicht – Ich war – *nicht* war: daß es das *Nichts* war. So war nur noch ein Ding in der Welt. Ich war. Und außer mir war das Nichts und das Uebernichts.«[32]

Die Welt ist von einer erschütternden und erdrückenden Leere, die Braun als nichtig wahrnimmt und die er gern durchbrechen möchte – eine Überschreitung, die ihm jedoch nur selten und auch nur zeitweilig gelingt.[33] Aus diesem Grund empfindet Braun Neid auf Teresas Glau-

---

Dinge und Lästerungen, und ihm wurde Macht gegeben, es zu tun zweiundvierzig Monate lang. | Und es tat sein Maul auf zur Lästerung gegen Gott, zu lästern seinen Namen und sein Haus und die im Himmel wohnen. | Und ihm wurde Macht gegeben, zu kämpfen mit den Heiligen und sie zu überwinden; und ihm wurde Macht gegeben über alle Stämme und Völker und Sprachen und Nationen.« (Offb. 13, 1–7) – Vgl. Knobloch: Hanns Heinz Ewers. S. 108.

30   Ewers: Der Zauberlehrling. S. 29 f.
31   Wenn Gott ein Aufhetzen der Menschen in Val di Scodra verhüte, so Braun zu Pater Vincenzo, dann: »muß man eben an eine andere Tür klopfen« (ebd. S. 31). Auch in »Alraune« betont Braun seine Absicht, Gott mit der Schöpfung des jungen Mädchens herauszufordern – gibt es eine himmlische Macht, muss sie auf die Blasphemie reagieren (vgl. Ewers: Alraune. S. 41).
32   Ewers: Der Zauberlehrling. S. 135.
33   Braun behauptet, dass er versucht habe, sich zu erhängen und dabei eins mit Gott, gar Gott selbst geworden sei: »Nicht ein Zerrinnen in ihm, nein, ein Wachsen und Werden zu Gott.« Kurz vor Eintreten des Todes jedoch sei der Strick gerissen:

ben, er wünscht, er könnte sich einer außerweltlichen Macht ebenso anvertrauen wie die junge Frau, wäre geborgen (wenn auch gefangen) hinter den Mauern der Religion, die er durchbrochen hat:

> Und wer einmal heraus war aus ihrem engen Kerker, der konnte nie wieder hinein und irrte elend herum im gewaltigen Nichts und fand keinen Grund, auf den er den Fuß setzen konnte. Leicht kam man hinaus aus den starren Quadern des Glaubens, aber kein kleiner Weg führte dahin zurück.[34]

Dieser Glaube jedoch hat für Braun viel Unbewusstes, gar Seelenloses, das Teresa allerdings auch wieder erhöht:

> Das war es: sie [d. i. Teresa] hatte keine Seele. Ihr fehlte das volle Bewußtsein des Gegensatzes von ihrem Ich zu der Außenwelt: so war sie eines mit allem anderen, das Nicht-Sie war. So aber war sie in Gott – ja, so war sie Gott selbst.[35]

Im Gegensatz zu Frank, der seine Individuation so schmerzlich wahrnimmt, ist sie eins mit sich selbst und dem Außen – nur so sind ihre späteren Exaltationen möglich: »Das aber war ja der Inbegriff der Ekstase! Sie riß die Grenzen ein und machte den Menschen zum All und das All zum Menschen.«[36] Es ist eine Rückkehr in die Urzeit, eine Rückentwicklung zum Tier, ein blindes Reagieren auf Reize der Außenwelt, die nicht durch Überlegungen gefiltert werden.[37] Dieser Atavismus verheißt dem Menschen Glück und Wollust – rationale Erkenntnis

---

»Und alles zerbrach und der Glanz zerstob und in gräßlichem Dunkel versank alles« (ebd. S. 137). – Da die Szene allerdings Teil eines mit Metaphern durchwirkten Selbstgesprächs ist – dementsprechend wird sie mit »Ich watete in einem Sumpfe roter Lügen und nirgend war ein festes Land.« eingeleitet (ebd. S. 134) –, wird nicht ganz deutlich, ob es sich um eine Erinnerung an tatsächliches Geschehen oder um verschlüsselt geschilderte *psychische* Vorgänge handelt.

34 Ebd. S. 276 f.
35 Ebd. S. 318. – Die gleiche Formulierung nutzt Braun später nochmals, wenn er über Teresas Seele nachdenkt: »Die Seele des Menschen in diesem Sinne war das Bewußtsein des Gegensatzes vom Ich zur Außenwelt.« (Ebd. S. 357)
36 Ebd. S. 358.
37 Eine typisch weibliche Rückentwicklung? Lombroso und Ferrero gehen zum Beispiel davon aus, dass die Frau an sich aufgrund übergroßer Impulsivität dazu neige, auf äußere Reize mit einer schnellen, irrationalen Reaktion zu antworten (vgl. Lombroso/Ferrero: Das Weib als Verbrecherin und Prostituirte. S. 75).

der Unüberbrückbarkeit zwischen Ich und Außen jedoch macht den Rausch unmöglich.[38]

3.4.3 Ein »Maelstrom strahlender Lüste«[39]: Der sexuelle Drang als verbindendes Element

Die rohe Vergewaltigung Teresas erscheint als Versuch, die Trennung zwischen zwei Lebewesen für kurze Zeit aufzuheben. Dass die Annäherung gewaltsam geschieht, ist dabei nicht nur der drohenden Abwehr Teresas und Brauns Alkoholkonsum zuzuschreiben, sondern auch dem Willen Brauns, in der Vereinigung die Kontrolle über sich selbst zu behalten und die Herrschaft über den anderen zu erringen. Während Braun Teresa niederdrückt und ihren regungslosen Körper missbraucht, beeinflusst die Gewalt jedoch auch den Vergewaltiger selbst: »Aber die jähe Kraft seiner wilden Fäuste floß hinein in seine Seele: da gebar die heiße Brunst eine volle, reine Harmonie. Er sprach und seine Stimme war weich und still, wie eine ferne Musik. Seltsam lockend klangen ihr seine Worte ins Ohr.«[40] Der gewaltsame Besitz führt somit tatsächlich zu physischem und psychischem Gleichklang, zur Gemeinschaft, zur Ganzheit und Fülle.

›Das Weib‹ verhält sich auch im »Zauberlehrling« zunächst passiv und defensiv, wehrt sich gegen Braun – doch nur so lange, bis ihre Feminität die Kontrolle gewinnt und sie im Liebesakt aufgehen kann. Eulenburg spricht vom »am heissesten ersehnten und oft am schwersten erkämpften Genusse der Geschlechtsbefriedigung«[41], den der Mann – zunächst – gegen den Willen seiner Partnerin durchsetzen müsse, da diese innere Hemmnisse vorschiebe, um ihr Gesicht zu wahren. Sind diese vorgeschobenen Skrupel jedoch überwunden, zeige sich das au-

---

38 Vgl. Ewers: Der Zauberlehrling. S. 363. – Auch Braun sucht im »Zauberlehrling« »regressives Vergessen« (Knobloch: Hanns Heinz Ewers. S. 93).
39 Ewers: Der Zauberlehrling. S. 66 f.
40 Ebd. S. 64. – Der Narrator nimmt hier sogar die Perspektive Teresas ein: Erzählt er meistenteils aus der Sicht Brauns, so wechselt er hier zwischen dieser und der des jungen Mädchens. Die Gemeinsamkeit der beiden wird durch diesen Kunstgriff unterstrichen, Zweifel des Lesers an der Wahrscheinlichkeit der plötzlichen Harmonie gemindert.
41 Eulenburg: Sadismus und Masochismus. S. 15.

thentische Wesen der Frau, ihre überbordende Sinnlichkeit und Triebgesteuertheit.

Und tatsächlich ändert sich das Verhältnis zwischen Braun und Teresa während des Aktes: Plötzlich wirken die Worte des Mannes »wie süßer Sommerregen«, sie »kühlten und hüllten ihren [d. i. Teresas] nackten, gemarterten Leib«[42], später heißt es sogar: »wie ein lindes Bad umfing sie rings diese schmeichelnde Liebe«.[43] Teresa fühlt sich in Brauns Armen geborgen; es gelingt ihm, ihre Seele in ein »Netz« aus »süße[n] Liebesworte[n]« einzuspinnen.[44] Teresa geht in ihm auf, er umfängt sie mit seinen Worten, *inkorporiert* sie beinahe. Auf diese Weise angenähert, »genoß [Braun] in Seligkeiten diesen Sieg: wie das Weib wach wurde in ihr«.[45] »Das Weib« – das offenbar gleichbedeutend ist mit: die Lustempfindende bzw. die sexuell Begehrende – erwidert schließlich seine Küsse, gibt sich ihm hin: »Ein Fieber faßte sie, und die Zähne, die seine Finger zerfleischt hatten in Wut und Haß, schlugen sich nun in seine Lippen, tief in die Schultern, unersättlich in jäher Gier.«[46] Das sichtbare Zeichen ihres Vergnügens – ihr Biss – unterscheidet sich nicht von dem ihres Widerwillens, beides sind authentische somatische Symptome ihres jeweiligen Gefühls. Die Grenzen zwischen Sexualität und Gewalt, zwischen Zwang und freiwilliger Unterwerfung verwischen. Das ›Weib‹ lässt sich nicht zweifelsfrei lesen, ihre körperlichen Äußerungen sind ambivalent – kein Wunder, dass manche Sexualwissenschaftler davon ausgingen, dass Sadisten ihre Opfer lieber quälten als ihnen Lust zu bereiten, weil sie in diesem Fall sicher sein konnten, Qualität und Intensität der Emotionen ihrer Partnerinnen zu kontrollieren.

In Gemeinschaft ergeben Braun und Teresa sich dem bewusstlosen Drang: »Sie wachten nicht mehr, noch schliefen sie. […] Sie lagen da, heiß atmend, stöhnend vor Gier, fortgerissen in diesem Maelstrom strahlender Lüste.«[47] Ihre Emotionen werden durch einen gefährlichen

---

42   Ewers: Der Zauberlehrling. S. 64.
43   Ebd. S. 65. – Zwischen Liebe und Begierde wird offenbar kein Unterschied gemacht.
44   Ebd.
45   Ebd. S. 66. – Der Koitus symbolisiert den Geschlechterkampf – empfindet Teresa Lust, die Braun ihr (im Wortsinne) abgerungen hat, so siegt er über sie.
46   Ebd.
47   Ebd. S. 66 f. – Das Bild des Maelstroms taucht auch in »Alraune« auf (vgl. Ewers: Alraune. S. 301).

Strudel symbolisiert, der die beiden Koitierenden überwältigt und nach unten zieht. Trotzdem bleibt Braun emotional seltsam unbeteiligt an diesem Akt. Da er sich Teresas überlegen fühlt, gelingt es ihm auch in dieser Situation nicht, sie als gleichwertiges Gegenüber wahrzunehmen – er sieht sie auch hier (wie später immer wieder) lediglich als sein Werkzeug, seine Marionette[48], »sein Ding«.[49] Dauerhafte Vereinigung ist auf diese Weise nicht möglich.

Um sie tatsächlich zu seiner Kreatur werden zu lassen, hypnotisiert Braun Teresa: »Es ist nicht gut, einen eigenen Willen zu haben!«[50] Mit ihrer Hilfe will er im Dorf die »Puppen tanzen [...] machen«[51], wie auf einer »Bühne« sollen sie für ihn ein »Stück«[52] aufführen, dessen Regisseur er ist. Als er bemerkt, wie einfach sie in Trance zu versetzen ist, gibt er ihr im zweiten Hypnoseversuch ihre Rolle als Stigmatisierte und Heilige ein. Noch tiefer dringt er in ihr Bewusstsein, und trotz »Angst und Entsetzen«[53] lässt sie sich – anscheinend selbst unter Hypnose widerstrebend – darauf ein, seinen Willen zu tun. Berauscht von seiner Macht, fühlt Braun sich als »Sieger«, als »König« und »Gott«[54] – wenig später jedoch erscheint ihm sein Plan in einem anderen Licht: Durch Hypnose hervorgerufene Stigmata wären inauthentisch, der Versuch, in den Bergen eine neue Heilige zu schaffen, unoriginell: »Was war es Großes?«[55] Mitleid mit sich selbst empfindend, nimmt er seine Suggestionen zurück, da ihre Wirkung trügerisch wäre und letztlich weder die Existenz noch die Abwesenheit eines höheren Wesens beweisen könnte. In seiner Orientierungslosigkeit wirkt Frank Braun wie ein Mensch, »der das Wunder mit aller Kraft herbeisehnt, der aber gleichzeitig auch weiß, dass es dieses Wunder nicht mehr geben kann«.[56]

Trotz allem glaubt Braun jedoch, dass er durch seinen Rat an Pietro, mit Geißelungen das Dorf durch Buße zu reinigen, das gesamte

---

48   Vgl. Ewers: Der Zauberlehrling. S. 217.
49   Ebd. S. 118.
50   Ebd. S. 109.
51   Ebd.
52   Ebd. S. 110.
53   Ebd. S. 273.
54   Ebd.
55   Ebd. S. 281.
56   Gmachl: Zauberlehrling, Alraune und Vampir. S. 120.

Dorf unter seine Kontrolle gebracht hätte, dass er die »Marionetten tanzen« lässt, was ihm »tiefe Befriedigung«[57] (sexueller Art?) verschafft. Wichtig ist es ihm, dass er jederzeit die Kontrolle behält, dass er die Konsequenzen kalkulieren kann. Braun ist sich sicher, die Menschen manipulieren zu können – seine Lust liegt im *Wissen* um seine Macht. Als Teresa dem Kater eine in der Falle gefangene Maus vorwirft, rettet er das Nagetier und rügt sie wegen ihres Verhaltens: »Quälen ist gut. Es ist eine Kunst – und vielleicht die größte. Aber die Menschen sind dumme Tiere: sie quälen, ohne es zu wissen.«[58] Die Pein des anderen darf nicht gedankenlos ausgelöst werden, sondern muss willen- und wissentlich zugefügt werden – nur im *Bewusstsein* der Macht liegt die Erkenntnis. Lediglich Braun, der sich über seine Kräfte im Klaren ist, kann sich als Schöpfer seiner Kreaturen, als »Gott«[59] fühlen.

3.4.4 Geißelung und Kreuzigung: Sadismus als »Wesenseinheit von Wollust, Religion und Grausamkeit«[60]

Die »Puppen« lösen sich jedoch von Brauns Drähten. Obwohl Frank seine hypnotischen Befehle an Teresa zurückgenommen hat, zeigt sie nach seiner Wiederkehr aus der Stadt Stigmata. Nun kehren sich die Rollen um: Braun ist Teresas Gefangener, sie bestimmt über ihn, sie hält ihn im Tal fest. Nicht die Dorfbewohner sind mehr seine Marionetten, sondern Braun ist die Puppe Gottes: »Sein [d. i. Gottes] Werkzeug warst du und meintest, daß du der Meister wärest. Weil du das Tor aufschlossest zum Reiche der Herrlichkeiten, wähntest du, daß es dein Reich sei.«[61]

Frank hat die Macht seiner Suggestionen und die Lust an Schmerz und Unterwerfung offenbar unterschätzt. Durch sein Bedürfnis, jedes

---

57 Ewers: Der Zauberlehrling. S. 250.
58 Ebd. S. 93. – Im Gegensatz zu den meisten Sadisten liebt Braun Tiere – als sein Kater getötet wird, prügelt er sich mit den Dorfbewohnern (vgl. ebd. S. 324), mit seinem Hund unterhält er sich gelegentlich in Gedanken (vgl. ebd. S. 132).
59 Ebd. S. 273.
60 Ebd. S. 384.
61 Ebd. S. 350. – Interessanterweise sieht sich Teresa nicht selbst als die Machthabende, sondern lediglich als Erfüllungsgehilfin Gottes, während Braun die Rolle des Schöpfers für sich selbst okkupiert hatte.

Ereignis rational zu erfassen, daran gehindert, den Weg in dieses »Reich der Herrlichkeiten« zu finden – die Rückkehr in das ›vorbewusste‹ Stadium des Glaubens ist ihm nicht möglich –, kann er die Kräfte, die blinde Frömmigkeit freisetzt, nicht begreifen, sie entziehen sich seinem Vorstellungsvermögen. Rausch ist, wie Braun selbst feststellt, nur dann möglich, wenn das Ich für einen Moment vergessen wird, wenn der Mensch in ein animalisches Stadium zurückkehrt.[62]

Teresa ist – im Gegensatz zu Braun – noch nicht aus den sie umfangenden »Mauern« ausgebrochen, ihr ist es noch möglich, das »reine[] Glück«[63] des erkenntnislosen Zustands zu empfinden. Für sie bedeuten ihre Stigmata ein tatsächliches Wunder und sind nicht Ergebnis von Phantasie und Autosuggestion. Die gegenseitigen Geißelungen der Dorfbewohner sind ernsthafte Zeichen ihrer Buße, ihrer Annäherung an Christus und ihrer (auch physisch verstandenen) Öffnung zu Gott, was auch die Faszination Teresas für die Wunden ihrer ›Jünger‹ erklärt, die sie immer wieder anruft.[64]

Gleichzeitig empfindet nicht nur Braun, der bei der Beobachtung der Geißelungen vor Erregung zittert, »die große Wesenseinheit von Wollust, Religion und Grausamkeit«.[65] Die nackte Haut, der Schmerz und das Blut wirken zusammen auf die Gläubigen und führen zu orgienähnlichen Szenen, als Teresa beginnt, selbst zu peitschen:

> In wenigen Minuten waren die Leiber bedeckt mit Blut, die Haut barst und hing in Fetzen. Die vier wälzten sich auf dem Boden, schrien und heulten in wehen Qualen. In verzweifeltem Schmerze faßte Carmelina mit den Zähnen die volle Schulter der Cornaro und biß sich hinein, die aber umfing den Burschen mit heißen Armen und grub ihre Nägel tief in sein

---

62 Auch hier die Ähnlichkeit zu den Vorstellungen der Sexualwissenschaftler: Der zeitweilige Verlust des Willens macht die Ekstase erstrebenswert, erniedrigt den ›Bewusstlosen‹ allerdings auch (vgl. S. 92 f. dieser Arbeit). Ob der Rausch religiöser oder sexueller Art ist, ist zweitrangig – häufig wurde übersteigerte Frömmigkeit als Kanalisierung nicht auszulebender bzw. nicht ausgelebter Erotik eingestuft.
63 Ewers: Der Zauberlehrling. S. 363.
64 Vgl. ebd. S. 377.
65 Ebd. S. 384. – Das Betrachten von sadistischen Szenen führt auch im »Zauberlehrling« zur Lust, eigene Macht auszuüben, selbst zu schlagen. Die Selbstkasteiung Pietros (ebd. S. 239) hatte Teresa offenbar ebenfalls Befriedigung verschafft: »Nur ihre Hände preßten seine [d. i. Brauns] Linke, es war, als erschauerte ihr Körper bei jedem Hiebe.« (ebd. S. 243)

Fleisch. Sie wanden sich zu einem wirren Knäuel, umschlangen sich mit Armen und Beinen, dampften von Schweiß und Blut.[66]

Männer und Frauen umfassen sich in Hitze und Schmerz, wälzen sich auf dem Boden in Brunft und Qual. Teresa, deren Augen vorher »gierig die wilde Szene [getrunken]«[67] hatten, küsst »inbrünstig« ihre Geißel[68], das phallusartige Symbol ihrer neuen Herrschaft. Die Bewohner des Tales regredieren im »Blutrausch«.[69]

Auch die (nicht zu Ende gebrachte) Kreuzigung des kleinen Gino wird sexuell aufgeladen. Teresa streichelt und küsst ihn sanft und zärtlich, während sie seine Hände auf das Kreuz legt, damit Scuro die langen Nägel in Ginos Fleisch schlagen kann – um den Gepeinigten vom Wundschmerz abzulenken, küsst sie ihn sogar auf den Mund und beißt »in die dünnen Lippen des Knaben«.[70] Doch der Kuss Teresas reicht nicht aus, um sich mit der empfundenen Qual zur Ekstase zu vermischen: Als der magere Junge zu kämpfen und sich gegen seine Behandlung zu wehren beginnt, erträgt Teresa es nicht mehr, seine Schmerzen mitanzusehen und lässt ihn durch Scuro erschlagen.

Selbst der so rationale Frank Braun kann kaum noch einen klaren Gedanken fassen[71], auch er ist gefangen in der »Ahnen Phantasie«, hat Teil an der atavistischen, offenbar – obwohl die Initiatorin eine Frau ist – männlich konnotierten »Wollust der Väter«.[72] Grausamkeit wird also vor allem als maskuliner Wesenszug wahrgenommen. Dementsprechend ist es nicht verwunderlich, dass »*die siegende Macht des Blutes*«[73] auch Braun übermannt – im Gegensatz zu allen anderen ist er aber

---

66 Ebd. S. 380 f.
67 Ebd. S. 379.
68 Ebd. S. 384. – Die Szenerie wird mit vielen Vokabeln umschrieben, die Hitze (heiße Arme), Rausch (wanken, taumeln, wirres Lachen), brünstige Animalität (beißen, heulen) implizieren. Frank Braun erkennt den Atavismus des Rituals: »Diese Raserei blutdürstigen Wahnsinns, dieser Anblick gequälter Opfer, der Rausch des starken Weines, der jagende Tanz und die nie rastende, lärmende Musik – mit allen möglichen Mitteln zogen und rissen sie die Menschen zur Tiefe, hinab zu den letzten Gründen, zu dem Urbewußtsein der Welt« (ebd. S. 384 f.).
69 Knobloch: Hanns Heinz Ewers. S. 96.
70 Ewers: Der Zauberlehrling. S. 388.
71 Vgl. ebd. S. 391.
72 Ebd. S. 394.
73 Ebd. S. 395.

nicht im Rausch, hat nicht gedankenlos an der Orgie teilgenommen, sondern die Gräueltaten *bewusst* erlebt.[74] Wichtiger noch, am Ende des Erlebnisses löst sich Brauns Geist von seinem Körper, er ist nur noch Bewusstsein und erfasst den Leib als Appendix der Seele, der überwunden werden muss.[75] Kein Einswerden mit der Außenwelt, kein Gott-Werden durch Rückkehr in ein ganzheitlich empfundenes Ich, sondern nur die Erkenntnis, dass der Leib dem Menschen fremd ist, verhilft dem Subjekt dazu, den »Wahnsinn der Väter«[76] abzulegen, die »Freiheit«[77] zu erlangen und die Sehnsucht nach Verschmelzung und Vereinigung abzulegen.

Die neu gewonnenen Erkenntnisse nutzen dem Abenteurer aber wenig, denn gegen die kollektive Gewalt der Dorfbewohner kann er sich nicht durchsetzen. Gleichzeitig fasziniert und abgestoßen, wird er »irgendein Teil dieser tierischen Menge«[78], als die Gläubigen mit Teresa den Kreuzweg gehen, sie geißeln und schließlich ans Kreuz nageln. Der Wille der Männer um ihn herum überwindet seinen Leib, man zwingt ihn dazu, Teresas Körper mit einer Heugabel zu durchbohren und somit die Lanzenwunde Jesu nachzuahmen. Erneut wird Braun seine Nichtigkeit vorgeführt – nicht er lenkt die Taten der Dorfbewohner, sondern sie die seinen: »*Ihre Puppe war er.*«[79] So ist es auch nicht er selbst, der Teresa am Ende mit der Heugabel ersticht, sondern Girolamo Scuro, der Brauns Arm nach oben und damit die metallenen Zinken in den Leib der Gekreuzigten stößt.[80]

---

74 »Ihn aber verließ nicht einen Augenblick dieses schreckliche, immer wache Bewußtsein. Und was immer geschah: er war es selbst, der es tat.« (Ebd. S. 396)
75 Als Braun mit der Arbeit an seiner Rassentheorie beginnt, schildert er evolutionären Kampf zwischen Verstand und Gefühl (ebd. S. 145 f.). Beim zivilisierten Menschen, so Braun, habe die Ratio über die Emotion gesiegt. Sein Überwinden des eigenen Körpers lässt ihn demnach zumindest für kurze Zeit den Status des Erhabenen erreichen.
76 Ebd. S. 398. – Erneut wird die bestehende (aber zu überwindende) Kultur maskulin konnotiert.
77 Ebd.
78 Ebd. S. 456. – Während Braun sich temporär dem Erhabenen angenähert hat, sind die Menschen in Val di Scodra auf die Stufe des Tieres gesunken.
79 Ebd. S. 465.
80 Vgl. ebd.

Braun erscheint damit letztlich unschuldig an den Geschehnissen in Val di Scodra – er wirkt lediglich als deren Katalysator. Da größtenteils aus seiner Perspektive erzählt wird, ist diese Ent-Schuldigung des Protagonisten wichtig, um die Schilderung der Ereignisse für den Leser konsumierbar zu machen.[81]

3.4.5 »Wie das Weib wach wurde in ihr«[82]: Die Frau als Lustobjekt und Mutter

Braun ist schon bei ihrem ersten Treffen von Teresa erotisch affiziert – dies allerdings vor allem, weil er bemerkt zu haben glaubt, dass Don Vincenzo, Teresas Beichtvater, das Mädchen vor ihm gewarnt hat.[83] Hatte Braun Teresa bis zum Aufkommen seines Verdachts nur als »ein junges Mädchen«[84] und als die Tochter Raimondis wahrgenommen, wird sie durch ihre Zurückhaltung und ihre Abwehr interessant – und »schön[]«.[85] Erst als verbotenes Objekt verlockt Teresa Braun: »Ich würde sie ja nicht ansehen und nicht anrühren, dein armes, kleines Beichtkind. – Nun aber – warum reizt du mich, Pfarrer?«[86] Die blauen Augen des Mädchens – vormals für Braun nur Beweis der deutschen Abkunft der Mutter[87] – wirken nun tiefer, statt auf der offensichtlichen Körpergröße des Mädchens liegt der Fokus des Protagonisten nun auf den zu entdeckenden Eigenheiten ihres Gesichts: Stirn, Brauen und Wimpern, Nase und Mund: Letzterer »schien ihm ein wenig zu groß, und die Lippen, leicht aufgeworfen, leuchteten wie starke Granatblüten in dem wachsbleichen Gesicht«.[88]

Nicht nur die roten – zu roten? – Lippen im kränklich blassen Gesicht erregen Braun, sondern vor allem auch die Idee, dass hinter der

---

81 Vgl. auch Kapitel 3.4.6 dieser Arbeit.
82 Ewers: Der Zauberlehrling. S. 66.
83 Vgl. ebd. S. 49.
84 Ebd. S. 47.
85 Ebd. S. 48.
86 Ebd. S. 49.
87 Vgl. ebd. S. 48.
88 Ebd. S. 49. – Die Blutstropfen, die bei ihrer Kreuzigung von ihrer Dornenkrone in das Gesicht der jungen Frau fallen, werden ebenfalls mit »Granatblüten« (ebd. S. 338) verglichen.

Hanns Heinz Ewers: »Der Zauberlehrling oder Die Teufelsjäger«   255

»Demut« und »stille[n] Sanftmut«, die er in Teresas Zügen zu sehen glaubt, »irgendein anderes zu schlummern«[89] scheint – möglicherweise das »Genialische[]«, möglicherweise allerdings auch bloß die »Kokotte«, worauf das »zu enge[] Mieder« Teresas eher hinzudeuten scheint.[90] Schon hier wird durch den Erzähler, der Brauns Beobachtungen wiedergibt, suggeriert, dass Teresa – wie viele Frauen – ihre zugrunde liegende Schamlosigkeit mit aufgesetzter Sittlichkeit maskiere.[91] Auf Brauns verlangenden Blick reagiert das Mädchen mit »Scham« und »Haß«[92], beweist somit zunächst ihre offenkundige Unerfahrenheit. Ihre (scheinbare?) Unschuld wird durch die Einrichtung ihres Zimmers und durch ihre Reaktion auf Brauns Annäherung noch hervorgehoben[93]:

> Dann, schnell, griff er die Klinke, trat hinein. Er sah das Bild der Gottesmutter, mit dem Buchsbaum im Rahmen – es fiel ihm auf, daß jetzt noch drei blaue Anemonen dabeistaken. Er sah das kleine Weihwasserbecken zur rechten Seite, und zur linken, dicht beim Fenster, die ewige Lampe –
> Der leichte Schein fiel hinüber auf des Mädchens Bett. Sie war hellwach, weit offen starrten ihn die großen Augen an. Ihr Gesicht schien bleich und die Lippen bebten. Kein Wort sprach sie – ihre blauen Augen wandten sich flehend hinüber zur Gottesmutter. Eng verschränkten sich ihre Finger. Ja, sie betete.[94]

Die in den Rahmen des Marienbildes gesteckten Anemonen weisen darauf hin, dass Teresa durchaus bewusst ist, dass Braun sie begehrt und sich ihr möglicherweise aufdrängen wird, stehen die Blumen doch gemeinhin für das Gefühl der Verlassenheit – das junge Mädchen bittet die Gottesmutter offenbar um Schutz.

Teresa wirkt unschuldig und als ergebe sie sich in ihr Schicksal, gleichzeitig jedoch auch so erfahren, dass sie Brauns Verlangen einordnen kann – ohne sich erfolgreich gegen ihn wehren zu können. Seinen Vorwand, die Madonna habe ihn zu Teresa geschickt[95], nimmt sie nicht erst im Gespräch mit Don Vincenzo in der Hoffnung, die Täuschung

---

89   Ebd. S. 49.
90   Ebd.
91   Vgl. Lombroso/Ferrero: Das Weib als Verbrecherin und Prostituirte. S. 120 f.
92   Ewers: Der Zauberlehrling. S. 49.
93   Vgl. Knobloch: Hanns Heinz Ewers. S. 135.
94   Ewers: Der Zauberlehrling. S. 63.
95   Ebd.

durch den Pfarrer bestätigt zu finden, auf (»Hochwürden – ist es wahr? – Sandte ihn die Madonna?«⁹⁶), sondern bereits während des Aktes.⁹⁷ Ihre Fähigkeit zur Hingabe und letztlich zur sexuellen »Gier«⁹⁸ ist es, die Braun als besonders feminin empfindet – als sie ihm ihren Körper überlässt und ihn selbst mit Zärtlichkeit berührt, sieht er Teresa zur Frau gereift: »Und er genoß in Seligkeiten diesen Sieg: wie das Weib wach wurde in ihr.«⁹⁹ Gleichzeitig ›gebiert‹ Brauns »Brunst« die »volle reine Harmonie«¹⁰⁰, die Teresa besiegt, wird auch dem Abenteurer ein weiblicher Zug – die Fähigkeit zu gebären – zugeordnet. Möglicherweise absichtsvoll: Auch im »Zauberlehrling« wird Männlichkeit mit (hochentwickelter und zivilisatorisch hochstehender) Rationalität und Selbstkontrolle, Weiblichkeit mit (primitiver) Emotionalität, mit Opferwille und tendenzieller Ich-Losigkeit in Verbindung gebracht. Bevor Braun Teresas Zimmer tatsächlich betreten hatte, hatte er sich mit einer Erinnerung an die eigene Sozialisation zurückgehalten: »Sein Blut kochte nicht weniger, und doch ward es im Augenblicke zurückgedrängt durch die Kultur der Kinderstube. ›Ich bin kein Tier,‹ flüsterte er.«¹⁰¹ Die »Brunst« des jungen Mannes führt dennoch zur triebgesteuerten Vergewaltigung – Braun fällt (nicht unfreiwillig) in ein vorzivilisatorisches Muster zurück, das anscheinend feminin konnotiert ist.¹⁰²

Wahre Weiblichkeit schließt im »Zauberlehrling« zunächst Unterwürfigkeit und Unterordnung ein: Teresa, die sich in ihren Vergewaltiger verliebt hat¹⁰³, darf Braun auf seinen Streifzügen begleiten, doch lediglich als sein Geschöpf, das er behandelt wie vormals seinen verstorbenen Hund: »Sie saß vor ihm und schwieg, glücklich, selig in dem Gefühle, daß ihr Herr zu ihr sprach.«¹⁰⁴ Braun erzählt ihr von seinen Rassetheorien, ohne von ihr Verständnis zu erwarten – sie dient ihm

---

96   Ebd. S. 89.
97   »Nimm mich! [...] Die Madonna sandte dich!« (Ebd. S. 66)
98   Ebd.
99   Ebd.
100 Ebd. S. 64.
101 Ebd. S. 62.
102 Teresas Religiosität wird ebenso als Ich-Schwäche ausgelegt. Vgl. S. 245 f. dieser Arbeit.
103 Vgl. Ewers: Der Zauberlehrling. S. 94.
104 Ebd. S. 97.

lediglich als Reflektor für seine Ideen, als nur mäßig intelligentes Publikum für seine ersten Formulierungsversuche. Teresa nimmt aus ihrer Perspektive dagegen eine etwas andere Rolle ein: Als Braun ihr aus seiner Jungend berichtet und dabei wirkt »wie ein fünfzehnjähriger Bube«[105], reagiert sie mit Mitleid und Fürsorge: »Sie hätte aufspringen mögen und seinen Kopf an ihre Brust betten; wie eine Mutter fühlte sie für ihren armen Jungen.«[106] Während der Protagonist und (zumindest teilweise) der Erzähler Teresa nicht als Persönlichkeit anerkennen, sondern sie zum nicht vernunftbegabten Tier, zur Puppe, zur stummen Kulisse herabwürdigen, imaginiert Teresa Braun in einer Position, die ihn von ihr und ihren Tröstungen abhängig macht.[107]

Im Diskurs der Erzählung erfüllt das Mädchen immer mehr die Rolle, die sie selbst für sich ausgesucht hatte – sie beginnt, Val di Scodra zu regieren und dadurch auch Macht über Frank Braun zu gewinnen, der das Tal nicht mehr ohne ihre Erlaubnis verlassen kann, der nun zum Zuschauer ihrer eigenen Selbstinszenierung, letztlich zu einem ihrer Handlanger bei der von ihr gewünschten Kreuzigung wird.

Das Bild der am Kreuz hängenden Teresa führt interessanterweise zu einem weiteren Aufeinandertreffen der ihr zugeschriebenen und der von ihr tatsächlich ausgefüllten Rolle. Während Braun noch die blutende, sterbende Gestalt ästhetisieren und mit Lust betrachten kann[108], entdeckt er ihre fortgeschrittene Schwangerschaft, ihren sich hoch wölbenden Leib: »Der Anblick der Frau als Mutter zerstört mit einem Schlag die ganze kunstfertige erotische Stilisierung.«[109]

Dennoch bleibt zu konstatieren, dass sich die Frau auch im »Zauberlehrling« zwischen zwei Extrempunkten bewegen kann – zwischen dem Lustobjekt, das möglicherweise selbst Verlangen erleben, nicht jedoch initiieren kann, und der fürsorglichen Mutter. Lotte Lewi, der Braun

---

105 Ebd. S. 124.
106 Ebd.
107 Ein ähnliches Phänomen findet sich auch an anderer Stelle des Romans, in einer der Erinnerungen Brauns – eine der Geliebten des Weltenbummlers, Ginevra Gerelli, hatte eifersüchtig darüber gewacht, dass Frank außer ihr niemand anderen mehr zu lieben vermochte, also ebenfalls von ihr abhängig war. Da Braun angab, seinen Hund zu lieben, hatte sie zunächst von ihm verlangt, diesen zu töten (vgl. ebd. S. 127).
108 Vgl. ebd. S. 460 f. und S. 262 f. dieser Arbeit.
109 Brittnacher: Ästhetik des Horrors. S. 265.

in den Schlussszenen des Romans begegnet und die ihn zunächst durch die von ihr gelieferte Ablenkung, dann durch die von ihr angeregte Katharsis von der Erinnerung an die Begebenheiten im Val di Scodra befreien kann, navigiert ebenfalls lediglich zwischen diesen Polen. Am Ende des Romans wird auch sie Braun auffordern, ein Kind mit ihr zu zeugen.[110]

3.4.6 Ästhetisierungsstrategien: Analogien und Erotik

Die Gewalt in »Der Zauberlehrling« ist hauptsächlich religiös motiviert. Sie wird durch diesen Kontext mit Bedeutung aufgeladen und wirkt deshalb, zumindest im Rahmen der Textwirklichkeit und für die meisten Figuren, weitgehend sinnvoll und zielgerichtet. Selbst die Attacke des Protagonisten auf Teresa wird von Braun dadurch eingeleitet, dass er vorgibt, einen Auftrag der Muttergottes auszuführen: »Die Madonna schickt mich.«[111] Die junge Frau nimmt diese Deutung auf und benutzt sie als Rechtfertigung – teils für ihren Beichtvater, den sie bittet, Brauns Legitimation zu bestätigen[112], teils für sich selbst, um sich ihr Nachgeben und Brauns Gewalttat als Teil eines unhintergehbaren göttlichen Plans zu erklären.

Der Leser wird im Unklaren darüber gelassen, wer die Verantwortung für die Ereignisse im Val di Scodra trägt. Teresas Trance, in der sie die Leiden Christi nachlebt und sich bewusstlos in Krämpfen krümmt, wird zum Beispiel möglicherweise durch Brauns Hypnoseversuche, eventuell durch Autosuggestion, vielleicht aber auch tatsächlich durch himmlisches Eingreifen oder den Zufall induziert. Bedeutung kommt dem Ereignis durch die Zuschreibung der Anwesenden zu, die – bis auf Frank Braun – an eine göttliche Besessenheit Teresas glauben. Der Protagonist beobachtet den Vorgang von außen mit nüchterner Distanz; gleichzeitig gelingt es ihm allerdings, sich in die Phantasie der jungen Frau hineinzuversetzen: »Er riß seine Gedanken zusammen, wie ein gutes Pferd, faßte fest die Trense und ritt in das Land ihrer Erscheinungen.«[113] Die körperlichen Erscheinungen, die den Betrachtern zu-

---
110 Vgl. Ewers: Der Zauberlehrling. S. 508.
111 Ebd. S. 63.
112 Vgl. ebd. S. 89.
113 Ebd. S. 334.

gänglich sind, werden dabei genauso detailliert geschildert wie die Visionen der jungen Frau, die aufbrechenden Stigmata und das austretende Blut ebenso wie ihre Todesangst, ihre Tränen ebenso wie ihr brechender psychischer Widerstand. Mit beinahe klinischer Genauigkeit beschreibt der Erzähler – aus Brauns Perspektive – den Körper Teresas:

> Dann brach sie zusammen. Die Arme fielen schlaff herab, die Kinnladen klafften weit auseinander. Dunkelblau quoll aus den bleichen Lippen die im Krampfe unförmig aufgeschwollene Zunge, die Lider senkten sich, aus den Augen entfloh der letzte Schimmer in schweren Tränen.[114]

Schließlich gerät Teresa »in Ekstase«[115], scheint das Himmelreich zu schauen, sinkt erschöpft nieder und kommt zur Ruhe. Der Erzähler, der sich hier allerdings auch erneut des Stilmittels der erlebten Rede bedient und Brauns Gedanken wiedergeben könnte[116], ästhetisiert nun die durch die Vorstellungskraft Teresas entstandenen Wundmale durch den Gebrauch von Analogien: »Wie Granatblüten leuchteten die Blutstropfen auf der weißen Stirne, die schwarzen Locken fielen weit über die nackten Schultern, ihr weißes Gewand, hier und da mit Blut bespritzt, floß wie eine weiße Wolke, auf die die scheidende Sonne die letzten Grüße ihres Herzblutes wirft.«[117] Baumblüten, eine weiße, folglich freundliches Wetter versprechende Wolke, ein Sonnenuntergang – die Anzeichen von Verwundung und Schmerz werden mit positiv konnotierten Naturerscheinungen verbunden, so dass sie zum einen ebenfalls ›natürlich‹ anmuten, zum anderen allerdings auch durch die Analogiebildung ihren Schrecken verlieren: Die blutende junge Frau, wenige Augenblicke zuvor noch von Konvulsionen geschüttelt, röchelnd und mit verzerrtem Gesicht scheinbar mit dem Tode ringend, wirkt nun, als ruhe sie im Schein der untergehenden Sonne.

---

114 Ebd. S. 337.
115 Ebd.
116 »Meist verdeutlicht die erlebte Rede eine Reaktion Frank Brauns auf ein Ereignis und ist Bestandteil seiner Rückblicke und Reflexionen. Durch erlebte Rede erhält der Leser Einblick in das Innere, in die Psyche einer Figur und sie ist ein starkes Mittel zur Identifikation.« (Gmachl: Zauberlehrling, Alraune und Vampir. S. 104)
117 Ewers: Der Zauberlehrling. S. 338.

Die Beschreibung Teresas erscheint statisch, illustrativ – »Wenn ich ein Maler wäre!«[118], wünscht Braun sich verzückt, als er die Bewusstlose sieht – und gerade dadurch seltsam unwirklich. Der Anblick der »Heilige[n]«[119] wirkt wie das Abbild eines bereits lediglich nachgeahmten Leidens, doppelt von der Wirklichkeit entrückt.[120] Und damit nicht genug: Nachdem weitere Krämpfe Teresa durchschüttelt haben, krümmt sie sich in Wollust, wird sie für ihr Leiden letztlich belohnt:

> Ihre Wangen färbten sich rot, der Mund öffnete sich halb und ein verlangendes Lächeln lag auf ihrem Gesicht. […] Die Brüste dehnten sich, ein leichtes Zittern lief durch ihren Körper. […] Und leise, unmerklich fast, hob sich ihr Leib, schoben sich unter dem hüllenden Linnen die Beine zur Seite. Wie zum Kusse öffnete und schloß sich ihr Mund, ein tiefer Seufzer heißen Glückes löste sich aus den weißen Zähnen.[121]

Teresas Körperhülle ist durch ihre Verwundungen bereits ›aufgebrochen‹, sie öffnet nun aber zusätzlich den Mund, weitet die Brust, spreizt die Beine, um das ›Außen‹ aufzunehmen – ein deutlich sexuell konnotiertes Erlebnis: »Sie lag still da, vollgesogen in allen Poren, ein köstliches Bild der Empfängnis.«[122] Der körperliche Schmerz befähigt die menschliche Psyche zur Auflösung, zur Verschmelzung mit der Außenwelt, die im Ich aufgeht.

---

118 Ebd.
119 Ebd. S. 336.
120 Laut Gilles Deleuze, der in seinem Essay »Sacher-Masoch und der Masochismus« die Erzähltechniken de Sades und Sacher-Masochs gegenüberstellt, ist »der ästhetische und dramatische ›suspense‹ bei Masoch […] der mechanisch akkumulierenden Wiederholung Sades zutiefst entgegengesetzt« (Deleuze: Sacher-Masoch und der Masochismus. S. 188). ›Suspense‹ meint eine in der Schwebe gehaltene Beschreibung der Figuren, die statuesk wirken – durch diese Art der Darstellung identifiziere sich der Leser mit dem Opfer. De Sade dagegen nutze die Beschleunigung und Verdichtung von Szenen (vgl. ebd. S. 183). Der Leser tendiere dazu, sich mit dem Täter zu identifizieren (vgl. ebd. S. 188). Die Lust am Text entstehe durch die logische Beweisführung, die die – präzise geschilderten – Gewalthandlungen legitimiere (vgl. ebd. S. 184). – In Ewers »Zauberlehrling« finden sich allerdings beide Techniken nebeneinander – sowohl das bildhafte In-der-Schwebe-Halten als auch die präzise Beschreibung und die rational erklärbare Gewalt (vgl. zur Thematik auch Knobloch: Hanns Heinz Ewers. S. 128–130 und Kapitel 3.9.6 dieser Arbeit).
121 Ewers: Der Zauberlehrling. S. 339.
122 Ebd. S. 340.

Braun beneidet Teresa um diese Fähigkeit, die er bereits zu Beginn des Romans in ihrer Religiosität angelegt sah[123], die in diesem Moment allerdings zum ersten Mal zum vollendeten Ausdruck kommt. Auf den Protagonisten, dem eine solche Begabung abgeht, wirkt Teresas Ekstase verführerisch:

> ›Wie ich dich beneide, armes Mädchen! [...]
> Gestaltlos stürzt deine Seele in den gestaltlosen Gott. *Denn Gott – das weißt du nun, dreimal Glückliche, – ist ja nichts anderes als dein Erlebnis.* Du bist in Gott – und so bist du Gott.
> [...] Alles löst sich in grenzenlosem Lichte und senkt sich in dich – und du bist das Licht und das All.‹[124]

Es ist diese Art von Verschmelzung bei Erhalt, gar Stärkung des eigenen Ichs, die auch Braun anstrebt, die er aber in Ermangelung eigenen Glaubens und vor allem durch seine ausgeprägte Rationalität nicht erreichen kann. Selbst die das Individuum auf sich selbst und die eigene Körperlichkeit zurückwerfende Qual, die nüchterne Überlegungen unmöglich macht, will der Protagonist sich *bewusst* machen: »Quälen ist gut. Es ist eine Kunst – und vielleicht die größte. Aber die Menschen sind dumme Tiere: sie quälen, ohne es zu wissen.«[125]

Die Schmerzen, die Teresa durchleidet, sind offenbar notwendig, um die bewusst(seins)lose Verschmelzung, die der Protagonist so hoch bewertet, zu erreichen – ebenso wie die Geißelungen, die Folter und die spätere Kreuzigung Teresas, was ihre Leiden und die ihrer Anhänger sowie die freiwillige Unterwerfung in der Textwirklichkeit zumindest ansatzweise legitimiert.

Die Folgen des Schmerzes sind daneben in den meisten Fällen letztlich schön: Blutstropfen leuchten[126], ebenso wie die Striemen, die Teresas Geißel auf den wunden Rücken ihrer Jünger hinterlässt[127], das Blut

---

123 »Das war es: sie [d. i. Teresa] hatte keine Seele. Ihr fehlte das volle Bewußtsein des Gegensatzes von ihrem Ich zu der Außenwelt: so war sie eines mit allem anderen, das Nicht-Sie war. So aber war sie in Gott – ja, so war sie Gott selbst.« (Ebd. S. 318)
124 Ebd. S. 342.
125 Ebd. S. 93.
126 Vgl. ebd. S. 338.
127 Vgl. ebd. S. 381.

hüllt ihre Anhänger ein wie ein »feuchtes rotes Gewand«.[128] Beinahe jede negativ konnotierte Vokabel – so werden die Gegeißelten zum Beispiel mit »verendende[n] Tiere[n]« verglichen[129], wirkt ein Rücken wie »eine einzige gräßliche Wunde«[130], »heulen[]« die Kinder vor Angst vor Teresas Hieben[131] etc. – wird durch eine positiv konnotierte Vokabel kontrastiert und aufgehoben: »Die Kinder krochen und flohen schreiend hinab, sie aber schritt groß und hoch daher und ihre nackten Füße wateten in Blut.«[132] Die Würde Teresas basiert auf den Leiden, die sie zuzufügen imstande ist und die die Kinder vor ihren Schritten fliehen lassen: Ihre Schönheit und Erhabenheit rechtfertigen im Text die Qual der Unschuldigen, ebenso wie sie Teresas eigenes, freiwilliges Leiden am Kreuz legitimieren:

> Sie war schön – o nie war sie so schön gewesen. Ihr Kopf neigte sich auf die linke Schulter, die langen, schwarzen Locken flossen herab zu beiden Seiten. Der Dornenreif krönte die Stirne und warf korallene Tropfen auf den Grund. Die weißen Brüste, hochgereckt durch die aufgezogenen Arme, lachten in die Sonne, boten sich dar wie reife Früchte auf goldener Schüssel. Das Tuch um ihren Leib bauschte sich hoch, wie bei einem Frauenbildnis von Cranachs Hand, ließ die Schenkel frei und zeigte die herrlichen Beine.[133]

Erneut wird die Schönheit der Gemarterten herausgestellt, deren Anblick wiederum bildhaft beschrieben und voyeuristisch ausgeschlachtet wird.[134] Noch an der leidenden, sterbenden Teresa »lachen« die Brüste, bieten sich (!) an wie Nahrung vor kostbarem Hintergrund. Doch diesmal halten sich Stilisierung und Grausamkeit nicht die Waage – schnell verschwindet das Lächeln aus dem Gesicht der Leidenden, werden ihre

---

128 Ebd. S. 382.
129 Ebd.
130 Ebd.
131 Ebd. S. 383.
132 Ebd. S. 384.
133 Ebd. S. 460 f.
134 Nicht zu Unrecht merkt Brittnacher an: »Die ganze dekorative Ästhetik des Jugendstils ist hier aufgeboten, um das pornographische Bild der gekreuzigten, nackten Heiligen als ästhetische Phantasie zu legitimieren.« (Brittnacher: Ästhetik des Horrors. S. 265)

Gesichtszüge »starr und hart«[135], durchzuckt sie ein Krampf. Durch ein Versehen wird das Tuch um die Leibesmitte Teresas abgerissen und Braun erkennt: »Sie war schwanger. Sie trug ein Kind unter ihrem Herzen.«[136] Diese Erkenntnis verändert die Wahrnehmung des Protagonisten und mit ihr die Perspektive des Lesers auf die Leidende – Braun kann den Leib nur noch »entsetzt«[137] anstarren – er ist nicht mehr schön, sondern nur noch »rund[]«[138], reduziert auf das Anzeichen der Schwangerschaft.

Der – von Braun nicht beabsichtigte – Mord an Teresa mit einer profanen Heugabel wird schließlich zwar präzise beschrieben, ihm haftet allerdings keine Schönheit mehr an und er bleibt sinnlos:

> Mit allen Kräften suchte er [d. i. Braun] sich zu befreien, die Hand zu lösen, den Schaft nach unten zu reißen. Aber sie hielten ihn, acht starke Männer, mit wilder, fanatischer Kraft. Und der Wille der, die am Kreuze hing, machte ihre Muskeln zu Eisen.
> […]
> Dann, mit einem gewaltigen Ruck, stieß Girolama Scuro von unten gegen seinen Ellenbogen, riß ihm den Arm hoch hinauf. Und die Zinke drang in der Heiligen Leib und bohrte sich hinein bis zum Ende –
> Tief hinein – durch Mutter und Kind –
> Dort, wo das Stigma leuchtete –
> Die Heilige schrie.
> Einen einzigen, wilden, entsetzlichen Schrei.
> *   *   *
> Sie ließen ihn los, dumpf fiel er zu Boden.[139]

Keine kultivierte Stilisierung der Szene ist mehr zu beobachten – die Männer sind wild, fanatisch, primitiv, der Gewaltakt nicht genau vorbereitet, sondern ungezielt, der Schrei der Sterbenden grauenvoll. Und damit nicht genug: Der Ausführende – Frank Braun – erlebt seine Handlung nicht bewusst, sondern wehrt sich dagegen und sinkt kurz nach ihrer Vollziehung in Ohnmacht, was die Qual Teresas im System des Textes deutlich entwertet.

---

135 Ewers: Der Zauberlehrling. S. 461.
136 Ebd. S. 463.
137 Ebd.
138 Ebd.
139 Ewers: Der Zauberlehrling. S. 465 f.

Darüber hinaus lässt der Roman letztlich den ›Wahrheitsgehalt‹ von Brauns Schilderung der Ereignisse in Val di Scodra offen – auch innerhalb der Textwirklichkeit: Als der Protagonist nach seiner Flucht aus dem Tal Lotte Lewi in Venedig trifft und diese ihn über seinen Verbleib in den letzten Monaten befragt, antwortet er zwar zunächst, er habe »in den Bauch der Erde gesehen«[140], also das Primitive erlebt, korrigiert sich dann aber nach dem Spott seiner Begleiterin schnell: »Vielleicht habe ich nur einen Roman geschrieben.«[141]

---

140 Ebd. S. 492.
141 Ebd.

3.5 Hanns Heinz Ewers: »Alraune«

»Alraune« (1911) ist einer der erfolgreichsten Romane Ewers' – bereits 1914 erreicht die Auflage 27.000 Exemplare, obgleich die Rezensenten über den Text geteilter Meinung sind. Den meisten gilt »Alraune« als zu trivial, zu sehr den Gegebenheiten des Marktes angepasst. Allerdings gibt es auch andere Stimmen, darunter die des Psychoanalytikers Otto Rank, der den Text 1912 im ersten Jahrgang der von Sigmund Freud herausgegebenen Zeitschrift »Imago« rezensiert und den Roman als »großartige dichterische Ausgestaltung einer von Abwehrtendenzen entstellten Inzestphantasie«[1] einstuft. Überhaupt ist Rank von den psychoanalytischen Kenntnissen des Autors angetan – in Alraune diagnostiziert er die von Freud angesprochene »polymorph-perverse[] Anlage des Kindes«[2], die Frank Braun durch seine Anwesenheit lediglich wieder wachrufe.

Mit dem ersten Weltkrieg nehmen die negativen Kritiken jedoch überhand. Und obwohl die Verkaufszahlen immer noch stiegen – 1919 lag die Auflagenhöhe bei 200.000 – galt das Werk »Literaturkritik und Staatsanwaltschaft« zunehmend »als pervers und zersetzend, als modischer Reißer aus dem Milieu des dekadenten Berliner Westens«.[3] Übersetzungen und Verfilmungen sowie steigende Verkaufszahlen auf der einen Seite – auf der anderen Seite die Verbrennung der 1916 durch den Georg Müller Verlag herausgegebenen Feldpostausgabe bei den deutschen Truppen beim Rückzug aus Belgien 1918, damit der Feind beim Auffinden des Buches nicht annimmt, die deutsche Bevölkerung sei durch die vielen Toten des Krieges bereits gezwungen, sich künstlicher Befruchtung zu bedienen.[4] Letztlich fällt der Roman 1933 den Bücherverbrennungen in Deutschland zum Opfer und wird 1935 verboten.[5]

---

1   Rank: Hanns Heinz Ewers. S. 538.
2   Ebd.
3   Kugel: Nachwort. S. 350.
4   Vgl. ebd.
5   Vgl. ebd. S. 351. – Die erste Wiederveröffentlichung nach dem zweiten Weltkrieg wird auf den kirchlichen Index gesetzt, erst 1973 erscheint eine neue Ausgabe (vgl. ebd. S. 352).

3.5.1 Eines Mörders und einer Metze Kind: Alraune als Produkt der Wissenschaft

In Hanns Heinz Ewers Roman »Alraune« sind die Eltern der Protagonistin ebenfalls erblich belastet[6], was allerdings durchaus der Intention der beiden Männer entspricht, deren Geschöpf Alraune werden soll – daneben gibt hier die Sage, der ten Brinken und Braun nacheifern wollen, die Wahl der Eltern vor[7]:

> Der Verbrecher, splitternackt am Kreuzwege gehenkt, verliert in dem Augenblicke, in dem das Genick bricht, seinen letzten Samen. Dieser Samen fällt zur Erde und befruchtet sie: aus ihm entsteht das Alräunchen, ein Männlein oder Weiblein. Nachts zog man aus, es zu graben, wenn es zwölf Uhr schlug, mußte man die Schaufel unter dem Galgen einsetzen. [...] Dann trug man das Wurzelwesen nach Hause, verwahrte es wohl, brachte ihm von jeder Mahlzeit ein wenig zu essen und wusch es in Wein am Sabbathtage.[8]

Da die beiden Männer die überlieferten Vorgaben erfüllen wollen, wählen sie einen zum Tod durch die Guillotine verurteilten Mörder und eine Metze, die – die Stelle der feilen ›Mutter Erde‹ vertretend – »geboren« sein soll zur Prostituierten[9], als Eltern Alraunes.[10] Beide Elternteile

---

6   Ruthner weist darauf hin, dass Ewers Krafft-Ebings »Psychopathia sexualis«, die u. a. für Juristen gedacht war, aus seinem Studium des Rechts gekannt haben könnte (vgl. Ruthner: Unheimliche Wiederkehr. S. 58). Möglicherweise teilte der Autor die Idee des Sexualwissenschaftlers von einer hereditären Veranlagung zur Perversion.

7   Winfried Freund sieht hier das »pikarische[] Schema« von Geburt, Entwicklung, Tod verfolgt (vgl. Freund: Hanns Heinz Ewers. S. 36). Abweichend vom Schema sei allerdings die Planung und die Vorbereitung der Geburt Alraunes (vgl. ebd. S. 37). Die das Erzählgeschehen referierenden Kapitelüberschriften erinnerten ebenfalls an die pikarische Tradition (vgl. ebd.).

8   Ewers: Alraune. S. 47. – Der Begriff ›Sabbat‹ spielt nicht unbedingt auf einen jüdischen Hintergrund an: Die Alraunwurzel gilt bereits seit der Antike als Zaubermittel, die Sage vom Alraunenmännchen stammt vermutlich aus dem Mittelalter.

9   »Nimm eine, die geboren wurde zur Metze. [...] Nimm eine, die schon Buhlerin war, als sie gehen lernte, eine, der ihre Schande eine Lust ist und das einzige Leben.« (Ebd. S. 55)

10 Thomas Wörtche dagegen argumentiert damit, dass nicht die Mythologie die Planung der Alraune bestimme, sondern die Notwendigkeit: Rechtliche und ethische

des Mädchens weisen darüber hinaus Degenerationserscheinungen auf: Der Vater, selbst abstammend von einer Trinkerin und einem wegen Gewaltverbrechen vorbestraften »Gelegenheitsarbeiter«, hat einen Geburtsfehler – an seiner linken Hand fehlen zwei Finger – und beweist die ›Verbrechernatur‹, für die er augenscheinlich prädestiniert ist[11], durch seine kriminelle Karriere, die Messerstechereien, Landstreicherei und Eigentumsdelikte umfasst.[12] Die Mutter, Alma, kommt zwar aus einem ehrbaren Haus, hat sich aber gänzlich ohne Zwang mit Männern eingelassen[13] und ist einschlägig vorbestraft. Sie wird vom Erzähler als Bild der Schamlosigkeit und »brutaler«[14], gar »unnatürliche[r] Sinnlichkeit«[15] bezeichnet. Von Braun durch Alkohol und romanhafte Erzählungen[16] in einen Rauschzustand versetzt, erscheint sie zuletzt als »des Weibes letztes, gewaltiges Urbild: nur Geschlecht vom Scheitel zur Sohle«.[17] Das Kind dieser Eltern ist naturgemäß (?) ebenfalls erbgeschädigt: Eine Haut verbindet die Beine Alraunes vom Schritt bis übers Knie.[18]

Der Widerstreit des wissenschaftlichen mit dem übernatürlichen Erklärungsmodell ist hier insofern perfekt konstruiert, als die unheimlichen Eigenschaften und Wirkungen Alraunes (so z. B. ihre sexuelle Anziehungskraft) mit ihrer Affinität zum Wurzelmännchen ebenso erklärt werden können wie mit den zeitgenössischen Vererbungstheorien biologistischer resp. (sozial)darwinistischer Prägung.[19]

Probleme ließen nur einen Gehenkten und eine Prostituierte als Eltern zu – die »mythologische[n] Verbrämungen« seien »nur Analogien« (Wörtche: Phantastik und Unschlüssigkeit. S. 85).

11 »Danach schien der p. Noerrissen schon von Kindesbeinen an zu dem Schicksal vorbestimmt zu sein, das ihm werden sollte.« (Ewers: Alraune. S. 112)

12 Vgl. ebd. – Die Geschichte Noerrissens ist Auszügen aus dessen Strafakte entnommen – der Hintergrund des Mörders wird tatsächlich als Fallgeschichte präsentiert.

13 Vgl. ebd. S. 98.

14 Ebd. S. 83.

15 Ebd. S. 87.

16 Die Geschichte, die Frank Braun Alma Raune erzählt, erinnert an die triviale Frauenliteratur der Zeit (vgl. Knobloch: Hanns Heinz Ewers. S. 79).

17 Ewers: Alraune. S. 98. – Die Frau ist ganz Genital: Was diese Beschreibung über das Frauenbild im Roman aussagt, wird in Kapitel 3.5.5 dieser Arbeit analysiert werden.

18 Vgl. Ewers: Alraune. S. 127.

19 Ruthner: Unheimliche Wiederkehr. S. 106.

Tierquälereien begeht das durch künstliche Befruchtung[20] entstandene Kind zwar nicht, aber es stiftet seine Mitschülerinnen im Kloster dazu an. Selbst Wolfram Gontram, den ten Brinken als Pflegekind aufnimmt, lässt sich – vermutlich durch Alraune gedrängt – dazu hinreißen, einen Frosch zu quälen, obwohl er dabei beinahe mehr leidet als das gepeinigte Tier.[21]

Das Mädchen beschränkt sich folglich zunächst darauf, andere durch ihre Geisteskraft und geschlechtliche Anziehung zu manipulieren – sie quält niemanden körperlich, sondern durch die Phantasien, die sie ihren Mitmenschen eingibt: Als im Kloster eine Typhusepidemie ausbricht, schildert sie den Kranken die Martern der Hölle[22], sie treibt ein junges Mädchen beinahe in den Selbstmord[23] und unterjocht Lehrer und Schüler durch Drohungen und Täuschungen.

In Alraunes Beziehung zu Wolfram Gontram nehmen die Peinigungen allmählich sexuellen Charakter an – die Rosen, die er ihr bringt, zerschlägt sie Blatt für Blatt in seinem Gesicht[24], sie heißt ihn »sich niederlegen vor ihrem Sessel, setzte die Füßchen leicht auf seine Brust. Strich ihm über die Wangen mit den kleinen Wildlederschuhen; warf sie dann fort, bohrte die Spitze ihrer Zehen zwischen seine Lippen«.[25] Alraune übt ihre Macht über den Jungen subtil aus, sie zeigt ihre Dominanz in kleinen Gesten. Das Bild ist statisch: Das Mädchen fügt Gontram kein Leid zu, sondern hält die Szene in der Schwebe – die Androhung von Gewalt, die freiwillige Unterwerfung Wolframs und seine Demütigung schaffen eine Spannung zwischen den beiden Jugendlichen, die nicht gelöst wird. Alraune spielt mit dem Jungen – der mitnichten dem Raubtier gleicht, dessen Namen er trägt –, warnt ihn sogar vor sich[26], weiß jedoch, dass er durch seine schwärmerische Liebe an sie gebunden ist. Indirekt ist sie für seinen Tod verantwortlich, da sie ihn nach einem

---

20 Zur Diskussion des Motivs der künstlichen Befruchtung vgl. Nusser: Es war einmal, besonders S. 183–186.
21 Vgl. Ewers: Alraune. S. 156.
22 Vgl. ebd. S. 157.
23 Vgl. ebd. S. 162.
24 Vgl. ebd. S. 175.
25 Ebd.
26 »Du wirst dir die hübschen Flügelchen verbrennen. Dann liegst du am Boden: ein häßliches Würmchen.« (Ebd. S. 188)

wilden Tanz auf dem Maskenball mit sich nach draußen auf den Balkon nimmt, wo sie ihn leidenschaftlich küsst und beißt, bis sein Blut in den Schnee tropft und der Junge vollkommen unterkühlt ist – wenige Tage später stirbt Wolfram Gontram an einer Lungenentzündung.[27]

Winfried Freund sieht dessen ungeachtet keine Entwicklung der Protagonistin, sondern lediglich die »Monotonie« des Romans. Alraune zeige keine breite »Verhaltensskala«: »Bei fixiertem sadistischem Zerstörungstrieb sind Variationen nur durch die Zuwendung zu unterschiedlichen Objekten möglich.«[28] Tatsächlich wird der Roman nicht aus der Innensicht des Mädchens erzählt, seine Perspektive wird ausgespart, Alraune wird nicht zur Identifikationsfigur für den Leser, weil dieser keinen ihrer Beweggründe kennenlernt – insofern mangelt es der Darstellung Alraunes tatsächlich an einer »Tiefendimension«.[29] Dieser Kunstgriff trägt allerdings auch dazu bei, dass das Mädchen unnahbar und dämonisch wirkt und (im Wortsinn) ein Fremdkörper im Text bleibt.[30]

Die Ausbildung von Alraunes Hang zum Sadismus entspricht ferner zeitgenössischen Vorstellungen: Zunächst genügt dem Mädchen das Gefühl seiner Macht. Phantasien davon, körperliche Gewalt auszuüben, reichen allerdings bald nicht mehr hin – selbst der Tod mehrerer Männer kann Alraune nicht gänzlich befriedigen. Mit Braun erlebt das Mädchen schließlich die Kombination von geschlechtlicher Lust und Schmerz, wobei sich auch masochistische Anteile in Alraunes Wesen mischen. Die Herausbildung der Aberration ist (auch) Thema des Textes, ihre Darstellung kein Zeichen von Einförmigkeit und Trivialität – auch wenn die Schilderung zuweilen durchaus sensationslüstern wirkt –, sondern des Bemühens um (wissenschaftliche?) Genauigkeit.

---

27 Ebd. S. 222. – Gontram ist nicht der einzige, den Alraune in den Tod treibt – auch der Chauffeur der Familie, Rittmeister Geroldingen und ten Brinken sterben letztlich durch Alraunes Willen.
28 Freund: Hanns Heinz Ewers. S. 42.
29 Ebd.
30 Vgl. Ruthner: Unheimliche Wiederkehr. S. 102: »Durch die narrative Aussparung einer tiefergehenden psychischen Innensicht und durch die ästhetizistisch normative Dimension des Rahmens wird die Titelheldin also erzählstrategisch zu einem verrätselten, bösen, in seiner Unnahbarkeit gefährlichen Wesen gemacht.«

3.5.2 »Gut ist das Gesetz, gut ist alle Regel und alle strenge Norm«[31]: Sehnsucht nach der Grenze, Lust an der Überschreitung

Der Protagonist, Frank Braun, prägt auch den Roman »Alraune«, obgleich nicht er der Titelheld des Textes ist und auch nicht in allen Kapiteln erwähnt wird. Dennoch erscheint er als wichtige Figur: Nicht nur, dass die Geschichte des per künstlicher Befruchtung gezeugten Wesens eingerahmt wird von den Kommentaren des unbekannt und namenlos bleibenden Erzählers, von dem angedeutet wird, dass es sich um Frank Braun handelt[32], er ist es auch, der Alraunes ›Vater‹ ten Brinken den Gedanken an die Möglichkeit, ein Alraunenwesen zu schaffen, anträgt.

Dem Roman wird durch den, der eigentlichen Handlung vorangestellten, »Auftakt« bereits eine Richtung vorgegeben – es geht um Norm und Normverletzung: »*Gut ist das Gesetz, gut ist alle Regel und alle strenge Norm. […] Und gut ist der Mensch, der sie wohl achtet, der seine Wege geht in Demut und Geduld und in der treuen Nachfolge seines guten Gottes.*«[33] Gegen die Regeln der Natur zu verstoßen, sei dagegen »*böse*« und derjenige, der sich gegen die Natur wendet, »*ein Kind des Satan*«.[34] Die Grenzen zwischen dem Natürlichen und dem Widernatürlichen werden sowohl mit moralischen Wertungen (gut/böse) unterfüttert als auch metaphysisch aufgeladen (Gottes Nachfolge/Satans Kind). Dass diese Kategorien zunächst jedoch äußerst irdisch verstanden werden, wird schnell klar: Die Grenzen des Bürgertums stehen zur Debatte, die gängigen Vorstellungen von Norm und Recht. Diese Lesart wird unterstützt von Brauns Aussagen, wenn er ten Brinkens Langeweile kommentiert: »Längst hast du alles, was du willst, alles, was ein Mensch haben kann *in den normalen Grenzen des Bürgertums*«.[35] Der Erzähler spricht

---

31   Ewers: Alraune. S. 9.
32   Im »Auftakt« betitelten ersten Kapitel des Romans wird von ihm als »*Frank Braun, der neben dem Leben herlief*« (ebd.) gesprochen, am Ende erklärt der Erzähler, dass der Text »Alraune« von jemandem stamme, »*der neben dem Leben herlief*« (ebd. S. 345, Hervorhebung im Original). Die wortwörtliche Entsprechung dürfte als Hinweis auf die Identität von Erzähler und ›Protagonist‹ zu verstehen sein.
33   Ebd. S. 5.
34   Ebd. S. 9.
35   Ebd. S. 39, Hervorhebung P. P. – Immer wieder wird das Attribut ›bürgerlich‹ zur Abwertung der Figuren verwendet – der unbedeutende Assistent ten Brinkens,

davon, dass alle Gäste der Gontrams »irgendwie kleine Umwege, *seitab von den eingefaßten Pfaden bürgerlichen Anstandes*«[36] machen.

Braun scheint über ten Brinken zu spotten, der trotz seiner Verstandesstärke »mit dem Gefühl«[37] an Gott glauben kann – er lockt ihn damit, dass der Geheimrat »*Gott* […] *versuchen*« könnte mit seinem Experiment: »*Wenn er lebt, dein Gott, so muß er dir Antwort geben auf diese freche Frage!*«[38] Dem Abenteurer selbst ist es offenbar eher um (naturwissenschaftliche) Erkenntnis zu tun, er möchte »hineinschauen können in den tiefsten Bauch der Natur«.[39] Seine Anrufung des Heiligen Nepomuk, dieser möge das Haus der ten Brinkens vor den Fluten und ihn selbst vor der Liebe schützen[40], ist wohl weniger dem Glauben an die Wirkung des Heiligen als vielmehr einer Laune geschuldet. Braun glaubt nur an sich selbst und seine exponierte Stellung[41] in der von

---

Petersen, zeigt sich zum Beispiel »sehr befriedigt über seine gesunde bürgerliche Weisheit« (ebd. S. 76), und den Prostituierten, unter denen die Männer nach einer potenziellen Mutter für Alraune suchen, hängt »noch ein letzter Rest bürgerlicher Ehrbarkeit« an, was – aus der Perspektive Frank Brauns erzählt – bedeutet, dass keine von ihnen »frech und selbstbewußt ihren Weg ging« (ebd. S. 79). Das Bürgerliche gilt folglich als geistig begrenzt, farblos, fügsam und unterwürfig. Laut Winfried Freund stellt »Alraune« den Gegensatz zwischen der »anarchisch fruchtbaren Natur, die im Weibe Gestalt angenommen hat« und dem »bürgerliche[n] Leben als konventionalisierte Unnatur« dar und damit auch den Gegensatz zwischen den Triebkräften des Menschen und der zunehmenden Technisierung und Entfremdung (Freund: Hanns Heinz Ewers. S. 38).

36 Ewers: Alraune. S. 42, Hervorhebung P. P. – Bereits das Haus der Gontrams – und somit die Geburtsstätte des Gedankens an Alraune – zeugt von Dekadenz: ein hässlicher Garten, der nicht von einem Gärtner gepflegt wird (also nicht kultiviert erscheint), umgibt das Gebäude, das keine Klingel trägt, so dass der Gast sich selbst Einlass verschaffen muss, anstatt – wie es sich schickt – angemeldet zu werden. Eine »schmutzige, nie gewaschene Holztreppe« führt zu den mit Plunder gefüllten Räumlichkeiten der Familie (vgl. ebd. S. 13).

37 Ebd. S. 56.

38 Ebd. S. 57.

39 Ebd. S. 56. – Wenn die Natur als Körper gesehen wird, enthält ihr »Bauch« ihre Geschlechts- und Verdauungsorgane. Braun ist es also darum zu tun, die Gesetze von Fortpflanzung und (Nahrungs-)Verwertung, Leben und Tod zu ergründen. Im »Zauberlehrling« gibt Braun Lotte Lewi gegenüber an, »in den Bauch der Erde gesehen« zu haben (Ewers: Der Zauberlehrling. S. 492), während er sich im Val di Scodra aufhielt.

40 Vgl. Ewers: Alraune. S. 58 und 59.

41 Braun vermeint, ebenso wie ten Brinken, »über dem Leben« zu stehen (ebd. S. 56).

ihm imaginierten Hierarchie, in der er als männlicher Intellektueller weit oben steht. Erhebt ihn der Verstand über die Masse der erkenntnislosen Menschen, so hebt ihn seine Geschlechtszugehörigkeit über die Frauen.

3.5.3 Geschlechterkampf: Der sexuelle Drang als Fessel

Beide Männer – sowohl ten Brinken als auch Braun – gehen davon aus, dass sie Alraune überlegen sind – der (männliche) Intellekt steht über der (weiblichen) Naturerscheinung. Ten Brinken ist sich sicher, dass das Mädchen seiner Kontrolle unterliegt. Für den Geheimrat ist sie wie ein Phantom, dem er Form gegeben hat[42], sie ist sein »Medium«[43], sein Geschöpf, er diktiert ihren Lebensweg. Doch obwohl er in seinem Buch mit Ledereinband die Zeugnisse über das Leben des Mädchens festhält, schreibt er ihre Geschichte nicht selbst[44]: Alraune lenkt ihre eigenen Geschicke – und am Ende ist sie es, die ten Brinken befehligt. Der pädophile Geheimrat, der zunächst noch glaubt, Alraunes Schlingen entkommen zu können, als er die ersten Anzeichen seines Verlangens nach ihr verspürt[45], unterwirft sich dem Mädchen vollständig. »Gierig«[46] – also mit ins Pathologische gesteigertem Sexualhunger – verfolgt er jeden ihrer Schritte – seine Rationalität schwindet dabei zusehends, was sich u. a. im Verlust der Sprache erkennen lässt: In ihrer Gegenwart kann er sich nicht artikulieren, findet er »die Worte nicht«, um sich zu erklären.[47] Auch körperlich scheint sie ihm plötzlich überlegen, er kann

---

42 Vgl. ebd. S. 177.
43 Ebd.
44 Schon der Erzähler macht klar, dass ten Brinken einem Irrtum unterliegt, wenn er Alraunes Lebensgeschichte notiert: »Freilich ward auf diese Weise die Lebensgeschichte Alraunens, soweit sie ihr Erzeuger niederschrieb, viel weniger ein Bericht über das, was sie tat, als vielmehr eine Wiedergabe dessen, was andere taten – beeinflußt durch sie« (ebd.). – Da ten Brinken glaubt, dass Alraune lediglich als Medium dient, dass Dinge durch sie geschehen, dass sie aber als sein Geschöpf nicht selbst agieren kann, erschließt er auch ihre Lebensgeschichte aus den Erzählungen anderer.
45 »Alte Erinnerungen wurden wach in ihm [d. i. ten Brinken], lüsterne Gedanken an halbwüchsige Buben und Mädel –« (Ebd. S. 171)
46 Ebd.
47 Ebd. S. 225.

sie nicht fest-, nicht niederhalten.[48] Seine Lust macht ihn zum Sklaven des Mädchens, er bettelt, führt sich auf wie »ihr höriger Hund«[49]: »Alle seine Sinne krochen ihr nach, gierig, geil, giftig gefüllt mit eklen Lüsten. – Das war der starke Strick, an dem sie ihn hielt.«[50] Es ist ten Brinkens Sinnlichkeit – die darüber hinaus mit überaus negativen Attributen versehen wird –, die den alten Mann an seine junge Adoptivtochter fesselt, die ihn unterwirft und ihn auf die Entwicklungsstufe eines Tiers zurückwirft. Als der Geheimrat zugibt, sich in Alraune verliebt zu haben, hat sie ihn vollständig in ihrer Gewalt: »Es war ihm, als ob er ein Geschwür habe, mitten im Hirn, das dick schwoll und die Gedanken erdrückte.«[51] Möglicherweise wird hier auf die Theorie angespielt, dass sexuelle Perversionen auf physiologische Abweichungen des Gehirns zurückzuführen seien. Der Revolte von Körper und Geist kann ten Brinken sich nicht entgegenstellen – die einzige Möglichkeit, sich dem Wirken Alraunes zu entziehen, ist der Selbstmord.

Der Geheimrat macht Braun für seinen Niedergang mitverantwortlich und setzt ihn zum Vormund über Alraune ein, um ihn ebenfalls ins Verderben zu reißen. Die Voraussetzungen dafür sieht er auch bei seinem Neffen gegeben – wie oben dargestellt, glaubt sich auch Frank Braun Alraune doppelt überlegen. Der Weltenbummler nimmt nicht nur Alraune, sondern sogar den Geheimrat als Medium wahr: »Er schuf sie [d. i. Alraune] einst: er, Frank Braun. Sein war der Gedanke, und ein Instrument nur war des Onkels Hand. Sein Wesen war sie – viel mehr noch wie das der Exzellenz.«[52] Wie im »Zauberlehrling« glaubt Braun, der Schöpfer und Lenker des Mädchens zu sein, kann sein vermeintliches ›Werk‹ allerdings nicht kontrollieren.[53]

Der sexuelle Trieb wird generell als zerstörerisch eingestuft und – hier ähnelt die Metaphorik der im Diskurs der Sexualwissenschaften verwendeten – mit Naturgewalten verbunden. Die Küsse Brauns nimmt Alraune zunächst als »schmeichelnd und weich, wie ein Harfenspiel in der Sommernacht war«, gleich darauf aber:

---

48 Vgl. ebd. S. 226.
49 Ebd.
50 Ebd. S. 227.
51 Ebd.
52 Ebd.
53 Vgl. Knobloch: Hanns Heinz Ewers. S. 79.

Wild auch, jäh und rauh, wie ein Sturmwind über dem Nordmeer. Glühend, wie ein Feuerhauch aus des Ätna Mund, reißend und verzehrend, wie des Maelstroms Strudel –
›Es versinkt‹, fühlte sie, ›alles versinkt.‹
Dann aber schlugen die Lohen, brannten himmelhoch alle heißen Flammen. Flogen die Brandfackeln, zündeten die Altäre, wie mit blutigen Lefzen der Wolf durch das Heiligtum sprang.[54]

Aus dem warmen Hauch wird ein stürmischer Wind, heiß wie ein Vulkan, vernichtend und hinunterziehend wie unter der Oberfläche schlummernde Strömungen, grob und blutig wie das Maul eines reißenden Wolfes, verzehrend wie eine Feuersbrunst. Naturerscheinungen wie Wasser und Feuer, die (zivilisatorisch eingegrenzt und durch menschliche Eingriffe gezähmt) lebensspendend wirken könnten – ebenso wie die sexuellen Triebe im Rahmen gesellschaftlich zugestandener Ausprägungen positiv zu werten sind –, wirken in ihrer entfesselten Form zerstörerisch.

Dabei erweist sich vor allem die weibliche Lust als besonders destruktiv, wie sich im Verhältnis zwischen Braun und Alraune zeigt:

> Oft, ehe er noch sprach, flammten ihre raschen Lüste, brachen heraus wie ein Waldbrand zur Sommerzeit.
> Er warf die Fackel. Und doch graute ihm vor dieser Feuersbrunst, die sein Fleisch versengte, die ihn in alle Gluten und Fieber warf und wieder ihn verdorrte und sein Blut gerinnen machte in den Adern.[55]

Braun entzündet Alraunes Lust mit Bedacht – wobei sein Versuch, das Mädchen zu verführen, mit dem Werfen einer Fackel, also eines künstlich hergestellten Feuerträgers, verglichen wird –, fürchtet sich jedoch vor den Auswüchsen ihres von ihm geweckten Begehrens, das er letztlich nicht mehr kontrollieren kann und das ihn regelmäßig zu vernichten droht.

---

54 Ewers: Alraune. S. 301.
55 Ebd. S. 329.

3.5.4 »Schlag zu [...] schlag zu! – Oh, so hab ich dich gern!«[56]: Sadismus als Spiel

Im Gegensatz zu ten Brinken, der dem Mädchen aufgrund seiner mangelnden Selbstkontrolle von vornherein verfallen ist[57], scheint Braun Alraune mehr als ebenbürtig zu sein. Vielleicht trägt die Situation, in der die beiden sich zum ersten Mal begegnen, zu diesem Eindruck bei – denn Alraune fühlt sich aufgrund ihrer Körpergröße, aber auch aufgrund ihrer Kleidung inferior: »Sie wünschte auch in Herrentracht zu sein: schon ihre Röcke gaben ihm einen Vorteil.«[58] Macht und Ohnmacht, Aktivität und Passivität werden den gängigen Geschlechterrollen gemäß konnotiert, die ›Hose‹ ist dem ›Rock‹ überlegen.

Eingeleitet wird das Gespräch der beiden durch eine französische Weise, welche Alraune singt, die Braun jedoch in seinem Sinne beendet[59]: Das Lied erzählt von einer Schäferin, die ihrem Kätzchen verbietet, seine Pfoten in den Käse zu stecken, den sie gerade herstellt. Als die Katze stattdessen ihr Maul in die Masse drückt, tötet die Hirtin das Tier in ihrer Wut. Nach Alraunes Lesart wird das Tier für den Versuch bestraft, eine Regel mit List zu durchbrechen. Sie warnt ihr Gegenüber also nicht nur implizit davor, sich mit ihr einzulassen, sondern sie teilt ihm auch noch mit, dass sie ihn für ein ungefährliches Kätzchen hält, das gefahrlos niederzustrecken ist. Braun beendet das Lied allerdings auf einem anderen Ton, indem er vier weitere Strophen hinzufügt: Die Schäferin beichtet dem Pfarrer die Sünde, das Kätzchen erschlagen zu haben, woraufhin dieser ihr als Buße auferlegt, ihn zu umarmen – diese ›Strafe‹ erscheint der Hirtin und dem Sänger so angenehm, dass sie sie dem Zuhörer empfehlen. Die Grausamkeit der jungen Frau mündet folglich in eine erotisch aufgeladene Umarmung: Braun sieht sich nicht in der Rolle des Kätzchens, sondern in der des Strafe verhängenden und Absolution erteilenden Priesters, dem die Schäferin Rechenschaft schuldet.

---

56 Ebd. S. 331.
57 Für Freund verkörpert ten Brinken das patriarchalische System, das sich so lange halten kann, wie der Mann sich nicht dekadenten Neigungen hingibt: Als der Geheimrat sich in Alraune verliebt, ist er – und mit ihm sein Lebenssystem – verloren (vgl. Freund: Hanns Heinz Ewers. S. 44).
58 Ewers: Alraune. S. 262.
59 Vgl. ebd. S. 259–261.

Braun glaubt sich »immun«[60] gegen Alraunes erotische Fallstricke, weil er bereits »durch die wilden Wälder des Unerforschlichen«[61] gewandelt ist. Offenbar sieht sich der Abenteurer durch seine Erfahrungen mit den – nicht zu erforschenden, also der Rationalität nicht zugänglichen – Kräften der Natur gewappnet gegen die als »Pesthauch«[62] empfundene Anziehungskraft Alraunes, wie »in blauem Panzer aus Stahl«, also geschützt durch eine künstlich hergestellte, mit Militär (Panzer) und Industrie (Stahl) verbundene Hülle.[63] Obwohl Braun angibt, dass ihn nur ein »Kampf [...] mit gleich starken Waffen« interessiere, erscheint er willens, sich auf das »Spiel«[64] mit Alraune einzulassen.

Dieses ›Spiel‹ ist ein erotisch aufgeladener Machtkampf. Beide gefallen sich als gefährliche Liebhaber, deren Umarmung das Verderben des Partners heraufbeschwören kann, deren Kuss eine Kampfhandlung ist.[65] Die Berührung der Lippen mündet dementsprechend schnell im Biss Alraunes: »Er [d. i. Braun] fühlte ihre Zunge, spürte ihrer Zähne leichten Biß – [...] Er trank ihre Küsse, sog das heiße Blut seiner Lippen, die ihre Zähne zerrissen. Und er berauschte sich, wissend und mit Willen, wie an schäumendem Wein, wie an seinen Giften vom Osten –«[66] Braun glaubt, sich selbst im Delirium kontrollieren zu können und den Taumel der Lust darum nicht fürchten zu müssen.

Auch in dieser Situation ist sich Braun allerdings seiner selbst und der von Alraune ausgehenden Gefahr bewusst. Dennoch ist er sich sicher, dass er ihr kraft seiner männlichen Gewalt überlegen ist, dass er sie mit seiner sexuellen Potenz bändigen kann: Braun vergleicht das Mädchen mit Melusine und erzählt ihr, dass deren Gaben und Fluch mit

---

60   Ebd. S. 278.
61   Ebd. S. 277.
62   Ebd. S. 278.
63   Tendenziell werden Rationalität und Kontrolle oft durch Vokabeln aus dem Bereich der Technik und industriellen Produktion codiert, Zügellosigkeit und Maßlosigkeit mit solchen aus dem Bereich der Natur (vgl. Kapitel 2.2.6 und 2.2.7 dieser Arbeit).
64   Ewers: Alraune. S. 278.
65   Auf Alraunes »Ich will dich küssen« antwortet Frank Braun: »Nimm dich in acht! – Auch ich werde dich küssen.« (Ebd. S. 300)
66   Ebd. S. 238. – Auch später beißt Alraune und trinkt Brauns Blut (vgl. ebd. S. 336).

dem Verlust der Jungfernschaft verschwunden seien.[67] Die Tatsache, dass er der erste Liebhaber des Mädchens ist, dass er ihren ›Widerstand‹ überwunden hat, erhebt ihn in seiner Vorstellung über sie – demgemäß verbindet er sexuelle Anziehungskraft mit Macht: Sobald er Alraunes habhaft geworden ist, ist seine Lust nicht mehr ihr Verbündeter, hat er scheinbar den Kampf gewonnen.[68] Doch die Schlacht ist noch nicht zu Ende: Immer wieder prallen Wildheit und Rationalität aufeinander, versucht der eine den anderen zu überwältigen, immer wieder enden die Kämpfe in Wollust, verbindet sich der Schmerz mit der Begierde: »Ihre Nägel zerfetzten sein Gesicht, ihr Gebiß schlug sich in Arme und Brust. Und in Geifer und Blut suchten sich ihre Lippen, fanden sich, nahmen sich, in brünstigen Schmerzen –«[69]

Die Machtverhältnisse ändern sich dabei langsam zu Alraunes Gunsten – glaubt Braun zunächst, er sei ihr überlegen, gibt er sich ihren Wünschen später fast unbeteiligt hin.[70] Ist Alraune noch daran gelegen, den Kampf aufrecht zu erhalten, indem sie ihn anstachelt (»Ich tat dir weh [...]. – Willst du mich schlagen? Soll ich die Peitsche holen? Tu was du willst! – Reiße mir Wunden mit deinen Zähnen, nimm auch das Messer. Trinke mein Blut – tu, was du magst – alles, alles! – Deine Sklavin bin ich.«[71]), weiß Braun, dass er der Unterlegene ist. Er gesteht sich ein: »Die Herrin bist du!«[72] Der Abenteurer scheint für eine Weile sein Selbstbewusstsein und sein Bewusstsein für sich selbst verloren zu haben.[73] Alraune ist nun jedoch unwillens zu herrschen – sie bemüht sich den Schwebezustand wiederherzustellen, in dem die beiden sich zu Anfang ihrer Beziehung befanden, und in dem sich sadistische und masochistische Anteile die Waage hielten. Dementsprechend fordert sie ihn immer wieder auf, ihr gegenüber Gewalt anzuwenden – »Schlag

---

67 Vgl. ebd. S. 306 f.
68 Dies ähnelt den Aussagen Eulenburgs, der den Mann als der Frau unterworfen ansah, solange sie seinen Wunsch nach sexueller Betätigung nicht nachgab. Vgl. auch S. 92 f. dieser Arbeit.
69 Ewers: Alraune. S. 319.
70 Vgl. ebd. S. 318.
71 Ebd. S. 328 f.
72 Ebd. S. 329.
73 So argumentiert auch Freund: Die Geschlechtsliebe vernichte das Persönlichkeitsbewusstsein (vgl. Freund: Hanns Heinz Ewers. S. 38).

zu [...] schlag zu! – Oh, so hab ich dich gern!«[74] –, schneidet ihn aber selbst nachts mit dem Messer und saugt dann das Blut aus seiner Wunde[75], versucht also, ihn oral zu inkorporieren. Keiner kann den anderen letztendlich besiegen – weder schafft es Braun, Alraune zu verlassen, noch gelingt es ihr, ihn vollständig zu unterjochen.

Am Ende des Romans wird die – naturbestimmte? – Ordnung qua eines wie ein *deus ex machina* anmutenden Geschehens wiederhergestellt: Die mondsüchtige Alraune wandelt auf dem Dach des Herrenhauses umher – aus dem Garten schauen Braun, die von Alraune ebenfalls in ihren Bann gezogene Frieda und der alte Kutscher zu, wie sich das Mädchen über den First bewegt. Obgleich Frank Braun darüber nachdenkt, Alraunes Namen zu rufen, ihren Absturz zu provozieren und damit auszulöschen, was er geschaffen zu haben glaubt, zögert er. Frieda jedoch wird von der Angst um das Mädchen überwältigt, sie schreit seinen Namen, woraufhin es erwacht und zu Tode stürzt. Brauns als Schmieden eines »Morddolche[s]«[76] empfundener Gedanke überschneidet sich zwar mit Friedas Ruf, doch ist es erneut nicht er selbst, der für den Tod einer ›Ruhestörerin‹ verantwortlich ist, er wird ent-schuldigt. Mit dem Tod Alraunes wird somit auch die Ordnung der Textwelt wiederhergestellt – das dämonische Geschöpf, das von Tod und Chaos begleitet war, ist zerstört.[77] Braun kündigt an, in den Schoß seiner Familie zurückkehren zu wollen: »Ich will nach Hause [...] [.] Die Mutter wartet.«[78]

---

74 Ewers: Alraune. S. 331.
75 Vgl. ebd. S. 336.
76 Ebd. S. 338.
77 Winfried Freund erhebt an dieser Stelle Einwände gegen Ewers' Werk: Während andere Autoren Kritik an bestehenden Zuständen übten oder gesellschaftliche Identitätskrisen besprachen, »dient der phantastische Stil bei Ewers ausschließlich der wohlfeilen Konfektion einer Fluchtwelt, in der der Leser als Voyeur amoralische Normüberschreitungen ungestraft genießen darf, zumal die Norm selbst ja ständig neu beschworen und die Symbolfigur am Ende liquidiert wird« (Freund: Hanns Heinz Ewers. S. 48). – Der Leser habe diese Rückführung in die Welt wilhelminischer Moral nach der Vorführung des Chaos vermutlich positiv gewertet. Freund wirft Ewers somit Effekthascherei und Eskapismus vor – der Autor habe kein Interesse an einer wirklichen Auseinandersetzung mit den aktuellen Problemen oder an der Veränderung gehabt (vgl. ebd. S. 46f).
78 Ewers: Alraune. S. 341.

3.5.5 »*Sanfte Freundin*«[79] und »*sündige Schwester*«[80]: Extrempunkte und die wandelbare Frau

In der Rahmenerzählung des Romans lassen sich die Extrempunkte, zwischen denen sich die Frauenfiguren auch im Binnentext bewegen, gut ausmachen – auf der einen Seite die blonde, blauäugige Schwester des Erzählers, die er als »*lieb[]*«, »*sanft[]*«[81] und »*gut*« bezeichnet, das »*holde[] Schwesterlein meiner traumstillen Tage*«[82], dem er seinen Text allerdings nicht widmen kann oder will, auf der anderen Seite die »*wilde, sündige Schwester meiner heißen Nächte*«[83], für die der Roman bestimmt ist. Die Simplizität dieser Aufteilung maskiert die komplexeren Verhältnisse indessen nur temporär: Bei den beiden »Schwestern« handelt es sich um die gleiche Person – bei Tage verborgen unter »*bürgerlichen Schleier[n]*«[84], verwandelt sich die Sanfte, wenn sie aus ihrem Schlaf und zur Sünde erwacht: Ihre manikürten Nägel werden zu »*Krallen*«, ihre Zähne zu »*Hauern*«, die Haare zu »*Vipern*«[85], »*zu einer Morddirne starrenden Zitzen deiner süßen Kinderbrüstchen schneeweiße Kätzlein*«[86] – die Begierde zieht den Menschen auf die Entwicklungsstufe des Tiers zurück. Die Engelsgleiche wandelt sich zur Medusa, zur tödlichen Gefahr: »*Und deine Lippen bieten in blutigem Kusse aller Wüsten glutheißes Gift –*«[87] Ihre Küsse geraten zum Biss, der unreife, kindliche Busen entwickelt sich zu (von Muttermilch?) geschwollenen und mit Prostitution und Tod verbundenen Brüsten, ihre Lüste vermischen sich mit Qualen. Wenn sich die Heilige jedoch zur Hure, die Tugendhafte zur Sünderin wandeln kann, hebt sich die bipolare Kategorisierung selbst auf, erweist sich als vereinfachte Zuschreibung und vereinfachende Stilisierung. Zudem deutet der Erzähler an, dass er selbst die Sündhaftigkeit in sein

---

79 Ebd. S. 9.
80 Ebd. S. 10.
81 Ebd. S. 9.
82 Ebd. S. 10.
83 Ebd.
84 Ebd. S. 11.
85 Ebd. S. 246.
86 Ebd. S. 343 f.
87 Ebd. S. 131.

»*Schwesterlein*«[88] hineinprojiziert haben könnte: »*Vor dem Spiegel saß ich, geliebte Freundin, trank aus dem Spiegel die Überfülle deiner Sünde. Wenn du schliefst, am Sommermittage, in dünnem Seidenhemde auf weißem Linnen.*«[89] Die nächtliche Verruchtheit der Schwester ist also möglicherweise lediglich eine Reflexion der Charaktereigenschaften Brauns.

Dennoch bewegen sich alle Frauenfiguren im Roman zwischen den geschilderten Extremen, neigen allerdings bis auf zwei aufschlussreiche Ausnahmen eher zum Pol der Hure hin. Die meisten weiblichen Charaktere sind sexualfixiert, ausschweifend sinnlich und von Männern mühelos durch einen Appell an ihre Triebe zu kontrollieren und zu manipulieren. Dabei spielt die Phantasie eine große Rolle: Wer sich ihr hingibt, dies hatten auch die Sexualwissenschaftler festgehalten, befindet sich in einem Stadium herabgesetzter Selbstkontrolle und ist anfällig für Ausschweifungen und die Einflüsterungen anderer.

Die Prinzessin Wolkonski und Frieda – beide noch keine vierzehn Jahre alt, aber bereits mit dem Gedanken spielend, sich einen Liebhaber zuzulegen – hören »gierig«[90] zu, wie Justizrat Gontram der Fürstin von einem Lustmörder erzählt, den er angeblich verteidigt. Frieda empfindet dabei sogar »ein seltsames Wunschgefühl nach diesen Dingen«[91]: Das Mädchen strebt zwar nicht danach, ermordet zu werden, doch ihre Phantasie verlangt nach dieser Art von Geschichten, obwohl sie sie als Lügen erkennt, um sie wiederzuerzählen und sich daran ergötzen zu können. Die Fürstin selbst lässt sich wenig später von ten Brinken von dessen Versuchen zur künstlichen Befruchtung berichten: »Er genoß dieses Spiel, dieses koprolale Geschwätz, schlürfte wollüstig die Klänge schamloser Worte. [...] Sie aber lauschte ihm, hochrot, aufgeregt, zitternd fast, sog mit allen Poren diese Bordellatmosphäre, die sich breit aufputzte in dem dünnen wissenschaftlichen Fähnchen«.[92] Die Vorstel-

---

88   Ebd. S. 344.
89   Ebd.
90   Ebd. S. 28.
91   Ebd.
92   Ebd. S. 43 f. – »Nicht Erkenntnis sondern Triebbefriedigung ist Ziel der Wissenschaft. Der Fürstin Wolkonski bedeutet das Reden über die Fortschritte auf dem Gebiet der künstlichen Befruchtung ein rein sexuelles Vergnügen, während der Wissenschaftler ten Brinken das Gespräch dazu nutzt, sie zum Kauf seines Schlösschens zu überreden.« (Knobloch: Hanns Heinz Ewers. S. 107)

lung der erzwungenen Schwangerschaft, der Verpflanzung von Samen, die mitschwingende Idee der Vergewaltigung erregen die Dame zunehmend – »ihre groben Sinne, aufgepeitscht von den schamlosen Reden des Alten«[93], verlangen nach neuen, noch stärkeren Stimuli: Folglich befragt sie Frank Braun nach der Möglichkeit von künstlicher Befruchtung beim Menschen, darauf hoffend, dass dieser ihrer Phantasie neue Nahrung gibt. Der Weltenbummler durchschaut ihre Hoffnungen sofort und versorgt sie amüsiert und mit ihr spielend mit einer weiteren skandalösen Geschichte: »Ganz gewiß! Der Onkel ist gerade dabei – hat ein neues Verfahren entdeckt, so fein, daß die betreffende arme Frau gar nichts davon merkt. [...] Nehmen Sie sich in acht, Durchlaucht, vor dem Herrn Geheimrat, wer weiß, ob Sie nicht schon –«.[94]

Frauen jeden Alters erweisen sich als empfänglich für gewaltbehaftete Sexualphantasien und handeln irrational: Im Taumel ihrer Lüsternheit lässt sich die Fürstin von ten Brinken ein kleines Schloss aufdrängen, dessen Erwerb sie bis dahin abgelehnt hatte; von Brauns Verführungskünsten bezirzt, lässt sich Alma Raune dazu überreden, sich in ten Brinkens Hände zu begeben, um – so glaubt sie – das Kind eines Prinzen auszutragen. Die betonte Körperlichkeit der Frauen, ihre Irrationalität und ihr Hang zur Hemmungslosigkeit scheinen dem Geschlecht dabei – wenn auch in unterschiedlichem Maße ausgeprägt – inhärent zu sein.

Der tatsächliche Extrempunkt der Skala – die ›geborene Metze‹ – erweist sich trotz allem als selten, wie ten Brinken und Braun bei der Suche nach einer potenziellen Mutter für Alraune feststellen:

> Da war überall noch ein letzter Rest bürgerlicher Ehrbarkeit, irgendein instinktives Sicherinnern der Zugehörigkeit zu irgendeiner Gesellschaft. Nein, nein, da war keine, die losgelöst war von allem, die frech und selbstbewußt ihren Weg ging: da seht – ich bin eine Hure.[95]

Die Konvention verbrämt den wahren Charakter der Frau, die bourgeoise Anständigkeit – die nicht dem Geschlecht, sondern der gesellschaftlichen Klasse zugeordnet wird, folglich lediglich von außen oktro-

---

93 Ewers: Alraune. S. 44.
94 Ebd. S. 45.
95 Ebd. S. 79.

yiertes, nicht verinnerlichtes Prinzip darstellt – verhindert, dass sie sich ihrer selbst bewusst wird, ihre angeborene Anlage zur Hure erkennt.[96] Alma Raune hingegen haften keine bürgerlichen Skrupel an, sie stellt eben dieses ›Idealbild‹ dar – die ihren Trieben folgenden Dirne »als überpersönliches Sinnbild naturhafter Fruchtbarkeit«[97]:

> Heiße Lust jauchzte ihr weißes Fleisch, geile Gier strömte ihr Blut durch die blauen Adern. Und ihre Blicke und ihre bebenden Lippen, und ihre verlangenden Arme und fordernden Beine und ihre Hüften und Brüste schrien die wilde Sehnsucht: Empfangen – empfangen! Keine Dirne mehr schien sie – war, aller Hüllen entblößt, frei aller Fesseln, des Weibes letztes, gewaltiges Urbild: nur Geschlecht vom Scheitel zur Sohle.[98]

Frei von allen gesellschaftlichen Beschränkungen, aller rationalen Kontrolle bar, zeigt sich Alma als ›das Weib‹ – ganz Körper, ganz Geschlecht, ganz Fortpflanzungslust. Unzweifelhaft wird die Prostituierte in diesem Moment zum Äquivalent der Mutter Erde, bereit dazu, aus jedwedem Samen Frucht sprießen zu lassen.[99] Bemerkenswerterweise präsentiert sich die Lust der Metze nicht als selbstgenügsam und steril, sondern als zielgerichtet und fruchtbar. Negativ konnotierte Prostitution – Braun nennt sie eine »Schande«[100] – und gesellschaftlich tendenziell positiv gewertete Fertilität schließen sich nicht aus: Die Fortpflanzung erweist sich tatsächlich als Kern jeden sexuellen Verlangens.

Kontrastiv wird dem Extrempol der sexualfixierten Hure die Mutter Brauns als Ideal gegenübergestellt. Ihr Heim mit dem weißen, sonnendurchfluteten Treppenhaus, in dem Bilder der Ahnen Brauns hängen – welche ihn mit der Geschichte seiner Familie verbinden, einen Rück-

---

96 Gleichzeitig findet sich hier die einzige Stelle außerhalb der Rahmenhandlung, an der der Erzähler – widersprüchlich zu seinen weiteren Aussagen – Partei für weibliche Figuren nimmt: Die Prostituierten, die die drei Männer auf der Suche nach einer Mutter für Alraune treffen, seien nur zu Dirnen geworden, »weil sie des Mannes rohe Gier dazu machte« (ebd. S. 80).
97 Freund: Hanns Heinz Ewers. S. 40.
98 Ewers: Alraune. S. 98.
99 Winfried Freund interpretiert die suggerierte Gleichartig- und -wertigkeit als tendenzielle Abwertung der Frau: »Das plakativ verwendete Mutter-Erde-Klischee diffamiert die um die Jahrhundertwende um persönliche Selbständigkeit ringende Frau, indem es diese in den Urschlamm ziel- und planlosen Gebärens zurückdrängt.« (Freund: Hanns Heinz Ewers. S. 40)
100 Ewers: Alraune. S. 55.

halt bilden – und den geschmackvoll, wenn auch nicht in einheitlichem Stil eingerichteten Räumen, ist ein Bild des schlichten Friedens: »Und doch eine stille, volle Harmonie: unter sich war alles verwandt, was hier stand.«[101] Das Haus der Mutter gilt Braun als Ruheplatz – hierher kehrt er zwischen seinen Abenteuern zurück, hier sammelt er die Andenken an seine Reisen, die von der Mutter verwahrt und von den Hausangestellten »respektvoll«[102] gesäubert und gepflegt werden. Das Grundstück grenzt an einen »großen Klostergarten«, in dem »ein weißes Meer von leuchtendem Blütenschnee« um »lachende[] Bäume[]«[103] wogt, unter denen Mönche spazieren gehen.[104]

Fest mit einem Ort ver- und an ihr Heim gebunden, wo sie auf den Sohn wartet, seine Erinnerungen bewahrt, die Familiengeschichte hütet, repräsentiert die (namenlos bleibende) Mutter Brauns die Figur der asexuellen Mutter schlechthin. Der Garten um sie liegt unter einer Decke aus Blütenschnee – Konnotationen an eine erst erwachende Natur sowie Reinheit und Kühle weckend –, in ihrer Nähe zeigen sich sogar die (anthropomorphen) Kastanienbäume heiter. Die unter dem Laubdach wandelnden Franziskaner symbolisieren Keuschheit und Frömmigkeit. Die mütterliche Umgebung steht damit in krassem Gegensatz zu Alraunes wildem, dunklem und vor Leben strotzendem Garten, in dem Gewächshäuser auswärtigen Pflanzen künstlichen Schutz bieten, in dem Hängeweiden und große Zedern das Gelände in Schatten hüllen[105], in dem »allerlei Getier«[106] kreucht, Statuen fremder, antiker Götter und Meeresnixen zu finden sind: »Nicht die erotisch selbständige, auf ihr Eigenrecht pochende und bedachte, sondern die dienende, von mütterlicher Hingabe bestimmte Frau ist das Ideal.«[107]

Zwischen diesen beiden Polen – der lüsternen Hure und der keuschen Mutter – bewegen sich die meisten Frauenfiguren im Roman.

---

101 Ebd. S. 250.
102 Ebd.
103 Ebd. S. 252.
104 Exakt an diese Szenerie – wogende Bäume und unter ihnen wandelnde Mönche – erinnert der Erzähler, als Braun sich entscheidet, länger bei Alraune zu bleiben (vgl. ebd. S. 266).
105 Vgl. ebd. S. 303.
106 Ebd. S. 305.
107 Freund: Hanns Heinz Ewers. S. 46.

Die Mitte zwischen den Endpunkten scheint dabei das Mädchen Alraune zu bilden, die Lust mit Berechnung zu verbinden, die Triebe der sie umgebenden Männer auszunutzen und zu ihrem Vorteil zu manipulieren versteht. Das Mädchen verkörpert – im Gegensatz zu ihrer ihr unbekannt bleibenden Mutter – nicht das Chaos, den nackten Trieb und die »irrationale Destruktivität« wie Winfried Freund annimmt[108], sondern das dem Manne offenbar ebenbürtige, von ihm nur mithilfe außermenschlicher (vielleicht sogar übermenschlicher) Mächte[109] zu domestizierende Weib. Alraune wirkt beinahe androgyn[110] – auf den ersten Blick erscheint sie zwar wie ein Püppchen, wie eine femme fragile mit hohen Wangenknochen, bleichen Lippen sowie besonders reichem und vollem Haar, doch ihre Augen sind »grasgrün, stahlhart« – wie die Frank Brauns, der im Roman das Ideal des Mannes repräsentiert: kontrolliert, rational, autark, selbstbewusst.[111] Trotz – oder gerade wegen – dieser Ähnlichkeiten bleibt Alraune Braun – und mit ihm dem Leser, der nichts über ihre Beweggründe, ihr Innenleben erfährt – jedoch fremd und unverständlich: Ihr wird »nur ein schmaler Charakterspielraum zugestanden«.[112]

Ebenso wie die anderen männlichen Figuren im Roman ruft auch Braun verschiedene Stereotype auf, um Alraunes Wesen zu begreifen – Melusine[113], Sirene[114], »Hexe«[115], Schlange[116] etc. Keines dieser Bilder wird dem Mädchen jedoch gerecht, mit keiner dieser Vorstellungen kann der Abenteurer Alraune erfassen, sie entzieht sich dieser Art von

---

108 Ebd. S. 37. – Vgl. auch ebd. S. 45: »Ewers' Roman steht in der Tradition jener männlichen Dichtungen, die die Frau zum destruktiven Geschlechtsdämon verfremden, um die normsetzende und ordnende Herrschaft des Mannes als das unstreitig beste auszuweisen.«
109 Vgl. auch ebd. S. 45.
110 Vgl. Ruthner: Unheimliche Wiederkehr. S. 110. – Dazu mehr in Kapitel 3.5.6 dieser Arbeit.
111 Ewers: Alraune. S. 168. – Vgl. auch Freund: Hanns Heinz Ewers. S. 45.
112 Ruthner: Unheimliche Wiederkehr. S. 112.
113 Vgl. Ewers: Alraune. S. 306. – Für Clemens Ruthner repräsentiert die Anspielung auf Melusine die »männliche Utopie einer Domestizierung der starken fatalen Frau durch ihre Verliebtheit« (Ruthner: Unheimliche Wiederkehr. S. 112).
114 Braun verschließt sich die Ohren, um Alraune nicht mehr zuhören zu müssen (vgl. Ewers: Alraune. S. 327).
115 Ebd. S. 295.
116 Vgl. ebd. S. 332.

Verständnis. Braun glaubt noch immer, seine Schöpfung kontrollieren zu können: »Ich pflanzte den Samen zu dem Giftbaum – so werde ich auch die Axt finden, ihn zu fällen – die Welt zu befreien von dir!«[117] Alraune jedoch hat sich zu einem eigenständigen und veränderlichen Wesen entwickelt: Kein Geschöpf Brauns, nicht das ten Brinkens, sondern fremd und selbstbestimmt – und offenbar gerade dadurch dämonisch.

Insofern ist Ruthners Feststellung, »Ewers' Text diffamiert Frauen in dreifacher Form: im Bild der hingebungsvollen Mutter Frank Brauns genauso wie in der naiv geilen […] Sex- und Gebärmaschine Alma Raune und ihrer bedrohlich gespenstischen Tochter«[118], zwar zuzustimmen, doch sie greift zu kurz: Die meisten Figuren in »Alraune« – gleich ob männlich oder weiblich – werden von ihrer Sexualität bestimmt. Alma Raune lässt sich beispielsweise von Braun zu einer künstlichen Befruchtung überreden, die Fürstin Wolkonski begibt sich in die Hände ten Brinkens, der Geheimrat, Wolfram Gontram, der Chauffeur und Geroldingen sterben bei dem Versuch, um Alraune zu werben, Mohnen muss die Stadt ihretwegen in Schande verlassen. Nur Alraune und Frank Braun gelingt es, sich bis zu ihrem Aufeinandertreffen vollständig zu kontrollieren und durch die Macht der Triebe andere Personen zu manipulieren, ohne ihnen selbst zum Opfer zu fallen.

3.5.6 Geschlechterverwirrung

Auf den ersten Blick scheinen die Geschlechterrollen in »Alraune« klar verteilt: Die Männer stehen im Berufsleben, sie sind aktiv, sie agieren. Die Frauen dagegen zeigen sich – bis auf eine nennenswerte Ausnahme – passiv, ihre Rolle ist die der Wartenden und Reagierenden. Die einzig selbstbestimmte und auch Einfluss auf andere nehmende Frau ist Alraune – diese wird jedoch als atypisch, asozial und dämonisch gekennzeichnet und konsequenterweise am Ende des Romans getötet.

Auf den zweiten Blick jedoch erweist sich die Situation als komplizierter: In einer Hinsicht gleichen sich beide Geschlechter – Ewers' Roman stellt sie als von ihrem Sexualtrieb beherrscht dar. Sowohl Männer als auch Frauen können mittels eines Appells an ihre Triebe gelenkt

---

117 Ebd. S. 331.
118 Ruthner: Unheimliche Wiederkehr. S. 116.

werden, insofern der Kontrollierende (der ebenfalls männlich oder weiblich sein kann) sich selbst beherrscht und die eigenen Reize manipulativ einzusetzen versteht.

Darüber hinaus erweisen sich die Grenzen zwischen den Geschlechterrollen als nicht so starr, wie anzunehmen wäre: Selbst Braun wird für kurze Zeit von seinem Onkel in eine traditionell eher weiblich besetzte Position gedrängt: Da der Weltenbummler Geld braucht, bittet ihn ten Brinken, für die Zeit der Schwangerschaft die »sinnlichen Bedürfnisse«[119] Almas zu erfüllen, mithin sich zu prostituieren, und ihr weitere Freier zuzuführen. Diese Einstufung behagt Braun jedoch nicht im Geringsten: »Frank Braun fühlte: nun liegst du am Boden. Hilflos, völlig wehrlos, elend nackt.«[120] Trotz der Ähnlichkeiten bedeutet es für Braun also einen deutlichen Unterschied, ob Frauen ihren Körper verkaufen, was zwar als Schande, aber gleichzeitig auch als unvermeidlich gilt, und männlicher Prostitution, deren Erwägung einem Mann bereits das Gefühl gibt, »niedergeworfen [zu sein] durch einen dumpfen, furchtbaren Schlag auf den Kopf«[121], ihn psychisch zumindest temporär zerstört.

Der pädophile ten Brinken macht in seinem Verlangen keinen Unterschied zwischen Mädchen und Jungen: »Ich weiß, woran die kleine Anna Paulert starb, weiß warum dein hübscher Gärtnerbursche so schnell fort mußte nach Amerika«[122], stichelt Frank Braun, bevor er dem Onkel die Idee zur Schöpfung eines künstlich gezeugten Menschen eingibt. Die Frucht dieser Idee ist Alraune, die – wie bereits angedeutet – sowohl als ›männlich‹ als auch als ›weiblich‹ verstandene körperliche Merkmale und Charakterzüge aufweist und in ihrem Adoptivvater dementsprechend »lüsterne Gedanken an halbwüchsige Buben und Mädel«[123] weckt, ihn doppelt erregt. Gerade ihre Androgynität ist es, die ten Brinken anzieht, immer wieder lässt er Alraune in männlicher (Ver-)Kleidung erscheinen.[124]

Das Mädchen gefällt sich ebenfalls in maskulinen Rollen – auf einem Maskenball erscheint sie »als das Fräulein von Maupin, in dem Buben-

---

119   Ewers: Alraune. S. 106.
120   Ebd. S. 107.
121   Ebd.
122   Ebd. S. 39.
123   Ebd. S. 171.
124   Vgl. ebd. S. 224.

kleide des Beardsley«[125], während Wolfram als Shakespeares Rosalinde auftritt. Gontram stellt dabei Alraunes Gegenstück dar, er ist zart, gefühlvoll, effeminiert, weist weibliche Gesichtsformen auf:

> Als er noch zum Gymnasium ging, wandten sich alte Herren nach ihm, schielten ihm nach, blickten blasse Offiziere sich nach ihm um und manch ein gut geschnittener Kopf mit zerrissenen Zügen, in denen verhaltene Sehnsüchte schrien – seufzten, unterdrückten schnell einen heißen Wunsch.[126]

In der Beziehung zu Wölfchen übernimmt Alraune mit Freuden die aktive Position, die des Mannes – sie ist diejenige, die Gontram einen Kuss raubt, sie bestimmt dessen Intensität, sie bringt den Jungen letztlich durch ihre Forderungen zu Tode.[127] Das Rollenspiel – auch wenn diese Lesart durch den Roman sicherlich nicht intendiert ist – zeugt folglich auch von der Fatalität der an die Frau gestellten (sexuellen) Ansprüche.

3.5.7 Ästhetisierungsstrategien: Der Traum als Wunscherfüllung

»Alle drei Frank Braun-Romane zeichnen sich durch kunstvolle Strukturierung aus. Zitate, Symbole und Kapitelüberschriften haben da ihren wohldurchdachten Platz.«[128] »Alraune« macht keine Ausnahme. Jedes der sechzehn Kapitel beginnt mit einer kurzen, den Inhalt des Kapitels wiedergebenden Zusammenfassung: »*Erstes Kapitel, das zeigt, wie das Haus war, in dem der Gedanke Alraune in die Welt sprang*«[129], »*Zweites Kapitel, das erzählt, wie es geschah, daß man Alraune erdachte*«[130], etc. Dabei fällt auf, dass die Verben der Wiedergabe (zeigen, erzählen, zu wissen tun, Kunde geben etc.) nicht wiederholt werden[131], was auf der

---

125 Ebd. S. 206.
126 Ebd. S. 173.
127 Vgl. ebd. S. 222. – Vgl. auch Freund: Hanns Heinz Ewers. S. 43: »Alraune hat den aktiven Part des Mannes ganz und gar usurpiert.«
128 Gmachl: Zauberlehrling, Alraune und Vampir. S. 81.
129 Ewers: Alraune. S. 13.
130 Ebd. S. 35.
131 Vgl. Gmachl: Zauberlehrling, Alraune und Vampir. S. 233.

einen Seite eine große Variation, auf der anderen Seite jedoch auch eine gewisse Gestelztheit der Formulierungen zur Folge hat. Die in den durchnummerierten Kapiteln erzählte Binnenhandlung wird durch einen sogenannten »Auftakt« und einen »Ausklang« eingerahmt und durch zwei »Intermezzi« unterbrochen. Diese vier (zunächst scheinbar vom restlichen Text unabhängigen) Stücke gliedern die Binnenhandlung nicht nur in drei nahezu gleich große Teile[132], sondern nehmen auch vielfältig aufeinander Bezug: Die den »Auftakt« einleitende Frage (»*Wie willst du leugnen, liebe Freundin, daß es Wesen gibt [...], die aus der verruchten Lust absurder Gedanken entsprangen?*«[133]) wird z. B. im »Ausklang« beinahe wortwörtlich wieder aufgenommen und beantwortet[134] (»*Daß es Wesen gibt [...], die aus verruchter Lust absurder Gedanken entsprangen – du wirst es nicht leugnen, liebe Freundin, du nicht.*«[135]), und auch andere Wendungen werden – wortgleich oder leicht abgewandelt – wiederholt verwendet. Diese strenge Strukturierung erinnert den Leser immer wieder an die Fiktionalität und Konstruiertheit des Romans und nimmt den in der Binnenhandlung geschilderten Grausamkeiten dadurch an Prägnanz.

Darüber hinaus weckt – wie bereits erwähnt – der Narrator in der Rahmenhandlung Zweifel an seiner eigenen Glaubwürdigkeit, indem er angibt, die Geschichte, die er erzählt hat, im »*alten Spiegel im Goldrahmen*«[136] gesehen zu haben: »*Sehr wahr, schöne Freundin, ist all das, was ich dir erzählte – doch nahm ich den Spiegel, trank aus seinem Glase der Ereignisse letzte Erkenntnis, früher Erinnerungen ureigenstes Geschehen.*«[137] Folglich kann der Erzähler das Gewesene möglicherweise durch die Reflexion, die ihm allerdings gleichzeitig das ›*Eigentliche*‹ hinter den Begebenheiten zeigen soll, lediglich verzerrt wahrnehmen. Der Narrator nimmt für sich in Anspruch, dem Leser – obgleich er ihm die Vorfälle um Alraune nicht so schildert, wie sie sich in der Wahrnehmung

---

132 Das erste Intermezzo folgt auf das sechste, das zweite auf das elfte Kapitel, so dass sich folgende Gliederung ergibt: »Auftakt«, fünf Kapitel, »Intermezzo«, sechs Kapitel, »Intermezzo«, fünf Kapitel, »Ausklang«.
133 Ewers: Alraune. S. 9.
134 Vgl. Gmachl: Zauberlehrling, Alraune und Vampir. S. 225.
135 Ewers: Alraune. S. 345.
136 Ebd. S. 344.
137 Ebd. S. 345.

anderer Personen zugetragen haben mögen – eine ›höhere‹ Wahrheit zu präsentieren. Daneben macht er die Art und Weise, wie er die Geschichte darstellt, von seinen äußeren Umständen abhängig:

> *Dann nicht, du mein blondes Schwesterlein, schlafendes Kind meiner traumstillen Tage! – Wenn der Mistral leicht die blauen Wogen kräuselt, wenn aus meines Rosenlorbeers Krone der süßen Vögel Stimmen klingen, dann blättere ich wohl in dem schwarzen Lederbande des Herrn Jakob ten Brinken. Langsam wie das Meer flutet mein Blut durch die Adern, und ich lese mit stillen Augen in unendlicher Ruhe Alraunens Geschichte. Gebe sie wieder, wie ich sie finde, schlicht, einfach – recht wie einer, der frei ist von allen Leidenschaften –*
>
> *Aber ich trank das Blut, das in Nächten aus deinen Wunden floß, das sich mischte mit meinem roten Blute, dies Blut, das vergiftet ward durch der heißen Wüsten sündige Gifte. Und wenn mein Hirn fiebert von deinen Küssen, die Schmerzen sind, und von deinen Lüsten, die Qualen bedeuten – dann mag es wohl sein, daß ich mich losreiße aus deinen Armen, du wilde Schwester –*
>
> *Mag es sein, daß ich traumschwer dasitze an meinem Fenster zum Meer, in das der Scirocco seine Gluten wirft. Mag es sein, daß ich wieder greife zu dem Lederbande des Geheimrats, daß ich Alraunens Geschichte lese – mit deinen giftheißen Augen. Das Meer schreit an die starren Felsen – so schreit mein Blut durch die Adern.*
>
> *Anders, ganz anders deucht mich nun das, was ich lese. Und ich gebe es wieder, wie ich es finde, wild, heiß – recht wie einer, der voll ist von allen Leidenschaften –*[138]

Frau und Natur sind anscheinend auf ungeklärte Weise miteinander verbunden – zeigt das »*blonde[] Schwesterlein*« sich tags als »*schlafendes Kind*«, so bläst ein warmer Nordwestwind über die Wellen des Meeres, verwandelt sie sich des Nachts in die »*wilde Schwester*«, weht ein heißer Südwind aus der Sahara und wühlt die See auf.[139] Die Naturerscheinungen nehmen wiederum Einfluss auf den Erzähler: Bei Mistral ruhen seine Träume, er wirkt rational und ist zu einer leidenschafts-

---

138 Ebd. S. 131.
139 Der Norden wird also vermutlich mit Rationalität und Ruhe, der Süden mit Emotionalität und Zügellosigkeit in Verbindung gebracht – eine ähnliche Zuteilung lässt sich auch in Leopold von Sacher-Masochs »Venus im Pelz« finden, wo es über den Norden heißt, er sei »abstrakt[]« und vertrete die »eisige[] christliche[] Welt« (Sacher-Masoch: Venus im Pelz. S. 15), während der Süden für die Antike und die »heitere Sinnlichkeit der Hellenen« steht (ebd. S. 25).

losen Lektüre und Wiedergabe des Inhalts von ten Brinkens Lederband in der Lage – während des Scirocco dagegen wird Braun durch seine Phantasien gehemmt (und beherrscht?) und Alraunes Geschichte verändert sich durch die Art seiner Schilderung, die durch seine Affekte bestimmt wird. Der Erzähler selbst glaubt jedoch, dass er in diesem von Leidenschaften bestimmten Zustand durch die »*giftheißen Augen*« seiner »*Schwester*« schaue: Die unkontrollierbare Emotion wird folglich der Partnerin zugeschrieben – und deren Blut, das durch den Wüstenwind, der das Gift des Basilisken mit sich trägt[140], verunreinigt wurde, und das der Erzähler getrunken hat.

Auf der anderen Seite verrät die Darstellung, die der Erzähler für die Geschichte Alraunes wählt, auch etwas über ihn selbst: Die Tatsache, dass Braun die emotionale Tönung seiner Erzählung weiblich konnotiert und dem Einfluss seiner ›Schwester‹ und der Aufnahme ihres Blutes zuschreibt, zeigt deutlich an, dass der Weltenbummler sich selbst im Rahmen des in der Erzählung vorgegebenen Wertesystems als männlich-rational und selbstbestimmt stilisiert und eine starke Emotionalisierung als quasi-pathologische, in jedem Fall unziemliche Ausnahme begreift.

Braun geriert sich als undurchschaubar: Bei Tag schreibt er »*wie einer, der frei ist von allen Leidenschaften*«, bei Nacht »*wie einer, der voll ist von allen Leidenschaften*«[141] – bezeichnend ist die zweifache Betonung, dass der Gefühlszustand des Ich-Erzählers nicht zweifelsfrei festzustellen, sondern lediglich annähernd zu beschreiben ist. Diese Zuschreibung macht es für den Leser schwierig, den Gehalt der Binnenerzählung einzuschätzen – zunächst einmal kann er schwerlich feststellen, welche Teile der Geschichte in Ruhe (also »*schlicht, einfach*«) und welche in affektiertem Zustand (also »*wild, heiß*«) geschrieben worden sein sollen – und selbst wenn er dies zweifelsfrei feststellen könnte, sind Ruhe und Affekt selbst eben möglicherweise nur scheinbar vorhanden und könnten ganz andere Emotionen verdecken.

Die gesamte Binnenhandlung wirkt somit wie ein Traum oder eine Lüge[142], zumindest jedoch wie die willkürliche Kreation des Erzählers

---

140 Vgl. Ewers: Alraune. S. 130.
141 Ebd. S. 131, Hervorhebungen P. P.
142 Bereits im »Auftakt« heißt es, dass derjenige, der Normen und Gesetze verletze und der eines jener »*seltsame[n] Wesen*« hervorbringe, die »*aus der verruchten Lust*

für seine Geliebte. Der Narrator selbst hilft dabei mit, den Gehalt seiner Erzählung zu neutralisieren[143] und die Fiktionalität der Binnenerzählung bereits für die und in der Rahmenhandlung in den Vordergrund zu stellen. Durch diesen Kunstgriff verlieren die dort geschilderten Grausamkeiten an Wirkung auf den Leser und werden konsumierbar.

---

absurder Gedanken« entsprängen, lediglich »*Lüge*« und »*irres Blendwerk*« erschaffen könne (Ebd. S. 9).

143 Vgl. Knobloch: Hanns Heinz Ewers. S. 122. – Für Winfried Freund ist dies ein weiteres Anzeichen dafür, dass »Alraune« zur Trivialliteratur zähle, deren Aufgabe es sei, den Leser von Spannungen zu befreien und deren Genuss folgenlos bleibe (Freund: Hanns Heinz Ewers. S. 41). »Die Phantastik bei Ewers« gestalte »weder die Anklage eines depravierten Lebenskontextes noch die Klage des verkümmernden Individuums«, sondern präsentiere lediglich Monströses, ihr Ziel sei die Erzeugung von wohligen Schauern beim Rezipienten (ebd. S. 42). »Im Grunde« wolle Ewers »die bestehende Ordnung nicht verändern, sondern nur erträglich gestalten durch ein sensationell aufgeputztes literarisches Amusement« (ebd. S. 41). (Inwiefern es Kriterium für die Literarizität eines Textes sein kann, dass er zu Reformen aufruft, soll an dieser Stelle nicht erörtert werden.) Tatsächlich sind trivialliterarische Elemente im Roman nicht abzustreiten, ebenso wie die offensichtliche Lust des Erzählers an relativ detaillierten Beschreibungen von ›sexualpathologischen‹ Zuständen, Sinnlichkeit und Gewalt, die vermutlich tatsächlich dem zeitgenössischen Publikumsgeschmack angepasst wurden und als »Jahrmarktskulisse« (ebd.) bezeichnet werden könnten. Der Text soll unterhalten und schockieren (und sich verkaufen lassen), nicht zur Verbesserung der Gesellschaft beitragen. Auf der anderen Seite stehen die ästhetische Komposition des Textes – u. a. der kunstvolle Gebrauch von Jugendstilornamentik – und seine durchaus vorhandenen sozialkritischen Elemente – zum Beispiel der kurze Verweis des Erzählers auf die von ihm als eigentlicher Grund der Prostitution ausgemachte sexuelle Gier der Männer.

3.6 Heimito von Doderer: »Die Bresche. Ein Vorgang in vierundzwanzig Stunden«

In der literaturwissenschaftlichen Diskussion wurde »Die Bresche« im Vergleich zu Doderers umfangreicheren Romanen wie »Die Strudlhofstiege« oder »Die Dämonen« eher vernachlässigt. Die vermutlich bereits 1921 beendete, allerdings erst 1924 im Haybach Verlag in Wien erschienene Novelle Doderers ist einer der wenigen hier analysierten Texte, die Sadismus positiv werten[1] und algolagnistische Handlungen als Möglichkeit eines Ausbruchs aus dem fremdbestimmten und eines Aufbruchs in ein selbstbestimmtes Leben schildern.

3.6.1 »Auflösung oder Überwindung«[2]: Der sexuelle Drang als Chance und Gefahr

Ähnlich wie die anderen Protagonisten ist auch Jan Herzka aus wohlhabendem Hause, entstammt dem Bürgertum. Im Gegensatz zu Frank Braun ist er gerade kein Abenteurer – im Gegenteil, sein Leben verläuft äußerst regelmäßig, zu seinen Charakterzügen gehören »Genauigkeit, Peinlichkeit und Vorsicht, beinahe Ängstlichkeit«[3], wie der Erzähler konstatiert. Auch hier nähert sich die Erzählung einer Fallgeschichte an[4], wenn der Narrator bemerkt, dass sich unter Herzkas äußerer Gefasstheit Leidenschaft verstecke sowie »Ansätze einer mitunter geradezu

---

1 Vgl. Mohr: Verhaltensanalytische Studien. S. 11.
2 Doderer: Die Bresche. S. 122.
3 Ebd. – Für Mohr deutet die von Doderer gelieferte Charakteristik an, dass Herzka im »anal-sadistischen Organisationsbereich der zweiten prägenitalen Phase«, wie Freud ihn schildert, stehengeblieben ist (Mohr: Verhaltensanalytische Studien. S. 25).
4 Als Herzka gegen Ende der Novelle Slobedeff seine Taten berichtet, wirkt dieser nicht nur wie ein Therapeut Freud'scher Prägung, wenn er den Kaufmann dazu anregt, seine Geschichte zu erzählen und quasi durch eine ›talking cure‹ seine Erregung zu kanalisieren – Mohr bezeichnet ihn als »Quasi-Psychoanalytiker« (ebd. S. 73) –, Herzka agiert ebenfalls wie ein Patient, der zunächst seine Familiengeschichte und sein Vorleben erläutert, um das Verständnis für seine Taten zu fördern, »den Fremden so rasch wie möglich in's richtige Bild zu rücken« (Doderer: Die Bresche. S. 180). Die soziale Herkunft erscheint also in jedem Fall wichtig für die Einordnung der Taten eines Menschen zu sein.

orientalischen Phantasie«, die sich ab und an in »kleineren Ausschweifungen« zeige.[5]

> Man kann sagen, daß Jan einiges von der Weite und Köstlichkeit der Welt, von der Süße der Zügellosigkeit und der dunklen Glut des Lasters ahnte, zweifelsohne, ganz glücklich beschränkt war dieser Jüngling nie: indessen er hatte das (so sehr zerbrechliche!) Gehege eines geregelten Lebens, eines geregelten Strebens [...] doch noch niemals durchbrochen, war noch niemals aus diesem Gehege herausgefallen [...]. Noch hatte er nicht fallend in den dünnen Zaun jene erste bleibende Bresche gelegt, hinter der letzten Endes nur Auflösung oder Überwindung stehen...[6]

Weder aktiv durchbrechend noch passiv fallend hat Herzka sein »Gehege« je hinter sich gelassen, obgleich er die vom Erzähler mit positiven Attributen (Weite, Köstlichkeit, Süße, Glut) besetzte Außenwelt immerhin erahnt – und wohl durch seine kleineren Abwege auch kennt. Nie jedoch hat der junge Mann seinen – auch hier mit dem Bürgertum und seinen Gesetzen und Normen verbundenen – Weg auf Dauer verlassen und seinen Trieben nachgegeben, deren Erfüllung Verschwinden oder Stärkung des Selbst bedeutet. In Doderers »Die Bresche« geht es also ebenfalls um Fragen der Identität – liefert man sich seinen Trieben aus, riskiert man zwar die – zunächst neutral aufzufassende – »Auflösung«, kommt allerdings auch in die Position, sein Selbst noch besser zu disziplinieren, sich selbst zu ›überwinden‹.[7] Hier argumentiert Doderer anders als die meisten Sexualwissenschaftler, die die Integrität der Person durch Überschreitungen essentiell bedroht sehen – wird die Norm einmal überschritten, scheint es kaum ein Zurück zu geben, die Grenzen des Individuums bleiben danach permanent fragil.

Die Beziehung zu Magdalena Güllich wird sowohl vom Protagonisten als auch vom Erzähler offenbar nicht ernst genommen. Die junge Frau wird vom Narrator distanziert als »Magdalena Güllich (Güllich

---

5 Ebd. S. 122.– Sadistische erotische Phantasien werden als exotisch wahrgenommen und in die Fremde projiziert.

6 Ebd.

7 Vgl. Weber: Heimito von Doderer. S. 39: »Zum Beispiel erweist sich jetzt der metaphorische Titel Die Bresche, der zunächst nicht ohne weiteres verständlich ist, als der genaue, den Sachverhalt in der Tiefe präzis bezeichnende terminus, dem gegenüber die synonymen Begriffe ›Menschwerdung‹, ›zweite Geburt‹, ›tertium intercedens‹ im Unanschaulichen verblassen.«

ist Nebensache; aber ›Magdalena‹, dieser sanfte Name paßt; ihr ergeht es auch am schlechtesten)«[8] vorgestellt. Sie ist mit Herzka nicht in innigen, sondern lediglich in »wohlgeregelten Beziehungen«[9] – ordentlich und den Normen gemäß – verbunden, die beiden sprechen nicht einmal oft miteinander, und so behauptet sie zuweilen, »er ›käme nur zu ihr um seine Gelüste zu befriedigen‹«.[10] Magdalena kommt – wie den meisten Frauen in den analysierten Texten – die Rolle des Katalysators der Entwicklung zu: Ihre Person ist dabei – wie ihr Nachname – gänzlich unwichtig, weswegen der Leser auch nur die nötigsten Informationen über sie erhält, bedeutend ist sie bloß als Requisit für Herzkas schmerzhafte Selbstfindung.[11]

3.6.2 »Was dann kam war wie Sterben«[12]: Sadismus als Hilfe zur Selbsterkenntnis

Der Anlass für Jans Sinnkrise findet sich in einer Buchhandlung, in der Herzka ein Buch für Magdalena erwirbt, das er nicht wegen des Inhaltes, sondern wegen des Einbands aussucht.[13] Ebenso wie ihre Person für die Beziehung der beiden nicht ausschlaggebend ist, ist auch für ein

---

8   Doderer: Die Bresche. S. 121. – Der Name ›Magdalena‹ erinnert an Maria Magdalena, die Jüngerin Jesu. Der Name enthält allerdings auch das Wort ›Magd‹, der Figur wird also deutlich eine dienende Funktion zugeschrieben. Daneben klingt in ›Magd‹ allerdings auch noch die Konnotation der Unverheirateten, Unbefleckten nach. Dass Herzka Magdalena kaum wahrnimmt, zeigt sich auch später, in der Beschreibung der Autofahrt zum Zirkus. Es heißt: »Jan betrachtete sie [d. i. Magdalena] von der Seite.« Was folgt, ist allerdings keine Beschreibung der Begleiterin, sondern der Welt außerhalb des Wagens: »Das Bild der Straße war inzwischen recht verarmt, bot keine Abwechslung, Pracht und Buntheit mehr, nur gleichlaufende, endlose Fensterreihen gleichhoher Zinskasernen.« (ebd. S. 128) Dass die Betrachtung Magdalenas ausgerechnet durch die Beschreibung von gleichförmigen Bauten abgelöst wird, zeigt auch, wie farblos Magdalena selbst auf Jan Herzka wirkt.
9   Ebd. S. 121.
10 Ebd. – Wie Recht Magdalena mit diesen Worten hat, stellt sich in der Novelle schnell heraus.
11 Vgl. Mohr: Verhaltensanalytische Studien. S. 80 f. – Magdalena Güllich wird zwar mit Lobeshymnen überhäuft, aber diese haben in Mohrs Einschätzung lediglich Alibi-Funktion, da ihre Rolle Doderer nicht interessiere.
12 Doderer: Die Bresche. S. 136.
13 Vgl. ebd. S. 124.

Geschenk der äußere Eindruck der wichtigere – »tabakbraunes Leder mit goldenen Blümchen, [...] zart und edel: [...] und auch seine Nase wurde von dem strengen Duft des Leders und der reinen Ausdünstung des kostbaren Papiers befriedigt«.[14] Die Attribute, die für Herzka bei der Auswahl des Geschenks wichtig sind, sind offenbar die, die er auch bei Magdalena Güllich sucht: Zartheit (nicht umsonst ist von ›Blümchen‹, nicht von ›Blumen‹ die Rede), Noblesse, eine gewisse Strenge, gleichzeitig aber Unberührtheit und Distinktion.

Wirklich angezogen fühlt sich Herzka allerdings von einem anderen Buch, einem »Passional«, »aufgeschlagen« (!) bei einem Kupferstich: »Der hier dargestellte Gegenstand fesselte Jan sofort, traf bei ihm ins Schwarze, wahrhaftig ins *Schwarze*, in eine Art von Abgrund in seinem Wesen.«[15] Der dargestellte Gegenstand, der Herzka »fesselt«[16], ist das Bild einer leidenden Märtyrerin, einer

> Jungfrau, halb entkleidet, von drei wilddreinblickenden, bärtigen Kriegsknechten mit römischen bebuschten Helmen umgeben[,] [...] von denen der eine eben dabei war, ihr mit rohem Griff die letzte Hülle abzustreifen, während der zweite eine Geißel schwang und der dritte sich der Dulderin mit einer erschrecklich geöffneten großen Zange näherte.[17]

Dem »zugreifenden Blick« Herzkas setzen die Blätter »voll gerundeter Formen« und »heftige[r] Sinnlichkeit«[18] endlich etwas entgegen; Herzka kann seine Faszination für die Bilder – in diesem Fall vor allem weiblicher[19] – Qualen nicht mehr verbergen und erwirbt das »Passional« nach einer sorgfältigen Kosten-Nutzen-Rechnung, die auf die

---

14 Ebd. S. 124 f.
15 Ebd. S. 125. – Auch Krafft-Ebing nutzt die Vokabel »Abgrund«, um auf die Gefahren der ungezügelten Triebtätigkeit zu verweisen (Krafft-Ebing: Psychopathia sexualis. S. 2).
16 Kai Luehrs macht darauf aufmerksam, dass die gewählten Worte (streng, aufgeschlagen, Druck, (blut)rote Initialen, fesseln) auf »eine Atmosphäre sanften und gewaltbereiten Nachdrucks« verweisen (Luehrs: Charakterfehler als Lebensaufgabe. S. 57).
17 Doderer: Die Bresche. S. 125.
18 Ebd. S. 126.
19 »Auch der Umstand, daß es sich in diesem Buch offenbar nur um weibliche Dulderinnen handelte, erzeugte in ihm [d. i. Herzka] ein ähnliches Gefühl angenehmer Überraschung« (ebd.).

Kaufmannsseele des jungen Mannes hindeutet. Die durch die (religiös geprägte) Literatur ausgelösten Phantasien (ver-)führen Herzka zum Eingeständnis seiner Triebe, der Kauf des Folianten ist ein erstes Zeichen der abnehmenden Selbstkontrolle, da er sich anschickt, sich seiner Einbildungskraft zu überlassen. Der Kaufmann nährt seine Imagination und gefährdet damit sein Selbst.[20]

Herzka bereitet es Schwierigkeiten, die beiden Bücher gleichzeitig unter dem Arm zu tragen[21], was nicht nur an deren unterschiedlichen Formaten liegen mag, sondern auch an den widersprechenden Inhalten:

> Dies kleine Buch mit seiner sauberen und korrekten Ausführung schien ihm viel mehr Sinnbild eines breiten Teiles seiner Wesensart und Herzka dachte jetzt gleichzeitig an verschiedenerlei was ihm mit dem kleinen Band [...] zusammengehörig schien: ein reiner sonnenklarer Morgen im Grünen mit kühler Frische; ein Bad in klarem Wasser; arbeitsmüde zufriedene Hände die man wohlig wäscht; Blättern in sauber und genau abgeschlossenen Büchern und Rechnungen.[22]

Während der Band mit dem Blumen-Einband Herzkas ›bürgerliches‹ Ich symbolisiert, die ›gemäßigtere‹ Seite seines Wesens: sauber und korrekt; steht das »Passional« im Gegensatz dazu offenbar für Schmutz und Tadelnswertes, die Leidenschaft und das Unterdrückte: »Indessen mußte er [d. i. Herzka] es wohl als einen dummen Fehler in dieser Allegorie ansehen, daß der Foliant schwerer war«.[23] Der Kaufmann glaubt sich immer noch durch die Abwehr seiner Wünsche gesichert.

Dementsprechend bemüht er sich bei ihrem nächsten Zusammentreffen am Abend zunächst darum, Magdalena möglichst vorsichtig zu behandeln – seine Begrüßung besteht in einem lediglich auf den Handrücken gehauchten Kuss.[24] Herzka (dessen Einschätzungen der Erzähler hier offenbar wiedergibt) kann Magdalena nicht richtig ein-

---

20 Vgl. Kapitel 2.2.6 dieser Arbeit.
21 Vgl. Doderer: Die Bresche. S. 127.
22 Ebd. S. 127.
23 Ebd.
24 Vgl. ebd. S. 128. – Ein Kuss, zu dem er ihre Hand wie »ein sehr zerbrechliches Ding« an seinen Mund führt (ebd.). Auch als Herzka Magdalena durch eine List dazu verleitet, mit ihm ein Hotel aufzusuchen, wird er ihre Hand so küssen.

ordnen – so spricht er von ihrem »Madonnengesicht«[25] und schreibt ihrem Auftreten einen »Schimmer von Unberührbarkeit und Keuschheit« zu, auch wenn »ihre Gestalt in dieser schwarzen Verhüllung etwas unbedingt Aufreizendes hatte«.[26] Erzählt wird – ebenfalls aus Herzkas Perspektive –, dass die Güllich sich in der Bewunderung Herzkas »badete«, dass sie die Begierde in seinem Blick erkennt und dieser dennoch »entgegenbeb[t]«, dass ihr Gesicht »ganz und gar Ausdruck der Hingabe« an Herzka ist[27], dass sie sich ihm also schenkt, sich freiwillig ausliefert. Magda ist ganz das passive Weib, das die Sexualwissenschaftler als normatives Ideal angesehen hatten.

In deutlichem Gegensatz zu seinem Verhalten in Magdalenas Wohnung – der auch ausformuliert wird: »Er nimmt nicht behutsam ihre Hand um einen Kuß darauf zu hauchen.« – gibt Herzka seinem Verlangen beim Betreten der Loge für einen kurzen Moment nach, fällt vor Magdalena auf die Knie »und preßt seinen Mund auf die Seide in ihrem Schoß«.[28] Danach wird erneut die Rollenverteilung zwischen den beiden Figuren klar: Während Herzka »gebieterisch« den Vorhang zum Zuschauerraum aufhebt, um die Güllich hindurchgehen zu lassen, geht sie »leicht geneigt«[29] an ihm vorbei, signalisiert also auch gestisch ihre Unterwerfung.

Im weiteren Verlauf der Zirkusvorstellung wird Herzka immer stärker auf seinen Trieb zurückgeworfen: Der Geruch der Elefanten und der Peitschenknall des Dompteurs, das regelmäßige Geräusch des Aufklatschens der Schenkel der Kunstreiterin auf den bloßen Pferderücken,

---

25 Ebd.
26 Ebd. S. 129.
27 Ebd. – An dieser Stelle, auf die später noch näher eingegangen werden wird, kommt es darauf an, aus welcher Perspektive erzählt wird. Gibt der Narrator Herzkas Ansichten wieder, dient Jan als Fokalisierungsfigur, beginnt der Kaufmann offenbar bereits hier, seine späteren Handlungen für sich zu rationalisieren und zu legitimieren, indem er Magdalena unterstellt, seine Begierde wahrgenommen und sich ihr nicht widersetzt zu haben. Ist es allerdings der Erzähler, der spricht (Nullfokalisierung), dann dient die Beschreibung dazu, die später folgende Gewalthandlung für den Leser konsumierbar zu machen. Beide Lesarten sind möglich.
28 Ebd. – Die Szene ist im Gegensatz zum umgebenden Text im Präsens verfasst und damit besonders hervorgehoben. Es entsteht eine gewisse Dynamik, die ihr den Anschein von Dringlichkeit und Gewalthaftigkeit gibt – die Szene ist aus dem zeitlichen Ablauf herausgenommen.
29 Ebd. S. 129 f.

das offenbar an Schläge erinnert[30], der Stallmeister, der mit einer Peitsche in jeder Hand seine Pferde vor sich hinknien heißt – all das führt dazu, dass sich in Herzka ein »fremdartig[es] und doch bedrohlich eindeutig[es]«[31] Gefühl breitmacht. Magdalenas Zusammenzucken, als eines der Pferde vom Stallmeister als ›Magda‹ bezeichnet wird, nimmt Jan dann als Signal: »Was in ihm gärte, sprach *sie gleichsam aus*, sich selbst durch ihre magdhaft erschrockene und gehorsame Bewegung als das gegebene Ziel seiner Wünsche bezeichnend.«[32] Nicht der Kaufmann selbst sucht sich sein ›Opfer‹, sondern Magdalena ist es, die sich ihm anbietet; während die Stimmung in ihm noch latent ist, gibt sie ihr offenen Ausdruck.

Herzka projiziert seine eigenen Wünsche auf seine Umwelt – die Signale, sich seinem Drang hinzugeben, werden dementsprechend *an ihn herangetragen*:

> Ihm war schon zu Mute wie einem, der halb wider Willen auf die Schultern einer erregten Menge gehoben, vorwärtsschwankt: mit fremden Beinen, in einer fremden Richtung. So wurde Jan aus den Angeln gehoben: er war zu leicht, allzuschwach, er wurde immer leichter und fühlte das, er wurde wie eine Flaumfeder, die man gegen den Sturm wirft. Wilde Leidenschaft, das gewaltige Tier, nahm diesen Fingerhut voll Einsicht und eigenem Willen, genannt Jan Herzka, auf den breiten dunklen Rücken, der rauschend und wellenschlagend ganz plötzlich wie der Leib eines Seeungetüms aus dem glatten Spiegel (der Oberfläche seines bisherigen Lebens) emporstieg –![33]

Nicht Herzka ist also erregt, sondern die Erregung dringt von außen an ihn heran: Das Ziel, zu dem sie ihn führt, ist ihm fremd – er selbst ist sich entfremdet: Es sind nicht zu ihm gehörige Körperteile, auf denen er sich schwankend vorwärtsbewegt. Herzka agiert nicht, sondern *wird* gehoben, geworfen, getragen. Der Begierde hat er nichts entgegenzusetzen, er ist schwach und wird von ihr hinweggerissen. Selbst die Leidenschaft, die doch der Kaufmann empfinden müsste, steht außerhalb seiner selbst. Sie wird durch ein Tier, ein Seeungeheuer symbolisiert,

---

30   Vgl. ebd. S. 130.
31   Ebd.
32   Ebd. – Mit »magdhaft« spielt Jan bzw. der Erzähler auf die Bedeutung von Magdalenas Namen an. Vgl. auch S. 294 dieser Arbeit, (Fußnote 8).
33   Doderer: Die Bresche. S. 132.

also zunächst als animalisch und untermenschlich, dann nicht einmal mehr als natürlich, sondern als geradezu dämonisch wahrgenommen. Die Wassermetaphorik durchzieht an dieser Stelle den Text – es ist von einem durchbrochenen »Damm«, einem »entfesselte[n] Strom« die Rede und eben von dem »rauschend und wellenschlagend«[34] aus dem Wasser auftauchenden Ungetüm.[35] Herzka wird durch eine Naturgewalt hinweggespült: »Es war wirklich nichts anderes mehr in ihm als solche wilde Flut«.[36] Jan Herzka als rationales, in sich ruhendes, mit sich selbst identisches Wesen droht im Strudel seiner bis jetzt abgewehrten Wünsche zu verschwinden, und er ist »voll Wut über solches Schauspiel [d. i. die Zirkusvorführung], das ihn auflöste und zunichte machte«.[37]

Dem entgegen steht das Feuer, das nun, da Herzka sich mit seiner Niederlage arrangiert hat – »und damit gab er gleichsam schon zu, daß er nun unterliegen würde« – seine Handlungen bestimmt.[38] Noch in dem Glauben, Herzka führe sie zu einer Liebesnacht, bemerkt Magdalena nicht »das häßliche Stechen seiner [d. i. Herzkas] Augen, auf deren dunklem Grund die Flamme förmlich wuchs«.[39] Herzka fühlt die Möglichkeit der Überwindung seines Drangs für einen Augenblick, dann

---

34 Ebd.
35 Mohr macht auf die Ähnlichkeit mit Freuds Metaphorik aufmerksam, der »Es« als »Meer« bezeichnete (Mohr: Verhaltensanalytische Studien. S. 43).
36 Doderer: Die Bresche. S. 133.
37 Ebd. – Später heißt es noch, Herzka sei »seiner selbst beraubt« (ebd.). Dass gerade die Farbe Rot »in Schabracken und Riemen«, aber auch als Farbe der Peitsche als Signal für Wut, Gewalt und Raserei dient, verbindet den Text mit vielen Anmerkungen in sexualwissenschaftlichen Werken.
38 In diesem Zusammenhang ist noch anzumerken, dass der Erzähler Herzkas zunächst Herzkas *Herz* als Ort des Feuers nennt und sein – doch eigentlich Rationalität versprechendes – Hirn mit Eis, also gefrorenem Wasser, assoziiert: »Hirn und Herz, der ganze Jan Herzka – Eis und Feuer.« (Ebd. S. 134) Dies widerspricht natürlich zunächst einmal der These, Herzkas sexueller Trieb werde durch Wassermetaphern veranschaulicht. Meines Erachtens wird hier auf den Metaphernwechsel – von Wasser zum (eher männlich konnotierten) Feuer reagiert, der damit einhergeht, dass Herzka sich nun wieder – ganz Mann – mit einer »Lösung« seines Problems beschäftigt und konstruktiv nach einem Weg der »Entladung« sucht (ebd. S. 133). Dazu passt, dass auch die Möglichkeit der bewussten und rationalen Überwindung des Drangs mit – allerdings »weiße[m]« und somit reinem – Feuer assoziiert wird (ebd. S. 135).
39 Ebd.

jedoch nimmt die mit »Nacht« assoziierte Seite seines Wesens wieder die Oberhand.[40] Während immer wieder die »Hingabe« Magdalenas, die sich Herzka »ergebungsvoll« nähert, betont wird, wird Jan erneut von aller Verantwortung freigesprochen: »Nun völlige Sinnlosigkeit, alles automatisch, nun breites, einmal begonnenes, nicht mehr zu haltendes Ausströmen überstauter, überstarker Begierde, Verwirklichung des tollsten Traumes.«[41] Herzka kann den Ablauf nicht mehr stoppen, er bewegt sich mechanisch, ein allzu großer Druck wird entladen. Er reißt Magdalenas Kleid hinunter – »die Seide schrie, als er sie mitten durchfetzte«[42] –, fesselt und knebelt die Frau, schlägt sie schließlich mit seinem Gürtel: »Er schlug, es knallte laut, ihm war alles einerlei.« Am Ende vergeht er sich noch an ihr: »Die Wollust ein Donner, ein grollendes Feuermeer. – Was dann kam war wie Sterben.«[43]

Auch der Sexualakt selbst wird als Aufgehen in einer Feuersbrunst verstanden, als ein (kleiner) Tod – dem allerdings eine Auferstehung folgt. Es gelingt Herzka – wenn auch zunächst nur äußerlich[44] –, sich wieder den Anforderungen an ein bürgerliches Subjekt anzupassen; und dies so gut, dass der Torwart des Hotels, in dem er die Güllich »zusammengebrochen« zurücklässt, ihn »mit besonderer Höflichkeit []grüßt und sich noch tief verbeugt«[45], den Status Herzkas anerkennend.[46]

Dennoch erscheint Herzka durch seinen Ausbruch in den Grundfesten seiner Persönlichkeit erschüttert; ihm fehlt die Orientierung der »geraden Linie seines täglichen Lebens«[47], die nun »abgerissen und hin-

---

40 Ebd.
41 Ebd.
42 Ebd. – Die Tatsache, dass lediglich die Seide schreit, Magdalena allerdings zunächst stumm bleibt, trägt zur Konsumierbarkeit der Gewalthandlung bei (vgl. Kapitel 3.6.5 dieser Arbeit).
43 Doderer: Die Bresche. S. 136.
44 »Er trat gleich an den Spiegel, ordnete das Haar, die Krawatte, den Kragen, zupfte sich mit einigen energischen und *richtigen* Griffen zurecht.« (Ebd., Hervorhebung P. P.)
45 Ebd.
46 Magdalena gegenüber, die das Haus später und eben nicht in korrekter Kleidung, sondern mit zerrissenen Seidenstrümpfen und zerfetztem Kleid verlassen wird, zeigt sich der Torhüter denn auch »mißtrauisch[]« (Ebd. S. 156).
47 Ebd. S. 122.

ter ihm zerspellt«[48] liegt. Weder örtlich noch zeitlich kann er sich mehr orientieren, seine Uhr ist zerbrochen[49] – der Kaufmann ist geradezu ›aus der Zeit gefallen‹, ist sich selbst fremd. Die Wesensteilung, die er schon vor seinem Gewaltausbruch wahrgenommen hatte – Herz und Hirn – setzt sich weiter fort: Herzka fühlt sich »durchs eigene Blut geschlagen, so überraschend geschlagen, als hätte ihn das Schicksal von außen angesprungen ...«[50] Jan erkennt den sexuellen Drang nun zwar als eigenes, ihm selbst innewohnendes – ererbtes? – Prinzip an, seine spezifische Ausprägung kann er aber in diesem Fall allerdings nur wie eine externe – und nicht zu unterbindende, da schicksalhafte – Manipulation einstufen.[51]

3.6.3 »Und man nennt dies auch ›ein Mann‹ sein ...«[52]: Identitätsgewinn

Nach einem Ausflug in ein Gastlokal, in welchem Herzka sich abreagiert, indem er Streit und eine Schlägerei sucht, flüchtet er erneut in die Dunkelheit – Musik lockt ihn zu einem Haus, in dem getanzt wird: Jan schaut dem Treiben auf einem Baum sitzend durchs Fenster zu. Er fühlt sich ausgeschlossen, die Tanzenden erscheinen ihm »lächerlich und ahnungslos«[53]; sie haben nicht – gleich ihm – eine Krise durchlebt, sich in einer Erfahrung verloren. Für ihn leben die Gesellschaftsmenschen nicht, sie bleiben »Halbmenschen und Puppen«.[54] Ähnlich wie Frank

---

48 Ebd. S. 138.
49 Vgl. ebd. S. 137.
50 Ebd. S. 138. – Für Luehrs herrscht in der »Bresche« trotz dieses Zitats im Gegensatz zu Doderers späteren Werken kein Fatalismus vor – Schicksalsgebundenheit spiele hier keine Rolle (vgl. Luehrs: Charakterfehler als Lebensaufgabe. S. 59).
51 Dass Herzka sich selbst als den Geschlagenen wahrnimmt und zunächst nicht an Magdalena Güllich denkt, zeugt davon, dass der sadistische Ausbruch vom Text als Teil des Selbstfindungsprozesses des Protagonisten eingestuft wird, während die Güllich lediglich als dessen Anlass gilt.
52 Doderer: Die Bresche. S. 187.
53 Ebd. S. 141.
54 Ebd. – Hier spielt auch das Konzept des ›emphatischen Lebens‹, wie es für die Frühe Moderne typisch ist, eine große Rolle. Dieses gesteigerte Leben – häufig erst durch eine Extremerfahrung ermöglicht, wenn die Figur ›angestoßen‹ und sensibel gemacht wird für die Umwelt – umschließt intensive emotionale Erfahrungen, vollkommene Zufriedenheit und Erfülltheit, ein Immer-wieder-neu-Erleben der

Braun, der die meisten Personen seiner Umgebung nur als Material für seine Pläne wahrnehmen kann, denen er durch seine Intelligenz überlegen ist, stellt auch Herzka nun fest, dass seine Erlebnisse ihn über die Masse erhoben haben.

Drei Menschen jedoch erregen die Aufmerksamkeit des Kaufmanns – und diese Entdeckungen werden im Verlauf der Novelle noch Wichtigkeit erlangen: Zum einen sticht aus der Menge der ›halbmenschlichen‹ Tänzer ein Paar heraus, zum anderen fällt dem Kaufmann der selbst am Geburtstag der Tochter emsig arbeitende Sophus Schinnagl auf. Das Paar – der 18jährige Halms und die Tochter des Hauses, Lola Schinnagl – lässt vor dem Hintergrund der puppenhaften Gesellschaft eine »neue Linie« erkennen, ihre Liebe füreinander erhöht ihre Bewegungen zu einem anmutigen »Gedicht zweier Körper«.[55] An dieser Stelle scheint eine Möglichkeit des Lebens auch für Herzka auf: Ist die gerade Linie *seines* Lebens zerstört, so führen die Liebenden eine auf gegenseitiger Achtung und Verstehen beruhende Paarbeziehung als Chance auf eine sinn- und bedeutungsvolle Existenz vor, eben eine neue mögliche (Lebens-)Linie. Das Beispiel der beiden Liebenden macht es Herzka auch möglich, den Rest der Tanzenden wieder als »Menschen«[56] wahrzunehmen, sich durch ›Blutsverwandtschaft‹ mit ihnen verbunden zu fühlen.

Schinnagl dagegen, in seinem Arbeitszimmer geschäftig wirkend, von den Vergnügungen der anderen sich distanzierend, interessiert Jan Herzka aus einem anderen Grund – die »Unbekümmertheit und angespannte Arbeit«[57], die er an ihm beobachten kann, erscheinen dem Kaufmann als zweiter denkbarer Lebensentwurf: (Selbst-)Disziplin, selbstgewollte Isolation und daraus folgende Autarkie.

Gegen Ende des Textes gibt es Hinweise darauf, dass Schinnagl ähnliche Begierden wie Jan verspürt, allerdings – im Gegensatz zu Herzka – gelernt hat, mit diesen Vorlieben umzugehen, ohne dadurch seine

---

(Um-)Welt und das Gefühl des Mit-sich-identisch-Seins (vgl. Wünsch: Das Modell der »Wiedergeburt« zu »neuem Leben«). Trotz der durch die ungewohnte Erfahrung ausgelösten Verwirrung empfindet Herzka nun auch die Möglichkeit eines neuartigen, selbstbestimmten und intensiven Lebens – im Gegensatz zur gesittet agierenden Gesellschaft.

55 Doderer: Die Bresche. S. 142.
56 Ebd. S. 143.
57 Ebd.

Identität aufs Spiel zu setzen. Bei einem Brand in Schinnagls Haus, der an jenem Abend ausgebrochen war, als Herzka den Hausherren bewundernd durch das Fenster beobachtete, sind laut Zeitungsartikel nicht nur »drei frühgotische Meßbücher [...] mit herrlichen Miniaturen«, sondern auch »Heiligenlegenden aus späterer Zeit, illustrierte Martyrologien«[58] zerstört worden. Da von Schinnagls »Bücherlieblinge[n]« die Rede ist, zu deren »ungestörten Genuß« er sich »eine Art Lesezimmer«[59] hatte einrichten lassen, liegt der Gedanke nahe, dass der Hausherr sich der Bücher als Anregungsmaterial hatte bedienen wollen.

Der Kaufmann bewundert Sophus Schinnagl, der in seiner Vision auf einer freien, nicht durch Wände beschränkten, Plattform arbeitet, jedoch keine Furcht davor haben muss, sich zu verlieren: »Sophus hält eben aus eigener Kraft alles auseinander!«[60] Nachdem die gesellschaftlichen Konventionen und antrainierte Rücksicht auf andere Herzka keinen Schutz vor dem drohenden Verlust des Selbst und dem Rückfall in atavistische Verhaltensmuster boten, muss es Jan gelingen, sich selbst zu begrenzen, »Wände um sich [zu] ziehen«.[61]

Da Jan Herzka – im Gegensatz zu Schinnagl – nicht in sich selbst ruht, fürchtet er sich vor der Auflösung, der Auslöschung. In der Szene, in der er die Güllich wie im Wahn schlägt, fühlt Herzka sich wie von einer Flut hinweggefegt, von einem Feuer verschlungen, als rational handelndes und entscheidendes Subjekt zumindest zeitweilig entmachtet. Die Stützen, die Herkunft, Beruf, geregelter Tagesablauf versprachen, sind verloren. Im Traum übersetzt Herzka seine Furcht sich zu verlieren, in eine Reihe von Bildern: Die »dünnen, hellen Röhren«, in denen Herzkas symbolträchtige »weiße, gerade Linie«[62] – das geordnete, strukturierte Leben – dahinfloss, sind zerbrochen; die Wände seines Büros bersten, hinter ihnen ist nur Finsternis. »Jan ist schon weit, weit – er löst sich ganz auf, verteilt sich, ist überall.«[63] Herzka kann zwar fliegen, sich den Winden anpassen, doch die drohende Auflösung macht ihm »Angst, wie vor dem Sterben; so weit will er sich doch nicht vertei-

---

58   Ebd. S. 201.
59   Ebd.
60   Ebd. S. 162.
61   Ebd.
62   Ebd. S. 158.
63   Ebd. S. 160.

len…«⁶⁴ Jan fürchtet, in sein altes Leben nicht mehr hineinzupassen, aus ihm herausgewachsen zu sein⁶⁵, möchte und kann allerdings auch nicht gänzlich frei von einschränkenden, gleichzeitig aber auch Halt und Orientierung bietenden Vorstellungen leben.

Zwei Anteile von Herzkas Traum sind besonders bemerkenswert: Zum einen weisen auch die dort auftretenden Symbole deutlich darauf hin, dass Jan sich exkulpiert. Erneut ist von einem Riesenpendel die Rede, das hin- und her schwingt und an das Jan sich letztlich nur klammern kann, ohne auf die Bewegung Einfluss nehmen zu können, von einem »dunkle[n], schwere[n] Rücken«, der ihn empor trägt. In der Vision ist Magdalena sogar die Aggressorin – sie ist es, die ihm die schützenden Wände »durchgebrannt hat«.⁶⁶

Zum anderen spielt der Dom zum zweiten Mal eine große Rolle in Herzkas Angstträumen. Bereits kurz nach dem Verlassen des Hotelzimmers hatte sich der Kaufmann von der Kirche verfolgt gefühlt⁶⁷, in seiner zweiten Vision »marschiert der Dom. Hochleuchtend, den Fuß in Nacht, die emporstürmenden Spitzen in gleißendem Sonnengold, mit stampfenden Türmen kommt er: stärkste Hilfe, furchtbarste Drohung für den Versagenden, rasende, bedingungslose Forderung –«.⁶⁸ Ist im weiteren Verlauf der Novelle nicht von Religion oder kirchlichen Moralvorstellungen die Rede, so belegt doch die Tatsache, dass Herzka in der Stunde der Not ausgerechnet ein Kirchengebäude imaginiert, das ihn verfolgt, dass Jan tief im christlichen Wertesystem verwurzelt ist – dieses jedoch auch ambivalent als Hilfsangebot und Strafdrohung versteht.

Daneben ist auch die topologische Zuschreibung von Licht und Dunkel aufschlussreich, die Herzka in einem späteren Abschnitt nochmals betont.⁶⁹ Die Höhen des Doms – Kopf, Ratio? – sind sonnenbeschienen, der niedere Körper dagegen liegt noch im Dunkeln. Der

---

64　Ebd.
65　»Und die zarte, zerbrechliche Röhrenleitung, in der es früher so glatt dahinging, die ist weit weg, hoch über seinem Kopf, da kommt er ja sein Lebtag nicht mehr hinein, sie ist zu eng, darin hat er ja gar keinen Platz mehr!« (Ebd. S. 161)
66　Ebd. S. 162.
67　Vgl. ebd. S. 138.
68　Ebd. S. 163.
69　»Auf den höchsten Spitzen der himmelsstürmenden Turmkaskaden gleißt die Sonne: ist es Zeichen und Verheißung des Sieges?« (Ebd.)

unbedingte Appell des Doms läge dann wohl auch darin, sich sozusagen zum Licht, das gemeinhin für aufgeklärtes, rationales, moralisches Verhalten steht, zu ›erheben‹, dem Körper die Herrschaft des Geistes aufzuzwingen.

Der Russe Slobedeff, den Herzka nach einer ziellosen Fahrt in einem Lastzug kennenlernt, fasst Jans Erlebnisse in ähnliche Kategorien wie der Kaufmann selbst, lädt sie aber durch seine Reife und seine Autorität als Künstler mit Bedeutung auf, legitimiert die Schlussfolgerungen Jans. Wenn dieser verzweifelt ausstößt: »Ich bin nicht mehr«[70], antwortet ihm der Russe: »Ich glaube: Sie *waren* nicht. Und ich glaube[,] daß Sie *noch nicht* sind.«[71] Wenn Jan »von den Gewalten erzählte, die sich über ihn entladen hatten, davon erzählte, wie von einer fremden, furchtbaren Woge, die nicht *aus* ihm, sondern wie von außerhalb gekommen war«[72], greift der Russe auch diese Erklärung auf: die »schützende Wand«, die der Erziehung zur »Pflichterfüllung«[73] geschuldet und um Herzka errichtet worden sei, »wurde [!] [...] an einer Stelle durchbrochen, zerschlagen –«.[74]

Nicht Herzka selbst trägt also die ›Schuld‹ an seiner Verfehlung, sondern die »Bresche«[75] entsteht von außen. Erst später, nachdem Slobedeff Herzka eine Möglichkeit eröffnet hat, aus der geschlagenen Wunde Gewinn zu ziehen, indem er diese als Chance ansieht, die ausgetretenen Pfade zu verlassen und selbstbestimmt und *sich selbst bewusst* zu leben – eine Haltung, die Slobedeff im Übrigen eindeutig männlich konnotiert[76] – relativiert der Russe: Der Impuls zur Tat sei von außen gekommen, Herzkas Blut habe allerdings von innen geantwortet.[77] Die Aufgabe des Kaufmanns besteht nun darin, sich selbst zu disziplinieren,

---

70 Ebd. S. 181.
71 Ebd. S. 183.
72 Ebd. S. 180 f.
73 Ebd. S. 184.
74 Ebd. S. 185.
75 Ebd.
76 »Ich sagte: Sie werden über sich herrschen ... | Und man nennt dies auch ›ein Mann‹ sein ...« (Ebd. S. 187) – Wie in der Novelle Männlichkeit und Weiblichkeit konnotiert und bewertet werden, wird in Kapitel 3.6.4 dieser Arbeit genauer analysiert werden.
77 Vgl. Doderer: Die Bresche. S. 187.

die »Übergewalt des Blutes«[78] ernstzunehmen, diese allerdings auch in selbstgesetzten Grenzen zu halten.

Auffallend ist die einzige Zwischenfrage, die Slobedeff Herzka während dessen Erzählung seiner Taten stellt: »Ist Ihnen nicht eine gewisse, terminierte Bezeichnung eingefallen, die man für solche Wallungen und Neigungen gemeiniglich zu gebrauchen pflegt?«[79] Herzka verneint, was den Russen zu überraschen scheint: »So unbefangen waren Sie … so rein … […] Denn Sie gingen mit *verbundenen* Augen in die Hölle.«[80] Kenntnis der Bezeichnung – und damit einhergehend Kenntnis der Perversion – wird also zum einen mit Schmutz verbunden, zum anderen jedoch mit der Fähigkeit zu wählen: Während der Unwissende den Weg in die Hölle[81] geblendet und somit das Ziel nicht kennend antritt, hätte der Wissende diesen Gang gar nicht gehen müssen.

Es ist schwierig einzuschätzen, ob dieser Passus eher vor einer allzu genauen Beschäftigung mit den Perversionen (aufgrund der möglichen Kontamination der reinen Seele) warnt oder die Aneignung von Kenntnissen (zur besseren Wappnung und gezielteren Selbstbeobachtung) empfiehlt. Ähnliche Schwierigkeiten formulieren auch Sexualwissenschaftler immer wieder: Auf der einen Seite sollten ihre Schriften nicht als Anregung dienen, die Perversionen sollten nicht als nachahmenswert präsentiert werden, auf der anderen Seite mussten die Sexologen allerdings immer wieder feststellen, dass Patienten in ihren Praxen erschienen, denen gar nicht bewusst war, dass sie Aberrationen nachhingen, die ihre Handlungen ganz im Gegenteil für gewöhnliche Ausdrücke gesunder Sexualität hielten.[82] Die Grenze zwischen gefährlichem Wissen und ebenso gefährlichem Unwissen war also fließend und musste immer wieder neu diskutiert werden.

---

78 Ebd.
79 Ebd. S. 180. – Der Terminus wird im Übrigen nicht genannt: Perversion? Sadismus? Algolagnie?
80 Ebd.
81 Erneut verwendet Doderer religiöse Symbole: Das Nachgeben, das Ausleben des Sadismus wird mit der Hölle gleichgesetzt, ist also offenbar sündhaft.
82 Vor allem Masturbanten schienen immer wieder erstaunt darüber, dass das, was ihnen Vergnügen bereitete, offenbar als krankhafte Neigung galt.

3.6.4 »Welches Rätsel, diese herrlichen Wesen!«[83]: Die Frau als Leidende und sich Hingebende

In Doderers »Bresche« sind die Rollen zwischen Mann und Frau klar verteilt – zwar steht auch Magdalena Güllich im Berufsleben und betreibt selbständig einen kleinen Laden, doch für den Erzähler beschränkt sich ihre Aufgabe dort darauf, »schön und sanften Gesichts hinter dem Ladentisch«[84] zu sitzen. Ebenso wie ihre Familie, ihr genaues Aussehen oder ihre Lebensgeschichte, ist auch ihr beruflicher Hintergrund für den Erzähler zunächst offenbar nebensächlich. Während Herzkas Situation ausführlich geschildert und selbst Slobedeff u. a. als »berühmter Mann«, »russische[r] Tondichter« und »Träger des sonderbaren Beinamens ›Fräulein Sascha‹«[85] vorgestellt wird, erfährt man über Magdalena – neben der Tatsache, dass sie Ladeninhaberin ist – lediglich: »Sie mochte im 28. Jahr sein und war unverheiratet.«[86] Das Innenleben Magdalenas, ihre Gefühlswelt, wird kaum geschildert.[87]

Magda wird als die sich Hingebende, die sich (Ver-)Schenkende beschrieben – zumindest vom Standpunkt des Erzählers aus, der zwar möglicherweise lediglich die Perspektive Herzkas einnimmt, sich jedoch nicht kritisch zu den Folgerungen des Protagonisten äußert und sich nicht von ihnen distanziert. Das schwarze Kleid der Güllich wertet der Erzähler als Hinweis auf ihren Gemütszustand: »Denn, wenngleich ihre Gestalt in dieser schwarzen Verhüllung etwas unbedingt Aufreizendes hatte, so lag über ihr doch ein Schimmer von Unberührbarkeit und Keuschheit.«[88] Magda wirkt offenbar schamhaft und unschuldig – gleichzeitig bemüht sie sich jedoch, so die Auslegung, Herzka zu erregen. Weitere subtile und zu interpretierende Körpersignale zeigen ihm

---

83 Doderer: Die Bresche. S. 198.
84 Ebd. S. 121.
85 Ebd.
86 Ebd.
87 Eva Reichmann stellt – vor allem im Bezug auf »Dämonen« – fest, dass Doderer zwar lange Schilderungen der Körperlichkeit von Frauen liefere, sich aber kaum mit ihrem Innenleben beschäftige, was beinahe voyeuristisch anmute (vgl. Reichmann: Fische und Glasschränke. S. 84).
88 Doderer: Die Bresche. S. 129.

Magdas Unterwerfung an, während Herzka die Rolle des Gebieters und Herrschers ausfüllt.[89]

Beherrschtheit und Kontrolle gelten als besonders männlich[90], Opferfreudigkeit und Selbstlosigkeit im Wortsinne dagegen als besonders weiblich – so heißt es über Herzka, als Slobedeff ihn aufhebt und ihn »quer vor sich auf den Unterarmen zum Diwan« trägt, dass der Komponist Jan so anfasse, »wie man eine Frau auf das Lager trägt, die sich hingibt«.[91] Frauen gelten meist als »Ergänzungsbestimmung zum Mann«[92], sie werden zum Sexualobjekt degradiert[93], es gibt keine gleichberechtigte Partnerschaft.[94] Slobedeff geht davon aus, dass zumindest eine »bestimmte Art« von Frauen[95] als Katalysator für die Entwicklung des Mannes dient, ja dienen muss – ihre Qual »fördert[]«[96] ihn. Der Komponist warnt Herzka dennoch davor, von Magdalena Absolution zu erwarten:

> Hier gibt es keine Verzeihung; hier kann es auf ihrer Seite nur einen Schrecken geben, der unfaßlich und unvergeßbar ist, weil er wie ein Geschoß tief bis in das Innerste drang. Und seine Zerstörung dort bleibt. Auch gibt es hier kein Erklären; jedes Verstandenwerden liegt außerhalb des Möglichen, und dieses Verstandenwerden selbst wäre gegenstandslos: denn das Entsetzen bleibt – und es heißt Jan Herzka.[97]

---

89   Vgl. ebd. S. 129 f. und S. 135. – In Herzkas Traum erweist sich Magdalena schließlich sogar als diejenige, die seine Abwehrmechanismen außer Kraft gesetzt und durch ihre angedeutete Unterwerfung seine Herrschaftsphantasien erst zum Ausbruch gebracht hat (vgl. ebd. S. 162).

90   Slobedeff erklärt Herzka, dass »›ein Mann‹ sein« bedeute, selbstbestimmt zu leben und sich nicht von außen einschränken zu lassen. Gleichzeitig heiße es jedoch auch, nicht auf oktroyierte Regeln angewiesen zu sein, sondern sich selbst zu kontrollieren (ebd. S. 187). – Dementsprechend fühlt Herzka sich nach seinem Angriff auf Magdalena unbegrenzt, offen »wie eine Wunde« (ebd. S. 182).

91   Ebd. S. 173.

92   Reichmann: Fische und Glasschränke. S. 84.

93   Vgl. Mohr: Verhaltensanalytische Studien. S. 77.

94   Vgl. ebd. S. 79.

95   Doderer: Die Bresche. S. 197. – Ein Gegenbeispiel wäre z. B. Adelaida Petrowna, deren beherzter Einsatz für Slobedeff diesen vor einer Einkerkerung im Ural bewahrt hatte (ebd. S. 193 f.). »Eine wahrhaft tapfere, großherzige und entschlossene Frau«, wie der Komponist bemerkt, allerdings bereits »im Alter von fünfundsechzig Jahren« (ebd.).

96   Ebd. S. 198.

97   Ebd. S. 197.

Slobedeff stellt dabei zwar fest, dass Herzka Magdalena im Innersten getroffen und zerschmettert habe, doch geht es ihm lediglich um ihr Seelenleben – von ihrem körperlichen Zustand ist nicht die Rede. Die innere Zerstörung der Güllich wird es Herzka, so der Tondichter, unmöglich machen, Magdalena noch einmal zu treffen – »Du wirst sie nicht wiedersehen«.[98] Eine solche Zusammenkunft wäre allerdings auch sinnlos, da es den Frauen unmöglich ist, den von ihnen angestoßenen Fortschritt, die Ausbildung von Identität und Selbstbewusstsein beim Mann und vor allem den Zusammenhang dieser Entwicklung mit ihrem Leiden zu begreifen.

Die Frauen bleiben dem Mann nach Meinung des Komponisten indes ebenso mysteriös:

> Welches Rätsel, diese herrlichen Wesen! [...] Welche unfaßlich große, stumme Kraft in diesem Leiden, das sie haben ohne zu wissen –
> Nein! Wahrhaftig! Diese brauchen unsere ›Erklärungen‹ nicht. Denn unser ganzer Kopf reicht nicht aus um auch nur an den Rand ihrer Seelen zu gelangen.[99]

Während die Männer rational wirken, ihre Welt – und damit auch die Frauen – gedanklich zu begreifen suchen, sind jene zwar wundervolle Menschen, aber eben vor allem durch ihre Emotionalität, durch ihre unerforschlich großen Seelen bestimmt. Die Macht, die Frauen ihr eigen nennen, erkennen sie nicht – und sie wäre vermutlich nicht einmal bewusst zu machen, da es sich um eine sprachlich offenbar nicht zu erfassende, primitive Kraft handelt. Bei ihnen ist nicht von einer Entwicklung die Rede, wie sie Herzka durchläuft, sie bleiben sich gleich, haben dadurch allerdings auch nie die Gelegenheit, zu eigenverantwortlichen Wesen zu werden – sie sind durch die Kraft bestimmt, die sie durchflutet und die ihnen natürlich zukommt.

Die dem ›Weib‹ zugeschriebene Macht ist es letztlich, die Magdalena – vom Standpunkt des Erzählers aus – sowohl über seine männlichen Figuren, über Herzka, über Slobedeff, über Schinnagl stellt, als sie auch aus dem von ihm zu beschreibenden Weltpanorama entfernt und sie seinen rationalen Überlegungen unzugänglich macht:

---

98 Ebd.
99 Ebd. S. 198.

> Magdalena Güllich:
> Sie ist nicht der hellichte Niemand, durchaus nicht.
> Sie ist viel mehr als alle die Leute, die da:
> Eine Bresche bekommen.
> Gewalttaten begehen.
> [...]
> Jemand auf die Beine helfen.
> Von einer Fürstin gerettet werden.
> Symphonien komponieren.
> [...]
> Große Geschäfte machen.
> Feste geben.
> In die Zeitung kommen.
> Sie ist so viel, so viel mehr ... wir können schon mit ihr nichts mehr anfangen. Sie ist jeder Überlegung weit überlegen.[100]

Magdalenas Schicksal wird dabei als über-individuelles geschildert, sie steht sinnbildlich für all jene Frauen, deren Leiden Männer erhebt, sie selbst allerdings erhaben macht:

> Magdalena Güllich! Wir lieben dich um Deiner großen Leiden willen, die Du in aller Welt hast, von denen Dein Herz voll ist und Deine geöffneten Hände übergehen. Du bist wie Landschaft. Du bist wie gekrönt. Oh! wie bist Du groß, wie sind wir klein und lärmend! –[...]
> Sie ist schön, sie ist sanft, sie ist still. Sie ist selbst wie der große, unerfaßliche Rest, der hinter jedem Ding, jedem Haus, jeder Landschaft steht.[101]

Die Frau erweist sich zwar als sublim und überlegen, gleichzeitig ist sie aber auch »Landschaft«, Natur, »der große, unerfaßliche Rest«: vorbewusst und irrational.

3.6.5 Ästhetisierungsstrategien: Schicksal und Kontext

Der Text nutzt vor allem zwei Strategien, um die Folterungsszene für den Leser konsumierbar zu machen: Zum einen wird der Handlungsverlauf als fast unvermeidlich geschildert, so als habe keine der Figuren anders reagieren können, als sei die Geißelung Magdalenas durch die

---

100 Ebd. S. 204 f.
101 Ebd. S. 205.

Umstände geradezu vorherbestimmt gewesen. Herzka fühlt sich zum Beispiel nach dem Angriff auf seine Partnerin »durchs eigene Blut geschlagen, so überraschend geschlagen, als hätte ihn das Schicksal von außen angesprungen ...«[102] Zum anderen wird Magdalenas Leiden durch den Erzähler sowie durch Herzka und Slobedeff in unterschiedliche Kontexte gestellt, die es als sinnvoll und notwendig erscheinen lassen. Es ist Magdas Aufgabe und Bestimmung als Frau, sich dem Mann hinzugeben und sich für seine Entwicklung zu opfern, was sie allerdings gleichzeitig erhöht und in den Rang einer Märtyrerin, gar einer Heiligen versetzt.

Die Beschreibung des im Passional abgebildeten Stiches weist auf die Darstellung der Geißelung Magdalenas voraus:

> Das aufgeschlagene Kupfer stellte eine entsprechende Szene dar: eine Jungfrau, halb entkleidet, von drei wilddreinblickenden, bärtigen Kriegsknechten mit römischen bebuschten Helmen umgeben (das waren die bösen Heiden) von denen der eine eben dabei war, ihr mit rohem Griff die letzte Hülle herabzustreifen, während der zweite eine Geißel schwang und der dritte sich der Dulderin mit einer erschrecklich geöffneten großen Zange näherte. Das Oberkleid der Heiligen lag am Boden vor ihren bloßen Füßen und daneben noch einige Insignien ihres Martyriums, wie Stricke, Schwerter und Folterwerkzeuge verschiedener Art. Sie selbst hatte den milden Blick in traditioneller Weise zum Himmel erhoben, während sie mit der Rechten das herabgleitende Gewand vor dem Schoß festzuhalten und mit Hilfe des linken Armes und der aufgelösten Haare die entblößte Brust zu verhüllen suchte.[103]

Zunächst einmal wird der Zusammenhang zwischen Gewalt und Erotik geleugnet – die Märtyrerin ist Jungfrau, ihre primären und sekundären Geschlechtsorgane bleiben trotz der Tatsache, dass die Häscher ihr das Kleid vom Leib gerissen haben, bedeckt –, die Verbindung wird durch diese deutliche Absage allerdings auch erst hergestellt und betont: Der Blick des Betrachters Herzka und somit die Phantasie des Lesers wird nicht nur auf die Folterinstrumente, sondern auch auf Schoß und Brust der Abgebildeten gelenkt. Gleichzeitig erträgt die Jungfrau die beginnende Folter ohne einen Hinweis darauf, dass sie Schmerz empfindet: Wie es sich für die Bildgattung schickt, hebt sie ihren Blick duldend

---

102 Ebd. S. 138.
103 Doderer: Die Bresche. S. 125.

gen Himmel – kein Zeichen von Zweifel oder Widerstand. Sie leidet für ihren Glauben, für ihren Gott – dadurch wird ihre Qual sinnvoll; sie ist im Weltenplan aufgehoben. Das Kupfer zeigt zwar eine dynamische Szene – einer der Heiden greift nach der Jungfrau Kleid, einer schwingt die Geißel, der dritte eilt mit einer Zange näher, während die Dulderin selbst versucht, ihre herunterrutschenden Hüllen festzuhalten –, kann diese allerdings lediglich in Erstarrung abbilden. Die im Bild konservierte Kraft wirkt auf den Betrachter – Herzka zeigt sich »befriedigt[]«, er fühlt ein »leise[s] innere[s] Erbeben«.[104] Das Passional ist der Anlass für seine plötzliche Veränderung, für seinen Angriff auf Magdalena.

Der Text exkulpiert den Kaufmann: Immer wieder wird betont, dass Magdalena sich in der Bewunderung Herzkas »badete«, dass sie ihm und seinem Verlangen »entgegenbeb[t]«, dass sie sich ihm freiwillig hingibt.[105] Spricht hier der Erzähler, der vom Leser vermutlich zunächst als objektive Beobachtungs- und Bewertungsinstanz wahrgenommen wird, scheint es fast so, als ob Magdalena die später folgende Geißelung ebenfalls zumindest in Kauf genommen, wenn nicht gar gewünscht habe. Ferner scheint die gesamte Abendunterhaltung schicksalhaft auf die Szene im Hotelzimmer hinauszulaufen – Magdalenas aufreizende und doch keusche Kleidung, die Dressurvorführung der Pferde, die der Dompteur mit Peitschen bändigt, der Name von einer der Stuten, Magdalenas Reaktion auf die Nennung des Namens, ihre Bereitschaft, Herzka zu folgen etc.

Kurz vor der Geißelung Magdalenas wirkt es allerdings so, als könne die Erzählung noch einen anderen Ausgang nehmen:

> Hier und jetzt aber, in *solcher* Stille, erlebte Herzka, schnell wie ein Gedanke blitzt, noch einmal das Letzte, das Äußerste: die weite, hohe, letzte Schwankung bis hinauf, hinüber zum andern Pol seines Wesens, eine Pendelschwingung von atemversetzender Amplitude – jetzt strahlte die Möglichkeit der Überwindung wie weißes Feuer – jetzt aber fuhr das Pendel wieder sausend zurück: in die Nacht.[106]

---

104 Ebd.
105 Ebd. S. 129.
106 Ebd. S. 135.

Nicht Herzka ist es jedoch, der letztlich über sein Leben entscheidet
– es ist das mysteriöse Pendel, das sein Wesen bestimmt, ihn »in die
Nacht« hinausträgt, wo er gleichfalls automatisch, unverantwortlich im
Wortsinn handelt:

> Der Umstand, daß seine linke Hand an den Ausschnitt ihres Kleides kam,
> wirkte nur mehr wie der Druck auf einen Schalter, der den Strom auslöst:
> geradeso, daß seine Rechte ihren Gürtel an der Hüfte berührte – schon war
> der Gedanke da, damit ihre Hände zu binden. Dies, und die Empfindung
> von bloßer Haut und verhüllendem Stoff genügte. Nun völlige Sinnlo-
> sigkeit, alles automatisch, nun breites, einmal begonnenes, nicht mehr zu
> haltendes Ausströmen überstauter, überstarker Begierde, Verwirklichung
> des tollsten Traumes. – Die Seide schrie, als er sie mitten durchfetzte, bis
> auf den Gürtel herab, den er jetzt auch schon blitzschnell löste oder abriß.
> Er warf Magdalena herum, in jedem Griff lag unsinnige Kraft, Härte und
> Rauheit, er hätte jeden Widerstand gebrochen und – wenn es nötig gewe-
> sen wäre – auch die Knochen der Magdalena Güllich. Aber ihr Gesicht,
> das er jetzt im Spiegel sehen konnte, war von erstarrendem Schreck ganz
> tierisch, der Mund zwar ein wenig geöffnet, sie gab indessen keinen Laut
> von sich. Dieser Umstand freute ihn heiß, er beschloß in Ruhe zu verfah-
> ren, seiner Lust gewiß, er hätte mögen jetzt das Passional hier aufgeschla-
> gen auf dem Tisch liegen haben wie ein Koch- oder Rezeptbuch! Er trat
> wieder an sie heran, stieß sie in die Mitte des Zimmers, der Anblick ihrer
> auf den Rücken gefesselten Arme beglückte ihn geradezu! Bald lag das her-
> abgestreifte Oberkleid vor den bloßen Füßen der Heiligen (Jan hatte die
> Strümpfe förmlich abgeschält und sie dabei ganz zerrissen). Jetzt begann
> sie aber ... kurz und schnell: »Jan – Jan – Jan – «. Sie weinte. Er zerstörte
> ihre Frisur, warf den langen, dunkelblonden Strom über ihr Gesicht; band
> dann zum Überfluß ein Handtuch fest um Mund und Nase. Als er seinen
> Leibriemen ablöste, zitterten ihm die Hände wieder heftig. Er schlug, es
> knallte laut, ihm war alles einerlei. –
> Er riß sie endlich wieder an sich; die Wollust ein Donner, ein grollendes
> Feuermeer. – Was dann kam war wie Sterben.[107]

Herzkas Verlangen ist nicht kontrollierbar – zu lange unterdrückt, bricht
es sich Bahn, durchbricht es die Grenzen, die Jan ihm gesetzt hat. Es ist
nicht aufzuhalten, es macht ihn rasend, geradezu wahnsinnig. Tatsächlich nutzt er den offenbar erinnerten Kupferstich wie eine Anweisung,
ahmt das dort Abgebildete nach, reißt das Kleid von Magdalenas Brust,

---

107 Ebd. S. 135 f.

zerzaust ihr Haar, bis es offen über die Brust fällt, entblößt ihre Füße. Damit sie seine Phantasie nicht stört, die Erstarrung nicht überkommt, fesselt und knebelt er sie und zwingt ihr (die ihm ohnehin kaum Widerstand entgegensetzt) somit die duldende Haltung einer Märtyrerin auf – sie wird für Herzka zur Heiligen, denn sie leidet um seinetwillen. Ihr Schmerz erhöht Magdalena, stellt sie weit über Jan, ihr Leiden macht sie zu einem letztlich nicht mehr antastbaren Wesen.

Das Magdalena aufgezwungene Schweigen erleichtert die Lektüre jedoch auch für den Leser von »Die Bresche« – nicht *sie* schreit, sondern lediglich ihr Seidenkleid, sie ist zu keiner intelligiblen Reaktion mehr fähig, stammelt nur noch Herzkas Namen. Ausgemalt wird, was der Kaufmann ihr hätte antun können, allerdings nicht ausgeführt hat – Knochenbrüche, gewaltsames Niederkämpfen potenzieller Abwehr. Nicht Herzka und seine Handlungen wirken animalisch, sondern Magdalena Güllichs verzerrtes Gesicht. Die Schläge auf Magdalenas Rücken werden nicht näher geschildert, die Vergewaltigung metaphorisch durch Gewitter, Feuer und Tod verschlüsselt – drei unaufhaltsame, vom Menschen nicht zu bändigende Gewalten.

Slobedeff dagegen kontextualisiert Magdalenas Qual nicht nur für Herzka und gibt ihrem Leiden dadurch Sinn – was es erschwert, das Verhalten des Kaufmanns als krankhaft wahrzunehmen –, sondern macht ihn auch darauf aufmerksam, dass Jans Handlungen von ihm selbst und nicht (nur) von außen bestimmt wurden: »Ein Buch lag auf einem Ladentisch: das war von außen. Dann flammte ihr [sic] eigenes Blut: das war von innen.«[108] Magdalenas Schmerz gilt jedoch als notwendig, Herzkas Handlung somit als entschuldbar – ja, bereits durch das Leiden selbst entschuldigt[109], das als die zu erbringende Leistung der Frau herausgestellt wird.

Der Komponist selbst wird idealisiert, um so die Rezeption seiner provokanten Thesen für den Leser zu vereinfachen.[110] Er wirkt androgyn, ist sogar beizeiten als Frau aufgetreten, scheint die weibliche Seele also zu verstehen und sie Herzka näher bringen zu wollen. Der Erzähler dagegen weigert sich sogar, Magdalenas Situation rational zu betrachten und erklärt, sie sei jedem (männlichen?) Zugriff entzogen: »Sie ist

---

108 Ebd. S. 187.
109 Vgl. ebd. S. 198.
110 Vgl. Mohr: Verhaltensanalytische Studien. S. 72.

jeder Überlegung weit überlegen.«[111] Weiblicher Schmerz, weibliches Leiden ist nur insofern relevant als es zu männlicher Identitätsfindung beiträgt.

---

111 Doderer: Die Bresche. S. 205.

3.7 Hermann Ungar: »Die Verstümmelten«

Thomas Mann nannte Ungars 1923 erschienenen Roman »Die Verstümmelten« in seinen »Briefen aus Deutschland« »ein fürchterliches Buch, eine Sexualhölle, voll von Schmutz, Verbrechen und tiefster Melancholie, – eine monomanische Verirrung«[1], während Stefan Zweig den Roman »großartig und grauenhaft, anlockend und widerlich, unvergeßbar« fand.[2] Die unterschiedlichen zeitgenössischen Reaktionen lassen sich möglicherweise durch die deutliche Diskrepanz zwischen Form und Inhalt erklären – »der Schrecken wird nicht ausgemalt, nicht durch abstrahierende neuromantische oder expressionistische Arabesken gemildert und erträglich gemacht, sondern ohne Umschweife und mit Genauigkeit als Faktum konstatiert«.[3]

»Der Schrecken« ist in diesem Fall zum einen personifiziert in Klara Porges, der Zimmervermieterin des Protagonisten, die Franz Polzer nicht nur psychisch manipuliert, sondern ihn auch physisch peinigt, was in klaren Worten und ohne Umschweife geschildert wird. Zum anderen schildert der Roman auch die ganze Schrecknis einer depersonalisierten und rationalisierten Umwelt, die den Protagonisten einengt, ihn zum Zwangsneurotiker und es ihm unmöglich macht, ein selbstbestimmtes Leben zu führen.

3.7.1 Angeborene Sexualangst und erworbene Phantasien

Eine hereditäre Belastung kann in Franz Polzers Familie zunächst nicht ausgemacht werden – weder ist die Rede von Geisteskrankheiten noch von einem besonders ausschweifenden Lebensstil der Eltern. Im Gegenteil: Es handelt sich um eine Familie des niederen Bürgertums – der Vater »war ein kleiner Kaufmann in einem Landstädtchen«[4] – mit katholischen Wurzeln und Ambitionen zum gesellschaftlichen Aufstieg.[5]

---

1 Mann: Briefe aus Deutschland. S. 295.
2 Zweig: Die Verstümmelten. S. 1054.
3 Sudhoff: Hermann Ungar. S. 542.
4 Ungar: Die Verstümmelten. S. 18.
5 Der Protagonist schämt sich allerdings seiner – für ihn – niederen Herkunft. Er bemüht sich, alles zu übertünchen und zu verstecken, was an diese erinnern könnte, putzt z. B. seine Schuhe so lange, bis sie Lackschuhen gleichen (vgl. ebd. S. 25), hält seine Wäsche peinlich sauber und tendiert dazu, sich zu förmlich zu kleiden.

Der Sohn verkehrte in Kindertagen mit finanziell bessergestellten Mitgliedern des (jüdischen) Bildungsbürgertums und durfte als Gesellschafter des befreundeten Jungen sogar ein Studium beginnen. Der frühe Tod der Mutter[6] ließ die Familie jedoch beschädigt zurück – der Vater reagiert abweisend auf den Sohn, setzt ihn unter Leistungsdruck, die zugezogene Schwester des Vaters erweist sich dem Jungen gegenüber als abweisend und kalt.

Eine Kindheitserinnerung Polzers gibt darüber hinaus doch noch einen Hinweis auf zumindest mögliche Aberrationen in der Familie: Als Polzer vierzehn Jahre alt ist, glaubt er zu bemerken, dass der Vater sich nachts aus dem Zimmer der Tante schleicht. Zwar wird diese Erinnerung durch den Erzähler, der in diesem Fall Polzers Perspektive einnimmt, gleich doppelt entkräftet – zum einen wird angedeutet, »die leicht erregbare Phantasie der Knaben, die zudem der Haß befruchtete«[7], habe den Vierzehnjährigen getäuscht, zum anderen betont, dass es keine weiteren Anhaltspunkte für eine sexuelle Beziehung von Vater und Tante als die Beobachtungen einer einzigen Nacht gibt[8] –, dennoch wird die Möglichkeit einer inzestuösen Verbindung der beiden eingeräumt.

Von der väterlichen Seite kann eine hereditäre Belastung des Jungen also nicht ausgeschlossen werden. Daneben hatte bereits der jugendliche Polzer »von den Beziehungen zwischen Mann und Frau […] keine andere Vorstellung als von etwas Grauenhaftem und an und für sich Ekelerregendem«[9] – eine Auffassung, die von »Abscheu«[10] vor Frauen und Sexualangst, möglicherweise sogar sexueller Anästhesie im Sinne

---

6 Todeszeitpunkt der Mutter und dessen Ursache bleiben unklar: Zunächst gibt die Erzählinstanz an, die Mutter sei kurz nach der Geburt des Jungen gestorben (vgl. ebd. S. 18), wenige Seiten später jedoch behauptet Polzer, er könne sich daran erinnern, ans Sterbebett der Mutter gebracht worden zu sein (vgl. ebd. S. 22). Ferner erzählt Polzer von Kirchenbesuchen mit der Mutter, bei denen er neben ihr gekniet haben will (vgl. ebd. S. 34), bei denen er also bereits einige Jahre alt gewesen sein muss. – Möglicherweise weisen die unterschiedlichen Angaben auf einen der Textkorrektur Ungars entgangenen Fehler hin – gegebenenfalls handelt es sich allerdings auch um einen weiteren Hinweis darauf, dass den Erinnerungen Polzers nicht in jedem Fall zu trauen ist.
7 Ebd. S. 19.
8 Vgl. ebd. S. 20.
9 Ebd. S. 19.
10 Ebd. S. 27.

Krafft-Ebings, zeugt und (da diese zunächst keine rational erfassbare Ursache zu haben scheint) als angeboren betrachtet werden muss.[11]
Gleichzeitig beeinflusst die – imaginierte oder tatsächliche – Reminiszenz an jene Nacht das weitere Leben Polzers: »Von nun an verfolgten ihn Vorstellungen von wüsten Szenen, die sich nachts zwischen dem Vater und des Vaters Schwester abspielen mußten.«[12] Polzer fühlt sich verantwortlich für diese Phantasien – die für den Protagonisten unbegreiflich bleibende sexuelle Erregung in ihm auslösen – und lässt sich deshalb vom Vater für sie bestrafen:

> Der Vater schlug Franz Polzer oft, und die Tante hielt ihn fest. Wenn Polzer nachts von ihm geträumt hatte, im Traume grenzenlos über seinen Anblick erschrocken, über sein schmutziges Kleid, sein rotes, stumpfes Traumgesicht, hinter dem die Tante stand, daß er ihn quäle und schlage, wollte er am Tage, wenn er ihm begegnen mußte, wieder von ihm geschlagen sein.[13]

Der Erzähler betont dreimal, dass Polzer die ihn so verstörende Szene *im Traum* mehrfach durchlebt, dass sie zum Repertoire seiner triebhaften Phantasien gehört. Es wird deutlich, dass der Fokus des Jungen sich nicht auf den Vater richtet, sondern auf die Tante, die hinter dessen »Traumgesicht« steht und der faktisch die Aufmerksamkeit Polzers gilt. Sie ist eine der ihn prägenden Frauengestalten, sie lehrt den Jungen offenbar, Lust und Schmerz miteinander zu verbinden, ihr Körper gilt Polzer als Modell für alle Frauen, an die Tante erinnern ihn später Frau Porges und Kamilla. Polzer beginnt, die Strafen des Vaters zu provozieren, weil sie seine Lust erst ermöglichen und verlängern[14]: Als der

---

11 Diese Sexualangst geht mit einer Angst vor dem weiblichen Geschlecht einher: »Schon vor dem Schatten der Tante quälte ihn wie vor Frau Porges der entsetzliche Gedanke, daß dieser nackte Körper nicht verschlossen sei. Daß er in grauenvollem Schlitz bodenlos klaffe. Wie offenes Fleisch, wie die Schnittlappen einer zerrissenen Wunde. [...] Er wollte nie den nackten Körper einer Frau berühren. Ihm war, als sei da Unreinheit und widerwärtiger Geruch.« (Ebd. S. 27 f.) – Da dieses Zitat vor allem das Frauenbild im Roman betrifft, wird es in Kapitel 3.7.5 dieser Arbeit eine größere Rolle spielen.
12 Ungar: Die Verstümmelten. S. 20.
13 Ebd.
14 Hier nähert sich Ungars Erklärungsmodell für die masochistischen Neigungen Polzers dem Deleuzes an, das er in seinem mittlerweile kanonischen Essay »Sacher-Masoch und der Masochismus« formuliert hatte: Der Masochist stelle sich

Junge beobachtet, wie sein Vater der Magd an die Brust greift, lässt er einen Teller fallen, damit das Familienoberhaupt ihn schlägt, während die Tante ihn festhält[15] – er inszeniert seine Phantasien bewusst in der Realität.

Die verhängnisvolle Verbindung zwischen sexuellem Verlangen, Schmerz, Demütigung und Vorstellungen von Leid bestand jedoch bereits in Polzers frühster Kindheit: Die Bilder von Märtyrern, die Polzer zusammen mit seiner Mutter betrachtete, hatten seltsame, ihm unbekannte Gefühle in dem Jungen ausgelöst:

> Er kniete neben der Mutter unter den großen dunklen Bildern, von angstvollen Vorstellungen bewegt. Er fürchtete die blutenden Gestalten der Märtyrer und vermochte doch den Blick nicht von ihnen zu wenden. Sie waren halbbekleidet, ihr Fleisch war rot bemalt und ihr Antlitz leidensverzerrt nach oben gewendet. Polzer verließ die Kirche bedrückt von Vorstellungen von Sünden und Martern und geängstet von dem Gedanken, das Heilige verletzt zu haben.[16]

Offenkundig verbindet der Junge bereits in frühester Kindheit Phantasien von Gefolterten mit sexueller Erregung – die Betonung der Tatsache, dass die Gemarterten nicht vollständig bekleidet sind, Polzers Gedanken an Sünde[17] und seine Idee, dass er das Sakrale entweiht haben könnte, weisen darauf hin, dass Polzer nicht nur Angst beim Anblick der Bilder empfindet.[18]

---

zuerst dem Strafvollzug und empfinde dann die Pflicht, »die Lust zu empfinden, welche das Gesetz ihm hätte verbieten sollen« (Deleuze: Sacher-Masoch und der Masochismus. S. 238). Deleuze rekurriert auf Theodor Reiks Annahme, dass die wahre Lust des Masochisten beginne, »nachdem mit dem Vollzug der Strafe die Bedingung geschaffen ist, unter der die Lust erst wirklich wird«. Das Leiden sei nicht die Ursache der masochistischen Lust (ebd. S. 239), sondern die Spannung – die ›suspense‹ –, das unbestimmte Aufschieben der Endlust.

15 Vgl. Ungar: Die Verstümmelten. S. 20.
16 Ebd. S. 34 f.
17 Märtyrer dürften den Jungen nicht an Sünden erinnert haben, denn diese sterben für ihren Glauben, aufgrund ihres religiösen Bekenntnisses, nicht um ihrer Verfehlungen willen.
18 Hier findet sich eine Übereinstimmung mit einigen sexualwissenschaftlichen Werken, in denen die Verbindung zwischen dem Beispiel und Vorbild religiösen Eiferertums und der Neigung zum Masochismus deutlich wird. Eulenburg zum Beispiel leitet die Entwicklung des Masochismus auch über die religiöse Selbstgeißelung her und erwähnt dabei die heilige Elisabeth, die sich von ihrem Beichtvater

Das erste sexuelle Erlebnis des Jungen findet – dieses Motiv aufgreifend – unter dem Kruzifix statt, das in einer dunklen Ecke des Korridors im Elternhaus hängt. Milka, die Magd, der auch der Vater zuweilen an die Brust greifen durfte, bedrängt Polzer, der sich gegen eine Wand drückt und angstvoll zitternd darauf wartet, dass die Frau ihn unterwirft. Allein diese Spannung, der ausgedehnte Augenblick des Wartens, reicht aus, damit der Junge zum Samenerguss kommt, sobald die Magd seinen Penis berührt – woraufhin Milka lacht und »ihm einen Schlag [gibt], daß er taumelte«.[19] Erneut findet sich also der Zusammenhang von Religion, Schmerz und sexueller Erregung, der Polzer sein Leben lang begleiten wird (über seinem Bett hängt ein Bild eines Heiligen, der ihm allerdings lediglich als Bildnis wichtig ist: »Er dachte an das Bild und nie an den Patron«[20]) und den Klara Porges für ihre eigenen Zwecke auszunutzen weiß.[21]

Polzer selbst kennt diese Ängste jedoch ebenfalls und weiß sie zu manipulieren: Er quält sich mit ihnen und genießt diese Pein gleichzeitig.

> Abends las er, trotzdem es seine Erregung verstärkte, die Mordchronik der Zeitung und die Prozeßberichte. Er schnitt diese Berichte aus der Zeitung aus, versah sie mit dem Datum und ordnete sie in seinem Schreibtisch.
>
> Oft auch las er abends in Büchern, die Frau Porges einer Bibliothek entlehnte. Sie enthielten die Darstellungen von Verbrechen und den Abenteuern der Detektive. Er las dies alles aus dem unbestimmten Verlangen, sich die Berechtigung seiner nächtlichen Angst zu beweisen.[22]

---

geißeln ließ (vgl. Eulenburg: Sadismus und Masochismus. S. 73). Ähnlich argumentiert auch Dühren [Iwan Bloch]: Englische Sittengeschichte. S. 217.

19 Ungar: Die Verstümmelten. S. 27.

20 Ebd. S. 35.

21 Carina Lehnen weist darauf hin, dass sich möglicherweise der Einfluss Freuds bemerkbar macht, der die Wichtigkeit von Kindheitserlebnissen für die Sexualentwicklung des Menschen betonte: »Tatsächlich wird Polzer seine unerfüllte homoerotische Liebe zu Karl auf dessen Sohn Franz übertragen, wird Klara Porges die von sado-masochistischen Tendenzen bestimmte Erfahrung mit der Magd Milka wiederholen, und wird sie ihm zugleich in symbolischer Weise die Schwester verkörpern, mit der er die inzestuöse Beziehung des Vaters und der Tante reproduziert.« Klara Porges gilt ihr als ›Verdichtung‹ aller Personen aus Franz' Kindheit (Lehnen: Krüppel, Mörder und Psychopathen. S. 75).

22 Ungar: Die Verstümmelten. S. 35.

Für viele Jahre ist dies die einzige Befriedigung, die der Finanzbeamte zu erlangen vermag. Ein sexuelles Interesse ist dagegen nicht festzustellen – im Gegenteil: Als Karl Fanta Polzer in seiner Jugend zum Verkehr mit Prostituierten zwingt, erbricht sich der Junge.[23] Es ekelt ihn vor dem Körper und dem Geruch der Frau. Seine Liebe gilt offenbar dem Freund selbst, an dessen Freundlichkeit und dessen Küsse er sich noch immer und mit Wehmut zurückerinnert[24], zu dem er allerdings keine Nähe mehr aufzubauen vermag.

Während Polzers Entwicklungsgeschichte – als der des Protagonisten – innerhalb des Romans viel Raum zugestanden wird, enthält der Text kaum Informationen über die Geschichte Klara Porges'. Der Leser erfährt, dass Porges Jüdin ist und dass sie bereits einmal verheiratet war – ansonsten bleibt sie für den Leser, ebenso wie für den Protagonisten, ein Rätsel.

Selbst die Geschichte des Lustmörders Sonntag, der sich – in einem von Ungar gestrichenen Kapitel – als der Mörder Klara Porges' erweist, wird ausführlicher erzählt: Dass er als Junge von fremden Männern mitgenommen und betrunken gemacht wurde, bis er sich vor ihnen aus Geldgier entblößte.[25] Dass er Metzger wurde

> und täglich die Tiere schlachtete […]. Ich tat meine Arbeit, aber in mir lag es, wenn ich so sagen darf, gleich einem dunklen schweren Berg. Ich ging nicht mit den Kameraden. Ich ging einsam. Ich war gewalttätig und man fürchtete mich. Damals versuchte ich es mit dem Trunk. Da wurde ich bei einem Raufhandel verwundet und ich lag lange im Krankenhaus in einer mährischen Stadt. […] Ich hatte die Lippen aufeinandergebissen, die Wunde brannte und ich jammerte nicht. Ich fluchte der Schwester, einer frommen jungen Nonne, die mir die Wunde wusch und verband. Ich sagte in ihrer Gegenwart unflätige Worte. Allein sie kam geduldig immer wieder mit einem Lächeln um den Mund. Ihre Ergebenheit brachte mich auf. Ich wollte sie zornig sehen und ich erdachte mir einen Plan, sie auf das tiefste zu verletzen. Ich wollte am nächsten Morgen, wenn sie kam, die Decke fortstoßen, ihr meine Wollust zeigen und sie höhnisch um Hilfe bitten.

---

23 Vgl. ebd. S. 27.
24 Fanta selbst scheint diese Sehnsucht nicht zu teilen, ja sich an die Zärtlichkeiten der Jugend nicht einmal mehr zu erinnern oder erinnern zu wollen.
25 Vgl. Ungar: Die Verstümmelten. S. 138.

Allein es geschah etwas Schreckliches. Sie kam am Morgen nicht. Sie war in der Nacht auf grauenhafte Weise ermordet worden.[26]

Des Pflegers Geschichte wird – wie die von Musils »Törleß« – an die Grenzen des deutschen Reiches verlagert, in diesem Fall nach Mähren.[27] Sonntag arbeitet dort als Schlachter, tötet Kälber mit Messer oder Beil – zwar handelt es sich bei seiner Tätigkeit nicht um Tierquälerei, dennoch übt der spätere Krankenpfleger Gewalt gegen Tiere aus, was ihm jedoch keine Lust verschafft und ihn nicht befriedigt. Etwas nicht näher Spezifiziertes und Unverständliches bedrückt Sonntag und lässt es nicht zu, dass er sich mit seiner Situation arrangiert. Er bleibt isoliert und beginnt zu trinken – sich also in einen Rausch zu stürzen, dessen Auswirkungen schon dafür gesorgt hatten, dass er sich vor anderen entkleidet und sich ihnen nackt präsentiert hatte.

Sonntags Entwicklung zum Sadisten verläuft stufenweise – vom Töten der Tiere über Alkoholmissbrauch und Aggressionen gegen Menschen zur mit Lust verbundenen Herabwürdigung eines Mitglieds des anderen Geschlechts. Kurz bevor der ehemalige Metzger jedoch den Höhepunkt seiner Macht erleben und die – von ihm vermutlich imaginierte – Erniedrigung der Nonne im Angesicht seiner Erektion auskosten, also die Verbindung zwischen Sexualität und Demütigung festigen kann, kommt die Schwester zu Tode. Die Tatsache, dass sie auf besonders furchtbare Weise getötet worden sein soll, deutet darauf hin, dass ein Lustmord verübt wurde. Das von Sonntag ausgesuchte Opfer seines Begehrens wird folglich zu dem eines anderen Täters, der die Phantasien des Schlachters noch überschreitet.

Nach dem Tod der Nonne liest Sonntag die von ihr überbrachten Bücher der Märtyrer: »Ich las sie nun und ich erkannte, daß es keinen Trost gebe als die Sühne, und daß die Sühne nicht einmal ist, sondern ewig, und daß das der Trost ist, daß man immer von neuem sühnt.«[28]

---

26 Ebd. S. 116.
27 Allerdings spielt auch der Roman selbst in Prag. Obgleich der Name der Stadt nicht genannt wird, kann der Leser Plätze und Straßen wiedererkennen. Da Ungar selbst in Mähren aufgewachsen ist und lange in Prag lebte, kann die Wahl des Handlungsortes selbstverständlich auch der Vertrautheit des Autors mit den jeweiligen Gegebenheiten zugeschrieben werden.
28 Ungar: Die Verstümmelten. S. 117.

Der Sünder findet Hoffnung nur im repetitiven Erleben der Sünde[29], er empfindet Lust am immergleichen Ablauf. Sonntag deutet an, dass auch er seine Erlebnisse wiederholt habe, ja, dass er sogar nach deren Steigerung gestrebt habe. Er besitzt noch immer sein Schlachtermesser und eine Schürze, die durch das Blut des letzten von Sonntag getöteten Kalbes gezeichnet ist. Das Blut auf seiner Kleidung erscheint jedoch zuweilen frisch – und der Pfleger suggeriert, dass er mindestens einen Mord begangen habe:

> Wenn ich mit meinem Messer jemanden ermordet hätte, aus Geldsucht, ein Weib, ich möchte diesen Fall annehmen, würde es mich treiben zu erzählen, wie ich ihr im Schlaf mit der linken Hand die Nase schnell einen Augenblick lang zugehalten habe. Dann hebt sich einen Augenblick lang das Kinn und es spannt sich die Haut über der Kehle. Diese Haut muß gespannt sein, wenn es mit einem Schnitt geschehen soll. Sie ist fett, und leicht bilden sich Fältchen. Dann schneidet man rasch mit der Rechten zu. Es muß gleich geschehen, denn kaum hat das Kinn sich gehoben, fällt es wieder zurück. Das Messer muß fest angesetzt werden, daß es nicht gleite. Man kann mit einem Schnitt den Kopf vom Rumpfe trennen.[30]

Da der Pfleger jedoch davon ausgeht, dass ein Mord nur durch einen weiteren Tötungsakt gesühnt werden kann, kann der Leser davon ausgehen, dass es nicht bei dieser einen, detailliert geschilderten Tat geblieben ist. Vermutlich ist der ehemalige Metzger auch der Mörder von Frau Porges, lässt es jedoch geschickt so aussehen, als habe Franz Polzer sich seiner nächtlichen Qualen entledigt.[31]

---

29 Deleuze beschreibt die Funktion des Sadismus auf ähnliche Weise: »Die Rolle der Wiederholung ist als die Grundfunktion von Sadismus früher aufgewiesen worden: sie erschien im Sadismus als quantitative Häufung und Beschleunigung, im Masochismus qualitativ als Suspension und Erstarrung.« (Deleuze: Sacher-Masoch und der Masochismus. S. 265)

30 Ungar: Die Verstümmelten. S. 139 f.

31 Da am abgetrennten Kopf von Frau Porges der Scheitel noch immer unberührt ist, darf allerdings davon ausgegangen werden, dass Polzer nicht der Mörder seiner Vermieterin ist, da er ansonsten wohl das verhasste Symbol ihrer Weiblichkeit zerstört hätte.

3.7.2 »Feindliche[] Einsamkeit«[32]: Anankastische Rituale zur Sicherstellung von Grenzen

Polzer ist ein Außenseiter ohne familiäre Bindungen. Außer zu Karl Fanta und dessen Familie pflegt der Beamte keine freundschaftlichen Beziehungen, weder zu Kollegen noch zu seiner Vermieterin – er vermeidet es sogar, sich mehr als ein paar Minuten mit ihr im gleichen Zimmer aufzuhalten, obgleich er quasi Tür an Tür mit ihr schläft. Auf dem Weg zur Arbeit bleibt er »achtlos und ungeachtet« unter »den Menschen seiner Tageszeit«.[33]

Der Protagonist arbeitet als Finanzbeamter in einer Bank, wo er einer ihn weder emotional noch intellektuell fordernden Arbeit nachgeht. »Der Nachmittag vergeht gleich dem Vormittag«[34], jeder Tag gleicht dem vorherigen. Der Beruf hat den kleinen Angestellten zerrüttet[35] – er lebt beinahe bewusstlos vor sich hin, geht in der Immergleichheit seiner Beschäftigung auf, die sich darauf beschränkt, Rechnungen zu überprüfen und ihre Richtigkeit durch sein Namenskürzel zu bestätigen: »Alles zerfloß an seiner Tätigkeit.«[36] Franz träumt sogar selten – wenn er Phantasien nachhängt, dann sind es solche, in denen er im Beruf versagt.[37]

Franz' Leben findet in einem eng gesteckten Rahmen statt, den er niemals zu durchbrechen wagt. Nur durch einen organisierten Alltag, über Jahre eingeübte Verhaltensweisen und die rigorose Fixierung auf Ordnung gelingt es ihm, das von außen drohende Chaos fernzuhalten.[38] Für den Bankbeamten verheißt das von ihm aufgestellte Regelwerk Sicherheit und Geborgenheit. Gleichzeitig ist es jedoch seine mangelnde Flexibilität, die Polzer einschränkt und die es ihm unmöglich macht, ein Leben frei von Furcht zu führen. Der Bankbeamte begreift dies

---

32 Ungar: Die Verstümmelten. S. 37.
33 Ebd. S. 17.
34 Ebd. S. 18.
35 Der Erzähler macht diese Vernichtung explizit: Es heißt von Polzer, die Arbeit und die Routine »zerstörten ihn« (ebd. S. 23).
36 Ebd.
37 Vgl. ebd. S. 18.
38 Dieser Zusammenhang ist in der Forschung bereits des Öfteren dargestellt worden. Vgl. z. B. Lehnen: Krüppel, Mörder und Psychopathen. S. 48.

selbst, wenn er nachts seine »feindliche[] Einsamkeit«[39] bedauert und daran denkt, seine Vermieterin darum zu bitten, ihn in ihr Zimmer aufzunehmen.

Jede Abweichung von der erprobten Routine irritiert den Bankbeamten, alles Außergewöhnliche verunsichert ihn zutiefst. Polzer hat sein Leben an Formalitäten und Äußerlichkeiten ausgerichtet – immer wieder fürchtet er, in eine gesellschaftliche Situation zu geraten, deren Regeln er nicht beherrscht.»Die Kritik Ungars richtet sich gegen die gesellschaftliche Unterdrückungshierarchie und ihre Imitation im Mikrokosmos der Familie, die wiederum auf das Gesamt der Gesellschaft zurückschlägt.«[40]

Polzers Furcht davor, sich zu verlieren, sich aufzulösen, geht so weit, dass er es nicht über sich bringt, sich von unbrauchbar gewordenen Dingen, die einst (zu) ihm gehörten, zu trennen, weil er sie anscheinend als Teil des eigenen Wesens betrachtet. Da sich der Bankbeamte über sein Äußeres – Kleidung, Schuhe etc. – definiert, bedeutet jedes verlorene Stück seines »Besitzstand[s]«[41] zugleich ein verlorenes Stück seiner selbst

Das drohende Chaos, das Außen, wird von Polzer auch und vor allem mit dem Wesen der Frau, die als veränderlich, imponderabel und unkontrolliert gilt, identifiziert: »Unbewußt vermutet Polzer, daß das Prinzip des Weiblichen eine seiner Ordnungssucht feindliche Gegen-Welt symbolisiert; deshalb hält er sich von Frauen fern, fürchtet er in ihnen die Repräsentation des Chaos schlechthin.«[42]

Sein organisiertes Leben erscheint Polzer wie ein Haus mit starken Mauern, das allerdings jederzeit einstürzen kann, wenn nur eine einzige Regel verletzt, ein einziger Fehler gemacht wird:

> Die Nacht barg alle Gefahren. […] Etwas hielt sich verborgen, die Verschwörung atmete aus dem Dunkel, Polzer vermochte nichts gegen sie. Der Anschlag gegen ihn knarrte, atmete und lauerte an der Tür. Durch

---

39 Ungar: Die Verstümmelten. S. 37.
40 Sudhoff: Hermann Ungar. S. 546. – Carina Lehnen argumentiert ähnlich: Für sie wird Polzer zum austauschbaren Massenmenschen (vgl. Lehnen: Krüppel, Mörder und Psychopathen. S. 49).
41 Ungar: Die Verstümmelten. S. 36.
42 Lehnen: Krüppel, Mörder und Psychopathen. S. 59.

eine Bresche konnte er hereinbrechen, wenn der erste Stein gelöst war, daß er Fuß fassen konnte.[43]

Die Gefahren, die Polzer außerhalb seiner vermutet, lauern jedoch auch in ihm selbst.[44] Sein sexueller Drang, den der Bankbeamte nur verschoben auslebt, wenn er sich den Morddarstellungen in der Zeitung widmet und sich durch sie erregen lässt, ist nicht dauerhaft zu unterdrücken und bricht sich Bahn. Dass Polzer sein Verlangen metaphorisch nach außen verlagert und es durch seine Vermieterin verkörpert glaubt, zeigt lediglich, wie fremd er seinem Körper und seiner Gefühlswelt geworden ist.

3.7.3 Die »Bresche«[45]: Der sexuelle Drang als Vorbote des Kontrollverlusts

Sexualität gilt in »Die Verstümmelten« immer »als etwas Perverses oder eine Angelegenheit, die nicht in Ordnung ist«[46] – zumindest aus der Sicht Polzers, der der Erzählinstanz als Fokalisierungsfigur dient. Aus der Perspektive des Bankbeamten wird erzählt, sein Wissenshorizont wird nur selten überschritten[47] – und Polzer scheint, da er selbst nicht

---

43 Ungar: Die Verstümmelten. S. 36. – Als Karl Fanta bei Frau Porges einzieht, sieht Polzer jene Bresche in seine kontrollierte Welt geschlagen: »Die Tür war geöffnet.« (Ebd. S. 109)

44 Sudhoff verortet die »Chimären von Sexualität und Gewalt« ebenfalls in Polzers Psychostruktur: »Sie dringen nicht gewaltsam von außen durch eine Bresche des Hauses ein, sondern rumoren von Anfang an unter dem doppelten Boden der krampfhaft geordneten bürgerlichen Existenz« (Sudhoff: Hermann Ungars Prager Roman ›Die Verstümmelten‹. S. 116).

45 Ungar: Die Verstümmelten. S. 36.

46 Klemenz: Hermann Ungar. S. 91.

47 An drei Stellen im Roman wird die konsequente Beschränkung auf Polzers Figur allerdings durchbrochen. Gleich zu Beginn des Textes kommt es zu einer Prolepse, wenn der Erzähler davon spricht, dass Polzers Mutmaßung, der Vater wohne der Tante bei, die »nachteiligsten Folgen auf sein [d. i. Polzers] späteres Leben« haben werde (Ungar: Die Verstümmelten. S. 20). Darüber hinaus werden sowohl die zwischen Dora und Klara Porges stattfindende Diskussion über Liebe und Geld (ebd. S. 80–84) als auch das Gespräch der Bankkollegen über den vermuteten Geldgewinn Polzers (ebd. S. 90 f.) wiedergegeben, obgleich Polzer nicht anwesend ist und darüber keine Kenntnisse haben kann (vgl. auch Sudhoff: Hermann Ungar. S. 536 sowie Lehnen: Krüppel, Mörder und Psychopathen. S. 57). – Geplant war wohl,

in der Lage ist, Verbindungen zu anderen Personen aufzubauen, unfähig zu sein, Anzeichen eines – in den »Verstümmelten« stets rein sexuellen und machtgebundenen, nie auch liebevoll-emotionalen – Verhältnisses[48] wahrzunehmen. Der Bankbeamte bleibt monistisch auf sich selbst zurückgeworfen: Da Polzer selbst seine einsame Befriedigung beim Studium von Prozessberichten und Nachrichten über Verbrechen findet, kommt es ihm gar nicht in den Sinn, dass ein Mensch andere Personen und Körper zu seiner Erregung gebrauchen könnte.

Als Frau Porges während eines Ausflugs mit Polzer die Gruppe mit einem Studenten verlässt und hinter einem Sichtschutz bietenden Gesträuch verschwindet, scheint Polzer nicht zu begreifen, dass die beiden dort ungestört kopuliert haben könnten, sondern glaubt die Ausrede der Zimmerwirtin, die beiden hätten dort Vergissmeinnicht gesucht, macht sie sogar darauf aufmerksam, dass »um diese Jahreszeit Vergißmeinnicht gar nicht zu finden seien«.[49] Ähnlich steht es mit Franz Fantas Besuchen im Hause Polzers, die dieser immer »eben zu der Stunde, die Polzer zu seinem Spaziergang benützte«[50], abhält. Der Leser vermag dies – sofort oder erst im Nachhinein – als ersten Hinweis auf die sexuelle Beziehung zwischen dem Jungen und Frau Porges zu werten, die Polzer erst entdeckt, als Pfleger Sonntag es so einrichtet, dass der Bankbeamte das Paar in flagranti ertappt.

Für den Bankbeamten ist bereits der eigene Leib ein Fremdkörper, den er unsicher zu verbergen trachtet – immer wieder überkommt ihn ein Gefühl der Nacktheit, weshalb er eifrig die Knöpfe seiner Hose

---

    den Text in der Ich-Form zu verfassen – doch Ungar verwarf die Idee, um autobiographische Deutungen auszuschließen (vgl. Sudhoff: Hermann Ungar. S. 263).

48 Nanette Klemenz, die den Roman von einem deutlich christlich-moralischen Standpunkt aus interpretiert, sieht das Sexuelle in »Die Verstümmelten« als »unmenschliche[] Macht, welche den beteiligten Personen die letzte Würde raubt. Eine jede Person wird von dieser niederziehenden Gewalt befleckt. Es bietet sich kaum irgendwo das Bild einer schönen, harmonischen, Seele und Leib verbindenden Liebe.« (Klemenz: Hermann Ungar. S. 248). – Die Feststellung ist tatsächlich – wenn man von der Wertung absieht – nicht von der Hand zu weisen.

49 Ungar: Die Verstümmelten. S. 67.

50 Ebd. S. 129. – Schon beim ersten Besuch Franz Fantas, von dem der Leser erfährt, erscheint der Junge erst mehr als fünfzehn Minuten, nachdem er das Haus betreten hat, bei Polzer, obgleich Fanta gekommen war, um vom Bankbeamten seine Hausaufgaben abzuholen. Den Rest der Zeit verbringt er mit Frau Porges in der Küche (vgl. ebd. S. 63).

kontrolliert[51] – und der ihm bisweilen außer Kontrolle gerät[52]: Auf dem ersten Ausflug mit Frau Porges denkt er darüber nach, dass er sich (sollte er plötzlich austreten müssen) nicht ohne Entschuldigung von seiner Zimmervermieterin entfernen könnte. Fast gleichzeitig mit der aufkommenden Furcht verspürt der Bankbeamte tatsächlich einen Harndrang, der schnell immer stärker und schmerzhafter wird, bis Polzer befürchten muss, »daß sein Wille endlich schwächer sein würde«[53] als die körperliche Selbstkontrolle. Auf dem Heimweg muss er sich letztlich von Frau Porges an einen Ort führen lassen, an dem er gegen eine Wand urinieren kann. Der Bankbeamte empfindet den Verrat seines Körpers als so unziemlich, dass er darüber nachdenkt, die Zimmervermieterin als Kompensation für ihre Herabsetzung mit ›gnädige Frau‹ anzusprechen[54], sich vor ihr zu erniedrigen, immer wieder an die doch für ihn unangenehme Situation zu erinnern und sie somit imaginativ zu verlängern.

Ähnliches geschieht bei einem Besuch in der Wohnung der Fantas: Polzer fällt die Teetasse aus den Händen und auf den Boden, worauf Frau Porges zornig reagiert.[55] Polzers Gedanken dazu, die in erlebter Rede wiedergegeben werden – »Er war das Kind, das das Zimmer verunreinigt hatte«[56]– verbinden, mit ihrer Anspielung auf Exkremente, beide Szenen miteinander. Der Bankbeamte fürchtet einerseits, dass sein Leib sich seiner bewussten Kontrolle entzieht, ihn – auch im Wortsinne – bloßstellen könnte, sucht die für ihn – ebenfalls im Wortsinne – peinliche Konstellation allerdings auf der anderen Seite auch auf, weil er gelernt hat, Lust mit Schmerz zu verbinden, gar Genuss aus der Qual zu ziehen. Ebenso, wie er während des Ausflugs mit Frau

---

51 Vgl. ebd. S. 24 f. – Als er auf einem der Ausflüge mit Frau Porges ein kleines Loch in seiner Hose entdeckt, ist ihm der Makel in seiner Kleidung – ein Ausstellen seiner Armut und seines ihm unheimlichen Körpers – so peinlich, dass er den Rest des Tages damit verbringt, krampfhaft einen Hut vor die beschädigte Stelle zu halten (vgl. ebd. S. 66).
52 Vgl. Fiala-Fürst: Der Beitrag der Prager deutschen Literatur. S. 148: »Das gestörte Verhältnis zum Sex, also zum Körper der Frau, fängt […] beim gestörten Verhältnis zum eigenen Körper an.«
53 Ungar: Die Verstümmelten. S. 33.
54 Vgl. ebd. S. 34.
55 Vgl. ebd. S. 97.
56 Ebd. S. 98.

Porges seine physische Unpässlichkeit imaginiert und dadurch womöglich erst herbeigerufen hatte, erscheint auch sein Missgeschick im Wohnzimmer der Fantas nicht ganz zufällig, denn es unterbricht ein Polzer unangenehmes Gespräch und hindert den Tenor daran, auf die »roten Hände«[57] Polzers zu schauen, die dieser aus Scham zu verbergen trachtet. In beiden Fällen gibt der Text keine konkreten Hinweise darauf, dass der Bankbeamte die jeweilige Situation genießt – seine Lust an der Erniedrigung und der Dominanz von Frau Porges lässt eine solche Auslegung allerdings zumindest wahrscheinlich werden.

Ein drittes Vorkommnis muss in diesem Zusammenhang ebenfalls genannt werden – auch hier setzt sich Polzers Körper (scheinbar?) über seine Selbstkontrolle hinweg: Beim Billardspiel nimmt der Bankbeamte das Queue in die Hand, als ihm plötzlich die Situation bekannt erscheint und er sich erinnert: »Als er zu kreiden begann, war es [d. i. das Queue] gewachsen und schwer geworden, und er hatte das Gleichgewicht verloren.«[58] Da der Holzstock seine Form nicht verändern kann, scheint sich Polzer entweder einen Traum ins Gedächtnis zu rufen[59] – oder seine Erinnerung verdeckt durch Verschiebung[60] ein für den Bankbeamten wiederum peinliches Geschehen, bei dem es sich offenbar um ein Masturbationserlebnis handelt, das Polzer sich einzugestehen fürchtet.

In allen drei Fällen entzieht sich der Körper des Bankbeamten dessen Überwachung, scheint allerdings gleichzeitig – unwillkürlich – eine Art von Ventil für dessen sexuellen Drang zu bieten, indem er für ihn Situationen erschafft, in denen er Scham empfinden muss.[61] Polzer weiß um die Empfindlichkeit seines Körpers und dessen Neigung, ihn zu

---

57 Ebd. S. 97.
58 Ebd. S. 30.
59 Polzer selbst kann nicht sagen, »ob es im Traum gewesen sei« (ebd.).
60 Der Terminus ›Verschiebung‹ wurde von Sigmund Freud geprägt und entstammt somit einem anderen Theoriekonstrukt bzw. Diskurs als dem der Sexualwissenschaft. Dass eine so genannte ›Deckerinnerung‹ – nach Laplanche und Pontalis eine Erinnerung, die eine »Kompromißbildung zwischen verdrängten Elementen und der Abwehr« darstellt (Laplanche/Pontalis: Das Vokabular der Psychoanalyse. S. 113) – in Ungars Text erscheint, zeugt davon, dass der Autor als Kind seiner Zeit selbstverständlich auch Freuds Schriften rezipiert hat.
61 Der Begriff ›Scham‹ ist hier durchaus absichtsvoll gewählt. Scham impliziert, dass derjenige, der sie empfindet, auch eine gewisse Mitschuld an seiner Emotion trägt, d. h. dass er etwas getan hat, wofür er sich schämen muss. ›Peinlichkeit‹ dagegen

verraten. Möglicherweise fürchtet er deshalb jedwede körperliche Nähe zu anderen Personen, weshalb er zum Beispiel auch Frau Porges abwehrend gegenübertritt: »Ihr Blick, mit dem sie ihn in zärtlich-mütterlicher Art zu umfangen suchte, beängstigte ihn. Er hatte etwas unangenehm Näherwollendes, Nahes.«[62] Berührungen, so fürchtet der Bankbeamte anscheinend, könnten physische Veränderungen, Öffnung nach außen[63] und somit weiteren Kontrollverlust nach sich ziehen. Trotz dieser Ängste – oder gerade wegen ihnen? – wird Polzer sich seiner Zimmerwirtin letztlich nicht entziehen (können), sondern sich ihrer Macht beugen.

Dabei gesteht sich der Bankbeamte sein Begehren kaum jemals ein, sondern wehrt jeden Gedanken an ein nach außen gerichtetes Verlangen ab: »Der Sexualtrieb löst das äußere Lebensgerüst Polzers nach und nach auf, der Schein der Ordnung, die ja nie eine war, wird langsam vom Untergrund des Triebhaften eingeholt und überdeckt.«[64] Bei Ungar arbeitet der Trieb somit dem Willen Polzers entgegen, führt zu einer Spaltung des Selbst und wirkt »ausschließlich ich-zersetzend und ich-vernichtend«.[65]

Von der idealen Liebe, die für Polzer zunächst und vor allem eine platonische sein muss, hat der Bankbeamte dagegen eine recht genaue Vorstellung: Sie ist wie die Mutterliebe, wie die Liebe Polzers zu Karl oder Franz – der Gebende fordert nichts, nicht einmal Gegenliebe, er opfert sich auf, erfüllt die Forderungen des Anderen, ohne an sich selbst zu denken: Agape. Als Dora Fanta Polzer gesteht, dass sie ihren Mann nicht geheiratet hätte, wenn sie von seiner Krankheit und deren Folgen gewusst hätte[66], erschrickt Polzer – zumal er selbst sich noch immer an

---

birgt nicht notwendigerweise solche Implikationen (vgl. Roos: Peinlichkeit, Scham und Schuld. S. 270).

62 Ungar: Die Verstümmelten. S. 26. – Polzers Sexualangst ist auch eine Angst vor dem weiblichen Körper, der ihm veränderlich und folglich unheimlich und gefährlich erscheint. Diese Angst prägt auch das Frauenbild des Bankbeamten und somit das des Romans – dies wird in Kapitel 3.7.5 dieser Arbeit noch eine Rolle spielen.

63 Zur Angst Polzers vor der geöffneten Vagina und der ihr vom Bankbeamten zugeschriebenen Fähigkeit, Wunden zuzufügen, siehe Kapitel 3.7.5 dieser Arbeit.

64 Lehnen: Krüppel, Mörder und Psychopathen. S. 59. – Ungars Text behandelt »das Thema des Sexualtriebes, des unkontrollierbaren und destruktiven Einbruchs des Unterbewußten in die wohlgeordnete Realität« (Fiala-Fürst: Der Beitrag der Prager deutschen Literatur. S. 144)

65 Ebd. S. 146.

66 Vgl. Ungar: Die Verstümmelten. S. 62.

die mit dem nun bei lebendigem Leibe verwesenden Karl ausgetauschten Knabenküsse erinnert, zumal er selbst sich dem Willen des damals schönen und einnehmenden jungen Mannes bedingungslos unterworfen hatte. Der vor sich Hinsiechende ist es allerdings auch, der Polzers Vorstellung ›reiner‹ und unkörperlicher Liebe destruiert: »Geh, Knabe Franz, und glaube an die Schönheit! Such dir ein Mädelchen [...], und leg dich in ein Bettchen mit ihr, aber daß es fein sauber überzogen ist. Iß kein weiches Brot vorher, daß du nicht durch Knall und Geruch den lieblichen Zauber bannst!«[67]

3.7.4 Die »Qualen aus vielen Nächten«[68]: Sadismus als Manipulationsinstrument

Ebenso wie sich Polzers Körper gegen ihn richtet und ihn in Situationen geraten lässt, die ihn quälen, die er aber auf der anderen Seite auch zu genießen scheint, sind auch seine nächtlichen Begegnungen mit Frau Porges ambivalent zu werten – auf der einen Seite wird die Zimmerwirtin übergriffig und scheint den Bankbeamten zu vergewaltigen, zugleich lässt er sich aber auch von ihr verführen[69]: Er sehnt sich nach ihren Schlägen, er wünscht sich, bestraft zu werden – als Buße für die angenommenen fleischlichen Sünden seines Vaters und als Bedingung für die eigene Lust.

Als Frau Porges den Bankbeamten das erste Mal in ihr Zimmer zieht, gelingt es ihm nicht, sie zu befriedigen, obwohl er sich darum bemüht. Möglicherweise bleibt er impotent – zumindest deutet Frau Porges' Anmerkung »Vielleicht geht es morgen«[70] darauf hin. Noch nähern sich die äußeren Umstände nicht der spezifischen Situation an, die sich in Polzers Erinnerung eingebrannt und die ihn geprägt hat: Demütigung, psychischer oder physischer Schmerz, der veränderliche Körper der Frau, der an die Tante erinnert, sowie der eigene Körper, der sich dissoziativ gegen den Willen Polzers richtet.

Erst beim zweiten Zusammentreffen der beiden sind die Bedingungen für Polzers Erregung erfüllt: Frau Porges besteht darauf, Polzer

---

67 Ebd. S. 120.
68 Ebd. S. 88.
69 Vgl. Sudhoff: Hermann Ungar. S. 561.
70 Ungar: Die Verstümmelten. S. 48.

sonntags in dessen Stammlokal zu begleiten, wo die beiden auf Kollegen des Bankbeamten treffen, deren Erscheinen in Polzer das quälende Gefühl sozialer Herabsetzung auslöst, ihn verstört und beschämt. Zurück im Haus der Witwe, »legte Frau Porges das Kleid ab. Dann trat sie bei Polzer ein. Sie trug eine Bluse, die lose über die Taille herabhing wie Milkas Bluse.«[71] Nachdem somit die Bühne für die Phantasien des Bankbeamten bereitet ist und die Zimmerwirtin durch ihre Kleidung an das Dienstmädchen aus Polzers Jugend erinnert, bemerkt er zum ersten Mal, dass seine Vermieterin nicht nur als Funktion existiert, nicht nur als für ihn sorgende asexuelle Ersatzmutter, als die er sie mit Mühe imaginiert hatte[72], sondern tatsächlich einen (ihn erregenden) Körper besitzt[73]: »Ihre Brüste hingen herab.«[74] Ein amorpher Körper, der Polzer aufgrund seiner Veränderlichkeit, seiner mangelnden Festigkeit ängstigt – auch dies allerdings Voraussetzung für seine Lust: »Ihre Brüste unter der losen Bluse berührten schon seinen Leib. Er hob die Hände, sie abzuwehren, aber die Finger griffen fest in diese schwere Masse von Fleisch.«[75] Die Vermieterin nähert sich ihm an, sie bedrängt ihn, so wie Milka es getan hatte, nimmt den Bankbeamten somit aus der Verantwortung – und obgleich dieser sich bewusst bemüht, sich der Berührung zu entziehen, greifen seine Finger, Polzers Willen negierend, nach Frau Porges' Leib. Und tatsächlich: »An diesem Abend vermochte er es.«[76] Die Szenerie ist allerdings noch immer nicht komplett: In dieser Nacht überkommt Polzer, vermutlich im Zusammenhang mit dem gelungenen Verkehr und der gewonnenen Befriedigung, das erste Mal ein für ihn furchtbarer Gedanke: »Der weiße Strich ihres Scheitels schimmerte bleich. Ihr Leib war, als wenn er weich wäre und dunkel. Er suchte nach diesem Leib. Und plötzlich erinnerte er sich, daß es

---

71 Ebd. S. 49.
72 Zu Beginn des Romans hatte Polzer zugegeben, dass er sich von Frau Porges angezogen fühlte: »Dazu kam, daß sich ihm unbegreiflich bei ihrem Anblick sogleich die Vorstellung ihres unbekleideten Körpers aufdrängte.« (Ebd. S. 27) Aus diesem Grund hatte Polzer vermieden, sich Frau Porges zu nähern.
73 In der vorherigen Szene ist vom Leib der Frau keine Rede, obwohl Polzer Frau Porges »im Hemd« sieht (ebd. S. 47).
74 Ebd. S. 50.
75 Ebd.
76 Ebd.

der Leib seiner Schwester sei.«[77] Der Körper von Frau Porges erscheint – und es ist dem Erzähler, der sich durch seine Formulierung von dem Eindruck distanziert, bewusst, dass es lediglich so *wirkt* – gestaltlos und fremd.[78] Ihr Leib erinnert folglich an den Schatten der Tante Polzers, den der Bankbeamte in jener Nacht, in der er einen Inzest in der Familie zu vermuten begann, gesehen hatte, ebenso wie der Scheitel der Vermieterin an den der Verwandten gemahnt – und darüber hinaus an das weibliche Genital.[79] Im gleichen Maße, wie Frau Porges sich imaginär in die Tante verwandelt, nimmt Polzer die Rolle seines Vaters ein. Er lädt sich in seiner Vorstellung durch den Geschlechtsverkehr Schuld auf, die er durch den (für ihn mit Grauen und Ekel behafteten) Koitus gleichzeitig zu büßen sucht. Polzer schafft für sich die Bedingungen, um den Beischlaf genießen zu können, die Strafe für die folgende Befriedigung.

Frau Porges scheint diese Zusammenhänge zu ahnen[80], denn sie setzt Polzer immer wieder und weiter unter Druck. Sie wartet vor dem Bankgebäude auf ihn und droht ihm, als er sich ihrer Nähe widersetzt: »Wie

---

77 Ebd.
78 Frau Porges wird immer wieder mit den gleichen Attributen belegt, als ›weich‹ und ›dunkel‹ beschrieben. Hinzu kommt noch ein weiteres Merkmal, nämlich Feuchtigkeit: »Polzer wollte ihr weiches Witwenfleisch nicht, das sich feucht anfühlte und mit dunklem Flaum bedeckt war.« (Ebd. S. 89) – Somit rekurriert Ungar auf ältere Vorstellungen von Weiblichkeit, die auf den Theorien Galens aufbauen, aber auch noch im 17. und 18. Jahrhundert virulent waren, wonach der Mann mehrheitlich von ›trockenem‹, die Frau jedoch von ›feuchtem Temperament‹ bestimmt werde (vgl. Eder: Kultur der Begierde. S. 135 f.).
79 Mehr zu der Gleichsetzung von Scheitel und Genital in Kapitel 3.7.5 dieser Arbeit.
80 Die Frauen in »Die Verstümmelten« teilen ein geheimnisvolles Wissen über die Welt und die psychische Struktur ihrer männlichen Bekannten, dessen Ursprung nicht erklärt wird. Darüber hinaus sind sie auf rätselhafte Weise miteinander verbunden – sie verstehen sich, ohne einander zu kennen, treffen sich, ohne dass ihre Partner davon erfahren und teilen ihre Liebhaber. Sie scheinen ein molluskenartiges Netzwerk zu bilden, das die Lebenswelt des Protagonisten durchzieht und dem er nicht entkommen kann. – Vgl. Lehnen: Krüppel, Mörder und Psychopathen. S. 73: »Der Frau, ja im Grunde der Sexualität überhaupt, wird hier die Rolle des Mediums zugewiesen, über das alle anderen Figuren untrennbar miteinander verbunden sind. Indem die Porges mit allen schläft und zugleich von allen Geld nimmt, schafft sie untergründige, heimliche Verbindungen zwischen den Personen und damit die paradoxe Illusion einer Zusammengehörigkeit, durch die die eigentlichen, uneingestandenen Sehnsüchte sublimiert werden.«

ein Schuljunge bist du, wie ein Schuljunge! [...] Man sollte dich vielleicht prügeln wie einen Jungen [...] Damit du gehorchst.«[81] An diesem Abend schließt sich Polzer in sein Zimmer ein, öffnet jedoch, als Frau Porges es ihm befiehlt. Da sie anscheinend weiß, welche Phantasien den Bankbeamten antreiben, erfüllt sie seine Wünsche umgehend, um ihn noch mehr von sich abhängig zu machen und ihn zu manipulieren.[82] Die Vermieterin prügelt ihn tatsächlich:

> Er deckte die dünnen Arme vor den Leib, die eingefallene Brust und den vortretenden, schlaffen Bauch zu bergen. Er schämte sich, diesen Leib zu entblößen.
> Er bewegte sich nicht und hielt die Augen halb geschlossen. Er wartete.
> [...]
> Klara Porges hatte den Riemen gehoben und schlug. Sie schlug mit dem Ende, an dem die Schnalle war. Er hob schützend die dünnen Arme. Sie stieß ihn auf das Bett, daß sein Rücken nach oben lag.[83]

Polzer besitzt – im Kontrast zu Frau Porges – keine Sicherheit im Umgang mit dem eigenen Körper, dessen er sich schämt und den er nicht nackt zeigen will, weil er ihm minderwertig und hässlich erscheint. Während die Zimmervermieterin später sogar ohne Scheu zugeben kann, dass sie sich vor Karl Fanta entblößt[84], hat Polzer ein gestörtes Verhältnis zu seinem Leib – jeder einzelne Teil, von den roten, abgearbeiteten Händen über Arme, Brust und Bauch, muss verhüllt und somit versteckt werden. Seine sporadisch auftretende Impotenz, die von Frau Porges spöttisch kommentiert wird – »Dazu hast du mich nun geweckt?«[85] –, trägt vermutlich zu seinem mangelnden Selbstbewusstsein bei und ist gleichzeitig ein weiteres Anzeichen für sexuale Anästhesie

---

81 Ungar: Die Verstümmelten. S. 53.
82 »Bei Ungar handelt es sich bei der Manipulation im Grunde genommen um einen Zusammenstoß des Stärkeren und des Schwächeren, des Raffinierten und des Naiven. Der Stärkere (bzw. Raffinierte) zwingt dem Schwächeren (Naiven) seinen Willen auf.« (Maidl: Das Thema der Manipulation. S. 38)
83 Ungar: Die Verstümmelten. S. 54.
84 Vgl. ebd. S. 118. Frau Porges erklärt Polzer lächelnd, dass Karl Fanta ihnen gern Dora nackt vorführen wolle und fügt dann hinzu: »Warum schämt sie sich vor ihm? Ich schäme mich nicht vor ihm.«
85 Ebd. S. 48.

oder Parästhesie. Polzers Passivität lässt ihn effeminiert erscheinen – er bemüht sich nicht aktiv um seine Befriedigung oder die seiner Partnerin, sondern lässt die Szene geschehen und Frau Porges agieren.

Zunächst liegt Frau Porges auch offenbar nicht daran, Polzer in Erregung zu versetzen – sie vergrößert lediglich seinen Schmerz und widmet sich dabei seinem Rücken, ohne überhaupt auf seine Geschlechtsorgane zu achten. Als sie sich ihm zuwendet, gelingt es Polzer erneut nicht, sie zu befriedigen. Erst in der Nacht, als sie nach ihm greift, tritt zu seinem Schmerz die Lust.[86] Frau Porges perfektioniert die Demütigung Polzers weiter, nähert sich immer mehr der Ursprungssituation an, die der Bankbeamte in seiner Jugend mit dem Dienstmädchen erlebt hatte:

> Sie lachte lautlos und trat auf ihn zu. Er kannte die Qualen aus vielen Nächten. Sie drückte ihn zu Boden und ergriff ihn. Warum ließ sie ihn nicht und verzieh ihm nicht? Er wollte ihr von dem Gedanken sagen, dem er ausgeliefert war. Oft ließ sie ihn los, der am Boden lag, hieß ihn aufstehen und vor ihren Augen es mit den Händen vollenden. [...] Polzer schloß die Augen. Er hörte ihren befehlenden Zuruf, der die Geschwindigkeit angab, und gehorchte. Manchmal sprang sie auf und umschlang ihn. Sie riß ihn nieder und zwang ihn zu ihrem gequollenen Fleisch.[87]

Der Bankbeamte erwartet von seiner Vermieterin, dass sie ihm seine Erregung, seine Gedanken und seine Phantasievorstellung des Inzests vergibt – ihm erscheint der Geschlechtsverkehr als Buße für seine (imaginierten) Verfehlungen und die Frau als Richterin, die das Strafmaß bestimmt. Die Vermieterin behält in jeder Situation die Kontrolle, sie bestimmt sogar die Masturbationsbewegungen Polzers – mithin die Form einer der einsamsten und selbstbezüglichsten Beschäftigungen eines Menschen –, der sich vor ihr befriedigen muss. Die Tatsache, dass Frau Porges somit selbst keine direkte sexuelle Befriedigung erlangt, sondern höchstens mittelbar durch die Erkenntnis ihrer uneingeschränkten Autorität über Polzer, zeugt vom Konnex von Herrschaft und Sexualität, der in »Die Verstümmelten« deutlich wird.

---

86 »Er wandte den Kopf zur Seite. Er schloß die Augen. Nun war gewiß, was geschehen würde. Er zitterte wie auf der Treppe unter Milkas Händen. | Sie gab ihm einen Stoß und lachte. Er atmete tief. | Er wartete die ganze Nacht, daß sie wieder nach ihm greife. Gegen Morgen griff sie zum zweitenmal nach ihm.« (Ebd. S. 55)
87 Ebd. S. 88.

Der sexuelle Drang erweist sich – trotz Polzers Verweigerung und trotz seines Ekels – als die Kraft, die die Lebenswelt des Bankbeamten durchzieht und ihn und auch jeden anderen bestimmt.[88] Neben Polzer und Frau Porges gibt es noch weitere Paare, die durch sadistische bzw. sadistisch-masochistische Beziehungen aneinander gebunden sind. Der durch seine Krankheit an seine Wohnstatt und seinen Stuhl gefesselte Karl Fanta weist – im Gegensatz zum vermeintlich (?) sexuell anästhetischen Franz Polzer – einen gesteigerten Trieb auf, eine ›Hyperästhesie‹. Selbst als es ihm seine körperliche Schwäche unmöglich macht, sich sexuell zu betätigen, quält Fanta seine Frau und bezahlt Frau Porges dafür, sich vor ihm zu entblößen. »Aus purer Bosheit«, so erzählt Fanta Polzer, wolle er »am Leben bleiben«[89], damit sich Dora nicht von ihm lösen kann. Er nutzt seine körperliche Versehrtheit, um seine Frau zu erniedrigen, zwingt sie dazu, den Geruch seiner Wunden einzuatmen.[90] Immer wieder verlangt er von ihr, sich vor ihm nackt zu zeigen und droht damit, sie auch anderen nackt vorzuführen.[91] Karls Status als Ehemann und der soziale Druck, den Dora auf sich lasten fühlt, machen es ihr unmöglich, sich ohne Gesichtsverlust von ihm zu trennen. Sie fürchtet sogar, einen Pfleger ins Haus zu holen, weil Fanta ihr dies als Lieblosigkeit auslegen könnte und bittet Polzer, Karl auszureden, das Haus zu verlassen: »Ich ertrage diese Schande nicht.«[92]

Letztlich verlässt der Kranke die eheliche Wohnung allerdings dennoch, um sich seiner Frau zu entziehen, da er befürchtet, dass diese versuchen könne, ihn seines Geldes wegen zu ermorden. Zusammen mit dem Pfleger zieht er bei Frau Porges ein – doch auch dort findet er keine Ruhe. Da Fanta selbst lediglich in Begriffen von Geld, Macht und Sexualität denken kann, unterstellt er diese Denkweise auch anderen und fürchtet darum, dass andere sich gegen ihn verschwören könnten, um ihn zu töten und sich sein Vermögen anzueignen.

Tatsächlich verbündet sich Frau Porges offenbar mit Sonntag und intrigiert gegen Karl und Dora Fanta – dabei geht es jedoch zumindest

---

88 Das Netzwerk der Frauen und die vom Sexualtrieb geschaffenen Verbindungen ähneln sich und werden vom Erzähler offenbar eng assoziiert.
89 Ungar: Die Verstümmelten. S. 57.
90 Vgl. ebd. S. 56 f.
91 Vgl. ebd. S. 118.
92 Ebd. S. 61.

dem Pfleger nicht nur um materielle Werte, sondern auch darum, Dora psychische Qual zuzufügen. Sonntag nutzt seine Macht über Dora, die er aufgrund ihrer Affäre mit einem Tenor zu erpressen vermag, um sie dazu zu zwingen, an seinen sogenannten Konventikeln teilzunehmen und sich dort ihm und den anderen Frauen zu unterwerfen. Was genau sich bei diesen Zusammenkünften abspielt, erfährt der Leser nicht. »Sie nennen sie [d. i. Dora] mit den schmutzigsten Namen!«[93], wird der fassungslose Franz Fanta Polzer berichten. »Wir sehen die Krone des Todes und erniedrigen uns voreinander«[94], erklärt Sonntag dunkel. Karl dagegen glaubt, dass die Waffe des ehemaligen Schlachters eine besondere Rolle bei den Konventikeln spiele: »Ich glaube, daß er sie mit dem Messer quält.«[95] Sonntag nutzt die Begegnungen mit den Frauen dazu, sich diese zu unterwerfen und ihre Geheimnisse herauszufinden – auf diese Weise gelingt es ihm, die sexuellen Beziehungen von Dora und Frau Porges auszuforschen. Diese Informationen nutzt er wiederum, um Fanta und Polzer zu manipulieren.

Eine Rückkehr zur gesellschaftlichen Norm findet in »Die Verstümmelten« nicht statt – der Roman endet zum Zeitpunkt der größten Verwirrung und Unsicherheit, direkt nach dem Mord an Frau Porges und bevor eine Ordnungsmacht feststellen kann, wer für den Tötungsakt büßen muss.

Polzers Vorhaben, Frau Porges aufgrund ihrer Schwangerschaft heiraten zu wollen – zu diesem Zeitpunkt nimmt er allerdings noch an, das Kind der Vermieterin sei zweifelsfrei seines und er ihr einziger Sexualpartner –, hätte zwar die verloren gegangene Ordnung wiederherstellen sollen[96], doch die aus den Fugen geratene Welt Polzers scheint durch lediglich der »Sitte«[97] geschuldete und somit entwertete Verbindungen nicht zu retten.

---

93 Ebd. S. 132.
94 Ebd. S. 135.
95 Ebd.
96 Nanette Klemenz geht davon aus, dass dieser Schritt der ›richtige‹ gewesen wäre: »In der Gemeinschaft von Ehe und Familie hätte Polzer wohl die innere Heilung und Geborgenheit erfahren.« (Klemenz: Hermann Ungar. S. 243)
97 Ungar: Die Verstümmelten. S. 133 f.

3.7.5 »Die Schnittlappen einer zerrissenen Wunde«[98]: Die verletzende Frau

In »Die Verstümmelten« scheinen – wie in den meisten analysierten Texten – vor allem zwei deutlich unterschiedene Typen von Frauenfiguren zu existieren: Zum einen die Figuren, die sich vielen Männern – teilweise für Geld, teilweise offenbar aus reinem Vergnügen – anbieten, also dem Bild der promiskuitiven, die aktive sexuelle Rolle einnehmenden Frau entsprechen – ein Typus, bei dem Krafft-Ebing möglicherweise sexuelle Hyperästhesie diagnostiziert hätte –, zum anderen die diesem Typus diametral entgegengesetzte Frau: passiv, sexuell inaktiv, fürsorglich, selbstlos.[99]

Auf den ersten Blick lassen sich die Frauen im Roman recht simpel in diese zwei Gruppen einteilen: Milka, Kamilla und Frau Porges, möglicherweise auch die Tante Polzers, auf der einen, Dora und vor allem Polzers Mutter auf der anderen Seite. Letztere verkörpert für den Bankbeamten das – von jeder anderen unerreichbare – Ideal.[100] Auf den zweiten Blick löst sich diese einfache Zuordnung allerdings auf: Dora hat ein Verhältnis mit dem Tenor, wirkt bei den Konventikeln des Pflegers mit und gibt zu, dass sie ihren Mann in Kenntnis von dessen Krankheit vielleicht nicht geheiratet hätte. Frau Porges, im Mittelteil des Romans beinahe dämonisch wirkend, behütet Polzer zu Beginn des Romans aufopferungsvoll und fürsorglich und wird gegen Ende des Romans auch physisch zur Mutter.

Die Tante, die seine Mutter, so Polzer irrationale Sichtweise, »aus dem Haus gedrängt«[101] habe, und Milka amalgamieren jedoch in der Imagination des Bankbeamten zum Bild der gefährlichen Frau. Beide sind augenscheinlich Verführerinnen des Vaters und somit an die Stelle der idealisierten Mutter getreten, beide schlagen ihn – Milka, nachdem Polzer, von ihr bedrängt, zum Samenerguss gekommen ist, und die

---

98 Ebd. S. 28.
99 Wenige der Frauen in »Die Verstümmelten« werden einnehmend gezeichnet: »Lichtseiten, positive Züge im Frauenbild seines Werkes sind selten«, stellt Nanette Klemenz fest (Klemenz: Hermann Ungar. S. 245).
100 Vgl. auch Lehnen: Krüppel, Mörder und Psychopathen. S. 80: »Die ihn schlagende und vergewaltigende Witwe stellt keine konkurrierende Gefahr für die Mutter dar, die als reines Bild erhalten bleibt.«
101 Ungar: Die Verstümmelten. S. 19.

Tante, wann immer der Junge sie provoziert, weil er glaubt, aufgrund seiner Phantasien, die ihm sie zusammen mit dem Vater zeigen, bestraft werden zu müssen. Beide sind seltsam amorph und dunkel – ihre Schatten bewegen sich beständig, ihre Brüste verändern unter der Bluse ihre Form. Ihre Sexualität ist eine heimliche, verbotene – die Tante verkehrt inzestuös mit dem Vater, Milka lauert Polzer auf der Treppe auf. Der Scheitel der Tante wird für Polzer zum Symbol der sexualisierten Frau, zur Versinnbildlichung des weiblichen Genitals[102] – seine Zurschaustellung verheißt mangelnden Anstand.[103]

Frau Porges trägt eben jenen mit der Tante assoziierten Scheitel – weswegen den Bankbeamten »bei ihrem Anblick sogleich die Vorstellung ihres unbekleideten Körpers«[104] überkommt. Als es tatsächlich zum Verkehr mit ihr kommt, scheint sich für ihn die Phantasie zu erfüllen, die er offenbar seit Jugendtagen hegte – Koitus mit der sexualisierten Verwandten: »Der weiße Strich ihres Scheitels schimmerte bleich. Ihr Leib war, als wenn er weich wäre und dunkel. Er suchte nach diesem Leib. Und plötzlich erinnerte er sich, daß es der Leib seiner Schwester sei.«[105] Der Akt weckt allerdings auch die Erinnerung an die Schuld des Vaters, die dieser mit der inzestuösen Beziehung zur Tante auf sich genommen hatte[106] und die Polzer sühnen zu müssen glaubt: »Sie [d. i. Frau Porges] war häßlich und alles war eine Qual. Aber es mußte alles eine Qual sein und mußte alles häßlich sein.«[107]

Besonders furchterregend erscheint die Frau durch ihre Öffnung nach außen hin: Während Polzer große Anstrengungen darauf verwendet, seine äußere Hülle intakt zu halten – darauf weisen nicht nur seine

---

102 Dass Klara Porges ihr gehortetes Geld ausgerechnet in ihrem Haar versteckt, ist somit ein weiterer Hinweis auf die schicksalhafte Verbindung von Geld und Sexualität im Roman.

103 Carola Lipp macht darauf aufmerksam, dass junge Arbeiterinnen um die Jahrhundertwende 1900 oftmals keinen Hut trugen – eine Entblößung, die das Bürgertum als schamlos empfand, weil die Mädchen mit der fehlenden Kopfbedeckung signalisierten, dass sie – im Wortsinn – ›unbehütet‹, nämlich unverheiratet waren (vgl. Lipp: Die Innenseite der Arbeiterkultur. S. 216).

104 Ungar: Die Verstümmelten. S. 27.

105 Ebd. S. 50.

106 »Zugleich ersehnt und gefürchtet, stürzt ihn die leidenschaftliche Frau in Verzweiflung und Beschämung, verstrickt sie ihn in untilgbare Schuld.« (Sudhoff: Hermann Ungar. S. 153)

107 Ungar: Die Verstümmelten. S. 147.

Bemühungen hin, seine Kleidung vor Schmutz und Beschädigungen zu bewahren, sondern auch seine extreme Angst, sein Besitzstand könnte sich vermindern[108] oder im Haus der Vermieterin könne sich etwas verändern, was zum Hereinbruch von Unvorhergesehenem führen könnte[109] –, stellen die Frauen abscheuliche Abgründe vor:

> Schon vor dem Schatten der Tante quälte ihn wie vor Frau Porges der entsetzliche Gedanke, daß dieser nackte Körper nicht verschlossen sei. Daß er in grauenvollem Schlitz bodenlos klaffe. Wie offenes Fleisch, wie die Schnittlappen einer zerrissenen Wunde. [...] Er wollte nie den nackten Körper einer Frau berühren. Ihm war, als sei da Unreinheit und widerwärtiger Geruch.[110]

Frauen sind nicht nur in verwirrendem Maße physisch veränderlich und erschreckend »unbestimmt«[111] (die herabhängenden Brüste der Tante[112] geben hier ein ebenso gutes Beispiel ab wie die sich unter den Blusen bewegenden Brüste von Milka[113] und Frau Porges[114]), sondern auch aufgerissen: das Geschlecht der Frau spaltet ihre Haut. Bereits der weibliche Säugling weist diese Wunde auf, und so muss Polzer sich sein Kind als missgestaltet und verwundet vorstellen, da es (auch) von Frau Porges abstammt: »Bald wird der Bauch geöffnet sein und das Kind wird vor Polzer liegen, nackt, mit Schlauchgliedern und tiefen Einschnitten im Fleisch an den Gelenken, ein Mädchen mit einem Strich zwischen den Schenkeln.«[115]

---

108 »Der schreckliche Gedanke an Hausdiebstähle verließ ihn nie. Er fürchtete ständig, es könnten Dinge aus seinem Besitz verloren gehen, ohne daß er es bemerke.« (Ebd. S. 36)

109 »Durch eine Bresche konnte er [d. i. ein Anschlag] hereinbrechen, wenn der erste Stein gelöst war, daß er Fuß fassen konnte. Polzers Habseligkeiten waren gezählt, die Jalousieschnüre lagen im rechten Winkel, die Ordnung war noch nicht durchbrochen.« (Ebd. S. 36 f.)

110 Ebd. S. 27 f. – Die Mutter dagegen trägt in Polzers Erinnerung »gelöste[s] Haar« – keinen Scheitel! – und erscheint somit ›geschlossen‹, asexuell und rein (ebd. S. 22).

111 Ebd. S. 27.

112 Vgl. ebd. S. 19.

113 Vgl. ebd. S. 27.

114 »Frau Porges' Bluse hatte sich verschoben. Franz Polzer sah erschrocken im Ausschnitt den Ansatz ihrer Brust sich bewegen.« (Ebd. S. 41) – Ähnliche Formulierungen finden sich ebd. S. 50.

115 Ebd. S. 147.

Die feindliche Welt kann von außen durch die unnütz geöffnete Hülle der Frau dringen – kein Wunder, dass Polzer sich in Gegenwart des ›Weibes‹ von Schmutz und dem zugehörigen Gestank bedrängt sieht. Darüber hinaus säumen zwei »Schnittlappen« – geschnitten, aber wohl auch schneidend – den »grauenvolle[n] Schlitz«, drohen damit jedem, der sich der Vagina der Frau nähert, mit Verletzung und Aufbruch des eigenen Körpers. Die Frau bedeutet – und damit bedient sich Ungar eines alten Topos[116] – Unordnung und Chaos.

Entkommen kann Polzer der sich ihm gefährlich nähernden Frau auch deshalb nicht, weil sie ihm an Körpermasse vielfach überlegen ist[117] – wird der Bankbeamte von Karl Fanta mit einer »Heuschrecke«[118] verglichen, gilt Frau Porges zum Beispiel als »Mutterschwein«.[119] Polzer fühlt sich der Vermieterin körperlich unterlegen und glaubt, »dieser geöffneten, ausladenden, näherkommenden Klara«[120] nicht entgehen zu können.

Die Geschlechterrollen scheinen zwischen Franz Polzer und Frau Porges vertauscht zu sein – zwar kümmert sich die Vermieterin gemäß der ihr gesellschaftlich zugeordneten Funktion um das körperliche Wohl ihres Mieters, kocht, wäscht und putzt für ihn, doch geht ihre Tätigkeit über diese beinahe mütterliche Zuwendung hinaus:

> Frau Porges war bereit, seinen [sic] Gehalt zu Monatsbeginn zu übernehmen und für alles selbst zu sorgen. Sie gab ihm wöchentlich einige Kronen, von denen Polzer das Frühstück im Bureau und den Fahrschein auf der Straßenbahn bezahlen konnte. Selbst neue Kleidungsstücke besorgte nun sie für ihn, ohne daß er in einen Laden eintreten oder darum überhaupt wissen mußte.[121]

Die Vermieterin bestimmt über Polzers Leben, er ist vollständig von ihr abhängig – sogar in finanzieller Hinsicht. Zwar verfügt sie (lediglich) über das von ihm verdiente Gehalt, doch es scheint ihm nicht einmal

---

116 Vgl. Fiala-Fürst: Der Beitrag der Prager deutschen Literatur. S. 150.
117 Vgl. Ungar: Die Verstümmelten. S. 50, wo von Porges' »schwere[r] Masse von Fleisch« die Rede ist.
118 Ebd. S. 96.
119 Ebd. S. 120.
120 Ebd. S. 52.
121 Ebd. S. 26.

klar zu sein, wo sie dieses Geld verwahrt bzw. welche Summen sie nach der Deckung seiner Bedürfnisse zurückhält. Wann und ob sie überhaupt neue Kleidung für ihn erwirbt, weiß der Bankbeamte nicht – er geht lediglich davon aus, dass sie sein Gehalt auch für diese Anschaffungen verwendet. Selbst nicht in der Lage, einen Einkauf zu erledigen, ist er auf ihre Ehrlichkeit und Fürsorge angewiesen. Václav Maidl sieht eine Entwicklung Porges' von der »bescheidene[n], anspruchslose[n], fast servile[n] Frau« zur »unbeschränkte[n] Herrscherin über Polzer«[122], die immer aggressiver werde, je schwächer sein Widerstand gerate. Doch dies ist möglicherweise lediglich die Sichtweise Polzers. Solange er die Annäherungsversuche von Frau Porges nicht wahrnimmt, erscheint sie auch für den Leser servil – sobald sie allerdings Ansprüche an ihn stellt, wirkt sie plötzlich unersättlich. Nachdem Frau Porges Polzer bei einem seiner anankastischen Rituale beobachtet hat – er zählt die Briefbögen in seinem Zimmer –, wirft sie ihm vor, sie für eine Diebin zu halten und droht ihrem Mieter, ihm das Zimmer zu kündigen. Mit dieser Warnung kann sie den Bankbeamten einschüchtern, als einzige Abwehr bleibt ihm, sie zu ignorieren: »Sie ging wieder, und Polzer bemerkte zum ersten Mal, daß in ihren Augen etwas Feindliches, Böses sei.«[123] Ab diesem Zeitpunkt gehört auch Frau Porges zur gefährdenden Umgebung Polzers.

Doch dieser Wandlung von der fürsorglichen ›Mutterfigur‹ zur sexuell aktiven Frau, die ihr Interesse deutlich macht, folgen zwei weitere Veränderungen: Zunächst beginnt Klara, sich zu prostituieren, Geld zu erpressen und den zusammengebrachten Reichtum zu verstecken. Sie bestätigt damit gängige Vorurteile: Zwischen 1700 und 1900 und noch darüber hinaus galten »das Erstreben der männlichen, überlegenen Rolle durch die Frau, die sexuelle Hemmungslosigkeit [...] und die Geldgier« als paradigmatisch für die jüdische Frau, die jüdische Prostituierte als deren Inbegriff.[124] Porges »wächst [...] einerseits als Verkörperung des Sexualtriebes ins Dämonenhafte, andererseits [...] wird ihre Figur radikal verdinglicht: auf ein geldverdienendes Geschlechtsorgan«.[125] Doch auch mit dieser Metamorphose nicht genug: Frau Porges hortet

---

122 Maidl: Das Thema der Manipulation. S. 43.
123 Ungar: Die Verstümmelten. S. 39.
124 Jakubowski: Die Jüdin. S. 196.
125 Fiala-Fürst: Der Beitrag der Prager deutschen Literatur. S. 151.

die Banknoten nicht für sich selbst, sondern für ein Kind, wie sie im Gespräch mit Polzer angibt:

> »Da, da, darum das Geld!« Frau Porges klatschte mit beiden Händen gegen ihren Leib. Sie sah ihn herausfordernd an. Er wandte sich ab.
> »Dafür das Geld,« rief sie erregt. »Dafür! Wer wird dafür sorgen, ha? Wende dich nicht ab, du! Da,« sie ergriff seine Hand, »da, siehst du es nicht: ich bin schwanger von dir!«
> Er sah sie verständnislos an.
> Sie wies auf ihren vorquellenden Leib.
> »Ja, sieh mich an, sieh mich an! Dafür das Geld. Ich bin schwanger, dafür das Geld!«[126]

Dreimal erklärt die Vermieterin, dass sie finanzielle Hilfe für das Ungeborene benötige, dreimal verweist sie auf die körperliche Evidenz ihres Zustands, ihren sich vorwölbenden Leib: Damit hat sie sich in die Mutterfigur (zurück-)verwandelt, die sie zu Beginn des Romans für Polzer vorstellte.[127]

Gleichzeitig beweist sie durch ihre Worte, dass sie Polzer nicht als vollwertigen Mann wahrnimmt, ihm zumindest nicht zutraut, das gemeinsame Kind zu versorgen, weswegen sie selbst in die Rolle der Ernährerin rückt – dies aber auf Kosten ihrer gesellschaftlichen Ehrbarkeit.

3.7.6 Ästhetisierungsstrategien: Präzision und Zurückhaltung

Hermann Ungar weicht in seinem Roman bewusst von der Norm ab, um zu verstören und wach zu rütteln: »Es ging darum, die durch keinerlei Idealität zu verdeckende dunkle und grausame Seite der Welt darzustellen.«[128] Dennoch schockiert der Autor nicht mit überbordenden Schilderungen von Gewalt und Sexualität, sondern bedient sich einer »lakonische[n] Kanzleisprache«, die die Imagination des Lesers anstößt

---

126 Ungar: Die Verstümmelten. S. 127.
127 Für Nanette Klemenz entschuldigt die Tatsache, dass es Frau Porges um ihr Kind gehe, ihre Handlungen zwar nicht, doch zeigt sie sich durch das der Figur zugeschriebene Motiv »versöhnt: Klara ist kein Vampir, nur ein schwacher Mensch« (Klemenz: Hermann Ungar. S. 93).
128 Lehnen: Krüppel, Mörder und Psychopathen. S. 120 f.

und diesen dann mit den selbstproduzierten Bildern zurücklässt.[129] Ungars Stil ist durch Nüchternheit geprägt, bleibt unpersönlich und karg – selbst dort, wo seine Erzählfigur Aufwühlendes und Erschreckendes schildert.

Die Wahrnehmungsfähigkeit des Lesers wird darüber hinaus zweifach beschränkt: Zum einen bedient sich der Erzähler vornehmlich der erlebten Rede. Dadurch wird die Perspektive des Bankbeamten »verabsolutiert«[130], gegenteilige Meinungen und (vermeintlich) ›objektive‹ Einschätzungen ausgeschlossen. Zum anderen erspart der Narrator dem Lesenden zwar nichts, blendet die gewalthaltigen Szenen, die Sexualakte zwischen Polzer und Frau Porges nicht aus, doch protokolliert er lediglich deren Ablauf, ohne Polzers Emotionen zu beschreiben – zuweilen wird der Samenerguss, also das äußere, körperliche Signal von Polzers Befriedigung angesprochen, nicht jedoch dessen Empfindungen beim Verkehr. Ebenso fehlen ornamentale Beschreibungen, die die Darstellung ästhetisieren und abmildern könnten, sowie die Exkulpation der ›Täterin‹ durch nicht von ihr zu verantwortende Umstände. Als Frau Porges – offenbar durch Polzers Reaktion auf ihren Ausspruch: »Man sollte dich vielleicht prügeln wie einen Jungen«[131] – erkennt, auf welche Weise sie den Bankbeamten manipulieren (und möglicherweise befriedigen) kann, initiiert sie aktiv ein sich schließlich beinahe ritualartig abwickelndes Geschehen:

> Sie trat nahe an ihn heran. Er wollte zurückweichen, doch sie ergriff ihn am Handgelenk.
> Auf dem Stuhl lag der Riemen, mit dem er seine Hosen festschnallte. Sie nahm ihn.
> »Ziehe das Hemd aus,« befahl sie.
> Er hielt es mit beiden Händen fest. Sie entriß es ihm.
> »Das Hemd weg!«
> Sie warf das Hemd zu Boden.
> Er deckte die dünnen Arme vor den Leib, die eingefallene Brust und den vortretenden, schlaffen Bauch zu bergen. Er schämte sich, diesen Leib zu entblößen.

---

129 Vgl. Sudhoff: Hermann Ungars Prager Roman ›Die Verstümmelten‹. S. 116.
130 Lehnen: Krüppel, Mörder und Psychopathen. S. 55.
131 Ungar: Die Verstümmelten. S. 53.

> Er bewegte sich nicht und hielt die Augen halb geschlossen. Er wartete.
> Er hörte sie auflachen. Er fuhr bei diesem Lachen zusammen. Dann hörte er den Riemen sausen.
> Klara Porges hatte den Riemen gehoben und schlug. Sie schlug mit dem Ende, an dem die Schnalle war. Er hob schützend die dünnen Arme. Sie stieß ihn auf das Bett, daß sein Rücken nach oben lag.[132]

Aus den beiden Figuren werden über weite Strecken des Textausschnitts unpersönliche Pronomina: ›er‹ verweigert sich ›ihr‹, ›sie‹ drängt sich ›ihm‹ auf. Der Stil ist parataktisch, nur selten finden sich auflockernde Nebensätze. Einzelne Wörter (Riemen, Hemd) werden mehrfach wiederholt, was dem Text zwar den Anschein von Monotonie gibt, aber auch die Wichtigkeit dieser Requisiten betont: Der Vater war ebenfalls im Hemd gewesen, als er die Tante nachts besuchte – doch hatte das Kleidungsstück bei ihm eine »behaarte Brust«[133], Anzeichen der Männlichkeit, verdeckt. Die Brust des Bankbeamten wirkt dagegen schwächlich und eingefallen. Dass Polzer mit seinem eigenen Gürtel geschlagen wird, ist Teil der ihm zukommenden Demütigung.

Die Szene wird durch die Entblößung und die Geißelung Polzers durch Frau Porges bestimmt – die genaueren Umstände sind dabei fast nebensächlich. Folglich werden die Situation und die Handlungen der Personen zwar genau geschildert, nie aber ausgeschmückt: Der Leser erfährt, dass Frau Porges Polzer am Handgelenk fasst, aber nicht, an welchem und mit welcher Festigkeit. Ihm wird mitgeteilt, dass die Vermieterin seinen Gürtel ergreift, dass sie Polzers Hemd wegreißt, nicht aber, wie Riemen und Hemd aussehen.

Der Textausschnitt ist weitgehend frei von Eigenschaftsworten – was die verhältnismäßig adjektivreiche Beschreibung von Polzers Körper umso auffälliger macht. Da »Die Verstümmelten« überwiegend aus der Perspektive des Bankbeamten erzählt wird, ist die Häufung von Attributen an dieser Stelle verräterisch: Der Schmerz, den Frau Porges Polzer zufügt, ist für ihn lediglich sekundär. Primär wirken die Demütigung und Erniedrigung (die Entblößung des verhassten und unter adäquater Kleidung zu versteckenden Körpers) als Aphrodisiakum.

---

132 Ebd. S. 54.
133 Ebd. S. 19.

Dennoch bleibt Polzer zunächst impotent – er »bewegte sich nicht«[134] –, zum einen, weil die Phantasie, dass er seiner Schwester beiwohne, ihn bedrückt, zum anderen aber auch, weil die Bedingungen für einen gelungenen Sexualakt noch nicht vollständig erfüllt sind. Frau Porges stößt den Bankbeamten aus dem Bett und Polzer bleibt auf dem Boden liegen. Er handelt nicht (von ihm geht keine Aktion aus, er bleibt passiv), es wird *an ihm* gehandelt. Sein Zustand ist der des Wartens, der Erwartung: »Er wandte den Kopf zur Seite. Er schloß die Augen. Nun war gewiß, was geschehen würde. Er zitterte wie auf der Treppe unter Milkas Händen. | Sie gab ihm einen Stoß und lachte. Er atmete tief.«[135] Milka hatte ebenfalls gelacht und Polzer einen Schlag versetzt, »als sein Same kam«[136] – der Leser kann also davon ausgehen, dass diese den Bankbeamten prägende Szene hier wiederholt wurde und Polzer *aufgrund* der getreuen Wiederholung, aufgrund des ritualartigen Aufbaus der Szene erneut zum Erguss kommen kann.

Die Aussparung dieses Details trägt allerdings zur Verunsicherung des Lesers bei – nie kann er sicher sein, was ›tatsächlich‹ geschieht und was Polzer und/oder er selbst imaginiert haben. Der Text spielt mit dem Leser, gibt ihm die Möglichkeit, Lücken entweder selbsttätig auszufüllen oder aber diese Zwischenräume bestehen zu lassen, was letztlich ebenfalls zur Konsumierbarkeit des Textes beiträgt.

---

134 Ebd. S. 54.
135 Ebd. S. 55.
136 Ebd. S. 27.

3.8 Zusammenfassung

Die Sexualwissenschaft will vor Perversionen warnen, weil die durch ihre Forschungen aufgezeigte Zunahme an ›Abnormen‹ den Fortbestand und die ›gesunde‹ Weiterentwicklung der Gesellschaft zu gefährden schien. Um jene Bedrohung der Gemeinschaft augenfällig zu machen, mussten die direkten und indirekten Konsequenzen perverser Handlungen detailliert dargestellt werden – im Falle des Sadismus auf der einen Seite psychische und physische Verletzungen, der mögliche Tod eines Geschlagenen, fortwährende Erniedrigung von Täter und Opfer durch Bekanntwerden der Perversion, auf der anderen Seite durch die Vererbung oder erzieherische Einflussnahme weitergegebene perverse Neigungen, Fortpflanzungsstopp und der folgende Niedergang der Gesellschaft.

Dem Literatursystem der Frühen Moderne galt die Perversion dagegen nicht als reine Gefahr, sondern auch als Herausforderung und Chance: Eine Figur, die paraphile Neigungen in sich wahrnimmt, ist dazu aufgerufen, mit diesen umzugehen. Abwehr und Ausschluss der Regungen stellen dabei nur *eine* Reaktionsmöglichkeit dar, das Zulassen der Perversion, also vollkommene Hingabe an die Paraphilie ohne Rücksicht auf die Konsequenzen oder deren Integration in die (sich dadurch notwendigerweise verändernde) Persönlichkeit, eine andere.

Für die Darstellungsform, die viele der analysierten Texte finden, ist aus diesem Grund weniger die Wirkung der perversen sadistischen Akte auf andere, auf Opfer oder Gesellschaft, wichtig, als vielmehr die Konsequenzen für die handelnde Person, die im Fokus der Erzählung steht. Der Diskurs der Literatur wirbt somit tendenziell für die Akzeptanz von Paraphilien – doch gilt diese Toleranz nicht generell, sondern nur für vom Text aus der Masse herausgehobene Individuen.[1] Die sadistische Handlung wird zwar als Übertretung eingestuft, doch diese wird in den meisten Fällen durch den seelischen Wandel einer Figur legitimiert – ganz gleich, ob dieser sich letztlich als Fehl-, als Weiter- oder gar Höherentwicklung herausstellt.

---

1 Vgl. Wünsch: Regeln erotischer Beziehungen. S. 165: »Diese Literatur will im Gegenteil die Erhaltung des Gegners und den Ausnahmeraum für das elitäre Individuum; von der Verletzung, nicht von der Überwindung des traditionellen Modells, bezieht dieses Erotikmodell seinen Reizwert«.

Von den Schriften der Sexualwissenschaftler unterscheiden sich die literarischen Texte vor allem dadurch, dass es ihnen nicht um das Allgemeine geht, sondern um das Spezifische – aus den von ihnen geschilderten Fällen soll keine generelle Lebens- und Verhaltensregel abgeleitet werden: Die Lösung, die die Protagonisten für sich finden, gilt jeweils nur für sie selbst und wäre niemand anderem möglich, da keine andere Persönlichkeit der ihren gleichen kann. Somit sind auch keine Therapiemethoden zu diskutieren oder zu empfehlen, da eine für alle gängige Behandlungsweise nicht zu finden ist. Dennoch entwirft die Literatur »ein elitäres und utopisches Verhaltensmodell« und plädiert damit »unausgesprochen für eine Veränderung der sozialen Praxis«[2] – ein Alternativprogramm, das jedoch erst aus der Analyse der Texte ersichtlich wird: »Die Texte postulieren also nicht theoretisch, eine normative Veränderung sei wünschenswert, sondern sie versuchen, suggestiv zu dieser Annahme zu verführen.«[3]

Die Umgebung der Protagonisten ist durch Regeln und Konventionen geprägt – es gibt deutliche Normen des Denkens, Fühlens und Verhaltens, die von den meisten (Neben-)Figuren eingehalten und von den Hauptfiguren zunächst auch als bindend akzeptiert werden – erst durch die Folie, vor der sich die Abweichung der Protagonisten abhebt, kann die Paraphilie außergewöhnlich und normbrechend wirken. Eine zunehmende Degeneration, wie sie durch die Sexualwissenschaft postuliert wird, ist somit in den literarischen Texten nicht festzustellen und wird nicht einmal angedeutet. Das Schicksal der Protagonisten ist ein individuelles, nur sie betreffendes, das sie jeweils auf eigene Weise bewältigen müssen. Dabei können sie sich auch nicht an Vorbildern aus Historie oder Mythos orientieren – ihr eigener Fall muss einzigartig sein, weil er ansonsten weder erzählenswert wäre noch eine Chance zur individuellen Weiterentwicklung böte, da die Lösungsmöglichkeiten bereits vorgezeichnet wären.

Ebenso wie die Sexualwissenschaftler mehrheitlich davon ausgehen, dass ›der Mann‹ in der Liebesbeziehung aktiv und aggressiv vorgehe, während ›die Frau‹ sich passiv und defensiv verhalte, und ein andersartiges Betragen als abnorm einstufen, diese Dichotomie in den meisten Fällen jedoch nicht konkret artikulieren, so wird das zu erwartende

---

2   Ebd. S. 164.
3   Ebd.

Geschlechterverhalten auch in den literarischen Texten oft nur durch die Übertretung deutlich gemacht: Törleß' ›unmännliches‹ Auftreten wird mit dem raueren Habitus seiner Mitschüler verglichen, Herzkas Entwicklung als eine Entwicklung *zur* Männlichkeit eingestuft. Alma Raunes hemmungslose Sinnlichkeit gilt zwar als typisch weiblich, das Ausleben ihrer Affekte allerdings als Schande. Božena unterläuft durch die Art, wie sie Macht über die Jungen aus dem Konvikt ausübt, nicht nur die geschlechtlichen, sondern – als ehemalige Dienerin – auch die sozialen Herrschaftsstrukturen.

Sobald die Machtverhältnisse zwischen den Geschlechtern allerdings aufgehoben oder gar umgekehrt werden, wird die Übertretung zum Ende des jeweiligen Textes rückgängig gemacht: Johannes tötet Irene und beendet dadurch seine Abhängigkeit von ihr. Törleß nimmt letztlich alle ihn umgebenden Frauen – so zum Beispiel auch seine Mutter – gleichermaßen als Sexualobjekte wahr. Alma Raune und Alraune sterben ebenso wie die Herrscherin über das Val di Scodra, Teresa, während Braun in »Alraune« zu seiner eigenen Mutter, im »Zauberlehrling« zu einer Frau, die Mutter seiner Kinder werden will, ›heimkehrt‹ – Frauen also, die die gängige und akzeptierte Rolle der Gebärenden einnehmen und ihn in die ebenfalls sozial akzeptierte Rolle des Sohnes bzw. Vaters schlüpfen lassen. Frau Porges verwandelt sich zunächst ebenfalls in eine Mutter, wird aber schließlich ermordet.

Die meisten der männlichen Protagonisten gelten zunächst als rational, kontrolliert und von ihrem Intellekt bestimmt. Häufig sind es Künstlernaturen, verfeinerte Seelen, die einen ausgeprägten Hang zur Selbstbeobachtung und -analyse besitzen. Der sexuelle Drang, der sie überkommt, das mit Besitzgier und Gewaltgelüsten verbundene Verlangen, das in den analysierten Texten im sadistischen Akt mündet, erscheint ihnen als mehrfache Bedrohung ihrer Integrität: Das Begehren überwältigt den Verstand, der die physischen Reaktionen nicht kontrollieren kann. Die eigene grobe Lüsternheit und (unter Umständen) das Ergebnis der Schmerzlust – der verwundete Leib des Partners – beleidigen das kultivierte künstlerische Gemüt. Somit arbeiten Ratio und Körper gegeneinander, zeigt sich die Person uneins mit sich selbst, als gespalten.

Die Protagonisten registrieren in ihrer Selbstbezogenheit jede dieser Veränderungen in Physis und Psyche genau. Sie können ihre Gefühle nicht mehr als die eigenen begreifen und werden sich selbst fremd. Um ihre Erlebnisse und Erkenntnisse überhaupt in Worte fassen zu können, müssen sie Analogien finden, die das Geschehen metaphorisch in das Außerkörperliche verlegen. Wenn die Figuren sich eingestünden, dass ihr Begehren Teil des eigenen Ichs ist, müssten sie zugeben, dass ihre Persönlichkeit kein statisches Gebilde, sondern vielfältig, wandelbar und stetig sich wandelnd ist.

Auf der anderen Seite erwecken der sexuelle Drang, der in den analysierten Texten mit einem Hang zum Sadismus einhergeht, und die Veränderungen, die die Protagonisten an sich wahrnehmen, auch die Neugier der Figuren. Der Rausch, den sie empfinden, wenn sie ihren kontrollierenden Geist ausschalten und sich dem Verlangen hingeben, wirkt reizvoll. Bisher durch ihre Egozentrik und Introvertiertheit von der Masse abgegrenzt und einsam, scheint es nun so, als könnten sie nicht nur Gemeinschaft erleben, sondern sich geradezu symbiotisch mit einer anderen Person verbinden. Eine Verschmelzung, die zwar zum Ich-Verlust führen könnte, aber gleichzeitig Geborgenheit und Wärme verspricht.

Die Erkenntnis, dass die Auflösung unmöglich bleibt oder die Furcht, die die Figuren am Ende davon abhält, sich gänzlich hinzugeben, führt dann dazu, dass der Wunsch zu teilen zum Willen zu besitzen mutiert. Der fremde Leib wird zum Objekt degradiert, das zur erneuten Ich-Bestätigung dient, da es eben ein Nicht-Ich, ein Fremdes bedeutet.

Die weiblichen Figuren – sofern der Leser überhaupt etwas über sie erfährt – kennen diese persönlichen Nöte der Protagonisten nicht. Sie ruhen (scheinbar?) in sich selbst und wirken auf die männlichen Figuren zunächst von innen und außen unangreifbar. Es wirkt, als besäßen sie ein instinktives Wissen über die Welt – was die Protagonisten mühsam durch Introspektion, rationale Überlegungen, Experimente u. Ä. herausfinden müssen, erfahren sie offenbar in einer körperlichen Epiphanie. Diese Erkenntnismöglichkeit thematisieren die literarischen Texte allerdings nur implizit, sie wird angedeutet, aber nicht ausgeführt.[4] (Eine Ausnahme bildet dabei Doderers »Die Bresche«, in der

---

4 Martin Lindner weist darauf hin, dass die Geschlechterrollen, die vorher »in erster Linie als konventionale Rollenschemata begriffen worden« waren, mit Beginn der Moderne »wieder ›naturalisiert‹« wurden. Die Frau habe dabei als Vertreterin vitalen Lebens, ihre Psyche als ganzheitliche Struktur, »in der sich Trieb-Sexualität,

›der Frau‹ ausdrücklich eine andere Form der Existenz zugeschrieben wird, die der ›des Mannes‹ übergeordnet ist.)

Bemerkenswerterweise wird auch im Diskurs der Literatur die mit dem Sadismus verbundene Lust kaum beschrieben – selten wird dem Leser bewusst gemacht, dass die Verletzungen, die die Protagonisten ihren Partnern beibringen, nicht Selbstzweck sind, sondern auch ein erotisches Verlangen stillen (sollen). Wenn überhaupt ausdrücklich sexuelle Befriedigung erwähnt wird, dann häufig lediglich in einem Nebensatz, in dem konstatierend von sexueller Erregung, Wollust, Lust oder Brunft die Rede ist – ansonsten ist da Ohnmacht, Schwärze, Schwindel und Todesgefühl.

Während die Sexualwissenschaftler häufig davon ausgehen, dass den Sadisten auch der ästhetische Reiz der von ihm geschaffenen Wunden – die Rötungen der Haut, die Farbe des austretenden Blutes etc. – anziehe, gelten die Verletzungen in der Literatur nicht aus sich selbst heraus als ›schön‹, sondern werden erst durch ihre Einbindung in Sprache, durch Analogiebildungen u. Ä. ästhetisiert.

Seele und Verstand in prästabilisierter Harmonie befinden«, gegolten. Beim Mann dagegen könnten – so die Ansicht der Zeit – sowohl Trieb als auch Rationalität das Gleichgewicht stören (Lindner: Leben in der Krise. S. 84).

3.9 Sprache, Metaphern, Wertesystem

In den analysierten literarischen Texten spielt das Konzept von Normalität und Normativität, das für die Sexualwissenschaft konstituierend ist, keine grundlegende Rolle. Gewichtiger als die Norm ist der Normbruch, bedeutender als das Allgemeine das Spezifische und Individuelle.

3.9.1 Die Familiengeschichte der Protagonisten

Ebenso wie in vielen sexualwissenschaftlichen Werken, so wird auch in der Literatur der Frühen Moderne besonderer Wert darauf gelegt, die Familiengeschichten des Protagonisten bzw. der Protagonistin zu schildern. Zum Teil mag das Erzählkonvention[1], zum Teil dem Wunsch geschuldet sein, die Motive der Figuren zu erläutern, zum Teil jedoch auch dem Versuch, die Perversion als Persönlichkeitspart der Figur begreifbar zu machen, sie nicht als spontan auftretende Sinnesverirrung zu kennzeichnen, sondern als fundamentale, unaufhaltsame Kraft, die das Leben der Figuren bestimmt. Dabei bieten die Schriftsteller zum Teil ähnliche Erklärungsmuster an wie die Sexualwissenschaftler – entweder wird die Perversion vererbt, dann sind bereits die Eltern degeneriert und mit allerlei Gebrechen belastet (z. B. Alraune), oder das Milieu formt den Kranken, dann gibt es zumeist eine Schlüsselszene im Leben der Figuren, die ihr weiteres Dasein prägt (z. B. Johannes). Zuweilen findet sich auch eine Mischung aus beiden Deutungsalternativen. Die hereditär belastete Person wird durch ihre Umgebung negativ beeinflusst, eine leichte nervliche Schwäche, ein körperlicher (zumeist zerebraler) Defekt oder ein Charakterfehler entwickelt sich so – aufgrund mangelnder Selbstkontrolle, Gewöhnung, Nachahmung, falscher Lektüre – zur Perversion (z. B. Metzger Sonntag oder auch Herzka).

Die Erzählerin Adine in Lou Andreas-Salomés 1898 erschienenen Erzählung »Eine Ausschweifung« fasst dies ähnlich, als sie versucht, ihren

---
1 Der Vergangenheit des Protagonisten bzw. der Protagonistin eines literarischen Textes wird gemeinhin vom Erzähler genügend Platz eingeräumt, damit der Leser bzw. die Leserin Verständnis für die Figur entwickeln bzw. sich möglicherweise identifizieren kann. Das Schicksal einer Figur, die dem Lesenden fremd bleibt, wird ihn weniger tangieren als das einer Figur, deren Hintergrund er kennt.

Hang zum Masochismus (der allerdings nicht als solcher benannt wird, obgleich Krafft-Ebing den Begriff bereits 1890 aufgebracht hatte) zu erklären: »Sind es aber nicht tausendfach Zufälle, die unser verborgenstes Leben mit heimlicher Gewalttätigkeit durch das prägen, was sie früh, ganz früh, durch unsre Nerven und durch unsre Träume hindurchzittern lassen?«[2] Eine Frage, die sie allerdings durch die Idee erweitert, dass dieses Nervenzittern, diese Phantasien auch Ergebnis »längst vergangener Jahrhunderte Gewohnheiten«[3] sein könnten, ein atavistischer Rückfall in vergessen geglaubte Denkstrukturen. Als sie als kleines Mädchen auf dem Arm der (slawischen!) Amme miterlebt, wie diese »von ihrem Mann über den Nacken geschlagen wurde, während ihre Augen in verliebter Demut an ihm hingen«[4], und die Freude der Frau wahrnimmt, die aufgrund des Schlags annehmen kann, dass ihr Mann noch starke Gefühle für sie empfindet, lernt sie, Glück und Schmerz miteinander zu verbinden. Implizit deutet Adine jedoch an, dass auch der hereditäre Einfluss ihres Vaters – der »vielleicht wendischen Blutes«[5] gewesen war – ihre Neigung zur Paraphilie ausgelöst haben könnte, sieht also die Perversion, ebenso wie den »dunklen Ton« und die »fast südliche[] Blässe« des Vaters, als erblich an.

Die Paraphilie selbst bildet sich allerdings nicht mehr notwendigerweise in der Physis ab: In »Brunhilde« sind Bennos fehlende Charakterstärke und seine Beeinflussbarkeit noch eindeutig an seinem Äußeren zu erkennen – alles an ihm erscheint anschmiegsam, weich und formbar. Und auch Carlotta wirkt durch ihre Größe und Masse bedrohlich und wird als deutlich sichtbar außerhalb der Norm stehend beschrieben – Warnzeichen und Hinweis auf eine Analogiebildung zwischen ›Geist‹ und Körper(-zeichen). Diese wird allerdings teilweise durch die Schilderung der Kindheit Carlottas und die sie prägenden Erfahrungen, die sich eben nicht in ihrer körperlichen Erscheinung niedergeschlagen haben, wieder aufgehoben. Weit wichtiger als das eindeutige Abbildungsverhältnis zwischen Körper und Seele erscheinen nun die – hochgradig ambivalenten – Signale, die die Figuren durch ihre Garderobe geben können: Carlottas Kleid, das im Gegensatz zu dem Trikot, das der Tier-

---

2 Andreas-Salomé: Eine Ausschweifung. S. 73.
3 Ebd.
4 Ebd. S. 72.
5 Ebd. S. 73.

bändiger für sie ausgesucht hatte, ihre feminine Seite betont, Teresas Mieder, das Frank Braun ihr ungestilltes Verlangen zu signalisieren scheint, der Hut von Frau Porges in »Die Verstümmelten«, der Polzer suggeriert, sie sei eine achtbare Frau, Polzers eigener neuer Anzug, der seine Kollegen glauben macht, dass er eine Erbschaft gemacht und durch seine verbesserten finanziellen Verhältnisse nun mehr Respekt verdient habe usw.

Offenbar verliert die Idee, dass sich psychische in physischer Realität widerspiegeln müsse, zunehmend an Reiz – was möglicherweise daran liegt, dass das Konzept einer vom Körper zunächst autonom gedachten Psyche sich erst durchzusetzen beginnt. Zwar kann sich auch dieses Innenleben in somatischen Reaktionen niederschlagen – man denke beispielsweise an die hysterischen Symptome, die Freud an seinen Patientinnen feststellte und die er vermittels seiner *talking cure*, der Aufarbeitung und des Zur-Sprache-Bringens der Traumata zu heilen versuchte –, doch diese körperlichen Veränderungen sind zum einen einer *Entwicklung* geschuldet (und keiner quasi ab ovo vorhandenen Verbindung), treten zweitens nicht zwingend auf und sind drittens – eben beispielsweise durch medizinische Hilfe oder Therapie – umkehrbar. Lediglich in Ewers »Zauberlehrling« finden sich noch Anklänge an physiognomische Relationen, doch lediglich bei Nebenfiguren, die offenbar auf diese Weise schnell und prägnant für den Leser zu kennzeichnen sind, was auch die Abrufbarkeit des Wissens über den Zusammenhang von körperlichen Merkmalen und charakterlicher Moral beweist.

3.9.2 Personenkonzeption

Laut Michael Titzmann unterscheidet sich das Konzept der ›Person‹ in der deutschen Literatur um 1900 vor allem in drei Aspekten von jenem, das z. B. in Goethezeit oder Realismus gebräuchlich war: Erstens habe sich um die Jahrhundertwende die Vorstellung vom Subjekt ausdifferenziert – auch das in der Person zwar potenziell Angelegte, aber (noch) nicht Realisierte, sowie das Unbewusste und das Non-Personale (die Werte und Normen der Gesellschaft, psychische bzw. biologische Merkmale des Menschen) würden nun als Teile des Individuums wahrgenommen. Zweitens werde die Vorstellung vom Subjekt durch eine zunehmende »Komplexität« gekennzeichnet, d. h. die Teilsysteme innerhalb der Person würden als hierarchisiert wahrgenommen und es werde davon ausgegangen, dass sie untereinander interagierten. Drittens komme es zu einer »Dynamisierung«: Die Person werde nicht mehr als statisch und invariant gedacht, sondern ganz im Gegenteil: Der potenzielle und der tatsächliche Wandel seien konstitutive Merkmale des Konzepts.[6]

In der Literatur der Frühen Moderne sei die Person dazu aufgerufen, sich um Selbsterkenntnis zu bemühen: Entweder glücke es ihr, Selbstbild und »realisierte[] oder potentielle[] Person« zur Übereinstimmung zu bringen, dann sei der von ihr zu durchlaufende Selbstfindungsprozess gelungen – oder sie erkenne, dass die Teilsysteme unvereinbar seien, dann komme es zum Selbstverlust.[7] Dabei sei es wichtig, das »*nicht-soziale Non-Personale* zu akzeptieren und ins Selbst zu integrieren«, d. h. eben jene Merkmale psychischen bzw. biologischen Ursprungs ins eigene Selbstbild einzupassen, und »das *soziale Non-Personale* zu eliminieren: tradierte Werte und Normen sind als ich-dyston aus der Person auszustoßen«.[8]

Wenn gesellschaftliche Konventionen allerdings zunächst als ichfremd abzulehnen oder zumindest auf ihre Tauglichkeit zu überprüfen sind – werden sie gegebenenfalls als zweckmäßig wahrgenommen, können sie (allerdings als ich-dyston akzeptiert) in das Subjekt integriert werden[9] –, ist es nicht verwunderlich, dass das Brechen von Traditionen und die Übertretung von Grenzen als Möglichkeit der Selbstfindung gilt.[10] Vor allem Überschreitungen auf dem Gebiet des Begehrens, das offenbar – durch seine ›natürliche‹ Verbindung mit der Fruchtbarkeit? – als besonders vitales wahrgenommen wird, erscheinen als Möglichkeit, das durch Regeln, Konventionen und Normen zugerichtete Ich zu erneuern und näher an ein postuliertes ›potenzielles Ich‹ heranzuführen.

Marianne Wünsch weist ferner darauf hin, dass die Selbstfindung der Person häufig anhand einer »Weg-Ziel-Struktur« exemplifiziert werde – dem Protagonisten des Textes werde durch einen Katalysator bewusst,

---

6 Vgl. Titzmann: Das Konzept der ›Person‹ und ihrer ›Identität‹. S. 48.
7 Ebd. S. 39.
8 Ebd. S. 49.
9 Vgl. ebd. S. 50.
10 Vgl. ebd. S. 49.

dass sein Ich-Zustand unbefriedigend sei und er bemühe sich, einen anderen, möglicherweise dem Subjekt gemäßeren Zustand zu erreichen.[11] Dabei sei jede Person dazu aufgerufen, einen eigenen Weg und ein individuelles Ziel zu finden: »Nur die spezifische Struktur seiner *Person* kann noch als Entscheidungskriterium für die (In-)adäquatheit von Wegen und Zielen fungieren«. Diese »radikale[] Subjektivierung des Weg-Ziel-Modells« sei letztlich der Beweis dafür, dass »alle Werte und Normen, latent oder manifest, unsicher geworden« seien und »jeder verfügbare ideologische Rahmen zur subjektiven Disposition des Individuums gestellt« sei.[12] Dies bedeute jedoch auch, dass der Weg zur Selbstfindung mit gleicher Wahrscheinlichkeit auch der Weg zum Selbstverlust sein könne.[13]

Titzmann ordnet das Einlassen der Person auf einen »Prozess der Selbstfindung und Selbstverwirklichung jenseits des tradierten Wert- und Normensystems« ähnlich ein: Es handle sich um ein »*Experiment mit sich selbst*«, das zum Metaereignis[14] im Sinne »*einer Umstrukturierung der ideologischen Ordnung der Welt*« werden könne.[15] Das Risiko des Selbstverlusts einzugehen, kann also im Erfolgsfall eine Veränderung der gesellschaftlichen Normen zur Folge haben – die allerdings möglicherweise erneut eine Adaption des Subjekts notwendig macht.

Dass Normverletzungen überhaupt möglich sind und beschrieben werden können, zeugt allerdings davon, dass die zu brechenden bzw. bereits gebrochenen Normen nicht mehr selbstverständlich sind, sondern hinterfragt werden können: Der mögliche Normverstoß und die weitgehende Normnegation weisen darauf hin, dass die Texte Individualität als unvereinbar mit der Gesellschaft sehen, während die Tatsache, dass nicht alle Werte zur Disposition stehen, darauf hinweist, dass die Schriftsteller erkennen, dass das Subjekt nicht außerhalb der Gesell-

---

11   Vgl. Wünsch: Wege der ›Person‹ und ihrer ›Selbstfindung‹. S. 170.
12   Ebd. S. 173.
13   Vgl. ebd. S. 173.
14   »Zu Beginn des Erzählzeitraums gegebene mindestens scheinbar selbstverständliche Grenzziehungen werden durch Metaereignisse getilgt und (im Regelfalle) durch andere Grenzziehungen ersetzt.« (Titzmann: ›Grenzziehung‹ vs. ›Grenztilgung‹. S. 183) Ein Metaereignis transformiert und substituiert also das dargestellte System.
15   Ebd. S. 197.

schaft stehen kann und die Gesellschaft – repräsentiert durch bestimmte Werte – in jedem Fall im Subjekt präsent ist.[16]

Dabei wird die Grenzverletzung in der Frühen Moderne tendenziell positiv gewertet: Während der Tabubruch in der Literatur des Realismus in den meisten Fällen durch eine Fokalisierungsfigur dargestellt und bewertet wurde, die die stabilisierende Funktion des Textes verdeutlichte, deren eingeschränkte Sichtweise allerdings bewirkte, dass die Motivation der Abweichung im Dunkeln blieb, so wird in der Frühen Moderne das Geschehen häufig aus der Perspektive der von der Norm abweichenden Person geschildert, so dass der Grund für ihre Handlungen durch den Leser ergründet werden kann.[17]

Hier liegt im Übrigen auch der größte Unterschied zwischen »Brunhilde« und den meisten anderen analysierten Texten: Carlottas normabweichende Handlungen werden von Benno bzw. dem namenlosen Erzähler beschrieben – wobei Bennos Worte ebenfalls durch den Narrator wiedergegeben werden, dem möglicherweise eine filternde Funktion zukommt –, ihre Absichten bleiben größtenteils im Dunkeln, das nur durch ihre eigenen, unbefriedigenden Äußerungen (die ebenfalls durch Benno und/oder den Erzähler wiederholt und eventuell modifiziert werden) erhellt wird. Wie die Privatmythologie der Tierbändigerin zustande gekommen, wie ihre Idee entstanden ist, dass Benno dem Tode geweiht sei und warum sie davon ausgeht, durch den gemeinsamen Tod im Löwenkäfig mit Benno vereint werden zu können, erfährt der Leser nicht: Carlotta teilt ihre Gedanken nicht mit dem Erzähler, weshalb sie unzugänglich für den Leser bleiben.

Der Narrator in »Brunhilde« hält sich ferner nicht mit Kommentaren zurück, sondern bewertet Personen, Situationen und Handlungen permanent und ordnet sie für die anderen Figuren in der Novelle, vor allem aber für den Leser in ein feststehendes Wertesystem ein, in dem die Kontrolle von Körper und Geist hoch bewertet wird, dem Sexualtrieb nachzugeben dagegen fatal erscheint. Carlottas Sadismus ist Anzeichen ihres abnormen – und unweiblichen – Geistes, der sich in ihrer Physis niederschlägt und an dieser abgelesen werden kann, und zieht fast schon absehbar den Tod der Tierbändigerin nach sich. Eine solche Überschreitung von Geschlechtergrenzen kann nicht unbestraft

---

16   Vgl. Titzmann: Das Konzept der ›Person‹ und ihrer ›Identität‹. S. 50.
17   Vgl. Wünsch: Realismus (1850–1890). S. 246 f.

bleiben – zumal das Ziel ihrer Sexualbemühungen in keinem Fall Fortpflanzung ist, sondern (ganz im Gegenteil) die Vernichtung von Leben: der gemeinsame Suizid mit Benno Rother in der tödlichen Umarmung des ebenfalls von ihr geliebten Löwen.[18]

Zwar werden auch die Beweggründe von Frau Porges in »Die Verstümmelten« nicht genauer erläutert und es wird nicht aus ihrer Perspektive erzählt, doch unterscheiden zwei Elemente die Darstellungsweise des Textes deutlich von Ernst von Wildenbruchs Novelle: Zum einen gibt es keinen bewertenden Erzähler, der die Einordnung der Vorgänge für den Leser übernimmt. Im Gegenteil: Die Unsicherheit des Rezipienten über die ›tatsächlichen‹ Vorgänge im Text wird durch Hinweise darauf, dass die Sichtweise Polzers eingeschränkt ist, vorsätzlich geschürt. Zum anderen dient Franz Polzer als Fokalisierungsfigur – ebenfalls teilweise unfähig, seine Triebe zu kontrollieren, ebenfalls ›perversen‹ Neigungen nachhängend, können seine Gedanken nicht ungeprüft als Wertungsmaßstäbe dienen: Es gibt keinen kommentierenden Narrator und kein klar formuliertes Normsystem, nach dem der Leser sein Urteil richten könnte.

Der Mangel an feststehenden bzw. klar formulierten Werten ist es unter anderem, der die analysierte Literatur von den theoretischen Texten der Sexualwissenschaft unterscheidet, die zumindest implizit ein System von Normen transportieren – darüber hinaus gibt es allerdings auch andere signifikante Unterschiede: Für die Sexualwissenschaftler wird der Personenkern nicht nur von den eigenen biologischen und psychischen Merkmalen bestimmt, sondern auch durch die gesellschaftlichen Konventionen. Im Gegensatz zum von Titzmann beschriebenen Personenkonzept in der Literatur der Frühen Moderne werden diese Normen zwar als ich-fremd wahrgenommen, doch sie sind nicht abzulehnen und konsequenterweise zu brechen, sondern zu verinnerlichen und ins Ich zu integrieren – und zwar ungeprüft und unhinterfragt. Zumindest weist die Übernahme gängiger Wertvorstellungen darauf hin, dass die meisten Sexualwissenschaftler sich einer Analyse ihre eigenen Denkvoraussetzungen verweigern. Der Personenkern des Menschen ist im Normalfall dafür zuständig, abweichendes und möglicherweise gesellschaftsfeindliches Verhalten zu unterdrücken und es dem Subjekt

---

18   Hier klingt eventuell eine weitere Perversion – Sodomie, Tierschändung – an.

möglich zu machen, sich ohne Reibungsverlust in die Gesellschaft zu integrieren und ihr produktives Mitglied zu werden.
In den analysierten literarischen Texten werden die sozialen Begrenzungen, denen sich das zivilisierte Subjekt unterwirft, zumindest ambivalent wahrgenommen – sie sind gleichzeitig Halt und Einschränkung. Frank Braun zum Beispiel empfindet die bürgerlichen Wert- und Normvorstellungen als rückständig und höchstens für die mäßig intelligente und unkreative Masse bindend, und er belächelt die bourgeoisen Vorurteile derjenigen, die er – auch aufgrund ihrer beschränkten Denkweise – für geistig unterlegen hält. Dennoch kennt auch er Skrupel: Als Braun mit dem Gedanken spielt, Teresa zu vergewaltigen, erinnert er sich an »die Kultur der Kinderstube«[19], die ihn zumindest zeitweilig zurückhält, letztlich aber wirkungslos bleibt.
Der Protagonist von Hugo von Hofmannsthals »Andreas«-Fragmenten, die die schmerzhafte und zuweilen fehlgeleitete Persönlichkeitsentwicklung eines jungen Mannes schildern, hat die »Hoffnungen und Wünsche« der Eltern »soweit verinnerlicht«, dass er sie »sich zu eigen gemacht«[20] hat. Auf seinem Weg nach und durch Venedig versucht er sich permanent vor den Verwandten zu rechtfertigen – teils in Gedanken, teils in Briefen: »Er wußte nichts anderes gegenüber Eltern u. Respectspersonen als gezwungenes und ängstliches Betragen«.[21] Nur langsam gelingt es Andres, sich von den Vorstellungen der Eltern zu lösen und zum eigenverantwortlichen Subjekt zu werden.[22]
Jan Herzka dagegen bewertet jene mehr oder minder expliziten Hemmungen anfangs auch als Schutz und als Leitideen im Wortsinne, denn sie lassen es nicht zu, dass er den ihm vorgegebenen Weg verlässt. Sie nehmen es ihm ab, sich selbst begrenzen und eigene, individuelle Wertvorstellungen entwickeln zu müssen. Doch muss der Kaufmann einsehen, dass die bürgerlichen Normen nicht für jedes Individuum bindend sind und er eigene Direktiven für sich zu finden hat.

---

19 Ewers: Der Zauberlehrling. S. 62.
20 Renner-Henke: »… dass auf einem gesunden Selbstgefühl das ganze Dasein ruht…«. S. 140.
21 Hofmannsthal: Andreas. S. 27.
22 »Diese mühsam erlernte und erworbene Vereinigung der Gegensätze befähigt ihn schließlich zur Begründung einer Ehe und Familie mit Romana Finazzer.« (Toth: Hugo von Hofmannsthal: ›Andreas oder die Vereinigten‹. S. 74)

Religiöse Lebensvorschriften werden dabei offen als mögliche Verhaltensregel abgelehnt – wenn bisweilen noch von ›Sünde‹ die Rede ist, ist in den meisten Fällen nicht die Überschreitung eines göttlichen Gesetzes gemeint, sondern eine säkularisierte Form der Normverletzung, die im Grunde nur das Brechen einer Konvention darstellt: Johannes zum Beispiel begreift die kirchlichen Regeln, nach denen Masturbation und Homosexualität verboten sind, nicht.[23] Franz Polzer besucht in seiner Kindheit zwar mit seiner Mutter die Kirche, hat aber offenbar »von Sünden und Martern« nur eine dunkle Vorstellung und fürchtet, bereits durch seine Anwesenheit – und seine unkontrollierbaren Lustgefühle beim Anblick der Bilder von Märtyrern? – »das Heilige verletzt zu haben«.[24] Das Heiligenbild über Polzers Bett ist ebenfalls kein Zeichen von ausgesprochener Religiosität, sondern von Gewöhnung und für einen verzweifelten Versuch, durch die Herstellung von Gleichförmigkeit Ordnung in die eigenen Lebensabläufe zu bringen.

Maria Eichhorn[25], die unter dem Pseudonym Dolorosa eine ganze Reihe von – zumeist masochistisch, teilweise aber auch sadistisch angehauchten – Gedichten publizierte, nutzt das religiöse Vokabular, um das gesellschaftliche Verständnis von Moral, das weitgehend christlich geprägt war, zu unterlaufen und den eigenen Texten etwas Skandalöses zu geben: Oft ist von Kreuzen, Dornenkronen, Sünde, Sündhaftigkeit, Erlösung etc. die Rede. »Aus der Marienkapelle« ist ein Teil von »Confirmo te chrysmate« überschrieben; das erste Poem, dessen Titel dem des Gedichtbands entspricht, handelt von der Verführung eines Priesters.[26]

---

23 Vgl. Döblin: Der schwarze Vorhang. S. 119 f.
24 Ungar: Die Verstümmelten. S. 34 f.
25 Zwischen 1902 und 1908 veröffentlichte Maria Eichhorn drei Lyrikbände, sechs Romane, zwei Novellen, eine Prosasammlung und eine Übersetzung eines französischen Sachbuchs – Emile Laurents »Sexuelle Verirrungen. Sadismus und Masochismus« (vgl. Exner: Dolorosa alias Dolle Rosa. S. 150–156). – Im Gegensatz zu den meisten hier genannten Autoren lebte Dolorosa sadomasochistische Neigungen auch im Privaten aus: »Es steht aber fest, dass Maria Eichhorn ein sowohl für den damaligen christlichen Moralkodex freizügiges als auch für das bürgerliche Rollenverständnis unabhängiges Leben führte, dessen sexuelle wie gesellschaftliche Koordinaten wahrscheinlich durch sadomasochistische Beziehungen bestimmt waren.« (Ebd. S. 155)
26 Vgl. Dolorosa: Confirmo te chrysmate. S. 3 f.

Nur in wenigen der Texte spielt ›Gott‹ als allmächtige Kraft eine Rolle
– wenn von einer göttlichen Macht die Rede ist, dann in den Fällen,
in denen eine der Figuren sich nach festen Größen sehnt, nach einem
anzuerkennenden Anderen außerhalb der eigenen Person und oktroyierten Grundsätzen, die das Leben regulieren. Frank Braun, der sich
als über seine Umwelt erhabener Mann versteht, sucht z. B. nach einer
Macht, die ihm an Intelligenz gleichkommt und einen gleichberech-
tigten Kampfpartner darstellt. Da die einzige Autorität, die er über
sich akzeptieren würde, eine göttliche wäre, diese Macht jedoch bislang
schweigt, bemüht Braun sich darum, Gott zu reizen und durch seine
Provokation – Alraunes Schöpfung – zu einem Zeichen seiner Existenz
zu zwingen.

Ganz im Gegensatz dazu wünscht Polzer sich – dies zeigt auch sein
Festhalten am Ordnung symbolisierenden Heiligenbild –, dass seine
Umwelt klar geregelt wäre, damit er selbst nur noch funktionieren und
sich nicht um Unvorhergesehenes kümmern müsste. Ihm geht es also
keinesfalls um eine Herausforderung der göttlichen Macht, sondern
höchstens darum, diese zu besänftigen. Solange er im Kleinen auf die
rigorose Einhaltung von Regeln achtet, so glaubt Polzer, stabilisiert er
auch seine Umwelt im Großen – sobald jedoch das Ungewöhnliche
und Ungeplante in sein Leben einbricht, wird auch die Weltordnung
gestört.

Auch im literarischen Diskurs zeigt sich also, dass die gesellschaftlichen Hemmnisse zweitrangig erscheinen – wichtiger ist die Kontrolle
der eigenen Gedanken und Gefühle. Dabei spielt die von den Sexualwissenschaftlern immer wieder konstatierte zunehmende Verfeinerung
der Kultur in den analysierten literarischen Texten keine Rolle. Dass das
Individuum unter den immer vielfältiger werdenden Sinneseindrücken
leide, dass es sich in einer permanenten nervlichen Spannungshaltung
befände, weil die fortwährenden Veränderungen, die mit geänderten
Ansprüchen an es selbst einhergehen, es überforderten, wird nicht geschildert. Die Schwierigkeiten der Protagonisten sind eher subjektiver
als gesellschaftlich motivierter Natur – es handelt sich um vom Text
aus der Masse herausgehobene und außergewöhnliche Figuren, deren
spezifische Persönlichkeitsstruktur, deren *individuelle* Ansprüche an ihre
Umwelt und an ›das Leben‹ dazu führen, dass sie die allgemein akzep-

tierten Normvorstellungen nicht anerkennen können, durch ihre Aktionen mit ihnen kollidieren und sie für sich aushebeln.[27]

Im Laufe der Zeit tritt der beschriebene Umgang mit den sozialen Gegebenheiten allerdings auch in den sexualwissenschaftlichen Texten in den Hintergrund – vermehrt wird darüber nachgedacht, dass es gerade die Umgebung des Subjekts und die Regeln, denen es sich unterwerfen muss, sein könnten, die das Individuum ›krank‹ machen und sein gesellschaftliches Funktionieren verhindern. Wenn es zum Beispiel gesellschaftliche Konvention ist, dass die Frau sich zurückhaltend zu verhalten und sich dem Werben eines potenziellen Partners zu verweigern habe, während der sich um sie Bemühende aktiv und aggressiv aufzutreten und sie zu überwinden habe, gleichzeitig allerdings gefordert wird, dass die Frau ihre Verweigerung letztlich in der Ehe aufgeben müsse – freilich, ohne dabei zu viel Freude oder gar Lust zu empfinden, da ihr jene Gefühle häufig nicht zugestanden werden, sie als empfindungsunfähig gilt –, der Mann jedoch auch nicht *zu* gewaltsam aufzutreten habe, um seine Partnerin nicht zu verletzen, dann ist der Grat zwischen gesellschaftlich anerkanntem und sozial zu ahndendem Verhalten sehr schmal und kaum zu begehen.

Darüber hinaus schränken die zu beachtenden Normen den zunehmend als ›natürlich‹ wahrgenommenen Trieb ein. Dieser wird zwar sowohl in der Sexualwissenschaft als auch in der Literatur häufig als ich-fremd dargestellt, scheint das Subjekt zu überraschen und dessen Autonomie zunächst in Frage zu stellen, muss jedoch – auch darin sind sich beide Disziplinen einig – in die Personenstruktur des Individuums integriert werden. Strittig ist dagegen, welche Rolle der sexuelle Trieb im Subjekt einzunehmen habe – gehen die meisten Sexualwissenschaftler davon aus, dass er sich der Kontrolle der Ratio zu unterwerfen habe (als Beispiel mag Blochs Mahnung dienen: »Bei aller Anerkennung der grossen Bedeutung der physischen Liebe für die Gesellschaft ist und bleibt doch die letzte Entscheidung im Menschenleben immer eine

---

27 Vgl. Titzmann: ›Grenzziehung‹ vs. ›Grenztilgung‹. S. 202: »Die Literatur der Frühen Moderne tendiert in vielen Texten […] zu Protagonisten, die exzeptionelle, elitäre Subjekte sind, das heißt: positiv abweichend vom Durchschnitt, das heißt: nicht-›normal‹, und sie begehen dementsprechend auch selbst gravierende Normverletzungen.«

geistige«[28]), so nimmt das Begehren in der Personenkonzeption der meisten Schriftsteller offenbar eine andere, höher bewertete Rolle ein, ist wichtiger und nicht zu negierender Teil des Individuums.

3.9.3 Der sexuelle Drang und seine Metaphorisierung

Der Sexualtrieb wird zunächst von den meisten Figuren als fremd, störend und destruktiv wahrgenommen und dabei mehrheitlich durch Metaphern aus dem Bereich der Naturgewalten, der Krankheit und des Rausches verklausuliert. Interessanterweise sind die Bilder aus dem Bereich der Natur, die in der Literatur der Frühen Moderne zu finden sind, nicht nur mit jenen verwandt, die die Sexualwissenschaftler im gleichen Zeitraum verwenden, sondern auch ähnlich jenen, die bereits zu Beginn des 19. Jahrhunderts gebraucht wurden, und stammen vor allem aus dem Bereich des Wassers und des Feuers. Corinna Wernz stellt für den medizinischen Diskurs um 1800 fest:

> Sexuelle Sachverhalte werden häufig als Problematik des Zustandes natürlicher Gewässer und deren Bedeutung für ein menschliches Subjekt dargestellt. Natürliche Gewässer sind immer ambivalent besetzt, da sie einerseits die territoriale Fruchtbarkeit fördern, aber auch außer Kontrolle geraten und die menschliche Zivilisation bedrohen können.[29]

Da eine Neigung zum Sadismus auch in den analysierten Texten überwiegend als zumindest potenziell gefährlich wahrgenommen wird, verwundert es nicht, dass die gewählten Metaphern für den sexuellen Drang – der sich später als Schmerzlust äußern wird – nicht dem Bereich der die Fertilität des Bodens fördernden, sondern vor allem aus dem Bereich des zerstörerisch wirkenden Wassers stammen.

Besonders gut lässt sich das an der Beschreibung ablesen, die Benno Rother über seine Psyche abgibt, nachdem er auf Carlotta getroffen ist. Der sexuelle Drang destruiert, was bisher kultiviert und fruchtbar war, ›unterspült‹ die Persönlichkeitsstruktur des Individuums und wirkt somit entdifferenzierend und ich-zersetzend:

---

28 Bloch: Beiträge zur Aetiologie der Psychopathia sexualis. S. 378.
29 Wernz: Sexualität als Krankheit. S. 174.

In meiner Seele war ein Zustand, den ich nur mit dem Bilde vergleichen kann, das eine durch einen Dammbruch jählings unter Wasser gesetzte Landschaft gewährt. Da, wo Acker und Wiesen, Anpflanzungen und freundliche Wege waren, herrscht nur noch das wilde, zerstörende Element, und statt der bunten Mannigfaltigkeit von Farben und Linien, die uns bisher erquickte, gewahren wir nur noch die graue und eintönige Flut.[30]

Aber auch in den später erschienenen Texten ist von »Flut«[31], umflutendem »Meere«[32], des »Maelstroms Strudel«[33], »Strom«[34], Wellen usw. die Rede. Adine aus Andreas-Salomés »Eine Ausschweifung« fühlt sich »mit einer zitternden Glut« »überflutet[]«[35], als sie sich von Benno, ihrem Jugendfreund, erniedrigen lässt, und damit gelöst und befreit. Hofmannsthals Andres erinnert sich dunkel daran, wie er im Alter von zwölf Jahren das Rückgrat eines Hundes zertreten hatte[36]: »Auf seltsamem Weg war über ihn Wohllust herabgeströmt.«[37]

Der Sexualtrieb wird – obgleich er Vorgänge im Inneren des Körpers, im Inneren des Ich betrifft – metaphorisch nach außen verlagert und mit einer bedrohlichen Naturgewalt verbunden, einer expansiven und homogenisierenden Macht, die das fruchtbare Land – welches das vitale und fertile Subjekt verschlüsselt – hinwegzuspülen vermag. Besonders interessant ist das von Ewers des Öfteren verwendete Bild des »Maelstroms« – ein kraftvoller Strudel, der Menschen und Gegenstände nicht wie die Gewalt von Flüssen und Wellen nur ins Unbekannte zu schwemmen, sondern nach unten, in die unbekannte Tiefe des Meeres zu ziehen, sie zu verschlingen vermag.

Die Energie des Wassers entzieht sich jeder möglichen Kontrolle: Die schützenden Konstrukte von Vernunft und Bewusstsein sind zu fragil, um dem Geschlechtstrieb etwas entgegenzustellen, das Ich wird be-

---

30 Wildenbruch: Brunhilde. S. 331.
31 Doderer: Die Bresche. S. 133.
32 Wildenbruch: Brunhilde. S. 334 f.
33 Ewers: Alraune. S. 301. – Das Bild des Maelstroms taucht auch in »Der Zauberlehrling« auf (vgl. Ewers: Der Zauberlehrling. S. 66).
34 Doderer: Die Bresche. S. 132.
35 Andreas-Salomé: Eine Ausschweifung. S. 118.
36 Möglicherweise handelt es sich lediglich um eine Phantasie des Jungen (vgl. Bergengruen: Die illegale Schwester. S. 197).
37 Hofmannsthal: Andreas. S. 40.

reits als besiegt und unterjocht gezeichnet – wenn überhaupt noch von einem »Damm« gesprochen wird, dann ist dieser schon »gebrochen« und der »Strom« der Lust »entfesselt[]«.[38]

Dabei korrespondieren die auf diese Weise nach außen projizierten Emotionen, die das Subjekt offenbar zunächst als ich-dyston wahrnimmt bzw. wahrnehmen will, mit innerkörperlichen Symptomen: Das als Träger von Emotionen gedachte Blut – so sieht Jan Herzka sich durch seinen Sexualtrieb, »durchs eigene Blut«[39], durch die »Übergewalt des Blutes«[40] überwältigt, so verklausuliert Braun sein Verlangen unter der Aussage, dass »sein Blut kochte«[41] – strömt im erregten Körper mit erhöhtem Druck durch die Adern, der Herzschlag beschleunigt, die Pulsfrequenz erhöht sich. Sucht man für diese physischen Erscheinungen ein Analogon aus dem Bereich der außerkörperlichen Natur, bietet sich die Flüssigkeitsmetaphorik – eben fließende Ströme, ansteigende Fluten, durch den Wasserdruck brechende Dämme – an. In Musils »Törleß« wird diese Verbindung explizit – als Törleß die sexuelle Erregung wahrnimmt, die er bei Beinebergs und Reitings Quälereien Basinis empfunden hatte: »Er schämte sich dessen; aber es hatte ihm wie eine mächtige Blutwelle daherflutend den Kopf benommen.«[42]

In Dolorosas »Regina Martyrum« heißt es:

> Es hat in Deiner Brust geschäumt
> Zu heiß die rote Lebensflut;
> Es ist dein junges Herz verbrannt
> An seiner Sehnsucht großer Glut.[43]

Hier wird der Blutstrom, die »rote Lebensflut« sogar mit Hitze und Feuer zusammengedacht – eine Metaphorik, die in der Literatur der Frühen Moderne ebenfalls gängig war. Ähnliche Wendungen werden von Corinna Wernz allerdings bereits in der Zeit um 1800 in medizinischer Fachliteratur beobachtet:

---

38 Doderer: Die Bresche. S. 132.
39 Ebd. S. 138.
40 Ebd. S. 187.
41 Ewers: Der Zauberlehrling. S. 62. – Der Begriff ›kochen‹ verknüpft die Flüssigkeits- mit der ebenfalls virulenten Feuermetaphorik.
42 Musil: Die Verwirrungen des Zöglings Törleß. S. 70.
43 Dolorosa: Confirmo te chrysmate. S. 7.

Auch die unter dem Titel ›Feuermetaphern‹ zusammengefaßten Wendungen fragen nach der Relation zwischen Sexualität und Subjekt. Als Analogon des Geschlechtstriebs kann ›Feuer‹ als insidiös schlummerndes Element großer Destruktivität in die Außenwelt verlegt werden […].[44]

Tatsächlich ist auch in der analysierten Literatur späteren Erscheinungsdatums von »Flamme[n]«[45], »heißen Flammen«[46], »Stichflamme[n]«[47], einem »Feuermeer«[48], einem »Waldbrand«[49], einem »Feuerhauch aus des Ätna Mund«[50], einem kurz vor dem Ausbruch stehenden »Vulkan[]«[51] und »Glut«[52] die Rede.

In den meisten Fällen wird der Sexualtrieb also auch hier durch eine vernichtende und unkontrollierbare Urkraft symbolisiert, die häufig natürlichen Ursprungs ist: Metaphern aus dem Bereich des Ingenieurwesens spielen überraschenderweise keine Rolle, obgleich gerade in den Jahren um die Jahrhundertwende technische Neuerungen an der Tagesordnung waren. Eventuell hängt dies damit zusammen, dass es den Autoren darum zu tun ist, den körperlichen Drang als unberechenbar zu kennzeichnen – ein Merkmal, das dem Maschinenwesen eben gerade nicht zugewiesen wird: Der Ausbruch des Feuers lässt sich nur schwer prognostizieren, es flammt unerwartet auf und überrascht mit seiner Gewalt. Die latente Gefährlichkeit des Vulkans ist zwar bekannt, die akute Eruption jedoch gilt als unberechenbar und ist ferner durch gängige Barrieren nicht einzudämmen; der durch übergroße Hitze bedingte Waldbrand lodert ohne vorherige Anzeichen auf.

Neben durch natürliche Ursachen entstandenen Feuern wird – zumindest in »Alraune« – auch durch das verwendete Sprachbild darauf hingewiesen, dass der sexuelle Drang nicht immer unvermittelt einsetzt, sondern durchaus auch durch eigene Anregung oder die des Partners geweckt werden kann: Der Erzähler verwendet, hier mögli-

---

44 Wernz: Sexualität als Krankheit. S. 180.
45 Doderer: Die Bresche. S. 135.
46 Ewers: Alraune. S. 301.
47 Döblin: Der schwarze Vorhang. S. 126.
48 Doderer: Die Bresche. S. 136.
49 Ewers: Alraune. S. 329.
50 Ebd. S. 301.
51 Wildenbruch: Brunhilde. S. 315.
52 Doderer: Die Bresche. S. 122.

cherweise Alraunes Perspektive nutzend, das Bild der »Brandfackeln«[53], die, wenn erst einmal das Feuer der Lust in Braun und Alraune lodert, die Flammen immer neu entfachen. Ein von menschlicher Hand gefertigter Feuerträger steht sinnbildlich für die Anstrengungen der beiden Sexualpartner, dem jeweils anderen noch mehr Genuss zu bereiten und sein Verlangen zu steigern.

Das Feuer wird jedoch nicht notwendigerweise nach außen projiziert, sondern teilweise auch innerhalb des eigenen Körpers verortet. Der Drang wird dann als Flamme im Inneren verspürt, die den ›Brennenden‹ für ihre Gefahren blendet, deren Hitze und Gewalt alle Kontrollmechanismen zerstören und letztlich sogar das Individuum selbst destruieren, es auslöschen können.

Die innere Glut wird – möglicherweise auch aus diesem Grund – oft als Fieber wahrgenommen, der Sexualdrang als Krankheit eingestuft: So ist von den »fieberhaften Atemzügen«[54] Bennos beim Anblick Carlottas die Rede, spricht Braun davon, dass die »Feuersbrunst« seiner Lust ihn in »Fieber« versetze[55], ebenso wie die Küsse der »wilde[n] Schwester« das »Hirn« des Rahmenerzählers aus »Alraune« »fieber[n]« machen.[56] Und auch Teresa wird von einem »Fieber«[57] erfasst, sobald sie Brauns Vergewaltigung zu genießen beginnt. Komplexer zeigen sich die Krankheitssymptome in »Der schwarze Vorhang«, als Johannes – offenbar nach einem erotischen Traum – »mit glühheißen Wangen, heftigem Herzschlagen, unter wollüstigen Krämpfen«[58] erwacht.

Der gesamte Körper wird – unerwartet und ohne dass die Person rational dagegen angehen könnte – von der Lust durchdrungen und durch sie beeinträchtigt wie von einer Krankheit. Das Individuum fühlt sich seiner selbst nicht mehr mächtig: Der eigene Leib wird ihm fremd, lässt sich nicht mehr kontrollieren, es treten unwillkürliche Bewegungen und Konvulsionen auf. Fieber schwächt den Körper, gefährdet im Extremfall – ab einer bestimmten Temperatur – sogar die Existenz der physischen Person, stellt im Normalfall allerdings auch eine

---

53 Ewers: Alraune. S. 301.
54 Wildenbruch: Brunhilde. S. 315.
55 Ewers: Alraune. S. 329.
56 Ebd. S. 131.
57 Ewers: Der Zauberlehrling. S. 66.
58 Döblin: Der schwarze Vorhang. S. 118.

Abwehrreaktion gegen Infektionen dar. Auch der Sexualdrang wird als latent gefährlich wahrgenommen – exzessive sexuelle Betätigung kann den Körper schwächen –, gemäßigter Genuss jedoch kann das Subjekt zumindest zeitweilig von seiner Begierde befreien, ihm somit zu neugewonnener Rationalität und (wiederhergestellter) Gesundheit verhelfen.

Das Begehren wird jedoch nicht nur als potenziell gefährdend wahrgenommen, sondern vor allem als eine ›fremde‹ und ›außerkörperliche‹ Macht: Benno empfindet sein Verlangen und seine ihn verstörenden Gedanken an Carlotta als »fremden quälenden Körper« in »seinem Gehirn«[59], Johannes fühlt sich von einem »Drängen, das ihm sich selbst entfremdete«[60] übermannt, Jan Herzka verspürt ein »fremdartig[es] und doch bedrohlich eindeutig[es]«[61] Gefühl, das ihn wie eine »fremde[], furchtbare[] Woge, die nicht *aus* ihm, sondern wie von außerhalb gekommen war«[62] überschwemmt.

Der Sexualtrieb wird – obgleich inneres, subjektiv empfundenes Gefühl – nach außen projiziert, weil er für den (idealerweise) durch Rationalität geprägten Mann bedrohlich wirken muss. Die Empfindung ist nicht durch Gedankenkraft kontrollierbar – der Drang untergräbt somit die als ich-konstituierend wahrgenommenen Verstandesstrukturen und hebelt sie aus. Dem Individuum wird klar, dass es nicht selbstbestimmt agieren kann, sondern von seinen physischen und psychischen Voraussetzungen beeinflusst wird. Bis hierher ähnelt der Diskurs der Literatur dem theoretischen – differiert jedoch darin, welche Schlüsse aus dieser Erkenntnis zu ziehen sind. Während die Sexualwissenschaftler dem Verstand das Primat zugestehen und diesen – wiederum bestimmt durch die allgemein als sinnvoll und zielführend wahrgenommenen Moralpostulate – als oberste Instanz der Persönlichkeitsstruktur eingesetzt sehen wollen, ›gestatten‹ einige der literarischen Texte ihren Protagonisten – nicht aber ihren Protagonistinnen und weiblichen Nebenfiguren! –, ihr Begehren zu realisieren und in das als ›Person‹ wahrgenommene Konstrukt zu integrieren, ja sogar, sich zeitweilig von ihm bestimmen zu lassen. Die Figuren können eine komplexere, stärkere

---

59 Wildenbruch: Brunhilde. S. 309.
60 Döblin: Der schwarze Vorhang. S. 130.
61 Doderer: Die Bresche. S. 130.
62 Ebd. S. 180 f.

und einem potenziellen Ich nähere Subjektstruktur entwickeln, wenn und solange sie die Integrität ihres Selbst zu riskieren bereit sind – im Diskurs der Sexualwissenschaft gilt das riskierte bereits als verlorenes, krankes und zu therapierendes Ich.

Der sexuelle Drang wird in der Literatur als elementare Kraft gekennzeichnet, die das Leben jedes Subjekts zu bestimmen vermag – in Ewers Texten zum Beispiel zeigen sich alle Figuren durch ihre erotischen Neigungen und Wünsche und ihr körperliches Verlangen bestimmt: In »Alraune« kommen ten Brinken, der Chauffeur, Wolfram Gontram, Hans Geroldingen und andere direkt oder indirekt aufgrund ihrer sexuellen Begierde zu Tode. Mutter und Tochter Wolkonski verlieren Geld, Olga Wolkonski ihren Verstand und Frieda ihre Entscheidungsfreiheit, weil das Verlangen es ihnen unmöglich macht, die Gefahren ihrer persönlichen Beziehungen und geschäftlichen Verbindungen zu erkennen. Die Körperreaktionen überlagern alle rationalen Überlegungen, das kurzfristige Vergnügen, sogar der nur potenzielle Lustgewinn werden der langfristigen Sicherheit vorgezogen.

Der sexuelle Akt selbst wirkt dann häufig berauschend – für Frank Braun ist das Liebesspiel mit Alraune eine Steigerung seiner Experimente mit »schäumendem Wein« und »Giften vom Osten«[63] und auch Irene beschreibt ihre nächtlichen erotischen Träume als ein Sich-Winden »in Trunkenheit«.[64] Dolorosa verbindet in ihrem Gedicht »Morphium«[65] die Feuermetaphorik – die die Begierde des lyrischen Ichs verschlüsselt – mit der Idee, dass die ›sündhafte‹ Perversion, das exzessive Ausleben der Sexualität wie eine Droge wirken und ein Delirium auslösen könne[66]:

> Meine Sünden sind rot wie roter Mohn
> Und blühen um dich in wilder Pracht,
> Meine durstigen Blicke umfangen dich schon
> Und leuchten wie Kerzen durch die Nacht.

---

63 Ewers: Alraune. S. 238.
64 Döblin: Der schwarze Vorhang. S. 170.
65 Dolorosa: Confirmo te chrysmate. S. 27 f.
66 Daneben wird noch mit der Vorstellung gespielt, dass Sexualität nährend wirken könne – ein Gedanke, der in einigen von Dolorosas Gedichten ausgeführt wird, in denen beispielsweise »Minne« (ebd. S. 24) und der »rote[] Wein deiner Qual« getrunken wird (ebd. S. 31).

> Du sollst verbrennen an meiner Glut,
> An meinen Flammen, den sehnsuchtheißen,
> Wie ich verbrenne in hilfloser Wut
> An Qualen, die mir das Herz zerreißen.
>
> Sollst um dich tasten mit zuckender Hand
> Und immer den blühenden Mohn nur fassen,
> Von feuerroten Küssen verbrannt,
> Ermattet die Hände sinken lassen!
>
> Mit Morphium habe ich dich getränkt,
> Deine süßen Lippen küßte ich wund,
> Deine goldblonden Locken hab' ich versengt
> Mit meinem sündhaft rotglühenden Mund ....
>
> Meine Sünden sind rot wie roter Mohn,
> Sie pressen sich an dich und schläfern dich ein.
> Mein Mädchenleib ist dein Königsthron ....
> Und dein Schlummer wird tief und traumlos sein ....

Was in den analysierten Texten jedoch fehlt – im Gegensatz zu den Ausführungen in den untersuchten sexualwissenschaftlichen Werken –, ist der implizite Hinweis darauf, dass dem Delirium zumeist die Ernüchterung folgt, dass der Reiz schnell unbefriedigend wird und stärkere Stimuli benötigt werden, um noch Erregung zu empfinden. Im Gegenteil – was immer das Subjekt über sich selbst hinaustreibt und es ihm ermöglicht, sich zu entwickeln, gilt zunächst als positiv. Sich der potenziellen Erneuerung zu verweigern und das Risiko des Selbstverlusts zu scheuen, bedeutet dagegen, im Leben ›tot‹ zu sein, sich aufgegeben zu haben:

> Einerseits ist der Zustand des ›gesteigerten Lebens‹ ein jederzeit labiler, bedrohter, kurzfristiger. Andererseits verspricht das Modell auch definitive Problemlösung: radikale Befreiung aus den Zwängen und Bindungen einer unerträglich gewordenen Existenz zugunsten eines fundamental neuen Anfangs.[67]

Die Radikalität dieses Neuanfangs ist es vermutlich, die die Narratoren dazu bewegt, die Entwicklungen durch Metaphern anschaulich zu ma-

---

67 Wünsch: Das Modell der »Wiedergeburt« zu »neuem Leben«. S. 402.

chen und es einigen Figuren erschwert, sich überhaupt über ihre Gefühle zu äußern. Die sie überkommenden Emotionen und die mit ihnen einhergehende Persönlichkeitsveränderung sind nicht zu vermitteln, in Worten nicht eindeutig zu fassen. Als Törleß sich darum bemüht, seine »Verwirrungen« zu artikulieren, erscheint ihm sogar die Körpersprache angemessener als der Versuch, sie ihn Worte zu fassen:

> die Worte sagten es nicht; so arg, wie es die Worte machen, ist es gar nicht; es ist etwas ganz Stummes, – ein Würgen in der Kehle, ein kaum merkbarer Gedanke, und nur dann, wenn man es durchaus mit Worten sagen wollte, käme es so heraus; aber dann ist es auch nur mehr entfernt ähnlich, wie in einer riesigen Vergrößerung, wo man nicht nur alles deutlicher sieht, sondern auch Dinge, die gar nicht da sind [...].[68]

Die Versprachlichung verändert das Wahrgenommene, sie holt das Erlebte zwar näher heran, macht es klarer erkennbar – durch diese Vereindeutigung jedoch trifft es die ›Wirklichkeit‹ nicht mehr, die schemenhaft bleibt.

Auch andere Figuren haben Schwierigkeiten damit, ihren Zustand zu beschreiben. Schon Benno kann seine Gefühle für Carlotta kaum als sexuellen Drang benennen, sondern bemüht sich um eine Umschreibung. Und auch Adine in »Eine Ausschweifung« spricht von »irgendeine[r] unklare[n] Vorstellung«, die »dunkel« in ihr »dämmerte«, »daß sich da soeben etwas Sonderbares begäbe: irgendeine wahnsinnige Selbsterniedrigung und Selbstunterwerfung«.[69]

3.9.4 Die Funktionalisierung des Sadismus

Für die männlichen Figuren in den analysierten Texten erfüllt der sadistische Akt zumeist gleich vier Funktionen: Zum einen kann die Zufügung von Schmerz der Kanalisierung von aufgestauten Energien und der Bestrafung desjenigen dienen, der für das Einsetzen des sexuellen Drangs verantwortlich gemacht wird. Zum zweiten dient die sadistische Szene der Selbstvergewisserung: Der anderen zugefügte Schmerz, der nicht selbst empfunden wird, zeugt von der Abgrenzung eines Subjekts vom anderen – und dies auch (und vor allem?) dann, wenn es durch die

---
68 Musil: Die Verwirrungen des Zöglings Törleß. S. 18.
69 Andreas-Salomé: Eine Ausschweifung. S. 118.

sexuelle Vereinigung beinahe zur Auflösung des Ichs gekommen wäre. Zum dritten wird dem Gegenüber eine authentische Reaktion abgerungen, wird eine Kommunikation mit dem anderen erzwungen, der – zumindest körperlich – eine ›Antwort‹ auf die zugefügte Qual geben muss: Der Partner soll sprechen, aber er soll unter den Bedingungen des Täters sprechen. Viertens kann es zu einer individuellen psychischen Weiterentwicklung des Sadisten kommen: Er verschiebt die Grenzen des ihm Denkbaren und Möglichen nach außen und entdeckt Teile seiner Persönlichkeit, die ihm bislang nicht zugänglich waren.

In allen besprochenen literarischen Texten geht es einerseits um Fragen der Identität, andererseits um Norm(alität) und Abweichung. Die meisten der Figuren, die ein ›abweichendes‹ Sexualverhalten zeigen, haben Schwierigkeiten damit, die Grenze zwischen Ich und Außenwelt genau zu bestimmen, sie erscheint so fragil, dass sie ständig der Bestätigung bedarf. In der Frühen Moderne wird »immer wieder mit einem Problem der Nicht-Abgrenzbarkeit von Subjekt und Umwelt gespielt«.[70] Die Figuren fühlen sich entweder von außen bestimmt – Gesellschaft, Familie oder Sexualpartner stellen Anforderungen, deren Erfüllung die Negation eigener Wünsche oder einen Wandel des Selbstbildes zur Folge hätte – oder sie sehen sich durch etwas im eigenen Inneren kontrolliert, das sie als ich-fremd wahrnehmen, auch wenn es sich dabei möglicherweise um eigene Begierden handelt, die die Figur sich aufgrund sozialer Konventionen, gesellschaftlicher Anforderungen oder aber auch eigener Unfähigkeit, mit Veränderungen fertig zu werden, nicht eingestehen kann.

Einige der Protagonisten und Nebenfiguren (Johannes, Irene, Törleß, Alraune) sind Adoleszenten – der Text zeichnet ihre Entwicklung während der Pubertät nach, schildert ihre Schwierigkeiten, sich mit ihrem erwachenden Trieb zu arrangieren, die neu zu ihrem Ich hinzutretenden Komponenten zu integrieren, ohne ihr ›Selbst‹ dabei zu verlieren. Andere (Frank Braun, Teresa, Jan Herzka, Franz Polzer) haben diese Lebensphase bereits durchlaufen und ein Konzept ihres eigenen Ich entwickelt, das jedoch durch die Begegnung mit einer anderen Person oder durch eine sie (über-)fordernde Situation destabilisiert wird.[71]

---

70 Wünsch: Realismus (1850–1890). S. 345.

71 Die Ausbildung der Persönlichkeit gilt in der Literatur der Frühen Moderne prinzipiell als unabschließbar (vgl. Lindner: Leben in der Krise. S. 32). Der geistige

Die Individuation ist bei den analysierten Figuren also entweder noch nicht abgeschlossen oder wieder in Frage gestellt worden, sie müssen sich ihrer physischen und psychischen Eigenheit und Isolation (erneut) bewusst werden und sich diese dann immer wieder ins Bewusstsein rufen: Johannes in »Der schwarze Vorhang« beispielsweise muss sich beim Namen rufen und seine eigene Haut berühren, um sich seine Eigenständigkeit zu beweisen. Er fürchtet, dass Irene die Integrität seines Selbst zerstört haben könnte, da er Gefühle für sie entwickelt hat und nimmt seine Begierde, die sie geweckt hat, als fremdes Gefühl wahr, das ihn steuert und ihm seine Entscheidungsfähigkeit zu nehmen scheint. Dem anderen Schmerz zuzufügen, der selbst nicht empfunden wird, ist die einfachste Methode, sich die eigene Autonomie, die nicht überschreitbare Grenze zwischen demjenigen, der Leid erzeugt und demjenigen, der es verspürt, zu bestätigen – ein Mittel, zu dem auch Johannes greift.

Franz Polzer in »Die Verstümmelten« gelingt es, über sein ritualisiertes Verhalten, über seine Weigerung, sich potenziell destabilisierenden Situationen auszusetzen und über seine Abwehr gegen jede zwischenmenschliche Beziehung, eine Grenze zwischen sich und des Außen zu ziehen, die allerdings so zerbrechlich ist, dass jede Neuerung und jede Veränderung ihre Auflösung zur Folge haben könnte. Die Tatsache, dass selbst Polzers Paraphilie von strengen und unveränderlichen Regeln determiniert wird, deren Einhaltung erst seine körperliche Befriedigung ermöglicht, zeugt davon, wie sehr Polzer die Relevanz von vorgegebenen Reaktionsmustern internalisiert hat. Dass seine Zimmervermieterin erkennt oder errät, welcher Ablauf und welche Requisiten nötig sind, um Polzer zu erregen, ist zum einen Hinweis auf eine nicht zu greifende Gemeinschaft aller Menschen – die sich im Übrigen auch dort zeigt, wo die Frauen im Roman auf eine nicht eindeutig zu erklärende Weise Informationen teilen und ohne sich zu kennen kommunizieren können –, negiert diese Verbindung gleichzeitig allerdings auch wieder: Zum einen, weil Frau Porges Polzer letztlich dessen ›Sünde‹ nicht vergibt, sie ihm nicht verzeihen kann, da sie deren Tragweite nicht begreift, zum

---

Reifungsprozess beinhaltet, die vitale und die spirituelle Seite der Person in Übereinstimmung zu bringen – eine Entwicklung, die mit der Pubertät nicht beendet ist: In belletristischen Texten erleben die Figuren häufig eine zweite Reifezeit mit fünfunddreißig oder fünfzig Jahren (vgl. ebd. S. 38).

anderen aber auch, weil die Zimmervermieterin am Akt emotional unbeteiligt erscheint – auch sie verspürt nicht, was Polzer erleidet, sie bereitet ihm Schmerzen, empfindet diese jedoch selbst nicht, was die körperliche und geistige Trennung der beiden Personen beweist.

Nachdem Andres in Hofmannsthals »Andreas« mitansehen musste, wie sein erst kürzlich in Dienst genommener Diener Gotthelf eine Magd misshandelt zurückließ und dabei beinahe den Hof, auf dem die beiden untergekommen sind, in Brand steckte, ist er sich seiner selbst nicht mehr sicher[72]:

> Endlich war er sich selber entsprungen wie einem Gefängnis, er stürmte in Sprüngen dahin, er wußte nichts von sich als den Augenblick, bald meinte er, er wäre der Onkel Leopold, der wie ein Faun in Wald sprang einer Bauerndirn nach, bald er wäre ein Verbrecher und der Mörder wie der Gotthelf, dem die Häscher nachsetzten.[73]

Der Wunsch, dem sich selbst als ›männlich‹ und sexuell erfahren stilisierenden Gotthelf ähnlich zu sein, der darin kulminiert war, dass Andres die Erzählungen des Dieners nachgeträumt[74] und mit eigenen Erlebnissen vermischt hatte, führt dazu, dass der Junge eigene und fremde Taten nicht mehr zu unterscheiden vermag. In der Nacht hatte auch Andres davon geträumt, andere zu verletzen – und so fühlt er sich nun mitschuldig an den Taten des Dieners.

Jan Herzka wird durch die bürgerlichen Konventionen, durch seine Familie, seinen Stand, seine Rolle im Geschäft geprägt – auch er wird nicht durch selbstbestimmte Normen beschränkt, sondern von außen reguliert. Die soziale Kontrolle reicht jedoch nicht aus, um Herzka permanent innerhalb der »dünnen, hellen Röhren«, in denen die den Lebensweg des Kaufmanns symbolisierende »weiße, gerade Linie«[75] verläuft, zu halten. Sein sexueller Drang treibt ihn aus der ihn schützenden, gleichzeitig allerdings auch beschränkenden Hülle hinaus. Herzka ist aufgerufen, eigene Werte und Normen zu entwickeln, deren Stabilität nur von ihm selbst abhängt und durch äußere Umstände nicht beeinflusst werden kann.

---

72 Vgl. Hofmannsthal: Andreas. S. 42.
73 Ebd. S. 41.
74 Vgl. Bergengruen: Die illegale Schwester. S. 196.
75 Doderer: Die Bresche. S. 158.

Das Subjekt erscheint in der Literatur der Frühen Moderne auf vielfältige Weise bedroht: Identität/Integrität ist dabei häufig auch eine Frage des intakten Körpers, der intakten (Haut-)Hülle[76] – im sadistischen Szenario wird diese aufgebrochen, der fremde Körper nach außen geöffnet. Auf das fremde Subjekt bezogen, kann diese Aktion auf ambivalente Weise interpretiert werden: Das Gegenüber wird entweder als eigenständiges Individuum negiert, indem es zum Instrument der Selbstvergewisserung reduziert wird, oder durch die Handlung erst zu einem relevanten Subjekt erhöht, indem dem fremden Körper eine authentische, somatische Reaktion abgetrotzt und somit Kommunikation erzwungen wird.

Ist der Partner lediglich das Mittel, um sich die Abgrenzung des eigenen Ich zu bestätigen, empfindet der Sadist häufig Lust dabei, den anderen herabzustufen, ihn zu seinem Besitz zu machen und sich seines Eigentums zu versichern, indem er dem anderen Schmerz zufügt oder ihn gar tötet.

Wird das Gegenüber dagegen als gleichwertiger Anderer wahrgenommen, ist das Verwunden, das ›Öffnen‹ des anderen zumeist der Beginn einer schrittweisen Annäherung, die in der Verschmelzung enden soll, eine – kurzzeitige – Aufhebung von Körpergrenzen im Rausch des Schmerzes, Auflösung und Vernichtung. Die Sexualwissenschaftler postulieren – wenn dieser Reiz überhaupt erwähnt wird – mehrheitlich, dass dieses Gefühl vom durch seine Rationalität bestimmten Mann zumeist als Ohnmacht und Bewusstlosigkeit gefürchtet, von der unbeständigen und emotional reagierenden Frau jedoch als besonders anziehend wahrgenommen werde, die gerade den Kontrollverlust und die Unterwerfung als stimulierend empfinde.

Einige der Figuren in den analysierten literarischen Texten empfinden ebenfalls Lust dabei, ihre geistige (und zuweilen auch die körperliche)

---

76 Peter Weibel beschreibt ähnliche Mechanismen beim Masochisten: »Die Haut ist gerade jene Grenze, jener Schauplatz, auf dem ein Masochist versucht, eine Balance zwischen Ich und Welt, aber auch zwischen Es, Ich und Über-Ich zu finden. Er verlagert den Kampf der Konfliktparteien von innen soweit wie möglich nach außen, auf diese äußerste Grenze, nämlich die Haut, weil er diesen Kampf nicht anders ertragen bzw. ihn meistern könnte.« (Weibel: Masochismus als post-phallisches Mandat. S. 38) Der Masochist nutze dabei eine fetischistische ›Panzerung‹ (Pelz, Korsett, etc.), um seine instabile Ich-Grenze zu schützen (vgl. ebd. S. 42). Vgl. auch Prokop/Lorenzer: Sadismus und Masochismus in der Literatur. S. 61.

Integrität aufs Spiel zu setzen, die Grenzen ihrer Existenz auszuloten. Teresa im »Zauberlehrling« beispielsweise versucht, sich für Gott zu öffnen – was sie auch über ihre Körperhaltung (offener Mund, gespreizte Beine etc.) signalisiert –, bzw. sie verletzt sich und lässt sich durch andere freiwillig verwunden, um ihre Körperhülle durchlässig zu machen, damit sie ihren Schöpfer aufnehmen kann. Diese ›Inkorporation‹ Gottes wird dabei durchaus sexuell konnotiert, Gewalt und Begehren miteinander verbunden. Es geht um einen Verlust der Individualität, eine Verschmelzung mit dem Geist des Höchsten, ein lustvolles Auflösen – in Teresas Fall bis zum Tod, welcher allerdings das Ende ihres Ichs bedeutet.

Der Wunsch nach einer Verschmelzung mit dem Weltganzen mag auch der Tatsache geschuldet sein, dass viele der Figuren sich ausgeschlossen und isoliert fühlen. Sie sind Monaden, in ihrer eigenen Existenz gefangen und unfähig, sich in eine Gruppe einzugliedern oder mit anderen zu kommunizieren. Braun beispielsweise zeigt sich lediglich in einer einzigen Szene in »Alraune« verletzlich – und zwar, als er einsehen muss, dass sein Onkel nicht durch seine Maskerade zu schauen und sein ›wahres Ich‹ zu sehen vermag. Braun beleidigt ten Brinken vorsätzlich, um diesen herauszufordern – und der Geheimrat geht darauf ein:

> Aber die Tatsache gerade, daß der Onkel so verletzt war, daß er seine Dummenjungenmanieren so ernst nahm und tragisch – das gerade kränkte und beleidigte ihn [d. i. Braun]. Er empfand es fast wie eine Herabsetzung, daß ihn der Geheimrat so gar nicht verstand, daß er nicht durchsah den blonden Trotzkopf, durch das bißchen lumpige Oberfläche.[77]

Ähnliches formuliert die Figur auch im »Zauberlehrling«, wenn sie aus ihrer Kindheit erzählt und erklärt, eine tiefe Sehnsucht nach Eingliederung in ein Kollektiv habe sie angetrieben.[78]

Es ist der Wunsch nach Kommunikation, gar Kommunion und der Überwindung der eigenen, beschränkten Subjekthaftigkeit, der die Protagonisten antreibt. Johannes bemüht sich ebenfalls um einen Ausweg aus seiner als monadenhaft empfundenen Existenz, wünscht sich eine »Brücke« oder ein »Fenster«[79] zu einer anderen Person. Selbst

---
77   Ewers: Alraune. S. 77.
78   Vgl. Ewers: Der Zauberlehrling. S. 124.
79   Döblin: Der schwarze Vorhang. S. 160.

die Taten des geisteskranken und sadistischen Verbrechers G. in Musils »Vollendung der Liebe« werden durch die Protagonistin und ihren Ehemann damit erklärt, dass er »wie ein Haus mit verschlossenen Türen« sei, aus dem er nicht hinausgelangen könne, weil er keinen Ausgang finde. Der Täter lege lediglich seine Wange an die Scheiben, schaue hinaus und sehe »die geliebten Opfer«, über denen sein Lächeln schwebe.[80] Der Verbrecher kann nur durch diejenigen verstanden werden, die ähnliche Gefühle wie G. selbst besitzen und nicht glauben, ihn an »konventionalisierte[n] gesellschaftlich-moralische[n] oder juristische[n] Normen«[81] messen zu können.[82] Sein Handeln ist bereits durch die Haltung während der Tat legitimiert: »In seiner Wehmut liegt alle Entschuldigung, in dem Fühlen, mit dem er die Zerstörung begleitet …«[83] G. wird von seinem Alleinsein getrieben und peinigt seine Opfer lediglich um ein »bißchen Erotik« willen, die »irgendwo wie ein schwacher Schein in ihm wetterleuchtet«.[84] Die Erregung, die er ihren Körpern für sich abpresst, bleibt kümmerlich, ist lediglich Schein – inauthentisch und nicht festhaltbar. Die Qual und der Tod seiner Opfer verhelfen dem Lustmörder letztlich nicht dazu, seine Einsamkeit zu überwinden.

---

80 Musil: Die Vollendung der Liebe. S. 13.
81 Luserke: Robert Musil. S. 39.
82 Claudine fühlt sich G. verwandt (Goltschnigg: Die Rolle des geisteskranken Verbrechers. S. 107) – ein Verbundenheitsgefühl, das die Klischeevorstellung der durch eine »ans Pathologische grenzende[] […] Triebhaftigkeit« bestimmten Frau (Dohm: Gender und Gewalt in Robert Musils ›Die Vollendung der Liebe‹. S. 182) unterhöhlt. Die Protagonistin überschreitet durch ihre Identifikation mit G. »Grenzen geschlechtlicher Polarität« (ebd. S. 190). – Doch auch Claudines Ehemann ist nicht unwillens, Verständnis für die Taten G.s aufzubringen: »The point is that in terms of possessing a moral sense, Claudine and her husband are very similar in their willingness to think beyond conventional moral categories in the attempt to understand G.« (Bird: Masochism and its limits. S. 717)
83 Musil: Die Vollendung der Liebe. S. 12.
84 Ebd. S. 11. – Hier ähnelt Musils Text im Übrigen einer von Ellis und Moll aufgestellten These: »Nicht das Verlangen, grausam zu sein, treibt den Sadisten, so grausam auch in Wirklichkeit seine Handlung sein mag. […] Das kräftigste ihm bekannte Mittel hierzu [d. i. zur Stärkung seiner Erregung] ist die Zufügung von Schmerz. Aber er wünscht häufig, daß das Weib diesen Schmerz als Lust fühlen soll. […] Es ist nicht sein Wunsch grausam zu sein. Er würde es vorziehen, Lust zu verursachen, wenn er auch mit dem bloßen Schein von des Opfers Lust zufrieden ist.« (Ellis/Moll: Die Funktionsstörungen des Sexuallebens. S. 640 f.)

Das Motiv, die eigene Isolation zu verlassen, treibt viele der Figuren in den analysierten Texten an. Sie wünschen sich den trunkenen Untergang ihres Selbst – so experimentiert Braun mit Drogen und Giften, um sich aus dem Gefängnis seines Selbst zu befreien –, fallen jedoch letztlich immer wieder auf sich selbst zurück, da sie den letzten Schritt in die Auflösung aus mangelndem Mut oder ungenügendem Glauben nicht wagen: Der Sadist wünscht sich ein Aufgehen im anderen, schreckt schlussendlich aber davor zurück, sich selbst aufzugeben. Der nicht empfundene Schmerz des anderen, der die eigene Integrität bestätigt, dient dann auch der (erneuten) Abgrenzung und der Abwehr.

Zumeist unterstützt der Text diesen Widerstand gegen die andere Figur, indem er sie ausschaltet – jedenfalls, sofern es sich um eine Frau handelt. Carlotta, Irene, Alraune, Teresa und Frau Porges werden getötet, während Benno, Frank Braun, Franz Polzer und Törleß überleben, Johannes Suizid begeht. Lediglich Magdalena Güllich entgeht diesem Schicksal, wird jedoch als Figur aus dem Text getilgt – nachdem sie ihre Rolle erfüllt hat, wird über sie nur noch als Katalysator der Entwicklung Jan Herzkas gesprochen.

3.9.5 Frauenfiguren und Geschlechterkampf

Die Frauenfiguren in den analysierten Texten scheinen die Erzähler als Persönlichkeiten nicht zu interessieren. Sie dienen lediglich als Katalysatoren, die die Entwicklung der männlichen Protagonisten anstoßen. Ihre Anwesenheit verstärkt die Persönlichkeitsspaltung der männlichen Figuren – einerseits fühlen sie sich von den Frauen angezogen, begehren sie körperlich und sehnen sich danach, ihnen nahe zu sein, andererseits fürchten sie sich vor den eigenen Körperreaktionen, der möglichen Abhängigkeit von ihrem Gegenpart, der sie durch Verweigerung kontrollieren kann, und wünschen sich, nicht nur über sich selbst, sondern auch über den Partner bestimmen zu können.[85]

---

85 Ähnlich hatte es schon Sacher-Masoch in »Venus im Pelz« formuliert: »In der Leidenschaft des Mannes ruht die Macht des Weibes, und es versteht sie zu benützen, wenn der Mann sich nicht vorsieht. Der hat nur die Wahl, der Tyrann oder der Sklave des Weibes zu sein.« (Sacher-Masoch: Venus im Pelz. S. 16)

Welche Empfindungen die Frauen dabei haben, wird selten thematisiert.[86] Wenn das Innenleben der weiblichen Figuren überhaupt eine Rolle spielt, dann in den Fällen, in denen sie sich ihrem Partner unterordnen, während der sadistischen Szene in Hingabe zu ihm aufgehen und die Schmerzen begrüßen und wünschen: Irenes klagende Bitte, Johannes möge sie schlagen und sie dafür »büßen« lassen, dass sie »ein Weib« ist[87], mündet in seinem Mord an ihr, dem sie willig und mit Vergnügen entgegenstrebt: »Durch das Weib rauschte weiß und immer dichter die tödliche Lust; rührte ihr Stirn, Auge und Knie.«[88] Die grobe Vergewaltigung Teresas endet im beiderseitig befriedigenden Liebesspiel, in »volle[r], reine[r] Harmonie«[89] – zu dem Zeitpunkt, als »das Weib wach wurde in ihr«.[90] Alraune spielt zunächst mit Braun, ist letztlich aber mehr als bereit dazu, sich ihm unterzuordnen: »Willst du mich schlagen? Soll ich die Peitsche holen? [...] Deine Sklavin bin ich.«[91]

Die Frau wird – im Gegensatz zum Mann, der zunächst als kultiviert und zivilisiert gilt – mit der ungezügelten Natur verbunden. Schon Carlotta wird als »Affe«[92] und »wildes Tier«[93] bezeichnet – und auch die anderen Texte bedienen sich meistenteils Vergleichen aus dem Bereich der Tier- und Pflanzenwelt, um Frauen zu beschreiben: Törleß glaubt, bei den Häusern des slawischen Proletariats nahe des Konvikts eine »andere[], tierische[], drückende[] Atmosphäre«[94] wahrzunehmen – ein Eindruck, der sich wohl vor allem auf die nackten Kniekehlen und üppigen Brüste der Arbeiterfrauen, die die Aufmerksamkeit des Jungen auf sich ziehen, stützt. Johannes' Pflegemutter wird mit »eine[r] Rose von übergroßer Pracht«[95] verglichen, Irene selbst gibt an, ihren Liebhaber wie »Efeu [...] bedrängen«[96] zu wollen. Seine »*wilde, sündige*

---

86   Hier ähnelt die Haltung der Autoren der der Sexualwissenschaftler, die ebenfalls kaum Interesse für die Frauen aus ihren Fallgeschichten zeigten.
87   Döblin: Der schwarze Vorhang. S. 170.
88   Ebd. S. 201.
89   Ewers: Der Zauberlehrling. S. 64.
90   Ebd. S. 66.
91   Ewers: Alraune. S. 328 f.
92   Wildenbruch: Brunhilde. S. 337.
93   Ebd. S. 338.
94   Musil: Die Verwirrungen des Zöglings Törleß. S. 17.
95   Döblin: Der schwarze Vorhang. S. 111.
96   Ebd. S. 170.

*Schwester«*⁹⁷ sieht der Erzähler aus »*Alraune*« mit »*Krallen*« und »*Hauern*«⁹⁸ ausgestattet, Alraune wird von Braun mit einem »Giftbaum«⁹⁹ verglichen, den zu fällen er sich imstande fühlt.

Die Frauen werden somit häufig als auf einer untermenschlichen und primitiven Entwicklungsstufe stehend wahrgenommen, sind Tier und Pflanze näher als dem erhabenen – männlichen – Menschen. Um als gleichwertig eingestuft zu werden, fehlt ihnen die Selbstkontrolle, die Rationalität und Gedankenkraft des Mannes. Diese Frauen sind ihren Emotionen, ihren Wünschen und ihrem Begehren ebenso ausgeliefert wie äußeren Reizen, auf die sie unvermittelt reagieren. Ähnlich hatten auch einige Sexualwissenschaftler argumentiert – auch sie gingen häufig davon aus, dass die Frau ein Mangel an geistigen Kontrollmechanismen auszeichne, der sie zu irrationalen Handlungen verleiten könne.¹⁰⁰

Besonders an Teresa wird diese Haltung deutlich: Braun glaubt, dass Teresa keine Seele habe, weil ihr »das volle Bewußtsein des Gegensatzes von ihrem Ich zu der Außenwelt«¹⁰¹ fehle – ein Bewusstsein, das auch das Tier vom Menschen unterscheide. Die Exaltation reiße die Grenzen zwischen Ich und Nicht-Ich ein: »Diese Ekstase war ein Rückfall in den Zustand des niedersten Tieres, bei dem die Reize nicht die Veranlassung zur Bildung von Vorstellungen gaben, sondern sofort die Reaktion auflösten.«¹⁰² Die Rückkehr auf eine niedere Entwicklungsstufe kann durch Rauschmittel oder die Flucht in sexuelle Ekstase erreicht werden: Der Mensch regrediert »zum Tier« – und empfindet dabei grenzenlose Freude: »er war glücklich in dieser Zeit«.¹⁰³ Rationale Urteilskraft jedoch macht diesen Rausch unmöglich¹⁰⁴ – wer einmal, wie Frank Braun, ein deutliches Bewusstsein für sich selbst, die Umwelt und die eigene Er-

---

97 Ewers: Alraune. S. 10.
98 Ebd. S. 246.
99 Ebd. S. 331.
100 Vgl. Lombroso/Ferrero: Das Weib als Verbrecherin und Prostituirte. S. 75: Da »beim Weibe wegen seiner grossen Impulsivität die Reaktion viel schneller auf den Reiz folgt als beim Manne«, setze dieses seine Pläne für Gewalttaten eher durch als der Mann.
101 Ewers: Der Zauberlehrling. S. 318.
102 Ebd. S. 362.
103 Ebd. S. 363.
104 Vgl. ebd. S. 363.

habenheit über die Mitmenschen erreicht hat, kann nicht mehr in den erkenntnislosen Zustand zurückkehren. Jene Überlegenheit unterscheidet die Protagonisten allerdings nicht nur von den Frauen, sondern auch von der breiten Masse der Männer, was die Abgrenzung zwischen den Geschlechtern möglicherweise relativiert. Dennoch fällt auf, dass keiner der weiblichen Figuren ein derart herausgehobener Status zugebilligt wird – selbst Alraune, die schon durch ihr jungenhaftes Aussehen zumindest androgyn wirkt und durch die ihr zugeschriebenen Charaktereigenschaften (Kaltblütigkeit, Strenge, Grausamkeit etc.) dem Ideal eines Mannes im Roman noch näher kommt[105], erreicht Brauns Entwicklungsstufe nicht ganz. Die meisten ihrer Handlungen begeht Alraune instinktiv und impulsiv: Ebenso wie Teresa in »Der Zauberlehrling« hat sie kein *Bewusstsein* für die Qualen, die sie anderen zufügt – sie dosiert die Leiden nicht, sie verfolgt keinen höheren Plan damit, sie experimentiert nicht mit ihren Mitmenschen. Sie reagiert lediglich auf die Möglichkeiten, die sich ihr anbieten und nutzt ihre Wirkung auf Männer – und teilweise auf Frauen – aus, um sich einen (kurzfristigen) Vorteil zu verschaffen. Brauns Handlungen dagegen sind darauf ausgerichtet, sich selbst und die Welt zu erforschen – er will erkunden, wo die Grenzen des Menschenmöglichen und des tatsächlich Realisierbaren liegen und diese verschieben. Ihm ist daran gelegen, die Kräfte der Natur, das Übernatürliche, den Schöpfer herauszufordern, um etwas zu finden, das außerhalb seiner selbst liegt und trotzdem als gleich- oder gar höherwertig anzuerkennen ist. Während ›der Mann‹ also nach Erkenntnis strebt, sucht ›die Frau‹ ihr Glück im Diesseitig-Weltlichen.

Die Frauenfiguren haben im Allgemeinen ein anderes Körperbewusstsein als die männlichen: Während viele der Protagonisten ein ambivalentes Verhältnis zu ihrem Leib aufweisen, ihn einerseits oft als fremd, dissoziiert oder fragmentiert wahrnehmen, da seine Bedürfnisse gegen ihre bewussten Absichten stehen, andererseits aber auch von seiner Stärke profitieren und seine Hauthülle als äußeres Zeichen ihrer eigenen, sonst zu bezweifelnden Integrität und Abgeschlossenheit nach außen nehmen, wird den Frauen häufig ein unkomplizierteres und har-

---

105 Alraunes Augen sind ebenso »grasgrün« und »stahlhart« wie die Frank Brauns – diese Übereinstimmung deutet darauf hin, dass das Mädchen auch charakterlich dem jungen Mann ähnelt (Ewers: Alraune. S. 168).

monischeres Verhältnis zu ihrem Körper zugeschrieben: Er liegt nicht mit ihrem Geist im Kampf – der Leib hat das Primat, er bestimmt ihre Handlungen. Im Gegensatz zu den männlichen Figuren, die immer wieder gegen das physische Begehren ankämpfen, die ihren Drang metaphorisch nach außen projizieren, um ihn durch genaue Beobachtung zu begreifen, die nach Analogien suchen, um ihn wenigstens annäherungsweise rational erfassen zu können und hoffen, das Verlangen durch genaue Selbstkontrolle und kontinuierlichen Aufbau von eigenen Normen und Regeln im Zaum halten zu können, geben sich die Frauen ihren Gefühlen hin. Da sie offenbar kein klar abgegrenztes und zu verlierendes Ich besitzen, sondern ihr Selbst mit dem Körper verschmilzt und eine Einheit bildet, können sie ihren Wünschen nachgeben, ohne sich aufgeben zu müssen.[106]

Irenes Hingabe an Johannes, selbst ihr Tod, ist in ihrem Verständnis von Weiblichkeit aufgehoben: »Ich bin ganz von mir abgedrängt, das Stumme in mir hast du sprechen machen; nun bette mich auch und laß mich büßen, daß ich ein Weib bin.«[107] Das Mädchen fühlt sich zwar von sich selbst »abgedrängt«, doch sie ordnet ihre Gefühle auch als bereits in ihr Angelegtes, noch stumm Gebliebenes, jetzt aber zur Sprache Kommendes ein. Irene erkennt – plötzlich, intuitiv und physisch –, dass »Grausamkeit und Zerstörung«[108] zum Leben gehören und nimmt ihre Opferrolle als ihr Schicksal an, »blüht[]« Johannes »entgegen.«[109]

---

106 Martin Lindner erläutert die Entstehung dreier Frauenbilder in der Lebensideologie. Erstens: Die »ideale Frau als Synthese von Natur und Kultur«. Diese Art von Frau soll den Mann »an die Erde binden«, ihn jedoch gleichzeitig durch ihre Bindung an die Natur auf eine höhere Entwicklungsstufe heben: »Sie verkörpert das gemäßigte ›Lebens‹-Konzept, verstanden als harmonische Einheit von Natur und Kultur, von Sexualität, Seele und Verstand, während der Mann zerrissen ist – einerseits selbstzweckhafte, triebhafte Sexualität und andererseits kalter Intellekt.« Zweitens: Die »Frau als Verkörperung der elementaren Natur« – das ›Weib‹ als Verkörperung des ›Lebens‹. Weiblichkeit wird in diesem Fall mit Triebhaftigkeit verbunden, die für den Mann entweder Bedrohung oder Chance bedeuten kann. Drittens: Das »Ideal der reinen, asexuellen Frau«, die das ganzheitliche Leben vor Einbruch der Sexualität verkörpert (Lindner: Leben in der Krise. S. 86 f.). In den analysierten Texten treten vor allem Frauenfiguren des ersten Typs auf.
107 Döblin: Der schwarze Vorhang. S. 170.
108 Ebd. S. 199.
109 Ebd. S. 200.

Entsprechendes wird auch in Ewers »Zauberlehrling« angedeutet: Teresa, die – anders als Braun – die sie umgebenden »Mauern«[110] des Glaubens noch nicht durchdrungen hat, noch ›erkenntnislos‹ ist, wird erst mittels der durch die Vergewaltigung geweckten Erregung, durch ihr Einverständnis zur gewaltsamen Vereinigung und durch ihre – doppeldeutig verstandene – Selbstlosigkeit zur Frau.[111] Weiblichkeit definiert sich in Ewers' Roman folglich durch Unterwürfigkeit, Opferwillen und vor allem leidenschaftliche Emotionalität – eine Feststellung, die sich auch auf »Alraune« (und letztlich auch auf »Vampir«[112]) ausweiten ließe: Das Mädchen Alraune wird als androgyn gezeichnet und ähnelt charakterlich Frank Braun, nähert sich also einem als ›männlich‹ definierten Ideal an – dennoch ist sie bereit, die ›Zauberkräfte‹, die sie zu besitzen glaubt, abzugeben, um ihren Partner nicht zu gefährden und sich ihm vollständig hingeben zu können.[113]

Frau Porges verschwendet – ebenso wenig wie Kamilla – keinen Gedanken an die Schicklichkeit ihres Tuns oder den Verlust ihres Selbstgefühls, wenn sie zu ihren Liebhabern geht. Während Polzer sich seines Leibs schämt, ihn kasteit, seine Bedürfnisse einzuschränken versucht und selbst eine Erektion offenbar nur dadurch wahrzunehmen imstande ist, dass er sie einem leblosen, nicht zu seinem Körper gehörigen Stück Holz zuordnet, zeigt die Zimmervermieterin sich ohne Scham nackt vor Karl Fanta[114], legt ihren Körper für Polzer zurecht, bevor sie mit ihm schläft und nutzt ihre Fülle und Massigkeit, um begehrenswert auf Männer zu wirken. Dora weigert sich zwar, sich vor anderen nackt zu zeigen und sich durch Karl demütigen zu lassen, doch auch sie beginnt eine Affäre mit dem Tenor – und möglicherweise mit an-

---

110 Ewers: Der Zauberlehrling. S. 363.
111 Vgl. ebd. S. 66.
112 Lotte Lewi, die als Einzige im Roman erkennt, dass Frank Braun zum Vampir geworden ist – ein Vampirismus, der wenig Übernatürliches hat, sondern als Folge einer Krankheit eingestuft wird, die durch regelmäßige Aufnahme von Blut geheilt werden kann –, lässt ihn, wenn er sich im Delirium befindet, wiederholt von ihrem Blut trinken, bis sie beinahe zugrunde geht. Am Ende dankt sie ihm dafür, dass er ihr (ohne es zu wissen) gestattet hat, ihn zu nähren: »Das Höchste, was ein Weib tun kann für den Mann, den sie liebt, eine Mutter für ihr einziges Kind, ein Heiland für die leidende Menschheit – das, das lehrtest du mich tun: das Herrlichste, das Ewiggöttliche!« (Ewers: Vampir. S. 596)
113 Vgl. Ewers: Alraune. S. 306 f.
114 Vgl. Ungar: Die Verstümmelten. S. 118.

deren? –, ohne dabei ihre Persönlichkeit einzubüßen. Zu keinem Zeitpunkt werden den Frauen in »Die Verstümmelten« ähnlich existenzielle Nöte zugeschrieben wie Franz Polzer – eventuell auch deswegen, weil sie sich gegenseitig stützen. Kontrastiv zu den komplexeren, individuelleren männlichen Figuren, die jeweils allein für sich stehen, bilden die Frauen ein Netzwerk, über das dem Leser nur unzureichende Informationen gegeben werden, das jedoch die Lebenswelt des Protagonisten zu bestimmen und ihn letztlich zu zerstören scheint.

Die unkomplizierte Körperlichkeit der weiblichen Figuren hat allerdings noch eine weitere Komponente – ihre Fruchtbarkeit. Die Sexualwissenschaftler legen mehrheitlich großen Wert darauf, dass die Reproduktion das natürliche Lebensziel aller Menschen sein sollte – dieses Postulat wird nicht infrage gestellt, weil auf ihm jede Einstufung von Normalität und Abnormität beruht. In den analysierten literarischen Texten spielt dieses Konzept jedoch nur eine untergeordnete Rolle: Zwar empfangen drei Frauen ein Kind, zur Geburt kommt es jedoch nur einmal – und die drei Frauen finden bei oder vor der Geburt den Tod. Die weiblichen Figuren werden somit nicht über ihre Reproduktionsfähigkeit definiert – ihre Aufgabe ist es nicht, für den Fortbestand der Gesellschaft zu sorgen und eine gesunde, arbeitsfähige Nachkommenschaft zu erzeugen, sondern sie besteht darin, der Anlass für die Fortentwicklung der Protagonisten zu sein.

Die individuelle Entwicklung der männlichen Figuren entspringt zumeist (auch) der aggressiven Auseinandersetzung mit ihren weiblichen Gegenparts – ›Mann‹ zu sein, heißt auch, sich von dem, was als ›weiblich‹ verstanden wird, zu distanzieren. Die Protagonisten sind dazu aufgerufen, neue und selbstbestimmte – im Gegensatz zu den zunächst bestehenden, fremd- und gesellschaftsbestimmten – Persönlichkeitsgrenzen aufzubauen, um sich gegen die durch die Frauen – auch im Wortsinn – verkörperte tendenzielle Auflösung zu wehren.

Der Versuch der Abgrenzung endet oft im Geschlechterkampf: In »Der schwarze Vorhang« »loht Aug gegen Aug«[115], wenn sich Irene und Johannes umfassen: »Wir haben nicht Arme, um uns entzückt zu umschlingen, nur um uns zu wehren und zu kämpfen [...]. Jeder Kuß verfehlt einen Biß. Ah, darum schnürt sich das Leben zur Zweiheit ein, zu

---

115 Döblin: Der schwarze Vorhang. S. 171.

Mann und Weib, daß es sich aufs wildeste packt und zerreißt.«[116] Der Erzähler von »Die Verwirrungen des Zöglings Törleß« sieht jede »erste Leidenschaft« als Zeichen des Hasses »gegen alle«[117], der sich (wie in Döblins frühem Roman) im Biss äußert – der eben kein Liebesbiss ist, sondern Ausdruck der Besitzgier. Frank Braun spricht in »Alraune« sogar offen vom »Kampf«[118], den Alraune aufrechtzuerhalten sucht: »Ihre Nägel zerfetzten sein Gesicht, ihr Gebiß schlug sich in Arme und Brust. Und in Geifer und Blut suchten sich ihre Lippen, fanden sich, nahmen sich, in brünstigen Schmerzen –«.[119] Der Kampf ist auch der Versuch der Inkorporation – der Biss zeugt von dem Bemühen, sich den anderen einzuverleiben, ihn zu besitzen, ihn zu besiegen und vollständig zu kontrollieren.

3.9.6   Ästhetisierungsstrategien

Gilles Deleuze vergleicht in seinem Essay »Sacher-Masoch und der Masochismus« die Erzähltechniken de Sades und Sacher-Masochs: Der Autor der »Venus im Pelz« habe »den Roman mit der Kunst der stillstehenden Bewegung (suspense) um eine erzählerische Technik [...] bereichert«. Die Partnerin des Masochisten nehme »starre Posen« ein, »welche sie einer Statue, einem Porträt, einer Photographie gleichen lassen«, die Szenen würden »auf verschiedenen Ebenen immer wieder durchgespielt«.[120] De Sade dagegen baue auf »mechanisch akkumulierende[] Wiederholung«[121] und »ein quantitatives Häufungs- und Beschleunigungsverfahren«, um »die unmittelbare Übertragung dieser Bewegung von einer Seele auf die andere auszudrücken«.[122] Die Lust am sadistischen Text entstehe durch die logisch aufgebaute Beweisführung, die die – präzise geschilderten – Gewalthandlungen legitimiere.[123] Aufgrund dieser Techniken identifiziere sich der Leser bei der Lektüre

---

116   Ebd. S. 199.
117   Musil: Die Verwirrungen des Zöglings Törleß. S. 30.
118   Ewers: Alraune. S. 278.
119   Ebd. S. 319.
120   Deleuze: Sacher-Masoch und der Masochismus. S. 188.
121   Ebd.
122   Ebd. S. 221.
123   Ebd. S. 184.

der Texte Sacher-Masochs mit dem Opfer, bei der Lektüre der Texte de Sades mit dem Täter.

Betrachtet man die untersuchten Texte aus der Frühen Moderne, so wird deutlich, dass diese ebenfalls eine tendenzielle Identifikation mit dem Sadisten ermöglichen – jedoch nicht, weil dieser seine Lust am Schmerz anderer durch rationale Argumente rechtfertigt, sondern vor allem, weil die meisten Erzähler die – männlichen – Protagonisten als Fokalisierungsfigur gebrauchen. (Frau Porges als Täterin dagegen lädt nicht zur Identifikation ein, obgleich »Die Verstümmelten« einer der wenigen Romane ist, in denen der sadistische Akt auch dem Opfer Befriedigung verschafft.) Dass einige der Figuren sich der zwar als Abnormität verstandenen, aber dennoch nicht grundsätzlich abgelehnten Neigung hingeben, wird jedoch auch auf andere Weise legitimiert – besonders durch die persönliche Weiterentwicklung der Protagonisten, die durch ihre Handlungen an individueller Größe gewinnen, aber auch durch die Hingabe der – in den meisten Fällen weiblichen – Sexualpartner, die sich (auf)opfern.

Wiederholungen, wie sie Deleuze in de Sades Texten feststellte, treten ebenfalls selten auf – im Gegenteil: In der Regel wird das Szenario als singuläres Ereignis verstanden, dessen Wiederholung nicht wünschenswert oder notwendig, ja oft nicht einmal denkbar wäre. Selbst in jenen Fällen, in denen der Sadist seiner Lust öfter als einmal nachgeht, ändern sich entweder die Umstände, unter denen die Tat geschieht (so zum Beispiel in Ewers »Alraune«, wo sich das Machtverhältnis zwischen Alraune und Braun beständig wandelt) oder das Szenario wird nur ein einziges Mal ausführlich geschildert, während die Repetition nur angedeutet wird.

Die Theorie Deleuzes ist auf die analysierten Romane und Novellen folglich nur bedingt anwendbar – interessant ist allerdings, dass einige Texte jene Techniken verwenden, die der Philosoph in Sacher-Masochs Schriften identifiziert hatte: Viele der Opfer wirken statuesk, die Szenen statisch, der Erzähler – der in diesen Fällen oft den Protagonisten als Fokalisierungsfigur nutzt – schildert die Situation als beschreibe er ein Tableau, das vor ihm liegt, präzise, emotionsarm und mit einem deutlichen Fokus auf den Täter.

Die innerlichen Bewegungen des Sadisten sind dem Erzähler zumeist wichtiger als das Äußere der gequälten Figur: Irene empfängt die Schläge Johannes willentlich – dass der Junge ihr Qualen zufügt, muss der Leser erst über die beigeordneten Attribute erschließen: Die »Lust« Irenes ist eine »tödliche«, die schweren Hände Johannes' sind »mörderisch[]«, der Druck seines Leibes »erstickend[]«.[124] Der Tod des Mädchens scheint nicht einmal erzählenswert, wird lediglich in einem Nebensatz deutlich, in dem der Leser erfährt, dass »sie erkaltete«.[125] Sobald Irene jedoch verstorben ist, beschreibt der Erzähler die Seelennöte Johannes', der über das Gewesene nachsinnt[126] und sich darum bemüht, den Lustmord zu rationalisieren.[127]

Basinis Qualen werden lediglich akustisch über sein »Stöhnen« und sein »unterdrücktes Geheul« wahrgenommen, dessen Urheber der Leser nicht einmal zweifelsfrei identifizieren kann: Nur »die heißen leidenschaftlichen Atemstöße Beinebergs«[128] werden eindeutig einem der Jungen zugeordnet. Törleß' Situation dagegen wird ausführlich erläutert: Seine »viehische Lust«[129], seine Selbstbeobachtung, sein langsam auftauchendes »Bewußtsein« für das empfundene »Verlangen«.[130]

Als Herzka Magda Güllich schlägt, schreit nicht sie, sondern die Seide ihres Kleides, als der Kaufmann es zerreißt.[131] Zum Thema werden Jans Gefühle: Sein Glück beim Anblick Magdas, sein Wunsch, das Passional wie ein Rezeptbuch benutzen zu können, seine Gleichgültigkeit ihrem Zustand gegenüber.[132] Nachdem der Kaufmann seine Partnerin zurückgelassen hat, kommt der Erzähler lange nicht mehr auf die Nebenfigur Magda Güllich zurück, die zwar nicht »der hellichte Niemand«[133], jedoch »jeder Überlegung weit überlegen«[134] und deren Schicksal somit nicht zu erzählen – nicht erzählens*wert*? – ist.

---

124 Döblin: Der schwarze Vorhang. S. 200 f.
125 Ebd. S. 201.
126 Vgl. ebd.
127 Vgl. ebd. S. 202 f.
128 Musil: Die Verwirrungen des Zöglings Törleß. S. 69.
129 Ebd.
130 Ebd. S. 70.
131 Vgl. Doderer: Die Bresche. S. 135.
132 Vgl. ebd. S. 135 f.
133 Ebd. S. 204.
134 Ebd. S. 205.

Dies sind nicht die einzigen Beispiele. Es kann festgestellt werden, dass die Schmerzen der Opfer selten ausgeführt werden, sie interessieren die Erzähler nicht – jedenfalls nicht im gleichen Maße wie die mehr seelischen Leiden der Protagonisten. Die Täter werden dabei tendenziell exkulpiert: Der sexuelle Drang wird als solch fundamentale Kraft gezeichnet, dass die Figur ihm nichts entgegenzusetzen hat – die Naturmacht übernimmt ihren Körper und lenkt ihr Handeln. Die Aktionen des Protagonisten erscheinen dann als fast zwangsläufige Folge dieses Geisteszustands. Das – zumeist weibliche – Opfer seiner Taten wehrt sich auch nicht gegen seinen Peiniger, sondern liefert sich ihm aus und fordert ihn heraus – zumindest in der Wahrnehmung der Protagonisten. Die Geschlechterrollen – der aktive Mann und die passive Frau, die sich dem Mann anbietet – sind somit klar verteilt und werden offenbar von allen Figuren vorderhand als ›natürlich‹ und angemessen akzeptiert.

Der literarische Text unterscheidet sich vom sexualwissenschaftlichen folglich durch die Erzählsituation – während die Fallgeschichte der Sexualwissenschaftler oft von einem extern fokalisierten Erzähler geschildert wird, der zwar alle Informationen über den familiären Hintergrund und die perversen Handlungen seiner Patienten hat, jedoch kaum eine Erklärung für ihr Verhalten und die Abläufe im Inneren der Person, sind die Erzähler in den literarischen Texten nullfokalisiert und/oder passen ihre Wahrnehmung (zeitweise) an die einer Fokalisierungsfigur an: Sie können die psychische Situation ihrer Figuren kundig beschreiben. Hier liegt möglicherweise auch die Ursache dafür, dass der sexualwissenschaftliche Text – im Grunde (Darstellungs-)Normen und Tabus brechend – den sadistischen Akt genauer schildert und alle seine Details aufzählt, während der literarische Text, der – in seiner Eigenschaft als Kunst – tendenziell als Ort gilt, in dem Grenzen überschritten werden dürften, die Einzelheiten der Tat verschweigt.

Die Kunst konkurriert bei der Darstellung, der Definition und Erklärung der Perversion mit der Wissenschaft, von der sie sich abgrenzen will, die sie jedoch durchaus auch zum Vorbild nimmt, vor allem, was die als ›wissenschaftlich‹ verstandene Präzision der Beschreibung angeht – Schilderungen, die sich in der Literatur allerdings weitgehend auf die psychischen Vorgänge der jeweiligen Person beschränken und die körperlichen Merkmale oft ausklammern. Während die Sexualwissenschaftler sich jedoch darum bemühten, allgemeinverständlich und klar zu formulieren, um ihren Text für Kollegen und interessierte (sowie betroffene?) Laien begreiflich zu machen, informieren und anleiten zu können, richteten sich die Künstler an ein eher elitäres Publikum, dem weniger um das schlichte Verständnis zu tun war als um die sprachkünstlerische Gestaltung der Texte.[135]

Die Aufgabe des Künstlers ist es, laut Musils Essay »Das Unanständige und Kranke in der Kunst«, durch Analogien und Aufspüren von Beziehungen Verbindungen zwischen Dingen und Begriffen herzustellen. Er soll die ›Wirklichkeit‹ darstellen – und zwar nicht dadurch, dass er am Eindeutigen und Offenbaren festhält (was die Aufgabe der Wissenschaft wäre), sondern dadurch, dass er »ein dunkles Klingen seelischer Verwandtschaften, ein langsames Bewegen weiter Gefühls-, Willens- und Gedankenzusammenhänge«[136], das die realen Vorgänge umgibt, beschreibt und dem Rezipienten, der das Geschilderte aus dem als ›natürlich‹ und ›normal‹ Verstandenen zusammenzusetzen und in das bereits Bekannte einzuordnen lernt, zu neuen Erkenntnissen verhilft.

Etwas Ähnliches lässt sich tatsächlich in vielen der literarischen Texte feststellen – wozu die Autoren selbstverständlich ganz unterschiedliche Techniken verwenden: Döblin versinnbildlicht die ›Auflösung‹ seiner Figuren im Strom des ›Lebens‹, die Natürlichkeit ihres Tuns, selbst des Lustmords, z. B. durch die Wahl seines Vokabulars, das oft aus dem Bereich der Tier- und Pflanzenwelt stammt. Damit deutet er allerdings auch an, wie sehr die Figuren durch die von der Natur vorgegebenen Grenzen, also auch von den individuellen biologischen Merkmalen,

---

135 Das intendierte Publikum der theoretischen und literarischen Texte stimmt also möglicherweise nicht überein, wohl aber das tatsächliche – die Gebildeten lasen sowohl Iwan Bloch als auch Alfred Döblin; die Sexualwissenschaft war durchaus populär. – Wenn ein Autor wie Robert Musil sich fünf Jahre nach dem Erscheinen des »Törleß« in einem Essay über »Das Unanständige und Kranke in der Kunst« zum einen für die Darstellung von Perversionen in der Literatur rechtfertigt, sich zum anderen aber auch für sie ausspricht, wenn er im gleichen Jahr noch einen Text wie »Die Vollendung der Liebe« publiziert, in dem ein Fall von Masochismus geschildert wird, dann hat er offenbar Interesse daran, das Gebiet der sexuellen Norm und Überschreitung auch für die Literatur zu beanspruchen und es nicht gänzlich den Naturwissenschaften, seien es nun Biologie, Psychologie oder Sexualwissenschaft, zu überlassen – und er nimmt offenbar die Konkurrenz wahr, wenn er für seine Texte ein spezifisches und quasi tieferes Wissen reklamiert, sozusagen ein ›wahreres‹ Wissen.

136 Musil: Das Unanständige und Kranke in der Kunst. S. 16.

von der eigenen physischen Verfasstheit, abhängig sind. Der Körper und seine ›natürlichen‹ Bedürfnisse sind von der Psyche nicht zu trennen und müssen akzeptiert, in die Persönlichkeit integriert werden.

Daneben werden die Figuren in ein Netz von kulturellen Anspielungen verstrickt, das sie mit dem Bildungskanon verbindet – ohne jedoch die individuelle Geschichte des Protagonisten als bloße Wiederholung zu kennzeichnen – und den Leser dazu anregt, neue Verknüpfungen zu bilden: In Döblins Roman existiert beispielsweise eine ›Wächterin‹, die als ›Lilith‹ benannt wird und dafür sorgt, »daß nicht eins das andere verschlingt«[137], dass die Grenzen zwischen Individuen aufrechterhalten bleiben, auch wenn sie sexuell miteinander verschmelzen: »Eine dünne rissige Haut um dich und mich spannt sie.«[138] Sie spendet dem Menschen jedoch auch Trost, damit er unter seiner unüberwindbaren Einsamkeit nicht zu sehr leidet, »daß er vergißt und nicht fühlt: Es gibt keine Brücken in der Welt.«[139]

Der Name spielt auf eine ganze Reihe von jüdischen und christlichen Legenden an: Lilith ist nach altrabbinischen Legenden der Name der ersten Frau Adams, die sich weigerte, ihrem Mann untertan zu sein und deshalb aus dem Paradies verstoßen wurde. Im jüdischen Volksglauben gilt sie als weiblicher Dämon – eine Verknüpfung, die wiederum auf alten babylonischen Legenden basiert –, der nachts Kinder aus ihren Krippen stiehlt und sie – aus Rache für den Tod eigener Kinder – tötet. Dass nun die »Grenzwächterin«[140] namentlich mit gerade dieser mythologischen Figur verbunden wird, eröffnet neue Deutungsmöglichkeiten: Johannes strebt zunächst nach der Verschmelzung mit Irene, will sie inkorporieren, um sich endlich vollständig und ›ganz‹ zu fühlen und nicht mehr nur Bruchstück zu sein. Die nicht zu überwindenden Grenzen zwischen ihm und seiner Erwählten – personifiziert durch Lilith – jedoch vereiteln die emotionale und körperliche Vereinigung: Die eigenmächtige Frau, die sich dem Willen Gottes widersetzte und deshalb aus dem Garten Eden vertrieben wurde, unterbindet (in Johannes' Vorstellung?) die gewünschte Verschmelzung, nur das sich wi-

---

137 Döblin: Der schwarze Vorhang. S. 173.
138 Ebd.
139 Ebd.
140 Ebd.

dersetzende Weibliche vereitelt die Auflösung Irenes und verhindert, dass Johannes zu seiner Seelenruhe zurückfindet.

Doderers Novelle zeugt von einer anderen Möglichkeit, »ein langsames Bewegen weiter Gefühls-, Willens- und Gedankenzusammenhänge«[141] zu erzeugen: Herzkas Grenzüberschreitung ist zwar eine individuelle und als solche einzigartig, die Übertretung von Normen an sich wird jedoch als notwendig angesehen, um die männliche Entwicklung abzuschließen, was nicht nur durch Slobedeff dezidiert ausgesprochen, sondern auch durch die in »Die Bresche« erwähnten und zitierten Texte zu Musikstücken ›belegt‹ wird: Als Herzka noch im Halbschlaf auf dem Diwan des Komponisten liegt, hört er diesen draußen vor dem Fenster ein russisches Lied singen, das Jan zu kennen meint und dessen Text er sich übersetzt:

> »… So hab ich' mein Herz in die Steppe verstreut,
> Ja, auch meine Lieder –
> Nimm' es auf, Lisotschka, sammle die Blumen …
> Ach binde,
> Ach binde noch heut
> Diesen Strauß an Dein Mieder –!«[142]

Noch nach dem Erwachen »fühlt[]« Herzka »das Lied […] lebhaft nach«[143], und er spricht Slobedeff mehrfach darauf an: »Aber das Lied, das Sie da gesungen haben, kannt' ich; und als ich es zum ersten Mal hörte, ließ ich mir's übersetzen. Davon habe ich allerdings kaum den Kehrreim im Kopf behalten.«[144] Dass Herzka vor allem den Refrain des Liedes im Gedächtnis behalten hat, ist möglicherweise der Lebenssituation des Kaufmanns geschuldet: Auch Herzkas ›Herz‹, sein Ich, hat sich in der Ödnis »verstreut«, er fürchtet, sich verloren zu haben und baut auf die helfende Hand einer Frau, um wieder ›gebunden‹ zu werden, sich ein neues Selbst aufzubauen.

Dieses Selbst jedoch wird immer wieder veränderlich sein, immer wieder Prüfungen durchstehen müssen – wie das jedes großen Mannes. Am Ende der Novelle wird Slobedeffs »Abenteurer« gespielt, während

---

141 Musil: Das Unanständige und Kranke in der Kunst. S. 16.
142 Doderer: Die Bresche. S. 171.
143 Ebd. S. 175.
144 Ebd. S. 177.

Herzka im Publikum sitzt. Der Text des Musikstücks bewegt dabei nicht nur ihn, sondern z. B. auch den König in der Loge:

> Seine Seele sucht keiner Vollendung
> Freigewählte Bahn und glückliche Beendung
> Da es ihm an Maß und Beschränkung gebricht.
> Was ihm voranleuchtet: irrendes Licht,
> Was ihn beweget: des Augenblicks Treiben –
> Zielvolles Streben muß er vermeiden
> Suchende Qualen sein Leben lang leiden,
> Und ins Geordnete fügt er sich nicht.[145]

Der Text ist eine Aufforderung, sich dem bereits Geordneten zu entziehen und sich auf eine Bewegung einzulassen, die den Menschen nach vorn führt, ihn sich entwickeln lässt. Schon als Slobedeff Herzka dazu angehalten hatte, sich nicht aufgrund seiner Geißelung und Vergewaltigung Magdas in Scham zu verkriechen, sondern die ihm vom Leben gestellte Herausforderung anzunehmen, hatte er dies mit einem leidenschaftlichen Anrufen Gottes verbunden, dem er die Ankunft der durch die Erfahrung und das Leid gestählten Männer verkündigt hatte:

> »Herr! […] Wir kommen! Oh, wir kommen! Und ob wir kommen! Mit all' dem elenden Gerümpel, das Du uns gegeben und mit dem Du uns beladen hast, mit all' dem Schandkram kommen wir! Mit unseren elenden, schwachen Füßen und mit den kleinen verquetschten Herzen und mit den engen, erbärmlichen Köpfen! Mit unseren winzigen, lächerlichen Schritten! – Aber wir kommen, wir kommen, glaube mir, wir kommen!«[146]

Somit wird auch die Perversion – so wie jeder andere Ausbruch aus den vorgegebenen, nicht selbst erschaffenen Ordnungen – als Teil des Fortschritts und der Entwicklung des selbständigen Menschen eingestuft. Jeder der analysierten Texte findet einen anderen Weg, die Perversion und die perverse Handlung in größere Sinnzusammenhänge zu rücken: Musil gelingt es über die Verknüpfung des sadistischen Aktes mit anderen der »Verwirrungen« Törleß'. Die Quälerei Basinis ist – ebenso wie Beschäftigung Törleß mit Religion, Philosophie oder Mathematik – ein Versuch, das hinter den Dingen der Welt Liegende zu erforschen, das

---

145   Ebd. S. 203.
146   Ebd. S. 188.

›Eigentliche‹ hinter dem Offensichtlichen. Ewers dagegen verbindet die Schmerzlust mit Theorien über die generelle Entwicklung der Menschen und Hypothesen zur Entstehung der Rassen. Ungar gelingt mit den »Verstümmelten« eine Schilderung der Entfremdung des Menschen in einer von Materialität geprägten Welt. Diese Verbindungen werden dem Leser jedoch nicht explizit gemacht, sondern ihm als Angebot unterbreitet – den Verflechtungen nachzugehen, ist seine Aufgabe.

4. Fazit

Für den Sexualwissenschaftler Albert Moll gehört die Dichtung »zu den wichtigsten Äußerungen des Sexuallebens«[1], auch und vor allem, weil sich in literarischen Texten die (erotische) Phantasie der Autoren ausdrücke: »Zweifellos stellen diese oft eine Befreiung von psychischer Onanie dar.«[2] Wird die Produktion von Literatur allerdings als Ersatz oder Äquivalent geistiger Masturbation verstanden, müssen die Vielschreiber erotischer und pornographischer Texte in den meisten Fällen als »psychisch abnorm[]«[3] und pathologisch gelten, füllt doch das Sexuelle ihr Bewusstsein offenbar vollständig aus.

Auf der Rezipientenseite stehen für Moll drei Gruppen von Abnehmern: »die eine bilden Roués, Perverse und überhaupt Personen mit etwas abnormer, sexueller Phantasie, die zweite Gruppe bilden die Sammler und Forscher, die dritte die Kinder«.[4] Wenngleich sich der Sexualwissenschaftler dafür ausspricht, Minderjährigen den Zugang zu pornographischen Schriften zu verbieten, um die Jugend nicht zu verderben (»Durch diese Literatur werden Perverse gezüchtet«[5]), plädiert er – teilweise aus akademischem (Eigen-)Interesse – dafür, weder den Forschern noch den (erwachsenen und somit selbstverantwortlichen) ›Perversen‹ die Lektüre zu verwehren: Die Archivierung und die Kenntniserweiterung legitimiert den Wissenschaftler zur Rezeption, dem Paraphilen verhilft die Lektüre dazu, sich in der Phantasie das zu verschaffen, was die Wirklichkeit ihm (noch) nicht zu bieten vermag.[6]

Die Ambivalenz, mit der viele Sexualwissenschaftler belletristische Texte betrachteten, wird hier erneut deutlich: Auf der einen Seite gingen sie davon aus, dass Literatur etwas über die menschliche Natur aussagen könne, weil sie Spiegelbild der Phantasien der Verfasser

---

1   Moll: Die Erotik in der Literatur und Kunst. S. 463.
2   Ebd. S. 555.
3   Ebd.
4   Ebd. S. 558.
5   Ebd. S. 493.
6   Vgl. ebd. S. 558.

und gleichzeitig Ergebnis des einzigartigen Einblicks der Autoren in die seelischen Strukturen des Menschen sei[7], was literarische Texte im Gegenzug zum legitimen Objekt wissenschaftlicher Forschung mache, da sie ebenso viel ›Wahrheit‹ wie empirisch erhobene Daten enthielten und deshalb ähnlich ertragreich auszuwerten seien.[8] Auf der anderen Seite galt Literatur allerdings auch als potenziell gefährlich, weil sie die Möglichkeit einer (zunächst) sanktionsfreien Hingabe an abnorme Vorstellungen eröffnet: Die Beschäftigung mit paraphilen Phantasien kann zwar therapeutisch wirken, weil sie dem Perversen gestattet, seine Energien in der Imagination abzuleiten, sie kann aber auch ihre Leser dazu verführen, die phantasierten Szenen in der Realität auszuleben, wenn der Stimulus der Kunst nicht mehr ausreicht.

Ein Legitimations- und Darstellungsproblem, das auch den Sexualwissenschaftlern nicht fremd war: Gaben sie der Beschreibung der Perversionen in ihren Schriften zu viel Raum, warben sie eventuell unabsichtlich für sie – andererseits mussten sie die Paraphilien schildern, um ihre Leser zu informieren: Die Laien sollten über die Anzeichen für abweichendes Verhalten aufgeklärt werden, damit sie perverse Anlagen bei sich selbst oder anderen zu erkennen lernten. Die Ursachen – soweit sie den Sexualwissenschaftlern selbst bekannt waren – sowie die Entwicklungsgeschichte der Perversion sollten den interessierten Lesern näher gebracht werden, damit diese die ersten Warnhinweise auf eine abnorme Neigung ernst nehmen und sich dagegen wehren konnten (und vor allem: auch wollten). Den gebildeten Gutachtern sollten darüber hinaus Maßstäbe an die Hand gegeben werden, um die ihnen zur Beurteilung vorgelegten pathologischen Fälle richtig einordnen und bewerten zu können.

Dabei bemühten sich die Forscher mehrheitlich um eine präzise und nüchterne Präsentation ihrer Erkenntnisse – doch der selbstgegebene

---

7 Vgl. Freuds Aussagen über die Verwandtschaft zwischen Literatur und Psychoanalyse: »Wertvolle Bundesgenossen sind aber die Dichter, und ihr Zeugnis ist hoch anzuschlagen, denn sie pflegen eine Menge von Dingen zwischen Himmel und Erde zu wissen, von denen sich unsere Schulweisheit noch nichts träumen läßt. In der Seelenkunde gar sind sie uns Alltagsmenschen weit voraus, weil sie da aus Quellen schöpfen, welche wir noch nicht für die Wissenschaft erschlossen haben.« (Freud: Der Wahn und die Träume in W. Jensens ›Gradiva‹. S. 14)

8 Vgl. Ort: »Du bist ein Schelm geworden – ich Poet!«. S. 218 zum Einfluss von ›Verbrecherliteratur‹ auf die Kriminologie.

Auftrag zur Aufklärung erforderte es auch, dass den potenziellen Lesern die Informationen anschaulich gemacht und möglichst ansprechend dargeboten wurden. Aus diesem Grund verwendeten die Wissenschaftler Metaphern und Analogien und bemühten sich darum, ihre Fallgeschichten – die ebenfalls der Illustration dienen sollten – durch Spannungsbögen und Nutzung von auch aus der Literatur bekannten Erzählstrategien zu strukturieren.[9] Gleichsam war es durch diese Techniken möglich, dem Leser Schlussfolgerungen aus dem Präsentierten zu suggerieren, ohne diese explizit zu machen: Wird z. B. die Fallgeschichte nicht *ab ovo* erzählt, sondern die Ereignisfolge umgestellt und zunächst die aktuelle Situation des Paraphilen geschildert, so scheint die in der Narration beschriebene Entwicklung sehr viel unzweifelhafter auf das Ergebnis zuzulaufen. Jeder Schritt auf dem Weg zum Perversen wirkt vorgezeichnet und ist logisches Produkt aus dem vorhergehenden. Somit konnte vor der kleinsten Abweichung von der Norm gewarnt werden, die scheinbar unausweichlich in die Perversion führte.

Der Leser wird zum Teil aufgerufen, Schlüsse aus den Fallgeschichten zu ziehen, die nicht durch argumentative Belege unterfüttert sind – so wird ihm zum Beispiel durch die Fülle an Informationen über die Herkunft der Patienten und die in seiner Familie verbreiteten nervlichen und körperlichen Leiden suggeriert, dass Perversionen möglicherweise erblich seien und/oder ursächlich mit Alkoholkonsum, sexueller Freizügigkeit, Hysterie oder physischen Gebrechen zusammenhängen. Ein Fazit, das in den meisten Fällen nicht empirisch belegt wurde bzw. werden konnte.

Die Sexualwissenschaftler boten so – mehr oder minder – argumentativ unterbaute Erklärungsmuster für als Abweichungen begriffene sexuelle Phänomene an. Anmerkungen, die ihren Lesern das Gefühl geben sollten, dass zwar eine Reihe von Perversionen in ihrer gesellschaftlichen Umwelt festzustellen war (so dass die Paraphilien als bedrohlich empfunden werden und bekämpft werden mussten), dass diese jedoch immer noch verhältnismäßig selten waren (denn sonst hätte keine nor-

---

9 Psychiatrie, Sexualwissenschaft und Neurologie präsentieren »keineswegs bloßes Datenmaterial, sondern bestehen ihrerseits aus narrativen Konstruktionen, aus Metaphern, Ikonographien und Fiktionen, die jeweils in ein Wechselspiel mit den literarischen Diskursen eintreten« (Erhart: Medizingeschichte und Literatur. S. 238).

mativ verstandene Normalität postuliert werden können), dass das Auftreten der Paraphilien in den meisten Fällen vorhersehbar war, wenn man die Anzeichen dafür kannte (was die Forschungen der Sexualwissenschaftler und ihre Schriften legitimierte) und dass Perversionen durch Selbstkontrolle zu verhindern oder zumindest mit professioneller Hilfe zu therapieren waren.

Durch die Infragestellung von Normen in der Frühen Moderne war ein Wissens- und Ordnungsdefizit entstanden, das nicht nur die Sexualwissenschaftler sich zu füllen anschickten. Das vordringliche Interesse der meisten Wissenschaften bestand in der Beseitigung von Unbestimmtheit und der Herstellung von Eindeutigkeit. Wie Mach in seiner als bahnbrechend wahrgenommenen Schrift »Analyse der Empfindungen« schreibt: »Die biologische Aufgabe der Wissenschaft ist, dem vollsinnigen menschlichen Individuum eine möglichst *vollständige Orientierung* zu bieten. Ein anderes wissenschaftliches Ideal ist nicht realisierbar, und hat auch keinen Sinn.«[10] ›Orientierung‹ ist dabei durchaus doppelsinnig gemeint – zum einen sollten dem Subjekt Kenntnisse vermittelt werden, zum anderen sollten ihm aber auch Leitideen präsentiert werden, nach denen es sich richten konnte.

Der Diskurs der Sexualwissenschaft sollte die an Festigkeit verlierenden Normen erotischen Handelns stützen – die Prämisse ist, dass dem Einzelnen Regeln und Werte an die Hand gegeben werden müssen, nach denen er sich richten soll, damit er gesellschaftsfähig wird und in seine soziale Umgebung eingepasst werden kann. Die Wissenschaftler waren jedoch gezwungen, ihre Erkenntnisse durch die Schilderung eines repräsentativen Korpus von Fallgeschichten zu stützen – eine Auswahl an Erzählungen über Perversionen, die allerdings allein durch ihre Anzahl und Vielfältigkeit den Eindruck vermitteln konnte, dass »die heterosexuelle Dominanz und Normalität«, die beschworen werden sollte, weder dominant noch normal war: »In den exzessiven Debatten um die Perversionen ging es um Identitäts- und Sinnkrisen eines auf Einheit, Identität und Homogenität gerichteten Fortschrittsmodells, dessen Brüchigkeit die serielle Differenz der Perversionen sichtbar machte.«[11]

---

10   Mach: Die Analyse der Empfindungen. S. 29 f.
11   Dornhof: Inszenierte Perversionen. S. 104.

Während sich der theoretische Diskurs auf das empirisch Wahrzunehmende aufbaute, nach Beispielen suchte, um seine Annahmen zu belegen, sich darum bemühte, aus der Masse an Einzelschicksalen das Allgemeine zu extrapolieren, den Menschen in den Kontext der Gesellschaft stellte und in Relation zu ihr beschrieb und analysierte, bezog sich der literarische Diskurs explizit auf den Einzelnen als *individuelle* Größe. Die Paraphilie wurde demgemäß in belletristischen Texten auch nicht in jedem Fall als verwerflich abgelehnt, sondern musste ebenfalls gesondert bewertet werden: »Der negativen Sammlung von Sexual-Perversionen bei Krafft-Ebing stand in nonkonformistischer Literatur und Kunst ihre positive, schöpferische Verwertung gegenüber.«[12]

Die Sexualwissenschaftler gingen davon aus, dass die meisten körperlichen Bedürfnisse – gerade die sexuelle Begierde – rational beherrscht werden könnten. Ihre Schriften sollten den Leser nicht nur zur Überwachung der eigenen Emotionen und Handlungen anhalten, sondern ihm auch drohend und warnend vor Augen führen, welch fatale Folgen mangelnde Auseinandersetzung mit sich selbst und fehlende Selbstkontrolle haben könnte. Die implizite Schlussfolgerung lautet, dass der Einzelne sich erst dadurch zum vollständigen Individuum entwickeln könne, wenn er die gängigen gesellschaftlichen Konventionen und Ansprüche (ungeprüft?) verinnerlicht, in eigene Wertvorstellungen verwandelt und nach ihnen handelt.

Der literarische Diskurs der Frühen Moderne tendiert dagegen zu der Annahme, dass jene Wertvorstellungen nicht vorbehaltlos übernommen werden dürften – vor allem dann nicht, wenn sie im Gegensatz zu den Wünschen und Emotionen des Einzelnen stehen. Das Individuum muss die von außen an es herangetragenen Ansprüche und Anforderungen erst überprüfen, um dann zu entscheiden, welche Teile des Wertesystems es in die eigene Persönlichkeit integrieren kann und will und welche es als persönlichkeitsfremd und nicht zu akzeptieren einschätzen muss. Erst in der und durch die Auseinandersetzung mit den oktroyierten Normen kann die Persönlichkeit sich entwickeln und wachsen.

---

12 Gorsen: Psychopathia Sexualis und Kunst. S. 207. – Vgl. auch Stewart: Sublime surrender. S. 20: »Whereas the cultural domain had earlier been the place where one sought the sublime (in either its religious or aesthetic manifestations), it had now become the place where sexual pleasure showed itself in its most pathological forms«.

Dies gilt jedoch häufig nur für das männliche Subjekt: Das weibliche Individuum wird generell eher durch seinen Körper bestimmt, zu dem es einen anderen – nämlich in den meisten Fällen direkteren – Zugang hat als der Mann. Zwischen der Persönlichkeit der weiblichen Figur und ihrem Leib besteht eine harmonische Verbindung – Körper und Geist kämpfen nicht miteinander wie bei ihrem männlichen Gegenstück, sondern ergänzen sich. Aus diesem Grund reagiert die Frau oft auch instinktiv und somatisch auf ihre Außenwelt, über die sie im Gegenzug allerdings häufig auch ein ebenso intuitives Wissen besitzt, das sie über den Mann erhebt, der sich seine Umwelt rational zu erklären versucht. Dem Mann erscheint ›das Weib‹ deshalb im Allgemeinen fremd und andersartig – wobei diese Divergenz positiv oder negativ gewertet werden, die Frau überirdisch (zumeist dann, wenn es sich um Mütter handelt) oder dämonisch erscheinen kann.

Ähnliche Einschätzungen finden sich auch in den Schriften der Sexualwissenschaftler – auch vielen der Forscher gilt ›das Weib‹ als von Leib und Sexus bestimmt: Dabei wird ihm ein Defizit an inneren Kontrollmöglichkeiten unterstellt – ein Stimulus von außen, eine aufkommende Emotion oder eine plötzliche Begierde wird sofort in eine irrationale und inadäquate Reaktion umgesetzt.

Dennoch wird die Frau als passiver Part in der sexuellen Beziehung wahrgenommen – mangelnde psychische Abwehrmechanismen werden durch äußere Konventionen vertreten, durch antrainierte, anerzogene Hemmungen (wie gesellschaftliche Ansprüche, familiärer Erwartungsdruck etc.) ersetzt. Aktiv agiert dagegen der männliche Partner: Da er den durch die zivilisatorische Entwicklung erst entstandenen Widerstand der Frau brechen muss, muss der Mann bei der Brautwerbung aggressiv und fordernd vorgehen – der sexuelle Drang, der zunächst die rationale Selbstkontrolle des Mannes übertrumpfen musste, entlädt sich im Koitus, wenn die Abwehr der Frau erst überwunden ist.

Grausamkeit und Lust, die als unterschiedliche Ausprägungen ein und derselben Begierde – Inkorporationslust oder Besitzgier – betrachtet werden, können letztlich nicht mehr auseinandergehalten werden: Im Koitus verschmelzen Mann und Frau, Gewalt und Befriedigung in eins – ein für die Frau durchaus angenehmes, für den Mann jedoch gefährliches (weil grenzauflösendes, rauschhaftes) Erlebnis, dessen er sich oft im Nachhinein schämt, weil er sich auf die Stufe eines vernunftlosen Tieres hinab begeben hat.

In den meisten Fällen gelingt es dem Mann dabei, seine Lust an der Grausamkeit zu zügeln, bevor er seine Partnerin ernstlich verletzt oder ihr Schmerzen bereitet, die ihre Lust übersteigen – handelt es sich jedoch um einen Sadisten, so nimmt seine Aggressivität übersteigerte, nicht mehr durch den Versuch, die Hemmungen der Frau zu durchdringen legitimierte und somit nicht mehr vom Fortpflanzungstrieb gedeckte Formen an. Ist das Ziel der ›Eroberung‹ nicht die Reproduktion, so gilt die sexuelle Begierde als fehlgeleitet, die Neigung des Täters als abnorm.[13]

Ob die Literatur sich bei der Beschreibung des Sadismus implizit auf den Diskurs der Sexualwissenschaften bezieht[14], ist unklar – Slobedeffs Frage an Jan Herzka in »Die Bresche«, ob diesem nicht »eine gewisse, terminierte Bezeichnung« bekannt sei, mit der man »solche Wallungen und Neigungen«, wie sie der Kaufmann durchlebt und verspürt habe, »gemeiniglich«[15] benenne, deutet jedoch darauf hin, dass zumindest Doderer vom Vokabular der Sexualwissenschaften Kenntnis gehabt haben dürfte – und davon ausgehen konnte, dass seine Leser den Terminus, auf den er anspielt, erkennen könnten.

Wichtiger als der Beleg eines direkten Einflusses ist jedoch auch die Erkenntnis, dass viele der literarischen Texte sich eines ähnlichen Metaphernschatzes bedienen wie die Sexualwissenschaftler und dass beide Diskurse zumindest einen Teil ihrer Basisprämissen teilen, weil sie innerhalb des gleichen kulturellen Kontexts entstanden sind. Eine der Prämissen der analysierten sexualwissenschaftlichen und literarischen Texte besteht darin, dass der sexuelle Drang den Charakter des Indivi-

---

13 Einige progressive Sexualwissenschaftler der Zeit ziehen jedoch durchaus auch die Möglichkeit in Betracht, dass es sich um ein sadistisches, aber auf reziproken Lustgefühlen basierendes Liebesspiel handeln könnte – hier gilt die Grenze zwischen noch zu akzeptierendem und abzulehnendem Verhalten dort als erreicht, wo einer der beiden Partner keine Leidenschaft mehr beim sexuellen Akt empfindet. Dem Sadisten bzw. der Sadistin geht es in diesem Fall nicht (nur) um die Durchsetzung der eigenen Lust, sondern auch darum, dem Partner oder der Partnerin Vergnügen zu bereiten (vgl. Ellis: Studies in the Psychology of Sex. S. 166 bzw. S. 116 dieser Arbeit).

14 Vgl. Richter u. a.: Literatur – Wissen – Wissenschaft. S. 30 und Kapitel 1.3 dieser Arbeit.

15 Doderer: Die Bresche. S. 180.

duums (mit-)bestimmen und folglich selbst eine als gefestigt wahrgenommene Persönlichkeit gefährden könne. Auf sehr viel älteren Vorstellungen aufbauend, wird die körperliche Begierde als Naturmacht verstanden, die gewaltig und kaum aufzuhalten ist. Das Verlangen wird metaphorisch mit ›Wasser‹ und ›Feuer‹ gleichgesetzt, um sowohl seine positiv verstandene Kraft (der Mensch braucht Wasser, um zu überleben, und das Element kann eine Landschaft aufblühen lassen, wirkt also fruchtbarkeitsverstärkend; Feuer strahlt Wärme aus) als auch sein zerstörerisches Potenzial zu verschlüsseln (eine Flutwelle oder ein unkontrolliertes Feuer können sowohl pflanzlich Wachsendes – also Landschaften, Wälder etc. als Symbole für ›natürliche‹ Skrupel – als auch künstlich Aufgebautes – Bauwerke, ganze Dörfer etc. als Symbole für zivilisatorisch entstandene Hemmungen – destruieren).

Da sowohl die analysierten theoretischen als auch die literarischen Texte paraphile, zum Teil als abnorm verstandene Neigungen thematisieren, wird in beiden Fällen vor allem die Zerstörungskraft der Naturelemente betont: Während die Sexualwissenschaftler allerdings mehrheitlich auf die Bedrohung der Persönlichkeit (und mit ihr: der Gesellschaft) durch die erotische Begierde abheben, akzentuieren die Schriftsteller auch die entgrenzende Kraft des sexuellen Dranges und das erlösende Potenzial des Sadismus: Für die männlichen Protagonisten kann ein Ausleben ihrer Aggressivität Abreaktion ihrer Zerstörungslust bedeuten – sie kanalisieren ihren Hang zur Gewalt und fokussieren ihn auf eine Person. Daneben vergewissern sie sich ihrer eigenen Integrität und befreien sich somit kurzzeitig von der kontinuierlichen Last, sich immer wieder der Grenzen ihrer Körper, der Grenzen ihres Ichs versichern zu müssen. Im gleichen Moment gelingt es ihnen ferner, ihre Einsamkeit abzustreifen, indem sie den Partner zur (körperlichen) Öffnung und zu einer authentischen Reaktion, zur Kommunikation und zu einer (mentalen und/oder physischen) Verbindung zwingen.

Die literarischen Texte bieten diese Lesart an, weil sie dem Rezipienten die Möglichkeit eröffnen, die geschilderten Geschehnisse selbst zu bewerten, anstatt ihm die Einschätzung abzunehmen und Abweichungen von der Normalität als solche auszuzeichnen. Die Sexualwissenschaftler bemühen sich zwar zuweilen der Veranschaulichung wegen um Sprachkunst, doch ihr Arsenal an Ästhetisierungstechniken ist vor allem das des Realismus – der im Kontext der jeweiligen Schrift als im

Wortsinne ›allwissend‹ verstandene ›Erzähler‹ der Fallgeschichten, die beinahe übergenaue Schilderung der Handlung, die sogar (scheinbar?) entbehrliche Informationen einschließt, der Aufbau eines Normensystems, in welches das Dargestellte für den Leser eingeordnet wird. Auf der anderen Seite waren die Forscher in der Lage – qua Bezug auf ihren informierenden Auftrag – eine darstellerische Nähe und Präzision in der Beschreibung zu erreichen, die in der Belletristik nicht denkbar gewesen wäre, ohne mit Ablehnung und/oder Zensurmaßnahmen rechnen zu müssen: So ist es im theoretischen Diskurs offenbar ohne Weiteres möglich, von Erektionen und Samenergüssen zu sprechen (allerdings im Kontext der Perversion, vor der gewarnt werden soll, nicht von Lust!), während diese eindeutigen Körperreaktionen im literarischen Diskurs höchstens verschlüsselt dargestellt werden können (dafür ist allerdings des Öfteren von – wenn auch zumeist durch Symbolik verbrämter – Erregung und Befriedigung die Rede).

Die mit der Wissenschaft um Legitimation, Themen und gesellschaftliche Relevanz konkurrierende Literatur bediente sich somit einer breiteren Spanne an Darstellungs- und vor allem Deutungsmöglichkeiten: Im Zusammenhang des literarischen Textes war ein Sadismus denkbar, der eine positiv gewertete zeitweilige Entgrenzung und Entwicklung der Persönlichkeit des Täters anstatt fortwährende Auflösung und Verlust des Selbst nach sich zog. Es war eine Schmerzlust ohne unmittelbare negative Konsequenzen vorstellbar, ein Sadismus, dessen Opfer sich freudig in ihre Demütigung und Unterwerfung begaben und nach Erfüllung ihrer Rolle als Katalysator der Persönlichkeitsevolution des Täters verschwanden oder verstarben – und dies zumeist, ohne dass der Sadist daran direkte Schuld trug. Der Sadist schlug Wunden – und sie wurden zu Öffnungen für das Eindringen Gottes. Rinnsale von Blut verwandelten sich in Granatblüten. Schmerzenslaute und Rufe der Lust waren nicht zu unterscheiden. Ein (weiblicher) Rücken bog sich in Agonie oder im Orgasmus.

Dem Leser jener Texte war es möglich, Perversion nicht als schicksalhafte und ausgrenzende Krankheit wahrzunehmen, sondern unterschiedliche Formen von Sexualität als Spielarten im Wortsinne wahrzunehmen: »Beim Lesen erschließen sich neue Welten mit fremden Normen und unbekannten Spielregeln. [...] Solche Interaktionen eröffnen die Möglichkeit, ungewohnte Formen von Weltzuwendung zu erproben und konsequenzentlastet durchzuspielen.«[16]

Karl Richter, Jörg Schönert und Michael Titzmann haben in ihrem Aufsatz »Literatur – Wissen – Wissenschaft« die vier Möglichkeiten aufgezählt, wie literarische Texte und kulturelles Wissen[17] miteinander verbunden sein können. Literatur kann demnach 1. dieses Wissen integrieren, »um es zu vermitteln – das heißt, es zu bestätigen, zu modifizieren oder zu kritisieren« – und dies direkt oder indirekt, 2. Wissen bewahren oder im öffentlichen Gespräch halten, sie kann 3. zum »Ort der Erzeugung von Wissen, das erst in der nachfolgenden Korrespondenz oder Bestätigung durch Wissensproduktion der Wissenschaften als kulturell relevantes Wissen gilt«, werden oder es kann sich 4. herausstellen, dass sich für die Literatur »bestimmte Wissenskomplexe der Wissenschaften als nicht zu vermittelnde«[18] erweisen.

In dem von mir untersuchten Textkreis wird sowohl Wissen vermittelt (d. h. bestätigt, modifiziert und kritisiert) als auch neues Wissen erzeugt. Zum einen wird anscheinend das gruppenspezifische Wissen der Sexualwissenschaftler – das möglicherweise bereits Teil eines ›Allgemeinwissen‹ geworden ist –, wie eine Perversion entsteht, wie sie ausgelöst wird und wie sie sich bemerkbar macht[19] –, auch in der Literatur transportiert. Zum anderen entwickelt sich in der Literatur eine neue Anthropologie, die erst spät von den Sexualwissenschaftlern geteilt wird – nämlich die Idee, dass eine sexuelle Normübertretung durchaus dem Variationsbedürfnis des Menschen entspricht und weder zu seiner Degeneration noch zu einem Zusammenbruch der Gesellschaft führt.[20]

---

16   Keitel: Von den Gefühlen beim Lesen. S. 9.
17   Kulturelles Wissen wird als die »Gesamtmenge der allgemeinen und der [...] gruppenspezifischen Wissensmengen« definiert (Richter u. a.: Literatur – Wissen – Wissenschaft. S. 16).
18   Ebd. S. 30. Vgl. auch S. 52 f. dieser Arbeit.
19   Vom Ansehen einer sadistischen Szene im Bild oder in der Realität bzw. der Lektüre der Beschreibung einer solchen über Tierquälerei und Masturbation zu Phantasien über das Schlagen bis hin zur plötzlichen, unkontrollierbaren Handlung.
20   Diese Ideen werden in den neuesten sexualwissenschaftlichen Schriften dann sogar teilweise überschritten – sowohl Ellis als auch Hirschfeld nehmen die Möglichkeit eines partnerschaftlichen Genusses in das Blickfeld, welcher in den literarischen Texten, die ich untersucht habe, keine Rolle spielt.

Theoretischer und literarischer Diskurs produzieren dabei (sich jeweils ergänzende?) Wunschvorstellungen: Auf der einen Seite steht das Bild einer zum größten Teil determinierten Welt mit feststehenden oder zumindest schwer veränderlichen Normen: Jede Handlung scheint einen Grund und Anlass zu haben und ist in ein System von ›richtig‹ und ›falsch‹ einzuordnen. Auf der anderen Seite steht die Vorstellung einer Welt, in der zunächst alles möglich erschien und in der ein Ausbruch aus einem als defizitär empfundenen Leben möglich war, in der Normen gebrochen werden konnten, ohne dass negative Folgen drohten. Dass auch die literarischen Texte letztlich zumeist für eine Rückkehr zu einer – wenn auch nicht allzu rigiden – Ordnung plädierten, zeugt vom kulturellen Kontext, in dem beide Wissenssysteme entstanden und folglich von der Orientierungslosigkeit des modernen Menschen.

Literaturverzeichnis

Primärtexte

Andreas-Salomé, Lou: Eine Ausschweifung. In: Dies.: Fenitschka. Eine Ausschweifung. Neu hg. und mit einem Nachwort versehen von Ernst Pfeiffer. Frankfurt 1993. S. 69–121.

Döblin, Alfred: Der schwarze Vorhang. Roman von den Worten und Zufällen. In: Ders.: Jagende Rosse/Der schwarze Vorhang und andere frühe Erzählwerke. München 1987. S. 107–205.

Doderer, Heimito von: Die Bresche. Ein Vorgang in vierundzwanzig Stunden. In: Ders.: Frühe Prosa. Neuausgabe in einem Band. München 1995 (= Das erzählerische Werk). S. 119–205.

Dolorosa [d. i. Maria Eichhorn]: Confirmo te chrysmate. 2. vermehrte Auflage. Berlin 1903.

Ewers, Hanns Heinz: Alraune. Die Geschichte eines lebenden Wesens. Düsseldorf 1998.

Ewers, Hanns Heinz: Der Zauberlehrling oder Die Teufelsjäger. München 1923.

Ewers, Hanns Heinz: Vampir. Ein verwilderter Roman in Fetzen und Farben. Berlin 1928.

Hofmannsthal, Hugo von: Andreas. Frankfurt 2002.

Josefine Mutzenbacher oder Die Geschichte einer Wienerischen Dirne von ihr selbst erzählt. Ungekürzter Nachdruck der Erstausgabe aus dem Jahr 1906. Hg. und mit einem Dossier von Michael Farin. München 1990 (= Die erotische Bibliothek).

Musil, Robert: Die Verwirrungen des Zöglings Törleß. In: Ders.: Gesammelte Werke. Hg. von Adolf Frisé. Bd. II: Prosa und Stücke. Kleine Prosa, Aphorismen. Autobiographisches. Essays und Reden. Kritik. Reinbek bei Hamburg 2000. S. 7–140.

Musil, Robert: Die Vollendung der Liebe. In: Ders.: Vereinigungen. Zwei Erzählungen. Mit einem Essay von Hartmut Böhme. 2. Auflage. Frankfurt a. M 1994. S. 5–104.

Sacher-Masoch, Leopold von: Venus im Pelz. Mit einer Studie über den Masochismus von Gilles Deleuze. Frankfurt a. M 1980.

Ungar, Hermann: Die Verstümmelten. In: Ders.: Sämtliche Werke in drei Bänden. Hg. von Dieter Sudhoff. Bd. 1: Romane. Oldenburg 2001. S. 15–154.
Wildenbruch, Ernst von: Brunhilde. In: Ders.: Gesammelte Werke. Hg. von Berthold Litzmann. Erste Reihe: Romane und Novellen. Bd. 1. Berlin 1911. S. 301–352.

Sexualwissenschaftliche Texte

Bloch, Iwan: Beiträge zur Aetiologie der Psychopathia sexualis. Teil II. Dresden 1903.
Dr. Veriphantor [d. i. Iwan Bloch]: Der Sadismus. Ein Beitrag zur Sittengeschichte unserer Zeit. Berlin 1903.
Dühren, Eugen [d. i. Iwan Bloch]: Englische Sittengeschichte (früher: »Das Geschlechtsleben in England«). 2. revidierte Auflage. Bd. 1. Berlin 1912.
Ellis, Havelock und Albert Moll: Die Funktionsstörungen des Sexuallebens. In: Handbuch der Sexualwissenschaften. Mit besonderer Berücksichtigung der kulturgeschichtlichen Beziehungen. Hg. von Albert Moll. Leipzig 1912. S. 603–740.
Ellis, Havelock: Studies in the psychology of sex. Volume III: Analysis of the sexual impulse. Love and pain. The sexual impulse in women. 2., durchgesehene und erweiterte Auflage. Philadelphia 1923.
Eulenburg, Albert: Sadismus und Masochismus. 2., zum Teil umgearbeitete Auflage. Wiesbaden 1911.
Eulenburg, Albert: Sexuale Neuropathie. Genitale Neurosen und Neurosenpsychosen der Männer und Frauen. Leipzig 1895.
Fischer-Dückelmann, Anna: Das Geschlechtsleben des Weibes. Eine physiologisch-soziale Studie mit ärztlichen Ratschlägen. Dreizehnte, vielfach verbesserte Auflage. Berlin 1908.
Freud, Sigmund: Drei Abhandlungen zur Sexualtheorie. Frankfurt a. M. 1991.
Hirschfeld, Magnus: Geschlechtsverirrungen. (Originaltitel: Geschlechtsanomalien und Perversionen). Ein Studienbuch für Ärzte, Juristen, Seelsorger und Pädagogen. Aus dem Nachlaß ergänzt und geordnet von seinen Schülern. Konstanz o.J. [1968?].
Kisch, Dr. E. Heinrich: Das Geschlechtsleben des Weibes in physiologischer, pathologischer und hygienischer Beziehung. Dritte, vermehrte Auflage. Berlin und Wien 1917.

Krafft-Ebing, Richard von: Psychopathia sexualis. München 1997 [Nachdruck der vierzehnten, vermehrten Auflage. Stuttgart 1912].
Lombroso, Césare und G. Ferrero: Das Weib als Verbrecherin und Prostituirte. Anthropologische Studien, gegründet auf eine Darstellung der Biologie und Psychologie des normalen Weibes. Autorisierte Übersetzung von Dr. med. H. Kurella. Hamburg 1894.
Moll, Albert: Die Erotik in der Literatur und Kunst. In: Handbuch der Sexualwissenschaften. Mit besonderer Berücksichtigung der kulturgeschichtlichen Beziehungen. Hg. von Albert Moll. Leipzig 1912. S. 461–568.

Sekundärtexte

Anfänge der Sexualwissenschaft. Historische Dokumente. Auswahl, Kommentar und Einführung von Erwin J. Haeberle. Mit einem Vorwort von Wilhelm A. Kewenig. Berlin/New York 1983.
Bahnen, Peter: Zur Sozialgeschichte des Sadomasochismus. In: Homosexualität und Wissenschaft II. Hg. vom Schwulenreferat im Allgemeinen Studentenausschuss der Freien Universität. Berlin 1992. S. 11–26.
Bergengruen, Maximilian: Die illegale Schwester. Sexuelle Anomalie, multiple Persönlichkeit und experimentelle Rückkopplung in Hofmannsthals ›Andreas‹-Fragmenten. In: Literarische Experimentalkulturen. Poetologien des Experiments im 19. Jahrhundert. Hg. von Marcus Krause und Nicolas Pethes. Würzburg 2005 (= Studien zur Kulturpoetik 4). S. 193–224.
Bird, Stephanie: Masochism and its limits in Robert Musil's ›Die Vollendung der Liebe‹. In: The modern language review 100 (2005) H. 3. S. 709–722.
Bonaparte, Marie: Edgar Poe. Eine psychoanalytische Studie. Mit einem Vorwort von Sigmund Freud und einem Nachwort von Oskar Sahlberg. 3 Bände. Frankfurt a. M 1981.
Braun, Christina: Ist die Sexualwissenschaft eine »jüdische Wissenschaft«? In: Durch Wissenschaft zur Gerechtigkeit? Textsammlung zur kritischen Rezeption des Schaffens von Magnus Hirschfeld. Hg. von Andreas Seeck. München 2003 (= Geschlecht – Sexualität – Gesellschaft. Berliner Schriften zur Sexualwissenschaft und Sexual-politik 4). S. 233–251.
Braungart, Georg: Leibhafter Sinn. Der andere Diskurs der Moderne. Tübingen 1995 (= Studien zur deutschen Literatur 130).

Brittnacher, Hans Richard: Ästhetik des Horrors. Gespenster, Vampire, Monster, Teufel und künstliche Menschen in der phantastischen Literatur. Frankfurt a. M 1994.

Broch, Hermann: Der Roman ›Die Schlafwandler‹. In: Ders.: Kommentierte Werkausabe. Hg. von Paul Michael Lützeler. Bd. 1: Die Schlafwandler. Eine Romantrilogie. 4. Auflage. Frankfurt a. M. 1986. S. 719–722.

Bublitz, Hannelore: Einleitung. In: Der Gesellschaftskörper. Zur Neuordnung von Kultur und Geschlecht um 1900. Hg. von Hannelore Bublitz u. a. Frankfurt a. M/New York 2000. S. 10–18.

Campe, Rüdiger: Das Bild und die Folter. Robert Musils ›Törleß‹ und die Form des Romans. In: Weiterlesen. Literatur und Wissen. Festschrift für Marianne Schuller. Hg. von Ulrike Bergermann u. a. Bielefeld 2007. S. 121–147.

Decker, Jan-Oliver: Literaturgeschichtsschreibung und deutsche Literaturgeschichte. Ein Überblick. In: Marianne Wünsch: Realismus (1850–1890). Zugänge zu einer literarischen Epoche. Mit Beiträgen von Jan-Oliver Decker u. a. Kiel 2007 (= LIMES. Literatur und Medienwissenschaftlichen Studien – Kiel 7). S. 13–39.

Deleuze, Gilles: Sacher-Masoch und der Masochismus. Aus dem Französischen von Gertrud Müller. In: Leopold von Sacher-Masoch: Venus im Pelz. Mit einer Studie über den Masochismus von Gilles Deleuze. Frankfurt a. M. 1980. S. 163–281.

Dethlefs, Friedrich: Populäre Wissenschaftsprosa und Lexemautonomie. In: Moritz Baßler u. a.: Historismus und literarische Moderne. Mit einem Beitrag von Friedrich Dethlefs. Tübingen 1996. S. 68–101.

Dieckmann, Bernhard: Devianz und Literatur. Ein Beitrag zur Theorie abweichenden Sexualverhaltens am Beispiel Sades und des Sadismus. Berlin 1982. [Diss. masch.]

Döblin, Alfred: Briefe. Hg. von Heinz Graber. Olten/Freiburg i. Br. 1970.

Dohm, Burkhard: Gender und Gewalt in Robert Musils ›Die Vollendung der Liebe‹. In: »Alle Welt ist medial geworden«. Literatur, Technik, Naturwissenschaft in der klassischen Moderne, Internationales Darmstädter Musil-Symposium. Hg. von Matthias Luserke-Jacqui. Tübingen 2005 (= Studien und Texte zur Kulturgeschichte der deutschsprachigen Literatur 4). S. 181–199.

Dollinger, Roland: The Self-Inflicted Suffering of Young Werther. An Example of Masochism in the 18th Century. In: One hundred years of masochism. Literary texts, social and cultural context. Hg. von

Michael C. Finke und Carl Niekerk. Amsterdam/Atlanta 2000 (= Psychoanalysis and Culture 10). S. 91–108.

Dornhof, Dorothea: Inszenierte Perversionen. Geschlechterverhältnisse zwischen Pathologie und Normalität um die Jahrhundertwende. In: Kritische Differenzen – geteilte Perspektiven. Zum Verhältnis von Feminismus und Postmoderne. Hg. von Antje Hornscheidt u. a. Opladen 1998. S. 253–277.

Eder, Franz X.: Kultur der Begierde. Eine Geschichte der Sexualität. München 2002.

Ehneß, Jürgen: Felix Saltens erzählerisches Werk. Beschreibung und Bedeutung. Frankfurt a. M 2002.

Erche, Bettina: Keine Frage des Fressens. Skandalöse Annäherung von Tier und Mensch: Emmanuel Fremiets Gorillaskulptur. In: Frankfurter Allgemeine Zeitung (27. März 2007).

Erhart, Walter: Medizingeschichte und Literatur am Ende des 19. Jahrhunderts. In: Scientia Poetica. Jahrbuch für Geschichte der Literatur und der Wissenschaften 1 (1997). S. 224–267.

Exner, Lisbeth: Dolorosa alias Dolle Rosa, Schriftstellerin des Masochismus und der erotischen Kolportage. In: Phantom Schmerz. Quellentexte zur Begriffsgeschichte des Masochismus. Hg. von Michael Farin. München 2003. S. 150–163.

Farin, Michael: Die letzten Illusionen. Josefine Mutzenbacher vor Gericht. In: Josefine Mutzenbacher oder Die Geschichte einer Wienerischen Dirne von ihr selbst erzählt. Ungekürzter Nachdruck der Erstausgabe aus dem Jahr 1906. Hg. und mit einem Dossier von Michael Farin. München 1990 (= Die erotische Bibliothek). S. 503–544.

Farin, Michael: Nachtseiten der Liebe. Freisinnig, vorurteilsfrei, aufgeschlossen: der Begründer der Sexualwissenschaft Richard Freiherr von Krafft-Ebing. In: Phantom Schmerz. Quellentexte zur Begriffsgeschichte des Masochismus. Hg. von Michael Farin. München 2003. S. 54–57.

Fiala-Fürst, Ingeborg: Der Beitrag der Prager deutschen Literatur zum deutschen Expressionismus. Relevante Topoi ausgewählter Werke. St. Ingbert 1996 (= Beiträge zur Robert-Musil-Forschung und zur neueren österreichischen Literatur 9). S. 143–153.

Foucault, Michel: Der Gebrauch der Lüste. Übersetzt von Ulrich Raulff und Walter Setter. 2. Auflage 1991 (= Sexualität und Wahrheit 2).

Foucault, Michel: Der Wille zum Wissen. Übersetzt von Ulrich Raulff und Walter Setter. 6. Auflage 1992 (= Sexualität und Wahrheit 1).

Freud, Sigmund: Abriss der Psychoanalyse. In: Gesammelte Werke. Chronologisch geordnet. Unter Mitwirkung von Marie Bonaparte, Prinzessin Georg von Griechenland hg. von Anna Freud u. a. Bd. 17: Schriften aus dem Nachlass [1832–1938]. London 1941. S. 63–138.

Freud, Sigmund: Der Wahn und die Träume in W. Jensens ›Gradiva‹. In: Ders.: Studienausgabe. Bd. 10: Bildende Kunst und Literatur. Frankfurt a. M 1969. S. 9–85.

Freund, Winfried: Hanns Heinz Ewers: Alraune. In: Spiegel im dunklen Wort. Analysen zur Prosa des frühen 20. Jahrhunderts. Hg. von Winfried Freund und Hans Schumacher. Frankfurt a. M/Bern 1983 (= Berliner Beiträge zur neueren deutschen Literaturgeschichte 1).

Fulda, Daniel und Thomas Prüfer: Das Wissen der Moderne. Stichworte zum Verhältnis von wissenschaftlicher und literarischer Weltdeutung und -darstellung seit dem späten 18. Jahrhundert. In: Faktenglaube und fiktionales Wissen. Zum Verhältnis von Wissenschaft und Kunst in der Moderne. Hg. von Daniel Fulda und Thomas Prüfer. Frankfurt a. M. u. a. 1996 (= Kölner Studien zur Literaturwissenschaft 9). S. 1–22.

Garton, Stephen: Histories of Sexuality. Antiquity to Sexual Revolution. London 2004.

Gay, Peter: Erziehung der Sinne. Sexualität im bürgerlichen Zeitalter. München 1986.

Goltschnigg, Dietmar: Die Rolle des geisteskranken Verbrechers in Robert Musils Erzählung ›Die Vollendung der Liebe‹ und im ›Mann ohne Eigenschaften‹. In: Musil, nostro contemporaneo. A cura di Paolo Chiarini. Rom 1986 (=Atti dell'Istituto Italiano di Studi Germanici 3). S. 103–116.

Gorsen, Peter: Psychopathia Sexualis und Kunst. Die Phantasmen der sadomasochistischen Lust. In: Phantom der Lust. Visionen des Masochismus in der Kunst. Bd. I. Hg. von Peter Weibel. Graz 2003. S. 200–220.

Gmachl, Klaus: Zauberlehrling, Alraune und Vampir. Die Frank Braun-Romane von Hanns Heinz Ewers. Norderstedt 2005. [Innsbruck, Diss. 2003]

Gratzke, Michael: Liebesschmerz und Textlust. Figuren der Liebe und des Masochismus in der Literatur. Würzburg 2000 (= Epistemata. Würzburger wissenschaftliche Schriften. Reihe Literaturwissenschaft 304). [Hamburg, Diss. 1998]

Haeberle, Erwin J.: Chronologie: Das 19. Jahrhundert. www2.hu-berlin.de/sexology/GESUND/ARCHIV/DEUTSCH/CHR05. HTM (29. Mai 2009)

Haeberle, Erwin J.: Justitias zweischneidiges Schwert – Magnus Hirschfeld als Gutachter in der Eulenburg-Affäre. www2.hu-berlin.de/sexology/GESUND/ARCHIV/DEUTSCH/JUSTITIA.HTM (4. Januar 2010)

Hecken, Thomas: Gestalten des Eros. Die schöne Literatur und der sexuelle Akt. Opladen 1997.

Heitmüller, Elke: Zur Genese sexueller Lust. Von Sade zu SM. Tübingen 1994.

Helduser, Urte: Geschlechterprogramme. Konzepte der literarischen Moderne um 1900. Köln u. a. 2005. [Kassel, Diss. 2003]

Herrn, Rainer: Sexualwissenschaft und -politik bei Magnus Hirschfeld. In: Durch Wissenschaft zur Gerechtigkeit? Textsammlung zur kritischen Rezeption des Schaffens von Magnus Hirschfeld. Hg. von Andreas Seeck. München 2003 (= Geschlecht – Sexualität – Gesellschaft. Berliner Schriften zur Sexualwissenschaft und Sexualpolitik 4). S. 253–264.

Honegger, Claudia: Die Ordnung der Geschlechter. Die Wissenschaften vom Menschen und das Weib. Frankfurt a. M/New York 1991.

Jakubowski, Jeanette: Die Jüdin. Darstellungen in deutschen antisemitischen Schriften von 1700 bis zum Nationalsozialismus. In: Antisemitismus. Vorurteile und Mythen. Hg. von Julius H. Schoeps und Joachim Schlör. München/Zürich 1995. S. 196–209.

Joost, Ulrich: Die Angst des Literaturwissenschaftlers bei der Sexualität. Thesen zur Begrifflichkeit, Systematik und Geschichte der Pornographie in neuerer fiktionaler Literatur. In: Sprache – Erotik – Sexualität. Hg. von Rudolf Hoberg. Berlin 2001. S. 308–327.

Jütte, Robert: Einleitung. Sexualwissenschaft in der Weimarer Republik. In: Handwörterbuch der Sexualwissenschaft. Enzyklopädie der natur- und sexualwissenschaftlichen Sexualkunde des Menschen. Hg. von Max Marcuse. Berlin/New York 2001. S. V–XVI.

Kappeler, Susanne: Pornographie. Die Macht der Darstellung. München 1988.

Keckeis, Paul: Männlichkeit in einer gedoppelten Welt. Geschlechterverwirrungen in Robert Musils ›Die Verwirrungen des Zöglings Törleß‹. In: MannsBilder. Literarische Konstruktionen von Männlichkeiten. Hg. von Stefan Krammer. Wien 2007. S. 100–108.

Keitel, Evelyne: Von den Gefühlen beim Lesen. Zur Lektüre amerikanischer Gegenwartsliteratur. München 1996.
Keller, Otto: Döblins Montageroman als Epos der Moderne. Die Struktur der Romane ›Der schwarze Vorhang‹, ›Die drei Sprünge des Wang-lun‹ und ›Berlin Alexanderplatz‹. München 1980.
Kimmich, Dorothee und Tobias Wilke: Einführung in die Literatur der Jahrhundertwende. Darmstadt 2006.
Klemenz, Nanette: Hermann Ungar. Leben und Werk. Bonn 1971. [Auch: Hermann Ungar. Eine Monographie. Bonn 1970.]
Knobloch, Marion: Hanns Heinz Ewers. Bestseller-Autor in Kaiserreich und Weimarer Republik. Marburg 2002. [Marburg, Diss. 2001]
Koopmann, Helmut: Entgrenzung. Zu einem literarischen Phänomen um 1900. In: Fin de Siècle. Zur Literatur und Kunst der Jahrhundertwende. Hg. von Roger Bauer u. a. Frankfurt a. M 1977. S. 73–92.
Krah, Hans: Einführung in die Literaturwissenschaft/Textanalyse. Kiel 2006 (= LIMES – Literatur- und Medienwissenschaftliche Studien – Kiel 6).
Kroemer, Roland: Ein endloser Knoten? Robert Musils Verwirrungen des Zöglings Törless im Spiegel soziologischer, psychoanalytischer und philosophischer Diskurse. München 2004 (= Musil-Studien 33). [Bamberg, Diss. 2002/03]
Kugel, Wilfried: Nachwort. Alraune geht um … In: Hanns Heinz Ewers: Alraune. Die Geschichte eines lebenden Wesens. Düsseldorf 1998. S. 347–355.
Kugel, Wilfried: Der Unverantwortliche. Das Leben des Hanns Heinz Ewers. Düsseldorf 1992.
Kupferschmidt, Hugo: Krafft-Ebings ›Psychopathia Sexualis‹. In: Jean Clair u. a.: Wunderblock. Eine Geschichte der modernen Seele. Hg. von den Wiener Festwochen. Wien 1989 (= Sonderausstellung des historischen Museums der Stadt Wien 123). S. 481–484.
Lamott, Franziska: Die vermessene Frau. Hysterien um 1900. München 2001. [Klagenfurt, Habil.-Schr. 1998.]
Laplanche, Jean und Jean-Bertrand Pontalis: Das Vokabular der Psychoanalyse. Aus dem Französischen von Emma Moersch. 14. Auflage. Frankfurt am Main 1998.
Lehnen, Carina: Krüppel, Mörder und Psychopathen. Hermann Ungars Roman ›Die Verstümmelten‹. Mit einer Vorbemerkung von Dieter Sudhoff. Paderborn 1990 (= Studien zur Prager Literatur 1)

Liessmann, Konrad: Einleitung. Die Abgründe des Menschlichen. In: Faszination des Bösen. Über die Abgründe des Menschlichen. Hg. von Konrad Paul Liessmann. Wien 1997. S. 7–13.

Lindner, Martin: Leben in der Krise. Zeitromane der neuen Sachlichkeit und die intellektuelle Mentalität der klassischen Moderne. Stuttgart/Weimar 1994 (Metzler-Studienausgabe).

Link, Jürgen: Literaturanalyse als Interdiskursanalyse. Am Beispiel des Ursprungs literarischer Symbolik in der Kollektivsymbolik. In: Diskurstheorien und Literaturwissenschaft. Hg. von Jürgen Fohrmann und Harro Müller. Frankfurt a. M 1988. S. 284–307.

Lipp, Carola: Die Innenseite der Arbeiterkultur. Sexualität im Arbeitermilieu des 19. und frühen 20. Jahrhunderts. In: Arbeit, Frömmigkeit und Eigensinn. Studien zur historischen Kulturforschung II. Hg. von Richard von Dülmen. Frankfurt a. M. 1990. S. 214–259.

Loll, Anna: Pionierin der Wissenschaft. Eintritt durch die Hintertür. http://www.faz.net/s/Rub1A09F6EF89FE4FD19B3755342A3F509A/Doc~E2ED00C8259D348ABB40B6DD49380CA89~ATpl~Ecommon~Scontent.html (17. September 2009).

Luehrs, Kai: Charakterfehler als Lebensaufgabe. Zur Idee des ›punctum minimae resistentiae‹ im Werk Heimito von Doderers. In: »Excentrische Einsätze«. Studien und Essays zum Werk Heimito von Doderers. Hg. von Kai Luehrs. Berlin/New York 1998. S. 52–63.

Luserke, Mathias: Robert Musil. Stuttgart/Weimar 1995 (= Sammlung Metzler 289).

Mach, Ernst: Die Analyse der Empfindungen und das Verhältnis des Physischen zum Psychischen. Jena 1922.

Maidl, Václav: Das Thema der Manipulation bei Hermann Ungar. In: Litteraria Pragensia 3 (1993) N. 6. S. 37–46.

Maillard, Christine und Michael Titzmann: Vorstellung eines Forschungsprojekts: »Literatur und Wissen(schaften) in der Frühen Moderne«. In: Literatur und Wissen(schaften) 1890–1935. Hg. von Christine Maillard und Michael Titzmann. Stuttgart/Weimar 2002. S. 7–37.

Mann, Thomas: Briefe aus Deutschland. Vierter Brief, München, September 1913. In: Gesammelte Werke in dreizehn Bänden. Bd. X: Reden und Aufsätze 2. 2. Auflage. Frankfurt a. M 1974. S. 290–300.

Meyer, Paulette: Physiatrie and German Maternal Feminism: Dr. Anna Fischer-Dückelmann Critiques Academic Medicine. In: Canadian

Bulletin of Medical History/Bulletin canadien d'histoire de la médecine 23 (2006) H. 1. S. 145–182.

Minkova, Radoslavia: Im Spannungsfeld verschiedener Kulturen und Wertvorstellungen. Rollenverständnis und Grenzüberschreitung in der Erzählung ›Die Verwirrungen des Zöglings Törleß‹ von Robert Musil. In: Österreichische Literatur zwischen den Kulturen. Internationale Konferenz Veliko Târnovo, Oktober 2006. Hg. von Iris Hipfl u. a. St. Ingbert 2008 (= Schriftenreihe der Elias-Canetti-Gesellschaft 4). S. 185–198.

Mixa, Elisabeth: Erröten Sie, Madame! Anstandsdiskurse der Moderne. Pfaffenweiler 1994 (= Schnittpunkt Zivilisationsprozess 11).

Mohr, Jasper: Verhaltensanalytische Studien zum Sadismus als Psychopathologie des Phänomens der Liebe. Eine exemplifizierende Untersuchung der literarischen Funktion der Darstellung des Sadismus. Hamburg 1983. [Diss. masch.]

Musil, Robert: Das Unanständige und Kranke in der Kunst. In: Ders.: Essays, Reden, Kritiken. Hg. von Anne Gabrisch. Berlin 1984. S. 12–19.

Neuhaus, Stefan: Sexualität im Diskurs der Literatur. Tübingen u. a. 2002.

Nietzsche, Friedrich: Die fröhliche Wissenschaft. In: Ders.: Kritische Studienausgabe. Hg. von Giorgio Colli und Mazzino Montinari. Bd. 3: Morgenröte/Idyllen aus Messina/Die fröhliche Wissenschaft. München 1988. S. 343–651.

Nietzsche, Friedrich: Über Wahrheit und Lüge im außermoralischen Sinn. In: Ders.: Werke in sechs Bänden. Hg. von Karl Schlechta. Bd. 5. München/Wien 1980. S. 309–322.

Nusser, Tanja: Es war einmal: Der Mörder, die Dirne, der Arzt und die künstliche Befruchtung. Hanns Heinz Ewers »Alraune«. In: Krankheit und Geschlecht. Diskursive Affären zwischen Literatur und Medizin. Hg. von Tanja Nusser und Elisabeth Strowick. Würzburg 2002. S. 179–193.

Ort, Claus-Michael: »Du bist ein Schelm geworden – ich Poet!«. Zur Konstruktion literarischen und kriminologischen Wissens über ›Verbrechen‹ und ›Kunst‹ in der Frühen Moderne. In: Weltentwürfe in Literatur und Medien. Phantastische Wirklichkeiten – Realistische Imaginationen. Hg. von Hans Krah und Claus-Michael Ort. Kiel 2002. S. 211–234.

Paetzke, Iris: Erzählen in der Wiener Moderne. Tübingen 1992 (= Edition Orpheus 7).

Pörksen, Uwe: Deutsche Naturwissenschaftssprachen. Historische und kritische Studien. Tübingen 1986 (= Forum für Fachsprachen-Forschung 2).

Prokop, Ulrike und Alfred Lorenzer: Sadismus und Masochismus in der Literatur oder: der Kampf gegen die übermächtige Mutterimago. In: Masochismus in der Literatur. Hg. von Johannes Cremerius u. a. Besorgt von Wolfram Mauser. Würzburg 1988 (= Freiburger literaturpsychologische Gespräche 7). S. 56–73.

Rank, Otto: Hanns Heinz Ewers: Alraune, Die Geschichte eines lebenden Wesens. In: Imago. Zeitschrift für Anwendung der Psychoanalyse auf die Geisteswissenschaften (1912) H. 1. S. 538–540.

Reichmann, Eva: Fische und Glasschränke. Frauenfiguren im Werk von Heimito von Doderer. In: Studia theodisca 8 (2001). S. 81–94.

Renner-Henke, Ursula: »... dass auf einem gesunden Selbstgefühl das ganze Dasein ruht...«. Opposition gegen die Vaterwelt und Suche nach dem wahren Selbst in Hofmannsthals ›Andreas‹-Fragment. In: Hofmannsthal-Forschungen 8 (1985). S. 233–262.

Ribbat, Ernst: Die Wahrheit des Lebens im frühen Werk Alfred Döblins. Münster 1970 (= Münstersche Beiträge zur deutschen Literaturwissenschaft 4).

Richter, Karl, Jörg Schönert und Michael Titzmann: Literatur – Wissen – Wissenschaft. Überlegungen zu einer komplexen Relation. In: Die Literatur und die Wissenschaften 1770–1930. Walter Müller-Seidel zum 75. Geburtstag. Hg. von Karl Richter u. a. Stuttgart 1997. S. 9–36.

Robertson, Ritchie: Gender anxiety and the shaping of the self in some modernist writers: Musil, Hesse, Hofmannsthal, Jahnn. In: The Cambridge companion to the modern German novel. Hg. von Graham Bartram. Cambridge u. a. 2004. S. 46–61.

Roos, Jeannette: Peinlichkeit, Scham und Schuld. In: Emotionspsychologie. Ein Handbuch. Hg. von Jürgen Otto u. a. Weinheim 2000. S. 264–271.

Ruthner, Clemens: Unheimliche Wiederkehr. Interpretationen zu den gespenstischen Romanfiguren bei Ewers, Meyrink, Soyka, Spunda und Strobl. Meitingen 1993 (= Studien zur phantastischen Literatur 10). [Wien, Diplomarbeit 1990]

Salewski, Michael: »Julian, begib dich in mein Boudoir«. Weiberherrschaft und Fin de siècle. In: Sexualmoral und Zeitgeist im 19. und 20. Jahrhundert. Hg. von Michael Salewski und Anja Bagel-Bohlan. Opladen 1990. S. 43–69.

Schröder-Werle, Renate: Robert Musil. Die Verwirrungen des Zöglings Törleß. Erläuterungen und Dokumente. Stuttgart 2001.
Seeck, Andreas: Aufklärung oder Rückfall? Das Projekt der Etablierung einer »Sexualwissenschaft« und deren Konzeption als Teil der Biologie. In: Durch Wissenschaft zur Gerechtigkeit? Textsammlung zur kritischen Rezeption des Schaffens von Magnus Hirschfeld. Hg. von Andreas Seeck. München 2003 (= Geschlecht – Sexualität – Gesellschaft. Berliner Schriften zur Sexualwissenschaft und Sexualpolitik 4). S. 173–205.
Sigusch, Volkmar: Geschichte der Sexualwissenschaft. Frankfurt 2008.
Smith, Sabine H.: Sexual violence in German culture. Rereading and rewriting the tradition. Frankfurt a. M 1998 (= Studien zum Theater, Film und Fernsehen 26).
Stewart, Suzanne R.: Sublime Surrender. Male Masochismus at the fin-de-siècle. Ithaca/London 1998.
Sudhoff, Dieter: Hermann Ungar. Leben – Werk – Wirkung. Würzburg 1990. [Paderborn, Diss. 1989]
Sudhoff, Dieter: Hermann Ungars Prager Roman ›Die Verstümmelten‹. Gültigkeit und Aktualität einer Parabel. In: Franz Kafka und die Prager deutsche Literatur. Definitionen und Wirkungen. Hg. von Hartmut Binder. Bonn 1988. S. 107–125.
Tewarson, Heidi Thomann: Von der Frauenfrage zum Geschlechterkampf oder Der Wandel der Prioritäten im Frühwerk Alfred Döblins. In: Internationale Alfred-Döblin-Kolloquien: Basel 1980, New York 1981, Freiburg i. Br. 1983. Hg. von Werner Stauffacher. Bern u. a. 1986 (= Jahrbuch für internationale Germanistik, Reihe A, Kongreßberichte, 14). S. 214–230.
Thiel, Angelika: Thema und Tabu. Körperbilder in deutschen Familienblättern von 1880–1900 oder »Im Nebenzimmer ertönte eine bärtige Männerstimme«. Frankfurt a. M u. a. 1993. [Karlsruhe, Diss. 1992]
Titzmann, Michael: ›Grenzziehung‹ vs. ›Grenztilgung‹. Zu einer fundamentalen Differenz der Literatursysteme ›Realismus‹ und ›Frühe Moderne‹. In: Weltentwürfe in Literatur und Medien. Phantastische Wirklichkeiten – Realistische Imaginationen. Hg. von Hans Krah und Claus-Michael Ort. Kiel 2002. S. 181–209.
Titzmann, Michael: Das Konzept der ›Person‹ und ihrer ›Identität‹ in der deutschen Literatur um 1900. In: Die Modernisierung des Ich. Studien zur Subjektkonstitution in der Vor- und Frühmoderne. Hg.

von Manfred Pfister. Passau 1989 (= PINK. Passauer Inderdisziplinäre Kolloquien 1). S. 36–52.

Titzmann, Michael: Kulturelles Wissen – Diskurs – Denksystem. Zu einigen Grundbegriffen der Literaturgeschichtsschreibung. In: Zeitschrift für französische Sprache und Literatur 99 (1989). S. 47–61.

Titzmann, Michael: Teil III: 1890–1930. Revolutionärer Wandel in Literatur und Wissenschaften. In: Die Literatur und die Wissenschaften 1770–1930. Walter Müller-Seidel zum 75. Geburtstag. Hg. von Karl Richter u. a. Stuttgart 1997. S. 297–322.

Tobin, Robin: Masochism and identity. In: One hundred years of masochism. Literary texts, social and cultural context. Hg. von Michael C. Finke und Carl Niekerk. Amsterdam/Atlanta 2000 (= Psychoanalysis and Culture 10). S. 33–52.

Toth, Johannes: Hugo von Hofmannsthal: ›Andreas oder die Vereinigten‹ – Literarische Diagnose und Therapieversuche einer Epoche? In: Österreichisch-ungarisch-mitteleuropäische literarisch-kulturelle Begegnungen. Hg. von István Fried. Szeged 2003. S. 67–75.

Treut, Monika: Die grausame Frau. Zum Frauenbild bei de Sade und Sacher-Masoch. Basel/Frankfurt a. M. 1984.

Vicinus, Martha: Sexualität und Macht: ein Überblick über den gegenwärtigen Forschungsstand zur Geschichte der Sexualität. In: Feministische Studien 2 (1983) H. 1. S. 141–156.

Weber, Dietrich: Heimito von Doderer. Studien zu seinem Romanwerk. München 1963.

Weibel, Peter: Masochismus als post-phallisches Mandat. In: Phantom der Lust. Visionen des Masochismus in der Kunst. Bd. II. Hg. von Peter Weibel. Graz 2003. S. 18–47.

Weiler, Inge: Das Klischee der ›typisch weiblichen Giftmischerin‹ als Produkt interdiskursiver Austauschbeziehungen im Bereich der Rechtskultur. In: Faktenglaube und fiktionales Wissen. Zum Verhältnis von Wissenschaft und Kunst in der Moderne. Hg. von Daniel Fulda und Thomas Prüfer. Frankfurt a. M u. a. 1996 (= Kölner Studien zur Literaturwissenschaft 9). S. 211–227.

Weininger, Otto: Geschlecht und Charakter. Eine prinzipielle Untersuchung. München 1997 [Nachdruck der ersten Auflage. Wien 1903].

Wernz, Corinna: Sexualität als Krankheit. Der medizinische Diskurs zur Sexualität um 1800. Stuttgart 1993 (= Beiträge zur Sexualforschung 67).

Wettley, Annemarie: Von der ›Psychopathia sexualis‹ zur Sexualwissenschaft. Stuttgart 1959 (= Beiträge zur Sexualforschung 17).

[Art.] Wissenschaft. In: Der Große Brockhaus. Handbuch des Wissens in zwanzig Bänden. Fünfzehnte, völlig neubearbeitete Auflage von Brockhaus' Konversations-Lexikon. Bd. 20: Wan–Zz. Leipzig 1935. S. 400 f.

[Art.] Wissenschaft. In: Meyers Großes Konversations-Lexikon. Ein Nachschlagewerk des allgemeinen Wissens. Sechste, gänzlich neubearbeitete und vermehrte Auflage. Bd. 20: Veda–Zz. Leipzig und Wien 1908. S. 695.

[Art.] Wissenschaft. In: Pierer's Universal-Lexikon der Vergangenheit und Gegenwart oder Neuestes encyclopädisches Wörterbuch der Wissenschaften, Künste und Gewerbe. Vierte, umgearbeitete und stark vermehrte Auflage. Bd. 19: Weck–Zz. und Nachträge. Altenburg 1865. S. 294–296.

Wörtche, Thomas: Phantastik und Unschlüssigkeit. Zum strukturellen Kriterium eines Genres. Untersuchungen an Texten von Hanns Heinz Ewers und Gustav Meyrink. Meitingen 1987 (= Studien zur phantastischen Literatur 4).

Wohlgemuth, Ralf: Eroserleben als Macht- und Ohnmachtserleben. Robert Musils ›Die Verwirrung des Zöglings Törleß‹ und Benjamin Leberts ›Crazy‹. In: Sexualität und Macht. Kultur-, literatur- und filmwissenschaftliche Betrachtungen. Hg. von Corina Schlicht. Oberhausen 2004 (= Autoren im Kontext – Duisburger Studienbögen 6). S. 153–162.

Wünsch, Marianne: Das Modell der »Wiedergeburt« zu »neuem Leben« in erzählender Literatur 1890–1930. In: Klassik und Moderne. Die Weimarer Klassik als historisches Ereignis und Herausforderung im kulturgeschichtlichen Prozeß. Walter Müller-Seidel zum 65. Geburtstag. Hg. von Karl Richter und Jörg Schönert. Stuttgart 1983. S. 379–408.

Wünsch, Marianne: Realismus (1850–1890). Zugänge zu einer literarischen Epoche. Mit Beiträgen von Jan-Oliver Decker u. a. Kiel 2007 (= LIMES. Literatur und Medienwissenschaftlichen Studien – Kiel 7).

Wünsch, Marianne: Regeln erotischer Beziehungen in Erzähltexten der Frühen Moderne und ihr theoretischer Status. In: SPIEL: Siegener Periodicum zur Internationalen Empirischen Literaturwissenschaft 9 (1990) H. 1. S. 131–172.

Wünsch, Marianne: Sexuelle Abweichungen im theoretischen Diskurs und in der Literatur der frühen Moderne. In: Literatur und Wissen(schaften) 1890–1935. Hg. von Christine Maillard und Michael Titzmann. Stuttgart/Weimar 2002. S. 349–368.

Wünsch, Marianna: Wege der ›Person‹ und ihrer ›Selbstfindung‹ in der fantastischen Literatur nach 1900. In: Die Modernisierung des Ich. Studien zur Subjektkonstitution in der Vor- und Frühmoderne. Hg. von Manfred Pfister. Passau 1989 (= PINK. Passauer Inderdisziplinäre Kolloquien 1). S. 168–179.

Zweig, Stefan: Die Verstümmelten. In: Die Neue Rundschau 34 (November 1923) Nr. 11. S. 1054 f.

Danksagung

Für die Betreuung der Dissertation danke ich meinem Doktorvater Prof. Dr. Lutz Hagestedt, der erste Schreibversuche kritisch lesend in die richtigen Bahnen gelenkt und wertvolle Ratschläge gegeben hat. Für die bereitwillige Übernahme des Zweit- und Drittgutachtens bin ich Prof. Dr. Holger Helbig und Prof. Dr. Thomas Anz dankbar.

Jens, Ricardo und Sebastian danke ich für fachliche Gespräche, vor allem aber für das Zuhören und die Ermutigung.

Julia, Judith, Melanie, Nina und Oliver haben einen großen Anteil daran, dass der Text fertiggestellt wurde. Danke für eure Unterstützung und Geduld, eure offenen Ohren und Worte sowie Ablenkung im richtigen Moment.

Mein besonderer Dank gilt meiner Familie für ihren beständigen Rückhalt.